海南统计年鉴

Hainan Statistical Yearbook

2019

（总第 33 期　No. 33）

海　南　省　统　计　局
国家统计局海南调查总队　编

Compiled by

Statistical Bureau of Hainan Province
Survey Office of National Bureau of Statistics in Hainan

中国统计出版社

China Statistics Press

图书在版编目（C I P）数据

海南统计年鉴. 2019 : 汉英对照 / 海南省统计局, 国家统计局海南调查总队编. -- 北京 : 中国统计出版社, 2019.7
ISBN 978-7-5037-8829-1

Ⅰ. ①海… Ⅱ. ①海… ②国… Ⅲ. ①统计资料－海南－2019－年鉴－汉、英 Ⅳ. ①C832.66-54

中国版本图书馆 CIP 数据核字(2019)第 122121 号

海南统计年鉴-2019

作　　者/ 海南省统计局　国家统计局海南调查总队
责任编辑/ 钟钰
责任校对/ 谭家史
装帧设计/ 周以文
出版发行/ 中国统计出版社有限公司
地　　址/ 北京市丰台区西三环南路甲 6 号
邮政编码/ 100073
电　　话/ 邮购（010）63376909　书店（010）68783171
网　　址/ http://www.zgtjcbs.com
印　　刷/ 海南鑫汇亚印务有限公司
经　　销/ 新华书店
开　　本/ 890mm×1240mm　1/16
字　　数/ 860 千字
印　　张/ 37.75
版　　别/ 2019 年 7 月第 1 版
版　　次/ 2019 年 7 月第 1 次印刷
定　　价/ 380.00 元　Price:380.00(RMB)

本书附同版本 CD-ROM 一张，光盘内容以书面文字为准。
如有印装差错，由本社发行部调换。

《海南统计年鉴-2019》

编委会和编辑人员

Hainan Statistical Yearbook-2019

EDITORIAL BOARD AND EDITORIAL STAFF

编 者 说 明

一、《海南统计年鉴-2019》系统收录了海南省辖区内 19 个市、县、自治县和洋浦经济开发区 2018 年经济社会发展方面统计数据以及主要历史年份统计数据，是一部反映海南经济和社会发展情况的资料性年刊。

二、本年鉴正文内容分为 25 个篇章，即：1.综合；2.人口；3.国民经济核算；4.就业和工资；5.价格；6.人民生活；7.财政；8.资源和环境；9.能源；10.固定资产投资；11.对外经济贸易；12.农业；13.工业；14.建筑业；15.房地产；16.批发零售贸易和住宿餐饮业；17.旅游；18.运输和邮电；19.金融；20.科学技术；21.教育；22.卫生和社会服务；23.文化和体育；24.公共管理、社会保障和社会组织；25.城市和农村。为方便读者使用，各篇章前设有《简要说明》，对本篇章的主要内容、资料来源、统计范围、统计方法以及历史变动情况予以简要概述，篇末附有《主要统计指标解释》。

三、本年鉴指标口径和范围，均以国家现行统计报表制度为准，数据大部分来源于政府统计机构年度统计报表和抽样调查数据，少部分来源于政府各部门或行业主管部门的年度统计报表。

四、本年鉴所使用的度量衡单位均采用国际统一标准计量单位，并统一使用最新颁布实施的产品目录。

五、本年鉴中部分数据合计数或相对数由于单位取舍不同而产生的计算误差，均未做机械调整。

六、符号使用说明:年鉴各表中的“空格”表示该项统计指标数据不足本表最小单位数、数据不详或无该项数据；“#”表示其中的主要项。

Editor's Notes

Ⅰ. *Hainan Statistical Yearbook 2019* is an annual statistical publication which covers statistical data for the economic and social development of 19 cities, counties and Yangpu Economic Development Zone in year 2018, as well as major statistical data in important historical years.

II. The *Yearbook* contains twenty-five chapters: l. General Survey; 2. Population； 3. National Accounts; 4.Employment and Wages; 5. Prices; 6. People's Living Conditions; 7. Government Finance; 8. Resources and Environment; 9. Energy; 10. Investment in Fixed Assets; 11. Foreign Trade and Economic Cooperation; 12.Agriculture; 13. Industry; 14. Construction; 15.Real Estate; 16. Wholesale and Retail Trades, Hotels and Catering Services; 17.Tourism; 18. Transport, Postal and Telecommunication Services; 19. Financial Intermediation; 20. Science and Technology; 21. Education; 22.Public Health and Social Services; 23. Culture and Sports; 24.Public Management, Social Security and Social Organizations; 25.Urban and,Rural . Each chapter begins with *Brief Introduce* to the main content, data sources, statistical method of this chapter, etc. *Explanatory Notes on Main Statistical Indicators* are provided at the end of each chapter to briefly describe the content of main statistical indicators, statistical scope and so on.

III. The statistical approach and scope in this yearbook base on the current national statistical report system basically. Data are mainly obtained from annual statistical reports and sample surveys of government statistical departments, some from annual statistical reports of government or administrative departments.

IV. The units of measurement used in this yearbook are internationally standard measurement units. Newly published and implemented *Product Categories* are uniformly used.

V. Statistical discrepancies on totals and relative figures due to rounding are not adjusted in the *Yearbook.*

VI. Notations used in the *Yearbook*： (blank space) indicates that the figure is not large enough to be measured with the smallest unit in the table, or data unknown or not available; "#" indicates a major breakdown of the total.

目 录

Contents

第二篇　人口
Population

第三篇　国民经济核算
National　Accounts

第四篇　就业和工资
Employment and Wages

第九篇　能源
Energy

第十篇　固定资产投资
Investment in Fixed Assets

第十二篇 农业
Agriculture

第十四篇 建筑业
Construction

第十五篇 房地产
Real Estate

第二十篇　科学技术
Science and Technology

第二十三篇　文化和体育
Culture and Sports

第二十四篇　公共管理、社会保障和社会组织
Public Management, Social Security and Social Organizations

2018年海南省经济和社会发展综述

2018年，在省委、省政府的坚强有力领导下，我省深入贯彻落实习近平总书记“4·13”重要讲话和中央12号文件精神，扎实推进供给侧结构性改革，稳步推进中国(海南)自由贸易试验区和中国特色自由贸易港建设，努力改善和优化营商环境，开展“百日大招商”活动，积极引进总部经济企业，加快建设以服务型经济为主的产业结构，统筹推进稳增长、促改革、调结构、惠民生、防风险等各项工作，全省经济运行总体平稳、稳中提质，全面深化改革开放实现良好开局。

一、综合

（一）地区生产总值

初步核算，2018年全省地区生产总值4832.05亿元，按可比价格计算，比上年增长5.8%。其中，第一产业增加值1000.11亿元，增长3.9%；第二产业增加值1095.79亿元，增长4.8%；第三产业增加值2736.15亿元，增长6.8%。三次产业增加值占地区生产总值的比重分别为20.7:22.7:56.6。

（二）人均地区生产总值

按年平均常住人口计算，全省人均地区生产总值51955元，比上年增长4.8%，按现行平均汇率计算为7851美元。

（三）财政

全省全口径一般公共预算收入1373.98亿元，比上年增长12.4%。其中，地方一般公共预算收入752.67亿元，增长11.7%。在地方一般公共预算收入中，地方税收收入628.68亿元，增长15.7%；地方非税收入123.98亿元，下降5.0%。

全省地方一般公共预算支出1691.30亿元，比上年增长17.1%。其中，教育支出248.98亿元，增长12.7%；文化体育与传媒支出47.37亿元，增长58.6%；社会保障和就业支出208.87亿元，增长14.1%；医疗卫生与计划生育支出144.46亿元，增长13.4%；节能环保支出61.24亿元，增长71.4%；城乡社区支出149.81亿元，增长24.9%；农林水支出227.71亿元，增长14.8%；交通运输支出141.59亿元，增长3.4%；住房保障支出64.19亿元，增长15.9%。

（四）固定资产投资

全年全省固定资产投资（不含农户）比上年下降12.5%。其中，房地产开发投资下降16.5%。按产业分，第一产业下降22.0%；第二产业投资增长15.8%；第三产业投资下降14.4%。按地区分，海澄文一体化综合经济圈投资下降11.6%，大三亚旅游经济圈下降15.5%，东部地区下降10.8%，中部地区下降6.4%，西部地区下降19.8%。在建投资项目3866个，比上年增加296个，增长8.3%；其中，本年新开工项目1192个，下降 0.7%。

全年省重点项目完成投资 666.71 亿元，完成年度投资计划 107.0%。“五网”基础设施完成 344 亿元，完成年度计划投资的 112.0%。三亚亚特兰蒂斯水上乐园、海口五源河文体中心、琼中至乐东高速公路、海口齐鲁高端药品研制及产业化项目、中国铁塔海南基础网络完善工程项目、琼中抽水蓄能电站项目、陵水富力海洋欢乐世界项目、陵水清水湾南国侨城旅游度假区项目、铺前大桥工程等项目竣工或进入竣工扫尾阶段；海口观澜湖度假区项目、海口康宁光纤预制棒车间技术改造项目、农村公路六大工程、洋浦 150 万吨/年特种油、海口桂林洋国家热带农业公园等项目超额完成年度投资计划。

（五）物价

全年全省居民消费价格（CPI）比上年上涨 2.5%。其中，衣着价格上涨 4.1%，涨幅居八大类之首；其次是医疗保健价格上涨 3.6%。商品零售价格上涨 2.5%，农业生产资料价格上涨 2.2%，工业生产者出厂价格上涨 8.2%，工业生产者购进价格上涨 10.8%，固定资产投资价格增长 6.2%。居民消费价格比上年涨跌幅度见表 1。

表 1　2018 年居民消费价格比上年涨跌幅度（%）

居民消费价格	2.5
食品烟酒	1.2
衣着	4.1
居住	3.4
生活用品及服务	2.0
交通和通信	3.3
教育文化和娱乐	2.7
医疗保健	3.6
其他用品及服务	1.8

二、人民生活和民生事业

（一）居民收入

全年全省常住居民人均可支配收入 24579 元，比上年增长 9.0%，扣除价格因素实际增长 6.3%。其中，城镇常住居民人均可支配收入 33349 元，名义增长 8.2%，实际增长 5.7%；农村常住居民人均可支配收入 13989 元，名义增长 8.4%，实际增长 5.8%。城镇非私营单位在岗职工平均工资 77672 元，比上年增长 12.5%。住户存款 4215.26 亿元，比上年增长 10.5%。城镇人均现住房总建筑面积 32.1 平方米，增长 4.2%；农村居民年末人均生活用房面积 32.78 平方米，增长 8.7%。

（二）就业

全年城镇新增就业人数 12.84 万人，比上年增长 7.0%；年末城镇登记失业率 2.3%，降低0.03个百分点。农村劳动力转移就业14.06万人，下降4.9%。年末全省从业人员603.73万人，比上年末增长3.4%。其中，城镇从业人员277.81万人，增长8.2%。

（三）教育

全省普通高等学校20所、比上年增加1所，招生6.46万人、增长18.9%，在校学生21.33万人、增长15.0%。中等职业教育学校74所（不含人劳厅管辖的技工学校）、减少5所，招生4.42万人、下降2.7%，在校学生11.92万人、增长0.4%。普通高中119所、增加3所，招生5.70万人、增长0.7%，在校学生17.01万人、下降0.6%，高中阶段毛入学率91.4%、提高0.9个百分点。普通初中401所、增加4所，招生12.74万人、增长5.0%，在校学生35.28万人、增长5.8%，初中毛入学率103.3%、提高1.6个百分点。普通小学1377所（含教学点）、减少11所，招生15.29万人、增长7.2%，在校学生83.19万人、增长2.8%，小学毛入学率102.2%、提高0.4个百分点。

（四）医疗卫生

基本医疗保障水平持续提升。全省共有卫生机构5325个，比上年增加148个，其中医院(卫生院)517个，增加12个；卫生机构人员总数为8.14万人，比上年增长4.8%，其中各类卫生技术人员6.37万人，增长5.1%，乡（镇）卫生院卫生技术人员0.91万人，增长2.9%；社区卫生服务中心（站）177个，比上年增加2个。参加新型农村合作医疗农民472.43万人，比上年增长0.8%，全年报告甲、乙类传染病发病例数为3.61万例，比上年增长2.9%；报告死亡74人，下降8.6%；报告传染病发病率每十万人360.0人，下降5.8%；死亡率为每十万人0.74人，下降15.9%。

（五）社会救助和社会福利

年末城镇居民最低生活保障人数4.83万人，下降23.4%；农村居民最低生活保障人数14.67万人，下降19.1%。农村五保户供养对象人数2.39万人，下降9.0%。儿童福利机构床位626张，增长16.0%。全年投入救灾救济资金0.13亿元，下降74.0%，救助灾民11.66万人次，下降83.0%。全年共销售社会福利彩票14.18亿元，比上年下降7.7%；筹集社会福利彩票公益金3.46亿元，下降7.3%。

（六）社会保险

年末，全省参加城镇职工基本养老保险人数257.95万人，比上年增长7.1%。其中，在职人员187.47万人，离退休人员70.49万人。城镇职工基本医疗保险参保人数225.72万人，比上年增长7.7%。其中，在职人员162.85万人，退休人员62.87万人。参加工伤保险152.90万人。参加生育保险152.62万人。参加失业保险173.44万人。

（七）保障性住房

全年全省城镇保障性住房新开工1.39万套，占年度计划的102.2%。城镇保障性住房基本建成1.65万套。农村危房改造2.86万户，占年度计划的114.6%，改造面积205.73

万平方米；其中，竣工2.79万户，占全年计划的111.7%，竣工面积200.92万平方米。

（八）扶贫攻坚

精准扶贫成效明显。截至12月31日，全省脱贫退出21593户86742人，81个贫困村脱贫出列，完成年度目标任务。全省共建成农村饮水安全巩固提升工程263处，受益贫困人口4.48万人。建立从学前教育到高中阶段教育特惠性资助体系，全年共发放3.43亿元，其中春季学期1.89亿元、惠及13.8万人，秋季学期1.54亿元、惠及12.7万人。全省村卫生室标准化建设达到96.1%，每个村卫生室都有村医并配备了常用药物。2018年，建档立卡贫困户危房改造竣工17087户，竣工率100%，入住17084户。创建40个庭院经济扶贫示范村，2752个"五带动主体"参与产业扶贫，组织化帮扶贫困户达90%以上。建成乡村旅游扶贫重点村90个，在各景区、乡村旅游点、酒店设立旅游扶贫商品销售专区135个。实现就地就近就业39659人、跨省转移就业4835人，开发就业扶贫公益性岗位12991个，3768户零就业贫困家庭至少1名劳动力实现就业，就业率达100%；创建扶贫车间87个，吸纳贫困劳动力就业1754人。共将符合条件的建档立卡贫困户2669户7764人纳入低保(特困)范围；将低保(特困)家庭8389户19843人纳入建档立卡贫困户；将60周岁以上(含)贫困人员纳入无需缴费直接领取城乡居民基本养老保险待遇范畴，为低保人员、五保户按最低档次全额代缴保费。

（九）安全生产

全年无重特大安全生产事故发生。亿元地区生产总值生产安全事故死亡0.037人，按可比口径，比上年下降0.01%。工矿商贸从业人员十万人生产安全事故死亡人数1.18人，比上年下降0.5%。道路交通万车死亡人数3.75人，比上年下降0.8%。全年发生各类生产安全事故244起，比上年下降28.9%，其中死亡177人，下降17.7%；直接经济损失3257.2万元，下降39.2%。生产经营性道路交通事故发生178起，下降28.5%；造成死亡106人，下降7.8%；直接经济损失343.92万元，增长10.6%。

三、国民经济各行业

（一）农林牧渔业

全年全省农林牧渔业完成增加值1020.16亿元，比上年增长4.1%。分行业看，农业完成增加值480.80亿元，比上年增长5.0%。蔬菜（含菜用瓜）收获面积386.59万亩，增长1.9%；产量566.77万吨，增长2.5%。水果收获面积277.82万亩，增长7.5%；产量430.41万吨，增长6.1%。林业完成增加值73.44亿元，比上年增长6.8%。干胶产量35.07万吨，下降3.2%。牧业完成增加值146.71亿元，比上年增长3.9%。肉类总产量79.87万吨，增长1.5%。渔业完成增加值284.94亿元，比上年增长1.2%。水产品总产量175.82万吨，比上年下降2.7%。农林牧渔专业及辅助性活动完成增加值34.27亿元，比上年增长10.0%。农林牧渔业主要产品产量及其增长速度见表2。

表2　2018年农林牧渔业主要产品产量及其增长速度

产品名称	单位	绝对数	比上年增长%
粮食	万吨	147.12	6.5
糖料	万吨	132.53	-0.4
油料	万吨	8.44	-6.5
其中：花生	万吨	8.31	-6.8
茶叶	吨	1138.32	11.1
蔬菜（含菜用瓜）	万吨	566.77	2.5
水果	万吨	430.41	6.1
其中：香蕉	万吨	121.63	-4.4
菠萝	万吨	44.00	7.3
芒果	万吨	68.29	20.4
荔枝	万吨	18.94	19.9
龙眼	万吨	5.55	-0.8
橡胶（干胶）	万吨	35.07	-3.2
椰子	亿个	2.27	4.2
胡椒	万吨	4.34	4.5
槟榔	万吨	27.22	6.7
肉类总产量	万吨	79.87	1.5
其中：猪肉	万吨	45.63	2.8
禽肉	万吨	27.99	3.1
禽蛋产量	万吨	4.66	-1.9
水产品总产量	万吨	175.82	-2.7
其中：海水产品	万吨	137.81	-4.9
淡水产品	万吨	38.01	5.9

注：表中数据已根据第三次全国农业普查结果进行修订。

年末农业机械总动力561.27万千瓦，比上年增长0.8%；农用拖拉机8.75万台，下降2.0%；农用运输车3.54万辆，下降3.8%。全年化肥施用量（折纯）48.37万吨，下降5.8%；农田水利有效灌溉面积18.50万公顷，下降4.6%。

（二）工业和建筑业

全年全省工业完成增加值比上年增长5.9%。其中，规模以上工业增加值增长6.0%，按轻重工业分，轻工业增加值增长6.4%；重工业增加值增长5.8%。按经济类型分，国有企业增加值增长14.7%，股份制企业增长1.0%，外商及港澳台投资企业增长11.3%。

在八大工业支柱行业增加值中，农副食品加工业比上年增长1.8%，造纸及纸制品业下降2.6%，石油加工业增长12.9%，化学原料和化学制品制造业增长0.5%，医药制造业增长15.9%，非金属矿物制品业增长4.8%，汽车制造业下降33.2%，电力、热力的生产和供应业增长6.5%。主要工业产品产量及其增长速度见表3。

表3　2018年主要工业产品产量及其增长速度

产品名称	单位	绝对数	比上年增长%
铁矿石（原矿）	万吨	284.59	-34.5
饲料	万吨	272.19	7.4
成品糖	万吨	13.93	25.1
罐头	万吨	18.93	-16.2
软饮料	万吨	60.82	0.4
卷烟	亿支	117.50	-2.1
人造板	万立方米	6.31	-31.4
纸浆	万吨	172.53	5.8
机制纸及纸板	万吨	166.38	-5.0
精甲醇	万吨	135.47	0.9
氮肥（折合N100%）	万吨	61.47	1.6
合成纤维单体（PTA）	万吨	206.84	-8.2
合成纤维聚合物（PET）	万吨	151.09	29.8
水泥	万吨	2104.15	-4.9
汽车	万辆	2.11	-46.7
太阳能电池（光伏电池）	万千瓦	10.79	-54.8

1-11月，规模以上工业企业综合效益指数421.2%，比上年提高42.3个百分点；主营业务收入比上年增长20.9%，主营业务收入利润率比上年提高0.7个百分点；实现利润总额比上年增长33.4%；每百元资产实现的主营业务收入比上年提高14.0%。

全年全省建筑业完成增加值525.37亿元，比上年增长3.5%。全省具有资质等级的建筑企业单位220个，增加51个；从业人员6.84万人，下降7.9%。本省资质内建筑企业全年房屋建筑施工面积2223.65万平方米，增长7.9%；房屋建筑竣工面积619.88万平方米，增长10.2%。本省资质内建筑企业实现利润总额14.95亿元，增长19.6%；利税总额36.21亿元，增长10.1%。

（三）房地产业

全年全省房地产业完成增加值389.66亿元，比上年下降12.0%。全年房地产项目房屋施工面积9574.56万平方米，增长0.1%；房地产竣工面积1186.81万平方米，下降6.3%；销售面积1432.25万平方米，下降37.5%；销售额2083.29亿元，下降23.2%。

（四）旅游业

全年全省旅游业完成增加值392.82亿元，比上年增长8.5%。接待游客总人数7627.39万人次，比上年增长11.8%；其中接待旅游过夜游客6329.66万人次，增长11.7%。旅游总收入950.16亿元，增长14.5%。年末全省共有挂牌星级宾馆酒店125家，其中五星级27家、四星级40家、三星级58家。

（五）批发零售业和住宿餐饮业

全年全省批发零售业完成增加值523.02亿元，比上年增长3.8%；住宿餐饮业完成增加值240.59亿元，比上年增长6.1%。

全年实现社会消费品零售总额1717.08亿元，比上年增长6.8%。按经营地分，城镇零售额1419.36亿元，增长6.2%；乡村零售额297.72亿元，增长9.4%。按消费形态分，商品零售额1420.03亿元，增长6.6%；餐饮收入297.05亿元，增长7.8%。在限额以上企业商品零售中，粮油食品类增长3.6%，服装鞋帽针纺织品类增长7.3%，化妆品类增长32.9%，金银珠宝类增长14.4%，日用品类增长5.6%，家用电器和音像器材类下降2.9%，石油及制品类增长10.7%，汽车类下降21.2%。

（六）交通运输邮政仓储业

全年全省交通运输、邮政仓储业实现增加值291.73亿元，比上年增长12.5%。各种运输方式完成货物和旅客周转量、吞吐量及其增长速度见表4。

表4　2018年货物和旅客周转量、吞吐量及其增长速度

指　标	单　位	绝对数	比上年增长%
一、货物周转量	亿吨公里	893.40	1.6
铁路	亿吨公里	19.90	11.8
公路	亿吨公里	84.60	7.6
水运	亿吨公里	774.00	0.5

指　标	单　位	绝对数	比上年增长%
民航	亿吨公里	14.90	17.2
二、旅客周转量	亿人公里	956.10	14.1
铁路	亿人公里	55.90	6.9
公路	亿人公里	74.40	-4.0
水运	亿人公里	4.10	7.9
民航	亿人公里	821.70	16.7
三、主要港口货物吞吐量	万吨	18282	-1.0
旅客吞吐量	万人	5715.70	4.7
其中：离港旅客	万人	2876.01	5.0

年末全省固定电话用户 161.13 万户，增长 0.4%；其中，城市电话用户 102.12 万户、下降 2.3%，农村电话用户 59.01 万户、增长 5.4%。年末移动电话用户 1085.32 万户，增长 7.7%。年末互联网用户 1207.49 万户，增长 0.6%。固定电话普及率每百人 17.4 部，下降 0.6%；移动电话普及率每百人 117.24 部，增长 6.7%。

（七）金融业、证券业和保险业

全年全省金融业完成增加值 309.09 亿元，增长 0.8%。年末全省金融机构本外币存款余额 9610.47 亿元，比上年末下降 4.8%。年末金融机构本外币贷款余额 8820.12 亿元，比上年末增长 4.3%。其中，住户贷款 2454.99 亿元，增长 26.5%；非金融企业及机关团体贷款 6015.07 亿元，下降 3.8%。

全年通过股票市场募集资金 62.87 亿元，比上年增长 33.3%。年末境内上市公司 31 家，比上年增加 1 家，年末股票市价总值 2029.19 亿元，下降 43.2%；证券和期货交易总额 28323.44 亿元，下降 15.4%。

全年原保险保费收入 183.10 亿元，比上年增长 11.1%。其中，财产险业务收入 64.23 亿元，增长 12.4%；人身险业务收入 118.86 亿元，增长 10.4%。在人身险业务收入中，寿险收入 89.94 亿元，增长 3.2%；健康险收入 22.99 亿元，增长 39.8%；人身意外伤害险收入 5.93 亿元，增长 46.1%。全年各项赔款和给付金额 55.98 亿元，比上年增长 14.1%。其中，财产险业务赔付 31.81 亿元，增长 17.4%；人身险业务赔付 24.16 亿元，增长 10.0%。在人身险业务赔付中，寿险赔付 16.72 亿元，增长 4.9%；健康险赔付 6.62 亿元，增长 26.5%；人身意外伤害险赔付 0.82 亿元，增长 2.9%。

四、对外经济

全年全省对外贸易进出口总值 848.18 亿元，比上年增长 20.7%。其中，出口总值 297.76 亿元，增长 0.7%；进口总值 550.42 亿元，增长 35.2%。分地区看，对香港出口

38.57 亿元，增长 30.1%；对非洲出口 14.76 亿元，增长 108.3%；对日本出口 12.68 亿元，下降 10.3%；对美国出口 16.75 亿元，下降 3.5%；对欧盟出口 17.36 亿元，下降 20.6%；对东盟出口 104.11 亿元，下降 15.3%。出口方式中，一般贸易和加工贸易总值分别为 74.26 亿元、75.73 亿元，同比分别增长 2.5%和 40.6%。主要出口商品中，机电产品出口值 35.34 亿元，增长 57.0%；高新技术产品出口值 15.97 亿元，增长 201.0%；农产品出口值 33.46 亿元，下降 6.3%；成品油出口值 122.52 亿元，下降 3.5%。

全年全省新设外商投资企业 167 家，比上年增加 80 家，其中，中外合资企业 52 家、外资企业 109 家、外商投资股份制企业 3 家、中外合作企业 2 家、合作开发企业 1 家；实际利用外资 7.45 亿美元，同比增长 115.9%（未含投资性公司数据）。

五、科技、文化和体育

（一）科技

全省组织实施国家自然科学基金项目 201 项，比上年增长 6.3%。新增省级重点实验室 4 家和工程技术研究中心 2 家，省级重点实验室和工程技术研究中心总数达到 106 家。新增申报 183 家高新技术企业。修订《海南省科技企业孵化器和众创空间认定管理办法》,推荐新认定 4 家孵化器、17 家众创空间。引进和培养省“百人专项”12 人，省创业英才人选 31 人，认定 26 家省院士工作站，柔性引入 29 名院士和近百名高层次专家。新认定农业科技 110 服务站 12 个，全省农业科技 110 服务站总数达到 271 个，共 13 家省星创天地通过国家备案。“省部共建空间对地观测国家重点实验室”已纳入科技部省部共建国家重点实验室建设年度计划。引进中科院南海所建立三亚中科海洋研究院。在三亚市建设“中科院空天信息研究院三亚分院”。依托博鳌超级医院筹建全国首家“省部共建先进技术临床医学研究中心”，认定 6 家省级临床医学研究中心。

（二）文化

年末全省共有各类艺术表演团体（含社会民营团体）82 个、文化馆（站）242 个、博物馆（含美术馆）19 个、公共图书馆 24 个。全省数字电视用户 151.97 万户，比上年增长 22.2%。广播电视台 20 座，广播综合人口覆盖率和电视综合人口覆盖率分别达 99.06%和 99.08%。全省共有报社 17 家，杂志社 42 家，全年出版报纸 2.04 亿份、杂志 734 万册、图书 6344 万册。圆满完成 2018 年央视春晚海南分会场活动，举办纪念建省 30 周年大型民族交响音乐会《绚丽海南》、第三届海南省艺术节、国际剧协 70 周年庆典暨首届海口国际戏剧周等大型活动。全年共引进省外优秀剧目 22 场，组织全省文艺院团开展惠民演出送戏下乡演出 432 场。扶贫题材琼剧《扶真贫》全省巡演场次达到 60 场。优秀剧目《黎族家园》入选文化和旅游部门举办的“2018 年全国舞台艺术优秀剧目展演”。琼剧《母瑞红云》入选中宣部、文化和旅游部举办 2018 年度全国基层院团戏曲会演。舞剧《东坡海南》入选 2018 年上海国际艺术节。海南地方剧种琼剧、临剧、儋州山歌剧入选2018戏曲百戏（昆山）盛典。琼剧《圆梦》入选文化部2018年舞台艺术现实题材创作作品计划，是文化和旅游部2018年十大戏曲剧本扶持项目之一，获第三届海南省艺术节“文华大奖”，受邀参加全国优秀现实题材舞台艺术作品展演（广东站）演出。

（三）体育

本省运动健儿在亚洲运动会中获得金牌1枚、银牌1枚、铜牌2枚。成功举办第五届省运会、第九届环海南岛国际大帆船赛、第十三届环海南岛国际公路自行车赛、2017-2018克利伯环球帆船赛、第二届“一带一路杯”海口国际沙滩足球邀请赛、中国（陵水）国际羽毛球大师赛等赛事。承办2018年沙滩排球巡回赛总决赛、沙滩排球年会及发展论坛、2018年中国帆船年度盛典系列活动、中超颁奖典礼、中国男子足球国家队比赛、2018全国英式七人制橄榄球冠军赛、全国U23摔跤大奖赛、全国U系列男子举重总决赛等赛事和活动。

六、节能减排和生态环境

（一）节能减排

能源资源综合利用率进一步提升，2018年单位GDP能耗同比下降1.32%。全省燃煤电厂完成超低排放改造。道路机械化清扫率提升到80%。完成19个市县城区9558家餐饮服务单位油烟净化设施安装。全年淘汰黄标车7615辆，完成年度淘汰任务。淘汰老旧柴油车4432辆，完成本省老旧柴油车提前淘汰任务。

（二）生态环境

全年造林绿化面积15.4万亩，比上年增长0.7%。城市（县城）建成区绿化覆盖率40.0%。年末全省有自然保护区49个，其中国家级10个，省级22个；自然保护区面积270.23万公顷，其中国家级15.41万公顷，省级253.40万公顷。列入国家一级重点保护野生动物有18种，列入国家二级重点保护野生动物有105种；列入国家一级重点保护野生植物有9种，列入国家二级重点保护野生植物有39种。

新建文明生态村664个，累计达到18598个。

全省空气质量总体保持优良，优良天数比例为98.4%。$PM_{2.5}$年均浓度为17微克/立方米，比上年下降5.6%。各项污染物指标均达标，且远优于国家二级标准；其中SO_2、NO_2、CO、PM_{10}四项指标均符合国家一级标准，$PM_{2.5}$和O_3接近国家一级标准。与2017年相比，全省空气质量稳中向好，其中空气质量优良率上升0.1%，主要污染物$PM_{2.5}$浓度下降1微克/立方米。

地表水环境质量总体优良，水质总体优良率（达到或好于Ⅲ类标准）为94.4%，在开展监测的52条主要河流110个断面、23座主要湖库32个点位中，94.6%河流断面、93.8%湖库点位水质符合或优于可作为集中式生活饮用水源地的国家地表水Ⅲ类标准，南渡江、昌化江、万泉河三大河流干流、主要大中型湖库及大多数中小河流的水质保持优良状态，但个别湖库和中小河流局部河段水质受到一定污染。开展监测的18个市县30个城市（镇）集中式生活饮用水水源地水质达标率为100%，均符合国家集中式饮用水源地水质要求。

近岸海域水质总体为优。海南岛近岸海域水质总体为优，绝大部分近岸海域处于清洁状态，一、二类海水占96.6%，95.9%的功能区测点符合水环境功能区管理目标的要求。西沙群岛近岸海域水质为优，均为一类海水。洋浦经济开发区、东方工业园区和老城经济开发区三大重点工业区近岸海域，20个主要滨海旅游区近岸海域水质总体为优，监测点位水质均达到或优于《海水水质标准》（GB3097-1997）二类标准。

年末全省有环境监测站20个，其中国家一级站1个，国家二级站3个，国家三级站16个。环境监测人员522人，比上年增长2.6%。

七、人口

根据人口变动情况抽样调查推算，全省人口出生率14.48‰，死亡率6.01‰，自然增长率8.47‰。全省年末常住人口934.32万人，比上年增加8.56万人，城镇人口比重为59.06%。

注 释

1. 地区生产总值和各产业增加值绝对数按现行价格计算，增长速度按可比价格计算。根据《国民经济行业分类》（GB/T4754-2017）对三次产业进行划分。

2. 海南省东部地区是指海口、三亚、文昌、琼海、万宁、陵水6市县，中部地区是指五指山、定安、屯昌、琼中、保亭、白沙6市县，西部地区是指儋州、东方、澄迈、临高、乐东、昌江、洋浦7市县地区，海澄文一体化综合经济圈是指海口、文昌、澄迈3市县，大三亚旅游经济圈是指三亚、乐东、陵水、保亭4市县。

3. 本公报中部分指标合计数与分项数有出入主要是由于四舍五入的原因，均未作机械调整。

4.资料来源:本公报中财政数据来自省财政厅，金融机构存贷款数据来自人行海口中心支行，金融机构效益数据、保险业数据来自中国银保监会海南监管局，上市公司数据来自中国证监会海南监管局，价格、居民收入数据来自海南调查总队，水产品数据来自省农业农村厅，森林、野生动植物数据来自省林业局，货物、旅客运输及周转量、港口吞吐量数据来自省交通厅、粤海铁公司、南航海南公司、海航公司，邮电通信数据来自省邮政管理局、省通信管理局，重点项目来自省发改委，星级宾馆酒店、文化体育等数据来自省旅文厅，对外经济数据来自省商务厅，进出口数据来自海口海关，保障性住房、城镇垃圾处理、建成区绿化覆盖率数据来自省住建厅，教育数据来自省教育厅，救灾救济数据来自省应急厅，卫生数据来自省卫健委，社会救助数据来自省民政厅，就业数据来自省人社厅，农村扶贫数据来自省扶贫办，科技数据来自省科技厅，环境保护数据来自省生态环境厅，文明生态村数据来自省文明办，城镇污水处理数据来自省水务厅，安全生产数据来自省安监局，其他数据均来自省统计局。

1

综　合

General Survey

编辑人员：谭家史　李　乐　李现波

Compiled by Tan Jiashi　Li le　Li Xianbo

英文翻译：李乐　符策文

Translated by Li Le　Fu Cewen

简 要 说 明

本章节主要内容和资料来源

一、综合资料主要包括行政区划、国民经济和社会发展综合资料和基本单位统计资料三部分。

二、国民经济综合资料是抽取全书的精华，通过对各篇章主要统计指标及其速度、结构、比例和效益等的加工计算，来反映国民经济和社会发展的总体情况。

三、基本单位统计资料根据基本单位统计年报汇总整理。

Brief Introduction

Main Contents and Sources of Data

I. This chapter consists of three parts: divisions of administrative areas, summary data on economy and social development, statistics on basic units.

II. The summary data on economy and social development reflects the overall situation of the economic and social development by presenting further processed statistics including growth, structure, ratio and efficiency data derived from other chapters.

III. Statistics on basic units are derived from annual report of basic units.

1-1 行政区划(2018)
Divisions of Administrative Areas (2018)

单位：个 (Unit)

地 区	Region	土地面积（平方公里） Area of Land (sq.km)	地级市 Cities at Prefecture Level	县级市 Cities at County Level	县 Counties	民族自治县 Ethnic Minority Autonomous Counties	市辖区数 Districts under the Jurisdiction of Cities	乡(镇) Townships (Towns)
全省总计	**Total**	**35354**	**4**	**5**	**4**	**6**	**8**	**195**
海口市	Haikou	2305	1				4	22
三亚市	Sanya	1915	1				4	
三沙市	Sansha	13	1					
五指山市	Wuzhishan	1129		1				7
文昌市	Wenchang	2485		1				17
琼海市	Qionghai	1692		1				12
万宁市	Wanning	1884		1				12
定安县	Ding'an	1187			1			10
屯昌县	Tunchang	1232			1			8
澄迈县	Chengmai	2045			1			11
临高县	Lingao	1317			1			10
儋州市	Danzhou	3265	1					16
东方市	Dongfang	2256		1				10
乐东黎族自治县	Ledong Li Autonomous County	2763				1		11
琼中黎族苗族自治县	Qiongzhong Li and Miao Autonomous County	2706				1		10
保亭黎族苗族自治县	Baoting Li and Miao Autonomous County	1161				1		9
陵水黎族自治县	Lingshui Li Autonomous County	1128				1		11
白沙黎族自治县	Baisha Li Autonomous County	2117				1		11
昌江黎族自治县	Changjiang Li Autonomous County	1610				1		8

1-2 经济和社会发展主要指标
Aggregate Indicators on Economic and Social Development

指 标	Item	1978	1988	2000	2010	2017	2018
人口与就业	**Population and Employment**						
人口(万人)	**Population (10 000 persons)**						
年末常住人口	Population of Usual Residents at Year-end			788.05	868.55	925.76	934.32
城镇人口	Urban			320.50	432.62	537.31	551.81
乡村人口	Rural			467.55	435.93	388.45	382.51
就业(万人)	**Employment (10 000 persons)**						
就业人数	Employmed Persons	221.48	292.15	335.17	439.65	583.88	600.50
职工人数	Staff and Workers	79.84	102.64	77.79	79.21	96.88	95.34
#国有单位	State-owned Units	73.62	92.89	65.45	51.46	40.95	39.45
宏观经济	**Macroeconomy**						
国民核算(亿元)	**National Accounting (100 million yuan)**						
地区生产总值	Gross Domestic Products	16.40	77.00	526.82	2064.50	4462.54	4832.05
第一产业	Primary Industry	8.72	38.46	192.00	526.89	962.84	1000.11
第二产业	Second Industry	3.65	14.19	103.97	546.05	996.35	1095.79
第三产业	Tertiary Industry	4.03	24.35	230.85	991.56	2503.35	2736.15
固定资产投资(亿元)	**Investment in Fixed Assets(100 million yuan)**						
#房地产开发	Real Estate Development			10.34	467.87	2053.11	1715.04
财政(亿元)	**Public Finance (100 million yuan)**						
地方一般预算收入	General Budget Revenue of the Local Government	1.36	4.82	39.20	270.99	674.11	752.67
地方一般预算支出	General Budget Expenditure of the Local Government	1.67	9.25	64.12	581.34	1443.97	1691.30
利用外资(万美元)	**Utilization of Foreign Investment (USD 10 000)**						
实际利用外资	Amount of Foreign Investment Actually Utilized		12771	61280	152276	230598	81876
#实际外商直接投资	Actual Foreign Direct Investment		11421	43080	151213	230598	74451

注：从2018年起，利用外资启用商务部口径。
Note:Since 2018,the data of utilization of foreign investment are calculated according to the standards of the Ministry of Commerce.

1-2 续表 1(continued 1)

指 标	Item	1978	1988	2000	2010	2017	2018
产 业	**Industry**						
农 业	**Agriculture**						
粮 食(万吨)	Grain(10 000 tons)	114.29	119.81	212.24	166.55	138.11	147.12
蔬 菜(万吨)	Vegetables(10 000 tons)		45.00	267.06	434.51	553.05	566.77
水 果(万吨)	Fruits(10 000 tons)		31.33	143.30	373.20	405.48	430.41
橡 胶(干胶)(万吨)	Rubber(Dry Rubber)(10 000 tons)	6.77	15.65	28.09	34.64	36.21	35.07
椰 子(万个)	Coconut(10 000 units)	2065	6127	19166	22512	21770	22677
肉 类(万吨)	Meat(10 000 tons)		13.96	39.73	68.18	78.67	79.87
生 猪(出栏)(万头)	Pigs(Slaughtered) (10 000 units)		123.39	278.93	505.66	547.82	561.64
鸡 (出栏)(万只)	Chicken(Slaughtered) (10 000 units)		1104.00	5592.17	8360.51	10939.31	11295.77
水 产 品(万吨)	Aquatic Products(10 000 tons)	6.71	12.83	83.06	149.48	180.79	175.82
工 业	**Industry**						
工业增加值(亿元)	Added-value of Industry (100 million yuan)	2.95	10.03	70.46	361.37	528.28	572.52
主要工业产品产量(万吨)	Output of Major Industrial Products (10000 tons)						
铁 矿 石(原矿)(万吨)	Crude Iron Ores (10 000 tons)	366.15	445.97	418.00	489.62	434.71	284.59
钢 材(万吨)	Rolled Steel(10 000 tons)			8.00	14.55	1.09	
水 泥(万吨)	Cement(10 000 tons)	18.27	44.91	315.05	1264.05	2213.31	2104.15
人 造 板(万立方米)	Man-made Board(10 000 cu.m)			15.15	23.98	9.20	6.31
汽 车(万辆)	Automobiles(10 000 units)			0.31	13.60	3.96	2.11
化学肥料(折纯)(万吨)	Chemical Fertilizers(100%)(10 000 tons)			25.53	66.56	60.52	61.47
#氮肥(折含N100%)	#Nitrogen Fertilizers(Converted into 100% Nitrogen Content)			25.03	66.56	60.52	61.47
合成纤维聚合物(万吨)	Synthetic Fiber Polymers (10 000tons)			6.81	27.72	116.43	151.09
成 品 糖(万吨)	Refined Sugar(10 000 tons)	7.45	20.30	27.23	30.10	11.14	13.93
卷 烟(亿支)	Cigarettes(100 million Pieces)				87.50	120.00	117.50
罐 头(万吨)	Canned Food(10 000 tons)	0.96	1.40	15.67	20.34	22.60	18.93
建筑业	**Construction**						
建筑业企业从业人员(万人)	Employed Persons in Construction Enterprises(10 000 persons)			5.8	11.0	7.4	6.8
建筑业总产值(亿元)	Gross Output Value(100 million yuan)			30.2	199.5	322.8	357.6
施工房屋面积(万平方米)	Floor Space of Building Under Construction (10000 sq.m)			359.4	1429.7	2060.5	2223.7
竣工房屋面积(万平方米)	Floor Space of Building Completed (10000 sq.m)			167.5	508.7	562.5	619.9

注：依据第三次全国农业普查结果，对2007年-2017年农业数据进行了修订。

Note:According to the result of the Third National Agricultural Census,data of agriculture were revised from 2007 to 2017.

1-2 续表 2(continued 2)

指 标	Item	1978	1988	2000	2010	2017	2018
交通运输业	**Transport**						
货运量(万吨)	Freight Traffic (10000 tons)	714	4224	11304	22481	21397	22093
#铁路	Railways	386	420	331	546	972	1078
公路	Highways	222	3661	8962	13947	11223	12052
水运	Waterways	106	143	2002	7966	9165	8921
客运量(万人)	Passenger Traffic (10000 persons)	1504	13183	23013	45718	18155	18314
#铁路	Railways	119	91	14	104	2706	2978
公路	Highways	1296	12528	21930	42785	10107	9637
水运	Waterways	85	537	537	1340	1879	1788
港口货物吞吐量(万吨)	Volume of Freight Handled in Coastal Ports (10000 tons)	544	826	1976	9662	18473	18282
邮电通信业	**Postal and Telecommunication Services**						
邮电业务总量(亿元)	Business Volume (100 million yuan)	0.07	0.36	32.95	76.74	270.03	590.83
函件(亿件)	Number of Letters (100 million pieces)	2798	3345	2547	1225	418	308
年末移动电话用户(万户)	Number of Mobile Telephone Subscribers (10000 units)			57.60	594.33	1007.46	1085.30
国内商业(亿元)	**Domestic Commerce(100 million yuan)**						
社会消费品零售总额	Total Retail Sales of Consumer Goods	8.83	34.32	172.48	663.85	1618.76	1717.08
对外经济贸易	**Foreign Trade**						
进出口总额(亿美元)	Total Value of Imports and Exports (USD 100 million)		6.65	12.88	108.16	702.70	848.18
进口	Imports		3.70	4.85	84.25	407.06	550.42
出口	Exports		2.95	8.03	23.91	295.65	297.76
旅游	**Tourism**						
接待游客总人数(万人次)	Total Number of Tourists (10 000person-times)		118.54	1007.57	2587.34	6745.01	7627.39
其中:入境游客	#Number of Oversea Visitor		20.46	48.68	66.33	111.94	126.36
国内游客	Number of Domestic Tourists		57.77	958.89	2521.03	6633.07	7501.04
旅游收入(亿元)	Tourism Earnings (100 million yuan)		1.14	78.56	257.63	811.99	950.16
金融保险(亿元)	**Finance and Intermediation (100 million yuan)**						
金融机构存款(本外币)	Deposits of Financial Institutions (RMB and Foreign Currency)				4217.16	10096.38	9610.47
金融机构贷款(本外币)	Loans of Financial Institutions (RMB and Foreign Currency)				2514.08	8459.27	8820.12
境内上市公司(家)	Number of Listed Companies in Mainland			22	23	30	31
国内保险保费收入	Premium of Domestic Insurance			6.06	47.95	164.83	183.10

注：从2017年起，进出口数据均以亿元为单位，下同。
Note: The data on import and export are for 100 million yuan as the unit instead of dollars since 2017,the same following.

1-2　续表3 (continued 3)

指　标	Item	1978	1988	2000	2010	2017	2018
教育、文化	**Education and Culture**						
教育	**Education**						
高等学校本专科在校学生(万人)	Students Enrollment in Institutions of Higher Eductioan (10 000persons)	0.30	0.91	1.85	15.08	18.55	18.92
中等专业学校在校学生(万人)	Students Enrollment in Specialized Secondary Schools(10 000persons)		0.83	3.57	10.92	13.36	13.46
普通中学在校学生(万人)	Students Enrollment in Regular Secondary Schools(10 000persons)	33.82	30.33	43.58	58.21	50.44	50.29
小学在校学生(万人)	Students Enrollment in Primary Schools (10 000persons)	88.79	90.35	103.58	78.05	80.95	83.19
文化	**Culture**						
图书出版量(万册)	Books Published(10 000 copies)			3288	7159	6071	4784
期刊出版量(万册)	Magazines Published (10 000 copies)			609	1103	750	580
报纸出版量(亿册)	Newspaper Published (100 million copies)			1.24	2.07	2.10	1.86
家庭、生活、卫生	**Family, People's Livelihood and Health Care**						
家庭	**Family**						
城镇居民平均每户家庭人口(人)	Average Household size of Urban Households (person)		4.3	3.8	3.3	3.6	3.7
农村居民平均每户家庭人口(人)	Average Household size of Rural Households (person)		6.3	5.2	4.8	4.4	4.3
居住	**Housing**						
城镇人均现住房总建筑面积(平方米)	Per Capita Net Floor Space of Urban Households (sq.m)				28.88	30.80	32.10
农村年末人均生活用房面积(平方米)	Per Capita Living Floor Space at Year-end(sq.m)		17.10	19.22	24.74	30.16	32.78
生活	**People's Livelihood**						
城镇常住居民人均可支配收入(元)	Per Capita Disposbale Income of Urban Households(yuan)		1196	5358	15581	30817	33349
农村常住居民人均可支配收入(元)	Per Capita Disposbale Income of Rural Households(yuan)		609	2231	5275	12902	13989
储蓄存款(亿元)	Saving Depoists of Households (100 million yuan)		29.98	404.74	1658.42	3790.10	4188.82
城镇非私营单位工资	**Wages of Urban Non-private Units**						
在岗职工工资总额(亿元)	Total Wages Bill of Staff and Workers(100 million yuan)	4.54	14.04	57.50	245.97	660.51	743.19
在岗职工平均工资(元)	Average Wages of Staff and Workers(yuan)	582	1399	7408	31025	69062	77672
卫生	**Public Health**						
卫生机构数(个)	Number of Health Care Institutions (unit)	3308	3764	2689	4678	5177	5325
#医院	Hospitals	464	426	492	495	505	517
床位数(张)	Number of Hospital Beds(units)	18687	20643	20550	25981	42002	44712
#医院	Hospitals	18562	20265	15352	24336	38654	41956
卫生人员总数(人)	Number of Medical Technical Personels(persons)	24730	35208	38539	51985	77652	81376
#医生	Doctors	6333	10101	12706	14456	20882	22278

1-3 国民经济和社会发展结构指标
Composition Indicators on Economic and Social Development

单位：%　　(%)

指　标	Item	1978	1988	2000	2010	2017	2018
人口与就业	**Population and Employment**						
人口	**Population**						
性别结构	Sexual Composition						
男	Male	51.2	51.6	53.0	53.0	52.4	52.4
女	Female	48.8	48.4	47.0	47.0	47.6	47.6
城乡结构	Urban and Rural Composition						
城镇	Urban	8.2	17.3	40.7	49.8	58.0	59.1
乡村	Rural	91.8	82.7	59.3	50.2	42.0	40.9
就业	**Employment**						
产业结构	Industrial Composition						
第一产业	Primary Industry	78.6	70.9	60.8	50.4	40.3	38.3
第二产业	Secondary Industry	7.9	9.5	9.4	11.9	11.8	11.7
第三产业	Tertiary Industry	13.5	19.6	29.8	37.7	47.9	50.0
宏观经济	**Macroeconomy**						
国民经济核算	**National Accounting**						
地区生产总值产业结构	Industrial Composition						
第一产业	Primary Industry	53.1	50.0	36.4	25.5	21.6	20.7
第二产业	Secondary Industry	22.3	18.4	19.8	26.5	22.3	22.7
第三产业	Tertiary Industry	24.6	31.6	43.8	48.0	56.1	56.6
固定资产投资	**Investment in Fixed Assets**						
产业结构	Industrial Composition						
第一产业	Primary Industry			12.7	0.6	1.3	0.9
第二产业	Secondary Industry			20.6	14.9	6.9	8.9
第三产业	Tertiary Industry			66.7	84.5	91.8	90.1
利用外资	**Utilization of Foreign Investment**						
实际利用外资结构	Composition of Foreign Investment Actually Utilized						
对外借款	Foreign Loans		4.1	29.7	0.7		1.4
外商直接投资	Foreign Direct Investment		89.4	70.3	99.3	100.0	98.6
外商其他投资	Other Foreign Investment		6.5				
财政	**Government Finance**						
地方一般预算收入结构	Local General Budgetary Revenue						
税收收入	Tax Revenue			80.4	87.5	80.6	83.5
非税收收入	Total Non-tax Revenue			19.6	12.5	19.4	16.5
地方一般预算支出结构	Local General Budgetary Expenditure						
# 用于文教、卫生、科学的支出	For Education、Health Care and Sciences			20.5	26.2	27.0	27.0
用于社会保障和就业的支出	For Social Security and Employment Effort			6.7	12.7	12.7	12.3

1-3 续表1 (continued 1)

单位：% (%)

指 标	Item	1978	1988	2000	2010	2017	2018
产 业	**Industry**						
农业	**Agriculture**						
农林牧渔业产值结构	Composition of Gross Output Value of Agriculture						
#农业	Farming	35.5	39.0	46.5	41.5	47.5	47.5
林业	Forestry	48.1	26.8	15.4	15.1	7.2	7.2
牧业	Animal Husbandry	8.9	19.6	16.1	19.8	16.5	16.0
渔业	Fishery	2.1	7.2	22.0	20.8	25.0	25.2
工业	**Industry**						
工业企业资产结构	Composition of Capital of Industrial Enterprises						
大型企业	Large-sized Enterprises					29.0	27.7
中型企业	Medium-sized Enterprises					43.7	46.2
小型企业	Small-sized Enterprises					26.4	25.2
微型企业	Micro-sized Enterprises					0.9	0.9
交通运输业	**Transportation**						
货运量结构	Composition of Freight Traffic						
铁 路	Railways	54.06	9.94	2.93	2.43	4.54	4.88
公 路	Highways	31.09	86.67	79.28	62.04	52.45	54.55
水 运	Waterways	14.85	3.39	17.71	35.43	42.83	40.38
民 航	Civil Aviation			0.08	0.10	0.18	0.19
旅游业	**Tourism**						
旅游人数结构	Composition of Tourists						
外国人	Foreigners		3.10	0.93	1.83	1.17	1.18
港澳同胞	Chinese Compatriots from Hong Kong and Macao		13.57	3.23	0.47	0.25	0.20
台湾同胞	Chinese from Taiwan Province		0.59	0.67	0.26	0.25	0.28
国内游客	Domestic Tourists		82.74	95.17	97.44	98.34	98.34

注：依据第三次全国农业普查结果，对2007年-2017年农业数据进行了修订。

Note: Note:According to the result of the Third National Agricultural Census,data of agriculture were revised from 2007 to 2017.

1-3 续表2 (continued 2)

单位：% (%)

指　　标	Item	1978	1988	2000	2010	2017	2018
教育	**Education**						
普通学校专任教师结构	Composition of Full-time Teachers in Regular Schools						
大学	Colleges and Universities	1.3	2.5	2.0	8.3	9.2	10.0
中学	Secondary Schools	32.8	33.9	33.3	36.6	42.9	39.5
小学	Primary Schools	65.9	63.6	64.7	55.1	47.8	50.5
普通学校在校学生结构	Composition of Student Enrollment in Regular Schools						
大学生	College and University Students	0.3	0.7	1.2	10.0	12.4	12.3
中学生	Secondary School Students	27.7	25.8	31.3	38.4	33.6	33.9
小学生	Primary School Pupils	72.0	73.5	67.5	51.6	54.0	53.9
生活	**People's Living Conditions**						
城镇居民消费结构	Consumption Composition of Urban Households						
食品	Food		64.0	49.3	44.8	37.2	35.6
衣着	Clothing		5.3	4.6	5.8	4.4	4.1
居住	Residence		4.8	8.7	10.1	18.9	22.0
家庭设备用品及服务	Household Facilities, Articles and Services		8.6	4.9	5.6	5.4	4.7
医疗保健	Health Care		1.2	6.1	5.3	7.4	7.3
交通通信	Transportation and Communication		1.1	8.6	16.5	13.8	11.3
教育文化娱乐服务	Education, Cultural and Recreation Services		6.8	11.6	9.2	11.0	12.4
杂项商品与服务	Miscellaneous Goods and Services		5.1	6.2	2.6	1.9	2.6
农村居民消费结构	Consumption Composition of Rural Residents						
食品烟酒	Food, Tobacco and Liquor				34.0	41.9	41.8
衣　　着	Clothing				2.3	3.4	2.8
居　　住	Residence				12.0	19.2	19.8
医疗保健	Health Care				2.7	6.6	6.5
生活用品及服务	Household Articles and Services				2.7	3.9	4.7
教育文化娱乐	Education, Cultural and Recreation Services				6.3	12.5	12.6
交通通信	Transportation and Communication				6.2	10.9	10.1
其他商品及服务	Others				1.8	1.8	1.7
卫生	**Public Health**						
卫生技术人员结构	Composition of Medical Technical Personnel						
#执业(助理)医师	Licensed (Assistant) Doctors				36.6	34.5	35.0
注册护士	Registered Nurses				41.3	47.0	47.1
药师(士)	Pharmacist				5.1	4.9	4.8

1-4　按行业分法人单位数和产业活动单位数(2018)
Number of Legal Entities and Establishments by Sector (2018)

单位：个　　(unit)

行　业	Sectors	法人单位数 Number of Legal Entities	单产业法人单位 Single-Sector Legal Entities	多产业法人单位 Multi-Sector Legal Entities	产业活动单位数 Number of Economic Active Establishments	多产业法人所属的产业活动单位 Economic Active Establishments of Multi-sector Legal Entity
合　计	**Total**	**106535**	**102639**	**3896**	**124631**	**21992**
农、林、牧、渔业	**Agricalture,Forestry,Animal Husbandry and Fishery**	**13323**	**13168**	**155**	**13618**	**450**
农业	Farming	5967	5925	42	6015	90
林业	Forestry	741	678	63	811	133
畜牧业	Animal Husbandry	4153	4130	23	4191	61
渔业	Fishery	1349	1339	10	1363	24
农、林、牧、渔服务业	Services in Support of Agriculture	1113	1096	17	1238	142
采矿业	**Mining**	418	403	15	430	27
煤炭开采和洗选业	Mining and Washing of Coal	5	4	1	4	
石油和天然气开采业	Extration of Petroleum and Natural Gas	6	5	1	6	1
黑色金属矿采选业	Mining and Processing of Ferrous Metals Ores	41	40	1	42	2
有色金属矿采选业	Mining and Processing of Non-ferrous Metals Ores	125	122	3	126	4
非金属矿采选业	Mining and Processing of Nonmetal Ores	208	200	8	217	17
开采辅助活动	Support Activities for Mining	8	7	1	8	1
其他采矿业	Mining of Other Ores	25	25		27	2
制造业	**Manufacturing**	4416	4278	138	4659	381
农副食品加工业	Processing of Food from Agricultural Products	595	575	20	683	108
食品制造业	Manufacture of Foods	258	249	9	264	15
酒、饮料和精制茶制造业	Manufacture of Wine,Beverages and Tea	184	175	9	198	23
烟草制品业	Manufacture of Tobacco	1	1		1	
纺织业	Manufacture of Textile	58	55	3	60	5
纺织服装、服饰业	Manufacture of Textile, Wearing Apparel and Accessories	92	87	5	94	7
皮革、毛皮、羽毛及其制品和制鞋业	Manufacture of Leather, Fur, Feather and Related Products and Footwear	9	9		9	
木材加工及木、竹、藤、棕、草制品业	Processing of Timber, Manufacture of Wood, Bamboo, Rattan, Palm and Straw Products	266	259	7	282	23
家具制造业	Manufacture of Furniture	157	154	3	160	6
造纸及纸制品业	Manufacture of Paper and Paper Products	87	86	1	88	2
印刷和记录媒介复制业	Printing, Reproduction of Recording Media	264	251	13	278	27
文教、工美、体育和娱乐用品制造业	Manufacture of Articles for Culture, Education Arts and Crafts, Sport and Entertaiment Activities	142	139	3	144	5
石油加工、炼焦及核燃料加工业	Processing of Petroleum, Coking and Nuclear Fuel	22	20	2	23	3
化学原料及化学制品制造业	Manufacture of Raw Chemical Materials and Chemical Products	226	220	6	234	14
医药制造业	Manufacture of Medicines	179	168	11	183	15
化学纤维制造业	Manufacture of Chemical Fibers	7	6	1	7	1

注：本表按法人单位及其产业活动单位统计，含法人单位在外省的产业活动单位。
Note:The table is based on statistics of legal entities and their establishments, including the legal entities whose ecnomic active establishments are in other provinces.

1-4 续1(continued 1)

单位：个 (unit)

行　业	Sectors	法人单位数 Number of Legal Entities	单产业法人单位 Single-Sector Legal Entities	多产业法人单位 Multi-Sector Legal Entities	产业活动单位数 Number of Economic Active Establishments	多产业法人所属的产业活动单位 Economic Active Estab--lishments of Multi--sector Legal Entity
橡胶和塑料制品业	Manufacture of Rubber and Plastic Products	162	156	6	170	14
非金属矿物制品业	Manufacture of Non-metallic Mineral Products	750	734	16	775	41
黑色金属冶炼及压延加工业	Smelting and Pressing of Ferrous Metals	31	31		31	
有色金属冶炼及压延加工业	Smelting and Pressing of Non-ferrous Metals	40	37	3	40	3
金属制品业	Manufacture of Metal Products	222	217	5	225	8
通用设备制造业	Manufacture of General Purpose Machinery	60	59	1	62	3
专用设备制造业	Manufacture of Special Purposes Machinery	138	133	5	149	16
汽车制造业	Manufacture of Automobiles	58	57	1	58	1
铁路、船舶、航空航天和其他运输设备制造业	Manufacture of Railway, Ship, Aerospace and Other Transport Equipments	61	61		63	2
电气机械和器材制造业	Manufacture of Electrical Machinery and Apparatus	112	108	4	118	10
计算机、通信和其他电子设备制造业	Manufacture of Computer, Communication and Other Electronic Equipments	53	52	1	59	7
仪器仪表制造业	Manufacture of Measuring Instruments and Machinery	25	25		25	
其他制造业	Other Manufacture	31	31		32	1
废弃资源综合利用业	Utilization of Waste Resources	24	24		26	2
金属制品、机械和设备修理业	Repair Service of Metal Products, Machinery and Equipment	102	99	3	118	19
电力、热力、燃气及水生产和供应业	**Production and Supply of Electric Power,Gas and Water**	**559**	**511**	**48**	**808**	**297**
电力、热力生产和供应业	Production and Supply of Electric Power and Heat Power	351	317	34	539	222
燃气生产和供应业	Production and Supply of Gas	57	52	5	64	12
水的生产和供应业	Production and Supply of Water	151	142	9	205	63
建筑业	**Construction**	**8592**	**8436**	**156**	**9342**	**906**
房屋建筑业	Construction of Buildings	1030	992	38	1328	336
土木工程建筑业	Civil Engineering	1129	1104	25	1271	167
建筑安装业	Construction Installation	999	974	25	1095	121
建筑装饰和其他建筑业	Building Decoration and Other Construction	5434	5366	68	5648	282
批发和零售业	**Wholesale & Retail Trades**	**22411**	**21608**	**803**	**26623**	**5015**
批发业	Wholesale Trade	11750	11451	299	12465	1014
零售业	Retail Trade	10661	10157	504	14158	4001
交通运输、仓储和邮政业	**Transport, Storage and Post**	**2155**	**1996**	**159**	**3194**	**1198**
铁路运输业	Railway Transport	15	11	4	29	18
道路运输业	Road Transport	980	926	54	1364	438
水上运输业	Water Transport	235	211	24	247	36
航空运输业	Air Transport	50	46	4	66	20
管道运输业	Pipeline Transport	2	2		3	1
装卸搬运和其他运输服务业	Loading, Unloading and Other Transport Services	511	486	25	577	91
仓储业	Storage	166	156	10	179	23
邮政业	Posts	196	158	38	729	571
住宿和餐饮业	**Hotels and Catering Services**	**2690**	**2528**	**162**	**3195**	**667**
住宿业	Hotels	1356	1265	91	1547	282
餐饮业	Catering Services	1334	1263	71	1648	385

1-4　续2(continued 2)

单位：个　(unit)

行　业	Sectors	法人单位数 Number of Legal Enities	单产业法人单位 Single-Sector Legal Entities	多产业法人单位 Multi-Sector Legal Entities	产业活动单位数 Number of Economic Active Establishments	多产业法人所属的产业活动单位 Economic Active Estab--lishments of Multi--sector Legal Entity
信息传输、软件和信息技术服务业	**Information Transmission, Software and Information Technology**	**3419**	**3362**	**57**	**3728**	**366**
电信、广播电视和卫星传输服务	Telecommunications, Broadcasting and TV Transmission and Satellite Services	181	165	16	371	206
互联网和相关服务	The Internet and Related Services	796	788	8	833	45
软件和信息技术服务业	Software and Information Technology Services	2442	2409	33	2524	115
金融业	**Financial Intermediation**	**739**	**633**	**106**	**2348**	**1715**
货币金融服务	Monetary and Financial Services	340	277	63	1547	1270
资本市场服务	Capital Market Services	201	191	10	264	73
保险业	Insurance	115	83	32	421	338
其他金融业	Other Financial Sector	83	82	1	116	34
房地产业	**Real Estate**	**10349**	**10008**	**341**	**11115**	**1107**
房地产业	Real Estate	10349	10008	341	11115	1107
租赁和商务服务业	**Leasing and Business Services**	**13908**	**13591**	**317**	**14848**	**1257**
租赁业	Leasing	1546	1515	31	1613	98
商务服务业	Business Services	12362	12076	286	13235	1159
科学研究和技术服务业	**Scientific Research and Technical Services**	**3745**	**3631**	**114**	**4431**	**800**
研究与试验发展	R&D	383	376	7	410	34
专业技术服务业	Professional Technical Services	2282	2191	91	2805	614
科技推广和应用服务业	Services of Science and Technology Exchanges and Application	1080	1064	16	1216	152
水利、环境和公共设施管理业	**Management of Water Conservancy, Environmental and Public Facilities**	**908**	**877**	**31**	**1104**	**227**
水利管理业	Water Conservancy Management	141	131	10	201	70
生态保护和环境治理业	Ecological Orotection and Environmental Governance	121	116	5	148	32
公共设施管理业	Management of Public Facilities	646	630	16	755	125
居民服务、修理和其他服务业	**Services to Households and Other Services**	**2110**	**2062**	**48**	**2256**	**194**
居民服务业	Services to Households	747	725	22	828	103
机动车、电子产品和日用产品修理业	Repair of Motor Vehicle, Electronic Products and Daily Products	825	809	16	867	58
其他服务业	Other Services	538	528	10	561	33
教育	**Education**	**4381**	**4128**	**253**	**6188**	**2060**
教育	Education	4381	4128	253	6188	2060
卫生和社会工作	**Health Care and Social Welfare**	**1421**	**1315**	**106**	**2490**	**1175**
卫生	Health Care	1161	1056	105	2181	1125
社会工作	Social Welfare	260	259	1	309	50
文化、体育和娱乐业	**Culture, Sports and Entertainment**	**2552**	**2501**	**51**	**2711**	**210**
新闻出版业	Journalism and Publishing Activities	86	81	5	93	12
广播、电视、电影和影视录音制作业	Radio, Television, Film and Television Recording Studios	368	355	13	387	32
文化艺术业	Culture and Arts	654	649	5	726	77
体育	Sports	391	380	11	412	32
娱乐业	Entertainment	1053	1036	17	1093	57
公共管理、社会保障和社会组织	**Public Management, Social Security and Social Organization**	**8214**	**7382**	**832**	**11255**	**3873**
中国共产党	The Communist Party of China	175	147	28	219	72
国家机构	Government Agencies	2636	2034	602	5429	3395
人民政协和民主党派	People's Political Consultative Conference and Democratic Parties	78	75	3	90	15
社会保障	Social Security	52	51	1	82	31
群众团体、社会团体 和宗教组织	Non-governmental Organizations, Social Organizations and Religion Organizations	1804	1786	18	1943	157
基层群众自治组织	Grassroots Autonomous Organizations	3694	3514	180	3717	203

1-5 按注册类型和机构类型分法人单位数(2018)

Number of Legal Entities by Status of Registration and Type of Institutions (2018)

单位：个 (unit)

行　业	Sectors	法人单位数 Number of Legal Enities	单产业法人单位 Single-Sector Legal Entities	多产业法人单位 Multi-Sector Legal Entities
总　计	**Total**	**106535**	**102639**	**3896**
按注册类型分	**By Status of Registration**			
内资	Domestic Funded	105691	101878	3813
国有	State-owned Enterprises	7721	6462	1259
集体	Collective-owned Enterprises	1137	1033	104
股份合作	Cooperative Enterprises	630	599	31
联营	Joint Ownership Enterprises	204	198	6
有限责任公司	Limited Liability Corporations	34448	33283	1165
股份有限公司	Share-holding Corporations Limited	1862	1720	142
私营	Private Enterprises	40935	40078	857
其他	Others	18754	18505	249
港、澳、台商投资	Enterprises with Funds from Hongkong,Macao and Taiwan	481	430	51
合资经营(港或澳、台资)	Joint-venture Enterprises	121	103	18
合作经营(港或澳、台资)	Cooperative Enterprises	19	16	3
港、澳、台商独资经营	Enterprises with Sole Investment	296	267	29
港、澳、台商投资股份有限公司	Share-holding Corporations Ltd.	31	30	1
其他港、澳、台商投资	Others	14	14	
外商投资	Enterprises with Foreign Investment	363	331	32
中外合资经营	Joint-venture Enterprises	134	125	9
中外合作经营	Cooperation Enterprises	21	20	1
外资独资	Enterprises with Sole Funds	167	147	20
外商投资股份有限公司	Share-holding Corporations Ltd.	19	17	2
其他外商投资	Others	22	22	
按机构类型分	**By Type of Institutions**			
法人单位	Legal Entities	106535	102639	3896
企业	Enterprises	83442	80793	2649
事业单位	Institutions	4377	3901	476
机关	Government Agencies	1756	1205	551
社会团体	Social Organizations	1696	1679	17
民办非	Nonenterprise Units Run by NGO	2150	2143	7
其他组织机构	Others	13114	12918	196

1-6　各市县法人单位数和产业活动单位数(2018)
Number of Legal Entities and Economic Active Establishments by Region (2018)

单位：个　(unit)

市　县	Region	法人单位数 Number of Legal Enities	单产业法人单位 Single-sector Legal Entities	多产业法人单位 Multi-sector Legal Entities	产业活动单位数 Number of Economic Active Establishments	多产业法人所属的产业活动单位 Economic Active Establishments of Multi-sector Legal Entity
全省总计	**Total**	**106535**	**102639**	**3896**	**124631**	**21992**
海口市	Haikou	53667	51994	1673	58221	6227
三亚市	Sanya	16073	15597	476	18490	2893
三沙市	Sansha	23	23		30	7
五指山市	Wuzhishan	1424	1357	67	1780	423
文昌市	Wenchang	3672	3503	169	4853	1350
琼海市	Qionghai	4047	3797	250	5309	1512
万宁市	Wanning	3402	3283	119	4459	1176
定安县	Ding'an	2302	2227	75	2764	537
屯昌县	Tunchang	1665	1586	79	2121	535
澄迈县	Chengmai	3733	3615	118	4610	995
临高县	Lingao	1313	1236	77	1893	657
儋州地区	Danzhou Area	4034	3782	252	5388	1606
儋州市	Danzhou	2306	2103	203	3613	1510
洋　浦	Yangpu	1728	1679	49	1775	96
东方市	Dongfang	2261	2177	84	2810	633
乐东县	Ledong	1277	1193	84	1946	753
琼中县	Qiongzhong	1471	1386	85	2040	654
保亭县	Baoting	1611	1523	88	2079	556
陵水县	Lingshui	1333	1279	54	1706	427
白沙县	Baisha	1248	1170	78	1703	533
昌江县	Changjiang	1979	1911	68	2429	518

主要统计指标解释

行政区划 指国家对行政区域的划分。根据有关法规规定，我国的行政区域划分如下：(1)全国分为省、自治区、直辖市；(2)省、自治区分为自治州、县、自治县、市；(3)自治州分为县、自治县、市；(4)县、自治县分为乡、民族乡、镇；(5)直辖市和较大的市分为区、县；(6)国家在必要时设立的特别行政区。

平均增长速度 平均增长速度表明社会经济现象在一个较长的时期内逐期平均增长变化的程度，它不能根据各个环比增长速度直接求得，但与平均发展速度之间存在着一定的数量关系：平均增长速度＝平均发展速度－1。

平均发展速度是一种根据环比发展速度计算的序时平均数，由于各时期对比的基础不同，所以计算平均发展速度不能采用一般的序时平均数的计算方法，计算方法分为水平法和累计法。水平法，又称几何平均法，即将环比发展速度按连乘法用几何平均数公式计算。累计法，也称方程法，根据一段时期内各年发展水平总和与基期水平的关系，列出方程式计算平均发展速度。水平法着重考虑最后一年所达到的发展水平；累计法着重考虑整个时期累计发展水平的总量。

本《年鉴》内所列的平均增长速度，除固定资产投资用“累计法”计算外，其余均用“水平法”计算。从某年到某年平均增长速度的年份，均不包括基期年在内。如建国四十三年以来的平均增长速度是以 1949 年为基期计算的，则写为 1950-1992 年平均增长速度，其余类推。

企业(单位)登记注册类型 是以在工商行政管理机关登记注册的各类企业为划分对象，以工商行政管理部门对企业登记注册的类型为依据，将企业登记注册类型分为内资企业、港澳台商投资企业和外商投资企业三大类。内资企业包括国有企业、集体企业、股份合作企业、联营企业、有限责任公司、股份有限公司、私营公司和其他企业；港澳台商投资企业和外商投资企业分别包括合资经营企业、合作经营企业、独资经营企业和股份有限公司。对不在工商行政管理部门进行登记注册的行政机关、事业单位和社会团体，主要按其经费来源和管理方式进行划分。

国有企业 指企业全部资产归国家所有，并按《中华人民共和国企业法人登记管理条例》规定登记注册的非公司制的经济组织。不包括有限责任公司中的国有独资公司。

集体企业 指企业资产归集体所有，并按《中华人民共和国企业法人登记管理条例》规定登记注册的经济组织。

股份合作企业 指以合作制为基础，由企业职工共同出资入股，吸收一定比例的社会资产投资组建，实行自主经营，自负盈亏，共同劳动，民主管理，按劳分配与按股分红相结合的一种集体经济组织。

联营企业 指两个及两个以上相同或不同所有制性质的企业法人或事业单位法人，按自愿、平等、互利的原则，共同投资组成的经济组织。联营企业包括国有联营企业、集体联营企业、国有与集体联营企业和其他联营企业。

有限责任公司 指根据《中华人民共和国公司登记管理条例》规定登记注册，由两个以上、五十个以下的股东共同出资，每个股东以其所认缴的出资额对公司承担有限责任，公司以其全部资产对其债务承担责任的经济组织。有限责任公司包括国有独资公司以及其他有限责任公司。

股份有限公司 指根据《中华人民共和国公司登记管理条例》规定登记注册，其全部注册资本由等额股份构成并通过发行股票筹集资本，股东以其认购的股份对公司承担有限责任，公司以其全部资产对其债务承担责任的经济组织。

私营企业 指由自然人投资设立或由自然人控股，以雇佣劳动为基础的营利性经济组织。包括按照《公司法》、《合伙企业法》、《私营企业暂行条例》规定登记注册的私营有限责任公司、私营股份有限公司、私营合伙企业和私营独资企业。

其他企业 指上述企业之外的其他内资经济组织。

与港澳台商合资经营企业 指港澳台地区投资者与内地企业依照《中华人民共和国中外合资经营企业法》及有关法律的规定，按合同规定的比例投资设立、分享利润和分担风险的企业。

与港澳台商合作经营企业 指港澳台地区投资者与内地企业依照《中华人民共和国中外合作经营企业法》及有关法律的规定，依照合作合同的约定进行投资或提供条件设立、分配利润和分担风险的企业。

港澳台商独资经营企业 指依照《中华人民共和国外资企业法》及有关法律的规定，在内地由港澳台地区投资者全额投资设立的企业。

港澳台商投资股份有限公司 指根据国家有关规定，经原外经贸部依法批准设立，其中港、澳、台商的股本占公司注册资本的比例达 25% 以上的股份有限公司。凡其中港、澳、台商的股本占公司注册资本的比例小于 25%的，属于内资企业中的股份有限公司。

中外合资经营企业 指外国企业或外国人与中国内地企业依照《中华人民共和国中外合资经营企业法》及有关法律的规定，按合同规定的比例投资设立、分享利润和分担风险的企业。

中外合作经营企业　指外国企业或外国人与中国内地企业依照《中华人民共和国中外合作经营企业法》及有关法律的规定，依照合作合同的约定进行投资或提供条件设立、分配利润和分担风险的企业。

外资企业　指依照《中华人民共和国外资企业法》及有关法律的规定，在中国内地由外国投资者全额投资设立的企业。

外商投资股份有限公司　指根据国家有关规定，经原外经贸部依法批准设立，其中外资的股本占公司注册资本的比例达 25% 以上的股份有限公司。凡其中外资股本占公司注册资本的比例小于 25%的，属于内资企业中的股份有限公司。

行政机关、事业单位和社会团体　参照企业登记注册类型，主要按其经费来源和管理方式划分。具体规定如下：

⑴行政机关：包括国家机关和政党机关，原则上均列为"国有"。但有特殊规定的，如供销社等，则列为"集体"。

⑵事业单位：包括经国家机构编制部门和有关业务主管部门批准成立的各类事业单位，不包括实行企业化管理的事业单位。事业单位的划分办法如下：①由国家财政预算拨款或列入财政预算外资金管理以及经费主要来源于国有主管部门或国有上级单位的事业单位，列为"国有"。②经费主要来源于集体单位的事业单位，列为"集体"。③公民个人(或个人合伙)开办的事业单位，列为"私营"。④上述以外的其他事业单位，如果其经费来源不明确，按管理方式进行归类。

⑶社会团体：包括经民政部门批准成立以及未纳入社会团体管理条例范围的工会、妇联等各类社会团体。社会团体的划分办法如下：①未纳入民政部社会团体管理条例范围的工会、妇联、共青团、青联、工商联、科协、侨联等社会团体，国家拨款设立的基金会或基金管理组织以及经费主要来源于国有业务主管部门或国有上级单位的社会团体，列为"国有"。②经费主要来源于集体单位的社会团体，列为"集体"。③公民个人(或个人合伙)开办的社会团体，划为"私营"。④上述以外的其他社会团体，如果其经费来源不明确，改按管理方式进行归类。

法人单位　是指有权拥有资产、承担负债，并独立从事社会经济活动（或与其他单位进行交易）的组织。法人单位应同时具备以下条件：

（一）依法成立，有自己的名称、组织机构和场所，能够独立承担民事责任；

（二）独立拥有（或授权使用）资产或者经费，承担负债，有权与其他单位签订合同；

（三）具有包括资产负债表在内的账户，或者能够根据需要编制账户。

法人单位包括五种类型：企业法人、事业单位法人、机关法人、社会团体和其他成员组织法人、其他法人。

产业活动单位　是指位于一个地点，从事一种或主要从事一种社会经济活动的组织或组织的一部分。产业活动单位应同时具备以下条件：

（一）在一个场所从事一种或主要从事一种社会经济活动；

（二）相对独立地组织生产活动或经营活动；

（三）能提供收入、支出等相关资料。

产业活动单位是法人单位的组成部分。仅包含一个产业活动单位的法人单位，称为单产业法人单位，该法人单位同时也是一个产业活动单位；由两个及以上产业活动单位组成的法人单位，称为多产业法人单位，这些产业活动单位接受法人单位的管理和控制。

Explanatory Notes on Main Statistical Indicators

Divisions of Administrative Areas refer to the division of administrative areas by the State. The relative laws stipulate that 1) the whole country is divided into provinces, autonomous regions and municipalities directly under the Central Government; 2) provinces and autonomous regions are further divided into autonomous prefectures, counties, autonomous counties and cities; 3) autonomous prefectures are further divided into counties, autonomous counties and cities; 4) counties and autonomous counties are further divided into townships, ethnic townships and towns; 5) municipalities directly under the Central Government and large cities are divided into districts and counties; 6) the State shall, when necessary, establish special administrative regions.

Average Annual Growth Rate shows the average growth rate of social and economic development during a longer period. It can not be directly calculated by chain based growth rate. The relation is:

Average Annual Growth Rate = Average Speed of Development – 1

Average speed of development is the time series average of speed which calculated by chain based. Because the reference bases during the different periods are not same, average speed of development can not be calculated by the general method. Level approach and accumulative approach for calculating average speed of development rate are applied. The "level approach", or the method of calculating the geometric average, is derived by the formula of geometric average of the chain-based speeds of development, or comparing the level of the last year of the interval with that of the beginning year; the other is called the "accumulative approach" or the "algebraic average", "equation" method, which is derived by the summation of the actual figure of each year in the interval divided by the figure in the base year. The level approach focuses on the level of the last year, while the accumulative approach emphasizes the aggregate development in the duration.

The average annual growth rates listed in the Yearbook are calculated by the level approach except for the growth rate of investment in fixed assets. The base year is not listed in the duration for which average annual growth rates are computed. For instance, the average annual growth rate of the 43 years since 1949 is shown as the average annual growth rate of 1950-1992 without showing the base year 1949.

Status of Registration Enterprises are classified into 3 categories, namely domestic-funded enterprises, enterprises with investment from Hong Kong, Macau and Taiwan, and enterprises with foreign investment, according to the registration status of an enterprise in industrial and commercial administration agencies. Domestic-funded enterprises include State-owned enterprises, collective-owned enterprises, cooperative enterprises, joint ownership enterprises, limited liability corporations, share-holding corporations Ltd., private enterprises and other enterprises. Included in the enterprises with investment from Hong Kong, Macau and Taiwan and enterprises with foreign investment are joint-venture enterprises, cooperative enterprises, sole investment enterprises and share-holding corporations Ltd. For government agencies, institutions and social organizations which are not registered in industrial and commercial administration agencies, they are classified mainly by their sources of funding and manner of management.

State-owned Enterprises refer to non-corporation economic units where the entire assets are owned by the State and which have been registered in accordance with the Regulation of the People's Republic of China on the Management of Registration of Corporate Enterprises. Not included from this category are solely State-funded corporations in the limited liability corporations.

Collective-owned Enterprises refer to economic units where the assets are owned collectively and which have been registered in accordance with the Regulation of the People's Republic of China on the Management of Registration of Corporate Enterprises.

Cooperative Enterprises refer to a form of collective economic units (enterprises) where capitals come mainly from employees as their shares, with certain proportion of capital from the outside, where production is organized on the basis of independent operation, independent accounting for profits and losses, joint work, democratic management, and a distribution system that integrates remuneration according to work with dividend according to capital share.

Joint Ownership Enterprises refer to economic units established by two or more corporate enterprises or corporate institutions of the same or different ownership, through joint investment on the basis of voluntary participation, equality, and mutual benefits. They include State joint ownership enterprises; collective joint ownership enterprises; joint State-collective enterprises; and other joint ownership enterprises.

Limited Liability Corporations refer to economic units established with investment from 2-50 investors and registered in accordance with the Regulation of the People's Republic of China on the Management of Registration of Corporations, each investor bearing limited liability to the corporation depending on its share of investment, and the corporation bearing liability to its debt to the maximum of its total assets. Limited liability corporations include solely State-funded limited liability corporations and other limited liability corporations.

Share-holding Corporations Ltd. refer to economic units registered in accordance with the Regulation of the People's Republic of China on the Management of Registration of Corporations, with total registered capital divided into equal shares and raised through issuing stocks. Each investor bears limited liability to the corporation depending on the holding of shares, and the corporation bears liability to its debt to the maximum of its total assets.

Private Enterprises refer to profit-making economic units invested and established by natural persons, or controlled by natural persons using employed labour. Included in this category are private limited liability corporations, private share-holding corporations Ltd., private partnership enterprises and private-funded enterprises registered in accordance with the Company Law, the Law on Partnership Business and Interim Regulations on Private Enterprises.

Other Domestic-funded Enterprises refer to domestic-funded economic units other than those mentioned above.

Joint Venture Enterprises with Funds from Hong Kong, Macau and Taiwan are enterprises established by investors from Hong Kong, Macau and Taiwan with enterprises in the mainland of China in accordance with the Law of the People's Republic of China on Sino-foreign Equity Joint Ventures and other relevant laws, where the establishment of the investment and the sharing of profits and risks are stipulated under joint venture contracts.

Cooperative Enterprises with Funds from Hong Kong, Macau and Taiwan established by investors from Hong Kong, Macau and Taiwan with enterprises in the mainland of China in accordance with the Law of the People's Republic of China on Sino-foreign Contractual Joint Venture and other relevant laws, where the investment or provision of facilities and the sharing of profits and risks are stipulated under cooperative contracts.

Enterprises with Sole (exclusive) Investment from Hong Kong, Macau and Taiwan refer to enterprises established in the mainland of China with exclusive investment from investors from Hong Kong, Macau and Taiwan in accordance with the Law of the People's Republic of China on Wholly Foreign-owned Enterprises and other relevant laws.

Share-holding Corporations Ltd. with Investment from Hong Kong, Macau and Taiwan refer to share-holding corporations Ltd. established with the approval from the former Ministry of Foreign Trade and Economic Relations in line with relevant State regulations, where the share of investment from Hong Kong, Macau or Taiwan businessmen exceeds 25% of the total registered capital of the corporation. In case the share of investment from Hong Kong, Macau or Taiwan is less than 25% of the total registered capital, the enterprise is to be classified as domestic-funded share-holding corporation Ltd.

Joint Venture Enterprises with Foreign Investment refer to enterprises jointly established by foreign enterprises or foreigners with enterprises in the mainland of China in accordance with the Law of the People's Republic of China on Sino-foreign Equity Joint Ventures and other relevant laws, where the sharing of investment, profits and risks is stipulated under contract.

Cooperative Enterprises with Foreign Investment refer to enterprises jointly established by foreign enterprises or foreigners with enterprises in the mainland of China in accordance with the Law of the People's Republic of China on Sino-foreign Contractual Joint Venture and other relevant laws, where the investment or provision of facilities and the sharing of profits and risks are stipulated under cooperative contracts.

Enterprises with Sole (exclusive) Foreign Investment refer to enterprises established in the mainland of China with exclusive investment from foreign investors in accordance with the Law of the People's Republic of China on Wholly Foreign-owned Enterprises and other relevant laws.

Share-holding Corporations Ltd. with Foreign Investment refer to share-holding corporations Ltd. established with the approval from the former Ministry of Foreign Trade and Economic Relations in line with relevant State regulations, where the share of investment from foreign investors exceeds

25% of the total registered capital of the corporation. In case the share of foreign investment is less than 25% of the total registered capital, the enterprise is to be classified as domestic-funded share-holding corporation Ltd.

Government Agencies, Institutions and Social Organizations are classified into the following categories by source of funds and manner of management taking reference of the registration status of enterprises:

(1) Government agencies: include State and party agencies, classified in principle as State-owned. There are exceptions, such as supply and marketing cooperatives which are classified as collective-owned.

(2) Institutions: include institutions of various types established with the approval by organization and staffing departments of the government, but exclude institutions where enterprise management system is introduced. Institutions are further classified as follows:

(a) Institutions for which their main budgets are from government budget appropriations or extra-budget funds, or allocated from the budget of their competent government agencies. Such institutions are classified as state-owned.

(b) Institutions for which their budget mainly come from collective units. Such institutions are classified as collective-owned.

(c) Social institutions established by individual or a group of citizens, which are classified as private.

(d) Institutions other than those mentioned above for which their sources of budget are not clear. Such institutions are classified by the manner of management.

(3) Social organizations: include social organizations established with the approval from the Ministry of Civil Affairs, and organizations that are not covered by social organization management regulations such as trade unions, women's federations etc.. Social organizations are further classified as follows:

(a) Social organizations that are not covered by social organization management regulations of the Ministry of Civil Affairs such as trade unions, women federations, communist youth leagues, youth associations, industrial and commerce associations, scientist associations, overseas Chinese associations, etc., foundations and fund management organizations established with funds from the state, and social organizations whose funds mainly come from the budget of their competent government agencies. Such institutions are classified as State-owned.

(b) Social organizations for which their budget mainly come from collective units. Such institutions are classified as collective-owned.

(c) Social organizations established by individual or a group of citizens, which are classified as private.

(d) Social organizations other than those mentioned above for which their sources of budget are not clear. Such organizations are classified by the manner of management.

Legal Entities refer to the organizations which have the right to own property, assume the liabilities and engage in social economic activities or trade with other institutions. Legal Entities should have the following conditions:

(a) Established in accordance with the law, have its own name, organization and location, bear civil liability independently.

(b) Owned (or licensed) assets or funds independently, bear the liabilities, entitled to sign contracts with other institutions.

(c) Control account included balance sheet or according to the needs.

Legal Entities include five types: corporate legal person, institutions legal person, authority legal person, social organizations and other members' organization legal person, other legal persons.

Economic Active Establishments refer to the organizations or a part of the organization which locate at a location, engaged in a kind of or a mainly social and economic activities. Establishments should have the following conditions:

(a) Locate at a location, engaged in a kind of or a mainly social and economic activities.

(b) Organize production or business activities relatively independently.

(c) Provide income, expenditure and other relevant information.

Legal entities are compositions of establishments. Legal entities with only one establishment are named as single-sector legal entities and the legal entities are the establishment meantime. Legal entities with two and more establishments are named as multi-sector legal entities; the establishments are managed and controlled by the legal entities.

2

人　口

Population

编辑人员：邢琼香

Compiled by Xing Qiongxiang

英文翻译：邢琼香

Translated by Xing Qiongxiang

简 要 说 明

一、本篇资料主要内容

本篇资料反映我省当年及历年人口的基本情况，包括历年人口数、城镇人口、乡村人口、出生率、死亡率、自然增长率、人口负担系数、家庭户规模、人口受教育程度等。

二、本篇资料来源

表 2-4、表 2-5、表 2-6 为公安户籍资料；表 2-2、2-3 为在年度人口抽样调查基础上的人口推算数据；表 2-7 为第六次人口普查主要数据。

三、本篇统计调查方法

在逢“0”的年份进行全国人口普查； 在逢“5”的年份进行全国 1%人口抽样调查；其余年份进行全国人口变动情况抽样调查，其样本量约占全国总人口的 1‰左右。人口抽样调查是以全国为总体，省级单位为次总体，采用分层、多阶段、整群概率比例抽样方法抽取样本。

Brief Introduction

I. Main Contents

Data in this chapter show the basic condition of the population from previous years for the whole province. They include the sizes of the provincial population, urban population and rural population over the year; as well as size, birth rates, death rates, natural growth rates, population dependency coefficient, average family household size and education attainments of the population by the end of 2014.

II. Sources of Data

In tables 2-4, 2-5, and 2-6, figures are from household registrations; In tables 2-2, 2-3 data are from the annual national sample survey on population changes which have been revised according to the census results; In tables 2-7 data are the basic statistics on Hainan Population Census in1953,1964,1990,2000 and 2010.

III. Sampling Methodology

The national population census is conducted in the year ending with 0; the national 1 percent population sample survey is conducted in the year ending with 5; sample surveys on population changes are conducted in the rest of the years which cover about 1 per thousand of the total population of the country. The sample survey on population change takes the whole nation as the population and each province, autonomous region or municipality as sub-populations, and the stratified multi-stage systematic PPS cluster sampling scheme is used.

2-1 人口主要指标

Major Indicators on Population

项　目	Item	2005	2010	2013	2014	2015	2016	2017	2018
年末常住人口(万人)	**Population of Usual Residents at Year-end (10000 persons)**	**828.00**	**868.55**	**895.28**	**903.48**	**910.82**	**917.13**	**925.76**	**934.32**
男性比例（%）	Proportion of Male (%)	52.49	52.96	52.83	52.72	52.72	52.59	52.41	52.38
女性比例（%）	Proportion of Female (%)	47.51	47.04	47.17	47.28	47.28	47.41	47.59	47.62
0-14岁人口比例(%)	Proportion of Aged 0-14(%)	23.69	19.78	19.49	19.48	19.49	19.50	19.51	19.50
15-64岁人口比例(%)	Proportion of Aged 15-64 (%)	67.77	72.15	72.42	72.41	72.38	72.36	72.35	72.35
65岁及以上人口比例(%)	Proportion of Aged 65 and Over (%)	8.54	8.07	8.09	8.11	8.13	8.14	8.14	8.15
城镇人口比例（%）	Proportion of Urban (%)	45.20	49.81	52.74	53.76	55.12	56.78	58.04	59.06
人口密度(人/平方公里)	Population Density (person/sq.km.)	234	246	253	255	258	260	262	264
户籍人口	**Population of Household Registrations**								
年末总户数（万户）	Total Households at Year-end (10000 households)	202.79	253.55	262.65	265.39	263.42	262.73	262.61	267.38
年末总人口（万人）	Total Population at Year-end (10000 persons)	819.03	896.09	908.91	916.34	907.67	902.18	910.41	925.10
#乡村人口	#Population of Rural by Registration	505.30	552.47	565.03	571.29	570.99	553.77	556.03	561.09
城镇人口比例(%)	Proportion of Urban Population by Registration (%)	38.31	38.35	37.83	37.66	37.09	38.62	38.93	39.35
性别比　(女=100)	Sex Ratio (female=100)	109.81	109.19	109.46	109.37	110.02	109.83	109.53	109.40
候鸟人口(万人)	Migratory Bird Population (10 000 persons)					115.00	121.42	130.98	132.23
常住型候鸟人口	Population of Usual Residents					48.32	49.58	51.41	49.62
流动型候鸟人口	Floating Population					66.68	71.84	79.57	82.61
人口变动情况(‰)	**Population Changes(‰)**								
出生率	Birth Rate	14.65	14.71	14.59	14.56	14.57	14.57	14.73	14.48
死亡率	Death Rate	5.72	5.73	5.90	5.95	6.00	6.00	6.01	6.01
自然增长率	Natural Growth Rate	8.93	8.98	8.69	8.61	8.57	8.57	8.72	8.47

2-2 常住人口变动情况
Statistics on Population Changes

指　　标	Item	2005	2010	2013	2014	2015	2016	2017	2018
一、年末常住人口(万人)	**Population of Usual Residents at Year-end (10000 persons)**	**828.00**	**868.55**	**895.28**	**903.48**	**910.82**	**917.13**	**925.76**	**934.32**
二、自然增长情况	**Natural Growth**								
出生率(‰)	Birth Rate(‰)	14.65	14.71	14.59	14.56	14.57	14.57	14.73	14.48
死亡率(‰)	Death Rate(‰)	5.72	5.73	5.90	5.95	6.00	6.00	6.01	6.01
自然增长率(‰)	Natural Growth Rate(‰)	8.93	8.98	8.69	8.61	8.57	8.57	8.72	8.47
三、各年龄段占的比率(%)	**Proportion by Age (%)**								
0—14岁	Aged 0-14	23.69	19.78	19.49	19.48	19.49	19.50	19.51	19.50
15—64岁	Aged 15-64	67.77	72.15	72.42	72.41	72.38	72.36	72.35	72.35
65岁及以上	Aged 65 and Over	8.54	8.07	8.09	8.11	8.13	8.14	8.14	8.15
四、性别比(%)	**Sex Ratio(%)(Female=100)**	**110.46**	**112.58**	**112.01**	**111.52**	**111.52**	**110.93**	**110.12**	**100.01**
五、文盲率(15岁及以上)(%)	**Percentage of Illiterate Population to Total (Aged 15 and Over)(%)**	**9.76**	**5.07**	**4.75**	**4.64**	**4.64**	**4.64**	**3.95**	**3.94**
六、人均受教育年限(6岁及以上)(年)	**Mean Years of Educational Attainment to Total (Aged 6 and Over) (year)**	**8.90**	**8.90**	**9.10**	**9.20**	**9.20**	**9.20**	**9.30**	**9.35**
七、家庭户平均每户人数(人)	**Average Family Size (person/household)**	**3.83**	**3.46**	**3.65**	**3.64**	**3.68**	**3.65**	**3.55**	**3.51**
八、人口负担系数(%)	**Dependency Ratio of Population (%)**								
总负担系数	Gross Dependency Ratio	47.56	38.60	38.08	38.10	38.16	38.20	38.20	38.22
少儿负担系数	Children Dependency Ratio	34.96	27.42	26.91	26.90	26.93	26.90	26.97	26.95
老年负担系数	Old Dependency Ratio	12.60	11.18	11.17	11.20	11.23	11.30	11.23	11.27
九、孩次构成情况	**Composition of Birth Order**								
一孩率(%)	1st Birth Rate(%)	53.70	53.07	55.76	48.48	49.39	55.35	42.49	39.63
二孩率(%)	2nd Birth Rate(%)	36.84	35.14	35.39	40.90	38.82	35.41	46.75	49.69
三孩率(%)	3rd Birth Rate(%)	9.45	11.79	8.60	10.62	11.79	7.70	9.43	9.38
十、育龄妇女生育情况	**Fertility of Women on Childbearing Age**								
一般生育率(‰)	General Fertility Rate(‰)	46.80	44.68	46.62	46.61	47.61	47.61	46.37	46.17
总和生育率	Total Fertility Rate	1.61	1.51	1.57	1.57	1.59	1.59	1.56	1.55

注：1. 本表为年度人口变动情况抽样调查资料。
　　2. 孩次构成情况中三孩率为三孩及以上孩次率。

Note: a) Data in this table are obtained from the sample surveys on population changes.
　　b) 3rd birth rate refers to the 3rd birth and above.

2-3 各市县常住人口(2018)
Population of Usual Residents by Region (2018)

地区	Region	总人口(万人) Total	年龄构成(%) Proportion of Age 0-14岁(%) Aged 0-14	15-64岁(%) Aged 15-64	65岁及以上(%) Aged 65+	分城乡人口 By Residence 城镇(万人) Urban (10 000 persons)	乡村(万人) Rural (10 000 persons)
全省总计	**Total**	**934.32**	**19.50**	**72.35**	**8.15**	**551.81**	**382.51**
海口市	Haikou	230.23	16.77	76.04	7.19	181.05	49.18
三亚市	Sanya	77.39	14.44	80.49	5.07	58.76	18.63
三沙市	Sansha	0.05		100.00		0.05	
五指山市	Wuzhishan	10.71	14.46	79.49	6.05	6.24	4.47
文昌市	Wenchang	56.89	18.05	68.69	13.26	30.58	26.31
琼海市	Qionghai	51.57	18.52	70.72	10.76	26.68	24.89
万宁市	Wanning	57.86	18.48	72.57	8.95	29.52	28.33
定安县	Ding'an	29.76	21.09	68.68	10.23	13.78	15.98
屯昌县	Tunchang	26.85	22.19	68.88	8.93	12.67	14.18
澄迈县	Chengmai	49.44	21.67	68.63	9.70	27.89	21.55
临高县	Lingao	45.10	24.77	66.42	8.81	20.82	24.28
儋州市	Danzhou Area	99.84	22.97	69.47	7.56	55.19	44.65
东方市	Dongfang	42.97	20.08	72.95	6.97	20.65	22.32
乐东县	Ledong	48.27	20.26	72.17	7.57	18.93	29.34
琼中县	Qiongzhong	18.02	21.45	70.69	7.86	7.60	10.42
保亭县	Baoting	15.28	18.03	74.18	7.79	6.19	9.09
陵水县	Lingshui	33.39	20.06	72.41	7.53	15.63	17.76
白沙县	Baisha	17.34	21.60	71.17	7.23	6.56	10.78
昌江县	Changjiang	23.35	20.54	71.09	8.37	13.01	10.34

注：本表所列儋州市数据为含洋浦数据。
Note:The data of Yangpu is included in the data of Danzhou Area.

2-4 历年全省人口数及构成
Population and Its Composition in Various Years

单位：万人　　（户籍人口 Population of Household Registrations）　　(10 000 persons)

年份 Year	总户数(万户) Number of Households (10 000 households)	总人口 Total Population	按性别分 By Sex		按城乡分 By Registration	
			男 Male	女 Female	乡村人口 Rural Population	城镇人口 Urban Population
1952	66.06	259.40	126.84	132.56	239.28	20.12
1957	69.51	290.81	145.39	145.42	253.99	36.82
1962	76.20	335.18	184.21	150.97	287.91	47.27
1965	83.65	365.79	186.21	179.58	313.57	52.22
1970	98.81	428.89	218.11	210.78	374.84	54.05
1971	108.14	454.50	323.38	131.12	393.92	60.58
1973	100.96	479.49	245.30	234.19	414.69	64.80
1974	101.83	487.77	249.40	238.37	420.88	66.89
1975	103.34	496.82	253.73	243.09	427.36	69.46
1976	106.75	505.15	259.14	246.01	433.91	71.24
1977	110.33	516.36	264.32	252.04	442.38	73.98
1978	114.13	528.45	270.42	258.03	451.08	77.37
1979	115.76	540.30	276.53	263.77	458.86	81.44
1980	117.81	552.53	280.36	272.17	466.24	86.29
1981	117.68	560.77	287.09	273.68	469.76	91.01
1982	116.90	571.38	293.26	278.12	477.11	94.27
1983	120.09	580.66	298.83	281.83	482.79	97.87
1984	124.98	589.31	303.58	285.73	485.35	103.96
1985	127.26	597.51	313.08	284.43	485.50	112.01
1986	132.33	605.63	313.08	292.55	489.30	116.33
1987	136.87	615.08	318.23	296.85	493.49	121.59
1988	143.95	627.49	325.03	302.46	500.82	126.67
1989	147.73	638.79	331.63	307.16	506.20	132.59
1990	150.39	651.23	338.40	312.83	514.62	136.61
1991	155.39	661.50	344.38	317.12	520.68	140.82
1992	158.22	671.32	350.05	321.27	524.83	146.49
1993	161.01	681.78	355.70	326.08	530.36	151.42
1994	163.27	691.39	360.66	330.73	533.26	158.13
1995	166.62	702.42	367.78	334.64	537.36	165.06
1996	170.76	714.06	373.20	340.86	540.25	173.81
1997	174.84	724.53	379.36	345.17	543.07	181.46
1998	178.21	733.31	384.91	348.40	547.19	186.12
1999	181.39	743.21	390.07	353.14	554.09	189.12
2000	182.61	760.94	399.54	361.40	564.07	196.87
2001	185.67	769.50	403.71	365.79	567.19	202.31
2002	188.52	778.89	409.16	369.73	570.43	208.46
2003	191.29	790.26	415.21	375.05	574.90	215.36
2004	197.70	805.88	422.70	383.18	501.15	304.53
2005	202.79	819.03	428.67	390.37	505.30	313.73
2006	215.57	833.44	435.59	397.85	512.07	321.36
2007	222.77	849.26	443.20	406.05	521.39	327.87
2008	233.49	864.73	451.80	412.93	529.76	334.96
2009	241.38	879.56	458.44	421.12	539.31	340.01
2010	253.55	896.09	467.72	428.37	552.47	343.46
2011	259.85	907.82	474.22	433.60	561.61	346.13
2012	257.91	901.93	471.74	430.19	559.67	342.26
2013	262.65	908.91	474.98	433.93	565.03	343.82
2014	265.39	916.34	478.68	437.66	571.29	345.01
2015	263.42	907.67	475.48	432.19	570.99	336.68
2016	262.73	902.18	472.21	429.97	553.77	348.41
2017	262.61	910.41	475.91	434.50	556.03	354.38
2018	267.38	925.10	483.31	441.80	561.09	364.01

2-5 各市县户籍人口(2018)
Total Population of Household Registrations by Region (2018)

单位：人　　(年末户籍人口)(Population of Household Registrations at Year-end)　　(person)

地区	Region	总户数(户) Number of Households (households)	总人口 Total Population	按性别分 By Sex 男 Male	女 Female	按城乡分 By Registration 乡村人口 Rural Population	城镇人口 Urban Population
全省总计	**Total**	**2673772**	**9251024**	**4833056**	**4417968**	**5610917**	**3640107**
海口市	Haikou	570013	1776141	908433	867708	730910	1045231
三亚市	Sanya	140392	614647	311919	302728	329250	285397
三沙市	Sansha	438	630	340	290		630
五指山市	Wuzhishan	34913	105919	54526	51393	60549	45370
文昌市	Wenchang	178699	600644	305470	295174	397344	203300
琼海市	Qionghai	155096	519291	271567	247724	353685	165606
万宁市	Wanning	217082	629914	333455	296459	446541	183373
定安县	Ding'an	108487	346688	185747	160941	240566	106122
屯昌县	Tunchang	93166	309125	163938	145187	216258	92867
澄迈县	Chengmai	159937	568137	307284	260853	303338	264799
临高县	Lingao	136810	504846	265009	239837	340118	164728
儋州地区	Danzhou Area	245419	1055199	560648	494551	689503	365696
儋州市	Danzhou	226233	967341	515106	452235	656501	310840
洋浦	Yangpu	19186	87858	45542	42316	33002	54856
东方市	Dongfang	135818	456265	240202	216063	266507	189758
乐东县	Ledong	159406	542763	284240	258523	410623	132140
琼中县	Qiongzhong	75324	216956	115166	101790	152264	64692
保亭县	Baoting	54315	167717	86815	80902	111355	56362
陵水县	Lingshui	87776	385062	200901	184161	266274	118788
白沙县	Baisha	52812	195142	102923	92219	147636	47506
昌江县	Changjiang	67869	255938	134473	121465	148196	107742

2-6 各市县民族人口(2018)
Population of Ethnicity by Region (2018)

单位：人　　(年末户籍人口)(Population of Household Registrations at Year-end)　　(person)

地　区	Region	汉族 Han	少数民族 Ethnic Minorities	黎族 Li	苗族 Miao	壮族 Zhuang	回族 Hui	其他 Others	少数民族占总人口的比重(%) Proportion of Ethnic Minorities Population to Total Population
全省总计	**Total**	**7575873**	**1675151**	**1514780**	**80297**	**40868**	**13776**	25430	18.1
海口市	Haikou	1736520	39621	20423	1833	3993	2285	11087	2.2
三亚市	Sanya	358701	255946	236636	4136	2376	9948	2850	41.6
三沙市	Sansha	603	27	7	3	1	1	15	4.3
五指山市	Wuzhishan	28130	77789	70879	6010	352	111	437	73.4
文昌市	Wenchang	594729	5915	4678	191	582	34	430	1.0
琼海市	Qionghai	498704	20587	6000	11751	2170	48	618	4.0
万宁市	Wanning	518851	111063	99192	8222	3133	84	432	17.6
定安县	Ding'an	338873	7815	3363	2889	1076	14	473	2.3
屯昌县	Tunchang	271887	37238	21936	11108	3481	35	678	12.0
澄迈县	Chengmai	560546	7591	5009	647	1200	20	715	1.3
临高县	Lingao	503852	994	578	42	192	12	170	0.2
儋州地区	Danzhou Area	959993	95206	85588	2895	4623	194	1906	9.0
儋州市	Danzhou	872832	94537	85234	2863	4552	165	1723	9.8
洋　浦	Yangpu	87161	669	354	32	71	29	183	0.8
东方市	Dongfang	360727	95538	93060	1176	539	37	726	20.9
乐东县	Ledong	332734	210029	204474	3090	1914	40	511	38.7
琼中县	Qiongzhong	79492	137464	113713	15556	6695	76	1424	63.4
保亭县	Baoting	51176	116541	104264	7486	3865	63	863	69.5
陵水县	Lingshui	164511	220551	218438	881	732	33	467	57.3
白沙县	Baisha	65884	129258	123025	2086	3050	14	1083	66.2
昌江县	Changjiang	149960	105978	103517	295	894	727	545	41.4

2-7 海南省六次人口普查基本情况
Basic Statistics on Hainan Population Census in1953,1964,1990,2000 and 2010

指　　标	Item	1953	1964	1982	1990	2000	2010
总人口(万人)	**Total Population**	**265.69**	**347.04**	**566.77**	**655.81**	**755.90**	**867.15**
男	Male	131.86	175.67	290.67	341.89	400.24	459.23
女	Female	133.83	171.37	276.10	313.92	355.66	407.92
性别比(以女性为100)	Sex Ratio (female=100)	98.52	102.51	105.28	108.91	112.54	112.58
家庭户规模(人/户)	Average Family Size (person/household)			4.89	4.57	4.11	3.46
各年龄组人口(%)	**Population by Age**						
0-14岁	Aged 0-14			36.73	33.08	27.43	19.78
15-64岁	Aged 15-64			57.11	61.51	65.83	72.15
65岁及以上	Aged 65 and Over			6.16	5.41	6.74	8.07
民族人口	**Population By Ethnicity**						
汉族(万人)	Han　(10 000 persons)		300.08	479.18	544.15	624.53	724.61
占总人口比重(%)	Proportion to Total Population(%)		86.50	84.50	83.00	82.60	83.56
少数民族(万人)	Ethnic Minorities (10 000 persons)		46.96	87.59	111.66	131.37	142.54
占总人口比重(%)	Proportion to Total Population(%)		13.50	15.50	17.00	17.40	16.44
每十万人拥有的各种受教育程度人口(人)	**Population by Educational Attainments Per 100 000 Persons (person)**						
大专及以上	College and Higher Level			382	1247	3180	7728
高中和中专	Senior Secondary School and Technical Secondary School			9415	10355	12512	14857
初中	Junior Secondary School			16624	22498	32485	42005
小学	Primary School			33331	34603	34378	22589
文盲人口及文盲率	**Illiterate Population and Its Percentage**						
文盲人口(万人)	Illiterate Population (10 000 persons)			108.87	92.87	53.30	35.26
文盲率(15岁及以上)(%)	Percentage of Illiterate Population to Total Aged 15 and Over(%)			30.36	21.16	9.72	5.07
城乡人口(万人)	**Population by Residence(10 000 persons)**						
城镇人口	Urban Population	21.48	44.83	73.31	157.04	307.46	430.85
乡村人口	Rural Population	244.21	302.21	493.46	498.77	448.44	436.30
平均预期寿命(岁)	**Life Expectancy (years old)**			**72.86**	**70.01**	**72.92**	**76.30**
男	Male			69.97	66.93	70.66	73.20
女	Female			75.29	73.28	75.26	80.01

主要统计指标解释

户籍人口 指公民在其经常居住地的公安户籍管理机关登记了常住户口的人，这类人口不管其是否外出，也不管外出时间长短，只要在某地注册有常住户口，则为该地区的户籍人口。

常住人口 一般指实际经常居住在某地区一定时间（半年以上）的人口。

城镇人口和乡村人口 （分为户籍和常住两个口径）户籍城镇人口是指从事非农业生产活动的劳动人口及其家庭被抚养人口；户籍乡村人口是指居住在农村或集镇，从事农业生产，以农业收入为主要生活来源的人口。

常住城镇人口是指居住在城镇范围内的全部常住人口；常住乡村人口是指居住在乡村范围内的全部常住人口。

出生率(又称粗出生率) 指在一定时期内(通常为一年)一定地区的出生人数与同期内平均人数(或期中人数)之比，用千分率表示。本资料中的出生率指年出生率，其计算公式为：

出生率＝年出生人数／年平均人数×1000‰

式中：出生人数指活产婴儿，即胎儿脱离母体时(不管怀孕月数)，有过呼吸或其他生命现象。年平均人数指年初、年底人口数的平均数，也可用年中人口数代替。

死亡率(又称粗死亡率) 指在一定时期内(通常为一年)一定地区的死亡人数与同期平均人数(或期中人数)之比，用千分率表示。本资料中的死亡率指年死亡率，其计算公式为：

死亡率＝年死亡人数／年平均人数×1000‰

人口自然增长率 指在一定时期内(通常为一年)人口自然增加数(出生人数减死亡人数)与该时期内平均人数(或期中人数)之比，用千分率表示。计算公式为：

人口自然增长率＝（本年出生人数－本年死亡人数）／年平均人数×1000‰＝人口出生率－人口死亡率

性别比 人口中男性人数与女性人数之比。通常用每100名女性人口相对应的男性人口数来表示。

一孩率 指当年出生人数中第一个孩子所占的比例。

二孩率 指当年出生人数中第二个孩子所占的比例。

三孩率 指当年出生人数中第三及以上孩子所占的比例。

一般生育率 指当年每千名15-49岁育龄妇女生育的活产婴儿总数。

总和生育率 指当年各年龄别妇女生育率的合计数，说明每名妇女按某年的年龄别生育率度过育龄期，平均每个妇女在育龄期生育的子女数。

人口负担系数 抚养系数，抚养比。是指人口总体中非劳动年龄人口数与劳动年龄人口数之比，通常用百分比表示。说明每100名劳动年龄人口大致要负担多少名非劳动年龄人口。用于从人口角度反映人口与经济发展的基本关系。负担系数可分为总负担系数、少儿负担系数和老年负担系数。

总负担系数 非劳动年龄人口数（0-14岁和65岁及以上人口）与劳动年龄人口数（15—64岁）之比。计算公式为：

总负担系数＝被抚养人口／15-64岁人口×100％

少年儿童负担系数 指少年儿童与劳动年龄人口数之比。计算公式为：

少儿负担系数＝0-14岁人口／15-64岁人口×100％

老年人口负担系数 指老年人口与与劳动年龄人口数之比。计算公式为：

老年负担系数＝65岁及65岁以上人口／15-64岁人口×100％

文盲率 15岁及以上不识字人口中所占的比重。文盲率反映一个国家人们受教育的程度。

人均受教育年限：是指某一人口群体（6岁以上）人均接受学历教育(包括成人学历教育，不包括各种非学历培训)的年数。

Explanatory Notes on Main Statistical Indicators

Population of Household Registrations refers to the citizens who have registered in public security organs of household register management, regardless of whether or not to go out and no matter the length of time.

Population of Usual Residents refers to the total number of people alive at a certain point of time (above half year) within a given area.

Urban Population and Rural Population The statistical scope of Urban Population and Rural Population is divided into population of household registrations and population of usual residents. Urban Population of Household Registrations refer to people who engage into non-agricultural activities and the dependent population of the family. Rural Population of Household Registrations refer to people who live in the rural area and engage into agricultural activities or agricultural income as the main source of living.

Urban population of usual residents refer to all people residing in cities and towns, while rural population usual residents refer to population residing in rural areas.

Birth Rate (or Crude Birth Rate) refers to the ratio of the number of births to the average population (or mid-period population) during a certain period of time (usually a year) ,expressed in per thousand. Birth rate in the yearbook refers to annual birth rate. The following formula is used:

Birth Rate = Number of Births in the Year/Annual Average Number of Population×1000‰

Where: Number of births refers to live births, i.e. when a baby has breathed or showed any vital phenomena regardless of the length of pregnancy.

Annual Average number of Population is the average of the number of population at the beginning of the year and that at the end of the year. Sometimes it is substituted by the mid-year population.

Death Rate (or Crude Death Rate) refers to the ratio of the number of deaths to the average population (or mid-period population) during a certain period of time (usually a year) ,expressed in per thousand. Death rate in the yearbook refers to annual death rate. The following formula is used:

Death Rate= Number of Deaths in the Year/Annual Average Number of Population×1000‰

Natural Growth Rate of Population refers to the ratio of natural increase in population (number of births minus number of deaths) in a certain period of time (usually a year) to the average population (or mid-period population) of the same period, expressed in per thousand. The following formulas are applied:

Natural Growth of Rate of Population = (Number of Births-Number of Deaths)/Annual Average Number of Population×1000‰

Natural Growth of Rate of Population = Birth Rate-Death Rate

Sex Ratio refers to the ratio of the number of men to each 100 female.

1st Birth Rate refers to the ratio of the number of 1st birth baby to baby birth this year.

2nd Birth Rate refers to the ratio of the number of 2nd birth baby to baby birth this year.

3rd Birth Rate refers to the ratio of the number of 3th or above birth baby to baby birth this year.

General Fertility Rate refers to the total number of live birth infants were delivered by per thousand women of childbearing age (aged 15-49) in that year.

Total Fertility Rate refers to the total number of birth rate above all age-specific women in that year.

Age Composition Ratio (dependency ratio) refers to the ratio of non-working-age population to the working-age population, express in %.Describing in general the number of non-working-age population that every 100 people at working ages will take care of. This indicator reflects the basic relation between population and economic development from the demographic perspective.

Gross Dependency Ratio also called gross dependency coefficient, refers to the ratio of non-working-age population the every 100 people at working ages take care of, this indicator reflects the basic relation between population and economic development from the demographic perspective. The total dependency ratio is calculated as follows:

Gross Dependency Coefficient = Number of non-working-age population Aged 0-14 and 65and over/The Working-age Population Aged 15-64×100%

Children Dependency Ratio refers to the ratio of the children population to the working-age population. The children dependency coefficient is calculated with the following formula:

CDC=the children population aged 0-14/the working-age population aged 15-64×100%

Old Dependency Ratio refers to the ratio of the elderly population to the working-age population. The old dependency coefficient is calculated with the following formula:

ODC=the elderly population aged 65 and over/the working-age population aged 15-64×100%

Illiterate Rate refers to the population over 15 years of age who can not read. It reflects the level of education in a country.

Mean Years of Educational Attainment refers to the total year's education for diploma of a group of people, including adult education and excluding non-diploma training.

3

国民经济核算
National Accounts

编辑人员：唐南慧　廖颖姝　夏亮　符峻

Compiled by Tang Nanhui　Liao Yingshu　Xia Liang Fu Jun

英文翻译：夏亮

Translated by Xia Liang

简 要 说 明

本章节主要内容和资料来源

地区生产总值数据是由海南省统计局国民经济核算处按照国家统计局国民经济核算的方法制度，通过收集不同产业部门、不同支出构成资料，采用生产法、收入法和支出法计算的。

本年鉴公布的地区生产总值以及与之有关的指标数据，在遇到普查或者重大核算方法改革，能够获得更详细的基础资料以及更多的财务和行政记录等资料的情况下，地区生产总值的历史数据还会发生变动。2016 年，国家统计局改革研发支出的核算方法，将能够为所有者带来经济利益的研发支出不再作为中间消耗，而是作为固定资本形成处理。根据新的核算方法，本年鉴中 2016、2017 年地区生产总值数据含研发支出。

本年鉴所列分市县的数据来自各市县的国民经济核算资料。由于采取分级核算，各市县数据相加不等于全省总计。

Brief Introduction

I. Data on GDP are computed by the Department of National Accounts of the Hainan Provincial Bureau of Statistics (NBS) based on different approaches in the light of the different features of various sectors, various expenditure structures and different data sources, calculated using the production method, income approach and the expenditure approach.

II. Historical data on GDP and related indicators published in the Yearbook are subject to change when more information from financial data and administrative records become available, where a census has been conducted, or method of siganificant accounting methods is reformed. In 2016, National Bureau of Statistics reforms the Methodology of Expenditure for Research and Development, which that will bring economic benefit for the owners is not treated as Intermediate Consumption, and is treated as fixed assets formation. According to the new Accounting Methodology, we revised historical data of GDP from 2016 to 2017 in this Yearbook.

III. Regional data in this Yearbook are prepared from the provincal accounts data provided by the statistical bureaus of the regions. The sum of the regional data is not equal to the provincal total due to the decentralized accounting approach.

3-1 历年地区生产总值
Gross Domestic Product in Various Years

单位：亿元 (100 million yuan)

年 份 Year	地区生产总值 Gross Domestic Product	第一产业 Primary Industry	第二产业 Secondary Industry	第三产业 Tertiary Industry	#农业 Agriculture	工 业 Industry	建筑业 Construction	人均地区生产总值(元) Per Capita GDP(yuan)
1978	16.40	8.72	3.65	4.03	8.72	2.95	0.70	314
1979	17.45	9.31	3.77	4.37	9.31	3.01	0.76	327
1980	19.33	10.8	3.61	4.92	10.8	2.87	0.74	354
1981	22.23	13.02	3.47	5.74	13.02	2.71	0.76	399
1982	28.86	17.25	4.04	7.57	17.25	3.07	0.97	510
1983	31.12	18.45	4.47	8.20	18.45	3.53	0.94	540
1984	37.18	20.48	6.68	10.02	20.48	4.70	1.98	636
1985	43.26	21.80	9.30	12.16	21.80	5.88	3.42	729
1986	48.03	24.05	9.92	14.06	24.05	6.67	3.25	798
1987	57.28	28.63	10.91	17.74	28.63	7.73	3.18	925
1988	77.00	38.46	14.19	24.35	38.46	10.03	4.16	1220
1989	91.32	42.64	18.29	30.39	42.64	11.70	6.59	1420
1990	102.42	45.71	20.19	36.52	45.71	13.16	7.03	1562
1991	120.52	49.80	24.71	46.01	49.80	15.23	9.48	1804
1992	184.92	53.59	38.27	93.06	53.59	20.98	17.29	2719
1993	260.41	76.82	66.08	117.50	76.82	35.58	30.50	3755
1994	331.98	106.12	83.32	142.54	106.12	44.56	38.76	4702
1995	363.25	128.90	78.48	155.87	128.90	44.04	34.44	5063
1996	389.68	141.15	81.52	167.01	141.15	49.20	32.32	5346
1997	411.16	148.52	83.13	179.51	148.52	52.05	31.08	5567
1998	442.13	156.05	91.41	194.66	156.05	59.09	32.32	5912
1999	476.67	172.62	96.02	208.04	172.62	63.37	32.65	6294
2000	526.82	192.00	103.97	230.85	192.00	70.46	33.51	6798
2001	579.17	196.78	133.84	248.56	196.78	97.86	35.98	7315
2002	642.73	222.89	148.88	270.96	222.89	111.42	37.46	8041
2003	713.96	244.29	175.82	293.85	244.29	132.26	43.56	8849
2004	819.66	274.99	205.60	339.07	278.76	151.56	54.04	10067
2005	918.75	295.86	240.83	382.06	300.75	176.92	63.91	11165
2006	1065.67	315.71	308.62	441.34	323.48	238.31	70.31	12810
2007	1254.17	352.17	364.26	537.74	361.07	278.37	85.89	14923
2008	1503.06	425.50	422.58	654.98	436.04	308.89	114.66	17691
2009	1654.21	451.28	433.31	769.62	462.19	291.41	142.80	19254
2010	2064.50	526.89	546.05	991.56	539.83	361.37	185.79	23831
2011	2522.66	643.87	670.08	1208.71	659.23	431.89	239.46	28898
2012	2855.54	693.54	737.81	1424.19	711.54	455.69	283.32	32377
2013	3177.56	736.03	797.39	1644.14	756.30	472.38	326.11	35666
2014	3500.72	809.52	875.97	1815.23	832.64	514.40	362.77	38924
2015	3702.76	854.72	875.82	1972.22	880.52	485.85	390.41	40818
2016	4053.20	948.35	905.95	2198.90	977.63	482.50	424.50	44347
2017	4462.54	962.84	996.35	2503.35	993.25	528.28	470.01	48430
2018	4832.05	1000.11	1095.79	2736.15	1034.44	572.52	525.37	51955

注：1. 本表按当年价格计算。2. 自2016年起，本年鉴中GDP数据含研发支出，下同。3. 2018年数据为初步核算数，下同。

Note:1. Data in this table are calculated at current prices. 2.Since 2016,the data of GDP has included Expenditure for Research and Development in this Yearbook，the following as the same.3.Data of 2018 are preliminary estimation,the following as the same.

3-2 历年地区生产总值构成
Composition of Gross Domestic Product in Various Years

单位：% (%)

年 份 Year	地区生产总值 Gross Domestic Product	第一产业 Primary Industry	第二产业 Secondary Industry	第三产业 Tertiary Industry	#农业 Agriculture	工 业 Industry	建筑业 Construction
1978	100.0	53.1	22.3	24.6	53.1	18.0	4.3
1979	100.0	53.4	21.6	25.0	53.4	17.2	4.4
1980	100.0	55.9	18.6	25.5	55.9	14.8	3.8
1981	100.0	58.6	15.6	25.8	58.6	12.2	3.4
1982	100.0	59.8	14.0	26.2	59.8	10.6	3.4
1983	100.0	59.3	14.4	26.3	59.3	11.4	3.0
1984	100.0	55.1	18.0	26.9	55.1	12.7	5.3
1985	100.0	50.4	21.5	28.1	50.4	13.6	7.9
1986	100.0	50.0	20.7	29.3	50.0	13.9	6.8
1987	100.0	50.0	19.0	31.0	50.0	13.5	5.5
1988	100.0	50.0	18.4	31.6	50.0	13.0	5.4
1989	100.0	46.7	20.0	33.3	46.7	12.8	7.2
1990	100.0	44.6	19.7	35.7	44.6	12.8	6.9
1991	100.0	41.3	20.5	38.2	41.3	12.6	7.9
1992	100.0	29.0	20.7	50.3	29.0	11.3	9.4
1993	100.0	29.5	25.4	45.1	29.5	13.7	11.7
1994	100.0	32.0	25.1	42.9	32.0	13.4	11.7
1995	100.0	35.5	21.6	42.9	35.5	12.1	9.5
1996	100.0	36.2	20.9	42.9	36.2	12.6	8.3
1997	100.0	36.1	20.2	43.7	36.1	12.6	7.6
1998	100.0	35.3	20.7	44.0	35.3	13.4	7.3
1999	100.0	36.2	20.1	43.7	36.2	13.3	6.8
2000	100.0	36.4	19.8	43.8	36.4	13.4	6.4
2001	100.0	34.0	23.1	42.9	34.0	16.9	6.2
2002	100.0	34.7	23.1	42.2	34.7	17.3	5.8
2003	100.0	34.2	24.6	41.2	34.2	18.5	6.1
2004	100.0	33.5	25.1	41.4	34.0	18.5	6.6
2005	100.0	32.2	26.2	41.6	32.7	19.3	7.0
2006	100.0	29.6	29.0	41.4	30.4	22.4	6.6
2007	100.0	28.1	29.0	42.9	28.8	22.2	6.8
2008	100.0	28.3	28.1	43.6	29.0	20.6	7.6
2009	100.0	27.3	26.2	46.5	27.9	17.6	8.6
2010	100.0	25.5	26.5	48.0	26.1	17.5	9.0
2011	100.0	25.5	26.6	47.9	26.1	17.1	9.5
2012	100.0	24.3	25.8	49.9	24.9	16.0	9.9
2013	100.0	23.2	25.1	51.7	23.8	14.9	10.3
2014	100.0	23.1	25.0	51.9	23.8	14.7	10.4
2015	100.0	23.1	23.6	53.3	23.8	13.1	10.5
2016	100.0	23.3	22.4	54.3	24.1	11.9	10.5
2017	100.0	21.6	22.3	56.1	22.3	11.8	10.5
2018	100.0	20.7	22.7	56.6	21.4	11.8	10.9

注：本表按当年价格计算。

Note:Data in this table are calculated at current prices.

3-3 历年地区生产总值指数
Indices of Gross Domestic Product in Various Years

(上年=100) (preceding year=100)

年 份 Year	地区生产总值 Gross Domestic Product	第一产业 Primary Industry	第二产业 Secondary Industry	第三产业 Tertiary Industry	#农业 Agriculture	工 业 Industry	建筑业 Construction	人均地区生产总值 Per Capita GDP
1978								
1979	103.1	106.3	91.8	106.5	106.3	88.8	104.3	100.6
1980	101.8	101.6	94.7	108.5	101.6	94.2	96.3	102.8
1981	113.0	118.1	95.8	113.6	118.1	94.9	101.8	120.6
1982	123.6	125.4	110.4	127.5	125.4	106.5	123.6	123.7
1983	105.8	104.8	108.4	106.7	104.8	112.6	94.5	109.3
1984	116.9	109.2	143.6	119.5	109.2	128.4	200.6	117.4
1985	112.0	102.4	133.8	117.0	102.4	123.9	157.8	112.9
1986	108.7	111.2	101.8	109.6	111.2	105.8	95.0	107.3
1987	111.5	109.2	109.8	116.7	109.2	115.4	98.4	109.5
1988	109.7	103.8	119.6	112.5	103.8	123.2	110.9	107.6
1989	105.7	103.1	113.1	104.4	103.1	105.2	134.4	103.8
1990	110.6	109.2	110.5	112.7	109.2	110.0	111.5	108.5
1991	114.9	108.7	120.1	119.7	108.7	120.0	120.2	112.7
1992	141.5	110.0	137.5	179.4	110.0	131.8	148.2	139.0
1993	120.6	110.5	150.1	115.1	110.5	138.5	169.3	118.2
1994	111.3	112.9	117.1	106.9	112.9	114.0	121.3	109.3
1995	103.8	111.5	94.3	104.0	111.5	94.1	94.6	102.1
1996	104.7	105.4	102.2	105.5	105.4	106.1	97.3	103.0
1997	106.8	107.6	105.6	106.9	107.6	109.2	100.7	105.4
1998	108.5	108.3	109.0	108.3	108.3	109.6	108.1	107.1
1999	108.5	110.8	108.0	107.0	110.8	109.5	105.6	107.1
2000	109.0	110.2	107.7	108.8	110.2	110.0	104.1	106.6
2001	109.1	109.7	108.8	108.7	109.7	110.3	105.8	106.8
2002	109.6	109.1	112.9	108.5	109.1	115.9	106.2	108.5
2003	110.6	109.0	119.5	107.8	109.0	123.2	110.6	109.6
2004	110.7	108.0	115.9	110.3	108.0	116.7	113.8	109.7
2005	110.5	105.8	116.9	110.9	106.0	117.0	116.4	109.4
2006	113.2	109.0	119.8	112.6	109.1	124.1	109.3	112.0
2007	115.8	108.0	124.4	116.3	108.0	129.4	110.6	114.7
2008	110.3	107.6	105.1	115.6	107.7	103.2	112.4	109.2
2009	111.7	107.3	112.6	114.0	107.2	107.4	128.1	110.4
2010	116.0	106.2	119.2	120.0	106.3	117.6	123.3	115.0
2011	112.0	106.1	115.3	113.3	106.2	113.3	119.1	111.1
2012	109.1	106.2	111.0	109.5	106.3	108.5	115.4	108.0
2013	109.9	106.3	109.1	112.1	106.3	106.0	114.3	108.7
2014	108.5	104.8	111.0	108.8	105.0	111.6	110.1	107.4
2015	107.8	105.4	106.5	109.6	105.5	105.2	108.5	106.9
2016	107.5	104.0	104.7	110.2	104.2	101.9	108.3	106.7
2017	107.0	103.6	102.7	110.3	103.8	100.6	105.2	106.2
2018	105.8	103.9	104.8	106.8	104.1	105.9	103.5	104.8

注：本表按不变价格计算。

Note:Data in this table are calculated at constant prices.

3-4 历年地区生产总值指数(1978=100)
Indices of Gross Domestic Product in Various Years (1978=100)

(1978年=100)　　(year of 1978=100)

年份 Year	地区生产总值 Gross Domestic Product	第一产业 Primary Industry	第二产业 Secondary Industry	第三产业 Tertiary Industry	#农业 Agriculture	工业 Industry	建筑业 Construction	人均地区生产总值 Per Capita GDP
1978								
1979	103.1	106.3	91.8	106.5	106.3	88.8	104.3	100.6
1980	105.0	108.0	86.9	115.6	108.0	83.6	100.4	103.4
1981	118.6	127.5	83.3	131.3	127.5	79.4	102.2	124.7
1982	146.6	159.9	91.9	167.4	159.9	84.5	126.4	154.3
1983	155.1	167.6	99.7	178.6	167.6	95.2	119.4	168.6
1984	181.3	183.0	143.1	213.4	183.0	122.2	239.6	198.0
1985	203.1	187.4	191.5	249.7	187.4	151.4	378.0	223.5
1986	220.7	208.4	194.9	273.7	208.4	160.2	359.1	239.8
1987	246.1	227.6	214.1	319.3	227.6	184.9	353.4	262.6
1988	269.9	236.2	256.0	359.2	236.2	227.8	391.9	282.6
1989	285.4	243.5	289.7	375.0	243.5	239.6	526.7	293.3
1990	315.6	265.9	320.0	422.5	265.9	263.6	587.2	318.2
1991	362.6	289.1	384.2	506.0	289.1	316.3	705.9	358.6
1992	513.0	318.0	528.4	907.9	318.0	416.9	1046.1	498.5
1993	618.5	351.4	792.9	1044.7	351.4	577.3	1771.0	589.2
1994	688.1	396.7	928.4	1116.9	396.7	658.2	2148.3	644.0
1995	714.0	442.3	875.7	1162.0	442.3	619.3	2032.3	657.5
1996	747.5	466.2	895.2	1226.0	466.2	657.1	1977.4	677.2
1997	798.5	501.7	945.7	1310.2	501.7	717.6	1991.2	713.8
1998	866.0	543.3	1030.8	1418.7	543.3	786.5	2152.5	764.5
1999	939.4	602.0	1112.8	1517.8	602.0	861.2	2273.1	818.8
2000	1024.2	663.4	1198.7	1651.5	663.4	947.3	2366.2	872.8
2001	1117.2	727.7	1304.7	1794.6	727.7	1044.9	2503.5	932.2
2002	1224.2	793.9	1472.6	1946.8	793.9	1211.0	2658.7	1011.4
2003	1354.0	865.4	1759.5	2098.6	865.4	1491.9	2940.5	1108.5
2004	1498.7	934.6	2039.4	2314.1	934.6	1741.1	3346.3	1216.0
2005	1656.1	988.8	2384.1	2566.3	990.7	2037.1	3895.1	1330.3
2006	1874.7	1077.8	2856.2	2889.7	1080.9	2528.0	4257.3	1489.9
2007	2170.9	1164.0	3553.1	3360.7	1167.4	3271.2	4708.6	1708.9
2008	2394.5	1252.5	3734.3	3885.0	1257.3	3375.9	5292.5	1866.1
2009	2674.7	1343.9	4204.8	4428.9	1347.8	3625.7	6779.7	2060.2
2010	3102.7	1427.2	5012.1	5314.7	1432.7	4263.8	8359.4	2369.2
2011	3475.0	1514.3	5779.0	6021.6	1521.5	4830.9	9956.0	2632.2
2012	3791.2	1608.2	6414.7	6593.7	1617.4	5241.5	11489.2	2842.8
2013	4166.5	1709.5	6998.4	7391.5	1719.3	5556.0	13132.2	3090.1
2014	4520.7	1791.6	7768.2	8042.0	1805.3	6200.5	14458.6	3318.8
2015	4873.3	1888.3	8273.1	8814.0	1904.6	6522.9	15687.6	3547.8
2016	5238.8	1963.8	8661.9	9713.0	1984.6	6646.8	16989.7	3785.5
2017	5605.5	2034.5	8895.8	10713.4	2060.0	6686.7	17873.2	4020.2
2018	5930.6	2113.8	9322.8	11441.9	2144.5	7081.2	18498.8	4213.2

注：本表按不变价格计算。

Note:Data in this table are calculated at constant prices.

3-5 全省第三产业增加值
Value-added of the Tertiary Industry

单位：亿元 (100 million yuan)

年 份 Year	第三产业 Tertiary Industry	交通运输、仓储和邮政业 Transport, Storage and Post	批发和零售业 Wholesale and Retail Trades	住宿和餐饮业 Hotels and Catering Services	金融保险业 Financial Intermediation	房地产业 Real Estate	其他服务业 Other Services
2004	339.07	57.63	82.52	24.39	11.56	30.64	132.33
2005	382.06	61.87	91.27	28.40	13.16	38.20	149.16
2006	441.34	70.38	103.19	35.10	16.37	44.45	171.85
2007	537.74	76.83	119.53	43.63	34.43	67.19	196.13
2008	654.98	82.60	144.68	55.02	47.33	95.60	229.75
2009	769.62	87.48	169.49	62.97	69.33	126.50	253.85
2010	991.56	98.93	219.56	75.94	86.60	204.01	306.52
2011	1208.71	114.83	258.52	102.78	121.62	229.76	381.20
2012	1424.19	128.00	297.24	118.74	155.32	267.77	457.12
2013	1644.14	148.35	361.10	139.03	187.14	301.69	506.83
2014	1815.23	185.15	418.09	154.66	210.63	295.56	551.14
2015	1972.22	187.80	440.75	174.14	242.82	299.69	627.02
2016	2198.90	199.89	467.80	191.96	281.90	349.95	707.40
2017	2503.35	248.94	496.72	221.44	308.94	434.90	792.41
2018	2736.15	291.73	523.02	240.59	309.09	389.66	982.06

注：1. 本表按当年价格计算。2. 其他服务业除了包括第三产业的其他门类外，还包括A门类“农、林、牧、渔业”中“05 农、林、牧、渔服务业”，B门类“采矿业”中“11 开采辅助活动”，C门类“制造业”中“43 金属制品、机械和设备修理业”三个大类。

Note:a) Data in this table calculated at current prices. b) Other services include not only other categories in the tertiary industry, also three classes,"05 Services in Support of Agricalture " in category A "Agricalture, Forestry, Animal Husbandry and Fishery", "11 Spport Activities for Mining" in category B "Mining" and "43 Repair Service of Metal Products, Machinery and Equipment" in Category C "Manufacturing".

3-6 全省第三产业增加值构成
Composition of Value-added of the Tertiary

单位：%　　(%)

年　份 Year	第三产业 Tertiary Industry	交通运输、仓储和邮政业 Transport, Storage and Post	批发和零售业 Wholesale and Retail Trades	住宿和餐饮业 Hotels and Catering Services	金融保险业 Financial Intermediation	房地产业 Real Estate	其他服务业 Other Services
2004	100.0	17.0	24.3	7.2	3.4	9.0	39.0
2005	100.0	16.2	23.9	7.4	3.4	10.0	39.0
2006	100.0	15.9	23.4	8.0	3.7	10.1	38.9
2007	100.0	14.3	22.2	8.1	6.4	12.5	36.5
2008	100.0	12.6	22.1	8.4	7.2	14.6	35.1
2009	100.0	11.4	22.0	8.2	9.0	16.4	33.0
2010	100.0	10.0	22.1	7.7	8.7	20.6	30.9
2011	100.0	9.5	21.4	8.5	10.1	19.0	31.5
2012	100.0	9.0	20.9	8.3	10.9	18.8	32.1
2013	100.0	9.0	22.0	8.5	11.4	18.3	30.8
2014	100.0	10.2	23.0	8.5	11.6	16.3	30.4
2015	100.0	9.5	22.3	8.8	12.3	15.2	31.8
2016	100.0	9.1	21.3	8.7	12.8	15.9	32.2
2017	100.0	9.9	19.8	8.8	12.3	17.4	31.8
2018	100.0	10.7	19.1	8.8	11.3	14.2	35.9

注：本表按当年价格计算。
Note:Data in this table are calculated at current prices.

3-7 全省第三产业增加值指数
Indices of Value-added of the Tertiary Industry

(上年=100) (Preceding year=100)

年 份 Year	第三产业 Tertiary Industry	交通运输、仓储和邮政业 Transport, Storage and Post	批发和零售业 Wholesale and Retail Trades	住宿和餐饮业 Hotels and Catering Services	金融保险业 Financial Intermediation	房地产业 Real Estate	其他服务业 Other Services
2004	110.3				103.1	108.1	
2005	110.9	106.3	109.6	115.3	111.3	122.7	110.9
2006	112.6	107.3	111.4	117.7	123.2	115.0	113.0
2007	116.3	110.2	110.9	130.8	161.4	131.6	110.7
2008	115.6	105.3	113.5	125.9	125.3	119.6	115.9
2009	114.0	105.9	117.8	107.2	138.0	124.5	109.2
2010	120.0	113.9	123.6	110.5	113.9	127.1	120.7
2011	113.3	119.4	111.0	120.7	120.5	102.3	116.5
2012	109.5	108.7	107.5	103.2	120.8	104.7	112.2
2013	112.1	106.4	121.6	108.7	116.0	113.9	106.3
2014	108.8	116.4	112.6	107.1	116.2	97.2	108.0
2015	109.6	107.1	107.8	108.6	117.3	102.3	113.5
2016	110.2	106.1	106.5	108.3	115.7	115.0	110.2
2017	110.3	113.4	105.1	108.8	110.1	119.0	109.1
2018	106.8	112.5	103.8	106.1	100.8	88.0	120.0

注：本表按不变价格计算。

Note:Data in this table are calculated at constant prices.

3-8 三次产业和主要行业贡献率
Contribution Share of Three Strata of Industry & Main Sector to the Growth of GDP in Various Years

单位：% (%)

年 份 Year	地区生产总值 Gross Domestic Product	第一产业 Primary Industry	第二产业 Secondary Industry	第三产业 Tertiary Industry	#工业 Industry
1988	100.0	19.3	41.2	39.6	34.5
1989	100.0	25.1	50.9	24.1	14.6
1990	100.0	39.3	23.5	37.1	15.2
1991	100.0	26.1	26.6	47.3	17.3
1992	100.0	10.2	18.6	71.2	10.3
1993	100.0	16.8	48.7	34.5	23.4
1994	100.0	34.5	37.9	27.6	17.9
1995	100.0	93.3	-39.6	46.3	-23.1
1996	100.0	37.8	11.3	50.9	17.4
1997	100.0	36.8	19.3	44.0	18.3
1998	100.0	32.7	24.5	42.8	15.7
1999	100.0	42.3	21.7	36.0	15.7
2000	100.0	38.3	19.7	42.0	15.6
2001	100.0	38.9	19.2	41.8	15.2
2002	100.0	34.9	26.5	38.7	22.5
2003	100.0	31.0	37.3	31.8	31.3
2004	100.0	26.9	32.6	40.5	24.9
2005	100.0	19.1	36.8	44.1	27.2
2006	100.0	27.4	23.3	49.3	17.3
2007	100.0	16.1	40.2	43.7	35.6
2008	100.0	21.8	13.8	64.4	6.5
2009	100.0	18.0	28.7	53.3	12.6
2010	100.0	10.7	32.3	57.0	21.1
2011	100.0	13.0	33.7	53.3	19.4
2012	100.0	16.4	32.8	50.8	16.6
2013	100.0	14.9	25.4	59.7	10.7
2014	100.0	12.8	35.8	51.3	23.3
2015	100.0	15.0	23.6	61.4	11.6
2016	100.0	12.3	15.0	72.7	3.4
2017	100.0	11.3	8.8	79.9	1.1
2018	100.0	14.6	18.5	66.9	12.2

注：本表按不变价格计算。三次产业贡献率指三次产业或主要行业增加值增量与GDP增量之比。
Note:Data in this table are calculated at constant prices.Contribution share of three strata of industry or main sector refers to the proportion of the increment of each industrial value added to the increment of GDP.

3-9 三次产业和主要行业对地区生产总值增长的拉动
Contribution of Three Strata of Industry & Main Sector to the Growth of GDP in Various Years

单位：百分点 (Percentage points)

年 份 Year	地区生产总值 Gross Domestic Product	第一产业 Primary Industry	第二产业 Secondary Industry	第三产业 Tertiary Industry	#工业 Industry
1988	9.7	1.9	4.0	3.8	3.3
1989	5.7	1.4	2.9	1.4	0.8
1990	10.6	4.2	2.5	3.9	1.6
1991	14.9	3.9	4.0	7.0	2.6
1992	41.5	4.2	7.7	29.5	4.3
1993	20.6	3.5	10.0	7.1	4.8
1994	11.3	3.9	4.3	3.1	2.0
1995	3.8	3.5	-1.5	1.7	-0.9
1996	4.7	1.8	0.5	2.4	0.8
1997	6.8	2.5	1.3	3.0	1.3
1998	8.5	2.8	2.1	3.6	1.3
1999	8.5	3.6	1.8	3.1	1.3
2000	9.0	3.5	1.8	3.8	1.4
2001	9.1	3.5	1.8	3.8	1.4
2002	9.6	3.3	2.5	3.7	2.2
2003	10.6	3.3	4.0	3.4	3.3
2004	10.7	2.9	3.5	4.3	2.7
2005	10.5	2.0	3.9	4.6	2.9
2006	13.2	3.6	3.1	6.5	2.3
2007	15.8	2.5	6.4	6.9	5.6
2008	10.3	2.3	1.4	6.6	0.7
2009	11.7	2.1	3.4	6.2	1.5
2010	16.0	1.7	5.2	9.1	3.4
2011	12.0	1.6	4.0	6.4	2.3
2012	9.1	1.5	3.0	4.6	1.7
2013	9.9	1.5	2.5	5.9	1.2
2014	8.5	1.1	3.0	4.4	2.0
2015	7.8	1.2	1.8	4.8	0.9
2016	7.5	0.9	1.1	5.5	0.3
2017	7.0	0.8	0.6	5.6	0.1
2018	5.8	0.8	1.1	3.9	0.7

注：本表按不变价格计算。拉动指GDP增长速度与三次产业或主要行业贡献率之乘积。
Note:Data in this table are calculated at constant prices.Contribution of three strata of industry or main sector refers to the growth rate of GDP multiplied by the contribution share of three strata of industry.

3-10 十二个重点产业增加值(2015-2018年)
Value-added of 12 Leading Industries(2015-2018)

产业	Industry	增加值（亿元） Value-added (100 million yuan)				指数(上年=100) Index (Preceding year=100)		
		2015	2016	2017	2018	2016	2017	2018
旅游产业	Tourism	280.88	309.75	347.74	392.82	110.9	110.0	108.5
热带特色高效农业	Tropical High-Efficiency Agriculture	629.47	703.83	725.19	758.30	104.6	103.7	104.5
互联网业	Internet	103.31	142.79	179.55	230.95	128.0	125.4	127.4
医疗健康产业	Health Care	100.00	101.61	121.10	137.09	111.9	107.2	110.4
现代金融服务业	Mordern Financial Services	242.82	281.90	308.94	309.09	115.7	110.1	100.8
会展业	Conference & Exhibition	59.89	67.90	80.23	90.57	110.3	115.4	109.1
现代物流业	Mordern Logistics Services	163.01	141.00	151.28	171.88	107.7	105.2	109.1
海洋产业（含油气）	Marine Industry(including Petroleum,Natural Gas & Related)	1144.60	1277.50	1401.00	1599.32	110.5	105.4	103.9
海洋产业	Marine Industry	1005.00	1140.00	1250.00	1380.00	111.4	106.6	105.9
油气产业	Petroleum,Natural Gas & Related	139.60	137.50	151.00	219.32	103.8	95.2	90.7
医药产业	Manufacture of Medicines	35.58	52.10	64.00	76.70	107.9	117.8	118.7
低碳制造业	Low-Carbon Manufacturing	104.02	142.20	156.00	179.40	103.5	108.7	108.3
房地产业	Real Estate	299.69	349.95	434.90	389.66	115.0	119.0	88.0
教育、文化体育产业	Education,Culture & Sports	258.80	311.93	347.44	407.38	112.5	111.0	107.9
教育产业	Education	141.00	188.92	211.53	234.66	114.5	111.4	108.2
文化产业	Culture	110.29	114.74	123.33	159.29	110.9	110.1	107.9
体育产业	Sports	7.50	8.27	12.58	13.43	99.4	112.6	103.0

注：1. 本表总量按当年价格计算，指数按可比价格计算。
2. 贡献率指各产业增加值可比增量与地区生产总值可比增量之比。

Notes: a) In this table, absolute figures are calculated at current prices while indices are calculated at comparable prices.
b)The contribution rate is the increment of gross domestic product at comparable prices divided by the increment of every industrial value-added at comparable prices.

3-10 续(continued)

产业	Industry	占GDP比重(%) Proportion to GDP (%)				贡献率(%) Contribution Rate		
		2015	2016	2017	2018	2016	2017	2018
旅游产业	Tourism	7.6	7.6	7.8	8.1	11.0	10.9	11.5
热带特色高效农业	Tropical High-Efficiency Agriculture	17.0	17.4	16.3	15.7	10.4	9.2	12.7
互联网业	Internet	2.8	3.5	4.0	4.8	10.4	12.8	19.1
医疗健康产业	Health Care	2.7	2.5	2.7	2.8	4.3	2.6	4.9
现代金融服务业	Mordern Financial Services	6.6	7.0	6.9	6.4	13.7	10.0	1.0
会展业	Conference & Exhibition	1.6	1.7	1.8	1.9	2.2	3.7	2.8
现代物流业	Mordern Logistics Services	4.4	3.5	3.4	3.6	4.5	2.6	5.3
海洋产业（含油气）	Marine Industry(including Petroleum,Natural Gas & Related)	30.9	31.5	31.4	33.1	43.2	24.2	21.7
海洋产业	Marine Industry	27.1	28.1	28.0	28.6	41.3	26.5	28.7
油气产业	Petroleum,Natural Gas & Related	3.8	3.4	3.4	4.5	1.9	-2.3	-7.0
医药产业	Manufacture of Medicines	1.0	1.3	1.4	1.6	1.0	3.3	4.6
低碳制造业	Low-Carbon Manufacturing	2.8	3.5	3.5	3.7	1.3	4.4	5.0
房地产业	Real Estate	8.1	8.6	9.7	8.1	16.2	23.4	-20.2
教育、文化体育产业	Education,Culture & Sports	7.0	7.7	7.8	8.4	11.7	12.0	11.1
教育产业	Education	3.8	4.7	4.7	4.9	7.4	7.6	6.7
文化产业	Culture	3.0	2.8	2.8	3.3	4.3	4.1	4.3
体育产业	Sports	0.2	0.2	0.3	0.3	0.0	0.4	0.1

3-11 各市县生产总值
Gross Domestic Product by Region

单位：万元 (10 000 yuan)

地　区	Region	2005	2010	2013	2014	2015	2016	2017	2018
海口市	Haikou	3088614	6313099	9894896	10917022	11619648	12576651	13905779	15105130
三亚市	Sanya	719296	2387682	3658868	4022558	4358202	4755567	5298048	5955057
五指山市	Wuzhishan	60237	143948	197212	210886	222781	244786	271946	290509
文昌市	Wenchang	538354	1142381	1570535	1598021	1696270	1868791	2059831	2311391
琼海市	Qionghai	518912	1156594	1678510	1877030	2004970	2205791	2459689	2640980
万宁市	Wanning	412069	974537	1395865	1522945	1658230	1842661	2049799	2243268
定安县	Ding'an	173895	393839	622433	694795	751000	834867	902753	985097
屯昌县	Tunchang	160937	332286	503163	538793	581502	643939	701859	773979
澄迈县	Chengmai	410354	1111513	2046333	2268136	2404851	2567651	2887395	2995512
临高县	Lingao	390463	716937	1167569	1354472	1445211	1599827	1762334	1804152
儋州地区	Danzhou Area	1058107	2944842	4031010	4398556	4432522	4766293	5331887	5663003
儋州市	Danzhou	729633	1329470	2008862	2151624	2317313	2577835	2876269	3229693
洋　浦	Yangpu	328474	1615372	2022148	2246932	2115209	2188458	2455618	2433310
东方市	Dongfang	396636	737393	1195804	1345034	1445583	1483122	1571042	1779072
乐东县	Ledong	246664	550271	809207	935884	1043654	1170950	1225796	1269743
琼中县	Qiongzhong	104689	244359	320059	358448	390958	434172	473458	494949
保亭县	Baoting	85629	202006	337520	367186	385633	415671	450892	486325
陵水县	Lingshui	184596	556960	1026942	1099378	1172509	1343048	1510063	1591571
白沙县	Baisha	108532	238864	357077	373911	399637	434502	471408	502171
昌江县	Changjiang	269075	566121	910604	947879	901881	1011721	1144444	1254104

注：本表按当年价格计算；全省及各市县数据均包含农垦系统数据，下同。
Note:1)Data in this table are calculated at current prices. 2)Data by region include the data of Nongken, the following as the same.

3-12 各市县生产总值指数
Indices of Gross Domestic Product by Region

(上年=100) (Preceding year=100)

地 区	Region	2005	2010	2013	2014	2015	2016	2017	2018
海口市	Haikou	111.5	119.1	110.4	109.2	107.5	107.7	107.5	107.6
三亚市	Sanya	113.2	118.3	109.9	105.5	108.1	107.8	107.6	107.2
五指山市	Wuzhishan	104.0	117.1	110.0	105.0	106.1	107.4	107.4	103.8
文昌市	Wenchang	112.7	113.9	108.2	101.3	108.0	107.7	107.3	106.3
琼海市	Qionghai	102.1	115.9	112.2	108.0	108.1	107.1	107.5	103.8
万宁市	Wanning	109.3	117.4	107.3	106.2	107.8	107.6	107.8	104.2
定安县	Ding'an	110.0	115.6	109.9	106.5	108.7	107.1	107.2	105.1
屯昌县	Tunchang	107.9	112.5	110.7	106.7	108.2	107.7	107.5	106.7
澄迈县	Chengmai	108.2	122.3	113.5	110.5	110.0	109.5	108.2	105.0
临高县	Lingao	107.5	116.1	111.5	108.6	106.0	106.7	103.1	102.9
儋州地区	Danzhou Area	120.3	112.6	105.9	108.5	106.5	106.5	104.8	102.7
儋州市	Danzhou	107.3	111.6	109.7	107.0	107.9	107.7	108.2	107.5
洋浦	Yangpu	164.4	113.4	102.8	110.0	105.3	105.2	100.8	97.1
东方市	Dongfang	111.0	112.7	108.8	110.8	109.1	101.5	102.5	107.3
乐东县	Ledong	107.9	107.3	109.0	107.5	109.0	108.1	106.0	103.3
琼中县	Qiongzhong	99.9	108.8	112.8	108.6	109.7	107.7	106.3	104.0
保亭县	Baoting	108.8	113.3	109.7	107.3	106.3	106.6	106.0	104.0
陵水县	Lingshui	106.9	118.2	114.5	104.3	108.2	110.9	108.3	100.5
白沙县	Baisha	94.4	107.0	109.8	105.5	109.4	106.5	106.2	106.7
昌江县	Changjiang	112.2	115.5	111.7	107.9	107.5	110.5	108.3	106.6

注：本表按可比价格计算。
Note:Data in this table are calculated at constant prices.

3-13 按三次产业分各市县生产总值(2018)
Gross Domestic Product by Three Strata of Industry by Region (2018)

单位：亿元 (100 million yuan)

地 区	Region	生产总值 Gross Domestic Product	第一产业 Primary Industry	第二产业 Secondary Industry	第三产业 Tertiary Industry	人均生产总值(元) Per Capita GDP(yuan)
海口市	Haikou	15105130	639564	2759965	11705601	66042
三亚市	Sanya	5955057	682744	1182467	4089846	77434
五指山市	Wuzhishan	290509	64218	64905	161386	27199
文昌市	Wenchang	2311391	813325	559935	938131	40823
琼海市	Qionghai	2640980	823319	383343	1434318	51456
万宁市	Wanning	2243268	652683	494365	1096220	38940
定安县	Ding'an	985097	333977	159697	491423	33256
屯昌县	Tunchang	773979	282382	104989	386608	28923
澄迈县	Chengmai	2995512	776900	1025446	1193166	60809
临高县	Lingao	1804152	1152662	122523	528967	40105
儋州地区	Danzhou Area	5663003	1260597	2006411	2395995	56866
儋州市	Danzhou	3229693	1235845	423944	1569904	35569
洋浦	Yangpu	2433310	24752	1582467	826091	276967
东方市	Dongfang	1779072	449445	789145	540482	41572
乐东县	Ledong	1269743	728149	196129	345465	26403
琼中县	Qiongzhong	494949	187412	79181	228356	27566
保亭县	Baoting	486325	178776	68599	238950	31922
陵水县	Lingshui	1591571	459802	330663	801106	47838
白沙县	Baisha	502171	208828	56432	236911	29036
昌江县	Changjiang	1254104	306303	543023	404778	53882

注：本表按当年价格计算。
Note:Data in this table are calculated at current prices.

3-14 按三次产业分各市县生产总值指数(2018)
Indices of Gross Domestic Product by Three Strata of Industry by Region (2018)

(上年=100) (preceding year=100)

地 区	Region	地区生产总值 Gross Domestic Product	第一产业 Primary Industry	第二产业 Secondary Industry	第三产业 Tertiary Industry	人均地区生产总值 Per Capita GDP
海口市	Haikou	107.6	104.5	106.0	108.1	106.2
三亚市	Sanya	107.2	104.5	103.5	108.8	105.8
五指山市	Wuzhishan	103.8	105.7	101.5	103.9	103.3
文昌市	Wenchang	106.3	104.5	104.7	109.0	105.4
琼海市	Qionghai	103.8	104.3	104.7	103.3	102.8
万宁市	Wanning	104.2	104.9	105.8	103.2	103.4
定安县	Ding'an	105.1	104.5	104.2	105.9	104.3
屯昌县	Tunchang	106.7	104.2	102.4	109.7	105.9
澄迈县	Chengmai	105.0	105.2	97.0	114.1	104.2
临高县	Lingao	102.9	102.8	101.6	103.5	102.3
儋州地区	Danzhou Area	102.7	104.4	108.7	97.2	102.0
儋州市	Danzhou	107.5	104.6	102.7	111.5	106.8
洋浦	Yangpu	97.1	99.3	110.3	78.5	96.2
东方市	Dongfang	107.3	106.9	108.2	106.6	106.4
乐东县	Ledong	103.3	104.4	104.3	100.6	102.5
琼中县	Qiongzhong	104.0	102.6	103.1	105.5	103.2
保亭县	Baoting	104.0	104.1	104.3	103.8	103.3
陵水县	Lingshui	100.5	102.5	103.8	98.1	99.8
白沙县	Baisha	106.7	105.6	104.8	108.1	106.1
昌江县	Changjiang	106.6	104.8	104.2	111.7	106.0

注：本表按可比价格计算。
Note:Data in this table are calculated at constant prices.

3-15 按三次产业分市县生产总值构成(2018)
Composition of Gross Domestic Product by Region (2018)

单位：% (%)

地 区	Region	生产总值 Gross Domestic Product	第一产业 Primary Industry	第二产业 Secondary Industry	第三产业 Tertiary Industry
海口市	Haikou	100.0	4.2	18.3	77.5
三亚市	Sanya	100.0	11.5	19.9	68.6
五指山市	Wuzhishan	100.0	22.1	22.3	55.6
文昌市	Wenchang	100.0	35.2	24.2	40.6
琼海市	Qionghai	100.0	31.2	14.5	54.3
万宁市	Wanning	100.0	29.1	22.0	48.9
定安县	Ding'an	100.0	33.9	16.2	49.9
屯昌县	Tunchang	100.0	36.5	13.6	49.9
澄迈县	Chengmai	100.0	25.9	34.2	39.9
临高县	Lingao	100.0	63.9	6.8	29.3
儋州地区	Danzhou Area	100.0	22.3	35.4	42.3
儋州市	Danzhou	100.0	38.3	13.1	48.6
洋浦	Yangpu	100.0	1.0	65.0	34.0
东方市	Dongfang	100.0	25.3	44.4	30.3
乐东县	Ledong	100.0	57.3	15.4	27.3
琼中县	Qiongzhong	100.0	37.9	16.0	46.1
保亭县	Baoting	100.0	36.8	14.1	49.1
陵水县	Lingshui	100.0	28.9	20.8	50.3
白沙县	Baisha	100.0	41.6	11.2	47.2
昌江县	Changjiang	100.0	24.4	43.3	32.3

注：本表按当年价格计算。
Note:Data in this table are calculated at current prices.

主要统计指标解释

国内生产总值（GDP） 指按市场价格计算的一个国家（或地区）所有常住单位在一定时期内生产活动的最终成果。国内生产总值有三种表现形态，即价值形态、收入形态和产品形态。从价值形态看，它是所有常住单位在一定时期内生产的全部货物和服务价值超过同期投入的全部非固定资产货物和服务价值的差额，即所有常住单位的增加值之和；从收入形态看，它是所有常住单位在一定时期内创造并分配给常住单位和非常住单位的初次收入之和；从产品形态看，它是所有常住单位在一定时期内最终使用的货物和服务价值减去货物和服务进口价值。在实际核算中，国内生产总值有三种计算方法，即生产法、收入法和支出法。三种方法分别从不同的方面反映国内生产总值及其构成。

对于一个地区来说，称之为地区生产总值或地区GDP。

三次产业 三产业的划分是世界上较为常用的产业结构分类，但各国的划分不尽一致。根据《国民经济行业分类》（GB/T 4754—2011），我国的三次产业划分是：

第一产业是指农、林、牧、渔业（不含农、林、牧、渔服务业）。

第二产业是指采矿业（不含开采辅助活动），制造业（不含金属制品、机械和设备修理业），电力、热力、燃气及水生产和供应业，建筑业。

第三产业即服务业，是指除第一产业、第二产业以外的其他行业。

劳动者报酬 指劳动者从事生产活动应获得的全部报酬，既包括货币形式的报酬，也包括实物形式的报酬。主要包括工资、奖金、津贴和补贴，单位为其员工交纳的社会保险费、补充社会保险费和住房公积金、行政事业单位职工的离退休金、单位为其员工提供的其他各种形式的福利和报酬等。

生产税净额 指生产税减生产补贴后的差额。其中，生产税指政府对生产单位从事生产、销售和经营活动，以及因从事生产活动使用某些生产要素（如固定资产和土地等）所征收的各种税收、附加费和其他规费。生产税分为产品税和其他生产税，产品税主要有：增值税、消费税、进口关税、出口税等；其他生产税主要有：房产税、车船使用税、城镇土地使用税等。生产补贴则相反，它是政府为影响生产单位的生产、销售及定价等生产活动而对其提供的无偿支付，包括农业生产补贴、政策亏损补贴、进口补贴等。生产补贴作为负生产税处理。

固定资产折旧 指由于自然退化、正常淘汰或损耗而导致的固定资产价值下降，用以代表固定资产通过生产过程被转移到其产出中的价值。原则上，固定资产折旧应按照固定资产的重置价值计算。

营业盈余 指常住单位创造的增加值扣除劳动者报酬、生产税净额和固定资产折旧后的余额。

支出法国内生产总值 是从最终使用的角度反映一个国家（或地区）一定时期内生产活动最终成果的一种方法，包括最终消费支出、资本形成总额及货物和服务净出口三部分。计算公式为：

支出法国内生产总值=最终消费支出+资本形成总额+货物和服务净出口

最终消费支出 指常住单位为满足物质、文化和精神生活的需要，从本国经济领土和国外购买的货物和服务的支出。它不包括非常住单位在本国经济领土内的消费支出。最终消费支出分为居民消费支出和政府消费支出。

居民消费支出 指常住住户在一定时期内对于货物和服务的全部最终消费支出。居民消费支出除了直接以货币形式购买的货物和服务的消费支出外，还包括以其他方式获得的货物和服务的消费支出，即所谓的虚拟消费支出。居民虚拟消费支出包括如下几种类型：单位以实物报酬及实物转移的形式提供给劳动者的货物和服务；住户生产并由本住户消费了的货物和服务，其中的服务仅指住户的自有住房服务和付酬的家庭雇员提供的家庭和个人服务；金融机构提供的金融媒介服务。

政府消费支出 指政府部门为全社会提供的公共服务的消费支出和免费或以较低的价格向居民住户提供的货物和服务的净支出，前者等于政府服务的产出价值减去政府单位所获得的经营收入的价值，后者等于政府部门免费或以较低价格向居民住户提供的货物和服务的市场价值减去向住户收取的价值。

资本形成总额 指常住单位在一定时期内获得减去处置的固定资产和存货的净额，包括固定资本形成总额和存货变动两部分。

固定资本形成总额 指常住单位在一定时期内获得的固定资产减处置的固定资产的价值总额。固定资产是通过生产活动生产出来的，且其使用年限在一年以上、单位价值在规定标准以上的资产，不包括自然资产、耐用消费品、小型工器具。固定资本形成总额包括住宅、其他建筑和构筑物、机器和设备、培育性生物资源、知识产权产品

（研发支出、矿藏的勘探、计算机软件）的价值获得减处置。

存货变动 指常住单位在一定时期内存货实物量变动的市场价值，即期末价值减期初价值的差额，再扣除当期由于价格变动而产生的持有收益。存货变动可以是正值，也可以是负值，正值表示存货上升，负值表示存货下降。存货包括生产单位购进的原材料、燃料和储备物资等存货，以及生产单位生产的产成品、在制品和半成品等存货。

货物和服务净出口 指货物和服务出口减货物和服务进口的差额。出口包括常住单位向非常住单位出售或无偿转让的各种货物和服务的价值；进口包括常住单位从非常住单位购买或无偿得到的各种货物和服务的价值。由于服务活动的提供与使用同时发生，一般把常住单位从非常住单位得到的服务作为进口，非常住单位从常住单位得到的服务作为出口。货物的出口和进口都按离岸价格计算。

Explanatory Notes on Main Statistical Indicators

Gross Domestic Product (GDP) refers to the final products at market prices produced by all resident units in a country (or a region) during a certain period of time. Gross domestic product is expressed in three different perspectives, namely value, income, and products respectively. GDP in its value perspective refers to the total value of all goods and services produced by all resident units during a certain period of time, minus the total value of input of goods and services of the nature of non-fixed assets; in other words, it is the sum of the value-added of all resident units. GDP from the perspective of income includes the primary income created by all resident units and distributed to resident and non-resident units. GDP from the perspective of products refers to the value of all goods and services for final demand by all resident units minus the imports of goods and services during a given period of time. In the practice of national accounting, gross domestic product is calculated from three approaches, namely production approach, income approach and expenditure approach, which reflect gross domestic product and its composition from different angles.

For a region, it is called as Gross Regional Product(GRP) or regional GDP.

Three Strata of Industry Classification of economic activities into three strata of industry is a common practice in the world, although the grouping varies to some extent from country to country. In China, according to Industrial classification for National Economic Activities (GB/T 4754—2011), economic activities are categorized into the following three strata of industry:

Primary industry refers to agriculture, forestry, animal husbandry and fishery industries (not including services in support of agriculture, forestry, animal husbandry and fishery industries).

Secondary industry refers to mining and quarrying(not including support activities for mining), manufacturing(not including repair service of metal products, machinery and equipment), production and supply of electricity, heat, gas and water, and construction.

Tertiary industry refers to all other economic activities not included in the primary or secondary industries.

Compensation of Employees refers to the total payment of various forms to employees for the productive activities they are engaged in. It includes the employees earn in cash or in kind. It mainly include: wages, bonuses and allowances, subsidies, social insurance paid by company or unit for its staff, supplementary social insurance, housing fund, the pension for the employees of the administrative institution, other forms of welfare and remuneration provide by the units for its employees.

Net Taxes on Production refers to taxes on production less subsidies on production. The taxes on production refers to the various taxes, extra charges and fees levied on the production units on their production, sale and business activities as well as on the use of some factors of production, such as fixed assets, land etc. in the production activities they are engaged in. Taxes on production are divided into product tax and other kinds of taxes on production, product tax mainly includes: value-added tax, consumption tax, import duty, export duty; other taxes on production mainly include: House Property Tax, Tax on Vehicles and Boat Operation, Urban Land Use Tax, etc. In contrast to taxes on production, subsidies on production refer to the payment by the government for free to the production units to influence production activities of production units such as production, sales and pricing, which include agricultural production subsidies, subsidies for policy losses, import subsidies, etc. Subsidies on production are therefore regarded as negative taxes on production.

Depreciation of Fixed Assets Refers to the decline of the value of fixed assets due to natural deterioration, normal elimination or loss, it reflects the value of transfer of the fixed assets in the production of the current period. In principle, the depreciation of fixed assets should be calculated on the basis of the re-purchased value of the fixed assets.

Operating Surplus refers to the balance of the value added created by the resident units after deducting the labourers remuneration, net taxes on production and the depreciation of fixed assets.

GDP by Expenditure Approach refers to the method of measuring the final results of production activities of a country (region) during a given period from the perspective of final uses. It includes final consumption expenditure, gross capital formation and net export of goods and services. The formula for computation is.:

GDP by expenditure approach = final consumption expenditure + gross capital formation + net export of goods and services

Final Consumption Expenditure refers to the total

expenditure of resident units for purchases of goods and services from both the domestic economic territory and abroad to meet the needs of material, cultural and spiritual life. It does not include the expenditure of non-resident units on consumption in the economic territory of the country. The final consumption expenditure is broken down into household consumption expenditure and government consumption expenditure.

Household Consumption Expenditure refers to the total expenditure of resident households on the final consumption of goods and services. In addition to the consumption of goods and services bought by the households directly with money, the household consumption expenditure also includes expenditure on goods and services obtained by the households in other ways, i.e. the so-called imputed consumption expenditure, which includes the following: (a) the goods and services provided to households by employers in the form of payment in kind and transfer in kind; (b) goods and services produced and consumed by the households themselves, in which the services refer to the owner-occupied housing and services offered by paid family employees; (c) financial intermediate services provided by financial institution.

Government Consumption Expenditure refers to the consumption expenditure spent for the provision of public services provided by the government to the whole country and the net expenditure on the goods and services provided by the government to households free of charge or at reduced prices. The former equals to the output value of the government services minus the value of operating income obtained by the government departments. The latter equals to the market value of the goods and services provided by the government free of charge or at reduced prices to the households minus the value received by the government from the households.

Gross Capital Formation refers to the fixed assets acquired less disposals and the net value of inventory, thus including gross fixed capital formation and changes in inventories.

Gross Fixed Capital Formation refers to the value of acquisitions less those disposals of fixed assets during a given period. Fixed assets are the assets produced through production activities with unit value above a specified amount and which could be used for over one year. Natural assets, consumer durables, small instruments are not included. Gross Fixed Capital Formation includes the value of housing, other buildings and structure, equipment and machinery, breeding biological resources, intellectual property right product (expenditure for R&D, the prospecting of minerals and the acquisition of computer software) minus the disposal of them.

Changes in Inventories refers to the market value of the change in the physical volume of inventory of resident units during a given period, i.e. the difference between the values at the beginning and at the end of the period minus the gains due to the change in prices. The changes in inventories can have a positive or a negative value. A positive value indicates an increase in inventory while a negative value indicates a decrease in inventory. The inventory includes raw materials, fuels and reserve materials purchased by the production units as well as the inventory of finished products, semi-finished products and work-in-progress.

Net Export of Goods and Services refers to the exports of goods and services subtracting the imports of goods and services. Exports include the value of various goods and services sold or gratuitously transferred by resident units to non-resident units. Imports include the value of various goods and services purchased or gratuitously acquired resident units from non-resident units. Because the provision of services and the use of them happen simultaneously, the acquisition of services by resident units from abroad is usually treated as import while the acquisition of services by non-resident units in this country is usually treated as export. The exports and imports of goods are calculated at FOB.

4

就业和工资

Employment and Wages

编辑人员：陈翠青

Compiled by Chen Cuiqing

英文翻译：邢琼香

Translated by Xing Qiongxiang

简 要 说 明

一、本篇资料主要内容

本篇资料反映我省劳动经济方面的基本情况，包括各市县的主要劳动统计数据。如：就业人员数，就业人员工资总额，平均工资及指数变化情况等。

二、本篇资料来源

单位从业人员及在岗职工基本情况及分组资料，由海南省统计局根据《劳动统计报表制度》整理；私营企业及个体工商业从业人员，由统计局向工商行政管理部门收集；乡村从业人员根据《乡村社会经济调查方案》整理。

三、本篇统计调查方法

非私营单位统计资料采用全面调查方法；私营企业和个体工商户资料利用行政登记资料进行汇总。

Brief Introduction

I. Main Contents

Data in this chapter show the basic conditions of Province's labour economy, such as number of employed persons, staff and workers, total wage bills and average wages of staff and workers and the changes in index.

II. Sources of Data

Data on basic conditions of employment, data by groups, total wage bills of staff and workers are collected and compiled through *The Reporting Form System on Labour Statistics*; Data on the number of employed persons in private enterprises and self-employed individuals are provided by the County Bureau of Statistics collecting to the Administration for Industry and Commerce in count; Data on the number of Rural Workers are collected and compiled through *The System of Rural Social and Economic Surveys* by Statistics Bureau of Hainan Province.

III. Sampling Methodology

Statistics on non-private enterprises are collected and compiled on the comprehensive survey. Statistics on private enterprises and self-employed individuals are collected and compiled on basis of administrative registering records.

4-1 历年按注册类型分组从业人员年末人数

Number of Employed Persons at Year-end by Status of Registration in Various Years

单位：万人 (10 000 persons)

年份 Year	从业人员 Total	国有单位 State-owned Units	城镇集体单位 Urban Collective-owned Units	其他经济类型单位 Other Ownership Units	私营单位 Private Enterprises	城镇个体 Urban Self-employed Individual	乡村 Rural Employed Persons
1957	126.20	13.06	1.01				112.13
1962	147.13	26.42	1.52			0.66	118.53
1965	154.42	33.02	1.94				119.46
1970	182.47	52.24	2.92				127.31
1971	190.84	57.28	3.17				130.39
1972	194.60	58.40	3.44				132.76
1973	199.89	58.57	5.44				135.88
1974	202.48	59.10	5.08				138.30
1975	202.04	60.40	5.39			0.07	136.18
1976	204.03	62.59	5.29			0.10	136.05
1977	218.00	70.56	9.59			0.09	137.76
1978	221.48	75.08	6.27			0.40	139.73
1979	226.23	77.54	6.47			0.71	141.51
1980	231.49	78.56	6.69			1.32	144.92
1981	242.50	85.08	6.70			2.18	148.54
1982	247.08	87.74	6.94			1.56	150.84
1983	253.15	89.39	6.73			2.06	154.97
1984	259.45	87.59	9.56	0.08		2.92	159.30
1985	267.80	89.33	9.27	0.41		4.54	164.25
1986	274.85	91.10	9.33	0.49		4.76	169.17
1987	280.47	91.38	9.11	0.57		5.56	173.85
1988	292.15	93.67	9.08	0.73		7.73	180.94
1989	298.53	94.80	8.83	1.13		7.82	185.95
1990	304.32	96.06	8.94	1.54		7.68	190.10
1991	316.99	98.00	8.54	2.34	3.24	9.76	195.11
1992	322.50	100.26	8.96	3.39	4.19	9.51	196.19
1993	333.33	98.84	9.41	4.19	9.95	12.40	198.54
1994	335.56	96.86	8.53	5.55	11.24	11.98	201.40
1995	334.49	94.08	8.43	5.82	11.96	11.35	202.85
1996	333.30	88.91	8.49	6.81	10.52	12.50	206.07
1997	343.07	87.71	8.35	8.06	11.05	16.75	211.15
1998	326.70	71.65	4.97	7.87	12.08	18.36	211.77
1999	326.77	68.83	4.63	8.23	13.68	16.27	215.13
2000	335.17	66.86	4.38	8.24	11.39	19.70	224.60
2001	338.39	63.58	4.42	8.48	9.91	22.47	229.53
2002	349.89	60.23	4.18	10.46	18.48	23.01	233.53
2003	360.34	58.66	4.05	10.83	23.87	22.66	240.27
2004	367.74	58.11	3.87	12.61	23.31	19.80	250.04
2005	379.55	57.93	4.07	12.72	28.30	20.52	256.01
2006	389.03	56.89	3.84	14.81	31.17	19.67	262.65
2007	397.46	56.52	3.78	16.85	30.74	20.29	269.28
2008	408.36	54.88	3.13	18.78	32.39	24.58	274.60
2009	424.56	54.47	3.51	21.35	35.38	28.26	281.59
2010	439.65	53.07	3.94	24.30	41.59	32.17	284.58
2011	459.22	53.30	3.61	28.22	47.75	34.20	292.14
2012	483.90	54.43	3.55	32.10	54.89	38.24	300.69
2013	514.56	44.40	3.03	51.33	64.80	49.49	301.51
2014	543.10	42.91	2.21	56.41	83.93	49.80	307.85
2015	555.77	43.26	1.84	55.25	93.16	50.44	311.81
2016	558.14	43.65	1.72	55.81	83.37	55.89	317.69
2017	583.88	42.53	1.44	56.90	88.43	67.52	327.07
2018	600.50	41.13	1.39	57.06	102.91	73.67	324.34

4-2 各市县按注册类型分组从业人员年末人数(2018)
Number of Employed Persons at Year-end by Status of Registration and Region (2018)

单位：万人 (10 000 persons)

地 区	Region	从业人员 Total	国有单位 State-owned Units	城镇集体单位 Urban Collective-owned Units	其他经济类型单位 Other Ownership Units	私营单位 Private Enterprises	城镇个体 Urban Self-employed Individual	乡 村 Rural Employed Persons
全省总计	**Total**	**600.50**	**41.13**	**1.39**	**57.06**	**102.91**	**73.67**	**324.34**
海 口 市	Haikou	185.15	14.69	0.59	35.33	68.03	28.15	38.36
三 亚 市	Sanya	55.55	4.61	0.06	9.57	16.37	8.81	16.13
三 沙 市	Sansha	0.28	0.23			0.02	0.03	
五指山市	Wuzhishan	7.25	0.92		0.18	0.78	0.97	4.40
文 昌 市	Wenchang	33.96	1.46	0.20	0.73	1.92	3.94	25.70
琼 海 市	Qionghai	29.64	1.62	0.17	1.30	1.79	3.74	21.02
万 宁 市	Wanning	32.00	1.83	0.03	0.79	1.68	3.25	24.41
定 安 县	Ding'an	18.02	0.82	0.05	0.68	0.55	2.33	13.59
屯 昌 县	Tunchang	13.05	0.98	0.02	0.27	0.56	2.07	9.16
澄 迈 县	Chengmai	35.54	1.38	0.02	1.81	2.05	3.48	26.79
临 高 县	Lingao	25.45	1.26	0.03	0.33	0.38	1.17	22.28
儋州地区	Danzhou Area	49.69	3.57	0.02	2.69	4.60	4.92	33.89
儋州市	Danzhou	42.47	3.16	0.02	0.77	1.93	4.38	32.21
洋 浦	Yangpu	7.22	0.41		1.92	2.67	0.54	1.68
东 方 市	Dongfang	24.81	1.44	0.03	0.72	0.94	2.40	19.28
乐 东 县	Ledong	30.47	1.58	0.06	0.24	0.55	2.79	25.25
琼 中 县	Qiongzhong	9.24	1.00	0.05	0.09	0.66	1.18	6.27
保 亭 县	Baoting	8.50	0.74	0.02	0.38	0.48	1.07	5.82
陵 水 县	Lingshui	20.12	1.28	0.02	0.68	0.78	1.47	15.89
白 沙 县	Baisha	9.02	0.72		0.15	0.26	0.73	7.16
昌 江 县	Changjiang	12.76	1.00		1.12	0.51	1.18	8.95

4-3 历年按三次产业分组从业人员及构成

Number and Composition of Employed Persons by Three Strata of Industry in Various Years

年 份 Year	从业人员（万人） Total (10 000 persons)	第一产业 Primary Industry	第二产业 Secondary Industry	第三产业 Tertiary Industry	构成(%) Composition in Percentage 第一产业 Primary Industry	第二产业 Secondary Industry	第三产业 Tertiary Industry
1978	221.48	174.16	17.43	29.89	78.63	7.87	13.50
1979	226.23	178.12	17.74	30.37	78.73	7.84	13.43
1980	231.49	183.60	17.20	30.69	79.31	7.43	13.26
1985	267.80	197.04	24.18	46.58	73.58	9.03	17.39
1986	274.85	200.06	25.77	49.02	72.79	9.38	17.83
1987	280.47	201.80	26.44	52.23	71.95	9.43	18.62
1988	292.15	207.01	27.80	57.34	70.86	9.51	19.63
1989	298.53	210.64	28.07	59.82	70.56	9.40	20.04
1990	304.32	212.81	28.77	62.74	69.93	9.45	20.62
1991	316.99	217.18	31.49	68.32	68.52	9.93	21.55
1992	322.50	214.83	34.13	73.54	66.61	10.58	22.81
1993	333.33	208.86	38.49	85.98	62.66	11.55	25.79
1994	335.56	204.52	40.09	90.95	60.95	11.95	27.10
1995	334.49	203.92	39.06	91.51	60.96	11.68	27.36
1996	333.30	201.49	39.44	92.37	60.45	11.83	27.72
1997	343.07	203.12	38.90	101.05	59.21	11.34	29.45
1998	326.70	198.47	32.57	95.66	60.75	9.97	29.28
1999	326.77	198.80	31.54	96.43	60.84	9.65	29.51
2000	335.17	203.93	31.41	99.83	60.84	9.37	29.79
2001	338.39	203.73	31.74	102.92	60.21	9.38	30.42
2002	349.89	205.59	33.24	111.06	58.76	9.50	31.74
2003	360.34	210.71	35.42	114.21	58.47	9.83	31.70
2004	367.74	212.47	37.11	118.16	57.78	10.09	32.13
2005	379.55	215.10	39.34	125.11	56.67	10.37	32.96
2006	389.03	218.76	41.04	129.23	56.23	10.55	33.22
2007	397.46	221.43	43.11	132.92	55.71	10.85	33.44
2008	408.36	221.24	45.82	141.30	54.18	11.22	34.60
2009	424.56	225.59	48.24	150.73	53.14	11.36	35.50
2010	439.65	221.45	52.33	165.87	50.37	11.90	37.73
2011	459.22	224.98	54.73	179.51	48.99	11.92	39.09
2012	483.90	230.79	59.20	193.91	47.69	12.24	40.07
2013	514.56	222.45	65.25	226.86	43.23	12.68	44.09
2014	543.10	231.14	68.68	243.28	42.56	12.65	44.79
2015	555.77	229.86	69.77	256.14	41.36	12.55	46.09
2016	558.14	229.46	68.47	260.21	41.11	12.27	46.62
2017	583.88	235.35	68.67	279.87	40.31	11.76	47.93
2018	600.50	229.96	70.22	300.32	38.30	11.69	50.01

4-4 各市县按三次产业分组从业人员及构成(2018)

Number and Composition of Employed Persons by Three Strata of Industry and Region (2018)

地 区	Region	从业人员 (万人) Total (persons)	第一产业 Primary Industry	第二产业 Secondary Industry	第三产业 Tertiary Industry	构 成(%) Composition(%) 第一产业 Primary Industry	第二产业 Secondary Industry	第三产业 Tertiary Industry
全省总计	**Total**	**600.50**	**229.96**	**70.22**	**300.32**	**38.30**	**11.69**	**50.01**
海口市	Haikou	185.15	27.74	28.00	129.41	14.98	15.12	69.90
三亚市	Sanya	55.55	13.16	4.65	37.74	23.69	8.37	67.94
三沙市	Sansha	0.28	0.04		0.24	13.16	0.82	86.02
五指山市	Wuzhishan	7.25	3.88	0.48	2.89	53.49	6.61	39.89
文昌市	Wenchang	33.96	17.88	3.69	12.39	52.65	10.86	36.49
琼海市	Qionghai	29.64	14.47	3.21	11.96	48.81	10.83	40.36
万宁市	Wanning	32.00	14.54	5.13	12.33	45.44	16.02	38.54
定安县	Ding'an	18.02	8.89	2.34	6.79	49.35	13.00	37.65
屯昌县	Tunchang	13.05	6.86	1.37	4.82	52.56	10.47	36.97
澄迈县	Chengmai	35.54	16.87	4.99	13.68	47.46	14.04	38.50
临高县	Lingao	25.45	14.69	2.87	7.89	57.71	11.27	31.01
儋州地区	Danzhou Area	49.69	21.75	5.83	22.12	43.76	11.73	44.51
儋州市	Danzhou	42.47	21.50	4.22	16.75	50.63	9.93	39.45
洋浦	Yangpu	7.22	0.24	1.61	5.36	3.35	22.33	74.32
东方市	Dongfang	24.81	15.67	1.62	7.52	63.17	6.52	30.31
乐东县	Ledong	30.47	17.22	1.98	11.27	56.51	6.51	36.98
琼中县	Qiongzhong	9.24	5.72	0.62	2.90	61.91	6.73	31.36
保亭县	Baoting	8.50	5.08	0.41	3.01	59.74	4.83	35.43
陵水县	Lingshui	20.12	11.60	1.15	7.37	57.65	5.73	36.61
白沙县	Baisha	9.02	6.20	0.49	2.33	68.74	5.44	25.82
昌江县	Changjiang	12.76	7.72	1.40	3.64	60.48	10.98	28.55

4-5 各市县按行业分组从业人员年末人数(2018)
Number of Employed Persons at Year-end by Sector and Region (2018)

单位：人 (person)

地区	Region	从业人员 Total	农、林、牧、渔业 Agricalture, Forestry, Animal Husbandry and Fishery	采矿业 Mining	制造业 Manufacturing	电力、热力、煤气及水的生产和供应业 Production and Supply of Electric Power, Gas and Water	建筑业 Construction	批发和零售业 Wholesale and Retail Trades	交通运输、仓储和邮政业 Transport, Storage and Post
全省总计	**Total**	**6005044**	**2299648**	**9625**	**280908**	**25893**	**385818**	**854502**	**200739**
海口市	Haikou	1851477	277391	2189	101230	12734	163799	395140	87299
三亚市	Sanya	555469	131601	141	6846	2395	37106	85605	11403
三沙市	Sansha	2804	369		14		9	4	10
五指山市	Wuzhishan	72493	38779	51	1468	684	2591	6304	853
文昌市	Wenchang	339551	178767	736	14297	282	21554	32995	7868
琼海市	Qionghai	296400	144678	87	11387	832	19793	30990	6615
万宁市	Wanning	320005	145404	1044	24079	420	25724	35228	8165
定安县	Ding'an	180235	88945	51	12332	229	10816	19930	8104
屯昌县	Tunchang	130481	68587	59	6414	176	7009	16398	2145
澄迈县	Chengmai	355394	168670	245	30315	567	18771	41903	11399
临高县	Lingao	254544	146901	9	11918	200	16572	18583	5424
儋州地区	Danzhou Area	496889	217455	346	28811	2025	27086	61131	22080
儋州市	Danzhou	424735	215038	165	20300	1302	20389	44729	11437
洋浦	Yangpu	72154	2417	181	8511	723	6697	16402	10643
东方市	Dongfang	248114	156725	478	7793	1229	6674	23459	8867
乐东县	Ledong	304724	172187	90	10185	818	8755	34788	10563
琼中县	Qiongzhong	92440	57231	106	2845	695	2572	6721	697
保亭县	Baoting	85013	50786	91	746	231	3037	6059	891
陵水县	Lingshui	201169	115977	44	2905	425	8161	23184	4254
白沙县	Baisha	90199	62000	41	1864	193	2813	6020	864
昌江县	Changjiang	127643	77195	3817	5459	1758	2976	10060	3238

4-5 续1 (continued)

单位：人 (person)

地 区	Region	住宿和餐饮业 Hotel and Catering Services	信息传输、软件和信息技术服务业 Information Transmission, Software and Information Technology	金融业 Financial Intermediation	房地产业 Real Estate	租赁和商务服务业 Leasing and Business Services	科学研究和技术服务业 Scientific Research and Technical Service
全省总计	**Total**	**435746**	**111071**	**54182**	**189618**	**211845**	**63028**
海口市	Haikou	121809	62647	37255	109247	141572	44953
三亚市	Sanya	75863	8983	12733	31966	45304	7712
三沙市	Sansha				9	52	15
五指山市	Wuzhishan	4347	421	133	2381	821	348
文昌市	Wenchang	28772	4280	533	5936	2925	423
琼海市	Qionghai	26301	2897	466	6348	3382	1278
万宁市	Wanning	22831	6150	325	4614	1504	463
定安县	Ding'an	12985	1534	225	1536	460	408
屯昌县	Tunchang	8464	639	201	1176	598	163
澄迈县	Chengmai	30189	5364	136	6495	1996	1219
临高县	Lingao	13348	2071	228	1656	506	207
儋州地区	Danzhou Area	25350	10903	550	4815	8066	2841
儋州市	Danzhou	20297	5185	525	3195	4169	1826
洋浦	Yangpu	5053	5718	25	1620	3897	1015
东方市	Dongfang	13337	942	207	2215	1219	374
乐东县	Ledong	19991	2402	219	2252	577	271
琼中县	Qiongzhong	4757	175	263	902	593	168
保亭县	Baoting	5610	211	146	2308	397	186
陵水县	Lingshui	11425	830	248	4281	1324	812
白沙县	Baisha	3932	206	167	691	154	210
昌江县	Changjiang	6435	416	147	790	395	977

4-5 续2 (continued)

单位：人 (person)

地　区	Region	水利、环境和公共设施管理业 Management of Water Conservancy, Environmental and Public Facilities	居民服务、修理和其他服务业 Services to Households and Other Services	教育 Education	卫生和社会工作 Health Care and Social Welfare	文化、体育和娱乐业 Culture, Sports and Entertainment	公共管理、社会保障和社会组织 Public Management, Social Security and Social Organization	其他 Others
全省总计	**Total**	**52274**	**135526**	**138985**	**76730**	**50413**	**157268**	**271225**
海 口 市	Haikou	25931	63287	50889	34944	29240	47980	41941
三 亚 市	Sanya	12280	21672	12789	7919	9008	21979	12164
三 沙 市	Sansha	5	1			17	2299	
五指山市	Wuzhishan	897	1149	2318	1385	622	4510	2431
文 昌 市	Wenchang	548	4629	6565	3153	1252	5898	18138
琼 海 市	Qionghai	818	5040	6481	3263	1122	5416	19206
万 宁 市	Wanning	1306	4431	5933	3447	1124	6058	21755
定 安 县	Ding'an	667	2986	3373	1321	607	2473	11253
屯 昌 县	Tunchang	104	2254	3385	1126	419	4533	6631
澄 迈 县	Chengmai	714	6133	5744	2216	891	5728	16699
临 高 县	Lingao	322	1604	4980	1995	383	5049	22588
儋州地区	Danzhou Area	4202	8193	11736	5397	1842	10568	43492
儋州市	Danzhou	3851	6335	10818	5191	1399	8432	40152
洋　浦	Yangpu	351	1858	918	206	443	2136	3340
东 方 市	Dongfang	440	3319	5212	2111	468	5421	7624
乐 东 县	Ledong	200	3368	5894	2337	743	5723	23361
琼 中 县	Qiongzhong	420	1634	2803	1015	387	4924	3532
保 亭 县	Baoting	1095	1376	2216	774	670	4051	4132
陵 水 县	Lingshui	958	1789	3943	1890	864	6489	11366
白 沙 县	Baisha	893	938	1639	717	413	3459	2985
昌 江 县	Changjiang	474	1723	3085	1720	341	4710	1927

4-6 各市县按行业分组城镇非私营单位从业人员年末人数(2018)

Number of Employed Persons in Urban Non-private Units at Year-end by Region and Sector (2018)

单位：人 (person)

地区	Region	从业人员年末人数 Total	农、林、牧、渔业 Agricalture, Forestry, Animal Husbandry and Fishery	采矿业 Mining	制造业 Manufacturing	电力、热力、煤气及水的生产和供应业 Production & Supply of Electric Power, Gas and Water	建筑业 Construction	批发和零售业 Wholesale and Retail Trades
全省总计	**Total**	**995797**	**39491**	**4552**	**72113**	**21594**	**57255**	**54788**
海口市	Haikou	506099	24851	80	41777	10748	39872	37145
三亚市	Sanya	142407	3433	25	2581	2203	5913	5634
三沙市	Sansha	2299						
五指山市	Wuzhishan	10980	176		77	419	20	64
文昌市	Wenchang	23923	463	314	238	183	1358	540
琼海市	Qionghai	30928	563		1044	684	3236	1244
万宁市	Wanning	26584	2300	61	1205	299	956	595
定安县	Ding'an	15558	372		2706	216	2464	260
屯昌县	Tunchang	12617	1005		356	145	761	416
澄迈县	Chengmai	32162	802	66	7522	471	53	912
临高县	Lingao	16217	394		396	166	833	196
儋州地区	Danzhou Area	62805	1761		6806	1836	419	6725
儋州市	Danzhou	39509	1761		1646	1174	397	768
洋浦	Yangpu	23296			5160	662	22	5957
东方市	Dongfang	21923	419	400	2415	1146	454	62
乐东县	Ledong	18747	98		594	735	608	218
琼中县	Qiongzhong	11374	1128		295	105		70
保亭县	Baoting	11372	309		106	99	12	80
陵水县	Lingshui	19772	805	13	266	318	60	271
白沙县	Baisha	8731	556		456	110	11	75
昌江县	Changjiang	21299	56	3593	3273	1711	225	281

4-6 续1 (continued)

单位：人 (person)

地 区	Region	交通运输、仓储和邮政业 Transport, Storage and Post	住宿和餐饮业 Hotel and Catering Services	信息传输、软件和信息技术服务业 Information Transmission, Software and Information Technology	金融业 Financial Intermediation	房地产业 Real Estate	租赁和商务服务业 Leasing and Business Services	科学研究和技术服务业 Scientific Research and Technical Service
全省总计	**Total**	**76296**	**60546**	**21986**	**49974**	**85894**	**20155**	**20101**
海口市	Haikou	55550	17473	15226	33477	50331	14135	13152
三亚市	Sanya	6728	32682	1332	12646	11513	2696	1634
三沙市	Sansha							
五指山市	Wuzhishan	257	367	77	113	548	62	56
文昌市	Wenchang	605	1053		497	2424	828	207
琼海市	Qionghai	878	3472		428	2308	357	1054
万宁市	Wanning	831	1347		319	2450	320	75
定安县	Ding'an	692	76		206	771	85	215
屯昌县	Tunchang	203	45		195	641	18	40
澄迈县	Chengmai	2242	807	717	82	4104	249	652
临高县	Lingao	422	48		214	1027	123	127
儋州地区	Danzhou Area	3728	568	4508	496	2249	889	1191
儋州市	Danzhou	1121	328	429	494	1713	796	1101
洋浦	Yangpu	2607	240	4079	2	536	93	90
东方市	Dongfang	1955	464	70	207	1111	87	178
乐东县	Ledong	631	107	56	199	1225	132	191
琼中县	Qiongzhong	104	165		215	128	74	80
保亭县	Baoting	276	809		126	1159	9	144
陵水县	Lingshui	308	675		240	3087		420
白沙县	Baisha	365			167	330	13	58
昌江县	Changjiang	521	388		147	488	78	627

4-6 续2 (continued)

单位：人 (person)

地 区	Region	水利、环境和公共设施管理业 Management of Water Conservancy, Environmental and Public Facilities	居民服务、修理和其他服务业 Services to Households and Other Services	教育业 Education	卫生和社会工作 Health Care and Social Welfare	文化、体育和娱乐业 Culture, Sports and Entertainment	公共管理、社会保障和社会组织 Public Management, Social Security and Social Organization
全省总计	**Total**	**36373**	**4099**	**131020**	**68783**	**13509**	**157268**
海 口 市	Haikou	16422	2365	46097	31287	8131	47980
三 亚 市	Sanya	9710	913	11647	6872	2266	21979
三 沙 市	Sansha						2299
五指山市	Wuzhishan	517	6	2258	1301	152	4510
文 昌 市	Wenchang			6459	2625	231	5898
琼 海 市	Qionghai	586	41	6269	3010	338	5416
万 宁 市	Wanning	772		5788	2940	268	6058
定 安 县	Ding'an	567		3316	1058	81	2473
屯 昌 县	Tunchang	58		3161	983	57	4533
澄 迈 县	Chengmai	150		5569	1913	123	5728
临 高 县	Lingao	228		4907	1941	146	5049
儋州地区	Danzhou Area	3536	693	11228	5169	435	10568
儋州市	Danzhou	3536	34	10420	4967	392	8432
洋 浦	Yangpu		659	808	202	43	2136
东 方 市	Dongfang	287	77	5153	1892	125	5421
乐 东 县	Ledong	178		5842	2105	105	5723
琼 中 县	Qiongzhong	250		2774	914	148	4924
保 亭 县	Baoting	1095		2095	728	274	4051
陵 水 县	Lingshui	795		3841	1743	441	6489
白 沙 县	Baisha	815	4	1579	664	69	3459
昌 江 县	Changjiang	407		3037	1638	119	4710

4-7 各市县按机构类型分组城镇非私营单位从业人员年末人数(2018)

Number of Employed Persons in Urban Non-private Units by Type of Institutions and Region (2018)

单位：人 (person)

地 区	Region	从业人员年末人数 Total (Year-end)	企业 Enterprises	事业 Institutions	机关 Government Agencies	民间非营利组织 Nonenterprise Units Run by NGO	其他单位 Others
全省总计	**Total**	**995797**	**605974**	**239167**	**121529**	**14018**	**15109**
海 口 市	Haikou	506099	368038	81944	38613	11670	5834
三 亚 市	Sanya	142407	99693	22221	17659	1621	1213
三 沙 市	Sansha	2299			2299		
五指山市	Wuzhishan	10980	1832	6100	2674		374
文 昌 市	Wenchang	23923	7984	10400	4606		933
琼 海 市	Qionghai	30928	15202	10192	4952	394	188
万 宁 市	Wanning	26584	8814	13527	3462	103	678
定 安 县	Ding'an	15558	7178	6002	2018		360
屯 昌 县	Tunchang	12617	3575	6162	2843		37
澄 迈 县	Chengmai	32162	18544	8498	4820	95	205
临 高 县	Lingao	16217	3500	9089	3456	50	122
儋州地区	Danzhou Area	62805	31675	20542	8743	36	1809
儋州市	Danzhou	39509	12148	19434	6694	34	1199
洋 浦	Yangpu	23296	19527	1108	2049	2	610
东 方 市	Dongfang	21923	8487	8954	4219		263
乐 东 县	Ledong	18747	4164	10571	3098		914
琼 中 县	Qiongzhong	11374	2202	5763	3097	6	306
保 亭 县	Baoting	11372	4146	4295	2749	23	159
陵 水 县	Lingshui	19772	7596	5839	5880		457
白 沙 县	Baisha	8731	2129	3762	2200	14	626
昌 江 县	Changjiang	21299	11215	5306	4141	6	631

4-8 历年按注册类型分组城镇非私营单位在岗职工年末人数

Number of Staff and Workers in Urban Non-private Units at Year-end by Status of Registration in Various Years

单位：万人 (10 000 persons)

年 份 Year	在岗职工年末人数 Total	国有单位 State-owned Units	城镇集体单位 Urban Collective-owned Units	其他经济类型单位 Other Ownership Units
1957	14.07	13.06	1.01	
1962	27.94	26.42	1.52	
1965	34.96	33.02	1.94	
1970	55.16	52.24	2.92	
1971	60.45	57.28	3.17	
1972	61.83	58.39	3.44	
1973	64.01	58.57	5.44	
1974	64.18	59.10	5.08	
1975	65.79	60.40	5.39	
1976	67.87	62.59	5.28	
1977	80.15	70.56	9.59	
1978	79.84	73.62	6.22	
1979	82.53	76.15	6.38	
1980	84.13	77.53	6.60	
1981	91.13	84.50	6.63	
1982	94.05	87.16	6.89	
1983	94.63	87.96	6.67	
1984	95.45	85.87	9.50	0.08
1985	97.99	88.35	9.23	0.41
1986	100.03	90.28	9.26	0.49
1987	100.20	90.57	9.06	0.57
1988	102.64	92.89	9.02	0.73
1989	103.99	94.07	8.79	1.13
1990	105.64	95.19	8.91	1.54
1991	108.06	97.22	8.50	2.34
1992	111.85	99.64	8.94	3.27
1993	111.06	97.74	9.14	4.18
1994	109.10	95.14	8.46	5.50
1995	106.92	92.78	8.36	5.78
1996	102.82	87.68	8.37	6.77
1997	102.65	86.48	8.25	7.92
1998	83.27	70.66	4.93	7.68
1999	80.39	67.83	4.55	8.01
2000	77.79	65.45	4.28	8.06
2001	74.69	62.01	4.32	8.36
2002	73.11	58.84	4.08	10.19
2003	71.64	57.26	3.89	10.49
2004	72.53	56.67	3.71	12.15
2005	72.63	56.61	3.80	12.22
2006	73.91	55.78	3.68	14.45
2007	74.79	54.83	3.53	16.43
2008	75.26	53.79	2.99	18.48
2009	77.76	53.28	3.38	21.10
2010	79.21	51.46	3.77	23.98
2011	82.83	51.67	3.36	27.80
2012	87.29	52.19	3.42	31.68
2013	95.22	42.11	2.83	50.28
2014	97.94	41.20	2.07	54.67
2015	97.00	41.77	1.76	53.47
2016	97.30	41.96	1.67	53.67
2017	96.88	40.95	1.37	54.55
2018	95.34	39.45	1.33	54.55

注:从1999年起,职工资料为在岗职工的资料。在岗职工包含派遣人员。(下同)

Note:the data of staff and workers are the on-post ones since 1999.On-post staff and workers include dispatched workers.(the following as the same)

4-9 各市县按机构类型分组城镇非私营单位在岗职工年末人数(2018)
Number of Staff and Workers in Urban Non-private Units at Year-end by Type of Institutions and Region (2018)

单位：人 (person)

地 区	Region	在岗职工年末人数 Total (Year-end)	企业 Enterprises	事业 Institutions	机关 Government Agencies	民间非营利组织 Nonenterprise Units Run by NGO	其他单位 Others
全省总计	**Total**	**953362**	**578300**	**230627**	**115847**	**13826**	**14762**
海 口 市	Haikou	482641	346106	80702	38474	11567	5792
三 亚 市	Sanya	138591	97334	20994	17513	1537	1213
三 沙 市	Sansha	2246			2246		
五指山市	Wuzhishan	8695	1765	4935	1627		368
文 昌 市	Wenchang	23042	7713	9917	4484		928
琼 海 市	Qionghai	30357	15044	10015	4716	394	188
万 宁 市	Wanning	25573	8463	13153	3299	103	555
定 安 县	Ding'an	14985	7125	5568	1999		293
屯 昌 县	Tunchang	12260	3305	6084	2834		37
澄 迈 县	Chengmai	31318	18163	8308	4568	90	189
临 高 县	Lingao	15391	3376	8810	3033	50	122
儋州地区	Danzhou Area	61039	31350	19589	8280	36	1784
儋州市	Danzhou	37983	11963	18495	6317	34	1174
洋 浦	Yangpu	23056	19387	1094	1963	2	610
东 方 市	Dongfang	21366	8325	8576	4202		263
乐 东 县	Ledong	17730	4000	10464	2353		913
琼 中 县	Qiongzhong	11289	2202	5703	3084	6	294
保 亭 县	Baoting	10570	3905	3963	2537	23	142
陵 水 县	Lingshui	17700	7383	5183	4704		430
白 沙 县	Baisha	8114	1801	3533	2146	14	620
昌 江 县	Changjiang	20455	10940	5130	3748	6	631

4-10 各市县按注册类型分组城镇非私营单位在岗职工年末人数(2018)
Number of Staff and Workers in Urban Non-private Units at Year-end by Status of Registration and Region (2018)

单位：人 (person)

地区	Region	在岗职工年末人数 Total	国有单位 State-owned Units	城镇集体单位 Urban Collective-owned Units	其他经济类型单位 Other Ownership Units
全省总计	**Total**	**953362**	**394537**	**13332**	**545493**
海口市	Haikou	482641	143862	5872	332907
三亚市	Sanya	138591	44447	555	93589
三沙市	Sansha	2246	2246		
五指山市	Wuzhishan	8695	6994		1701
文昌市	Wenchang	23042	14127	1741	7174
琼海市	Qionghai	30357	15718	1719	12920
万宁市	Wanning	25573	17655	299	7619
定安县	Ding'an	14985	7749	506	6730
屯昌县	Tunchang	12260	9643	162	2455
澄迈县	Chengmai	31318	13177	216	17925
临高县	Lingao	15391	11956	296	3139
儋州地区	Danzhou Area	61039	34186	144	26709
儋州市	Danzhou	37983	30201	144	7638
洋浦	Yangpu	23056	3985		19071
东方市	Dongfang	21366	14077	225	7064
乐东县	Ledong	17730	14929	608	2193
琼中县	Qiongzhong	11289	9895	504	890
保亭县	Baoting	10570	6808	176	3586
陵水县	Lingshui	17700	10926	240	6534
白沙县	Baisha	8114	6689	24	1401
昌江县	Changjiang	20455	9453	45	10957

4-11 各市县按行业分组城镇非私营单位在岗职工年末人数(2018)

Number of Staff and Workers in Urban Non-private Units at Year-end by Sector and Region (2018)

单位：人 (person)

地 区	Region	在岗职工年末人数 Total	农、林、牧、渔业 Agricalture, Forestry, Animal Husbandry and Fishery	采矿业 Mining	制造业 Manufacturing	电力、热力、煤气及水的生产和供应业 Production and Supply of Electric Power, Gas and Water	建筑业 Construction	批发和零售业 Wholesale and Retail Trades
全省总计	**Total**	**953362**	**38576**	**4538**	**70670**	**20535**	**51618**	**54245**
海口市	Haikou	482641	24737	80	40633	10078	35227	36800
三亚市	Sanya	138591	3203	25	2575	2027	5472	5625
三沙市	Sansha	2246						
五指山市	Wuzhishan	8695	160		77	368	20	64
文昌市	Wenchang	23042	463	314	232	183	1215	513
琼海市	Qionghai	30357	561		1044	661	3236	1242
万宁市	Wanning	25573	2272	61	1205	299	826	546
定安县	Ding'an	14985	305		2694	216	2464	250
屯昌县	Tunchang	12260	1005		286	145	759	345
澄迈县	Chengmai	31318	572	66	7439	471	53	910
临高县	Lingao	15391	394		370	166	749	194
儋州地区	Danzhou Area	61039	1761		6761	1826	324	6717
儋州市	Danzhou	37983	1761		1640	1174	306	760
洋浦	Yangpu	23056			5121	652	18	5957
东方市	Dongfang	21366	396	398	2406	1125	357	62
乐东县	Ledong	17730	98		594	735	608	217
琼中县	Qiongzhong	11289	1128		295	105		70
保亭县	Baoting	10570	309		106	99	12	79
陵水县	Lingshui	17700	805	13	266	295	60	269
白沙县	Baisha	8114	351		414	109	11	63
昌江县	Changjiang	20455	56	3581	3273	1627	225	279

4-11 续1 (continued)

单位：人 (person)

地 区	Region							
		交通运输、仓储和邮政业 Transport, Storage and Post	住宿和餐饮业 Hotel and Catering Services	信息传输、软件和信息技术服务业 Information Transmission, Software and Information Technology	金融业 Financial Intermediation	房地产业 Real Estate	租赁和商务服务业 Leasing and Business Services	科学研究和技术服务业 Scientific Research and Technical Service
全省总计	**Total**	**72866**	**59204**	**21835**	**39959**	**84219**	**19866**	**19381**
海 口 市	Haikou	52870	17143	15153	23499	49578	13937	12798
三 亚 市	Sanya	6639	31836	1296	12646	11156	2624	1545
三 沙 市	Sansha							
五指山市	Wuzhishan	257	367	60	113	532	62	56
文 昌 市	Wenchang	595	1053		497	2330	828	195
琼 海 市	Qionghai	798	3468		428	2302	347	1048
万 宁 市	Wanning	777	1322		319	2442	320	75
定 安 县	Ding'an	692	74		205	743	81	213
屯 昌 县	Tunchang	187	45		162	562	18	40
澄 迈 县	Chengmai	2220	801	717	79	4078	249	642
临 高 县	Lingao	421	48		214	1021	123	124
儋州地区	Danzhou Area	3652	568	4483	496	2217	887	982
儋州市	Danzhou	1121	328	404	494	1681	794	903
洋 浦	Yangpu	2531	240	4079	2	536	93	79
东 方 市	Dongfang	1921	464	70	207	1101	87	148
乐 东 县	Ledong	625	107	56	199	1068	132	191
琼 中 县	Qiongzhong	104	165		215	128	73	80
保 亭 县	Baoting	274	789		126	1105	9	142
陵 水 县	Lingshui	307	566		240	3063		420
白 沙 县	Baisha	179			167	307	11	58
昌 江 县	Changjiang	348	388		147	486	78	624

4-11 续2 (continued)

单位：人 (person)

地区	Region	水利、环境和公共设施管理业 Management of Water Conservancy, Environmental and Public Facilities	居民服务、修理和其他服务业 Services to Households and Other Services	教育业 Education	卫生和社会工作 Health Care and Social Welfare	文化、体育和娱乐业 Culture, Sports and Entertainment	公共管理、社会保障和社会组织 Public Management, Social Security and Social Organization
全省总计	**Total**	**34910**	**3948**	**127858**	**66668**	**13064**	**149402**
海口市	Haikou	16092	2330	45329	30670	7912	47775
三亚市	Sanya	9624	862	11094	6751	2228	21363
三沙市	Sansha						2246
五指山市	Wuzhishan	446	6	2191	1225	114	2577
文昌市	Wenchang			6210	2468	231	5715
琼海市	Qionghai	438	41	6189	2958	334	5262
万宁市	Wanning	535		5702	2799	268	5805
定安县	Ding'an	308		3231	1029	73	2407
屯昌县	Tunchang	58		3112	974	56	4506
澄迈县	Chengmai	150		5485	1830	118	5438
临高县	Lingao	228		4788	1812	146	4593
儋州地区	Danzhou Area	3514	693	10821	4936	363	10038
儋州市	Danzhou	3514	34	10016	4734	320	7999
洋浦	Yangpu		659	805	202	43	2039
东方市	Dongfang	287	12	5070	1826	124	5305
乐东县	Ledong	169		5754	2105	102	4970
琼中县	Qiongzhong	250		2755	890	140	4891
保亭县	Baoting	893		2067	710	267	3583
陵水县	Lingshui	741		3550	1431	413	5261
白沙县	Baisha	770	4	1564	659	57	3390
昌江县	Changjiang	407		2946	1595	118	4277

4-12 按注册类型和行业分组城镇非私营单位从业人员工资总额(2018)

Total Wage Bill of Employed Persons in Urban Non-private Units by Sector and Status of Registration (2018)

行业	Sector	合计 Total	国有单位 State-owned Units	城镇集体单位 Urban Collective-owned Units	其他各种经济单位 Other Ownership Units
工资总额(万元)	**Total Wage Bill(10 000 yuan)**	**7587396**	**3446132**	**73613**	**4067651**
农、林、牧、渔业	Agricalture,Forestry,Animal Husbandry and Fishery	191634	47923	588	143123
采矿业	Mining	32270	1558	33	30680
制造业	Manufacturing	500103	15933	58	484113
电力、热力、燃气及水生产和供应业	Production and Supply of Electric Power, Gas and Water	192544	40794	29	151722
建筑业	Construction	260657	17925	27465	215267
批发和零售业	Wholesale and Retail Trades	361640	40981	1557	319102
交通运输、仓储和 邮政业	Transport, Storage and Post	626308	109152	843	516314
住宿和餐饮业	Hotels and Catering Services	340463	31749	60	308654
信息传输、软件和信息技术服务业	Information Transmission,Software and Information Technology	269461	48444	20	220997
金融业	Financial Intermediation	586846	108367	7806	470674
房地产业	Real Estate	611870	23576	1876	586418
租赁和商务服务业	Leasing and Business Services	135537	28355	505	106677
科学研究和技术服务业	Scientific Research, Technical Services	182929	97016	3735	82179
水利、环境和公共设施管理业	Management of Water Conservancy, Environmental and Public Facilities	180761	45813	454	134494
居民服务、修理和其他服务业	Services to Households and Other Services	18033	6010	173	11850
教育	Education	1159034	1033402	3467	122165
卫生和社会工作	Health Care and Social Welfare	583001	453532	24448	105021
文化、体育和娱乐业	Culture,Sports and Entertainment	99625	46076	318	53231
公共管理、社会保障和社会组织	Public Management, Social Security and Social Organizations	1254679	1249527	179	4973

4-13 按注册类型和行业分组城镇非私营单位从业人员平均工资(2018)

Average Wage of Employed Persons in Urban Non-private Units by Sector and Status of Registration (2018)

行 业	Sector	合计 Total	国有单位 State-owned Units	城镇集体单位 Urban Collective-owned Units	其他各种经济单位 Units of Other Types of Ownership
平均工资(元)	**Average Wage (yuan)**	**75885**	**83951**	**54580**	**70634**
农、林、牧、渔业	Agricalture,Forestry,Animal Husbandry and Fishery	43624	35793	20272	47313
采矿业	Mining	68748	38083	30000	71782
制造业	Manufacturing	66980	74106	23160	66783
电力、热力、燃气及水生产和供应业	Production and Supply of Electric Power, Gas and Water	88595	67505	32222	96755
建筑业	Construction	46019	31680	45593	47881
批发和零售业	Wholesale and Retail Trades	64565	155174	35226	60289
交通运输、仓储和 邮政业	Transport, Storage and Post	84586	73453	47084	87503
住宿和餐饮业	Hotels and Catering Services	56134	88907	35412	54089
信息传输、软件和信息技术 服务业	Information Transmission,Software and Information Technology	117730	102701	40000	121654
金融业	Financial Intermediation	120250	117662	96247	121367
房地产业	Real Estate	69427	55226	44236	70282
租赁和商务服务业	Leasing and Business Services	68976	81880	37422	66457
科学研究和技术服务业	Scientific Research and Technical Services	90573	100140	76846	81991
水利、环境和公共设施管理业	Management of Water Conservancy,Environmental and Public Facilities	50606	52251	41615	50106
居民服务、修理和其他服务业	Services to Households and Other Services	44647	54690	44359	40847
教育	Education	88920	95429	87330	56404
卫生和社会工作	Health Care and Social Welfare	85815	89619	61412	78673
文化、体育和娱乐业	Culture,Sports and Entertainment	75795	80328	38732	72660
公共管理、社会保障和社会组织	Public Management, Social Security and Social Organizations	80102	80135	85381	72281

4-14 市县按注册类型分组城镇非私营单位从业人员工资总额和平均工资(2018)

Total Wage Bill and Average Wage of Employed Persons in Urban Non-private Units by Status of Registration and Region (2018)

地区	Region	工资总额(万元) Total Wage Bill (10 000 yuan)	国有单位 State-owned Units	城镇集体单位 Urban Collective-owned Units	其他各种经济单位 Other Ownership Units	平均工资(元) Average Wage (yuan)	国有单位 State-owned Units	城镇集体单位 Urban Collective-owned Units	其他各种经济单位 Other Ownership Units
全省总计	**Total**	**7587396**	**3446132**	**73613**	**4067651**	**75885**	**83951**	**54580**	**70634**
海口市	Haikou	3889677	1466687	29482	2393508	75925	99737	50285	66600
三亚市	Sanya	1104801	369896	1908	732997	78491	80071	42867	77883
三沙市	Sansha	19993	19993			85403	85403		
五指山市	Wuzhishan	71951	61754		10197	66969	68937		57094
文昌市	Wenchang	192681	121553	9813	61315	80948	83404	51243	83832
琼海市	Qionghai	225883	132653	12455	80776	74155	82944	71704	63448
万宁市	Wanning	180414	121423	1262	57728	68377	67341	37678	71990
定安县	Ding'an	103240	63761	3540	35940	65202	77709	69675	50471
屯昌县	Tunchang	79203	68295	1154	9754	63678	70364	70785	37968
澄迈县	Chengmai	292891	101426	1127	190338	90293	72770	46950	104238
临高县	Lingao	110247	85981	1649	22617	68647	67857	49961	73937
儋州地区	Danzhou Area	484282	284804	1434	198045	76688	81032	98890	71091
儋州市	Danzhou	296231	256430	1434	38368	75898	82432	98890	49335
洋浦	Yangpu	188051	28374		159677	77965	70250		79516
东方市	Dongfang	167030	92378	1617	73035	75868	63868	53907	100710
乐东县	Ledong	135938	116116	2781	17042	73176	73799	54000	73204
琼中县	Qiongzhong	73081	65533	2660	4888	64892	66390	52786	55101
保亭县	Baoting	86508	56927	897	28683	76319	77526	50404	75204
陵水县	Lingshui	149547	89620	1580	58346	75601	70235	66387	86019
白沙县	Baisha	58940	52822	140	5978	67414	71131	58375	46234
昌江县	Changjiang	161088	74511	114	86463	75173	73905	24213	76516

4-15 各市县按机构类型分组城镇非私营单位从业人员平均工资(2018)
Average Wage of Employed Persons in Urban Non-private Units by Type of Institutions and Region (2018)

单位：元 (yuan)

地区	Region	平均工资 Average Wage	企业 Enterprises	事业 Institutions	机关 Government Agencies	民间非营利组织 Nonenterprise Units Run by NGO	其他 Others
全省总计	**Total**	**75885**	**70978**	**86476**	**84835**	**47816**	**61520**
海口市	Haikou	75925	68684	101599	104711	43170	55753
三亚市	Sanya	78491	77292	83166	81683	74476	43870
三沙市	Sansha	85403			85403		
五指山市	Wuzhishan	66969	51506	72572	63527		78377
文昌市	Wenchang	80948	76111	85696	77765		85500
琼海市	Qionghai	74155	64499	88193	76609	67466	41032
万宁市	Wanning	68377	66695	66424	81324	52646	66171
定安县	Ding'an	65202	52083	76138	86217		36324
屯昌县	Tunchang	63678	41373	69983	77962		24649
澄迈县	Chengmai	90293	101177	78080	72111	62432	46400
临高县	Lingao	68647	69779	67981	69044	33260	95097
儋州地区	Danzhou Area	76688	70732	87783	75400	73056	65496
儋州市	Danzhou	75898	57206	87347	77796	75000	70837
洋浦	Yangpu	77965	78742	95392	67628	40000	54936
东方市	Dongfang	75868	90145	68364	63544		64608
乐东县	Ledong	73176	63872	77050	69827		80895
琼中县	Qiongzhong	64892	40879	67951	75611	110500	70636
保亭县	Baoting	76319	66766	80732	84774	26381	66533
陵水县	Lingshui	75601	78821	84186	62379		82653
白沙县	Baisha	67414	35172	75125	87406	103400	60905
昌江县	Changjiang	75173	73013	87267	68842	38000	53933

4-16 历年按注册类型分组城镇非私营单位在岗职工工资总额
Total Wage Bill of Staff and Workers in Urban Non-private Units by Status of Registration in Various Years

年份 Year	工资总额（万元） Total (10 000yuan)	国有单位 State-owned Units	城镇集体单位 Urban Collective-owned Units	其他各种经济单位 Other Ownership Units
1957	7160	7160		
1962	14477	14477		
1965	17282	17282		
1970	22872	22872		
1971	25387	25387		
1972	28438	28438		
1973	30658	30658		
1974	37105	34316	2789	
1975	35569	32719	2850	
1976	37834	34871	2963	
1977	42661	37916	4745	
1978	45356	41740	3616	
1979	50023	46324	3699	
1980	56887	52804	4083	
1981	62308	58337	3971	
1982	72132	67670	4462	
1983	75423	71043	4380	
1984	86963	79240	7658	65
1985	97401	88621	8324	456
1986	114203	105001	8516	686
1987	122089	112713	8524	852
1988	140367	129129	10069	1169
1989	168152	153969	11341	2842
1990	205121	186893	13497	4731
1991	232123	209803	14682	7638
1992	301790	269183	19763	12844
1993	385512	329098	29387	27027
1994	485782	414329	33265	38188
1995	569860	485955	38116	45789
1996	561205	471766	34286	55153
1997	580859	474729	34165	71965
1998	522554	425762	24742	72050
1999	552774	448027	25545	79202
2000	574995	467433	25159	82403
2001	623576	505589	26764	91223
2002	699965	555859	27157	116949
2003	754498	596934	27650	129914
2004	913157	717529	29891	165737
2005	1041882	814634	32618	194630
2006	1168412	861472	34956	271984
2007	1440066	1040650	42039	357377
2008	1661370	1165113	45433	450824
2009	1937508	1302875	58075	576558
2010	2459671	1670654	73105	715912
2011	3017777	1969366	83377	965034
2012	3476524	2139978	107276	1229270
2013	4273373	2036709	103722	2132942
2014	4921265	2243568	85718	2591979
2015	5632186	2669758	81550	2880878
2016	6025639	2898480	82925	3044233
2017	6605092	3078484	76282	3450325
2018	7431850	3396398	71584	3963868

4-17 各市县按机构类型分组城镇非私营单位在岗职工工资总额(2018)
Total Wage Bill of Staff and Workers in Urban Non-private Units by Type of Institutions and Region (2018)

单位：万元 (10 000 yuan)

地　区	Region	合计 Total	企业 Enterprises	事业 Institutions	机关 Government Agencies	民间非营利组织 Nonenterprise Units Run by NGO	其他 Others
全省总计	**Total**	**7431850**	**4237397**	**2025941**	**1013141**	**65738**	**89633**
海口市	Haikou	3795246	2489873	822396	402080	49483	31414
三亚市	Sanya	1089813	749983	178412	144859	12015	4545
三沙市	Sansha	19409			19409		
五指山市	Wuzhishan	68182	9426	40650	15190		2915
文昌市	Wenchang	189478	59858	86845	34866		7908
琼海市	Qionghai	223485	95701	87883	36732	2402	767
万宁市	Wanning	177536	57828	87552	27352	521	4282
定安县	Ding'an	101469	38560	44227	17451		1230
屯昌县	Tunchang	78333	13710	42968	21564		91
澄迈县	Chengmai	289419	188256	66007	33657	588	912
临高县	Lingao	108145	22571	61130	23297	166	980
儋州地区	Danzhou Area	477071	226273	174990	63711	263	11834
儋州市	Danzhou	291747	68241	164575	50193	255	8483
洋浦	Yangpu	185324	158032	10415	13518	8	3351
东方市	Dongfang	165121	76535	60127	26830		1629
乐东县	Ledong	133461	25245	80799	20019		7398
琼中县	Qiongzhong	72844	8863	39022	22865	66	2028
保亭县	Baoting	82772	25491	33521	22730	55	975
陵水县	Lingshui	143874	59339	46571	34294		3670
白沙县	Baisha	57161	6945	27224	19155	155	3683
昌江县	Changjiang	159034	82940	45617	27082	23	3373

4-18 历年按注册类型分城镇非私营单位在岗职工平均工资及指数
Average Wage and Related Indices of Staff and Workers in Urban Non-private Units by Status of Registration in Various Years

年 份 Year	在岗职工平均工资(元) Average Wage (yuan)	国有单位 State-owned Units	城镇集体单位 Urban Collective-owned Units	其他各种经济单位 Other Ownership Units	在岗职工实际工资指数(%) (1978=100) Indices of Real Wage	国有单位 State-owned Units	城镇集体单位 Urban Collective-owned Units	其他各种经济单位 Other Ownership Units
1978	582	583	570		100.0	100.0	100.0	
1979	617	621	570		104.8	105.4	98.9	
1980	692	697	638		110.2	110.8	103.7	
1981	728	736	623		108.8	109.9	95.1	
1982	790	799	671		113.8	115.0	98.8	
1983	812	823	672		116.1	117.4	98.1	
1984	929	940	830	1158	129.3	130.7	118.0	100.0
1985	1020	1029	925	1331	125.6	126.4	116.2	99.0
1986	1168	1190	943	1401	138.1	140.3	113.9	100.1
1987	1233	1259	959	1417	132.9	135.4	105.5	92.2
1988	1399	1421	1141	1740	117.7	119.3	98.0	88.3
1989	1640	1658	1321	2655	107.4	107.9	88.4	105.3
1990	1981	2002	1549	3232	127.1	128.2	101.5	125.5
1991	2194	2198	1793	3530	135.5	135.5	113.0	131.6
1992	2720	2715	2282	4093	154.6	154.0	132.4	140.7
1993	3501	3387	3308	6658	161.3	155.8	155.6	185.6
1994	4485	4359	4086	7460	163.1	158.2	151.7	164.2
1995	5340	5230	4632	8214	171.1	167.3	151.5	159.1
1996	5476	5365	4222	8579	168.2	164.5	132.4	159.5
1997	5664	5468	4208	9462	172.6	166.3	130.9	174.5
1998	6248	5970	5020	9750	191.6	186.6	160.5	184.8
1999	6865	6586	5672	9913	218.7	209.4	184.5	191.2
2000	7408	7146	5919	10352	233.4	224.8	190.4	197.4
2001	8321	8102	6207	11091	266.2	258.7	202.7	214.7
2002	9480	9368	6615	11247	304.8	300.7	217.2	218.9
2003	10397	10305	7029	12130	334.0	330.5	230.5	235.8
2004	12652	12664	8121	14005	389.3	389.0	255.1	261.6
2005	14417	14427	8640	16185	437.0	436.6	267.4	297.8
2006	15890	15398	9580	19518	474.6	459.1	292.1	243.1
2007	19357	18937	12069	22393	550.6	537.7	350.5	386.7
2008	21864	21330	15300	24510	581.7	566.5	415.6	395.9
2009	24892	24369	17695	27338	666.9	651.8	484.1	444.7
2010	31025	32028	20733	30346	793.2	817.4	541.2	471.0
2011	36716	38219	25418	35242	884.7	919.3	625.3	515.6
2012	40051	41148	32091	39083	935.1	959.1	765.1	554.0
2013	45573	48632	36814	43466	1035.1	1102.7	853.7	599.3
2014	50589	54978	38435	47786	1122.1	1217.3	870.4	619.9
2015	58406	64485	46771	54064	1378.7	1519.6	1127.3	772.9
2016	62565	69407	50006	57557	1435.3	1589.5	1171.3	799.6
2017	69062	75572	56251	64433	1535.2	1677.0	1276.7	867.4
2018	77672	86227	55629	72062	1686.1	1868.6	1233.0	947.4

注:在岗职工实际工资指数包含物价指数变动的影响。

Note: the real wage indices included the impact of the price index changes.

4-19 各市县按机构类型分组城镇非私营单位在岗职工平均工资(2018)
Average Wage of Staff and Workers in Urban Non-private Units by Type of Institutions and Region (2018)

单位：元 (yuan)

地区	Region	在岗职工平均工资 Average Wages	企业 Enterprises	事业 Institutions	机关 Government Agencies	民间非营利组织 Nonenterprise Units Run by NGO	其他 Others
全省总计	**Total**	**77672**	**72570**	**88223**	**87894**	**48061**	**62532**
海口市	Haikou	77632	70560	102028	104985	43262	55530
三亚市	Sanya	79661	78376	85557	81994	76972	43870
三沙市	Sansha	87230			87230		
五指山市	Wuzhishan	78505	52925	82539	94289		79223
文昌市	Wenchang	83236	78073	89164	78669		85491
琼海市	Qionghai	74767	64589	88968	78942	67466	41032
万宁市	Wanning	70028	68250	67415	84447	52646	77291
定安县	Ding'an	66598	52342	79545	86647		41708
屯昌县	Tunchang	64599	42513	70404	78101		24649
澄迈县	Chengmai	91821	102821	78955	73616	65300	48249
临高县	Lingao	71134	70846	69090	77246	33260	95097
儋州地区	Danzhou Area	78003	70941	90556	78520	73056	66074
儋州市	Danzhou	77808	57515	90232	81258	75000	71826
洋浦	Yangpu	78311	78894	95992	69789	40000	54936
东方市	Dongfang	77015	91157	69793	63623		76825
乐东县	Ledong	76137	65216	77579	85955		80945
琼中县	Qiongzhong	65149	40879	68352	75836	110500	71664
保亭县	Baoting	78293	64829	84992	89487	26381	72222
陵水县	Lingshui	81321	80339	90063	72810		86355
白沙县	Baisha	71729	41388	77384	88843	103400	61171
昌江县	Changjiang	77227	74159	89726	73234	38000	54312

4-20 各市县按注册类型分组城镇非私营单位在岗职工工资总额和平均工资(2018)
Total Wage Bill and Average Wage of Staff and Workers in Urban Non-private Units by Status of Registration and Region (2018)

地 区	Region	工资总额(万元) Total Wage Bill (10 000 yuan)	国有单位 State-owned Units	城镇集体单位 Urban Collective-owned Units	其他各种经济单位 Other Ownership Units	平均工资(元) Average Wages (yuan)	国有单位 State-owned Units	城镇集体单位 Urban Collective-owned Units	其他各种经济单位 Other Ownership Units
全省总计	**Total**	**7431850**	**3396398**	**71584**	**3963868**	**77672**	**86227**	**55629**	**72062**
海口市	Haikou	3795246	1455729	29283	2310234	77632	100770	50488	68226
三亚市	Sanya	1089813	363201	1875	724737	79661	81747	43913	78819
三沙市	Sansha	19409	19409			87230	87230		
五指山市	Wuzhishan	68182	58057		10125	78505	83355		58865
文昌市	Wenchang	189478	119735	8999	60744	83236	85776	54636	84861
琼海市	Qionghai	223485	131021	12419	80046	74767	84328	72033	63377
万宁市	Wanning	177536	119604	1110	56822	70028	68837	39925	73805
定安县	Ding'an	101469	62281	3517	35671	66598	80269	70619	51112
屯昌县	Tunchang	78333	67867	1150	9316	64599	70754	70994	39274
澄迈县	Chengmai	289419	99080	1039	189301	91821	74676	50413	104899
临高县	Lingao	108145	84409	1573	22163	71134	70553	53135	75307
儋州地区	Danzhou Area	477071	280653	1354	195064	78003	83359	109202	71272
儋州市	Danzhou	291747	252490	1354	37903	77808	84939	109202	49572
洋浦	Yangpu	185324	28163		157161	78311	71443		79684
东方市	Dongfang	165121	91278	1104	72740	77015	64869	54360	101507
乐东县	Ledong	133461	114166	2781	16515	76137	76879	54000	76315
琼中县	Qiongzhong	72844	65296	2660	4888	65149	66696	52786	55102
保亭县	Baoting	82772	55348	889	26535	78293	81550	50489	73524
陵水县	Lingshui	143874	84673	1580	57621	81321	77639	66387	87998
白沙县	Baisha	57161	51377	140	5644	71729	75923	58375	47908
昌江县	Changjiang	159034	73216	113	85705	77227	76940	24478	77695

4-21 各市县按行业分组城镇非私营单位在岗职工工资总额(2018)

Total Wage Bill of Staff and Worker in Urban Non-private Units by Region and Sector (2018)

单位：万元 (10 000 yuan)

地 区	Region	合计 Total	农、林、牧、渔业 Agriculture, Forestry, Animal Husbandry and Fishery	采矿业 Mining	制造业 Manufacturing	电力、热力、煤气及水的生产和供应业 Production and Supply of Electric Power, Gas and Water	建筑业 Construction	批发和零售业 Wholesale and Retail Trades
全省总计	**Total**	**7431850**	**189163**	**32210**	**484196**	**191336**	**234529**	**359009**
海口市	Haikou	3795246	143252	1625	268231	99670	153463	234661
三亚市	Sanya	1089813	12396	133	14190	17258	24676	40425
三沙市	Sansha	19409						
五指山市	Wuzhishan	68182	556		577	1659	152	268
文昌市	Wenchang	189478	2219	2006	813	1021	5170	2044
琼海市	Qionghai	223485	2055		3858	3621	19136	8329
万宁市	Wanning	177536	4634	218	5327	1233	2203	2345
定安县	Ding'an	101469	1262		13025	1062	13876	1038
屯昌县	Tunchang	78333	3539		907	443	1952	920
澄迈县	Chengmai	289419	1822	852	48721	4194	154	5383
临高县	Lingao	108145	1682		1776	377	5965	1016
儋州地区	Danzhou Area	477071	5360		64621	15950	1773	58282
儋州市	Danzhou	291747	5360		7812	10526	1700	6190
洋浦	Yangpu	185324			56809	5424	73	52091
东方市	Dongfang	165121	1176	1544	34497	12926	1702	276
乐东县	Ledong	133461	490		4014	4935	2781	807
琼中县	Qiongzhong	72844	3452		1145	295		299
保亭县	Baoting	82772	1143		370	552	59	418
陵水县	Lingshui	143874	2728	53	1022	1147	376	1048
白沙县	Baisha	57161	1137		2030	354	20	395
昌江县	Changjiang	159034	261	25781	19071	24639	1073	1058

4-21 续1 (continued)

单位：万元 (10 000 yuan)

地 区	Region	交通运输、仓储和邮政业 Transport, Storage and Post	住宿和餐饮业 Hotel and Catering Services	信息传输、软件和信息技术服务业 Information Transmission, Software and Information Technology	金融业 Financial Intermediation	房地产业 Real Estate	租赁和商务服务业 Leasing and Business Services	科学研究和技术服务业 Scientific Research and Technical Service
全省总计	**Total**	**609048**	**335153**	**267845**	**565760**	**605082**	**134392**	**179478**
海 口 市	Haikou	468554	88235	165777	345833	286868	92872	121158
三 亚 市	Sanya	48839	193933	19232	180263	111957	14684	10910
三 沙 市	Sansha							
五指山市	Wuzhishan	1698	1325	778	744	3902	316	527
文 昌 市	Wenchang	3212	4885		4465	22003	15376	2152
琼 海 市	Qionghai	7164	19415		4880	20196	2083	6881
万 宁 市	Wanning	3982	8063		2525	28498	1863	496
定 安 县	Ding'an	4085	237		1831	5005	219	1702
屯 昌 县	Tunchang	1144	105		2099	3456	96	324
澄 迈 县	Chengmai	12079	4326	63590	605	39658	1462	5900
临 高 县	Lingao	2392	117		2103	8739	346	759
儋州地区	Danzhou Area	29993	2414	17189	10217	12807	3210	12943
儋州市	Danzhou	7449	1301	2014	10205	10433	2295	12037
洋 浦	Yangpu	22544	1113	15175	12	2375	915	907
东 方 市	Dongfang	14617	1428	685	1178	8078	662	1061
乐 东 县	Ledong	4492	460	594	1939	6937	401	1012
琼 中 县	Qiongzhong	530	601		1740	947	268	658
保 亭 县	Baoting	1441	4352		1020	7726	32	787
陵 水 县	Lingshui	1563	3284		1580	34290		6767
白 沙 县	Baisha	1177			968	1205	116	382
昌 江 县	Changjiang	2088	1973		1770	2808	387	5062

4-21 续2 (continued)

单位：万元 (10 000 yuan)

地区	Region	水利、环境和公共设施管理业 Management of Water Conservancy, Environmental and Public Facilities	居民服务、修理和其他服务业 Services to Households and Other Services	教育业 Education	卫生和社会工作 Health Care and Social Welfare	文化、体育和娱乐业 Culture, Sports and Entertainment	公共管理、社会保障和社会组织 Public Management, Social Security and Social Organization
全省总计	**Total**	**175006**	**17545**	**1147687**	**570859**	**98203**	**1235351**
海口市	Haikou	69085	9589	399213	293421	65999	487741
三亚市	Sanya	57738	3932	97978	61133	15445	164695
三沙市	Sansha						19409
五指山市	Wuzhishan	2343	51	21691	9733	1143	20718
文昌市	Wenchang			59364	21842	1084	41822
琼海市	Qionghai	2179	158	58078	23180	1929	40345
万宁市	Wanning	2054		50823	20012	1734	41526
定安县	Ding'an	1600		28998	6140	513	20875
屯昌县	Tunchang	165		27286	7745	428	27723
澄迈县	Chengmai	1515		46478	12084	1044	39554
临高县	Lingao	864		40655	10221	753	30381
儋州地区	Danzhou Area	16304	3741	97601	46011	2485	76171
儋州市	Danzhou	16304	178	90404	43716	2020	61805
洋浦	Yangpu		3563	7197	2295	465	14367
东方市	Dongfang	1510	39	40036	9972	724	33010
乐东县	Ledong	949		53736	14557	508	34849
琼中县	Qiongzhong	1142		22407	6745	895	31720
保亭县	Baoting	8741		21244	5191	812	28885
陵水县	Lingshui	4705		36338	9465	1345	38163
白沙县	Baisha	2508	36	15136	4651	523	26525
昌江县	Changjiang	1607		30625	8755	839	31239

4-22 各市县按行业分城镇非私营单位在岗职工平均工资(2018)
Average Wage of Staff and Workers in Urban Non-private Units by Sector and Region (2018)

单位：元 (yuan)

地 区	Region	合计 Total	农、林、牧、渔业 Agricalture, Forestry, Animal Husbandry and Fishery	采矿业 Mining	制造业 Manufac-turing	电力、热力、煤气及水的生产和供应业 Production and Supply of Electric Power, Gas and Water	建筑业 Construction	批发和零售业 Wholesale and Retail Trades
全省总计	**Total**	**77672**	**44221**	**68972**	**66988**	**92751**	**45687**	**64743**
海 口 市	Haikou	77632	49389	198146	64207	97966	43441	62485
三 亚 市	Sanya	79661	39781	53000	54619	83817	45918	74188
三 沙 市	Sansha	87230						
五指山市	Wuzhishan	78505	34763		72987	45193	76050	35720
文 昌 市	Wenchang	83236	44459	65552	34579	55489	45874	39916
琼 海 市	Qionghai	74767	36890		36637	56405	60844	67604
万 宁 市	Wanning	70028	21908	36932	46163	42089	27464	42627
定 安 县	Ding'an	66598	41117		50308	48041	49573	45522
屯 昌 县	Tunchang	64599	34973		32523	31871	27764	26889
澄 迈 县	Chengmai	91821	30680	131000	63439	90781	28981	60080
临 高 县	Lingao	71134	40830		48527	22711	112966	52351
儋州地区	Danzhou Area	78003	29794		91532	85663	60296	79219
儋州市	Danzhou	77808	29794		43764	86779	61591	80498
洋 浦	Yangpu	78311			107695	83576	40444	79070
东 方 市	Dongfang	77015	30151	38784	140119	117505	50943	43730
乐 东 县	Ledong	76137	50010		68156	66871	54000	37375
琼 中 县	Qiongzhong	65149	31295		38682	28067		42643
保 亭 县	Baoting	78293	36508		35210	55737	49417	45446
陵 水 县	Lingshui	81321	34529	40769	38292	38620	62683	39262
白 沙 县	Baisha	71729	25220		48219	32459	17909	64672
昌 江 县	Changjiang	77227	46518	69266	58285	152849	46670	36223

4-22 续1 (continued)

单位：元 (yuan)

地 区	Region	交通运输、仓储和邮政业 Transport, Storage and Post	住宿和餐饮业 Hotel and Catering Services	信息传输、软件和信息技术服务业 Information Transmission, Software and Information Technology	金融业 Financial Intermediation	房地产业 Real Estate	租赁和商务服务业 Leasing and Business Services	科学研究和技术服务业 Scientific Research and Technical Service
全省总计	**Total**	**86058**	**56594**	**118910**	**144051**	**70093**	**69278**	**92201**
海 口 市	Haikou	90934	51940	103962	148077	56511	67201	92685
三 亚 市	Sanya	79894	60765	154223	148133	96092	62617	70934
三 沙 市	Sansha							
五指山市	Wuzhishan	66086	35822	129667	70829	72254	50175	94107
文 昌 市	Wenchang	50026	45235		91500	95249	187285	110354
琼 海 市	Qionghai	85486	56817		110667	84681	60365	73512
万 宁 市	Wanning	51247	58304		80414	115050	53240	69901
定 安 县	Ding'an	58774	30051		93918	64667	27086	80664
屯 昌 县	Tunchang	60862	23841		129556	63531	53333	81100
澄 迈 县	Chengmai	65608	52949	745485	80627	93334	52953	99163
临 高 县	Lingao	56817	24333		100622	83388	28114	61177
儋州地区	Danzhou Area	81546	43419	40039	208943	60497	41802	131805
儋州市	Danzhou	67409	40410	51370	209554	65326	35149	133003
洋 浦	Yangpu	87618	47560	38901	60000	45665	79583	117727
东 方 市	Dongfang	74047	29812	97857	56923	72064	76069	70238
乐 东 县	Ledong	72456	42963	106089	98929	66636	30580	52974
琼 中 县	Qiongzhong	50942	37786		81294	75768	36740	84321
保 亭 县	Baoting	53185	52619		85714	70367	35111	55408
陵 水 县	Lingshui	51424	58014		66387	107762		168321
白 沙 县	Baisha	65372			60481	43825	105091	65828
昌 江 县	Changjiang	61038	51119		127317	44863	49590	81114

4-22 续2 (continued)

单位：元 (yuan)

地 区	Region	水利、环境和公共设施管理业 Management of Water Conservancy, Environmental and Public Facilities	居民服务、修理和其他服务业 Services to Households and Other Services	教育业 Education	卫生和社会工作 Health Care and Social Welfare	文化、体育和娱乐业 Culture, Sports and Entertainment	公共管理、社会保障和社会组织 Public Management, Social Security and Social Organization
全省总计	**Total**	**51004**	**45220**	**90284**	**86692**	**77185**	**83015**
海 口 市	Haikou	42724	41744	88492	96327	85446	102211
三 亚 市	Sanya	63177	47432	89543	93048	69853	76542
三 沙 市	Sansha						87230
五指山市	Wuzhishan	51153	85333	98639	82138	100298	80584
文 昌 市	Wenchang			97735	90145	51638	73917
琼 海 市	Qionghai	50902	40462	95570	80486	57594	78477
万 宁 市	Wanning	38169		88542	72612	61939	72942
定 安 县	Ding'an	52127		90056	59378	70260	86154
屯 昌 县	Tunchang	28379		87316	80095	76464	62313
澄 迈 县	Chengmai	98370		84352	66765	88441	72285
临 高 县	Lingao	37882		84558	56470	52292	66421
儋州地区	Danzhou Area	46795	53977	91972	93900	67339	77347
儋州市	Danzhou	46795	52324	92052	93152	61954	78883
洋 浦	Yangpu		54062	90982	110865	108163	71370
东 方 市	Dongfang	50855	32667	79155	56951	57904	61575
乐 东 县	Ledong	55812		92985	69519	49833	71323
琼 中 县	Qiongzhong	46048		82047	77177	65358	65215
保 亭 县	Baoting	95009		102331	73214	35291	81366
陵 水 县	Lingshui	62402		102620	66517	42022	72442
白 沙 县	Baisha	43309	89500	97402	70901	91772	78429
昌 江 县	Changjiang	42284		103461	56631	71076	74202

4-23 按注册类型和行业分组城镇非私营单位在岗职工工资总额(2018)

Total Wage Bill of Staff and Workers in Urban Non-private Units by Status of Registration and Sector (2018)

行　业	Sector	合计 Total	国有单位 State-owned Units	城镇集体单位 Urban Collective-owned Units	其他经济类型单位 Other Ownership Units
工资总额(万元)	**Total Wage Bill (10 000 yuan)**	**7431850**	**3396398**	**71584**	**3963868**
农、林、牧、渔业	Agricalture,Forestry,Animal Husbandry and Fishery	189163	46570	588	142006
采矿业	Mining	32210	1544	33	30634
制造业	Manufacturing	484196	15725	58	468413
电力、热力、燃气及水生产和供应业	Production and Supply of Electric Power, Gas and Water	191336	40388	29	150918
建筑业	Construction	234529	17765	26308	190456
批发和零售业	Wholesale and Retail Trades	359009	40657	1468	316884
交通运输、仓储和 邮政业	Transport, Storage and Post	609048	107691	843	500515
住宿和餐饮业	Hotels and Catering Services	335153	31649	60	303443
信息传输、软件和信息技术服务业	Information Transmission,Software and Information Technology	267845	48311	17	219516
金融业	Financial Intermediation	565760	106326	7806	451629
房地产业	Real Estate	605082	23365	1781	579936
租赁和商务服务业	Leasing and Business Services	134392	28104	505	105783
科学研究和技术服务业	Scientific Research, Technical Services	179478	94887	3627	80965
水利、环境和公共设施管理业	Management of Water Conservancy, Environmental and Public Facilities	175006	43030	454	131522
居民服务、修理和其他服务业	Services to Households and Other Services	17545	5685	173	11688
教育	Education	1147687	1024747	3466	119474
卫生和社会工作	Health Care and Social Welfare	570859	444566	23877	102416
文化、体育和娱乐业	Culture,Sports and Entertainment	98203	45143	313	52747
公共管理、社会保障和社会组织	Public Management, Social Security and Social Organizations	1235351	1230246	179	4925

4-24 按注册类型和行业分组城镇非私营单位在岗职工平均工资(2018)

Average Wage of Staff and Workers in Urban Non-private Units by Status of Registration and Sector (2018)

行　业	Sector	合计 Total	国有单位 State-owned Units	城镇集体单位 Urban Collective-owned Units	其他经济类型单位 Other Ownership Units
平均工资(元)	**Average Wage**	**77672**	**86227**	**55629**	**72062**
农、林、牧、渔业	Agricalture,Forestry,Animal Husbandry and Fishery	44221	37381	20272	47290
采矿业	Mining	68972	38784	30000	71893
制造业	Manufacturing	66988	74917	23160	66766
电力、热力、燃气及水生产和供应业	Production and Supply of Electric Power, Gas and Water	92751	68594	32222	102442
建筑业	Construction	45687	31746	46252	47555
批发和零售业	Wholesale and Retail Trades	64743	156552	36066	60420
交通运输、仓储和 邮政业	Transport, Storage and Post	86058	74900	47084	89036
住宿和餐饮业	Hotels and Catering Services	56594	89304	35412	54517
信息传输、软件和信息技术服务业	Information Transmission,Software and Information Technology	118910	103318	86000	122999
金融业	Financial Intermediation	144051	130734	96247	148900
房地产业	Real Estate	70093	55551	45894	70956
租赁和商务服务业	Leasing and Business Services	69278	82660	37422	66681
科学研究和技术服务业	Scientific Research, Technical Services	92201	102880	80417	82685
水利、环境和公共设施管理业	Management of Water Conservancy, Environmental and Public Facilities	51004	54531	41615	49986
居民服务、修理和其他服务业	Services to Households and Other Services	45220	57247	44359	41039
教育	Education	90284	96913	87518	56936
卫生和社会工作	Health Care and Social Welfare	86692	90635	62687	78842
文化、体育和娱乐业	Culture,Sports and Entertainment	77185	82004	38617	73906
公共管理、社会保障和社会组织	Public Management, Social Security and Social Organizations	83015	83060	85381	73076

4-25 工业、建筑业在岗职工年末人数、工资总额和平均工资(2018)

Number,Wage Bill and Average Wage of Staff and Workers in Industry and Construction Enterprises (2018)

项　　目	Item	在岗职工期末人数(人) Number of Staff and Workers at Year-end (person)	工资总额(万元) Total Wages Bill (10000 yuan)	平均工资(元) Average Wages (yuan)
工　业	**Industry**	**95743**	**707741**	**72529**
1. 按经济类型分	**By Status of Registration**			
国有单位	State-owned Units	8292	57657	68762
城镇集体单位	Urban Collective-owned Units	45	120	26644
其他经济类型单位	Units of Others	87406	649964	72907
2. 按行业分	**By Sector**			
采矿业	**Mining**	4538	32210	68972
煤炭开采和洗选业	Mining and Washing of Coal			
石油和天然气开采业	Extraction of Petroleum and Natural Gas	66	852	131000
黑色金属矿采选业	Mining and Processing of Ferrous Metals Ores	3599	25857	69137
有色金属矿采选业	Mining and Processing of Non-ferrous Metals Ores	395	3540	91460
非金属矿采选业	Mining and Processing of Nonmetal Ores	478	1962	41040
开采辅助活动	Support Activities for Mining			
其他采矿业	Mining of Other Ores			
制造业	**Manufacturing**	70670	484196	66988
农副食品加工业	Processing of Food from Agricultural Products	11130	61024	54986
食品制造业	Manufacture of Foods	5611	31285	54771
酒、饮料和精制茶制造业	Manufacture of Wine,Beverages and Tea	3350	18019	52996
烟草制品业	Manufacture of Tobacco	576	11261	193149
纺织业	Manufacture of Textile	706	4815	67907
纺织服装、服饰业	Manufacture of Textile, Wearing and Apparel	169	700	41685
皮革、毛皮、羽毛及其制品和制造业	Manufacture of Leather, Fur, Feather & Related Products	35	109	31171
木材加工和木、竹、藤、棕、草制品业	Processing of Timbers, Manufacture of Wood,Bamboo,Rattan, Palm, and Straw Products	1304	6010	36894
家具制造业	Manufacture of Furniture	110	365	33136
造纸及纸制品业	Manufacture of Paper and Paper Products	4141	28878	68303
印刷业和记录媒介的复制	Printing, Reproduction of Recording Media	1045	7232	69268
文教、工美、体育和娱乐用品制造业	Manufacture of Articles for Culture, Education Arts and Crafts, Sport and Entertaiment Activities	206	609	29868

4-25 续 (continued)

项 目	Item	在岗职工期末人数(人) Number of Staff and Workers at Year-end (person)	工资总额(万元) Total Wages Bill (10000 yuan)	平均工资(元) Average Wages Bill (10000 yuan)
石油加工、炼焦及核燃料加工业	Processing of Petroleum, Coking and Nuclear Fuel	1878	31878	164912
化学原料及化学制品制造业	Manufacture of Raw Chemical Materials and Chemical Products	3720	41782	109578
医药制造业	Manufacture of Medicines	14144	91616	64401
化学纤维制造业	Manufacture of Chemical Fiber			
橡胶和塑料制品业	Manufacture of Rubber and Plastics Products	2063	12249	58915
非金属矿物制品业	Manufacture of Non-metallic Mineral Products	7940	46777	57864
黑色金属冶炼和压延加工业	Smelting and Processing of Ferrous Metals	27	120	52217
有色金属冶炼及压延加工业	Smelting & Processing of Non-ferrous Metals	518	4150	80124
金属制品业	Manufacture of Metal Products	987	5190	50533
通用设备制造业	Manufacture of General Purpose Machinery	295	1543	48513
专用设备制造业	Manufacture of Special Purposes Machinery	797	4301	51391
汽车制造业	Manufacture of Automobiles	3502	16797	43936
铁路、船舶、航空航天和其他运输设备制造业	Manufacture of Railway, Ship, Aerospace and Other Transport Equipmens	276	1140	41436
电气机械及器材制造业	Manufacture of Electrical Machinery and Apparatus	3631	26750	65530
计算机、通信和及其他电子设备制造业	Manufacture of Computer, Communication and Other Electronic Equipments	691	8476	128236
仪器仪表制造业	Manufacture of Measuring Instrument			
其他制造业	Other Manufacturing			
废弃资源综合利用业	Utilization of Waste Resources			
金属制品、机械和设备修理业	Repair Service of Metal Products, Machine and Equipment	1818	21121	127084
电力、热力、燃气及水生产和供应业	**Production and Supply of Electric Power, Heat Power, Gas and Water**	20535	191336	92751
电力、热力生产和供应业	Production and Supply of Electric Power and Heat Power	13496	149170	109845
燃气生产和供应业	Production and Supply of Gas	1722	13103	76449
水的生产和供应业	Production and Supply of Water	5317	29062	54474
建筑业	**Construction**	**51618**	**234529**	**45687**
1. 按经济类型分	**By Status of Registration**			
国有单位	State-owned Units	5631	17765	31746
城镇集体单位	Urban Collective-owned Units	6044	26308	46252
其他经济类型单位	Other Ownership Units	39943	190456	47555
2. 按行业分	**By Sector**			
房屋建筑业	Construction of Buildings	40539	179799	44615
土木工程建筑业	Civil Engineering	3388	19427	59138
建筑安装业	Construction Installation	4017	20182	50403
建筑装饰和其他建筑业	Building Decoration and Other Construction	3674	15122	40378

主要统计指标解释

从业人员 指在一定年龄以上，有劳动能力，为取得劳动报酬或经营收入而从事一定社会劳动的人员。具体指年满16周岁，为取得报酬或经营利润，在调查周内从事了1小时（含1小时）以上劳动的人员；或由于学习、休假等原因在调查周内暂时处于未工作状态，但有工作单位或场所的人员；或由于临时停工放假、单位不景气放假等原因在调查周内暂时处于未工作状态，但不满三个月的人员。

单位从业人员 指报告期末最后一日在本单位工作，并取得工资或其他形式劳动报酬的人员数。该指标为时点指标，不包括最后一日当天及以前已经与单位解除劳动合同关系的人员，是在岗职工、劳务派遣人员及其他就业人员之和。

在岗职工 指在本单位工作且与本单位签订劳动合同，并由单位支付各项工资和社会保险、住房公积金的人员，以及上述人员中由于学习、病伤、产假等原因暂未工作仍由单位支付工资的人员。在岗职工还包括：

(1)应订立劳动合同而未订立劳动合同人员(如使用的农村户籍人员)；

(2)处于试用期人员；

(3)编制外招用的人员，如临时人员；

(4)派往外单位工作，但工资仍由本单位发放的人员(如挂职锻炼、外派工作等情况)。

注：本篇各表中在岗职工数据包含劳务派遣人员。

劳务派遣人员 指与劳务派遣单位签订劳动合同，并被劳务派遣单位派遣到实际用工单位工作，且劳务派遣单位与实际用工单位签订《劳务派遣协议》的人员。

城镇私营和个体就业人员 城镇私营就业人员指在工商管理部门注册登记，其经营地址设在县城关镇(含城关镇)以上的私营企业就业人员；包括私营企业投资者和雇工。城镇个体就业人员指在工商管理部门注册登记，并持有城镇户口或在城镇长期居住，经批准从事个体工商经营的就业人员；包括个体经营者和在个体工商户劳动的家庭帮工和雇工。

工资总额 指根据《关于工资总额组成的规定》(1990年1月1日国家统计局发布的一号令)进行修订，本单位在报告期内(季度或年度)直接支付给本单位全部就业人员的劳动报酬总额。包括计时工资、计件工资、奖金、津贴和补贴、加班加点工资、特殊情况下支付的工资，是在岗职工工资总额、劳务派遣人员工资总额和其他就业人员工资总额之和。

工资总额是税前工资，包括单位从个人工资中直接为其代扣或代缴的房费、水费、电费、住房公积金和社会保险基金个人缴纳部分等。

工资总额不论是计入成本的还是不计入成本的，不论是以货币形式支付的还是以实物形式支付的，均应列入工资总额的计算范围。

平均工资 指单位就业人员在一定时期内平均每人所得的工资额。它表明一定时期工资收入的高低程度，是反映就业人员工资水平的主要指标。计算公式为：

$$平均工资=\frac{报告期就业人员工资总额}{报告期就业人员平均人数}$$

Explanatory Notes on Main Statistical Indicators

Employed Persons refers to persons above a specified age who had labour capacity and performed some social work for compensation or business gains. Specifically, it refers to persons, aged 16 and over, who performed some work for compensation or business gains for one hour or more during the reference period; or persons who do not work for the reasons of study or on holiday, but had work units or sites during the reference period; or persons temporary absence from a job for disorganization or suspension of work, recession, etc, but not exceeding three months during the reference period.

Persons Employed in Various Units refer to the total number of employees who work at his unit and obtain wages or other forms of payment at the end of the reporting period. This indicator is a kind of time point index and it equals to the sum of the number of employed staff and workers, labor dispatch personnel and other employed persons.

Employed Staff and Workers refer to persons who signed labor contracts with working units and working units would pay wages, social insurance and housing funds for them. Persons who have their work posts but are temporarily absent from work for reasons of study or on sick, injury or maternal leave and still receive wages from their working units are also included. Employed staff and workers also include:

1)Persons who should have signed the labor contracts but not (like people with rural household registration);

2)Employees on probation;

3)Employees beyond the staffing quota, for example, temporary employees;

4)Employees who are sent to other working units but still obtain wages from their original units (situations like on-the-job placement, expatriated assignment, etc.)

Note: The data of employed staff and workers in this chapter include labor dispatch personnel.

Labor Dispatch Personnel refer to persons who signed labor contracts with labor dispatch unit and are dispatched to real employing unit for working, and labor dispatch unit signs labor dispatch agreement with real employing unit.

Persons Employed in Private Enterprises and Self-Employed Individuals in Urban Areas Persons employed in private enterprises refer to the persons employed in the private enterprises which have been registered at the departments of industrial and commercial administration for which the business operation are situated at a county town (i.e. a town where the county government is located), or at urban areas with administrative hierarchy higher than a county town. The self-employed individuals in urban areas refer to persons who hold the certificates of residence in urban areas or have resided in the urban areas for a long time and have been registered at the departments of industrial and commercial administration and approved to be engaged in individual industrial or commercial business, including self-employed persons as well as helpers and hired laborers who work in individual households.

Total Wage Bill It is revised according to the "Provision of Composition of Total Wages" (Order No.1 by National Bureau of Statistics on January, 1st, ,1990), total wage bill refers to the total remuneration payment to all employed persons in various units during the reporting period (by quarter or by year), including hourly-paid wages, piece-rate wages, bonuses, allowance and subsidies, overtime wages and wages paid under special circumstances. It equals to the sum of total wages of employed staff and workers, dispatch labors and other employed persons.

Total wage bill is pre-tax wages, including the room charges, utility bills, housing funds and social insurance paid or withheld by employee's units.

Total wage bill, whether or not included in cost, whether or not paid in money or in kind, shall be included in the calculation of total wage.

Average Wage refers to the average per capita wage during a certain period of time for employed persons. It shows the general level of wage income during a certain period of time, one major indicator to reflect the wage level. It is calculated as follows:

$$\text{Average Wage} = \frac{\text{Total Wage Bill of Employed Persons at Reference Time}}{\text{Average Number of Persons Employed at Reference Time}}$$

5

价 格

Prices

编辑人员：陈 侠　钱 娇　辜武陆

Compiled by Chen Xia　Qian Jiao　Gu Wulu

英文翻译：成 晓

Translated by Cheng Xiao

简 要 说 明

一、本篇资料的主要内容

本篇价格指数资料，反映生产、流通、消费与投资等环节的价格变动趋势和变动幅度。主要包括居民消费价格指数、商品零售价格指数、农业生产资料价格指数、工业生产者出产价格指数、工业生产者购进价格指数、固定资产投资价格指数和房地产价格指数等。

二、本篇的资料来源

价格指数编制由国家统计局海南调查总队组织实施。各市、县调查队依据国家统计局统一制定的价格统计调查制度向基层采集原始数据汇总后上报。

三、居民消费、商品零售价格指数

编制居民消费、商品零售价格指数的资料采用抽样调查和重点调查相结合的方法取得，即在全省选择不同经济区域和分布合理的地区，以及有代表性的商品作为样本，对其市场价格进行定期调查，以样本推断总体。编制过程按下列几个步骤进行：

1. 选择调查地区和调查点。调查地区按照经济区域和地区分布合理等原则，选出具有代表性的大、中、小城市和县作为国家的调查地区，在此基础上选定经营规模大、商品种类多的商场(包括集市和服务网点)作为调查点。

2. 选择代表商品和代表规格品。代表商品是选择那些消费量大、价格变动有代表性的商品；代表规格品的确定是根据商品零售资料和城乡居民的消费支出计账资料，按照有关规定筛选的。筛选原则：(1)与社会生产和人民生活关系密切；(2)消费(销售)数量(金额)大；(3)市场供应稳定；(4)价格变动趋势有代表性；(5)所选的代表规格品之间差异大。

目前，居民消费价格调查按用途划分为8大类，262个基本分类，各地每月调查600种以上规格产品价格；商品零售价格按用途划分为16个大类，197个基本分类，各地每月调查500种以上的规格产品价格。

3. 价格调查方式。采用派员直接到调查点登记调查，同时聘请辅助调查员协助登记调查。

4. 权数的确定。商品零售价格指数的计算权数主要根据社会商品零售额资料确定;居民消费价格指数的计算权数根据城乡居民家庭消费支出构成确定。

四、工业生产者出厂价格指数

工业生产者出厂价格是工业品第一次出售时的出厂价格。该项调查采用重点调查与典型调查相结合的调查方法。重点调查对象为年主营业务收入2000万元及以上的工业法人企业;典型调查对象为年主营业务收入2000万元以下的工业法人企业。

1. 选择代表企业的原则：(1)按工业行业选择调查企业，各中类行业原则上都要有调查企业；(2)大型企业应尽量都选上(或占相当大比重)；(3)选择生产正常、稳定的企业作为调查对象。

2. 选择代表产品的原则：(1)按工业行业选择代表产品；(2)选择对国计民生影响大的产品；(3)选择生产较为稳定的产品；(4)选择有发展前景的产品；(5)选择具有地方特色的产品。

目前《工业生产者出厂价格调查目录》包括11000多种产品，并将其划分为1702个基本分类；《工业生产者购进价格调查目录》包括6000多种产品，并划分为900多个基本分类。

3. 价格调查方式。采用企业报表形式。

4. 权数的确定。工业生产者出厂价格统计中，工业小类及小类以上的权数资料来源于工业统计中分行业工业销售产值数据资料；基本分类的权数资料来源于独立的工业企业产品权数调查。权数一般五年更换一次。

五、固定资产投资价格指数

固定资产投资价格调查采用重点调查与典型调查相结合的方法。固定资产投资价格调查所涉及的价格是构成固定资产投资额实体的实际购进价格或结算价格。调查的内容包括构成当年建筑工程实体的钢材、木材、水泥、地方材料(如砖、瓦、灰、沙、石等)、化工材料(如油漆等)等主要建筑材料价格；作为活劳动投入的劳动力价格（单位工资）和建筑机械使用费用；设备工器具购置和其他费用投资价格。

固定资产投资价格调查样本的选择遵循以下原则：

1. 选择建筑安装工程调查点的原则：(1)样本单位应具有一定覆盖面；(2)投资经济活动代表性强；(3)兼顾不同经济类型；(4)选择重点工程；(5)兼顾国民经济各门类及不同工程类别。

2. 选择其他费用调查点的原则：在选择其他费用调查点时，所遵循的原则与建筑安装工程调查点的原则基本相同，特别是要注意选择那些投资额大的工程。但由于其他费用不易取得，所以在实际操作过程中，应同时在建设单位、施工单位开展重点调查，并辅以典型调查(从管理部门取得资料)。

3. 价格调查方式。采用企业报表和调查员走访相结合的方式。

4. 权数的确定。固定资产投资价格指数的计算权数是建筑安装工程、设备工器具购置和其他费用三者前三年的平均比重。

Brief Introduction

I. Main Contents

Data on price indices in this chapter show the changing trends and the change rates in the prices of production, trade, consumption and investment, including mainly consumer price indices, retail price indices, price indices for means of agricultural production, producer price indices for industrial products, purchasing price indices for industrial producers, price indices for investment in fixed assets.

II. Sources of Data

Compilation of statistics on price indices is organized by Survey Office of the National Bureau of Statistics in Hainan. The selected cities and counties collect data from the grassroots units in accordance with the scheme of price survey system stipulated by the NBS, tabulate them and report them to the higher agencies.

III. Consumer Price Indices and Retail Price Indices

Data for compilation of the consumer price indices and the retail price indices in Hainan province are collected through a combination of sample surveys and surveys of key units. Areas distributed in different economic regions are selected as the sample areas and representative commodities are selected as the sample commodities. Regular surveys are conducted to collect data on their market prices. Population parameters are inferred on the basis of the sample data. Following are major steps in the process of calculation of the price indices:

(1) The selection of areas and survey points: Based on such principles as regional economic features and reasonable geographic distribution, representative sample areas for the national survey are selected which include large, medium and small cities and counties. When the sample areas have been selected, large-scale shops and markets (including fairs and service outlets) with wide variety of commodities are selected as survey points.

(2) The selection of representative commodities and their specifications or varieties: The representative commodities selected are those consumed in large quantity and representative in price changes. The representative specifications or varieties are determined according to the data on the retail sales of commodities and the consumption expenditure account data of urban and rural residents; and selection follows the related instructions. The principles for selection are: (a) The commodities are closely related to social production and people's living conditions; (b) They are consumes (or sold) in large quantities (or large values); (c) The market supply is stable; (d) The changes of their prices are representative in trend; (e) There is great heterogeneity among the specifications or varieties selected.

At present, data are collected on over 600 specifications each month under 262 basic headings in 8 categories in the consumer price surveys. For the retail price surveys, data are collected on more than 500 specifications each month under 197 basic headings in 16 categories.

(3) Method of data collection: Enumerators are sent to the survey points to take the records of the prices. Assistant enumerators are recruited to assist the survey work.

(4) Determination of the weights: The weights of the retail price indices are determined mainly according to the total retail sales of commodities. The weights of the consumer price indices are determined according to the composition of the consumption expenditures of urban and rural households.

IV. Producer Price Indices for Industrial Products

Producer prices for industrial products refer to the ex-factory price of manufactured goods when they are first sold. The survey program is a combined use of the key units' survey and typical units' survey methods. Key units refer to those industrial enterprises with annual revenue from the primary activities at and above 20 million yuan. Typical units refer to the industrial enterprises with annual revenue from the primary activities below 20 million yuan.

(1) Principles for selecting the representative enterprises :(a) Enterprises to be covered in the survey are selected by industrial sectors. In principle, every branch should have enterprises selected; (b) All (or a majority of) large-scaled enterprises should be selected; (c) Enterprises selected should be those with normal and stable production.

(2) Principle for the selection of representative goods:(a) The goods are selected by industrial sectors; (b) The selected goods should have great impact on the national economy and people's living conditions; (c) The production of the goods selected are relatively more stable; (d) The prospects of the goods selected are promising; (e) The goods selected are representative to the localities.

The *survey catalog of Producer Price for Industrial Products* includes over 11,000 goods, and they are divided into 1702 basic classification; *Survey catalog of Producer Price for Industrial Products* includes over 6,000 goods, and they are divided into over 900 basic classification.

(3) Method of data collection: The method of reporting forms by enterprises is adopted.

(4) Determination of the weights: In statistics of producer

price for industrial, the weights of industrial small classification and above comes from the output value of industrial sales by sector in industrial statistics; the weight of basic headings of categories comes from weight survey of independent industrial enterprise products. The weights are replaced every five years.

V. Price Indices for Investment in Fixed Assets

Data on prices of investment in fixed assets are collected by a program involving the combined use of surveys on key units and surveys on typical units. The prices collected in the surveys of investment in fixed assets are the actual purchasing prices or settlement prices of entities of investment in fixed assets. The survey content includes the prices of main construction materials that constitute the architectural engineering entity in the year, such as steel, timber, cement, local construction materials (such as brick, tile, calcareous ashes, sand, stone, etc.), chemical materials (such as oil paint, etc.), the price of labour force as input (wages), prices for renting of building machinery and equipment, the purchasing price of equipment, tools and instruments and the prices of others investments.

The following principles should be followed in selecting the sample for the price survey of investment in fixed assets:

(1) Principles for selecting the survey points of construction and installation: (a) Sample units should have a good coverage; (b) The economic activity of investment should have strong representativeness; (c) Different types of registration should be considered; (d) Key projects should be selected; (e) Attention should be given to various sectors of the national economy and types of projects.

(2) Principles for selecting price survey points of other fees: The principles for selecting survey points of others fees is in general the same as that of construction and installation, with special attention being paid to selecting projects with huge investment value. Since it is not easy to obtain the other fees, during the actual data gathering operations, survey on key construction owner units and building units is to conducted concurrently with survey on typical units (with information from administration units) .

(3) Method of price survey: A combination of enterprises reporting system and enumerator visits method.

(4) Determination of the weights: The weights for calculation of the price indices for investment in fixed assets are determined according to the average proportion of construction and installation, purchase of equipment, tools and instruments and other investments in the 3 preceding years.

5-1 历年全省各种物价指数
General Price Indices in Various Years

(上年=100) (preceding year=100)

年 份 Year	居民消费价格指数 Consumer Price Index	城 市 Urban Household	农 村 Rural Household	消费品指数 Index of Consumer Goods	服务项目指数 Index of Services	农业生产资料价格总指数 General Price Indices for Means of Agricultural Production
1979	101.0	100.3	101.7	100.8	102.8	103.6
1980	106.8	107.5	106.1	106.6	108.7	108.9
1985	113.1	116.1	106.2	112.9	115.2	105.4
1990	102.1	99.6	108.1	100.0	122.2	109.1
1991	103.9	104.0	103.6	103.3	108.2	100.6
1992	108.7	109.0	103.4	108.8	107.9	100.7
1993	123.3	123.7	116.5	123.8	119.7	130.4
1994	126.7	125.6	128.2	125.6	137.4	138.2
1995	113.5	110.6	118.4	111.9	120.4	115.7
1996	104.3	104.8	103.7	103.6	107.6	106.8
1997	100.8	101.5	100.3	99.8	112.1	100.3
1998	97.3	97.6	96.6	96.8	102.1	98.4
1999	98.3	99.1	97.3	97.2	108.4	97.1
2000	101.1	101.5	100.2	93.6	113.4	98.0
2001	98.5	98.8	98.3	98.1	99.8	99.5
2002	99.5	99.0	100.2	98.1	104.5	101.7
2003	100.1	99.4	100.9	100.9	97.2	104.8
2004	104.4	103.2	106.4	105.5	100.4	111.3
2005	101.5	101.3	101.7	101.1	103.0	108.9
2006	101.5	101.2	102.3	101.8	100.8	100.7
2007	105.0	104.6	106.2	106.3	100.9	107.1
2008	106.9	106.1	108.8	108.6	101.0	114.8
2009	99.3	99.5	99.0	98.9	100.8	94.0
2010	104.8	104.5	105.8	106.0	100.9	107.3
2011	106.1	105.5	107.8	107.5	102.0	115.6
2012	103.2	103.2	103.2	103.4	102.6	104.3
2013	102.8	102.8	102.7	102.4	103.9	101.0
2014	102.4	102.2	102.8	102.2	102.8	105.3
2015	101.0	101.2	100.5	100.8	101.9	101.6
2016	102.8	102.9	102.5	102.5	103.4	100.1
2017	102.8	103.2	101.9	101.4	105.6	99.9
2018	102.5	102.4	102.5	102.1	103.1	102.2

5-1 续 (continued)

(上年=100) (preceding year=100)

年 份 Year	商品零售价格指数 Retail Price Index	城市 Urban	农村 Rural	工业生产者出厂价格指数 Producer Price Index for Industrial Products	工业生产者购进价格指数 Purchasing Price Index for Industrial Producers	固定资产投资价格指数 Price Index for Investment in Fixed Assets
1979	102.0	100.9	103.0			
1980	107.2	108.3	103.1			
1985	112.8	113.9	111.6			
1990	100.6	97.7	106.4			
1991	103.1	103.6	102.9			
1992	108.7	109.1	102.5			
1993	123.9	124.2	119.1			
1994	121.6	121.2	122.9			
1995	111.3	108.7	115.5			
1996	102.3	102.7	101.4			
1997	99.3	99.6	99.1			
1998	96.5	96.3	96.8			
1999	96.6	98.0	95.2			
2000	99.9	101.0	99.0			
2001	97.7	97.6	97.8			
2002	98.4	99.0	97.7			
2003	100.4	100.2	100.8	99.5	102.2	103.2
2004	103.4	103.0	103.8	100.0	105.9	105.6
2005	100.9	100.4	101.5	99.5	104.2	101.2
2006	101.3	100.6	102.3	100.8	101.5	101.0
2007	103.8	102.8	105.2	102.7	105.0	106.1
2008	106.7	105.7	108.3	104.5	111.6	113.3
2009	98.5	99.0	97.2	90.6	85.3	97.7
2010	104.6	104.0	106.0	107.7	110.3	105.2
2011	105.4	105.2	106.7	108.8	115.3	106.4
2012	102.7	102.7	102.8	100.8	99.6	102.0
2013	101.5	101.5	101.6	99.5	97.0	99.3
2014	101.2	101.2	101.8	97.6	99.0	100.6
2015	99.8	99.9	98.6	89.8	88.5	99.4
2016	101.0	100.8	102.3	96.0	94.8	100.1
2017	102.0	101.8	103.1	108.8	112.4	104.1
2018	102.5	102.6	102.2	108.2	110.8	106.2

5-2 历年全省各种物价定基指数
Fixed Price Indices in Various Years

年 份 Year	居民消费价格指数 Consumer Price Index (1978=100)	城 市 Urban Household	农 村 Rural Household	消费品指数 Index of Consumer Goods (1978=100)	服务项目指数 Index of Services (1978=100)	农业生产资料价格总指数 Price Indices for Means of Agricultural Production (1978=100)
1978	100.0	100.0	100.0	100.0	100.0	100.0
1979	101.1	100.3	101.7	100.8	102.8	103.6
1980	107.9	107.8	107.9	107.5	111.7	112.8
1985	139.6	141.3	132.9	140.4	158.1	137.8
1990	267.8	261.7	267.4	261.5	392.5	246.5
1991	278.3	272.2	277.0	270.1	424.7	248.0
1992	302.4	296.7	286.5	293.8	458.3	249.8
1993	372.9	367.0	333.7	363.8	548.5	325.7
1994	472.5	460.9	427.8	456.9	753.7	450.1
1995	536.3	507.0	506.6	507.2	907.5	520.8
1996	559.4	531.4	525.3	525.4	976.4	556.2
1997	563.9	539.4	526.9	524.3	1094.5	557.9
1998	548.7	526.5	509.0	507.5	1117.5	549.0
1999	539.4	521.8	495.3	493.3	1211.4	533.1
2000	545.3	529.6	496.3	461.7	1373.7	522.4
2001	537.1	523.2	487.9	452.9	1371.0	519.8
2002	534.4	518.0	488.9	444.3	1432.7	528.6
2003	534.9	514.9	493.3	448.3	1392.6	554.0
2004	558.4	531.4	524.9	473.0	1398.2	616.6
2005	566.8	538.3	533.8	478.2	1440.1	671.5
2006	575.3	544.8	546.1	486.8	1451.6	676.2
2007	604.1	569.9	580.0	517.5	1464.7	724.2
2008	645.8	604.7	631.0	562.0	1479.3	831.4
2009	641.3	601.7	624.7	555.8	1491.1	781.5
2010	672.1	628.8	660.9	589.1	1504.5	838.5
2011	713.1	663.4	712.5	633.3	1534.6	969.3
2012	735.9	684.6	735.3	654.8	1574.5	1011.0
2013	756.5	703.8	755.2	670.5	1635.9	1021.1
2014	774.7	719.3	776.3	685.3	1681.7	1075.2
2015	782.4	727.9	780.2	690.8	1713.7	1092.4
2016	804.3	749.0	799.7	708.1	1772.0	1093.5
2017	826.8	773.0	814.9	718.0	1871.2	1092.4
2018	847.5	791.6	835.3	733.1	1929.2	1116.4

5-2 续 (continued)

年 份 Year	商品零售价格指数 Retail Price Index (1978=100)	城市 Urban	农村 Rural	工业生产者出厂价格指数 Producer Price Index for Industrial Products (2002=100)	工业生产者购进价格指数 Purchasing Price Index for Industrial Producers (2002=100)	固定资产投资价格指数 Price Index for Investment in Fixed Assets (2002=100)
1978	100.0	100.0	100.0			
1979	102.0	100.9	103.0			
1980	109.3	109.3	109.3			
1985	138.9	137.2	140.0			
1990	257.3	249.5	266.1			
1991	265.3	258.5	273.8			
1992	288.4	282.0	280.7			
1993	357.3	350.2	334.3			
1994	434.5	424.4	410.9			
1995	483.6	461.4	474.5			
1996	494.7	473.8	481.2			
1997	491.2	471.9	476.9			
1998	474.0	454.4	461.6			
1999	457.9	445.3	439.4			
2000	457.4	449.8	435.0			
2001	446.9	439.0	425.4			
2002	439.7	434.6	415.6	100.0	100.0	100.0
2003	441.5	435.5	418.9	99.5	102.2	103.2
2004	456.5	448.6	434.8	99.5	108.2	109.0
2005	460.6	450.4	441.3	99.0	112.7	110.3
2006	466.6	453.1	451.5	99.8	114.4	111.4
2007	484.3	465.8	475.0	102.5	120.1	118.2
2008	516.7	492.4	514.4	107.1	134.0	133.9
2009	508.9	487.5	500.0	97.0	114.3	130.8
2010	532.3	507.0	530.0	104.5	126.1	137.6
2011	561.0	533.4	565.5	113.7	145.4	146.4
2012	576.1	547.8	581.3	114.6	144.8	149.3
2013	584.7	556.0	590.6	114.0	140.5	148.3
2014	591.7	562.7	601.2	111.3	139.1	149.2
2015	590.5	562.1	592.8	99.9	123.1	148.3
2016	596.4	566.6	606.4	95.9	116.7	148.4
2017	608.3	576.8	625.2	104.3	131.2	154.5
2018	623.5	591.8	639.0	112.9	145.4	164.1

5-3 分城乡居民消费价格指数(2018)
Consumer Price Indices by Areas (2018)

(上年=100) (preceding year=100)

项 目	Item	全省 Total	城市 Urban Household	农村 Rural Household
居民消费价格指数	**Consumer Price Index**	**102.5**	**102.4**	**102.5**
食品烟酒	**Food,Tobacco and Alcohol**	**101.2**	**101.0**	**101.7**
食品	Food	100.9	100.5	101.9
粮食	Grain	100.9	101.4	99.7
薯类	Tubers	104.6	101.6	111.0
豆类	Beans	101.3	104.4	93.7
食用油	Edible Oil	98.8	100.1	95.3
菜	Vegetables	103.9	103.5	104.9
鲜菜	Fresh Vegetables	104.1	103.7	105.3
畜肉类	Livestock Meat	97.8	98.1	97.0
禽肉类	Poultry	104.8	103.2	109.6
水产品	Aquatic Products	101.4	99.0	109.1
蛋类	Eggs	108.3	106.7	112.4
奶类	Dairy	104.5	105.5	101.4
干鲜瓜果类	Dried and Fresh Melons and Fruits	95.9	96.6	93.9
鲜瓜果	Fresh Melons and Fruits	95.1	96.3	91.7
糖果糕点类	Confectionery	100.8	100.5	101.5
调味品	Flavoring	101.2	103.4	97.1
其他食品类	Other Food	101.3	101.1	101.8
茶及饮料	Tea and Beverages	100.2	100.8	98.8
烟酒	Cigarettes and Alcohol	100.0	100.4	99.2
烟草	Tobacco	99.6	100.0	98.9
酒类	Liquor	100.9	101.3	99.9
在外餐饮	Eating Outside	102.6	102.5	102.9
衣着	**Clothing**	**104.1**	**105.4**	**100.7**
服装	Garments	103.8	105.2	100.0
服装材料	Clothing Materials	102.4	103.2	100.2
其他衣着及配件	Other Clothing and Accessories	102.6	102.7	102.2
衣着加工服务费	Service Charges of Clothing Processing	105.4	106.6	100.9
鞋类	Footwear	105.2	106.2	102.5
居住	**Residence**	**103.4**	**103.3**	**103.7**
租赁房房租	Rent	107.0	107.7	101.2
住房保养维修及管理	Housing Maintenance,Repair and Management	102.6	102.9	101.9
水电燃料	Water,Electricity and Fuels	102.9	103.1	102.0
自有住房	Private Housing	103.4	102.7	106.0
生活用品及服务	**Daily Necessities and Services**	**102.0**	**102.4**	**100.9**
家具及室内装饰品	Furniture and Interior Decorations	102.7	102.3	103.5
家具	Furniture	103.0	102.7	103.7
室内装饰品	Interior Decorations	100.2	99.7	101.6
家用器具	Home Appliances	102.3	102.3	102.3
家用纺织品	Home Textiles	106.3	109.1	99.6
家庭日用杂品	Daily Use Household Articles	100.3	101.0	98.7
个人护理用品	Personal Care Supplies	101.6	101.9	100.4
家庭服务	Home Services	102.9	103.3	99.8

5-3 续 (continued)

(上年=100) (preceding year=100)

项目	Item	全省 Total	城市 Urban Household	农村 Rural Household
交通和通信	**Transportation and Communication**	**103.3**	**103.4**	**103.1**
交通	Transportation	105.2	105.3	105.0
交通工具	Transportation Facility	100.0	100.0	99.9
交通工具用燃料	Fuel for Vehicles	111.1	111.1	111.2
交通工具使用和维修	Use and Maintenance for Vehicle	102.6	103.3	100.9
交通费	Car Fare	108.3	108.0	109.6
通信	Communication	100.4	100.6	99.7
通信工具	Communication Facility	101.7	103.0	98.3
通信服务	Communication Service	100.1	100.1	100.2
邮递服务	Postal Service	100.7	100.8	100.0
教育文化和娱乐	**Education, Culture and Entertainment**	**102.7**	**102.5**	**103.2**
教育	Education	104.2	104.3	104.1
教育用品	Education Products	100.8	100.3	101.6
教育服务	Education Services	104.6	104.7	104.4
文化娱乐	Cultural and Recreational Articles	100.3	100.1	101.2
文娱耐用消费品	Durable Consumer Goods for Recreational Use	100.1	100.2	99.9
其他文娱用品	Other Goods for Recreational Use	103.1	104.3	100.4
文化娱乐服务	Cultural and Recreational Services	101.0	101.1	100.5
旅游	Touring and Outing	98.3	97.4	106.7
医疗保健	**Health Care**	**103.6**	**103.3**	**104.3**
药品及医疗器具	Drugs and Medical Devices	107.6	107.1	108.8
中药	Traditional Chinese Medicine	107.4	106.4	109.0
西药	Western Medicine	106.8	107.3	105.7
滋补保健品	Tonics	115.2	111.3	126.6
医疗卫生器具	Medical Appliance	102.0	102.7	100.1
保健器具	Health Care Appliance	100.1	100.2	99.5
医疗服务	Medical Services	100.4	100.5	100.4
综合医疗类	General Medical Practice	100.5	100.3	101.0
诊断类	Diagnoses	100.5	100.8	100.0
治疗类	Therapy	100.4	100.4	100.4
康复类	Rehabilitation	101.2	101.6	100.2
中医医疗服务类	Traditional Chinese Medical Services	99.9	99.8	100.2
其他医疗服务	Other Medical Services	100.0	100.0	100.0
其他用品和服务	**Other Supplies and Services**	**101.8**	**101.8**	**101.9**
其他用品类	Other Supplies	97.9	97.0	100.2
其他服务类	Other Services	105.0	105.5	103.4
旅馆住宿	Hotel Expense	101.9	102.2	100.7

5-4 分市县居民消费价格指数(2018)
Consumer Price Indices by Region (2018)

(上年=100) (preceding year=100)

项 目	Item	全省 Total	海口市 Haikou	三亚市 Sanya	文昌市 Wenchang	琼中县 Qiongzhong
居民消费价格指数	**Consumer Price Index**	**102.5**	**102.4**	**102.5**	**102.9**	**101.4**
食品烟酒	**Food,Tobacco and Alcohol**	**101.2**	**100.9**	**101.2**	**102.6**	**99.4**
食品	Food	100.9	100.6	100.2	103.0	98.8
粮食	Grain	100.9	101.1	102.3	99.5	100.1
薯类	Tubers	104.6	101.2	102.8	115.3	100.2
豆类	Beans	101.3	106.5	98.7	92.9	95.1
食用油	Edible Oil	98.8	100.9	97.2	95.3	95.3
菜	Vegetables	103.9	103.4	104.0	105.9	101.9
鲜菜	Fresh Vegetables	104.1	103.5	104.3	106.3	102.1
畜肉类	Livestock Meat	97.8	98.8	95.6	97.9	94.7
禽肉类	Poultry	104.8	101.7	107.8	112.0	102.8
水产品	Aquatic Products	101.4	99.6	97.2	111.3	98.8
蛋类	Eggs	108.3	106.9	106.0	109.9	120.9
奶类	Dairy	104.5	106.5	102.2	102.0	99.2
干鲜瓜果类	Dried and Fresh Melons and Fruits	95.9	96.3	97.7	93.0	96.3
鲜瓜果	Fresh Melons and Fruits	95.1	96.0	97.2	91.2	93.1
糖果糕点类	Confectionery	100.8	100.0	102.5	100.3	104.0
调味品	Flavoring	101.2	103.7	102.3	96.5	98.9
其他食品类	Other Food	101.3	100.6	102.9	102.4	100.1
茶及饮料	Tea and Beverages	100.2	100.1	102.6	98.2	100.0
烟酒	Cigarettes and Alcohol	100.0	100.6	99.9	98.7	100.0
烟草	Tobacco	99.6	100.0	99.8	98.5	100.0
酒类	Liquor	100.9	101.8	100.2	99.7	100.1
在外餐饮	Eating Outside	102.6	102.0	104.4	103.0	102.4
衣着	**Clothing**	**104.1**	**105.8**	**103.9**	**100.0**	**102.6**
服装	Garments	103.8	106.0	102.8	99.3	101.9
服装材料	Clothing Materials	102.4	104.2	100.0	100.0	100.7
其他衣着及配件	Other Clothing and Accessories	102.6	101.8	105.7	103.0	100.7
衣着加工服务费	Service Charges of Clothing Processing	105.4	108.1	100.3	101.4	99.6
鞋类	Footwear	105.2	105.7	108.3	101.4	106.0
居住	**Residence**	**103.4**	**103.2**	**103.6**	**104.2**	**102.1**
租赁房房租	Rent	107.0	108.3	105.5	101.2	101.0
住房保养维修及管理	Housing Maintenance,Repair and Management	102.6	100.6	110.7	101.8	102.1
水电燃料	Water,Electricity and Fuels	102.9	103.1	103.4	102.1	101.8
自有住房	Private Housing	103.4	103.2	101.4	107.1	102.5
生活用品及服务	**Daily Necessities and Services**	**102.0**	**102.1**	**103.4**	**100.9**	**100.9**
家具及室内装饰品	Furniture and Interior Decorations	102.7	101.2	105.5	104.6	100.0
家具	Furniture	103.0	101.4	106.5	104.8	100.0
室内装饰品	Interior Decorations	100.2	99.8	99.4	102.1	100.3
家用器具	Home Appliances	102.3	102.3	102.3	102.9	101.0
家用纺织品	Home Textiles	106.3	109.9	106.1	99.5	100.1
家庭日用杂品	Daily Use Household Articles	100.3	99.9	104.7	97.5	101.9
个人护理用品	Personal Care Supplies	101.6	102.0	101.5	100.8	99.1
家庭服务	Home Services	102.9	103.9	101.0	99.8	99.9

5-4 续 (continued)

(上年=100) (preceding year=100)

项目	Item	全省 Total	海口市 Haikou	三亚市 Sanya	文昌市 Wenchang	琼中县 Qiongzhong
交通和通信	**Transportation and Communication**	**103.3**	**103.8**	**102.2**	**102.9**	**103.6**
交通	Transportation	105.2	106.0	102.6	105.1	104.9
交通工具	Transportation Facility	100.0	100.1	99.9	99.9	99.8
交通工具用燃料	Fuel for Vehicles	111.1	111.1	111.0	111.2	111.3
交通工具使用和维修	Use and Maintenance for Vehicle	102.6	103.9	100.8	100.1	102.7
交通费	Car Fare	108.3	111.4	97.4	110.7	106.6
通信	Communication	100.4	100.4	101.5	99.4	100.8
通信工具	Communication Facility	101.7	102.1	105.7	97.0	103.8
通信服务	Communication Service	100.1	100.0	100.3	100.2	100.0
邮递服务	Postal Service	100.7	99.8	104.2	100.0	100.0
教育文化和娱乐	**Education, Culture and Entertainment**	**102.7**	**102.3**	**103.0**	**103.2**	**103.1**
教育	Education	104.2	104.3	104.5	104.1	104.1
教育用品	Education Products	100.8	100.2	100.6	101.6	101.6
教育服务	Education Services	104.6	104.6	104.9	104.3	104.6
文化娱乐	Cultural and Recreational Articles	100.3	99.7	101.3	101.4	100.2
文娱耐用消费品	Durable Consumer Goods for Recreational	100.1	99.6	101.9	99.3	101.5
其他文娱用品	Other Goods for Recreational Use	103.1	104.2	104.8	100.4	100.2
文化娱乐服务	Cultural and Recreational Services	101.0	101.3	100.4	100.6	100.0
旅游	Touring and Outing	98.3	96.3	100.3	108.8	96.3
医疗保健	**Health Care**	**103.6**	**103.3**	**103.4**	**105.3**	**101.8**
药品及医疗器具	Drugs and Medical Devices	107.6	106.9	107.9	110.4	103.9
中药	Traditional Chinese Medicine	107.4	106.5	106.1	110.6	104.6
西药	Western Medicine	106.8	106.8	108.6	106.2	104.5
滋补保健品	Tonics	115.2	112.0	109.3	133.6	102.1
医疗卫生器具	Medical Appliance	102.0	101.3	106.9	100.0	100.3
保健器具	Health Care Appliance	100.1	100.0	100.8	99.4	100.0
医疗服务	Medical Services	100.4	100.7	99.8	100.5	100.0
综合医疗类	General Medical Practice	100.5	100.6	99.5	101.4	100.0
诊断类	Diagnoses	100.5	101.0	100.1	100.0	100.0
治疗类	Therapy	100.4	100.6	99.7	100.6	100.0
康复类	Rehabilitation	101.2	101.5	101.7	100.2	100.0
中医医疗服务类	Traditional Chinese Medical Services	99.9	100.1	99.1	100.2	100.0
其他医疗服务	Other Medical Services	100.0	100.0	100.0	100.0	100.0
其他用品和服务	**Other Supplies and Services**	**101.8**	**102.3**	**99.7**	**100.5**	**106.1**
其他用品类	Other Supplies	97.9	97.2	96.1	100.4	99.6
其他服务类	Other Services	105.0	106.3	102.6	100.5	110.4
旅馆住宿	Hotel Expense	101.9	102.2	102.4	101.8	97.9

5-5 分城乡商品零售价格指数(2018)
Retail Price Indices by Urban and Rural Areas (2018)

(上年=100) (preceding year=100)

项 目	Item	全省 Total	城市 Urban Household	农村 Rural Household
商品零售价格指数	**Retail Price Index**	**102.5**	**102.6**	**102.2**
食品	**Food**	**101.2**	**101.0**	**102.3**
粮食	Grain	101.1	101.3	99.9
食用油	Edible Oil	99.4	100.1	95.3
菜	Vegetables	103.8	103.5	105.2
鲜菜	Fresh Vegetables	103.9	103.7	105.6
畜肉类	Livestock Meat	97.9	98.0	97.4
禽肉类	Poultry	104.0	103.1	110.3
水产品	Aquatic Products	100.3	99.0	109.6
蛋类	Eggs	107.4	106.8	111.7
奶类	Dairy	105.1	105.5	101.7
干鲜瓜果类	Dried and Fresh Melons and Fruits	96.2	96.6	93.7
鲜瓜果	Fresh Melons and Fruits	95.6	96.3	91.5
糖果糕点类	Confectionery	100.6	100.5	101.1
食糖	Sugar	102.1	101.5	104.2
调味品	Flavoring	102.4	103.5	97.0
其他食品	Other Food	101.3	101.1	101.9
在外餐饮	Eating Outside	102.6	102.5	102.9
饮料、烟酒	**Beverages,Tobacco and Liquor**	**100.4**	**100.6**	**99.0**
茶及饮料	Tea and Beverages	100.5	100.7	98.4
烟草	Tobacco	99.8	100.0	98.8
酒类	Liquor	101.2	101.4	99.8
服装、鞋帽	**Garments,Shoes and Hats**	**104.5**	**105.2**	**100.4**
服装	Garments	104.4	105.2	99.8
鞋帽袜	Footgear and Hats	105.2	106.0	101.7
鞋	Shoes	105.4	106.2	101.6
纺织品	**Textiles**	**108.0**	**109.8**	**99.7**
服装材料	Clothing Materials	102.8	103.4	100.2
床上用品	Bedding	109.9	112.2	99.5
家用电器及音像器材	**Household Appliances,Music and Video Equipment**	**101.2**	**101.1**	**101.3**
文化办公用品	**Culture and Office Appliances**	**99.9**	**100.0**	**99.7**
日用品	**Articles for Daily Use**	**100.1**	**100.3**	**98.9**
日用百货	General Merchandise for Daily Use	100.7	101.2	97.8
清洗用品	Clothing Materials	100.8	101.0	99.3
体育娱乐用品	**Sports and Recreation Articles**	**104.3**	**104.8**	**100.3**
交通、通信用品	**Transportation and Communication Appliances**	**100.4**	**100.6**	**99.1**
家具	**Furniture**	**102.9**	**102.7**	**104.1**
化妆品	**Cosmetics**	**101.6**	**101.7**	**101.4**
金银饰品	**Gold and Silver Accessories**	**96.3**	**96.1**	**98.0**
中西药品及医疗保健用品	**Traditional Chinese and Western Medicines and Medical and Health Care Articles**	**107.2**	**106.9**	**108.6**
医疗卫生器具	Medical Appliance	102.3	102.6	100.1
中药	Traditional Chinese Medicine	107.0	106.4	109.6
西药	Western Medicine	107.0	107.2	105.9
保健器具及用品	Health Care Appliance and Supplies	111.4	109.8	125.4
书报杂志及电子出版物	**Book,Newspapers,Magazines andElectronic Publications**	**100.5**	**100.5**	**101.0**
燃料	**Fuels**	**109.8**	**110.0**	**108.5**
建筑材料及五金电料	**Building Materials and Hardware**	**101.4**	**101.5**	**101.2**
建筑装璜材料	Building Decoration Materials	101.4	101.4	101.2
五金水暖	Hardware and Plumbing	101.4	101.5	101.0

5-5 续 (continued)

(上年=100) (preceding year=100)

项 目	Item	海口市 Haikou	三亚市 Sanya	文昌市 Wen chang	琼中县 Qiong zhong
商品零售价格指数	**Retail Price Index**	**102.4**	**103.2**	**102.4**	**101.5**
食品	**Food**	**101.0**	**101.2**	**102.9**	**99.3**
粮食	Grain	101.0	102.1	99.8	100.3
食用油	Edible Oil	100.8	97.2	95.3	95.3
菜	Vegetables	103.4	104.0	105.9	101.9
鲜菜	Fresh Vegetables	103.5	104.3	106.3	102.1
畜肉类	Livestock Meat	98.7	95.6	98.0	94.8
禽肉类	Poultry	101.7	107.8	112.0	102.8
水产品	Aquatic Products	99.6	97.2	111.3	98.8
蛋类	Eggs	106.9	106.0	109.9	120.9
奶类	Dairy	106.5	102.2	102.1	99.2
干鲜瓜果类	Dried and Fresh Melons and Fruits	96.3	97.7	93.0	96.3
鲜瓜果	Fresh Melons and Fruits	96.0	97.2	91.2	93.1
糖果糕点类	Confectionery	100.0	102.5	100.3	104.0
食糖	Sugar	102.0	99.9	103.0	113.2
调味品	Flavoring	103.7	102.5	96.6	98.9
其他食品	Other Food	100.6	102.9	102.4	100.1
在外餐饮	Eating Outside	102.0	104.4	103.0	102.4
饮料、烟酒	**Beverages,Tobacco and Liquor**	**100.6**	**100.7**	**98.8**	**100.0**
茶及饮料	Tea and Beverages	100.1	102.6	98.1	99.9
烟草	Tobacco	100.0	99.8	98.5	100.0
酒类	Liquor	101.8	100.2	99.7	100.1
服装、鞋帽	**Garments,Shoes and Hats**	**105.6**	**103.9**	**99.9**	**102.7**
服装	Garments	106.0	102.8	99.3	101.9
鞋帽袜	Footgear and Hats	105.4	108.2	100.9	105.3
鞋	Shoes	105.7	108.3	100.8	106.1
纺织品	**Textiles**	**110.7**	**105.7**	**99.5**	**100.2**
服装材料	Clothing Materials	104.2	100.0	100.0	100.7
床上用品	Bedding	113.1	107.9	99.3	100.0
家用电器及音像器材	**Household Appliances,Music and Video Equipment**	**100.7**	**102.5**	**101.3**	**101.5**
文化办公用品	**Culture and Office Appliances**	**99.5**	**101.7**	**99.7**	**100.0**
日用品	**Articles for Daily Use**	**99.5**	**102.7**	**98.5**	**100.7**
日用百货	General Merchandise for Daily Use	99.3	106.7	96.7	102.2
清洗用品	Clothing Materials	101.1	100.8	99.0	100.4
体育娱乐用品	**Sports and Recreation Articles**	**105.3**	**103.0**	**100.3**	**100.6**
交通、通信用品	**Transportation and Communication Appliances**	**100.3**	**101.7**	**98.8**	**101.0**
家具	**Furniture**	**101.5**	**106.5**	**104.8**	**100.0**
化妆品	**Cosmetics**	**101.6**	**101.8**	**101.5**	**101.0**
金银饰品	**Gold and Silver Accessories**	**96.2**	**95.7**	**98.0**	**97.8**
中西药品及医疗保健用品	**Traditional Chinese and Western Medicines and Medical and Health Care Articles**	**106.7**	**107.7**	**109.5**	**104.0**
医疗卫生器具	Medical Appliance	101.3	106.9	100.0	100.3
中药	Traditional Chinese Medicine	106.5	106.1	110.6	104.5
西药	Western Medicine	106.8	108.6	106.2	104.5
保健器具及用品	Health Care Appliance and Supplies	110.5	107.9	129.5	101.9
书报杂志及电子出版物	**Book,Newspapers,Magazines andElectronic Publications**	**100.5**	**100.3**	**101.0**	**101.0**
燃料	**Fuels**	**109.8**	**110.9**	**108.7**	**107.9**
建筑材料及五金电料	**Building Materials and Hardware**	**100.6**	**103.9**	**101.2**	**101.2**
建筑装璜材料	Building Decoration Materials	100.8	103.3	101.2	101.6
五金水暖	Hardware and Plumbing	100.1	105.9	101.1	100.0

5-6 农业生产资料价格指数(2018)
Price Indices for Means of Agricultural Production (2018)

(上年=100) (preceding year=100)

项 目	Item	全 省 Total	文昌市 Wenchang	琼中县 Qiongzhong
农业生产资料价格指数	**Price Indices for Means of Agricultural Production**	**102.2**	**102.7**	**100.6**
农用手工工具	Farm Handtools	102.8	103.9	100.0
饲料	Forage	100.6	100.0	102.3
仔畜幼禽及产品畜	Cubs and Livestock Products	90.9	99.5	72.5
半机械化农具	Semi-mechanized Farm Tools	100.0	100.0	100.0
机械化农具	Mechanized Farm Machinery	104.0	104.1	103.6
化学肥料	Chemical Fertilizer	106.6	106.8	106.0
农药及农药器械	Pesticide and Its Appliances	102.3	101.3	105.8
化学农药	Chemical Pesticide	102.3	101.4	105.4
农药器械	Chemical Pesticide Appliances	103.3	100.0	111.1
农用机油	Oil for Farm Machinery	112.3	112.3	112.6
其他农业生产资料	Others Means of Agricultural Production	101.2	101.7	99.8
农用种子	Agricultural seed	100.9	101.2	100.0
农业生产服务	Service for Agricultural Production	100.0	100.0	100.0

5-7 按工业部门分工业生产者出厂价格指数
Producer Price Indices for Industrial Products by Industrial Department

(上年=100) (preceding year=100)

年 份 Year	总 指 数 General Index	冶金工业 Metallurgica lIndustry	电力工业 Power Industry	煤炭及炼焦工业 Coal and Coking Industry	石油工业 Petroleum Industry	化学工业 Chemical Industry	机械工业 Machine Manufacture Industry	建筑材料工业 Building Materials Industry
2003	99.5	110.5	100.9	112.9	103.4	102.0	94.1	99.8
2004	100.0	131.7	100.8	91.1	103.0	99.1	88.3	109.9
2005	99.5	118.3	100.2	100.0	109.8	101.8	87.9	99.2
2006	100.8	97.4	100.0	100.0	119.7	98.1	99.1	87.6
2007	102.7	110.8	100.2	100.8	100.5	100.7	98.8	117.1
2008	104.5	112.6	102.2	118.2	109.7	102.5	97.8	120.1
2009	90.6	74.1	104.0	113.0	87.4	91.7	98.5	93.7
2010	107.7	116.5	101.0	110.7	111.9	108.4	103.4	102.0
2011	108.8	117.2	102.6	109.7	114.9	105.0	101.0	115.4
2012	100.8	91.5	101.3	100.0	104.5	100.3	99.1	90.0
2013	99.5	100.2	100.5	100.0	98.6	100.8	98.7	92.9
2014	97.6	84.0	100.3	100.0	95.4	98.4	99.6	117.6
2015	89.8	73.5	107.9	100.0	73.1	96.0	99.6	83.6
2016	96.0	97.3	102.2		88.2	97.5	98.5	102.0
2017	108.8	106.5	99.9		115.5	113.4	94.0	114.8
2018	108.2	107.6	99.9		113.6	112.9	94.8	112.3

5-7 续(continued)

(上年=100) (preceding year=100)

年 份 Year	森林工业 Timber Industry	食品工业 Food Industry	纺织工业 Textile Industry	缝纫工业 Tailoring Industry	皮革工业 Leather Industry	造纸工业 Paper Industry	文教艺术用品工业 Cultural, Educational & Handicrafts Articles	其它工业 Other Industry
2003	97.3	97.9	99.3	92.8	88.2	99.3	99.9	101.9
2004	102.1	101.6	99.5	101.8	99.2	100.0	99.7	114.6
2005	104.5	101.0	95.9	100.0	105.5	101.1	104.8	108.6
2006	103.0	103.6	95.7	99.0	132.5	107.0	98.6	106.9
2007	105.0	101.7	95.7	101.7	112.7	106.7	100.9	110.2
2008	101.5	106.1	96.1	102.9	122.4	99.2	104.7	107.5
2009	97.7	99.7	84.2	102.2	79.4	79.4	105.2	100.2
2010	105.4	105.1	105.6	95.2	122.6	108.0	99.8	105.2
2011	109.4	109.8	106.3	95.6	200.4	96.6	117.8	115.1
2012	108.3	101.3	89.9	93.1	79.5	98.9	105.6	116.3
2013	104.6	101.3	93.9	92.3	135.2	101.8	99.9	97.4
2014	101.7	99.2	96.1	99.5	97.3	89.8	97.9	95.1
2015	110.4	99.4	99.9	100.0	100.0	102.8	99.2	116.0
2016	99.2	99.7	101.1			95.1	96.4	109.5
2017	102.6	101.8	104.7			110.3	100.7	103.6
2018	100.4	101.3	101.4			109.5	101.2	100.4

5-8 按工业行业分工业生产者出厂价格指数
Producer Price Indices for Industrial Products by Sector

(上年=100) (preceding year=100)

行业	Sector	2018
工业生产者出厂价格指数	**Producer Price Indices for Industrial Products**	**108.2**
石油和天然气开采业	Extraction of Petroleum and Natural Gas	121.5
黑色金属矿采选业	Mining and Processing of Ferrous Metal Ores	111.6
有色金属矿采选业	Mining and Processing of Non-Ferrous Metal Ores	125.2
非金属矿采选业	Mining and Processing of Nonmetal Ores	99.4
农副食品加工业	Processing of Food from Agricultural Products	99.3
食品制造业	Manufacture of Foods	101.9
酒、饮料和精制茶制造业	Manufacture of Alcohol,Beverage and Refined Tea	104.8
烟草制品业	Manufacture of Tobacco	102.4
纺织业	Manufacture of Textile	101.4
木材加工及木、竹、藤、棕、 草制品业	Processing of Timber, Manufacture of Wood, Bamboo, Rattan, Palm and Straw Products	100.4
家具制造业	Manufacture of Furniture	100.0
造纸及纸制品业	Manufacture of Paper and Paper Products	109.5
印刷业和记录媒介的复制	Printing, Reproduction of Recording Media	102.1
文教、工美、体育和娱乐用品制造业	Culture and Education，Arts and Crafts，Sports and Recreation Manufcturing	100.6
石油加工、炼焦及核燃料加工业	Processing of Petroleum, Coking and Nuclear Fuel	113.5
化学原料及化学制品制造业	Manufacture of Raw Chemical Materials and Chemical Products	118.2
医药制造业	Manufacture of Medicines	104.6
橡胶和塑料制品业	Manufacture of Rubber and Plastics	94.3
非金属矿物制品业	Manufacture of Non-metallic Mineral Products	112.4
黑色金属冶炼及压延加工业	Smelting and Pressing of Ferrous Metals	99.9
有色金属冶炼及压延加工业	Smelting and Pressing of Non-ferrous Metals	99.1
金属制品业	Manufacture of Metal Products	100.4
通用设备制造业	Manufacture of General Purpose Machinery	100.0
专用设备制造业	Manufacture of Special Purposes Machinery	101.7
汽车制造业	Automotive Industry	94.0
铁路、船舶、航空航天和其他运输设备制造业	Manufacture of Railways,Ships,Aerospace and Other transport Equipment	88.5
电气机械及器材制造业	Manufacture of Electrical Machinery and Apparatus	95.6
计算机、通信和其他电子设备制造业	Manufacture of Computer, Communications and Other Electronic Equipment	100.0
废弃资源综合利用业	Comprehensive Utilization of Waste Resources	100.0
金属制品、机械和设备修理业	Metal Products,Machinery and Equipment Repair Sercices	100.0
电力、热力的生产和供应业	Production and Supply of Electric Power and Heat Power	99.9
燃气生产和供应业	Production and Supply of Gas	100.5
水的生产和供应业	Production and Supply of Water	100.2

5-9 工业生产者出厂价格分类指数
Producer Price Indices for Industrial Products by Category

(上年=100) (preceding year=100)

类　别	Item	2005	2010	2015	2017	2018
全部工业品	**Total Producer Price Indices**	**99.5**	**107.7**	**89.8**	**108.8**	**108.2**
生产资料	**Means of Production**	**106.4**	**108.6**	**86.2**	**111.0**	**109.9**
采掘工业	Mining & Quarrying Industry	115.4	126.1	70.7	109.3	118.2
原材料工业	Raw Materials Industry	103.0	109.7	84.4	112.0	111.6
加工工业	Processing Industry	107.3	103.0	93.3	108.7	105.0
生活资料	**Consumer Goods**	**93.2**	**104.6**	**100.2**	**100.2**	**100.9**
食品类	Food	98.1	105.5	101.1	102.4	100.9
衣着类	Clothing	101.3	95.2	100.0		
一般日用品	Articles for Daily Use	105.4	101.5	97.0	103.4	104.6
耐用消费品	Durable Consumer Goods	85.9	103.3	101.5	89.4	94.5

5-10 固定资产投资价格分类指数
Price Indices for Investment in Fixed Assets by Category

(上年=100) (preceding year=100)

年 份 Year	固定资产投资价格指数 Price Indices for Investment in Fixed Assets	建筑安装、装饰工程 Construction and Installation	设备、工器具购置 Purchase of Equipment and Instruments	其他费用 Others
2003	103.2	105.7	99.2	100.5
2004	105.6	109.7	100.0	101.7
2005	101.2	101.4	99.8	103.9
2006	101.0	100.7	100.7	102.5
2007	106.1	109.9	100.2	102.2
2008	113.3	118.7	100.6	107.2
2009	97.7	97.2	97.6	100.0
2010	105.2	105.5	100.3	109.7
2011	106.4	108.2	101.1	103.3
2012	102.0	102.5	98.9	102.9
2013	99.3	98.9	99.0	101.1
2014	100.6	100.6	99.7	101.1
2015	99.4	99.2	99.3	100.3
2016	100.1	100.4	98.9	99.6
2017	104.1	105.2	100.6	101.8
2018	106.2	108.0	101.0	101.7

(2002=100)

年 份 Year	固定资产投资价格指数 Price Indices for Investment in Fixed Assets	建筑安装、装饰工程 Construction and Installation	设备、工器具购置 Purchase of Equipment and Instruments	其他费用 Others
2002	100.0	100.0	100.0	100.0
2003	103.2	105.7	99.2	100.5
2004	109.0	116.0	99.2	102.2
2005	110.3	117.6	99.0	106.2
2006	111.4	118.4	99.7	108.9
2007	118.2	130.1	99.9	111.3
2008	133.9	154.4	100.5	119.3
2009	130.8	150.1	98.1	119.3
2010	137.6	158.4	98.4	130.9
2011	146.4	171.4	99.5	135.2
2012	149.3	175.7	98.4	139.1
2013	148.3	173.8	97.4	140.6
2014	149.2	174.8	97.1	142.1
2015	148.3	173.4	96.4	142.5
2016	148.4	174.1	95.3	141.9
2017	154.5	183.2	95.9	144.5
2018	164.1	197.9	96.9	147.0

5-11 建筑安装、装饰工程价格分类指数
Price Indices of Construction and Installation by Category

(上年=100) (preceding year=100)

项　目	Item	2005	2010	2015	2017	2018
建筑安装、装饰工程	**Price Indices of Construction and Installation**	**101.4**	**105.5**	**99.2**	**105.2**	**108.0**
人工费	**Labor costs**	**105.5**	**114.4**	**102.3**	**102.6**	**103.5**
工程管理人员	Supervisor of Construction	101.7	110.4	103.1	104.1	102.7
工程技术人员	Engineering Technical Personnel	102.0	112.6	103.2	103.1	103.3
普通工人	Ordinary Workers	106.9	115.4	102.0	102.3	103.8
材料费	**Materials costs**	**99.5**	**103.0**	**98.0**	**106.1**	**110.1**
钢材	Roll Steel	99.4	101.8	95.2	111.9	107.0
木材	Timber	103.9	102.1	103.5	101.7	104.5
水泥	Cement	99.4	104.3	97.7	104.6	111.6
地方建筑材料	Indigenous Construction Material	98.7	103.1	100.5	105.8	113.1
化工材料	Chemical Materials	101.4	107.2	96.5	103.8	105.3
电料	Electrical Materials and Appliances	103.0	104.7	101.3	103.3	102.7
其他材料	Other Materials	101.3	107.8	101.6	103.7	107.2
机械费	**Machinery Fees**	**104.1**	**101.7**	**102.1**	**103.4**	**102.4**
土石方及筑路机械	Earthwork and Road Construction Machinery	100.1	101.4	101.1	103.1	105.9
打桩机械	Piling Machinery	99.4	105.6	99.6	102.7	100.0
起重机械	Hoisting Machinery	102.0	102.4	102.4	107.3	105.1
运输机械	Transport Machinery	108.8	101.9	103.0	103.6	99.9
混凝土及砂浆机械	Concrete and Mortar Machinery	101.7	101.4	101.1	101.5	103.7
加工机械	Processing Machinery	103.2	103.2	102.9	102.2	100.5
泵类机械	Pump Machinery	100.7	100.4	102.3	100.3	
船舶机械	Marine Machinery		107.9	100.0	111.5	111.9
其他机械	Other Machineries	102.4	101.1	100.9	102.8	100.1

主要统计指标解释

居民消费价格指数　是反映一定时期内城乡居民所购买的生活消费品和服务项目价格变动趋势和程度的相对数，是对城市居民消费价格指数和农村居民消费价格指数进行综合汇总计算的结果。通过该指数可以观察和分析消费品的零售价格和服务项目价格变动对城乡居民实际生活费支出的影响程度。

城市居民消费价格指数　是反映一定时期内城市居民家庭所购买的生活消费品价格和服务项目价格变动趋势和程度的相对数。通过该指数可以观察和分析消费品的零售价格和服务项目价格变动对城镇居民收入和消费支出的影响。

农村居民消费价格指数　是反映一定时期内农村居民家庭所购买的生活消费品价格和服务项目价格变动趋势和程度的相对数。该指数可以观察农村消费品的零售价格和服务项目价格变动对农村居民收入和生活消费支出的影响。

商品零售价格指数　是反映一定时期内城乡商品零售价格变动趋势和程度的相对数。商品零售价格的变动与国家的财政收入、市场供需的平衡、消费与积累的比例关系有关。因此，该指数可以从一个侧面对上述经济活动进行观察和分析。

农业生产资料价格指数　指反映一定时期内农业生产资料价格变动趋势和程度的相对数。其编制目的是了解农业生产中投入物质资料价格的变动状况，服务于国民经济核算。1994 年以前，农业生产资料价格指数仅仅是商品零售价格指数的一个类别，此后，从商品零售价格指数中分离出来，单独编制。

工业生产者出厂价格指数　是反映一定时期内全部工业产品出厂价格总水平的变动趋势和程度的相对数，包括工业企业售给本企业以外所有单位的各种产品和直接售给居民用于生活消费的产品。该指数可以观察出厂价格变动对工业总产值及增加值的影响。

工业生产者购进价格指数　是反映工业企业作为生产投入，而从物资交易市场和能源、原材料生产企业购买原材料、燃料和动力产品时，所支付的价格水平变动趋势和程度的统计指标，是扣除工业企业物质消耗成本中的价格变动影响的重要依据。

固定资产投资价格指数　是反映一定时期内固定资产投资品及取费项目的价格变动趋势和程度的相对数。固定资产投资额是由建筑安装工程投资完成额、设备工器具购置投资完成额和其他费用投资完成额三部分组成的。编制固定资产投资价格指数应首先分别编制上述三部分投资的价格指数，然后采用加权算术平均法求出固定资产投资价格总指数。

Explanatory Notes on Main Statistical Indicators

Consumer Price Index reflects the trend and degree of changes in prices of consumer goods and services purchased by urban and rural residents, and is a composite index derived from the urban consumer price index and the rural consumer price index. Consumer price index can be used to analyze the impact of consumer price change on actual expenditure for living cost of urban and rural residents.

Consumer Price Index of Urban Household reflects the trend and degree of changes in prices of consumer goods and services purchased by urban households during a given period. It can be used to observe and analyze the impact of price changes in consumer goods and services on urban household income and consumption expenditure.

Consumer Price Index of Rural Household reflects the trend and degree of changes in prices of consumer goods and services purchased by rural households during a given period. It can be used to observe the impact of change in retail prices of consumer goods and service prices on rural household income and consumption expenditure on living.

Retail Price Index reflect the trend and degree of change in retail prices of commodities during a given period. The change in retail prices of commodities is related to government revenue, the equilibrium of market supply and demand, and the ratio of consumption to accumulation. Therefore, the retail price indices are useful from an oblique perspective for observing and analyzing the changes of the above economic activities.

Price Index for Means of Agricultural Production reflects the trend and degree of changes in the prices of the means of agricultural production during a given period. Compilation of these indices helps to understand the price changes of material input in agricultural production and facilitate the compilation of national accounts. Before 1994, price indices for means of agricultural production were a sub-category in the retail price indices for commodities, and it has been compiled separately since 1994.

Producer Price Index for Industrial Products reflect the trend and degree of changes in general ex-factory prices of all manufactured goods during a given period, including sales of manufactured goods by an industrial enterprise to all units outside the enterprise, as well as sales of consumer goods to residents. It can be used to analyze the impact of ex-factory prices on gross output value and value-added of the industrial sector.

Purchasing Price Index for Industrial Producers reflect changes in the level and degree of prices paid by industrial enterprises when they purchase production input such as raw materials, fuels and power from the market or from other energy or raw materials' producing enterprises. These indices provide an important basis for measuring the material consumption of industrial enterprises after removing the influence of price changes.

Price Index for Investment in Fixed Assets reflect the trend and degree of changes in prices of investment goods and projects in fixed assets during a given period. The investment in fixed assets consists of three components, namely the investment in construction and installation, the investment in purchases of equipment and instrument, and the investment in other items. Price indices for investment in fixed assets are calculated as the weighted arithmetic mean of the price indices for the three components of investment in fixed assets.

6

人民生活

People’s Living Conditions

编辑人员：叶薇

Compiled by Ye Wei

英文翻译：成晓

Translated by Cheng Xiao

简要说明

一、本篇资料的主要内容

本篇资料反映我省人民生活现状及变化情况，分为全体居民生活、城镇居民生活和农村居民生活三部分。

二、居民生活状况资料来源

本表资料来源于国家统计局海南调查总队组织实施的居民收支和生活状况调查。2012 年以前，居民生活状况调查分开组织为城镇住户调查和农村住户调查，二者的指标口径、抽样方法均有不同；2013 年起国家统计局实施了城乡住户调查一体化改革，统一了抽样方法、指标口径等。本篇所收录的 2013 年及之后年份的居民收支及生活状况数据资料来源于全省住户收支与生活状况调查（以下简称住户调查）；2012 年及以前年份的数据资料来源分别开展的城镇住户调查和农村住户调查，其中，2012 年及以前年份的分城乡居民收支数据是分别按照城乡住户调查方案采集和汇总，编辑过程中尽量与以往年鉴资料保持一致。

三、住户调查的对象

住户调查对象为海南住户，既包括城镇住户，也包括农村住户；既包括以家庭形式居住的户，也包括以集体形式居住的户。无论户口性质和户口登记地，均以住户为单位，在常住地参加本调查。

四、住户调查的内容

住户调查内容主要包括居民现金和实物收支情况、住户成员及劳动力从业情况、居民家庭食品和能源消费情况、住房和耐用消费品拥有情况、家庭经营和生产投资情况、社区基本情况以及其他民生状况等。具体内容由本方案的记账项目、问卷项目和汇总指标共同规定。

五、住户调查样本的抽选

样本抽选包括抽样方法设计、县级调查网点代表性评估、调查小区抽选以及摸底调查、调查住宅抽选、调查户落实等现场抽样工作。

住户调查的抽样方法由国家统计局制定。样本量按满足以下代表性需求的标准确定：在 95%的置信度下，分省居民及分省分城乡居民人均可支配收入、消费支出以及主要收入项和消费项的抽样误差控制在 3%以内（个别人口较少的省在 5%以内）。国家统计局使用统一的抽样框，以省为总体，在对县级调查网点代表性进行评估的基础上，采用分层、多阶段随机抽样方法抽选调查住宅，确定调查户。抽中调查小区五年内保持不变。样本住户的调查周期为 3 年或 2 年，第三年末在调查小区内一次性全部轮换。

Brief Introduction

I. Main Contents

Data in this chapter show the people's living conditions and its changes in Hainan province, which includes three parts about the life of all residents, urban and rural households respectively.

II. Sources of Data on the Living Conditions of Residents

Data on this chapter come from the survey of residents' income and expenditure and living conditions which carried out by Survey Office of the National Bureau of Statistics in Hainan. Before 2012, this survey project was divided into two separate survey: survey of living conditions of urban household and of rural household. The index specifications and sampling method of both were different. Since 2013, National Bureau of statistics has implemented the integrated reform of urban and rural household survey, unified sampling methods and index specifications etc. The data collected in this chapter for 2013 and later years were derived from the Survey of residents' income, expenditure and living conditions survey (hereinafter referred to as household survey); data for 2012 and previous years were derived from urban and rural household surveys which launched respectively, collected and summarized according to the urban and rural household survey scheme respectively, and was consistent with previous yearbooks in the editing process as far as possible.

III. Subjects of household survey

The subjects of the household survey were households in Hainan, including both urban and rural households, households living in the form of families and households living in groups.The household is used as a unit to participate in the survey in the place of permanent residence, regardless of the type of the household and the place of registration.

IV. The contents of household survey

The main contents of household survey include cash and in-kind income and expenditure, household membership and labor employment, food and energy consumption, housing and the possession of durable consumer goods, family management and production investment, the basic situation of community and other livelihood status etc.The specific contents are stipulated by the project, the item of the questionnaire and the aggregate index.

V. Selection of household survey sample

Sample selection includes design of sampling method, representative evaluation of county level survey sites, selection of survey area, pre-investigation, selection of residential sample, determination of survey samples and other on-site sampling work.

The sampling method of household survey was formulated by the National Bureau of statistics.

Sample size is determined according to the criteria that meet the following representational needs: under the confidence level of 95%, the sampling error of per capita disposable income and consumption expenditure of all, urban and rural residents as well as major income and consumption items should not exceed ±3%(the sampling error of province with less population controlled within 5%).National bureau of statistics used the unified sampling frame, which take the province as a whole, and used stratified multistage random sampling method which based on evaluation of the county level investigation site representative to select residential sample and determine survey samples .The survey area remained unchanged for five years. The survey cycle of the sample households was 3 years or 2 years, and all sample households will be completely replaced at one time within the investigation community at the end of third year.

6-1 全省城乡居民家庭人均收入情况
Per Capita Disposable Income of Urban and Rural Households

年 份 Year	城乡居民人均可支配收入(元) Per Capita Disposable Income of Households (yuan)	城镇常住居民人均可支配收入(元) Per Capita Disposable Income of Urban Households (yuan)	农村常住居民人均可支配收入(元) Per Capita Disposable Income of Rural Households (yuan)	城镇居民家庭恩格尔系数(%) Engle Coefficient of Urban Households (%)	农村居民家庭恩格尔系数(%) Engle Coefficient of Rural Households (%)
1987		986	502		61.0
1988		1196	609	64.0	57.8
1989		1367	696	62.9	57.6
1990		1650	778	60.7	63.5
1991		1799	916	62.1	60.6
1992		2318	1026	60.9	62.9
1993		3072	1320	61.8	52.6
1994		3920	1620	60.5	56.6
1995		4770	1872	59.3	59.7
1996		4926	2156	58.6	57.1
1997		4850	1820	57.0	53.8
1998		4853	1966	55.0	61.6
1999		5338	2119	51.2	54.1
2000		5358	2231	49.3	56.9
2001		5839	2285	46.3	59.0
2002		6823	2423	45.4	59.1
2003		7259	2588	44.8	57.6
2004		7736	2818	46.9	58.9
2005		8124	3004	47.6	57.6
2006		9395	3256	43.5	53.4
2007		10997	3791	42.8	56.0
2008		12608	4390	44.9	53.4
2009		13751	4744	44.7	53.1
2010		15581	5275	44.8	50.0
2011		18369	6446	44.9	51.8
2012		20918	7408	45.4	50.9
2013		22929	8343	44.8	49.5
2014	17476	24487	9913	38.0	43.2
2015	18979	26356	10858	38.2	42.7
2016	20653	28453	11843	39.0	43.2
2017	22553	30817	12902	37.2	41.9
2018	24579	33349	13989	35.6	41.8

注：表中2014-2018年人均可支配收入来源于一体化住户收支与生活状况调查，1987-2013年来源于城镇、农村住户调查，其中农村居民收入为纯收入（下同）。

Note: Since 2014, the National Bureau of Statistics (NBS) carries out the integration survey on the income,expenditure and living conditions of urban and rural households.Data in 2014 cannot directly compare to those in 2013 and the year before.(the same to the following tables)

6-2 各市县城乡居民可支配收入(2018)
Per Capita Disposable Income of Households by Region (2018)

单位：元 (yuan)

地 区	Region	城乡居民人均可支配收入(元) Per Capita Disposable Income of Households (yuan)	城镇常住居民人均可支配收入(元) Per Capita Disposable Income of Urban Households (yuan)	农村常住居民人均可支配收入(元) Per Capita Disposable Income of Rural Households (yuan)
全省总计	**Total**	**24579**	**33349**	**13989**
海口市	Haikou	31205	36137	14886
三亚市	Sanya	30487	36417	15773
五指山市	Wuzhishan	20390	27917	11487
文昌市	Wenchang	23773	32818	14831
琼海市	Qionghai	23325	32995	15400
万宁市	Wanning	22696	32329	14850
定安县	Ding'an	20452	30481	13445
屯昌县	Tunchang	20172	29110	13426
澄迈县	Chengmai	23022	32738	15035
临高县	Lingao	19224	28230	12915
儋州市	Danzhou	22798	31328	14465
东方市	Dongfang	22036	32369	14206
乐东县	Ledong	18020	27647	13217
琼中县	Qiongzhong	17773	29360	11897
保亭县	Baoting	18289	29726	11856
陵水县	Lingshui	20300	30001	13227
白沙县	Baisha	17137	28492	11732
昌江县	Changjiang	24042	33956	13707

6-3 城镇居民家庭基本情况
Basic Conditions of Urban Households

项　目	Item	2005	2010	2013	2014	2015	2016	2017	2018
调查户数(户)	Number of Households Surveyed (household)	600	600	720	720	720	720	720	990
平均每户家庭人口数(人)	Average Household Size (person)	3.6	3.3	3.3	3.4	3.4	3.6	3.6	3.7
平均每户就业人口数(人)	Average Number of Employed Persons per Household (persons)	1.6	1.5	1.7	1.7	1.7	1.8	1.8	1.7
平均每户就业面(%)	Proportion of Employment per Household (%)	43.3	46.5	51.1	50.9	50.0	50.0	48.1	45.9
平均每一就业者负担人数(人)	Number of Dependents per Employed Person (person)	2.3	2.2	2.0	2.0	2.0	2.0	1.8	2.2
平均每人全年总收入(元)	Per Capita Annual Total Income of Household(yuan)	8670	16930	24920	26315	28542	31620	34576	36019
#可支配收入	Disposable Income	8124	15581	22929	24487	26356	28453	30817	33349
平均每一就业者全年实际收入(元)	Per Capita Annual Real Income of Employed Person (yuan)	15648	27242	37263	37027	40285	43614	49029	54096
平均每人全年总支出(元)	Per Capita Annual Total Expenditures(yuan)	7932	14362	20116	26043	26169	27500	30064	30564
#消费性支出	Consumption Expenditure(yuan)	5928	10927	15593	17514	18448	19015	20372	22971
城镇人均现住房总建筑面积(平方米)	Per Capita Net Floor Space of Urban Households (sq.m)	27.03	28.88	30.33	31.09	31.24	30.8	30.8	32.1

6-3 续 (continued)

项　　目	Item	低收入户 (20%) Low Income Households	中等偏下户 (20%) Lower Middle Income Households	中等收入户 (20%) Middle Income Households	中等偏上户 (20%) Upper Middle Income Households	高收入户 (20%) 户 High Income Households
调查户数(户)	Number of Households Surveyed (household)	198	198	198	198	198
比重(%)	Proportion(%)	20.0	20.0	20.0	20.0	20.0
平均每户家庭人口数(人)	Average Household Size (person)	4.3	4.2	3.5	3.5	2.9
平均每户就业人口数(人)	Average Number of Employed Persons per Household(persons)	1.8	1.9	1.6	1.6	1.5
平均每户就业面(%)	Proportion of Employment per Household (%)	42.3	44.6	45.9	46.8	54.1
平均每一就业者负担人数(人)	Number of Dependents per Employed Person (person)	2.4	2.2	2.2	2.2	1.8
平均每人全年家庭总收入(元)	Per Capita Annual Total Income of Household (yuan)	10889	20207	30398	45371	92324
#可支配收入	Disposable Income	9836	18883	27985	42198	85549
平均每人每月可支配收入(元)	Per Capita Monthly Disposable Income (yuan)	820	1574	2332	3517	7129
平均每人年家庭总支出(元)	Per Capita Annual Total Expenditures of Household(yuan)	12898	17258	27758	40582	67804
#消费性支出	Consumption Expenditure (yuan)	10795	14539	20848	28218	49798
平均每人每月消费性支出(元)	Per Capita Monthly Consumption Expenditures(yuan)	900	1212	1737	2352	4150
平均每一就业者全年实际收入(元)	Per Capita Annual Real Income of Employed Person (yuan)	18931	30977	42342	67815	119155

6-4 城镇居民家庭年人均收入来源及构成（2018）
Per Capital Income and Composition of Urban Households by Source (2018)

项 目	Item	2016	2017	2018
可支配收入（元）	**Disposable Income (yuan)**	**28453**	**30817**	**33349**
一、工资性收入	**Income of Wages and Salaries**	**18892**	**20396**	**21506**
#工 资	Income of Wages	17806	19102	20134
二、经营净收入	**Net Business Income**	**2915**	**3181**	**3349**
三、财产净收入	**Net Income from Property**	**2170**	**2375**	**3244**
#利息净收入	Net Income frome Interest	5	-30	14
红利收入	Income from Bonus	48	57	113
出租房屋财产性收入	Income from Lending Houses	730	871	1058
四、转移净收入	**Net Income from Transfer**	**4477**	**4866**	**5249**
#养老金或离退休金	Pensions ,Retirement Pensions	5247	5803	6171
社会救济和补助	Income from Social Relief	38	56	66
报销医疗费	Reimbursement	399	440	481
赡养收入	Income from Maintenance	219	192	240
从政府和组织得到的实物产品和服务折价	Products and Services from the Government and Organizations	49	24	26
收入构成(%)	**Composition of Disposable Income (%)**	**100**	**100**	**100**
一、工资性收入	Income from Wages and Salaries	66.4	66.2	64.5
二、经营净收入	Net Business Income	10.2	10.3	10.0
三、财产净收入	Net Income from Property	7.6	7.7	9.7
四、转移净收入	Net Income from Transfer	15.7	15.8	15.7

6-4 续 (continued)

项　目	Item	低收入户 (20%) Low Income Households	中等偏下户 (20%) Lower Middle Income Households	中等收入户 (20%) Middle Income Households	中等偏上户 (20%) Upper Middle Income Households	高收入户 (20%) 户 High Income Households
可支配收入	**Disposable Income**	**9836**	**18883**	**27985**	**42198**	**85549**
一、工资性收入	**Income of Wages and Salaries**	**6186**	**10598**	**16588**	**28105**	**58397**
#工　资	Income of Wages	6033	10290	15775	26129	53696
二、经营净收入	**Net Business Income**	**1813**	**3218**	**2865**	**3631**	**6078**
三、财产净收入	**Net Income from Property**	**602**	**1610**	**3418**	**4237**	**8195**
#利息净收入	Net Income frome Interest	13	30	-7	-114	174
红利收入	Income from Bonus	1	33	37	129	471
出租房屋财产性收入	Income from Lending Houses	150	381	1264	1485	2651
四、转移净收入	**Net Income from Transfer**	**1234**	**3457**	**5115**	**6225**	**12880**
#养老金或离退休金	Pensions ,Retirement Pensions	1136	3499	5903	7880	15890
社会救济和补助	Income from Social Relief	168	6	10	47	91
报销医疗费	Reimbursement	63	198	207	486	1846
赡养收入	Income from Maintenance	122	248	154	198	557
从政府和组织得到的实物产品和服务折价	Products and Services from the Government and Organizations	21	27	20	36	29
收入构成(%)	**Composition of Disposable Income**	**100**	**100**	**100**	**100**	**100**
一、工资性收入	Income from Wages and Salaries	62.9	56.1	59.3	66.6	68.3
二、经营净收入	Net Business Income	18.4	17.0	10.2	8.6	7.1
三、财产净收入	Net Income from Property	6.1	8.5	12.2	10.0	9.6
四、转移净收入	Net Income from Transfer	12.6	18.3	18.3	14.8	15.1

6-5　城镇居民家庭人均年可支配收入和消费性支出
Per Capita Disposable Income and Consumption Expenditures of Urban Households

单位:元　　(yuan)

项　目	Item	2005	2010	2013	2014	2015	2016	2017	2018
人均可支配收入	**Per Capita Disposable Income**	**8124**	**15581**	**22929**	**24487**	**26356**	**28453**	**30817**	**33349**
低收入户	Low Income Households	3120	6220	9257	10038	10633	11190	12128	9836
中等偏下户	Lower Middle Income Households	5355	10482	14680	16145	17631	18810	20129	18883
中等收入户	Middle Income Households	7875	14654	20134	21178	23615	25289	27728	27985
中等偏上户	Upper Middle Income Households	11012	19862	28731	29491	32579	35594	38291	42198
高收入户	High Income Households	19033	33134	54507	57172	57821	64993	70262	85549
人均消费性支出	**Per Capita Consumption Expenditures**	**5928**	**10927**	**15593**	**17514**	**18448**	**19015**	**20372**	**22971**
低收入户	Low Income Households	2757	5071	8035	9340	10966	10275	12802	10795
中等偏下户	Lower Middle Income Households	4055	8182	10939	12905	13890	14157	16220	14539
中等收入户	Middle Income Households	6183	11312	13744	15467	16578	17715	18622	20848
中等偏上户	Upper Middle Income Households	7631	13005	20229	20863	21068	21889	23118	28218
高收入户	High Income Households	12690	20710	31900	35480	35093	37929	37061	49798

6-6 城镇居民家庭人均消费性支出及构成
Per Capita Consumption Expenditure of Urban Households and Composition

项　目	Item	2005	2010	2013	2014	2015	2016	2017	2018
消费性支出(元)	**Consumption Expenditures (yuan)**	**5928.0**	**10926.7**	**15593.0**	**17513.8**	**18448.4**	**19015.5**	**20371.9**	**22971.2**
食　品	Food	2819.6	4896.0	6979.2	6655.3	7052.0	7419.7	7575.3	8184.7
#粮　食	Grain	193.9	307.6	333.5	736.9	674.3	587.0	695.0	918.4
油　脂	Oil of Fat	88.5	117.7	158.4	166.2	189.0	154.0	185.8	155.2
肉禽及其制品	Meat, Poultry and Processed Products	810.0	1285.5	1910.5	1795.2	1830.1	2070.0	2008.3	1916.3
蛋　类	Eggs	35.1	51.2	74.3	77.8	78.6	76.0	77.5	77.2
水产品	Aquatic Products	399.0	669.8	964.9	917.1	908.0	931.3	953.2	930.2
菜　类	Vegetables	268.9	528.0	773.5	707.9	699.2	809.8	777.4	717.6
烟　草	Tobacco	94.0	155.4	205.9	233.5	266.8	275.7	264.8	403.7
酒和饮料	Liquor and Beverages	61.8	111.5	164.9	188.3	183.5	182.6	186.2	197.0
干鲜瓜果	Dried and Fresh Melons and Fruits	145.1	297.0	397.7	395.5	428.7	416.1	425.5	420.2
奶及奶制品	Milk and Processed Products	69.5	160.8	185.6	180.2	235.2	216.5	204.6	218.8
衣　着	Clothing	309.5	636.1	932.6	829.9	828.6	859.6	895.7	938.4
#服　装	Garments	242.4	504.8	681.4	675.6	661.1	708.5	745.1	814.8
衣着材料	Clothing Materials	0.5	0.6	3.6					
居　住	Residence	585.3	1103.8	1578.6	3697.8	3679.8	3527.7	3855.9	5055.5
家庭设备用品及服务	Household Facilities, Articles and Services	304.1	616.3	1030.8	957.7	964.3	954.0	1102.8	1086.0
#日用耐用消费品	Durable Consumer Goods	118.5	211.9	398.7	313.0	313.1	325.8	450.5	372.0
医疗保健	Health Care	351.1	579.9	734.3	960.3	1307.1	1399.8	1505.1	1669.8
交通与通讯	Transportation and Communication	728.1	1805.1	2005.7	2156.2	2643.4	2582.3	2811.5	2592.9
教育文化娱乐服务	Education,Cultural and Recreation Services	651.8	1004.6	1923.5	1912.8	1617.8	1931.3	2236.1	2855.7
文娱耐用消费品	Durable Consumer Goods for Culture and Recreational Use	162.7	226.2	290.6	214.1	112.9	102.7	112.9	116.1
文化娱乐	Cultural and Recreational Articles	142.2	296.8	424.2	363.7	355.2	386.6	420.7	458.6
教　育	Education	346.9	481.7	1102.6	1335.0	1028.8	1308.4	1566.8	2086.8
杂项商品与服务	Miscellaneous Commodities and Services	178.5	284.9	408.3	343.8	355.6	341.0	389.5	588.2
消费性支出构成(%)	**Composition of Consumption Expenditures(%)**	**100**	**100**	**100**	**100**	**100**	**100**	**100**	**100**
食　品	Food	47.6	44.8	44.8	38.0	38.2	39.0	37.2	35.6
衣　着	Clothing	5.2	5.8	6.0	4.7	4.5	4.5	4.4	4.1
家庭设备用品及服务	Household Facilities, Articles and Services	5.1	5.6	6.6	5.5	5.2	5.0	5.4	4.7
医疗保健	Health Care	5.9	5.3	4.7	5.5	7.1	7.4	7.4	7.3
交通与通讯	Transportation and Communication	12.3	16.5	12.9	12.3	14.3	13.6	13.8	11.3
教育文化娱乐服务	Education,Cultural and Recreation Services	11.0	9.2	12.3	10.9	8.8	10.2	11.0	12.4
居　住	Residence	9.9	10.1	10.1	21.1	19.9	18.6	18.9	22.0
杂项商品与服务	Miscellaneous Commodities and Services	3.0	2.6	2.6	2.0	1.9	1.8	1.9	2.6

6-6 续(continued)

项　　目	Item	低收入户 (20%) Low Income Households	中等偏下户 (20%) Lower Middle Income Households	中等收入户 (20%) Middle Income Households	中等偏上户 (20%) Upper Middle Income Households	高收入户 (20%) 户 High Income Households
消费性支出(元)	**Consumption Expenditures (yuan)**	**10794.5**	**14538.6**	**20848.1**	**28217.7**	**49798.3**
食　品	Food	5027.8	6662.2	8596.7	9826.2	12664.2
#粮　食	Grain	555.8	551.3	1010.7	1192.5	1557.9
油　脂	Oil of Fat	119.0	144.1	166.9	178.5	183.4
肉禽及其制品	Meat, Poultry and Processed Products	1478.3	1934.5	2103.7	2134.3	2055.1
蛋　类	Eggs	57.6	67.9	86.3	86.9	97.6
水产品	Aquatic Products	606.9	857.8	1066.1	1161.6	1076.3
菜　类	Vegetables	597.5	715.0	778.1	763.4	773.3
烟　草	Tobacco	248.8	412.7	477.6	457.0	468.9
酒和饮料	Liquor and Beverages	104.1	116.0	246.5	198.2	394.5
干鲜瓜果	Dried and Fresh Melons and Fruits	201.3	266.4	389.2	547.7	856.4
奶及奶制品	Milk and Processed Products	112.1	186.9	249.8	296.5	293.6
衣　着	Clothing	288.0	438.1	793.5	1184.1	2524.8
#服　装	Garments	241.8	375.6	675.5	1028.6	2227.0
衣着材料	Clothing Materials					
居　住	Residence	2294.8	3074.9	5190.8	6451.8	10247.1
家庭设备用品及服务	Household Facilities, Articles and Services	349.8	531.2	910.0	1446.1	2779.4
#日用耐用消费品	Durable Consumer Goods					
医疗保健	Health Care	553.9	768.7	1290.5	1931.8	4805.3
交通与通讯	Transportation and Communication	1031.0	1009.0	1805.1	3556.5	7038.4
教育文化娱乐服务	Education,Cultural and Recreation Services	1146.7	1914.4	1928.2	3262.0	7421.4
文娱耐用消费品	Durable Consumer Goods for Culture and Recreational Use	20.0	52.6	51.4	126.9	418.1
文化娱乐	Cultural and Recreational Articles	188.1	293.1	553.1	1074.0	2227.7
教　育	Education	958.5	1621.3	1375.1	2188.0	5193.7
杂项商品与服务	Miscellaneous Commodities and Services	102.4	140.1	333.1	559.2	2317.7
消费性支出构成(%)	**Composition of Consumption Expenditures(%)**	**100**	**100**	**100**	**100**	**100**
食　品	Food	46.6	45.8	41.2	34.8	25.4
衣　着	Clothing	2.7	3.0	3.8	4.2	5.1
家庭设备用品及服务	Household Facilities, Articles and Services	3.2	3.7	4.4	5.1	5.6
医疗保健	Health Care	5.1	5.3	6.2	6.8	9.6
交通与通讯	Transportation and Communication	9.6	6.9	8.7	12.6	14.1
教育文化娱乐服务	Education,Cultural and Recreation Services	10.6	13.2	9.2	11.6	14.9
居　住	Residence	21.3	21.1	24.9	22.9	20.6
杂项商品与服务	Miscellaneous Commodities and Services	0.9	1.0	1.6	2.0	4.7

6-7 城镇居民家庭人均年购买主要消费品
Per Capita Consumption of Major Goods of Urban Households

项　　目	Item	2005	2010	2013	2014	2015	2016	2017	2018
粮食(公斤)	Grain (kg)	61.97	65.55	60.92	68.64	70.40	73.53	89.93	83.29
食用植物油(公斤)	Edible Vegetable Oil (kg)	8.13	8.57	8.64	8.90	7.91	7.25	8.97	8.21
鲜菜(公斤)	Fresh Vegetables (kg)	100.43	105.48	110.13	94.07	94.68	105.52	105.06	95.96
猪肉(公斤)	Pork (kg)	25.92	26.3	29.73	26.73	28.06	30.31	27.60	29.68
牛羊肉(公斤)	Beef and Mutton (kg)	2.87	3.24	3.73	3.00	2.87	3.69	3.69	4.03
家禽(公斤)	Poultry (kg)	16.49	17.86	21.41	20.57	19.94	23.20	22.90	19.41
鲜 蛋(公斤)	Fresh Eggs (kg)	3.89	3.82	5.12	4.77	4.79	5.19	5.17	5.33
鱼(公斤)	Fish (kg)	26.69	25.35	27.59	24.95	24.81	24.50	22.86	22.74
白酒(公斤)	Liquor (kg)	0.78	0.73	1.11	1.02	0.89	1.03	1.02	0.76
啤酒(公斤)	Beer (kg)	0.87	1.05	2.25	2.38	1.82	1.67	1.47	1.95
茶叶(公斤)	Tea(kg)	0.09	0.09	0.21	0.24	0.25	0.28	0.29	0.25
鲜瓜果(公斤)	Fresh Melons &Fruits (kg)	32.37	38.08	35.80	33.40	37.77	39.35	37.88	35.00
糕点(公斤)	Cake (kg)	2.7	3.25	3.96	3.41	3.80	3.63	3.58	3.58
鲜奶(公斤)	Milk (kg)	2.83	4	4.83	4.25	3.57	3.18	3.01	3.99
各种服装(件)	Clothing(piece)	4.83	6.25						
各种鞋类(双)	Shoes(pair)	1.59	1.86	1.77	1.80	1.77	1.79	1.73	1.47
液化石油气(公斤)	Liquefied Petroleum Gas(kg)	28.31	24.88	26.06	24.78	21.53	22.67	22.73	18.26

6-7 续(continued)

项　目	Item	低收入户 (20%) Low Income Households	中等偏下户 (20%) Lower Middle Income Households	中等收入户 (20%) Middle Income Households	中等偏上户 (20%) Upper Middle Income Households	高收入户 (20%) 户 High Income Households
粮食(公斤)	Grain (kg)	82.79	87.69	84.83	80.35	79.28
食用植物油(公斤)	Edible Vegetable Oil (kg)	8.02	9.56	9.65	9.32	8.57
鲜菜(公斤)	Fresh Vegetables (kg)	86.15	95.76	104.34	100.23	95.71
猪肉(公斤)	Pork (kg)	29.38	31.33	31.46	30.18	24.95
牛羊肉(公斤)	Beef and Mutton (kg)	2.01	3.63	4.69	4.72	6.01
家禽(公斤)	Poultry (kg)	17.70	20.75	19.82	20.48	18.17
鲜蛋(公斤)	Fresh Eggs (kg)	4.05	4.72	5.88	5.86	6.84
鱼(公斤)	Fish (kg)	21.69	23.47	25.70	23.81	18.41
白酒(公斤)	Liquor (kg)	0.56	0.44	1.46	0.51	0.99
啤酒(公斤)	Beer (kg)	1.69	1.99	1.91	2.36	1.86
茶叶(公斤)	Tea(kg)	0.13	0.11	0.31	0.16	0.67
鲜瓜果(公斤)	Fresh Melons &Fruits (kg)	19.20	24.73	32.85	44.73	64.55
糕点(公斤)	Cake (kg)	2.06	2.40	4.75	3.51	6.28
鲜奶(公斤)	Milk (kg)	1.74	3.12	3.25	5.24	8.00
各种鞋类(双)	Shoes(pair)					
液化石油气(公斤)	Liquefied Petroleum Gas(kg)	18.32	23.11	19.07	15.18	13.80

6-8 城镇居民家庭每百户主要耐用消费品年购买量和拥有量
Major Durable Goods Purchased and Owned Per 100 Urban Households

项　目	Item	2005	2010	2013	2014	2015	2016	2017	2018
每百户年购买量	**Number of Goods Purchased Per 100 Households**								
摩托车(辆)	Motorcycle (unit)	1.6		0.5	0.6	0.5	0.3	0.7	0.9
家用汽车(辆)	Automobile (unit)	0.1	0.5	0.2	0.7	1.9	2.1	1.2	0.5
洗衣机(台)	Washing Machine (set)	1.8	3.7	2.7	3.6	4.0	3.8	5.3	4.5
电冰箱(台)	Refrigerator (set)	2.2	1.3	4.6	4.1	4.1	5.0	3.2	3.8
彩色电视机(台)	Color Television Set(set)	4.3	1.1	5.9	4.9	5.4	5.3	4.0	3.4
计算机(台)	Computer (set)	3.0	1.7		3.7	3.7	3.4	4.9	0.8
微波炉(台)	Microwave Oven(unit)	0.8	5.0	0.5	0.3	1.3	0.8	0.4	0.8
空调器(台)	Air Conditioner(unit)	3.2	6.1	5.7	4.5	9.8	3.7	5.1	4.7
电话机(部)	Telephone (set)	4.6	7.2	5.4	5.5	4.0	3.3	1.9	1.7
移动电话(部)	Mobile Telephone (set)	15.6	22.3	40.9	38.5	40.0	34.7	33.3	37.9
每百户年拥有量	**Number of Goods Owned Per 100 Households**								
摩托车(辆)	Motorcycle (unit)	55.4	45.3	28.1	39.5	37.6	34.7	34.0	31.2
家用汽车(辆)	Automobile(unit)	3.5	11.8	19.0	19.9	22.9	27.0	30.1	39.6
洗衣机(台)	Washing Machine (set)	56.3	69.7	74.3	75.3	80.0	85.4	87.6	90.3
电冰箱(台)	Refrigerator (set)	67.0	77.9	82.7	83.1	89.3	93.0	94.7	96.7
彩色电视机(台)	Color Television Set (set)	118.7	119.8	102.3	108.9	104.6	105.6	107.2	103.6
计算机(台)	Computer (set)	26.2	52.9	63.2	61.6	67.0	76.0	76.8	65.3
组合音响（套)	Hi-Fi Stereo Component System(set)	23.9	26.3	15.6	13.2	11.4	9.5		
照相机(架)	Camera (set)	21.9	21.9	23.4	19.5	16.6	14.7	14.6	13.7
微波炉(台)	Microwave Oven(unit)	20.7	31.3	39.0	36.3	36.3	36.9	38.3	33.1
空调器(台)	Air Conditioner(unit)	45.8	72.3	86.3	82.8	97.6	120.4	126.5	152.0
淋浴热水器(台)	Water Heater for Shower (unit)	69.5	86.2	81.1	83.4	87.6	93.9	95.2	96.9
消毒碗柜(台)	Disinfection Cupboard (set)	52.2	58.2	50.6	51.7	49.1	51.8		
固定电话(部)	Telephone (set)	97.3	91.5	62.7	67.1	57.5	52.0	50.4	36.7
移动电话(部)	Mobile Telephone (set)	128.4	174.0	209.6	223.8	235.0	255.0	263.3	274.3

6-9 按收入五等分的城镇居民家庭每百户耐用消费品拥有量(2018)

Durable Goods Owned Per 100 Urban Households by Income Quintile (2018)

项　目	Item	低收入户 (20%) Low Income Households	中等偏下户 (20%) Lower Middle Income Households	中等收入户 (20%) Middle Income Households	中等偏上户 (20%) Upper Middle Income Households	高收入户 (20%) 户 High Income Households
摩托车(辆)	Motorcycle (unit)	51.1	44.1	21.8	24.8	14.5
家用汽车(辆)	Automobile(unit)	18.1	17.8	31.6	55.7	74.4
洗衣机(台)	Washing Machine (set)	74.9	84.4	90.1	96.4	105.7
电冰箱(台)	Refrigerator(set)	86.5	95.1	97.1	99.0	105.8
彩色电视机(台)	Color Television Set (set)	98.5	101.2	104.2	102.0	112.1
计算机(台)	Computer (set)	33.7	47.3	64.8	75.4	105.4
组合音响(套)	Hi-Fi Stereo Component System(set)					
照相机(架)	Camera (set)	1.2	3.2	12.7	19.4	31.7
微波炉(台)	Microwave Oven (unit)	14.5	25.3	30.2	42.5	52.8
空调器(台)	Air Conditioner(set)	83.5	112.9	142.1	187.4	233.3
淋浴热水器(台)	Water Heater for Shower (unit)	83.6	97.0	97.5	107.7	98.7
消毒碗柜(台)	Disinfection Cupboard (set)					
固定电话(部)	Telephone (set)	20.9	34.8	39.8	38.4	49.7
移动电话(部)	Mobile Telephone (set)	272.2	287.9	271.8	277.6	262.0

6-10 农村居民家庭基本情况
Basic Conditions of Rural Households

项　　目	Item	2016	2017	2018
调查户数（户）	Number of Households Surveyed (household)	1659	1670	2010
平均每户家庭人口数(人)	Average Household Size (person)	4.37	4.35	4.34
平均每户常住人口(人)	Average Number of Usual Residents Per Household (person)	3.96	3.87	3.78
平均每户整半劳动力(人)	Average Number of Full/Semi Labour Force Per Household (person)	2.59	2.52	2.45
平均每个劳动力负担人口（含本人）	Average Number of Dependents per Labour Force(including the laborer himself or herself)	1.53	1.54	1.54
农村常住居民人均可支配收入(元)	Per Capita Disposable Income of Rural Households (yuan)	11843	12902	13989
工资性收入	Income of Wages and Salaries	4765	5168	5611
经营净收入	Net Business Income	5316	5576	5806
财产净收入	Net Income from Property	139	186	254
转移净收入	Net Income from Transfer	1623	1972	2318
总支出(元)	Total Expenditure	15887	16018	17037
农村常住居民人均生活消费支出(元)	Per Capita Consumption Expenditure of Rural Households (yuan)	8921	9599	10956

6-11 农村常住居民人均可支配收入及构成
Per Capita Disposable Income and Composition of Rural Households

项　　目	Item	2016	2017	2018
可支配收入(元)	**Disposable Income(yuan)**	**11843**	**12902**	**13989**
工资性收入	Income of Wages and Salaries	4765	5168	5611
经营净收入	Net Business Income	5316	5576	5806
财产净收入	Net Income from Property	139	186	254
转移净收入	Net Income from Transfer	1623	1972	2318
全年人均可支配收入构成(%)	**Composition of Per Capital Disposable Income(%)**	**100**	**100**	**100**
工资性收入	Income of Wages and Salaries	40.2	40.1	40.1
经营净收入	Net Business Income	44.9	43.2	41.5
财产净收入	Net Income from Property	1.2	1.4	1.8
转移净收入	Net Income from Transfer	13.7	15.3	16.6

6-12 农村居民家庭人均总支出及构成
Per Capita Total Expenditure and Composition of Rural Households

项 目	Item	2016	2017	2018
全年人均总支出(元)	**Per Capital Total Expenditure(yuan)**	**15887**	**16018**	**17037**
生产经营费用	Production Business Expenditure	3755	3489	2913
生活消费支出	Consumption Expenditure	8921	9599	10956
食品烟酒	Food,Tobacco and Liquor	3854	4021	4581
衣 着	Clothing	299	322	315
居 住	Residence	1652	1839	2160
医疗保健	Health Care	593	629	712
生活用品及服务	Household Articles and Services	422	379	513
教育文化娱乐	Educational, Cultural and Recreation Services	1109	1197	1376
交通通信	Transportation and Communication	836	1042	1105
其他商品及服务	Others	156	170	193
全年人均总支出构成(%)	**Composition of Per Capital Total Expenditure(%)**	**100.0**	**100.0**	**100.0**
生产经营费用	Production Business Expenditure	23.6	21.8	17.1
生活消费支出	Consumption Expenditure	56.2	59.9	64.3
食品烟酒	Food,Tobacco and Liquor	24.3	25.1	26.9
衣 着	Clothing	1.9	2.0	1.8
居 住	Residence	10.4	11.5	12.7
医疗保健	Health Care	3.7	3.9	4.2
生活用品及服务	Household Articles and Services	2.7	2.4	3.0
教育文化娱乐	Educational, Cultural and Recreation Services	7.0	7.5	8.1
交通通信	Transportation and Communication	5.3	6.5	6.5
其他商品及服务	Others	1.0	1.1	1.1

6-13 农村居民家庭人均主要消费品生产、出售和消费量
Per Capita Output ,Sales and Consumption of Major Goods of Rural Households

项　　目	Item	2005	2010	2013	2014	2015	2016	2017	2018
人均生产量	**Per Capita Output**								
粮　食(公斤)	Grain(kg)	302.54	302.76	130.32	145.18	127.45	119.01	116.51	109.89
油　料(公斤)	Oilseed(kg)	13.13	13.18	3.73	4.24	3.79	4.76	4.86	6.17
水　果(公斤)	Fruits(kg)	159.56	143.99						
瓜　菜(公斤)	Melons and Vegetables(kg)	445.18	434.32						
猪　肉(公斤)	Pork(kg)	35.04	32.44						
牛　肉(公斤)	Beef(kg)	2.30	1.56						
羊　肉(公斤)	Mutton(kg)	0.68	0.36						
家　禽(公斤)	Poultry(kg)	9.31	12.72						
蛋　类(公斤)	Eggs(kg)	0.33	0.62						
人均出售量	**Per Capita Sales**								
粮　食(公斤)	Grain(kg)	60.05	59.79	42.80	57.62	50.34	36.09	35.09	47.95
油　料(公斤)	Oilseed(kg)	7.61	7.64	2.31	3.72	2.50	1.25	1.57	4.90
水　果(公斤)	Fruits(kg)	153.23	130.02	88.08	109.35	120.03	120.96	137.19	181.00
瓜　菜(公斤)	Melons and Vegetables(kg)	405.03	377.28	377.08	400.57	502.83	426.30	467.52	459.75
猪　肉(公斤)	Pork(kg)	33.05	31.92	29.45	31.50	53.88	53.35	81.10	48.90
牛　肉(公斤)	Beef(kg)	2.26	1.47	1.62	2.08	2.06	2.34	2.51	5.82
羊　肉(公斤)	Mutton(kg)	0.63	0.31	0.33	0.80	1.22	1.60	1.35	1.16
家　禽(公斤)	Poultry(kg)	4.47	5.48	20.83	24.51	23.61	20.50	18.19	10.12
蛋　类(公斤)	Eggs(kg)	0.03	0.21	1.29	3.02	1.42	2.49	2.54	0.22
水产品(公斤)	Aquatic Products(kg)	72.76	58.77	20.48	37.07	62.35	82.75	63.10	40.26
人均消费量	**Per Capita Consumption**								
粮　食(公斤)	Grain (kg)	189.72	191.36	112.25	122.30	112.77	105.55	103.14	108.80
蔬　菜(公斤)	Vegetables (kg)	71.19	80.69	62.05	75.05	74.74	76.60	75.06	80.80
动物油(公斤)	Animal Oil(kg)	2.94	2.30	1.86	2.09	1.96	1.93	2.24	2.17
植物油(公斤)	Edible Vegetable Oil (kg)	1.40	2.44	3.94	5.59	4.69	4.68	5.52	6.45
猪　肉(公斤)	Pork (kg)	17.84	13.89	18.20	20.60	21.95	23.23	21.79	28.71
牛羊肉(公斤)	Beef and Mutton (kg)	0.65	1.86	1.29	0.94	1.11	1.37	1.31	1.87
家禽肉(公斤)	Poultry (kg)	10.02	14.11	12.97	15.49	16.33	18.18	17.50	17.97
蛋　品(公斤)	Eggs and Processed Products(kg)	1.23	2.11	2.42	3.25	3.76	3.78	3.37	3.86
水产品(公斤)	Aquatic Products(kg)	15.07	15.74	17.47	20.41	21.45	22.00	21.22	24.09
食　糖(公斤)	Sugar(kg)	1.10	0.86	0.58	0.92	0.98	0.97	0.83	0.90
香　烟(盒)	Cigarettes (packs)	14.10	16.10						
酒　类(公斤)	Liquor(kg)	4.82	4.79	6.43	7.30	6.77	5.54	4.47	5.52
水　果(公斤)	Fruits(kg)	6.54	11.67	3.76	10.86	13.23	14.99	15.14	16.73
茶　叶(公斤)	Tea(kg)	0.11	0.13	0.09	0.17	0.14	0.12	0.10	0.10

6-14 农村居民家庭住房情况
Housing Conditions of Rural Households

项 目	Item	2005	2010	2013	2014	2015	2016	2017	2018
平均每人新建房屋面积（平方米）	**Per Capita Floor Space of Newly-Built Houses (sq.m)**	**0.76**	**0.41**	**1.78**	**1.31**	**0.92**	**0.93**	**1.09**	**0.67**
#砖木结构面积	#Brick and Wood Structure	0.34	0.36						
钢筋结构面积	Reinforced Concrete Structure	0.42	0.05						
平均每人新建房屋价值(元)	**Per CapitaValue of Newly-Built Houses (yuan)**	**350**	**915**	**2468**	**1537**	**1213**	**1062**	**1226**	**12923**
年末人均生活用房面积（平方米）	**Per Capita Living Floor Space at Year-end(sq.m)**	**21.82**	**24.74**	**27.32**	**27.60**	**28.47**	**29.25**	**30.16**	**32.78**
#砖木结构面积	Brick and Wood Structure	16.18	16.61	10.10					
钢筋结构面积	Reinforced Concrete Structure	5.48	7.81	17.08					
年末人均使用房屋价值(元)	**Per Capita Value of Houses at Year-end(yuan)**	**5884**	**10824**	**40417**	**31355**	**37143**	**38047**	**40735**	**48744**

6-15 农村居民家庭每百户耐用消费品拥有量
Durable Goods Owned Per 100 Rural Households

项目	Item	2005	2010	2013	2014	2015	2016	2017	2018
年末耐用品拥有量	**Ownership of Durable Consumer Goods at Year-end**								
洗衣机(台)	Washing Machine (set)	3.9	8.5	19.6	21.6	23.6	31.8	34.9	43.1
电冰箱(台)	Refrigerator(set)	7.4	15.0	43.1	48.2	55.8	67.2	69.5	76.8
空调机(台)	Air Conditioner (unit)	0.4	3.1	13.8	18.8	23.7	34.6	37.0	56.1
抽油烟机(台)	Exhaust Fan(unit)	1.0	1.5	4.7	4.4	6.6	7.5	7.9	9.6
微波炉(台)	Microwave Oven (unit)	4.0	12.8	14.1	12.0	12.3	11.7	10.3	12.5
热水器(台)	Water Heater for Shower (unit)	13.3	24.4	33.2	37.3	41.4	53.3	56.2	65.2
自行车(辆)	Bicycle(unit)	48.1	37.8						
摩托车(辆)	Motorcycle(unit)	77.2	100.6	99.0	100.9	102.3	98.6	95.9	93.1
汽车(生活用)(辆)	Automobile(unit)	1.4	1.1	3.4	4.6	6.2	7.1	6.3	9.8
电话机(部)	Telephone Set(set)	43.8	45.1	24.8	27.2	23.1	18.3	17.7	13.5
移动电话(部)	Mobile Telephone (set)	49.3	125.1	216.2	229.9	235.7	254.0	261.2	276.3
彩色电视机(台)	Color Television Set(set)	77.4	102.1	103.6	106.7	104.9	106.7	107.2	102.4
摄像机(台)	Pickup Camera(set)	0.3	0.1	0.3	0.4	0.6	0.2		
照相机(架)	Camera(set)	1.5	0.8	2.3	1.9	2.1	1.1	1.1	1.0
家用计算机(台)	Computer(set)	1.5	1.9	7.5	9.4	11.6	11.8	12.3	10.0
中高档乐器(件)	Medium and High Grade Musical Instrument(unit)		0.7	0.3	0.8	0.7	0.7	1.9	0.8

6-16 按收入五等分农村居民家庭基本情况(2018)
Basic Conditions of Rural Households by Income Quintile (2018)

项　目	Item	低收入户 (20%) Low Income Households	中等偏下户 (20%) Lower Middle Income Households	中等收入户 (20%) Middle Income Households	中等偏上户 (20%) Upper Middle Income Households	高收入户 (20%) 户 High Income Households
人均可支配收入(元)	**Per Capita Disposable Income(yuan)**	**4197**	**7990**	**11407**	**16478**	**36224**
工资性收入	Income of Wages and Salaries	1878	3789	5888	7740	10390
经营净收入	Net Business Income	1317	2652	3705	5827	19102
财产净收入	Net Income from Property	75	90	28	464	765
转移净收入	Net Income from Transfer	927	1459	1786	2447	5967

6-17 按收入五等分农村居民家庭平均每人消费支出(2018)
Per Capital Consumption Expenditure of Rural Households by Income Quintile (2018)

项　目	Item	低收入户 (20%) Low Income Households	中等偏下户 (20%) Lower Middle Income Households	中等收入户 (20%) Middle Income Households	中等偏上户 (20%) Upper Middle Income Households	高收入户 (20%) 户 High Income Households
生活消费支出(元)	**Consumption Expenditure(yuan)**	**7453**	**8649**	**10054**	**12306**	**18551**
食品烟酒	Food,Tobacco and Liquor	3210	3550	4224	5199	7630
衣　着	Clothing	217	227	314	360	519
居　住	Residence	1503	1741	1946	2410	3628
医疗保健	Health Care	427	715	567	743	1251
生活用品及服务	Household Articles and Services	335	384	441	611	915
教育文化娱乐	Educational, Cultural and Recreation Services	952	1144	1394	1605	1988
交通通信	Transportation and Communication	696	743	1007	1157	2244
其他商品及服务	Others	115	144	161	221	376

主要统计指标解释

一、2013年及以后的住户收支与生活状况调查指标解释

从2013年度起，国家统计局对分别进行的城乡住户调查实施了一体化改革，规范了城乡划分范围，统一了城乡居民收入指标名称、分类和统计标准，建立了城乡统一的一体化住户调查。

（一）居民可支配收入： 指调查户在调查期内获得的、可用于最终消费支出和储蓄的总和，即调查户可以用来自由支配的收入。可支配收入既包括现金，也包括实物收入。按照收入的来源，可支配收入包含四项，分别为：工资性收入、经营净收入、财产净收入和转移净收入。

工资性收入： 指就业人员通过各种途径得到的全部劳动报酬和各种福利，包括受雇于单位或个人、从事各种自由职业、兼职和零星劳动得到的全部劳动报酬和福利。

经营净收入： 指住户或住户成员从事生产经营活动所获得的净收入，是全部经营收入中扣除经营费用、生产性固定资产折旧和生产税之后得到的净收入。

财产净收入： 指住户或住户成员将其所拥有的金融资产、住房等非金融资产和自然资源交由其他机构单位、住户或个人支配而获得的回报并扣除相关的费用之后得到的净收入。财产净收入包括利息净收入、红利收入、储蓄性保险净收益、转让承包土地经营权租金净收入、出租房屋净收入、出租其他资产净收入和自有住房折算净租金等。财产净收入不包括转让资产所有权的溢价所得，这应该计入“非收入所得”。

转移净收入： 计算公式为：转移净收入 = 转移性收入 - 转移性支出

转移性收入： 指国家、单位、社会团体对住户的各种经常性转移支付和住户之间的经常性收入转移。包括养老金或退休金、社会救济和补助、政策性生产补贴、政策性生活补贴、经常性捐赠和赔偿、报销医疗费、住户之间的赡养收入，以及本住户非常住成员寄回带回的收入等。转移性收入不包括住户之间的实物馈赠。

转移性支出： 指调查户对国家、单位、住户或个人的经常性或义务性转移支付。包括缴纳的税款、各项社会保障支出、赡养支出、经常性捐赠和赔偿支出以及其他经常转移支出等。

（二）居民消费支出： 指住户用于满足家庭日常生活消费需要的全部支出，包括用于消费品的支出和用于服务性消费的支出。根据用途不同，消费支出可划分为食品烟酒、衣着、居住、生活用品及服务、交通通信、教育文化娱乐、医疗保健、其他用品及服务八大类。

二、2012年及以前的分城镇和农村住户调查指标解释

2012年及以前年份，住户调查一直分城乡分别开展。由于分别调查，城镇与农村居民收入、支出等指标的统计口径有所不同，数据也不完全可比，城镇调查城镇居民可支配收入，农村调查农村居民纯收入。

（一） 城镇住户调查主要指标解释

1.家庭总收入： 指调查户中生活在一起的所有家庭成员在调查期得到的工资性收入、经营净收入、财产性收入、转移性收入的总和，不包括出售财物和借贷收入。收入的统计标准以实际发生的数额为准，无论收入是补发还是预发，只要是调查期得到的都应如实计算，原则上不作分摊。考虑到对样本量小的市县影响较大，大笔收入可以分摊记入，但要尽量减少分摊次数，并要在本年度内分摊完毕。

工资性收入： 指就业人员通过各种途径得到的全部劳动报酬，包括所从事主要职业的工资以及从事第二职业、其他兼职和零星劳动得到的其他劳动收入。

经营净收入：指家庭成员从事生产经营活动所获得的净收入。是全部生产经营收入中扣除生产成本和税金后所得的收入。如当期收入小于生产费用的开支，其差额记入“其他借贷支出”中。

财产性收入：指家庭拥有的动产（如银行存款、有价证券）、不动产（如房屋、土地等）所获得的收入。包括出让财产使用权所获得的利息、租金、专利收入；财产营运所获得的红利收入、财产增值收益等。

转移性收入：指国家、单位、社会团体对居民家庭的各种转移支付和居民家庭间的收入转移。包括政府对个人收入转移的离退休金、失业救济金、赔偿等；单位对个人收入转移的辞退金、保险索赔、住房公积金、家庭间的赠送和赡养等。

2.可支配收入：指调查户可用于最终消费支出和其他非义务性支出以及储蓄的总和，即居民家庭可以用来自由支配的收入。它是家庭总收入扣除交纳的个人所得税、个人交纳的社会保障费以及调查户的记账补贴后的收入。计算公式为：可支配收入= 家庭总收入-交纳个人所得税-个人交纳的社会保障支出-记账补贴

3.消费性支出：指调查户用于满足家庭日常生活消费需要的全部支出，包括食品、衣着、居住、家庭设备用品及服务、医疗保健、交通和通信、娱乐教育文化服务、其他商品和服务等八大类。消费支出构成是按照商品或服务的用途

进行分类，如果消费支出的目的与用途不一致时，必须按照用途归入相应类内。

（二）农村住户调查主要指标解释

1. 农村居民总收入和总支出

总收入：指调查期内农村住户和住户成员从各种来源渠道得到的收入总和。按收入的性质划分为工资性收入、家庭经营收入、财产性收入和转移性收入。

工资性收入：指农村住户成员受雇于单位或个人，靠出卖劳动而获得的收入。

家庭经营收入：指农村住户以家庭为生产经营单位进行生产筹划和管理而获得的收入。农村住户家庭经营活动按行业划分为农业、林业、牧业、渔业、工业、建筑业、交通运输业、邮电业、批发和零售贸易餐饮业、社会服务业、文教卫生业和其他家庭经营。

财产性收入：指金融资产或有形非生产性资产的所有者向其他机构单位提供资金或将有形非生产性资产供其支配，作为回报而从中获得的收入。

转移性收入：指农村住户和住户成员无需付出任何对应物而获得的货物、服务、资金或资产所有权等，不包括无偿提供的用于固定资本形成的资金。一般情况下，是指农村住户二次分配中的所有收入。包括在外人口寄回和带回、农村外部亲友赠送、救济金、保险赔偿收入、退休金、土地征用补偿收入等。

总支出：是指农村住户全年用于生产、生活和再分配等方面的全部实际支出。包括家庭经营费用支出、购置生产性固定资产支出、税费支出、生活消费支出、转移性支出和财产性支出。

2. 农村居民现金收入与支出

现金收入：指农村住户和住户成员在调查期内得到以现金形态表现的收入。按来源分成工资性收入、家庭经营现金收入、财产性收入、转移性收入。

现金支出：指农村住户在调查期内用于生产、生活和再分配所支付的现金。包括家庭经营费用支出、缴纳的税费、购买生产性固定资产、生活消费、财产性和转移性支出。

3. 农村居民纯收入：指农村住户当年从各个来源得到的总收入相应地扣除所发生的费用后的收入总和。纯收入主要用于再生产投入和当年生活消费支出，也可以用于储蓄和各种非义务性支出。“农民人均纯收入”按人口平均的纯收入水平，反映的是一个地区或一个农户农村居民的平均收入水平。计算方法：纯收入=总收入-家庭经营费用支出-税费支出-生产性固定资产折旧-农村内部亲友赠送

Explanatory Notes on Main Statistical Indicators

I. Explanation of Survey of Household Income and Expenditure and Living Conditions in 2013 and later

Since 2013, the National Bureau of statistics has implemented an integrated reform of the urban and rural household survey conducted separately, standardized the division of urban and rural areas, unified the indicators, classifications and statistical standards of urban and rural residents' income, and established a unified urban and rural household survey.

1.1 The Disposable Income of Residents: Refers to the sum that the survey households get in the survey period and can be used for the final consumption expenditure and savings, that is, the disposable income available to survey households. Disposable income includes both cash and physical income. According to the source of income, the disposable income consists of four items: Income from wages and salaries, net business income, net income from properties and net income from transfers.

1.1.1 Income from Wages and Salaries: Refers to all the labor remuneration and various benefits that the employment personnel get through various ways, including all the labor remuneration and benefits that are obtained by employing various units or individuals, engaging in all kinds of freelancers, part-time jobs and sporadic labor.

1.1.2 Net Business Income: Refers to the net income that households or household members engage in production and operation activities which derived from total operating income excluding operating costs, productive fixed assets depreciation and production tax.

1.1.3 Net Income from Properties: Refers to net income derived from the returns obtained from financial assets, non-financial assets, such as housing, and natural resources, which owned by households and household members, placed at the disposal of other institutional units, households or individuals. Net income from properties includes net interest income, bonus income, net income from savings insurance, net rental income from the transfer of the right to manage contracted land, and net income from rental housing, Net income from rental other assets and net rent converted from owner-occupied housing, etc. Net income from properties does not include premium income from transfer of property ownership, which should be counted as "non-income income ".

1.1.4 Net Income from Transfers: The calculation formula is: net income from transfers = income from transfers - transfer expenditure

1.1.4.1 Income from Transfers: Refers to the various regular transfers paid by the state, units and social organizations to households and the regular transfer of income between households. It includes pensions, social relief and subsidies, policy-oriented production subsidies, policy-oriented living allowances, recurrent donations and compensation, reimbursement of medical expenses, maintenance income between households, and income returned by non-resident members of the household, etc. Income from transfer does not include in-kind gifts between households.

1.1.4.2 Transfer Expenditure: Refers to the regular or compulsory transfer payments made by the households to the state, units, households or individuals, including tax payment, various social security expenditure, maintenance expenditure, recurrent donations and compensation expenditure, and other recurrent transfer expenses, etc.

1.2 Consumption Expenditure: Refers to all expenditures of households to meet the family daily consumption needs, including expenditures for consumer goods and for service consumption. According to different purposes, consumption expenditure can be divided into eight categories: food, tobacco and alcohol, clothing, housing, daily necessities and services, transportation and communication, education, culture and recreation, health care, other products and services.

II. Indicators for Urban and Rural Household Surveys in and before 2012

In 2012 and before, household surveys had been carried out separately in urban and rural areas, therefore the statistical standard between urban and rural residents' income, expenditure and other indicators were difference, and the data were not entirely comparable. Urban households survey of the disposable income of urban residents, rural households survey of rural residents' net income.

2.1 Explanation of main indicators of Urban Household Survey

2.1.1.1 Total household income: the sum of the wage income, net business income, income from properties, and income from transfers received by all the family members living together in the survey period, excluding the sale of property and income from loans. The statistical criteria for income are based on the amount actually incurred. Whatever is obtained during the survey period should be calculated truthfully, and no sharing In principle, no matter the income is reissued or preissued. Considering its great influence on cities and counties with small sample size, a large amount of income can be apportioned, but to minimize the number of assessments, and it should be allocated in the current year.

2.1.1.2 Income from Wages and Salaries: Refers to all the labor remuneration and various benefits that the employment personnel get through various ways, including the wages of the main occupations and other labor income that is obtained from second occupations, other part-time jobs and sporadic labor.

2.1.1.3 Business Income: Refers to the net income obtained by the family members engaged in the production and operation activities. It is the income of all production and operation income deducting production costs and taxes. If the current income is less than production expenses, the difference is recorded in "other borrowing expenses."

2.1.1.4 Income from properties: Refers to the income derived from household property (such as bank deposits, negotiable securities, real estate (such as houses, land, etc.), including interest, rent, patent income from the transfer of the right to use property, and dividend income from property operations, property appreciation gains, etc.

2.1.1.5 Income from Transfers: Refers to the various transfer payments made by the state, units and social groups to the residents' families and the income transfer between the residents' families, including Government transfers of personal income, such as pension, unemployment benefits, compensation, and so on; Unit transfers of personal income, such as severance pay, insurance claims, housing fund, family gifts and maintenance, etc.

2.1.2 Disposable income: Refers to the sum of final consumer and other non-compulsory expenditures and savings available to survey households, that is, income that households can control freely. It is the total household income excluding the personal income tax, the social security payments paid by the individual, and accounting subsidies for survey households. The calculation formula is: disposable income =total household income-personal income tax-social security payments paid by individuals-accounting subsidies

2.1.3 Consumption Expenditure: Refers to the total expenditure of survey household to meet daily needs, including eight categories: food, clothing, housing, household equipment and services, health care, transportation and communication, entertainment, education and cultural services, other commodities and services. The composition of consumption expenditure is classified according to the purpose of goods or services. If the purpose and usage of consumption expenditure are inconsistent, it must be classified into the corresponding category according to the purpose.

2.2 Explanation of main indicators of Rural Household Survey

2.2.1 Total Income and Total Expenditure of Rural Residents

2.2.1.1 Total Income: Refers to the total income of rural residents and household members from various sources during the survey period. According to the nature of income, it is divided into income from wages and salaries, income from household business, income from properties and income from transfers.

2.2.1.2 Income from Wages and Salaries: Refers to the income of selling labor obtained by rural household members who are employed by units or individuals

2.2.1.3 Income from Household Business: Refers to the income obtained by rural households as a production and operating unit for production planning and management. The household business activities of rural households are divided into agriculture, forestry, livestock farming, fisheries, industry, construction, transportation, post and telecommunications, wholesale and retail trade, catering, social services, culture and education and health and other household businesses.

2.2.1.4 Income from properties: Refers to the income obtained as a reward by the owner of financial assets or tangible unproductive assets who provide funds to other institutional units or make tangible unproductive assets available to them in return.

2.2.1.5 Income from Transfers: Refers to the goods, services, funds or ownership of assets acquired by rural households and household members without having to pay any counterpart, excluding funds provided freely for fixed capital formation. IN general, it refers to all the income in the secondary distribution of rural households. It includes the return of the outside population, gifts from relatives and friends outside the countryside, relief funds, insurance compensation income, pension, land expropriation compensation income, etc.

2.2.1.6 Total Expenditure: Refers to the total actual expenditure of rural households on production, living and redistribution throughout the year, including expenditure for household business, expenditure for the acquisition of productive fixed assets, expenditure for taxes and fees, and expenditure for consumption, Transfer expenditure and property expenditure.

2.2.2 Cash Income and Expenditure of Rural Residents

2.2.2.1 Cash Income: Refers to the income of rural households and household members in the form of cash during the survey period. It is divided into labor services and wages income, cash income from household business, income from properties, and income from transfers by source.

2.2.2.2 Cash Expenditure: Refers to the cash paid by rural households for production, living and redistribution during the survey period, including expenditure for household business, taxes and fees, purchase of productive fixed assets expenditure for consumption, Transfer expenditure and property expenditure.

2.2.3 Net Income of Rural Residents: Refers to the total income of rural households that year after deducting the expenses incurred accordingly from all sources. Net income is mainly used for reproduction inputs and for consumption expenditure in the current year, and can also be used for savings and various non-compulsory expenditures. The "per capita net income of rural residents" which based on the average net income of the population, reflects the average income level of rural residents in a region or a peasant household. Calculation method: net income = total income-expenditure for household business-expenditure for taxes and fees-depreciation of productive fixed assets-gifts from relatives and friends within the countryside.

7

财　政

Government　Finance

编辑人员：　黄淑娴

Compiled by Huang Shuxian

英文翻译：黄淑娴

Translated by Huang Shuxian

简 要 说 明

本章节主要内容和资料来源

一、本篇的主要内容和资料来源

本篇反映本省财政收支状况，资料来源于海南省财政厅和省地税局，资料基础为国家财政决算、预算外资金收支决算和有关财务报表。

二、统计口径的变化和数据调整

自 2012 年起，地方一般预算收入更名为地方公共财政预算收入，地方一般预算支出更名为地方公共财政预算支出。

从 2010 年起，预算支出科目和预算外财政专户资金支出科目有变动。

Brief Introduction

I. Main Contents and Sources of Data

The data in this chapter present the government revenue and expenditure situation. The data come from the Finance Department of Hainan Province and local taxation bureau. The data are based on final state financial accounts, final extra-budgetary revenue and expenditure accounts and related financial reports.

II. Change of Statistical Scope and Data Adjustment.

Since 2012, the local general budget revenue changed its name to the local public finance budget revenue, local general budget expenditure changed its name to the local public finance budget expenditure.

Since 2010, new Subjects of Budgetary Expenditure and Extra-budgetary Finance Expenditure have been executed.

7-1 历年地方财政收入和支出
Revenue and Expenditure of Local Government in Various Years

单位：万元 (10 000yuan)

年 份 Year	地方一般公共预算收入 General Public Budget Revenue of the Local Government	#税收收入 Taxes Revenue	地方政府性基金收入 Fund Revenue of the Local Government	地方一般公共预算支出 General Public Budget Expenditure of the Local Government	地方政府性基金支出 Fund Expenditure of the Local Government
1982	12770	13620		25874	
1983	16177	16479		31847	
1984	30548	30012		45283	
1985	31613	40817		58994	
1986	21894	31872		66305	
1987	29588	35068		67221	
1988	48236	51059		92475	
1989	62481	61479		138090	
1990	73894	64378		174247	
1991	93064	84409		193876	
1992	149728	136335		253642	
1993	291219	260568		385215	
1993*	230260	189609			
1994	275316	242430		400117	
1995	285339	248086		423860	
1996	307034	259198		451649	
1997	308698	250504	7787	478408	6401
1998	336719	272409	28151	549066	26066
1999	361441	291712	59225	567831	58162
2000	391995	315156	57089	641193	64194
2001	437656	350854	58268	784583	61180
2002	462385	363797	55939	922574	61946
2003	513205	405425	102766	1053984	97772
2004	570358	446747	122607	1272006	135408
2005	686802	545149	162128	1512421	163338
2006	818139	657533	205369	1745365	215765
2007	1082935	879935	441644	2451967	419067
2008	1448584	1205390	848975	3579708	807596
2009	1782420	1512437	1214239	4860624	1179919
2010	2709915	2370999	2806239	5813379	2373501
2011	3401157	2956863	2874181	7787952	3024795
2012	4094370	3508030	3048255	9116730	2928498
2013	4810140	4116331	4398854	10111713	4220046
2014	5553064	4805540	3676092	10997444	3611320
2015	6277002	5143123	3215460	12394322	3329420
2016	6375073	5049598	3800245	13764846	4319175
2017	6741050	5435633	3974595	14439723	4657216
2018	7526673	6286836	3819817	16913027	5272634

注：从1993年起按税制改革新口径统计，1993年有*符号数为按新口径调整数。
Note:Since 1993,tax revenue by reference to tax reform is according to the new alibre.With"*"signs in 1993,it is based on the new caliber adjustment in 1993.

7-2 税收收入情况表（2018）
Tax Revenue Statement （2018）

单位：万元 (10 000yuan)

指 标	Item	2018年
一、税收收入合计	**Total**	**12517513**
其中：中央收入	Central Government	6216300
地方收入	Local Government	6301213
（一）税务部门组织税收收入	Tax authorities organize tax revenue	11660165
1. 国内增值税	Domestic Value-added Tax	3969510
2. 国内消费税	Domestic Consumption Tax	891796
3. 营业税	Business Tax	25813
4. 企业所得税	Corporate Income Tax	2960540
5. 个人所得税	Individual Income Tax	793790
6. 资源税	Resource Tax	36786
7. 城市维护建设税	City Maintenance and Construction Tax	323984
8. 房产税	House Property Tax	229822
9. 印花税	Stamp Tax	72865
10. 城镇土地使用税	Urban Land Use Tax	285740
11. 土地增值税	Land Appreciation Tax	1338067
12. 车船税	Tax on Vehicles and Boat Operation	43175
13. 车辆购置税	Vehicle Purchase Tax	212543
14. 烟叶税	Tobacco Leaf Tax	55
15. 耕地占用税	Farm Land Occupation Tax	25457
16. 契税	Deed Tax	445221
17. 环境保护税	Environmental Protection Tax	5001
（二）海关代征进口税收	Customs Taxation	857348
1. 增值税	Value-added Tax	853040
2. 消费税	Consumption Tax	4308
二、出口退税合计	**Tax of Export Rebate**	**-161815**
（一）退增值税	Value-added Tax Back	-161782
（二）退消费税	Consumption Tax Back	-33

7-3 地方财政用于文教、卫生、科学的支出
Expenditure of Local Government for Education、Health Care and Sciences

单位：万元 (10 000yuan)

指 标	Item	2013	2014	2015	2016	2017	2018
合 计	**Total**	**2798830**	**3014506**	**3452340**	**3710022**	**3905777**	**4558487**
教育	**Education**	**1745722**	**1759548**	**2068383**	**2142445**	**2208685**	**2489762**
#教育管理事务	Education Management Sevices	44035	52510	70162	52836	58333	72567
普通教育	General Education	1309656	1332278	1554287	1672680	1748893	1961790
职业教育	Vocational Eucation	176859	154603	214920	208671	182569	222402
教师进修及干部继续教育	Teacher Education and Continuing Education of Cadres	17040	18227	20651	31210	37120	53538
医疗卫生与计划生育支出	**Medical and Health Care**	**695860**	**884609**	**1005428**	**1141663**	**1273742**	**1444642**
#医疗保障	Medical Insurance	343366	432541	481765	538264	671877	721265
公立医院	Public Hospital	122318	113323	146425	184784	167428	221064
基层医疗卫生机构	Primary Health Care Institutions	82761	76629	100440	99405	106632	128421
公共卫生	Public Health	105020	125112	141429	149672	159056	178242
文化体育与传媒	**Culture,Sport and Media**	**218998**	**235058**	**254779**	**268997**	**298629**	**473673**
#文化	Culture	90867	86491	101942	108979	95816	94406
体育	Sport	24598	26726	24189	37456	39982	98898
新闻出版广播影视	Press,Publication,Broadcasting, Moives and Television	48801	52116	61807	54970	51414	94946
科学技术	**Science and Technology**	**138250**	**135291**	**123750**	**156917**	**124721**	**150410**
#应用研究	Applied Research	9186	8486	9331	14461	10652	7295
技术研究与开发	Technology Research and Development	80753	77469	31413	55058	39070	38810
科学技术普及	Popularization of Science and Technology	3564	4795	10408	7776	13173	6345
文教卫科支出占地方一般公共预算支出的比重(%)	**Proportion in General PublicBudget Expenditure of the Local Government (%)**	**27.7**	**27.4**	**27.9**	**27.0**	**27.0**	**27.0**

注：2017医疗保障包含行政事业单位医疗、财政对基本医疗保险基金的补助、医疗救助、优抚对象医疗。

Note:Medical insurance in 2017 includes administrative institutions medical units、financial sopport for basic medical insurance funds、medical assistance、special-care recipients medical treatment.

7-4　地方财政用于社会保障和就业的支出
Expenditure of Local Government for Social Safety Net and Employment Effort

单位：万元　　　　(10 000yuan)

指　标	Item	2013	2014	2015	2016	2017	2018
合　计	**Total**	**1158813**	**1425217**	**1747743**	**1840150**	**1830800**	**2088697**
人力资源和社会保障管理事务	Management of Human Resources and Social Safety Net	42461	44481	88926	52968	72170	127038
民政管理事务	Management of the Civil Affairs	56245	66342	74614	88806	86205	102446
财政对社会保险基金的补助	Financial Subsidy for Social Security Foundation	416952	515731	660247	686035	679179	772951
行政事业单位离退休	Retirement Pension for Retires Administrative and Institutional Units	296306	373467	455830	509726	587517	620993
企业改革补助	Subsidy for Enterprise Reform	11310	8251	5331	3030	6056	2075
就业补助	Employment Subsidies	40714	48617	49458	44814	33558	39002
抚恤	Pension	43119	36721	44310	49732	70776	67351
退役安置	Retired Resettlement	23382	27101	32741	34254	33459	34917
社会福利	Social Welfare	29576	28354	41148	55382	30980	39891
残疾人事业	Person with Disabilities	17677	25521	38877	31799	46522	51182
城镇居民最低生活保障	Minimum Living Guarantee of Urban Residents	55808	65171			25187	35506
其他城市生活救助	Other Urban Social Relief	8625	9270			3129	2967
自然灾害生活补助	Subsidy for Natural Disasters	12414	43613	37715	29486	8158	1597
红十字事业	Red Cross Undertakings	991	1018	1084	1216	1374	2254
农村最低生活保障	Minimum Living Guarantee of Rural Residents	47030	60073			40212	55214
其他农村生活救助	Other Rural Social Relief	15407	16959			1154	1640
补充道路交通事故社会救助基金	Complement Social Assistance Fund for Road Traffic Accidents						
其他社会保障和就业支出	Other Expenditure for Social Safety Net and Employment Effort	40796	54527	63390	117947	61824	87345
社会保障和就业支出占地方一般公共预算支出的比重(%)	Proportion in General Public Budget Expenditure of the Local Government (%)	11.5	13.0	14.1	13.4	12.7	12.3

7-5 一般公共预算收支决算总表

Total Final Accounts Table of General Public Budget Revenue and Expenditure

单位：万元 (10 000 yuan)

指 标	Item	2013	2014	2015	2016	2017	2018
全省一般公共预算总收入	**Total Public Budget Revenue**	**11083304**	**12548855**	**14004145**	**18013133**	**19663463**	**22325290**
地方一般公共预算收入	General Public Budget Revenue of the Local Government	4810140	5553064	6277002	6375073	6741050	7526673
税收收入	Tax Revenue	4116331	4805540	5143123	5049598	5435633	6286836
增值税	Value-added Tax	316495	547223	615600	1215516	1999589	1983934
营业税	Business Tax	1589581	1543330	1693514	910819	13093	12907
企业所得税	Corporate Income Tax	554590	676821	640339	651542	834832	1193547
企业所得税退税	Corporate Income Tax Refund						
个人所得税	Individual Income Tax	116786	134201	170022	214721	289517	317516
资源税	Resource Tax	26639	26303	26768	31593	34148	36785
城市维护建设税	City Maintenance and Construction Tax	171542	188242	232622	250365	292307	296746
房产税	House Property Tax	103430	125223	158730	156172	194499	229824
印花税	Stamp Tax	51148	68419	64548	71764	91296	72863
城镇土地使用税	Urban Land Use Tax	118129	207080	309675	215229	282041	285738
土地增值税	Land Appreciation Tax	560052	752193	755491	902876	986603	1338068
车船税	Tax on Vehicles and Boat Operation	22422	25561	29676	33614	38786	43175
耕地占用税	Farm Land Occupation Tax	145925	136754	127367	122349	9460	25459
契税	Deed Tax	339476	374190	318771	273009	369462	445219
其他税收收入	Other Tax Revevue	116			29		5055
非税收入	Total Non-tax Revenue	693809	747524	1133879	1325475	1305417	1239837
专项收入	Special Program Receipts	111699	121100	393498	432971	534094	364025
行政事业性收费收入	Charge of Administrative and Institutional Units	171079	213035	142991	196470	175561	167261
罚没收入	Penalty Receipts	100827	94998	112853	102440	108651	161931
国有资本经营收入	Operating Income from Government Capital	131076	107563	118630	71274	28706	67294
国有资源(资产)有偿使用收入	Income from Use of State-owned Resources (Assets)	146225	147471	310649	356728	369410	406767
其他收入	Other Non-Tax Receipts	32903	63357	55258	165592	88995	72559
上级补助收入	Subsidy from Central Government	4647625	4925463	5378450	6458287	7015885	8305402
债务收入	Revenue from Local Government Bonds	600000	600000	1647510	3376353	3366588	3239143
待偿债置换一般债券上年结余	Balance of National Debt for Lending of Last Year				5891		112
国债转贷转补助	Subsidy From National Debt for Lending						
上年结余	Balance of Last Year	488243	429334	232775	414285	608340	695452
调入预算稳定调节基金	Transferred Budget Stability and Regulation Fund	264291	317107	230000	692760	1211044	2151185
调入资金	Transferred Funds	273005	723887	238408	690484	720556	407323

7-5续 (continued)

单位：万元 (10 000 yuan)

指　　标	Item	2013	2014	2015	2016	2017	2018
一般公共预算支出总计	**Total General Budget Expenditure**	**11083304**	**12861199**	**12966292**	**18013133**	**19663464**	**22325290**
地方一般公共预算支出	General Budget Expenditure of the Local Government	10111713	10997444	12394322	13764846	14439723	16913027
#一般公共服务	General Public Services	1154017	1114020	1133199	1294763	1221279	1394899
外交	Foreign Affairs	6721	8163	11021	9887	9587	12082
公共安全	Public Security	651041	677097	771436	850909	857207	974453
教育	Education	1745722	1759548	2068383	2142445	2208685	2489762
科学技术	Science and Technology	138250	135291	123750	156917	124721	150410
文化体育与传媒	Culture,Sport and Media	218998	235058	254779	268997	298629	473673
社会保障和就业	Social Safety Net and Employment Effort	1158813	1425217	1747743	1840150	1830800	2088697
医疗卫生与计划生育	Medical and Health Care	695860	884609	1005428	1141663	1273742	1444642
节能环保	Environment Protection	231774	232786	315410	373068	357221	612419
城乡社区	Urban and Rural Community Affairs	615095	729726	830302	1163781	1199201	1498058
农林水	Agriculture,Forestry and Water Conservancy	1390310	1463014	1642376	1790441	1984157	2277110
交通运输	Transportation	738162	863949	994638	1142425	1369011	1415880
资源勘探信息等	Affairs of Resource Exploration，Electric Power and Information etc.	207065	318596	346144	247708	262045	317878
商业服务业等	Affairs of Commerce and Finance	109295	103951	100946	113710	123645	136261
国土海洋气象等	Affairs of Land, Ocean and Weather etc.	116855	142520	131195	102662	255566	209315
住房保障	Affairs of Housing Security	362980	393729	482642	562483	553616	641894
粮油物资储备	Affairs of Management of Grain and Oils Reserves	28499	32069	31705	32353	41815	32103
债务付息支出	the Principal and Interest of National Debt	45796	60664		242265	302884	366545
其他支出	Other Expenditure	542256	374589	259658	163204	102729	277464
上解上级支出	Expenditure for Cental Government	14646	20151	28416	23041	26327	20827
#体制上解支出	General Transfer Payments	6275	3827	12100	12100	12100	12100
专项上解支出	Special Transfer Payments	8371	16324	16316	10941	14227	8727
援助其他地区支出	Expenditure for Other Regional Assistance	1100	500				
债务还本支出	Expenditure for the Principal of Bond	170000	140000		2390206	2837940	2331302
增设预算周转金	Additional Working Capital Budget						-560
拨付国债转贷资金数	Allocated National Debt for Lending						
国债转贷资金结余	Balance of National Debt for Lending						
安排预算稳定调节基金	Budget Stability and Regulation Fund Expenditure	339717	520015	478799	1226700	1663910	1921485
调出资金	Capital Transferred	16794	35474				11143
待偿债置换一般债券结余	Repaying debt to replace general bond surplus					112	57074
年终结余	Balance at Year-end	429334	835271	64761	608340	695452	1070992
净结余	Net Balance	95019	312344				

7-6 政府性基金收支决算总表

Total Final Accounts Table of Revenue and Expenditure of Government Funds

单位：万元 (10 000 yuan)

指 标	Item	2013	2014	2015	2016	2017	2018
本年收入总计	**Total Revenue**	**5407579**	**5016968**	**5253061**	**6800368**	**6616187**	**6625887**
本年收入合计	Revenue of Current Year	4398854	3676092	3215460	3800245	3974595	3819817
上级补助收入	Subsidy from Central Government	128611	101071	192932	120388	107115	122412
上年结余	Balance of Last Year	844128	1131173	1117829	743386	539333	547432
调入资金	Transferred Funds	35986	108632	144350	201		16700
一般公共预算调入	General Budgetary Transferred	16794	35474	4195			11143
调入专项收入	Extra-budgetary Transferred		221				
其他调入	Other Transferred	19192	72937	140155	201		5557
债务(转贷)收入	Debt (Transfer) Income			582490	2136148	1995144	2119526
本年支出总计	**Total Expenditure of Current Year**	**5407579**	**5016968**	**5253061**	**6800368**	**6616187**	**6625887**
本年支出合计	Expenditure of Current Year	4220046	3611320	3329420	4319175	4657216	5272634
一般公共服务	General Public Services						
教育	Education	52701	53421				
文化体育与传媒	Culture,Sport and Media	13423	8188	1088	2319	1449	2434
社会保障和就业	Social Safety Net and Employment Effort	18826	19480	69589	13677	10769	12866
节能环保	Environment Protection	9052		1189			
城乡社区	Urban and Rural Community Affairs	3860691	3207028	2881272	3870445	3993520	4594194
农林水	Agriculture,Forestry and Water Conservancy	36669	74961	4054	5305	2240	7062
交通运输	Transportation	189894	206856	294538	253378	458468	429340
资源勘探信息等	Affairs of Resource Exploration，Electric Power and Information etc.	5027	2435	7452	641	748	
商业服务业等	Affairs of Commercial Services	1688	1376	1999	2360	1803	4647
其他支出	Other Expenditure	32075	37575	62732	70876	73789	55807
上解上级支出	Expenditure for Cental Government	19000	-2100				
债务还本支出	Debt repayment expenditure			631220	1494180	822654	699526
调出资金	Capital Transferred	34460	289919	549035	447680	588885	202766
年终结余	Balance at Year-end	1134073	1117829	743386	539333	547432	450961
其中：本级	Provincial	422060	403657	130709	153038	133039	318168

7-7 各市县地方一般公共预算收入
General Public Budget Revenue of the Local Government by Region

单位：万元 (10 000 yuan)

地区	Region	地方一般公共预算收入 General Public Budget Revenue of the Local Government	税收收入 Tax Revenue	#增值税 Value-added Tax	土地增值税 Increment Tax on land value	企业所得税 Corporate Income Tax	个人所得税 Individual Income Tax	资源税 Resource Tax	契税 Deed Tax
全省总计	**Total**	**7526673**	**6286836**	**1983934**	**1338068**	**1193547**	**317516**	**36785**	**445219**
省本级	Provincial	2662348	2381300	595096	869744	367640	95403		289386
地市小计	Amount for All Regions	4864325	3905536	1388838	468324	825907	222113	36785	155833
海口市	Haikou	1698793	1505051	603430	127792	322644	97123	5859	55308
三亚市	Sanya	1004248	761557	223446	136959	155951	35967	2361	38123
五指山市	Wuzhishan	41286	24631	8518	3378	3297	2097	196	1838
文昌市	Wenchang	137090	109897	41798	16424	12955	5759	2018	6419
琼海市	Qionghai	162041	114804	35173	15523	23058	7859	888	6916
万宁市	Wanning	149629	129954	36696	27329	22993	4026	872	5386
定安县	Ding'an	42662	34777	15064	3361	6783	1556	318	641
屯昌县	Tunchang	28185	16698	7454	1139	2577	706	217	602
澄迈县	Chengmai	246743	226470	72222	20647	51110	27608	7484	8341
临高县	Lingao	55916	37578	15434	3850	4691	1927	407	1223
儋州地区	Danzhou Area	477502	332525	132031	17207	69042	11477	1737	4385
儋州市	Danzhou	212816	125224	44737	14055	15947	6026	1387	4173
洋浦	Yangpu	264686	207301	87294	3152	53095	5451	350	212
东方市	Dongfang	139519	103398	49430	2937	26431	3265	801	1949
乐东县	Ledong	74965	41651	15379	3351	6671	2677	1515	2069
琼中县	Qiongzhong	27789	16948	7462	543	1895	1359	418	263
保亭县	Baoting	45437	29504	8698	5037	5543	1536	136	1530
陵水县	Lingshui	376879	343426	82248	80574	101682	13993	1042	19395
白沙县	Baisha	16799	9175	4353	715	690	606	107	219
昌江县	Changjiang	128884	60406	24788	1558	7840	2187	10409	1226

7-7续 (continued)

单位：万元 (10 000 yuan)

地 区	Region	非税收入 Non-tax Revenue	专项收入 Special Program Receipts	行政事业性收费收入 Charge of Administrative and Institutional Units	罚没收入 Penalty Receipts	国有资本经营收入 Operating Income from Government Capital	国有资源(资产)有偿使用收入 Income from Use of State-owned Resources (Assets)
全省总计	**Total**	**1239837**	**364025**	**167261**	**161931**	**67294**	**406767**
省本级	Provincial	281048	60141	71266	49549	2608	71370
地市小计	Amount for All Regions	958789	303884	95995	112382	64686	335397
海口市	Haikou	193742	114772	31533	19475	4303	21873
三亚市	Sanya	242691	71153	22432	22871	13543	108872
五指山市	Wuzhishan	16655	2456	3380	1437		622
文昌市	Wenchang	27193	6804	4906	7172		7302
琼海市	Qionghai	47237	12369	3251	5446	124	25389
万宁市	Wanning	19675	8705	1599	4358	1000	1321
定安县	Ding'an	7885	2156	1646	2065		1679
屯昌县	Tunchang	11487	1156	731	934		7870
澄迈县	Chengmai	20273	12368	1792	3382		1672
临高县	Lingao	18338	2208	6670	3022	2366	3090
儋州地区	Danzhou Area	144977	37713	4410	14848	16998	69689
儋州市	Danzhou	87592	7911	3725	13875	1996	59393
洋浦	Yangpu	57385	29802	685	973	15002	10296
东方市	Dongfang	36121	10419	4750	8299	8586	1433
乐东县	Ledong	33314	2125	2367	5975	17766	3110
琼中县	Qiongzhong	10841	1081	1300	876		628
保亭县	Baoting	15933	1877	925	5001		1326
陵水县	Lingshui	33453	11037	1650	5923		12128
白沙县	Baisha	7624	631	1349	653		2846
昌江县	Changjiang	68478	3723	1304	597		62854

7-8 各市县地方一般公共预算支出
General Public Budget Expenditure of the Local Government by Region

单位：万元 (10 000 yuan)

地　区	Region	地方一般公共预算支出 General Public Budget Expenditure of the Local Government	一般公共服务 General Public Services	外交 Foreign Affairs	国防 National Defense	公共安全 Public Security	教育 Education	科学技术 Science and Technology	文化体育与传媒 Cultural Sports and Media
全省总计	**Total**	**16913027**	**1394899**	**12082**	**86074**	**974453**	**2489762**	**150410**	**473673**
省本级	Provincial	4104629	364048	12082	10104	404738	534487	71429	136935
地市小计	Amount for All Regions	12808398	1030851		75970	569715	1955275	78981	336738
海口市	Haikou	2382473	189985		4060	153303	366352	24995	163732
三亚市	Sanya	1788124	165839		12292	96495	211224	31157	40522
五指山市	Wuzhishan	226644	18953		528	10735	30998	527	6162
文昌市	Wenchang	732290	54837		1947	26719	130106	4479	10467
琼海市	Qionghai	628097	39745		1622	22160	87950	591	13397
万宁市	Wanning	635489	51954		908	23671	93900	5749	9907
定安县	Ding'an	301031	19044		419	12348	40123	319	6141
屯昌县	Tunchang	300173	27398		179	12465	49430	660	1999
澄迈县	Chengmai	622998	43254		711	26110	106030	1300	8155
临高县	Lingao	544228	39453		201	11328	89153	1371	6449
儋州地区	Danzhou Area	1301896	68580		1291	54904	222139	1171	6520
儋州市	Danzhou	952253	52282		1248	39007	195274	918	5895
洋浦	Yangpu	349643	16298		43	15897	26865	253	625
东方市	Dongfang	558431	29213		1671	21158	105550	1087	7282
乐东县	Ledong	509823	58957		416	16894	99965	645	2543
琼中县	Qiongzhong	361513	26559		450	12851	60874	424	8076
保亭县	Baoting	302742	30422		514	11183	51556	483	4399
陵水县	Lingshui	661384	79386		1879	23653	92488	798	9528
白沙县	Baisha	354753	33416			14752	58592	929	6695
昌江县	Changjiang	354642	33961		790	13062	59177	2295	3566

7-8续 1 (continued)

单位：万元 (10 000 yuan)

地 区	Region	社会保障和就业 Social Safety Net and Employment Effort	医疗卫生与计划生育 Medical and Health Care	节能环保 Environment Protection	城乡社区 Urban and Rural Community Affairs	农林水 Agriculture Forestry and Water Conservancy	交通运输 Trans--portation	资源勘探信息等 Affairs of Resource Exploration Electric Power and Information etc.	商业服务业等 Affairs of Commercial Services
全省总计	**Total**	**2088697**	**1444642**	**612419**	**1498058**	**2277110**	**1415880**	**317878**	**136261**
省本级	Provincial	741279	294618	35169	7961	357767	753538	133224	31925
地市小计	Amount for All Regions	1347418	1150024	577250	1490097	1919343	662342	184654	104336
海口市	Haikou	268585	195094	54577	249343	208626	116034	47742	46298
三亚市	Sanya	106247	97812	79319	265651	198377	41749	11853	5895
五指山市	Wuzhishan	23717	20726	22713	15516	49846	11664	1121	3550
文昌市	Wenchang	104789	75986	18264	61033	141440	62396	1297	3492
琼海市	Qionghai	92015	58815	35897	105008	60443	81940	2091	1203
万宁市	Wanning	77717	70518	37042	38065	112988	53626	1281	3671
定安县	Ding'an	50766	37470	4409	51901	46846	5645	-3	2201
屯昌县	Tunchang	45465	39462	10448	16898	46933	24171	152	679
澄迈县	Chengmai	104920	77337	23297	35513	85679	37885	36834	3659
临高县	Lingao	60414	58580	6148	50516	155843	19825	1628	1399
儋州地区	Danzhou Area	113250	124935	89413	226445	171729	64394	69465	2014
儋州市	Danzhou	93375	112870	63366	102006	160068	55441	3905	1693
洋浦	Yangpu	19875	12065	26047	124439	11661	8953	65560	321
东方市	Dongfang	46272	58289	59899	29308	146891	13961	1643	393
乐东县	Ledong	66918	60559	10723	49138	78410	22646	755	552
琼中县	Qiongzhong	32443	29953	28566	22104	105934	6173	1079	2567
保亭县	Baoting	34126	24403	25585	16814	64103	11099	1452	1997
陵水县	Lingshui	53676	55443	23206	152953	104147	11412	2209	14402
白沙县	Baisha	25805	27540	22043	28137	106754	11790	2988	1414
昌江县	Changjiang	37817	35897	22103	60362	33796	26306	958	1652

7-8续 2 (continued)

单位：万元 (10 000 yuan)

地　区	Region	金融 Affairs of Financial Regulatory etc.	国土海洋气象等 Affairs of Land, Ocean and Weather etc.	住房保障 Affairs of Housing Security	粮油物资储备 Affairs of Management of Grain and Oils Reserves	债务付息 the Principal and Interest of National Debt
全省总计	**Total**	**11265**	**209315**	**641894**	**32103**	**366545**
省本级	Provincial	1502	38559	66732	8085	53734
地市小计	Amount for All Regions	9763	170756	575162	24018	312811
海口市	Haikou	450	17079	98943	3847	154824
三亚市	Sanya	6190	10764	226355	4120	34812
五指山市	Wuzhishan		1440	6478	307	1651
文昌市	Wenchang		7791	13436	1178	12308
琼海市	Qionghai		4160	11036	1164	7658
万宁市	Wanning	33	8211	15928	2117	11522
定安县	Ding'an		12045	5789	292	5465
屯昌县	Tunchang	1155	3779	12181	681	5792
澄迈县	Chengmai		3155	17054	4095	7193
临高县	Lingao		20949	9442	787	8157
儋州地区	Danzhou Area	3	13662	45424	86	25900
儋州市	Danzhou		8752	42611	86	13285
洋浦	Yangpu	3	4910	2813		12615
东方市	Dongfang		5101	19627	1133	9763
乐东县	Ledong	1783	9729	21493	342	7182
琼中县	Qiongzhong	99	3395	13717	490	5706
保亭县	Baoting	20	4570	14538	354	1491
陵水县	Lingshui		6280	26873	1031	2020
白沙县	Baisha	27	1513	5632	596	5386
昌江县	Changjiang		4537	9165	606	5981

7-9 各市县地方财政收支
Revenue and Expenditure of the Local Government by Region

单位：万元 (10 000yuan)

地　区	Region	2005	2010	2013	2014	2015	2016	2017	2018
收入合计	**Total Revenue**	**499336**	**4151741**	**6663146**	**6514658**	**6781099**	**7249760**	**7698829**	**8039306**
海 口 市	Haikou	216777	1015104	1761596	1739342	1749747	2241638	2756418	3829721
三 亚 市	Sanya	73120	1167606	1354455	1474429	1644631	1579384	1874360	1522507
五指山市	Wuzhishan	2953	41056	73902	86868	59064	46277	52027	57139
文 昌 市	Wenchang	17305	184813	310498	267473	228699	232099	259379	199127
琼 海 市	Qionghai	20332	185743	338848	250241	193063	162905	196183	268579
万 宁 市	Wanning	13470	286854	313760	281642	357592	227250	193154	182171
定 安 县	Ding'an	5704	100765	90802	70839	58264	51944	71981	52416
屯 昌 县	Tunchang	4134	68110	79336	61377	32649	34200	32357	34011
澄 迈 县	Chengmai	19308	214718	367532	407662	363464	320650	303239	304438
临 高 县	Lingao	4936	61292	134382	110404	56963	52030	100460	67326
儋州地区	Danzhou Area	67646	267467	462399	437261	793885	915226	602061	521826
儋州市	Danzhou	17558	154007	275423	177776	506003	640158	336137	253931
洋 浦	Yangpu	50088	113460	186976	259485	287882	275068	265924	267895
东 方 市	Dongfang	17173	53909	204622	216705	164768	168028	168845	164968
乐 东 县	Ledong	4078	82421	153213	124859	160389	181206	96874	95535
琼 中 县	Qiongzhong	3273	20138	39586	44937	110517	103606	44916	41043
保 亭 县	Baoting	3050	68936	127286	51109	61211	57983	58716	61731
陵 水 县	Lingshui	4721	242048	673495	651300	487461	709097	719821	470549
白 沙 县	Baisha	3110	10833	37300	39131	39272	23644	23955	18102
昌 江 县	Changjiang	18246	79928	139281	139015	116440	121314	142650	138156
支出合计	**Total Expenditure**	**1055755**	**6209731**	**11056383**	**11171002**	**11992864**	**13896702**	**14879393**	**17244608**
海 口 市	Haikou	324721	1284966	2238091	2372384	2416455	3176652	3466592	5247197
三 亚 市	Sanya	96974	1188719	1609988	1852589	1974596	2039427	2428284	2599150
五指山市	Wuzhishan	19308	114319	196956	207696	192776	182088	220081	242268
文 昌 市	Wenchang	53746	343012	527372	582226	561662	622457	681863	803861
琼 海 市	Qionghai	48753	260977	563976	468749	481617	577683	614858	787302
万 宁 市	Wanning	45138	390235	571101	538423	682531	572476	591396	701129
定 安 县	Ding'an	30795	160176	251313	224832	281404	268124	371548	323546
屯 昌 县	Tunchang	25174	141419	248695	218391	193036	242537	268524	315975
澄 迈 县	Chengmai	50382	312161	616613	649224	680281	676373	631180	734709
临 高 县	Lingao	33272	170506	394260	381953	341988	420091	531689	567132
儋州地区	Danzhou Area	106876	574974	1039113	1128358	1258132	1704195	1370556	1377418
儋州市	Danzhou	54087	385667	627779	573981	732740	1239268	935647	1019258
洋 浦	Yangpu	52789	189307	411334	554377	525392	464927	434909	358160
东 方 市	Dongfang	42324	203984	468874	473324	476959	510848	530601	590833
乐 东 县	Ledong	40616	229794	402612	392657	496055	559708	575675	540099
琼 中 县	Qiongzhong	25257	126797	206620	252242	285320	397324	409994	374137
保 亭 县	Baoting	20951	135109	236070	201277	178420	189741	246544	322275
陵 水 县	Lingshui	29133	283648	861703	522216	696127	835862	887027	754172
白 沙 县	Baisha	24451	115431	207286	211402	223420	265532	344250	358325
昌 江 县	Changjiang	37884	173504	280926	331431	309391	342145	376997	363078

注：1）从2008年起，地方财政收支仅指地方一般预算收支，本表为便于历年数对比，地方财政收支中仍包括基金收支。
　　2）2014年和2015年数据有所调整，之前数据口径有误，取一般公共预算总收支，现更正为地方一般预算收支。

Note：a）Since 2008,local revenue and expenditure include only the general budget revenue and expenditure of the local government. For better comparison with the data of previous years,the local revenue and expenditure in this table still include the fund balance.

b）The data in 2014 and 2015 have been adjusted,and the total general public budget revenue and expenditure have been faulty before .It is now corrected for the general budget revenue and expenditure of the local government.

7-10 各市县一般公共预算收支平衡表(2018)
Balance Sheet of General Budget Revenue and Expenditure by Region (2018)

单位：万元 (10 000 yuan)

地　区	Region	收入总计 Total Revenue	本年收入 Revenue of Current Year	返还性收入 Subsidy of Tax Returned	一般性转移支付收入 Revenue from General Transfer Payments	专项转移支付 Revenue from Special Transfer Payments	上年结余 Balance of Last Year	其　他 Others
全省总计	**Total**	**22325290**	**7526673**	**950598**	**5591533**	**1763271**	**695452**	**5797763**
省 本 级	Provincial	16415185	2662348	950598	5591533	1763271	130778	5316657
地市小计	Amount for All Regions	17866650	4864325	506679	5843543	2026214	564674	4061215
海 口 市	Haikou	4473352	1698793	133116	783991	308983	37564	1510905
三 亚 市	Sanya	2209223	1004248	108507	593573	202948		299947
五指山市	Wuzhishan	298730	41286	7039	149836	49467	13129	37973
文 昌 市	Wenchang	856931	137090	23427	365447	139144	31362	160461
琼 海 市	Qionghai	733886	162041	29112	335287	106067	13013	88366
万 宁 市	Wanning	709774	149629	22080	336542	87362	4091	110070
定 安 县	Ding'an	367846	42662	5674	181856	61131	1570	74953
屯 昌 县	Tunchang	437401	28185	4588	176084	78839	66833	82872
澄 迈 县	Chengmai	832121	246743	24458	269537	107072	62929	121382
临 高 县	Lingao	616662	55916	10195	267507	132330	48241	102473
儋州地区	Danzhou Area	1601433	477502	48359	662757	185956	22196	204663
儋州市	Danzhou	1116442	212816	21751	566750	172246	22196	120683
洋　浦	Yangpu	484991	264686	26608	96007	13710		83980
东 方 市	Dongfang	599273	139519	10738	247292	90455	339	110930
乐 东 县	Ledong	704310	74965	13302	280534	87327	132459	115723
琼 中 县	Qiongzhong	428334	27789	3758	238851	66786	26043	65107
保 亭 县	Baoting	435286	45437	8187	174614	59109	42960	104979
陵 水 县	Lingshui	1424152	376879	43648	250168	56965	161	696331
白 沙 县	Baisha	418559	16799	3962	224806	70946	28981	73065
昌 江 县	Changjiang	437229	128884	5717	141056	68855	28243	64474

注：省本级加地市小计不等于全省总计的原因是，在合并时抵销相互间的收入和支出。
Note:The revenue of amount for all regions and provincial is not equal to total revenue.

7-10续(continued)

单位：万元 (10 000 yuan)

地 区	Region	支出总计 Total Expenditure	本年支出 Expenditure of Current Year	一般性转移支付支出 Expenditure for General Transfer Payments	专项上解支出 Expenditure for Special Transfer Payments	其 他 Others	年终结余 Balance at Year-end	净结余 Net Balance
全省总计	**Total**	**22325290**	**16913027**		**8727**	**4332544**	**1070992**	
省本级	Provincial	16415185	4104629	5843543	8727	6169310	288976	
地市小计	Amount for All Regions	17866650	12808398		1051272	3224964	782016	
海口市	Haikou	4473352	2382473		91660	1948715	50504	
三亚市	Sanya	2209223	1788124		45783	375316		
五指山市	Wuzhishan	298730	226644		9651	49083	13352	
文昌市	Wenchang	856931	732290		17666	67593	39382	
琼海市	Qionghai	733886	628097		17428	32297	56064	
万宁市	Wanning	709774	635489		30737	34790	8758	
定安县	Ding'an	367846	301031		18643	40555	7617	
屯昌县	Tunchang	437401	300173		12837	43439	80952	
澄迈县	Chengmai	832121	622998		20875	81690	106558	
临高县	Lingao	616662	544228		12663	44035	15736	
儋州地区	Danzhou Area	1601433	1301896		39873	173896	85768	
儋州市	Danzhou	1116442	952253		22651	55770	85768	
洋 浦	Yangpu	484991	349643		17222	118126		
东方市	Dongfang	599273	558431		21175	18467	1200	
乐东县	Ledong	704310	509823		31340	53117	110030	
琼中县	Qiongzhong	428334	361513		13918	16847	36056	
保亭县	Baoting	435286	302742		13690	45646	73208	
陵水县	Lingshui	1424152	661384		620686	142082		
白沙县	Baisha	418559	354753		11549	12403	39854	
昌江县	Changjiang	437229	354642		19178	9800	53609	

注：省本级加地市小计不等于全省总计的原因是，在合并时抵销相互间的收入和支出。
Note:The expenditure of amount for all regions and provincial is not equal to total expenditure.

7-11 各市县政府性基金预算收支平衡表(2018)

Balance Sheet of Budget Revenue and Expenditure of Government Funds by Region (2018)

单位：万元 (10 000 yuan)

地区	Region	收入合计 Total Revenue	本年收入 Revenue of Current Year	国有土地使用权出让收入 Transfer of Use Rights for State Land	海南省高等级公路车辆通行附加费收入 Surcharge on vehicle traffic for high-grade highway in Hainan	城市基础设施配套费收入 Urban Infrastructure Support Fee	其他 Others
全省总计	**Total**	**6625887**	**3819817**	**3019824**	**242733**	**439132**	**118128**
省本级	Provincial	3019813	644836	364593	242733		37510
地市小计	Amount for All Regions	5033347	3174981	2655231		439132	80618
海口市	Haikou	2969894	2130928	1915113		190486	25329
三亚市	Sanya	821434	518259	406720		85367	26172
五指山市	Wuzhishan	19749	15853	12310		2957	586
文昌市	Wenchang	208467	62037	32905		26409	2723
琼海市	Qionghai	213299	106538	81679		21069	3790
万宁市	Wanning	72421	32542	16051		14509	1982
定安县	Ding'an	29314	9754	6082		2729	943
屯昌县	Tunchang	18788	5826	2735		2341	750
澄迈县	Chengmai	164758	57695	42255		12749	2691
临高县	Lingao	51180	11410	460		10386	564
儋州地区	Danzhou Area	155536	44324	26524		10498	7302
儋州市	Danzhou	143427	41115	26501		10498	4116
洋浦	Yangpu	12109	3209	23			3186
东方市	Dongfang	35730	25449	16994		5187	3268
乐东县	Ledong	60113	20570	16484		3684	402
琼中县	Qiongzhong	22803	13254	10279		2244	731
保亭县	Baoting	37192	16294	14013		1774	507
陵水县	Lingshui	131320	93670	51727		40672	1271
白沙县	Baisha	7903	1303	90		971	242
昌江县	Changjiang	13104	9272	2810		5100	1362

注：省本级加地市小计不等于全省总计的原因是，在合并时抵销相互间的收入和支出。
Note:The revenue of amount for all regions and provincial is not equal to total revenue.

7-11续(continued)

单位：万元 (10 000 yuan)

地 区	Region	支出合计 Total Expenditure	本年支出 Expenditure of Current Year	国有土地使用权出让相关支出 Transfer of Use Rights for State Land	海南省高等级公路车辆通行附加费支出 Surcharge for vehicle traffic of high-grade highway in Hainan	城市基础设施配套费相关支出 Urban Infrastructure Support Fee	其 他 Others
全省总计	**Total**	**6625887**	**5272634**	**4187051**	**337861**	**355151**	**392571**
省 本 级	Provincial	3019813	836424	379191	333480		123753
地市小计	Amount for All Regions	5033347	4436210	3807860	4381	355151	268818
海 口 市	Haikou	2969894	2864724	2620610	157	163585	80372
三 亚 市	Sanya	821434	811026	671871	65	82238	56852
五指山市	Wuzhishan	19749	15624	11378	8	1896	2342
文 昌 市	Wenchang	208467	71571	55168	3648	2603	10152
琼 海 市	Qionghai	213299	159205	123844	90	20305	14966
万 宁 市	Wanning	72421	65640	44117	63	12908	8552
定 安 县	Ding'an	29314	22515	5236		10055	7224
屯 昌 县	Tunchang	18788	15802	8907	111	2341	4443
澄 迈 县	Chengmai	164758	111711	89858		12661	9192
临 高 县	Lingao	51180	22904	5087	196	7176	10445
儋州地区	Danzhou Area	155536	75522	41887		9162	24473
儋州市	Danzhou	143427	67005	41887		9162	15956
洋 浦	Yangpu	12109	8517				8517
东 方 市	Dongfang	35730	32402	17591	33	3076	11702
乐 东 县	Ledong	60113	30276	20696		1874	7706
琼 中 县	Qiongzhong	22803	12624	8778		205	3641
保 亭 县	Baoting	37192	19533	14689		2089	2755
陵 水 县	Lingshui	131320	92788	67749		18050	6989
白 沙 县	Baisha	7903	3572	94		911	2567
昌 江 县	Changjiang	13104	8436	300	10	4018	4108

注：省本级加地市小计不等于全省总计的原因是，在合并时抵销相互间的收入和支出。
Note:The expenditure of amount for all regions and provincial is not equal to total expenditure.

主要统计指标解释

公共财政 指在市场经济条件下，主要为满足社会公共需求而进行的政府收支活动模式或财政运行机制模式；是国家以社会和经济管理者的身份从市场上取得收入，并将这些收入用于政府的公共活动支出，为社会提供公共产品和公共服务，以充分保证国家机器正常运转，保障国家安全，维护社会秩序，实现经济社会的协调发展。

财政一般预算总收入 是计算当年可供安排支出的财政收入总量。全省一般预算财政总收入主要包括：地方一般预算财政收入，中央一般预算补助收入，一般预算调入资金，调入预算稳定调节基金，一般预算上年结余结转。

地方一般预算收入 指当年依据财政体制和税收、非税收入征收法规征收缴入地方国库的各项税收收入，行政性收费收入、罚没收入，专项收入，国有资源有偿使用收入，其他收入等。

税收收入 税收是政府实现其职能的重要形式，是财政收入的主要来源，具有组织财政收入，调节经济和调节收入分配的基本职能。

一般预算支出 一般指用一般预算安排的支出。

一般公共服务 反映政府提供一般公共服务的支出，包括人大，政协，政府办公厅（室）及相关机构的行政运行，一般行政管理事务、专项业务活动等支出。

Explanatory Notes on Main Statistical Indicators

Public government finance is fiscal revenue and expenditure activity mode or financial operation mechanism model under the conditions of market economy, mainly to meet the social public demand. The country receipt from the market as social and economic management, for the government's public expenditure and providing public products and public service, to guarantee the normal operation of state machine, national security, to safeguard the social order, and realize the coordinated development of the economic society.

Total general public budget revenue is the total fiscal revenue for expenditure arrangement. Total general budgetary revenue mainly include: the local general budget revenues, the central general budget subsidiary revenue, and general budgetary funds transferred, transferred budget stability and regulation fund, the general budget balance of last year.

General public budget revenue of the local government refers to the income tax being taken in treasury according to the financial system and laws of tax revenue and non-tax revenue, the state treasury of tax revenue, charge of administrative and institutional units, penalty receipts, special program receipts, state-owned resources paid income and other receipts.

Tax revenue is the important form that the government realizes its function; is the main source of finance revenue; has the basic functions of organizing finance revenue, adjusting the economic and distribution of income.

General public budget expenditures generally refer to the expenditure arranged by general budget.

General public services reflect the expenditure of the general public services provided by government, including the administrative operation of the National People's Congress, Chinese People's Political Consultative Conference, the government office and related institutions, general administrative affairs, business activities, etc.

8

资源和环境

Resources and Environment

编辑人员：吴清菲

Compiled by Wu Qingfei

英文翻译：方一骎

Translated by Fang Yiqin

简 要 说 明

一、本篇资料的主要内容

本篇主要反映我省自然资源状况和环境保护事业发展情况。自然资源包括土地、森林资源、矿产资源等资料。环境保护事业发展情况主要包括城市空气质量情况。

二、本篇的资料来源

土地、河流、矿产资源、森林资源等情况分别由省自然资源和规划厅、省水务厅、省林业局提供。空气质量情况由省生态环境厅提供。

Brief Introduction

I. Main Contents

This chapter contains information that reflects natural resource conditions and the development of environment protection in Hainan. Data on natural resources cover land, forest resources and mineral resources.The development of environment protection mainly include urban air quality

II. Sources of Data

Data on land, rivers, meteorological phenomena, mineral and water resources, forest resources, etc. are provided respectively by Provincial Department of Natural Resources and Planning, Provincial Department of Water Resources and Provincial Department of Forestry. Data on air quality are provided by the Provincial Department of Ecological Environment.

8-1 自然资源(2018)
Natural Resources (2018)

项　　目	Item	数量 Amount
地理位置	**Geographic Position**	
东经(度)	Longitude	108.37-111.03
北纬(度)	Latitude	18.8-20.10
土地和海洋	**Land and Ocean**	
国土面积(万平方公里)	Area of Province (10 000 sq.km)	203.44
陆地面积(万平方公里)	Area of Land (10 000 sq.km)	3.44
#海南岛	# Hainan Island	3.39
海洋面积(万平方公里)	Area of Ocean (10 000 sq.km)	200
岛屿个数(个)	Number of Islands (unit)	627
岛屿面积(平方公里)	Area of Islands (sq.km)	42
水利资源	**Water Resources**	
独流入海河流(条)	Out-flowing Rivers (unit)	154
水力资源理论蕴藏量(万千瓦)	Theoretical Potential Hydropower Resources (10 000 kwh)	103.88
#可开发量	# Developable Resources	89.77
地下水资源储量(亿立方米)	Groundwater Resources(100 million cu.m)	75
淡水总面积(万公顷)	Freshwater Area(10 000 hectares)	13.7
水库面积(万公顷)	Area of Reservoir(10 000 hectares)	5.6
森林资源	**Forest Resources**	
森林覆盖率(%)(2018年底数)	Forest Coverage Rate(%) (end of 2018)	62.1
红树林(万公顷)	Mangroves (10 000 hectares)	0.39
野生植物(种)	Wild Plants (kind)	4600
野生动物(种)	Wild Animals (kind)	574
旅游资源	**Tourism Resources**	
海岸线(海南本岛)(公里)	Length of Coastline(Hainan Island)(km)	1944
自然保护区(个)	**Number of Nature Reserves (unit)**	**49**
#国家级	# Nation Level	10
自然保护区面积(万公顷)	Area of Nature Reserves(10 000 hectare)	270.23

8-2 土地状况
Land Characteristics

项　　目	Item	面积(万公顷) Area(10 000 hectares)	占总面积(%) Percentage to Total (%)
土地面积	**Total Land Area**	**344.03**	**100.0**
#耕地总资源	Cultivated Land Resources	72.24	21.0
按地形分类	**By Topographic Feature**		
山地	Mountains	86.1	25.4
丘陵	Hills	45.1	13.3
台地	Terraces	110.5	32.6
阶地平原	Plains	95.3	28.1
其他	Others	2.1	0.6

8-3 主要山脉情况
Major Mountains

名　　称	Mountain	山峰高程(米) Height of Mountain Peak(m)
五指山	Wuzhi Mountain	1867
霸王岭	Bawang Mountain	1560
莺歌岭	Yingge Mountain	1811
尖峰岭	Jianfeng Mountain	1412
吊罗山	Diaoluo Mountain	1519
黎母山	Limu Mountain	1411

8-4 大型水库概况
Large-scale Reservoirs

库　　名	Reservoir	集水面积(平方公里) Drainage Area (sq.km)	库容 Storage Capacity		设计灌溉面积(万公顷) Designed Irrigated Area (10 000 hectares)
			总库容（亿立方米）Total Storage Capacity (100 million cu.m)	正常库容（亿立方米）Normal Storage Capacity (100 million cu.m)	
大广坝	Daguangba	3498	17.10	15.00	6.73
松　涛	Songtao	1496	33.45	26.00	13.7
万　宁	Wanning	429	1.52	0.76	0.8
长　茅	Changmao	256	1.42	1.11	1.2
石　碌	Shilu	354	1.21	0.99	1
牛路岭	Niululing	1236	7.78	5.30	-
大　隆	Dalong	749	4.68	3.93	0.66

8-5 主要河流
Major Rivers

名称	River	发源地点 Source		长度(公里) Length(km)	集水面积(平方公里) Drainage Area(sq.km)
南渡江	Nandu River	昌江县霸王岭	Bawang Mountain in Changjiang County	353	7066
昌化江	Changhua River	五指山市五指山	Wuzhi Mountain in Wuzhishan County	243	4990
万泉河	Wanquan River	琼中县五指山	Wuzhi Mountain in Qiongzhong County	178	3692
陵水河	Lingshui River	保亭县峨隆岭	E'long Mountain in Baoting County	77	1096
珠碧江	Zhubi River	白沙县南高岭	Nangao Mountain in Baisha County	98	1293
宁远河	Ningyuan River	保亭县甘蔗山	Ganzhe Mountain in Baoting County	94	1030
望楼河	Wanglou River	乐东县尖峰岭	Jianfeng Mountain in Ledong County	106	653
文澜河	Wenlan River	儋州市马鞍岭	Ma'an Mountain in Danzhou City	86	732
藤桥河	Tengqiao River	保亭县峨月岭	E'yue Mountain in Baoting County	62	699
北门江	Beimen River	儋州市马岭排	Malingpai Mountain in Danzhou City	69	620
太阳河	Taiyang River	万宁市南桥镇南林农场	Nanlin Farm Nanqiao Town Wanning County	59	544
春江	Chun River	儋州市高石岭	Gaoshi Mountain in Danzhou City	67	562
文教河	Wenjiao River	海口市三门坡镇红明农场	Hongming Farm Sanmenpo Town Haikou City	57	503

8-6 主要矿产基础储量
Ensured Reserves of Major Minerals

项目	Item	2018
煤炭 (万吨)	Coal (10 000 tons)	11872.70
铁矿(矿石，万吨)	Iron(Ore, (10 000 tons)	7749.36
钛铁矿砂矿(万吨)	Titanium Ore, Placer(10 000 tons)	309.29
铜矿 (铜，万吨)	Copper(Metal, 10 000 tons)	3.52
铅矿 (铅，万吨)	Lead (Metal, 10 000 tons)	6.68
锌矿 (锌，万吨)	Zinc (Metal, 10 000 tons)	16.99
镍矿 (镍，万吨)	Nickel (Metal, 10 000 tons)	0.01
钨矿(WO_3，万吨)	Tungsten (WO_3, 10 000 tons)	0.03
钼矿 (钼，万吨)	Molybdenum (Metal, 10 000 tons)	4.25
金矿 (金，吨)	Gold (Metal, tons)	23.21
银矿 (银，吨)	Silver (Metal, tons)	212.00
普通萤石 (矿物，万吨)	Fluorspar Mineral (Mineral, 10 000 tons)	19.80
玻璃硅质原料(矿石，万吨)	Silicon Materials For Glass Ore (Ore, 10 000 tons)	86219.70
石墨(矿物，万吨)	Graphite Mineral (Crystal) (Mineral, 10 000 tons)	8.00
高岭土(矿石，万吨)	Kaolin Ore (Ore, 10 000 tons)	2769.36

8-7 各市县空气质量指标(2018)
Ambient Air Quality by Region (2018)

市 县	Region	颗粒物 (粒径小于等于10um) (微克/立方米) PM_{10} (ug/m^3)	细颗粒物 (粒径小于等于2.5um) (微克/立方米) $PM_{2.5}$ (ug/m^3)	二氧化硫 (微克/立方米) SO_2 (ug/m^3)	二氧化氮 (微克/立方米) NO_2 (ug/m^3)
全省总计	**Total**	**30**	**17**	**5**	**8**
海口市	Haikou	35	18	5	14
三亚市	Sanya	29	15	3	11
五指山市	Wuzhishan	25	13	3	3
文昌市	Wenchang	27	19	3	8
琼海市	Qionghai	34	22	5	10
万宁市	Wanning	44	19	7	6
定安县	Ding'an	30	18	4	9
屯昌县	Tunchang	30	16	3	12
澄迈县	Chengmai	32	19	7	6
临高县	Lingao	30	21	4	7
儋州市	Danzhou	29	18	6	10
东方市	Dongfang	34	17	6	13
乐东县	Ledong	24	14	4	5
琼中县	Qiongzhong	27	16	5	11
保亭县	Baoting	26	15	2	5
陵水县	Lingshui	27	16	7	7
白沙县	Baisha	26	16	3	7
昌江县	Changjiang	34	18	8	9

8-7续(Continued)

市县	Region	一氧化碳 (毫克/立方米) CO mg/m^3	臭氧 (微克/立方米) O_3 ug/m^3	空气质量达到及好于二级的天数(天) Days of Air Quality Equal to or above Grade II (day)	空气质量达到二级以上天数占全年有效监测天数比重(%) Proportion of Days of Air Quality Equal to or above Grade II in the Annal Effective monitoring days (%)
全省总计	**Total**	**0.9**	**107**	**6313**	**98.4**
海口市	Haikou	0.8	116	356	97.5
三亚市	Sanya	0.8	110	355	97.3
五指山市	Wuzhishan	0.8	98	363	100.0
文昌市	Wenchang	1.3	131	344	96.6
琼海市	Qionghai	1.0	90	362	99.5
万宁市	Wanning	1.4	100	353	98.9
定安县	Ding'an	0.9	89	365	100.0
屯昌县	Tunchang	0.8	123	329	97.9
澄迈县	Chengmai	0.9	130	350	96.7
临高县	Lingao	0.8	121	349	96.9
儋州市	Danzhou	0.8	104	364	99.7
东方市	Dongfang	0.8	129	356	98.3
乐东县	Ledong	1.0	89	332	98.2
琼中县	Qiongzhong	0.9	102	341	99.4
保亭县	Baoting	0.8	103	337	98.0
陵水县	Lingshui	0.8	88	363	99.7
白沙县	Baisha	1.0	99	338	97.1
昌江县	Changjiang	0.7	102	356	99.4

8-8　森林资源情况
Forest Resources

项　　目	Item	指标值 Value
林地面积(万亩)	Area of Afforested Land (10000 mu)	3165
森林面积(万亩)	Forest Area (10000 mu)	3204
森林覆盖率(%)	Forest Coverage Rate(%)	62.1
活立木总蓄积量(亿立方米)	Total Standing Forest Stock(100 million cu.m)	1.63

注：活立木总蓄积量采用第九次全国森林资源清查海南省森林资源清查成果（2018）数据。

Note：The results of the ninth national forest resourses inventory in Hainan province (2018)were used for the total standing forest stock.

8-9　植树造林情况
Basic Statistics On Afforestation

单位：公顷　　　　(hectare)

地　区	Region	荒山荒(沙)地造林面积 Total Afforested Area in Barren Mountain						有林地造林面积 Forest Land Affores-tation Area	更新造林面积 Updating Affores-tation Area	零星(四旁)植树(万株) Olldy (all around) Tree Planting (10 000 root)
			用材林 Timber Forests	经济林 By-product Forests	防护林 Prote-ction Forests	薪炭林 Fuel Forests	特种用途林 Forests for Special Purpose			
2012		17734	2519	11052	3113		1049		13807	2138.0
2013		12829	1888	8192	2103		646	328	13271	1260.8
2014		8292	892	2578	3996		826	152	10602	1314.6
2015		10241	507	2867	6866		1		9961	335.8
2016		8325	629	2233	5463			133	6063	150.8
2017		4626	563	2333	1727		3		8053	87.9
2018		2660	172	2198	230		60		7840	102.0
海口市	Haikou	601	24	440	126		11		745	0.7
三亚市	Sanya	23			23				63	0.5
五指山市	Wuzhishan								63	
文昌市	Wenchang	64		27			37		528	53.6
琼海市	Qionghai	102	2	94	6				252	14.0
万宁市	Wanning	152		140			12		293	
定安县	Ding'an	85	2	83					284	14.6
屯昌县	Tunchang								815	0.1
澄迈县	Chengmai	97		97					578	0.1
临高县	Lingao	219	12	207					371	1.9
儋州市	Danzhou	119	49	70					900	5.3
东方市	Dongfang	493	40	433	20				375	4.2
乐东县	Ledong	293	8	285					534	4.0
琼中县	Qiongzhong								948	
保亭县	Baoting	4		2	2				188	1.0
陵水县	Lingshui	53			53				141	0.5
白沙县	Baisha	79		79					477	0.2
昌江县	Changjiang	276	35	241					285	1.3

主要统计指标解释

耕地面积 指经过开垦用以种植农作物并经常进行耕耘的土地面积。包括种有作物的土地面积、休闲地、新开荒地和抛荒未满三年的土地面积。

矿产基础储量 基础储量是查明矿产资源的一部分。它能满足现行采矿和生产所需的指标要求，是控制的、探明的并通过可行性或预可行性研究认为属于经济的、边界经济的部分，用未扣除设计、采矿损失的数量表示。

森林面积 包括郁闭度 0.2 以上的乔木林地面积和竹林面积，国家特别规定的灌木林地面积，农田林网以及村旁、路旁、水旁、宅旁林木的覆盖面积。

森林覆盖率 以行政区域为单位的森林面积占区域土地总面积的百分比。计算公式为：

$$森林覆盖率=\frac{森林面积}{土地总面积}\times100\%$$

活立木总蓄积量 指一定范围内土地上全部树木蓄积的总量，包括森林蓄积、疏林蓄积、散生木蓄积和四旁树蓄积。

造林面积 指在宜林荒山荒地、宜林沙荒地、无立木林地、疏林地和退耕地等其他宜林地上通过人工措施形成或恢复森林、林木、灌木林的过程。

用材林 指以生产木材为主要目的的森林和林木，包括以生产竹材为主要目的的竹林。

经济林 指以生产果品，食用油料、饮料、调料，工业原料和药材为主要目的的林木。经济林是人们为了取得林木的果实、叶片、皮层、胶液等产品作为工业原料或者供食用所营造的林木，如油茶、油桐、核桃、樟树、花椒、茶、桑、果等。

防护林 指以防护为主要目的的森林、林木和灌木丛。包括水源涵养林，水土保持林，防风固沙林，农田、牧场防护林，护岸林，护路林等。

薪炭林 指以生产燃料为主要目的的林木。

特种用途林 指以国防、环境保护、科学实验等为主要目的的森林和林木。包括国防林、实验林、母树林、环境保护林、风景林，名胜古迹和革命纪念地的林木，自然保护区的森林。

Explanatory Notes on Main Statistical Indicators

Area of Cultivated Land refers to area of land reclaimed for the regular cultivation of various farm crops, including crop-cover land, fallow, newly reclaimed land and land laid idle for less than 3 years.

Ensured Mineral Reserves refer to the actual mineral reserves, which equal to the proven mineral reserves (including industrial reserves and prospective reserves) minus extracted parts and underground losses.

Forest Area refers to the area of trees and bamboo grow with a canopy density above 0.2 degree, the area of shrubby tree according to regulations of the government, the area of forest land inside farm land and the area of trees planted by the side of villages, farm houses and along roads and rivers.

Forest Coverage Rate Taking the administrative jurisdiction as the unit, the percentage of area of afforested land to the area of total land. The formula for calculating forest coverage rate is as follows:

$$\text{Forestry coverage rate} = \frac{\text{Area of Afforested Land}}{\text{Area of Total Land}} \times 100\%$$

Total Standing Forest Stock Volume refers to the total stock volume of trees growing in land, including trees in forest, trees in sparse forest, scattered trees and trees planted by the side of villages, farm houses and along roads and rivers.

Area of Afforestation refers to the total area of land suitable for afforestation, including barren hills, idle land, sand dunes, non-timber forest land, woodland and "grain for green" land, on which acres of forests, trees and shrubs are planted through manual planting.

Timber Forests refer to forests which are mainly for the production of timber, including bamboo groves planted to harvest bamboos.

By-product Forests refer to forests that mainly produce fruits, nuts, edible oil, beverages, indigents, raw materials and medicine materials. By-product forests are planted to harvest the fruits, leaves, bark or liquid of trees, and consume them as food or raw materials for the manufacturing industry, such as tea-oil trees, tung oil trees, walnut trees, camphor trees, tea bushes, mulberry trees, fruit trees, etc.

Protection Forests refer to forests, trees and bushes planted mainly for protection or preservation purpose, including water resource conservation forests, water and soil conservation forests, windbreak and dune-fixing forests, farmland and pasture protection forests, riverside protection forests, roadside protection forests, etc.

Fuel Forests refer to forests planted mainly for fuels.

Forests for Special Purpose refer to forests planted mainly for national defence, environment protection or scientific experiments, including national defence forests, experimental forests, mother-tree forests, environment protection forests, scenery forests, trees in historical or scenic spots, forests in natural reserves.

9

能　源

Energy

编辑人员：林玲

Compiled by Lin Ling

英文翻译：　方一骎

Translated by Fang Yiqin

简 要 说 明

一、本篇资料的主要内容

本篇包括的主要内容有能源消费弹性系数、全社会用电量。

二、本篇资料的统计范围

能源资料的统计范围为全社会。

三、本篇的资料来源

能源消费数据来自历年能源平衡表，用电量情况表数据来自海南电网公司。

四、关于数据口径与计算方法的说明

能源消费弹性系数以能源消费增长速度与国内生产总值增长速度相比求得。

Brief Introduction

I. Main Contents

Data in this chapter cover mainly elasticity ratio of energy consumption; electricity consumption.

II. The Scope of Data

The scope of energy data in this chapter is the whole country.

III. Sources of Data

Data on energy consumption are from the energy balance sheets over the year. Data on Electricity were derived from Hainan Grid.

IV. Notes on Coverage and Compilation of Data

The elasticity ratio of energy consumption is calculated as the quotient of the growth rate of energy consumption divided by the growth rate of GDP.

9-1 历年能源消费弹性系数
Elasticity Ratio of Energy Consumption in Various Years

年 份 Year	能源消费比上年增长(%) Growth Rate of Energy Consumption over Preceding Year (%)	电力消费比上年增长(%) Growth Rate of Electricity Consumption over Preceding Year(%)	国内生产总值比上年增长(%) Growth Rate of Gross Domestic Product(GDP) over Preceding Year(%)	能源消费弹性系数 Elasticity Ratio of Energy Consumption	电力消费弹性系数 Elasticity Ratio of Electricity Consumption
1991	12.70	17.90	14.9	0.85	1.20
1992	20.00	20.20	41.5	0.48	0.49
1993	15.00	24.80	20.6	0.73	1.20
1994	14.20	17.40	11.3	1.26	1.54
1995	9.80	10.40	3.8	2.58	2.74
1996	13.80	4.10	4.7	2.94	0.87
1997	10.80	5.50	6.8	1.59	0.81
1998	4.87	6.00	8.5	0.57	0.71
1999	5.21	5.30	8.5	0.61	0.62
2000	11.46	9.25	9.0	1.27	1.03
2001	8.43	6.20	9.1	0.93	0.68
2004	8.60	14.90	10.7	0.80	1.39
2005	10.74	19.49	10.5	1.02	1.86
2006	11.95	20.06	13.2	0.91	1.52
2007	14.84	15.95	15.8	0.94	1.01
2008	7.41	8.58	10.3	0.72	0.83
2009	8.56	8.78	11.7	0.73	0.75
2010	10.22	16.46	16.0	0.64	1.03
2011	17.85	16.52	12.0	1.49	1.38
2012	5.45	12.83	9.1	0.60	1.41
2013	5.30	10.04	9.9	0.54	1.01
2014	5.79	8.56	8.5	0.68	1.01
2015	6.48	8.13	7.8	0.83	1.04
2016	3.53	5.49	7.5	0.47	0.73
2017	4.84	6.14	7.0	0.69	0.88
2018	4.36	7.20	5.8	0.75	1.24

注：根据第四次经济普查结果，对2018年数据进行调整，2017年与2018年数据不可比。

Note：The data from 2018 have been adjusted according to the 4th China economic census, data for 2017 and 2018 are incomparable.

9-2 电力收支情况表(2018)
Electricity Generation and Consumption (2018)

项目	Item	用户个数(个) Number of User (unit)	用户用电装接容量(千瓦) Consumption and Installed Capacity(kW)	用电量(万千瓦时) Electricity Consumption (10^4 kW•h) 本年累计 Accumulation of This Year	去年累计 Accumulation of Last Year
收入电量总计	**Total Electricity Generation**			**3277092**	**3057115**
本地区发电量(6000千瓦及以上)	Local Electricity Generation (6000 kW and above)			3205316	2966964
6000以下电厂上网电量	Electricity Transmitted by Power Plants below 6000 kW			69148	87804
由外省及国外(外电力系统)输入电量	Electricity Transmitted from Other Provinces and Foreign Countries			2627	2346
支出电量总计	**Total Electricity Expenditure**			**3277092**	**3057115**
全社会用电量总计	**Total Electricity Consumption of Whole Society**	**2696202**	**35777926**	**3268152**	**3049505**
农、林、牧、渔业	Agriculture, Forestry, Animal Husbandry and Fishing Industry	133119	1766451	161357	140012
工业	Industry	1113335	14773683	1349509	1314483
建筑业	Construction	68795	912898	83389	77920
交通运输、仓储、邮政业	Transport, Storage and Post	57363	761197	69532	63492
信息传输、计算机服务和软件业	Information Transmission, Computer Service and Software	47786	634104	57923	52810
商业、住宿和餐饮业	Commerce, Hotels and Catering Services	270627	3591154	328036	298880
金融、房地产、商务及居民服务业	Finance, Real Estate, Business and Household Service	308679	4096090	374159	338688
公共事业及管理组织	Public Undertaking and Administrative Organization	215810	2863731	261589	233083
城乡居民生活用电	**Electricity Consumption of Urban and Rural Household**	**480690**	**6378619**	**582658**	**530137**
城镇	Urban	253575	3364860	307365	287043
乡村	Rural	227116	3013760	275293	243094
向本区域外输出电量合计	**Sending out to Other Province**			**8939**	**7609**

注：此表数据来源于海南电网公司，下表同。

Note: The data in this table were derived from China Southern Power Grid Hainan Co., the following as the same.

9-3 全社会用电分类表(2018)
Classification Table of Electricity Consumption in the Whole Province (2018)

项 目	Item	用电量(万千瓦时) Electricity Consumption(10^4 kW•h) 本年累计 Accumulation of This Year	去年累计 Accumulation of Last Year	年增长(%) Annual Growth (%)
全社会用电量总计	**Total Electricity Consumption of Whole Society**	**3268152.43**	**3049505.41**	**7.2**
全行业用电	**Electricity Consumption of Three Strata of Industry**	**2685494.27**	**2519368.08**	**6.6**
第一产业	Primary Industry	139281.86	123231.49	13.0
第二产业	Secondary Industry	1432248.38	1391681.34	2.9
第三产业	Tertiary Industry	1113964.03	1004455.24	10.9
城乡居民生活用电	**Electricity Consumption of Urban and Rural Residents**	**582658.17**	**530137.33**	**9.9**
城镇居民	Urban Residents	307364.77	287043.38	7.1
乡村居民	Rural Residents	275293.39	243093.95	13.2
各行业用电分类	**Electricity Consumption of All Sectors**	**2685494.27**	**2519368.07**	**6.6**
农、林、牧、渔业	**Agriculture, Forestry,Animal Husbandry and Fishery**	**161357.36**	**140012.05**	**15.2**
农业	Farming	40872.62	34916.53	17.1
林业	Forestry	1892.87	1273.28	48.7
畜牧业	Animal Husbandry	8817.12	7410.60	19.0
渔业	Fishery	87699.26	79631.09	10.1
农、林、牧、渔服务业	Service in Support of Agriculture	22075.50	16780.56	31.6
工业	**Industry**	**1349509.39**	**1314483.03**	**2.7**

9-3续1(continued 1)

项 目	Item	用电量(万千瓦时) Electricity Consumption(10^4 kW•h) 本年累计 Accumulation of This Year	去年累计 Accumulation of Last Year	年增长(%) Annual Growth (%)
采矿业	**Mining**	**61614.96**	**59217.87**	**4.0**
煤炭开采和洗选业	Mining and Washing of Coal	680.25	654.01	4.0
石油和天然气开采业	Extraction of Petrolium and Natural Gas	1027.51	1153.91	-11.0
黑色金属矿采选业	Mining and Processing of Ferrous Metal Ores	18931.43	20489.84	-7.6
有色金属矿采选业	Mining and Processing of Non-Ferrous Metal Ores	10080.97	8474.16	19.0
非金属矿采选业	Mining and Processing of Nonmetal Ores	18108.98	18334.48	-1.2
其他采矿业	Mining of Other Ores	12785.82	10111.48	26.4
制造业	**Manufacturing**	**789076.42**	**782784.39**	**0.8**
食品、饮料和烟草制造业	Manufacture of Foods,Beverage and Tobacco	61097.77	58919.42	3.7
纺织业	Manufacture of Textile	4616.19	4807.08	-4.0
服装鞋帽、皮革羽绒及其制品业	Manufacture of Textile, Wearing Apparel and Accessories	661.04	678.67	-2.6
木材加工及制品和家具制造业	Manufacture of Wood,Bamboo, Rattan,Palm ,Furniture &Its Products	15157.08	12913.20	17.4
造纸及纸制品业	Manufacture of Paper and Paper Products	221422.23	224539.00	-1.4
印刷业和记录媒介的复制	Printing,Reproduction of Recording Media	1497.96	1487.42	0.7
文教体育用品制造业	Manufacture of Articles for Culture, Education Arts and Crafts, Sport and Entertaiment Activities	781.61	814.07	-4.0
石油加工、炼焦及核燃料加工业	Processing of Petroleum, Coking and Nuclear Fuel	108391.36	108279.76	0.1
化学原料及化学制品制造业	Manufacture of Raw Chemical Materials and Chemical Products	71839.43	63326.00	13.4
医药制造业	Manufacture of Medicines	26255.46	25524.15	2.9
化学纤维制造业	Manufacturing of Chemical Fiber	138.04	257.99	-46.5
橡胶和塑料制品业	Manufacturing of Rubber and Plastic Products	19036.08	18470.27	3.1
非金属矿物制品业	Manufacturing of Non-metal Mineral Products	213210.11	211625.45	0.7
黑色金属冶炼及压延加工业	Smelting and Pressing of Ferrous Metals	531.96	455.44	16.8
有色金属冶炼及压延加工业	Smelting and Pressing of Non-ferrous Metals	1562.31	1861.45	-16.1
金属制品业	Manufacture of Metal Products	4294.59	5179.48	-17.1
通用及专用设备制造业	Manufacture of General Purpose and Special Purpose Machinery	9748.88	16957.41	-42.5
交通运输、电气、电子设备制造业	Manufacturing of Transport Equipments, Electrical Machinery and Apparatus,Electronic Equipments	11514.06	11350.22	1.4
工艺品及其他制造业	Manufacture of Artwork, Other Manufacturing	3807.79	3689.75	3.2
废弃资源和废旧材料回收加工业	Utilization of Waste Resources	13512.48	11648.17	16.0

9-3续2(continued 2)

项 目	Item	用电量(万千瓦时) Electricity Consumption (10^4 kW•h) 本年累计 Accumulation of This Year	去年累计 Accumulation of Last Year	年增长(%) Annual Growth (%)
电力、燃气及水的生产和供应业	**Production and Supply of Electric Power, Gas and Water**	**498818.01**	**472480.78**	**5.6**
电力、热力的生产和供应业	Production and Supply of Electric Power and Heat Power	456961.53	432760.13	5.6
燃气生产和供应业	Production and Supply of Gas	8979.19	6932.99	29.5
水的生产和供应业	Production and Supply of Water	32877.30	32787.66	0.3
建筑业	**Construction**	**83389.16**	**77920.08**	**7.0**
交通运输、仓储、邮政业	**Transport, Storage and Post**	**69531.90**	**63491.52**	**9.5**
交通运输业	Transport	60546.53	54921.36	10.2
仓储业	Storage	7308.94	6969.54	4.9
邮政业	Post	1676.43	1600.61	4.7
信息传输、计算机服务和软件业	**Information Transmission, Computer Services and Software**	**57922.53**	**52809.84**	**9.7**
电信和其他信息传输服务业	Telecom & Other Information Transmission Services	54500.40	50578.29	7.8
计算机服务和软件业	Computer Services and Software	3422.13	2231.55	53.4
商业、住宿和餐饮业	**Wholesale & Retail Trades, Hotels and Catering Trade**	**328035.70**	**298880.23**	**9.8**
批发和零售业	Wholesale and Retail Trades	142271.40	132815.13	7.1
住宿和餐饮业	Hotels and Catering Services	185764.30	166065.10	11.9
金融、房地产、商务及居民服务业	**Financial, Real Estate, Business Affair and Household Services**	**374159.29**	**338687.84**	**10.5**
金融业	Financial Intermediation	17423.39	15576.50	11.9
房地产业	Real Estate	308811.98	282292.78	9.4
租赁和商务服务、居民服务和其它服务业	Leasing and Business Services,Residents Services and Other Social Services	47923.92	40818.56	17.4
公共事业及管理组织	**Public Management and Social Organization**	**261588.94**	**233083.48**	**12.2**
科学研究、技术服务和地质勘查业	Scientific Research, Technical Services and Geological Prospecting	5416.71	4890.14	10.8
水利、环境和公共设施管理业	Management of Water Conservancy, Environment and Public Facilities	31756.29	27929.72	13.7
居民服务、修理和其他服务业	Resident services,repairs and other services	32218.98	25493.45	26.4
教育、文化、体育和娱乐业	Education,Culture,Sports and Entertainment	64138.13	56039.81	14.5
卫生、社会保障和社会福利业	Health Care, Social Security and Social Welfare	41454.99	36676.53	13.0
公共管理和社会组织、国际组织	Public Management, Social Organization and International Organization	86603.84	82053.82	5.5

主要统计指标解释

能源消费弹性系数 是反映能源消费增长速度与国民经济增长速度之间比例关系的指标。

电力消费弹性系数 反映电力消费增长速度与国民经济增长速度之间比例关系的指标。

Explanatory Notes on Main Statistical Indicators

Elasticity Ratio of Energy Consumption is an indicator to show the relationship between the growth rate of energy consumption and the growth rate of the national economy.

Elasticity Ratio of Electricity Consumption is an indicator to show the relationship between the growth rate of electricity consumption and the growth rate of the national economy.

10

固定资产投资

Investment in Fixed Assets

编辑人员：张春梅

Compiled by Zhang Chunmei

英文翻译：张春梅

Translated by Zhang Chunmei

简 要 说 明

一、本篇资料的主要内容

本篇资料通过对一定时期全社会建造和购置固定资产活动的数量方面的描述，反映报告期内固定资产投资的规模和速度、固定资产投资的结构和比例关系、固定资产投资的资金来源及固定资产投资的效果等。

二、本篇资料的统计范围

统计范围包括：城乡建设项目投资，房地产开发投资。

三、本篇的资料来源

农户固定资产投资资料来自国家统计局海南调查总队；除此以外的固定资产投资统计资料均来自海南省统计局的固定资产投资统计调查。

四、本篇的统计调查方法

除农户固定资产投资统计采用抽样调查方法外，其他均为全面统计报表。

五、统计口径的变化

自 1997 年起，固定资产投资项目的统计起点由计划总投资 2 万元及以上提高至 5 万元及以上。

自 2006 年起，统计起点由计划总投资 5 万元以上提高到 50 万元以上。

自 2011 年起，统计起点由计划总投资 50 万元以上提高到 500 万元以上。

Brief Introduction

I. Main Contents

Statistics in this chapter describe activities on the construction and purchase of fixed assets of the whole country during a given period of time, and reflect the size, growth, structure, ratio, financing and results of the investment in fixed assets during the reference period.

II. Scope of Statistics

Statistics on the investment in fixed assets cover investments in capital construction projects in urban and rural areas, investments in real estate development.

III. Sources of Data

Data on investments in fixed assets by individuals in rural areas are from Survey Office of the National Bureau of Statistics in Hainan, Other data on investments in fixed assets are from *investment in fixed assets surveys* conducted by Hainan Statistical Bureau.

IV. Methodology of Data Collection

All data on investments in fixed assets are collected by the system of reporting form with complete enumeration, except data on individual investments in fixed assets in rural areas, which are collected through sample surveys.

V. Changes in Statistical Scope

Since 1997, the cut-off point of projects covered by statistics of investment in fixed assets is raised from an investment of 20,000 yuan to 50,000 yuan.

Since 2006, The cut-off point has been raised an investment of 50,000 yuan to 500,000 yuan .

Since 2011, The cut-off point has been raised an investment of 500,000 yuan to 5,000,000 yuan.

10-1 固定资产投资主要指标
Major Indicators on Investment in Fixed Assets

项　　目	Item	2018
固定资产投资构成(%)	**Composition of Investment (%)**	**100.00**
按投资种类分	Grouped by Type of Project	
房地产开发	Real Estate Development	48.50
其他	Others	51.50
按登记注册类型分	Grouped by Status of Registration	
内资	Domestic Funded	94.91
国有	State-owned	18.66
集体	Collective-owned	0.07
股份合作	Cooperative	0.10
联营	Joint Ownership	0.37
有限责任公司	Limited Liability Corporations	54.85
国有独资	State Sole Funded	5.86
其他有限责任公司	Other Limited Liability	48.99
股份有限公司	Share-holding Corporation Ltd.	7.30
私营	Private	13.09
其他	Others	0.48
港澳台投资	with Funds from Hong Kong, Macao and Taiwan	3.62
外商投资	Foreign Investment	1.47
个体	Self-employed Individual	0.01
按构成分	Grouped by Composition of Funds	
建筑安装工程	Construction and Installation	69.17
设备工具器具购置	Purchase of Equipments and Instruments	8.83
其他费用	Others	22.01
按三次产业分	Grouped by Three Strata of Industry	
第一产业	Primary Industry	0.95
第二产业	Secondary Industry	8.91
第三产业	Tertiary Industry	90.15
本年实际到位资金（亿元）	**Funds for Investment(100 million yuan)**	**3503.90**
国家预算资金	State Budget	279.60
国内贷款	Domestic Loans	398.94
债券	Bond	7.32
利用外资	Foreign Investment	0.29
自筹资金	Self-raising Funds	1523.62
其他资金	Others	1294.13

注：2011年起固定资产投资项目统计起点由50万元提高至500万元，且不包含农村农户投资；2010年以前为全社会固定资产投资，下表同。

Note: Since 2011,the cut-off point of investment statistics is changed from a minimum of 500,000 yuan to a minimum of 5,000,000 yuan, and the data do not include the investment made by rural households. Data before 2010 refer to total investment in fixed assets. The same applies to all tables following.

10-2 各市县固定资产投资增长情况(2018)
Growth of Investment in Fixed Assets by Region (2018)

单位:万元 (%)

地　区	Region	合　计 Total	#房地产 Real Estate Development
全省总计	**Total**	**-12.5**	**-16.5**
海 口 市	Haikou	-6.2	1.0
三 亚 市	Sanya	-12.9	-26.7
三 沙 市	Sansha	-3.8	
五指山市	Wuzhishan	0.9	-24.1
文 昌 市	Wenchang	1.8	-15.0
琼 海 市	Qionghai	-22.6	-29.8
万 宁 市	Wanning	-29.8	-25.9
定 安 县	Ding'an	2.8	-0.2
屯 昌 县	Dunchang	-37.8	-50.5
澄 迈 县	Chengmai	-42.5	-51.4
临 高 县	Lingao	-7.2	-19.0
儋州地区	Danzhou Area	-2.0	32.1
儋州市	Danzhou	10.5	34.8
洋　浦	Yangpu	-40.3	-26.1
东 方 市	Dongfang	16.7	9.1
乐 东 县	Ledong	-41.3	-3.5
琼 中 县	Qiongzhong	-20.3	-54.7
保 亭 县	Baoting	10.6	-23.2
陵 水 县	Lingshui	-21.7	-29.0
白 沙 县	Baisha	34.1	10.5
昌 江 县	Changjiang	0.9	-27.7

10-3 各市县固定资产投资资金来源(2018)
Funds for Investment in Fixed Assets by Region (2018)

单位:万元 (10 000 yuan)

地 区	Region	本年资金来源合计 Total Funds This Year	上年末节余资金 Surplus Funds at the end of Last Year	本年资金来源小计 Subtotal Funds This Year	国家预算内资金 State Budget	国内贷款 Domestic Loans	债券 Bond	利用外资 Foreign Investment	自筹资金 Self-raising Funds	其他资金来源 Others
全省总计	**Total**	**44817275**	**9778277**	**35038998**	**2795998**	**3989392**	**73196**	**2860**	**15236234**	**12941318**
海口市	Haikou	15607233	2467213	13140020	977033	1229735	25800	2854	6305798	4598800
三亚市	Sanya	10771249	4010668	6760581	63666	955036	33714	1	2798182	2909982
三沙市	Sansha	95201		95201	95201					
五指山市	Wuzhishan	279707	131679	148028	1951	7390			81748	56939
文昌市	Wenchang	1959128	379123	1580005	268077	74759			657824	579345
琼海市	Qionghai	1485216	143476	1341740	320012	118300			370612	532816
万宁市	Wanning	1797565	486760	1310805	253114	57093			329370	671228
定安县	Ding'an	623299	240122	383177	8473	23300			212078	139326
屯昌县	Dunchang	214450	33584	180866		4089	10971		84523	81283
澄迈县	Chengmai	3270479	357194	2913285	29886	393174	5	5	1520929	969286
临高县	Lingao	740123	112261	627862	50806	152600	706		141892	281858
儋州地区	Danzhou Area	2653364	217607	2435757	75391	473758			1235629	650979
儋州市	Danzhou	2265858	165504	2100354	66423	374426			1023201	636304
洋浦	Yangpu	387506	52103	335403	8968	99332			212428	14675
东方市	Dongfang	649389	76622	572767	85990	72738	2000		214122	197917
乐东县	Ledong	459447	37116	422331	165374	17686			183093	56178
琼中县	Qiongzhong	182122	7029	175093	83289	56000			35484	320
保亭县	Baoting	501196	175015	326181	26872	25884			154537	118888
陵水县	Lingshui	2899871	851185	2048686	273871	301273			606997	866545
白沙县	Baisha	149865	4187	145678	16992	12000			24499	92187
昌江县	Changjiang	478371	47436	430935		14577			278917	137441

10-4 各市县新增固定资产(2018)
Newly Increased Fixed Assets by Region (2018)

单位:万元 (10 000 yuan)

地 区	Region	新增固定资产 Newly Increased Fixed Assets	房地产开发 Real Estate Development
全省总计	**Total**	**8171216**	**6421076**
海口市	Haikou	1853845	1451283
三亚市	Sanya	1858426	1433510
三沙市	Sansha		
五指山市	Wuzhishan	17105	15067
文昌市	Wenchang	903263	777024
琼海市	Qionghai	623562	204460
万宁市	Wanning	64506	64506
定安县	Ding'an	296201	263134
屯昌县	Dunchang	175140	153239
澄迈县	Chengmai	702497	669854
临高县	Lingao	159893	156748
儋州地区	Danzhou Area	275472	198643
儋州市	Danzhou	144256	135523
洋浦	Yangpu	131216	63120
东方市	Dongfang	132629	44390
乐东县	Ledong	28646	17
琼中县	Qiongzhong	33329	
保亭县	Baoting	36066	33549
陵水县	Lingshui	871485	862016
白沙县	Baisha	89611	74325
昌江县	Changjiang	49540	19311

10-5 按行业分固定资产投资增速及构成
Growth and Composition of Investment in Fixed Assets by Sector

单位:万元 (%)

行　　业	Sector	增速	比重
合　　计	**Total**	**-12.5**	**100.00**
农、林、牧、渔业	Agriculture,Forestry,Animal Husbandry and Fishery	-22.0	0.95
采矿业	Mining	496.1	1.16
制造业	Manufacturing	-37.9	2.32
电力、煤气及水的生产和供应业	Production and Supply of Electric Power,Gas and Water	55.5	4.58
建筑业	Construction	3.5	0.85
批发和零售业	Wholesale & Retail Trades	-26.0	0.94
交通运输、仓储和邮政业	Transport, Storage and Post	-22.6	10.47
住宿和餐饮业	Hotels and Catering Services	11.6	2.71
信息传输、软件和信息技术服务业	Information Transmission, Software and Information Technology	-33.0	2.04
金融业	Financial Intermediation	74.4	0.02
房地产业	Real Estate	-12.7	52.82
租赁和商务服务业	Leasing and Business Services	-22.0	1.27
科学研究和技术服务业	Scientific Research and Technical Services	-49.8	0.41
水利、环境和公共设施管理业	Management of Water Conservancy, Environmental and Public Facilities	-6.1	11.69
居民服务、修理和其他服务业	Services to Households, Repair and Other Services	26.0	0.29
教育	Education	-9.4	2.42
卫生和社会工作	Health Care and Social Welfare	-19.7	1.74
文化、体育和娱乐业	Culture,Sports and Entertainment	-27.5	3.05
公共管理、社会保障和社会组织	Public Management, Social Security and Social Organization	-36.6	0.27

10-6 各市县按三次产业分固定资产投资构成(2018)
Composition of Investment in Fixed Assets by Three Strata of Industry and Region (2018)

单位：万元 (%)

地区	Region	合计 Total	第一产业 Primary Industry	第二产业 Secondary Industry	第三产业 Tertiary Industry
全省总计	**Total**	**100**	**0.95**	**8.91**	**90.15**
海口市	Haikou	100	0.54	10.69	88.77
三亚市	Sanya	100	0.60	0.51	98.89
三沙市	Sansha	100			100.00
五指山市	Wuzhishan	100		16.69	83.31
文昌市	Wenchang	100	0.60	8.81	90.59
琼海市	Qionghai	100	3.36	14.26	82.39
万宁市	Wanning	100	1.08	3.68	95.24
定安县	Ding'an	100	1.06	12.52	86.42
屯昌县	Dunchang	100	1.74	14.73	83.53
澄迈县	Chengmai	100	0.05	19.56	80.39
临高县	Lingao	100	3.71	0.60	95.70
儋州地区	Danzhou Area	100	2.49	12.54	84.97
儋州市	Danzhou	100	2.93	5.15	91.92
洋浦	Yangpu	100		54.13	45.87
东方市	Dongfang	100	3.64	22.93	73.43
乐东县	Ledong	100	0.75	3.42	95.83
琼中县	Qiongzhong	100	2.16	22.18	75.65
保亭县	Baoting	100	0.77	1.01	98.22
陵水县	Lingshui	100	0.25	2.09	97.66
白沙县	Baisha	100	4.54	6.03	89.43
昌江县	Changjiang	100	0.86	28.79	70.35

10-7 各市县固定资产投资施工及投产项目个数(不含房地产项目)(2018)
Number of Construction Projects under Construction and Projects Completed and Projects Put into Use by Region (Excluding Real Estate Development) (2018)

地区	Region	施工项目(个) Number of Projects Under Construction (Unit)	新开工项目(个) Number of Projects Started This Year (Unit)	全部建成投产项目(个) Number of Projects Completed and Put into Use (Unit)	项目建成投产率(%) Rate of Projects Completed and Put into Use(%)
全省总计	**Total**	**2815**	**1044**	**413**	**14.7**
海口市	Haikou	677	237	57	8.4
三亚市	Sanya	487	134	20	4.1
三沙市	Sansha	1			
五指山市	Wuzhishan	76	32	15	19.7
文昌市	Wenchang	138	88	29	21.0
琼海市	Qionghai	74	26	9	12.2
万宁市	Wanning	112	30	18	16.1
定安县	Ding'an	78	20	4	5.1
屯昌县	Tunchang	84	21	11	13.1
澄迈县	Chengmai	135	49	11	8.1
临高县	Lingao	80	37	17	21.3
儋州地区	Danzhou Area	221	96	30	13.6
儋州市	Danzhou	185	87	16	8.6
洋浦	Yangpu	36	9	14	38.9
东方市	Dongfang	155	22	112	72.3
乐东县	Ledong	28	16	6	21.4
琼中县	Qiongzhong	42	20	12	28.6
保亭县	Baoting	44	20	7	15.9
陵水县	Lingshui	180	80		
白沙县	Baisha	144	75	27	18.8
昌江县	Changjiang	59	41	28	47.5

主要统计指标解释

固定资产投资额 是以货币表现的建造和购置固定资产活动的工作量，它是反映固定资产投资规模、速度、比例关系和使用方向的综合性指标。

房地产开发投资 指房地产开发公司、商品房建设公司及其他房地产开发法人单位和附属于其他法人单位实际从事房地产开发或经营的活动单位统一开发的包括统代建、拆迁还建的住宅、厂房、仓库、饭店、宾馆、度假村、写字楼、办公楼等房屋建筑物和配套的服务设施，土地开发工程（如道路、给水、排水、供电、供热、通讯、平整场地等基础设施工程）的投资；不包括单纯的土地交易活动。

固定资产投资的资金来源 根据固定资产投资的资金来源不同，分为国家预算内资金、国内贷款、利用外资、自筹资金和其他资金来源。

（1）国内贷款：指报告期内企、事业单位向银行及非银行金融机构借入的用于固定资产投资的各种国内借款。包括银行利用自有资金及吸收的存款发放的贷款、上级主管部门拨入的国内贷款、国家专项贷款（包括煤代油贷款、劳改煤矿专项贷款等）、地方财政专项资金安排的贷款、国内储备贷款、周转贷款等。

（2）利用外资：指报告期内收到的用于固定资产投资的国外资金，包括统借统还、自借自还的国外贷款，中外合资项目中的外资，以及对外发行债券和股票等。国家统借统还的外资指由我国政府出面同外国政府、团体或金融组织签订贷款协议、并负责偿还本息的国外贷款。

（3）自筹资金：指建设单位报告期内收到的，用于进行固定资产投资的上级主管部门、地方和企、事业单位自筹资金。

（4）其他资金来源：指报告期内收到的除以上各种拨款、借款、自筹资金以外其他用于固定资产投资的资金。

固定资产投资按国民经济行业分 建设项目归哪个行业，按其建成投产后的主要产品或主要用途及社会经济活动性质来确定。基本建设按建设项目划分国民经济行业，更新改造、国有单位其他固定资产投资及城镇集体投资根据整个企业、事业单位所属的行业来划分。一般情况下，一个建设项目或一个企业、事业单位只能属于一种国民经济行业。为了更准确地反映国民经济各行业之间的比例关系，联合企业（总厂）所属分厂属于不同行业的，原则上按分厂划分行业。

固定资产投资按构成分 固定资产投资活动按其工作内容和实现方式分为建筑安装工程、设备、工具、器具购置、其他费用三个部分。

（1）建安工程(建安工作量)：指各种房屋、建筑物的建造工程和各种设备、装置的安装工程。包括各种房屋建造工程；各种用途设备基础和各种工业窑炉的砌筑工程及金属结构工程；为施工而进行的各种准备工作和临时工程以及完工后的清理工作等；房地产开发单位进行的商品房屋开发建设工程、土地开发工程。

在安装工程中，不包括被安装设备本身的价值。

（2）设备、工具、器具购置：指建设单位或企业、事业单位购置或自制的，达到固定资产标准的设备、工具、器具的价值。新建单位及扩建单位的新建车间，按照设计或计划要求购置或自制的全部设备、工具、器具，不论是否达到固定资产标准均计入“设备工具器具购置”中。

（3）其他费用：指在固定资产建造和购置过程中发生的，上述几项内容以外的各种应分摊计入固定资产的费用。

施工项目 指报告期内曾进行建筑或安装工程施工活动的建设项目，包括报告期内新开工项目、报告期以前开工跨入报告期继续施工的项目以及报告期施过工并在报告期内全部建成投产或停缓建的项目。

新增固定资产 指通过投资活动所形成的新的固定资产价值，包括已经建成投入生产或交付使用的工程价值和达到固定资产标准的设备、工具、器具的价值及有关应摊入的费用。它是以价值形式表示的固定资产投资成果的综合性指标，可以综合反映不同时期、不同部门、不同地区的固定资产投资成果。

Explanatory Notes on Main Statistical Indicators

Investment in Fixed Assets refers to the volume of activities in construction and purchases of fixed assets of the whole country and related fees, expressed in monetary terms during the reference period. It is a comprehensive indicator which shows the size, structure and growth of the investment in fixed assets. It's an important indicator monitoring the process of project and evaluating results of investment.

Investment in Real Estate Development refers to investment by real estate development companies, commercial buildings construction companies and other real estate development units of various types of ownership in the construction of house buildings, such as residential buildings, factory buildings, warehouses, hotels, guesthouses, holiday villages, office buildings, and the complementary service facilities and land development projects, such as roads, water supply, water drainage, power supply, heating, telecommunications, land leveling and other projects of infrastructure. It excludes the activities in simple land transactions.

Sources of Funds for Investment in Fixed Assets state budgetary appropriation, domestic loans, foreign investment, self-raised funds, and others.

(1)Domestic loans refer to various funds borrowed by enterprises and institutions from banks and non-bank financial institutions during the reference period for the purpose of investment in fixed assets, including loans issued by banks from their self-owned funds and deposit, loans appropriated by higher responsible authorities, special loans by government (including loan for replacing petroleum with coal, special loan for reform-through-labour coal mines), loans arranged by local government from special funds, domestic reserve loan, and working loan, etc..

(2) Foreign Investment refers to foreign funds received during the reference period for the purpose of investment in fixed assets, including foreign funds borrowed and managed by the government, by individual units, foreign fund in joint venture program, and issue of bonds and stocks at the international financial markets. The foreign funds borrowed and managed by the government refer to foreign loans borrowed by the government from foreign governments, organizations, or financial institutions under official agreements signed by both parties, under which government is responsible for the repayment of both the principal and interests of the foreign loans.

(3)Self-raised funds refer to funds received by construction enterprises from their higher responsible authorities, local governments, or raised by enterprises or institutions themselves for the purpose of investment in fixed assets during the reference period.

(4) Others refer to funds received during the reference period which are not included in the above-mentioned sources.

Investment in Fixed Assets by Sector The classification of construction projects by sector is determined by the major products or the purpose of the projects when they are put into production or use, and by the nature of their social economic activities. The investment in capital construction is classified by construction projects, while investment in innovation, other investment by state-owned units and urban collective units are classified according to the sector which the whole enterprise or institution belongs to. In general, one project or one enterprise or institution can only belong to one sector. In order to reflect more accurately the proportions among various sectors, the branch factories of integrated complex are classified into different sectors according to their economic activities.

Investment in Fixed Assets by Composition of Funds By their contents and the mode of implementation, investment activities are classified into 3 categories, i.e. construction and installation, purchase of equipment and instrument, and other expenses.

(1) Construction and installation (work volume of construction and installation) refers to the construction of houses and buildings and the installation of various kinds of equipment and instruments. They include construction of houses; equipment foundations, industrial kilns and stoves, and metal structure work; preparation works and temporary works for project construction, and clearing up works post project construction, and land and other development work conducted by real estate developers for commercialized housing, The value of equipment installed is itself not included in the value of installation projects.

(2)Purchase of equipment and instruments refers to the total value of equipment, tools, and instruments purchased or self-produced which come up to the cut-off point for fixed assets by the construction units or investing enterprises or institutions. Equipment, tools and vessels purchased or self-produced for new workshops by newly established or expanded units are categorized as "purchase of equipment and instruments" no matter whether they come up to the standards for fixed assets.

(3)Other expenses refer to expenses occurring during the construction or purchase of fixed assets other than those mentioned above.

Projects under Construction refer to projects having construction and installation activities undertaken in the reference period, including projects started in the reference period, or continued from the previous period, or completed and put into production or suspended in the reference period.

Newly Increased Fixed Assets refers to the newly increased value of fixed assets, constructed or purchased, that have been transferred to the investors. This is an indicator that demonstrates the results of investment in fixed assets in monetary terms, and an important indicator to reflect the speed of construction and to calculate the efficiency of investment.

11

对外经济贸易

Foreign Trade and Economic Cooperation

编辑人员：林潮明

Compiled by Lin Chaoming

英文翻译：林潮明

Translated by Lin Chaoming

简 要 说 明

本篇资料综合反映海南的对外贸易、利用外资的概况，重点反映对外经济贸易的近期发展状况。

一、对外贸易部分

对外贸易统计的主要内容包括：进出口货物的品种、数(重)量、金额、国别(地区)、贸易方式等项目。

对外贸易统计的资料来源于海口海关，调查方法是全面调查。

二、利用外资统计部分

利用外资统计的主要内容包括：对外借款、外商直接投资和外商其他投资。

利用外资统计资料的来源：对外借款资料来源于省发改委。其余资料来源于省商务厅，调查方法是全面调查。

Brief Introduction

Data in this chapter provide summary data of Hainan's foreign trade, utilization of foreign capita over the years, focusing on the recent situation of foreign trade and economic cooperation.

I. Statistics on Foreign Trade

Data on foreign trade include: varieties of imports and exports, amount (weight), value, countries (regions), customs regime and so on.

Sources of data on foreign trade are from Haikou Customs District People's Republic of China through a comprehensive reporting system.

II. Statistics on Utilization of Foreign Capitals

Utilization of foreign capitals includes: foreign borrowing, foreign direct investments and other foreign investments of foreign funded enterprises.

Resources of data on utilization of foreign capitals are: foreign borrowing from Hainan Development and Reform Commission; others from the Commerce Department of Hainan through a comprehensive reporting system.

11-1 对外经济主要指标
Major Indicators on Foreign Trade and Economic Cooperation

指　　标	Item	2013	2014	2015	2016	2017	2018
进出口总额(万美元)	**Total Value of Imports and Exports (10 000 USD)**	**1498054**	**1585965**	**8691005**	**7513213**	**7027040**	**8481758**
出口总额	Total Exports	370640	441674	2324339	1405123	2956490	2977608
#农产品	Farm Products	59824	63416	334352	344078	357222	334810
机电产品	Machanical and Electrical Products	77937	44162	244718	213724	225125	353390
高新技术产品	High and New-tech Products	57055	33253	182065	131089	53128	159682
进口总额	Total Imports	1127414	1144291	6366665	6108090	4070550	5504150
#农产品	Farm Products	17847	20706	109120	114579	153815	145129
机电产品	Machanical and Electrical Products	255988	167977	1927099	1932175	1319726	2528832
高新技术产品	High and New-tech Products	208692	145475	1744084	1666825	1100449	2298527
签订利用外资协议(合同)项目(个)	**Number of Projects for Contracted Foreign Investment (unit)**	**62**	**60**	**71**	**88**	**90**	**171**
#对外借款	Foreign Loans	3			2		4
外商直接投资	Foreign Direct Investment	59	60	71	86	90	167
签订利用外资协议(合同)金额(万美元)	**Amount of Contracted Foreign Investment (10 000 USD)**	**84276**	**69831**	**128245**	**1017890**	**1282021**	**522638**
#对外借款	Foreign Loans	21271			8427		7425
外商直接投资	Foreign Direct Investment	63005	69831	128245	1009463	1282021	515213
实际利用外资额(万美元)	**Amount of Foreign Investment Actually Utilized (10 000 USD)**	**181060**	**191558**	**246567**	**221561**	**230598**	**81876**
#对外借款	Foreign Loans		2700	46000	8427		7425
外商直接投资	Foreign Direct Investment	181060	188858	200567	213134	230598	74451

注：1. 从2015年起，进出口数据均以万元为单位, 下同。
2. 从2018年起, 利用外资数据启用商务部口径，下同。

Note: a)The data on import and export are for 10000 yuan as the unit instead of 10000 USD since 2015,the same as following.
b)The data on foreign investment start using ministry of commerce caliber since 2018，the same as following.

11-2 对外贸易进出口总额
Total Value of Imports and Exports

单位：万美元 (USD 10 000)

年 份 Year	进出口总额 Total Value of Imports and Exports	出口总额 Total Value of Exports	进 口总额 Total Value of Imports	差 额 Balance
1987	29241	11545	17696	-6151
1988	66462	29496	36966	-7470
1989	109620	36082	73538	-37456
1990	93697	47138	46559	579
1991	134876	66964	67912	-948
1992	169450	88120	81330	6790
1993	256866	90157	166709	-76552
1994	269719	98698	171021	-72323
1995	226744	83000	143744	-60744
1996	228667	84132	144535	-60403
1997	194901	88966	105935	-16969
1998	190913	88463	102450	-13987
1999	121867	74860	47007	27853
2000	128784	80289	48495	31794
2001	176238	80094	96144	-16050
2002	186686	81930	104756	-22826
2003	227855	86916	140939	-54023
2004	340168	109252	230916	-121664
2005	259175	102254	156921	-54667
2006	397358	145456	251902	-106446
2007	735749	183697	552052	-368355
2008	1052418	186329	866089	-679760
2009	890996	190036	700960	-510924
2010	1081650	239114	842535	-603422
2011	1275604	254162	1021442	-767280
2012	1432965	314314	1118651	-804337
2013	1498054	370640	1127414	-756774
2014	1585965	441674	1144291	-702616
2015	8691005	2324339	6366665	-4042326
2016	7513213	1405123	6108090	-4702966
2017	7027040	2956490	4070550	-1114061
2018	8481758	2977608	5504150	-2526542

注：从2015年起，进出口数据均以万元为单位, 下同。
Note: The data on import and export are for ten thousand yuan as the unit instead of dollars since 2015,the same following.

11-3 按贸易方式、企业类型、货物性质分进出口金额(2018) Value of Imports and Exports by Customs Regime,Status of Registration and Category of Goods (2018)

单位：万元 (10 000 yuan)

项　　目	Item	出口 Exports	进口 Imports
按贸易方式分	**By Customs Regime**		
一般贸易	Ordinary Trade	742566	1880947
来料加工装配贸易	Processing and Assembling with Materials Provided Abroad	200469	104774
进料加工贸易	Processing and Assembling with Import Materials	556880	390404
租赁贸易	Goods on Lease	.	185661
边境小额贸易	Border Trade	11375	1514170
其　他	Others	1466317	1428193
按企业类型分	**By Status of Registration**		
国有企业	State-ownde Enterprises	60675	935286
外商投资企业	Enterprises with Foreign Investment	2269199	3614415
集体企业	Collective-owned Enterprises	202023	107710
私营企业	Private Enterprises	445711	846583
其他	Others		155
总值中：	**Total**		
初级产品	Primary Goods	1824729	1638474
食品及活动物	Food and Live Animals Used Mainly	321911	126833
饮料及烟类	Beverages and Tobacco	1242	2103
非食用原料(燃料除外)	Non-edible Raw Materials (except Fuels)	14915	696334
矿物燃料、润滑油及有关原料	Mineral Fuels,Lubricants and Related Materials	1486614	813005
动、植物油、脂及蜡	Animal and Vegetable Oils, Fats and Waxes	46	199
工业制品	Manufactured Goods	1152879	3865676
化学品及有关产品	Chemicals and Related Products	512108	1030425
按原料分类的制成品	Manufactured Goods Classified by Raw Material	260179	91563
机械及运输设备	Machiery and Transport Equipment	304038	2338652
杂项制品	Miscellaneous Manufactured Articles	76552	405032

11-4 对外贸易出口主要商品金额(2018)
Main Exported Goods in Value (2018)

单位：万元 (10 000 yuan)

品　　名	Item	金　额 Value
水海产品	Aquatic and Seawater Products	302279
活鱼	Live Fish	15974
冻鱼、冻鱼片	Frozen Fishes and Frozen Fish Fillets	254568
鲜、冻对虾	Fresch and Frozen Prawns	792
冻虾仁	Frozen Peeled Prawns	1168
粮食	Grain	
豆类	Beans	
蔬菜	Vegetables	6067
鲜或冷藏蔬菜	Fresh and Refrigerated Vegetables	2389
果蔬汁	Fruit and Vegetable Juice	336
中药材及中式成药	Chinese Medicinal Materials and Chinese Medicine	1197
肥料	Chemical Fertilizers	35132
矿物肥料及化肥	Compound Fertilizers	34277
尿素	Urea	34046
原油	Petroleum	203595
成品油	Petroleum Products Refined	1225168
汽油	Petrol	318858
煤油	Coal Oil	370830
柴油	Diesel Oil	530158
其他燃料油	Other Fuel Oils	5196
机电产品(包括本目录已具体列名的机电产品)	Mechanical and Electrical Products (including Listed in Catalogue)	353390
金属制品	Metal Products	12451
机械设备	Mechanical Appliances	39097
电器及电子产品	Electrical Equipment and Electronic Products	41933
运输工具	Transport Appliances	223067
仪器仪表	Instruments	30643
其他机电产品	Other Mechanical and Electrical Products	6200
高新技术产品	Hi-tech Products	159682
生物技术	Biotechnology	419
生命科学技术	Life Science Technology	13012
电子技术	Electronic Technology	1949
计算机集成制造技术	Computer Integrated Manufacturing Technology	1186
材料技术	Material Technology	29236
航空航天技术	Aeronautical and Space Technologies	103704
医药品	Medicine	23652
抗菌素(制剂除外)	Antibiotics (except Preparation)	9163
中式成药	Chinese Medicine	1197

11-4 续(continued)

单位：万元 (10 000 yuan)

品名	Item	金 额 Value
家用或装饰用木制品	Wood Products for Household Use or Decoration	1563
纸及纸板(未切成形的)	Paper and Unformed Paperboard	183632
纺织纱线、织物及制品	Spinning Yarn, Fabric and Articles thereof	28127
平板玻璃	Plain Glass	347
玻璃制品	Glass Products	710
玻璃器皿	Glassware	576
陶瓷产品	Ceramic Products	3669
家用陶瓷	Ceramic Products for Household Use	848
钢材	Steel Products	14109
钢铁板材	Steel Plate	7778
变压器	Transformers	23934
太阳能电池	Solar Cells	1892
印刷电路	Printed Circuits	
通断保护电路装置及零件	Electric Apparatus for Switching or Protecting Electrical Circuits	1388
二极管及类似半导体器件	Diodes and Similar Semiconductor Apparatus	1892
电线和电缆	Insulated Wire or Cable	458
汽车(包括整套散件)	Automobiles(including a Complete Set of Spare Parts)	137647
小轿车(包括整套散件)	Cars(including a Complete Set of Spare Parts)	136347
汽车零件	Parts of Automobiles	5033
船舶	Vessel	366
家具及其零件	Furniture, Parts and Accessories thereof	14309
灯具、照明装置及类似品	Lamps and Lanterns,Illuminating Equipment and Analogs	3493
箱包及类似容器	Chests,Bags and Analogs	7962
体育用具及设备	Sports Products and Equipments	755
服装及衣着附件	Clothing and Accessories	6415
织物制服装	Clothing with Textile	5927
非针织钩编织物服装	Non-knitted or Crocheted Fabrics Clothing	4217
针织或钩编的服装	Knitted or Crocheted Fabrics Clothing	1710
鞋类	Footwear	966
外底及鞋面均以橡胶或塑料制的鞋	Outer Soles and Uppers of Footwear with Rubber or Plastic	36
橡胶或塑料底纺织材料为面的鞋	Cloth Shoes with Outer of Rubber or Artificial Plastic Materials	303
塑料制品	Plastic Products	4532

11-5 对外贸易进口主要商品金额(2018)
Main Import Goods in Value (2018)

单位：万元 (10 000 yuan)

品名	Item	金额 Value
冻鱼	Frozen Fishes	13365
鲜、干水果及坚果	Fresh and Dried Fruits and Nuts	68939
粮食	Grain	5527
谷物及谷物粉	Ceraals and Cereals Flour	5527
稻谷和大米	Paddy and Rice	5527
酒类	Liquor	2071
葡萄酒	Wine	2050
饲料用鱼粉	Flours and Meals of Fish	2182
天然橡胶(包括胶乳)	Natural Rubber (including Latex)	12382
纸浆	Paper Pulp	202803
人造纤维短纤	Man-made Short Fibres	5660
铁矿砂及其精矿	Iron Ores and Concentrates	3470
煤及褐煤	Coal and Lignite	65389
无烟煤	Anthracite	
其他烟煤	Other Bituminous Coal	
褐煤	Lignite	5194
原油	Petroleum	218811
成品油	Petroleum Products Refined	303404
汽油	Gasoline	120580
煤油	Kerosene	22310
柴油	Diesel Oil	143622
其它燃料油	Other Fuel Oils	13804
液化天然气	Liquefide Natural Gas	213646
机电产品	Mechanical and Electrical Products	2528832
金属制品	Metal Products	27009
机械设备	Mechanical Appliances	217871
电器及电子产品	Electrical Equipment and Electronic Products	42517
运输工具	Transport Appliances	2077412
仪器仪表	Instruments	60047
其他机电产品	Other Mechanical and Electrical Products	103976
高新技术产品	Hi-tech Products	2298527
生命科学技术	Life Science Technology	73750
光电技术	Photoelectric Technology	3703
计算机与通信技术	Computer and Communication Technology	17459
电子技术	Electronic Technology	2523
计算机集成制造技术	Computer Integrated Manufacturing Technology	16633
航空航天技术	Aeronautical and Space Technologies	2183643
二甲苯	Xylene	342262
乙二醇	Glycol	132071
医药品	Medicine	122404
美容化妆品及护肤品	Cosmetics and Skin Care Products	346421
初级形状的塑料	Primary-form Plastics	
初级形状的聚乙烯	Primary-form Polytene	
初级形状的聚丙烯	Primary-form Polypropylene	4303
非泡沫塑料的板、片、膜、箔	Board, Slice, Film and Foil of Non-cellular Plastics	

11-5 续(continued)

单位：万元 (10 000 yuan)

品　名	Item	金　额 Value
纺织纱线、织物及制品	Spinning Yarn, Fabric and Articles thereof	4131
服装及衣着附件	Clothing and Accessories	62655
钢材	Rolled Steel	1837
钢铁板材	Steel and Iron Plate	33
未锻造的铝及铝材	Unwrought Aluminum and Aluminum Materials	2790
铝材	Aluminum Materials	2790
涡轮喷气发动机	Turbo Jet	104854
机械提升搬运装卸设备及零件	Equipment and Parts for Mechanical Handling and Transport	3840
制造纸及纸制品用机械及零件	Machinery and Parts for Manufacture of Paper and Paper Products	288
阀门	Valve	21382
变压、整流、电感器及零件	Transformer, Rectifier, Inductor and Parts	1377
电视、收音机及无线电讯设备的零附件	Parts of Television, Radio and Wireless Telecommunication Equipments	5386
通断保护电路装置及零件	Electric Apparatus for Switching or Protecting Electrical Circuits	7838
二极管及类似半导体器件	Diodes and Similar Semiconductor Apparatus	323
电线和电缆	Insulated Wire or Cable	3124
汽车零件	Parts of Automobile	19519
空载重量超过2吨的飞机	Aeroplane	2014231
航空器零件	Parts of Aircraft	31041
船舶	Vessel	511
医疗仪器及器械	Medical Instruments and Apparatus	3894
计量检测分析自控仪器及器具	Automatic Measuring, Inspecting and Analyzing Instruments and Apparatus	44203
手表	Watch	83907
机械手表	Mechanical Watches	61556
电动手表	Electric Watches	22351
塑料制品	Plastics Products	8441
文化产品	Cultural Artifact	70439

11-6 我省同各国(地区)对外贸易出口总额(2018)
Total Value of Exports by Country(Region) (2018)

单位：万元 (10 000 yuan)

项　　目	Item	金　额 Value
出口总额	**Total Value of Exports**	**2977608**
亚洲	**Asia**	**2135750**
阿联酋	United Arab Emirates	16826
中国香港	Hong Kong,China	385714
中国台湾	Taiwan,China	30563
日　本	Japan	126819
韩　国	Korea Rep.	113503
越　南	Vietnam	123660
泰　国	Thailand	68947
印　度	India	121120
新加坡	Singapore	379130
马来西亚	Malaysia	47924
菲律宾	Philippines	335092
印度尼西亚	Indonesia	18773
孟加拉国	Bangladesh	8975
以色列	Israel	26130
土耳其	Turkey	52495
斯里兰卡	Sri Lanka	4433
非洲	**Africa**	**147577**
阿尔及利亚	Algeria	16317
欧洲	**Europe**	**276026**
英　国	United Kingdom	7698
法　国	France	9534
意大利	Italy	21278
德　国	Germany	19176
荷　兰	Netherlands	14239
西班牙	Spain	7891
俄罗斯	Russia	65357
拉丁美洲	**Latin America**	**87976**
巴　西	Brazil	10552
墨西哥	Mexico	48578
智　利	Chile	7866
北美洲	**North America**	**183093**
美　国	United States	167478
加拿大	Canada	15615
大洋洲	**Oceania**	**147187**
澳大利亚	Australia	141880

11-7 我省同各国(地区)对外贸易进口总额(2018)
Total Value of Imports by Country(Region) (2018)

单位：万元 (10 000 yuan)

项　　目	Item	金 额 Value
进口总额	**Total Value of Imports**	**5504150**
亚洲	**Asia**	**1943312**
阿联酋	United Arab Emirates	218895
中国香港	Hong Kong,China	72864
中国台湾	Taiwan,China	38941
日　本	Japan	91311
韩　国	Korea Rep.	200608
越　南	Vietnam	311387
泰　国	Thailand	96168
印　度	India	209935
新加坡	Singapore	193255
马来西亚	Malaysia	91972
菲律宾	Philippines	62206
印度尼西亚	Indonesia	189473
沙特阿拉伯	Saudi Arabia	38552
阿　曼	Oman	43511
科威特	Kuwait	29558
非洲	**Africa**	**76279**
安哥拉	Angola	417
莫桑比克	Mozambique	36109
埃及	Egypt	89
尼日利亚	Nigeria	27092
欧洲	**Europe**	**1310261**
德　国	Germany	43210
法　国	France	793105
英　国	United Kingdom	66707
意大利	Italy	175015
荷　兰	Netherlands	64511
芬　兰	Finland	4868
奥地利	Austria	7626
瑞　士	Switzerland	100056
罗马尼亚	Romania	7215
俄罗斯	Russia	5152
拉丁美洲	**Latin America**	**83489**
智利	Brazil	36128
北美洲	**North America**	**1932920**
加拿大	Canada	128442
美　国	United States	1804474
大洋洲	**Oceania**	**157865**
澳大利亚	Australia	148230
新西兰	New Zealand	9634

11-8 各市县外贸进出口总额(2018)
Value of Imports and Exports by Region (2018)

单位：万元 (10 000 yuan)

市县	Region	进出口 Total	出口 Exports	进口 Imports
全省	**Total**	**8481758**	**2977608**	**5504150**
海口市	Haikou	3412018	672410	2739608
三亚市	Sanya	629079	38737	590341
五指山市	Wuzhishan	41	41	
文昌市	Wenchang	64776	53184	11591
琼海市	Qionghai	4038	3610	427
万宁市	Wanning	11890	3171	8719
定安县	Ding'an	38233	36550	1683
屯昌县	Tunchang			
澄迈县	Chengmai	173030	104748	68281
临高县	Lingao	12637	12602	35
儋州地区	Danzhou Area	3973699	2010251	1963448
洋浦	Yangpu	3622508	1989563	1632945
东方市	Dongfang	40525	37016	3508
乐东县	Ledong	627	72	555
琼中县	Qiongzhong			
保亭县	Baoting			
陵水县	Linshui	120217	4266	115951
白沙县	Baisha			
昌江县	Changjiang	949	949	

11-9 利用外资情况
Utilization of Foreign Investment

年份 Year	签订项目（个）Number of Projects for Contracted Foreign Investment (unit)	#外商直接投资 Foreign Direct Investment	合同外资额（万美元）Amount of Contracted Foreign Investment (USD 10000)	#外商直接投资 Foreign Direct Investment	实际利用外资（万美元）Amount of Foreign Investment Actually Utilized (USD 10000)	#外商直接投资 Foreign Direct Investment
2002	238	233	25063	23073	99878	51178
2003	171	164	34575	23863	61782	58062
2004	171	169	74335	70285	66998	64343
2005	174	174	34211	34211	70711	68401
2006	193	191	108602	105112	79259	74878
2007	172	170	185724	184795	112499	112001
2008	122	120	151821	148176	128468	128337
2009	88	85	41786	36477	94304	93806
2010	72	70	40228	39165	152276	151213
2011	92	60	73450	63803	158087	152299
2012	74	71	123399	112124	164119	164119
2013	62	59	84276	63005	181060	181060
2014	60	60	69831	69831	191558	188858
2015	71	71	128245	128245	246567	200567
2016	88	86	1017890	1009463	221561	213134
2017	90	90	1282021	1282021	230598	230598
2018	171	167	515213	515213	81876	74451

注：从2018年起, 利用外资启用商务部口径，下同。
Note:The data on foreign investment start using ministry of commerce caliber since 2018，the same as following。

11-10 分方式利用外资（2018）
Foreign Investment by Form (2018)

指 标	Item	签订项目（个）Number of Projects for Contracted Foreign Investment (unit)	合同外资额（万美元）Amount of Contracted Foreign Investment (USD 10000)	实际利用外资（万美元）Amount of Foreign Investment Actually Utilized (USD 10000)
总 计	**Total**	**171**	**522638**	**81876**
对外借款	**Foreign Loans**	**4**	**7425**	**7425**
外商直接投资	**Foreign Direct Investment**	**167**	**515213**	**74451**
合资经营企业	Equity Joint Ventures	52	395175	52316
合作经营企业	Contractural Joint Ventures	2	9008	13
外资（独资）企业	Wholly Foreign-owned Enterprises	109	71419	22122
外商投资股份制	FDI Shareholding Inc	3	39295	
合作开发	Joint Exploration	1	316	
其他	Others			
外商其它投资	**Other Foreign Investment**			
对外发行股票	Sale Share			
国际租赁	International Lease			
补偿贸易	Compensation Trade			
加工装配	Processing and Assembly			

11-11 分行业外商直接投资（2018）
Foreign Direct Investment by Sector (2018)

指　　标	Item	签订项目（个）Number of Projects for Contracted Foreign Investment (unit)	合同外资额（万美元）Amount of Contracted Foreign Investment (USD 10000)	实际利用外资（万美元）Amount of Foreign Investment Actually Utilized (USD 10000)
合　计	**Total**	**167**	**515213**	**74451**
农、林、牧、渔业	Agriculture, Forestry, Animal Husbandry and Fishery	18	7141	558
采矿业	Mining	1	849	
制造业	Manufacture	12	2542	8061
电力、燃气及水的生产和供应业	Production and Supply of Electric Power, Gas and Water	3	261	628
建筑业	Construction	2	1370	
交通运输、仓储和邮政业	Transport, Storage and Post	4	3496	13
信息传输、计算机服务和软件业	Information Transmission, Computer Services and Software	17	3201	150
批发和零售业	Wholesale and Retail Trades	25	3052	937
住宿和餐饮业	Hotels and Catering Services	5	601	65
金融业	Financial Intermediation		507	
房地产业	Real Estate	10	125839	18937
租赁和商务服务业	Leasing and Business Services	39	291805	43470
科学研究、技术服务和地质勘查业	Scientific Research, Technical Services and Geologic Prospecting	18	46226	495
水利、环境和公共设施管理业	Management of Water Conservancy, Environment and Public Facilities			
居民服务和其他服务业	Services to Households and Other Services	1	41	525
教育	Education	4	31	
卫生、社会保障和社会福利业	Health Care, Social Security and Social Welfare	1	3000	593
文化、体育和娱乐业	Culture, Sports and Recreation	7	25251	19
公共管理和社会组织	Public Administration and Social Organizations			

11-12 分国别(地区)外商直接投资(2018)
Foreign Direct Investment by Country (Region)(2018)

指 标	Item	2018
外商直接投资合同项目数(个)	**Number of Projects for Contracted Foreign Direct Investment (unit)**	**167**
亚洲	**Asia**	**121**
孟加拉国	Bangladesh	1
柬埔寨	Cambodia	1
香港	Hong Kong, China	77
印度	India	1
以色列	Israel	1
日本	Japan	
澳门	Macau, China	3
马来西亚	Malaysia	1
巴基斯坦	Pakistan	2
新加坡	Singapore	8
韩国	Korea Rep.	4
泰国	Thailand	1
阿联酋	United Arab Emirates	1
台湾省	Taiwan,China	20
非洲	**Africa**	**4**
加纳	Ghana	1
几内亚	Guinea	
马里	Mali	
莫桑比克	Mozambique	1
塞舌尔	Seychelles	
南非	South-Africa	2
欧洲	**Europe**	**23**
英国	United Kingdom	7
德国	Germany	2
法国	France	1
爱尔兰	Ireland	
意大利	Italy	
荷兰	Netherlands	
奥地利	**Austria**	2
挪威	Norway	2
波兰	Polska	2
白俄罗斯	The Republic of Belarus	
俄罗斯联邦	Russia	7
乌克兰	Ukraine	
南美洲	**South America**	**3**
巴西	Brazil	
开曼群岛	Cayman Islands	
哥伦比亚	Colombia	1
英属维尔京群岛	British Virgin Islands	2
北美洲	**North America**	**8**
加拿大	Canada	2
美国	United States	6
大洋洲	**Oceania**	**7**
澳大利亚	Australia	4
新西兰	**New Zealand**	3
其他	Others	**6**

11-12 续表1(continued1)

指　　标	Item	2018
外商直接投资合同金额(万美元)	**Amount of Contracted Foreign Direct Investmer (USD 10000)**	**515213**
亚洲	**Asia**	**311511**
孟加拉国	Bangladesh	147
柬埔寨	Cambodia	80
香港	Hong Kong, China	235393
印度	India	84
以色列	Israel	8
日本	Japan	-232
澳门	Macau, China	2256
马来西亚	Malaysia	6
巴基斯坦	Pakistan	45
新加坡	Singapore	2161
韩国	Korea Rep.	160
泰国	Thailand	-11
阿联酋	United Arab Emirates	1005
台湾省	Taiwan,China	70409
非洲	**Africa**	**229**
加纳	Ghana	15
几内亚	Guinea	
马里	Mali	
莫桑比克	Mozambique	14
塞舌尔	Seychelles	
南非	South-Africa	200
欧洲	**Europe**	**185408**
英国	United Kingdom	2579
德国	Germany	40
法国	France	-54
爱尔兰	Ireland	
意大利	Italy	-21
荷兰	Netherlands	
奥地利	Austria	26
挪威	Norway	30
波兰	Polska	35
白俄罗斯	Belarus	
俄罗斯联邦	Russia	182773
乌克兰	Ukraine	
南美洲	**South America**	**9086**
巴西	Brazil	-26
开曼群岛	Cayman Islands	
哥伦比亚	Colombia	15
英属维尔京群岛	British Virgin Islands	9097
北美洲	**North America**	**5765**
加拿大	Canada	321
美国	United States	5444
大洋洲	**Oceania**	**2338**
澳大利亚	Australia	725
新西兰	New Zealand	1613
其他	**Others**	**876**

11-12 续表 2 (continued2)

指　　标	Item	2005	2010	2013	2014	2015	2016	2017	2018
外商直接投资额(万美元)	**Amount of Foreign Direct Investment Actually Utilized (USD 10000)**	**68401**	**151213**	**181060**	**188858**	**200567**	**213134**	**230598**	**74451**
亚洲	**Asia**	**48127**	**97612.5**	**145177**	**175697**	**183929**	**211098**	**230526**	**58342**
中国香港	Hong Kong, China	21423	88526	122885	174060	177799	208150	229795	57404
中国澳门	Macao, China		1461			37			
中国台湾	Taiwan, China	5882	138	377	1584	865	26		57
印度尼西亚	Indonesia	643	77	40					
日本	Japan	2627		17					77
马来西亚	Malaysia	3420	4	2		150			
柬埔寨	Cambodia								
新加坡	Singapore	96	7407	18678	42	5078	1900	711	683
韩国	Republic of Korea	13543		3178	7		238	20	
泰国	Thailand	479			2		784		41
吉尔吉斯坦	Kyrghyz Republic								
以色列	Israel				2				
尼泊尔	Federal Democratic Republic of N	14							
欧洲	**Europe**	**1587**	**7180.36**	**35313**	**12411**	**15263**	**1918**	**47**	**1007**
比利时	Begium			719					
英国	United Kingdom	602		136		312		2	
法国	France			161					
荷兰	Netherlands	294	61	1594		1607	242		480
奥地利									523
西班牙	Spain			2					
挪威	Norway								
德国	Germany					7			
瑞典	Sweden	663		168					
瑞士	Switzerland				200				
开曼	Cayman Islands		7112.36		252	13337			
摩纳哥	Monaco	21							
意大利	Italy	7	2		21				4
白俄罗斯	Belarus							1	
俄罗斯	Russian		5						
南美洲	**South America**	13899	27765	32533	11938		1676	44	10093
巴西	Brazil								
英属维尔京群岛	British Virgin Islands	13899	27765	32533	11938		1676	44	10093
北美洲	**North America**	**2004**	**606**	**549**	**16**	**2**	**40**	**16**	**9**
加拿大	Canada	7	13						
美国	United States of America	1997	593	549	16	2	40	16	9
大洋洲	**Oceania**	**2784**	**900**	**21**	**2**	**39**			
澳大利亚	Australia	1662			2				
新西兰	New Zealand	55							
萨摩亚	Samoa	1067	900	21		39			
非洲	Africa					**259**	**78**		
塞舌尔	Seychelles					259	78		
其他	**Others**		**17149**					**9**	**5000**

11-13 各市县外商直接投资(2018)
Foreign Direct Investment by Region(2018)

市 县	Region	签订项目 (个) Number of Projects for Contracted Foreign Investment (unit)	合同外资额 (万美元) Amount of Contracted Foreign Investment (USD 10000)	实际利用外资 (万美元) Amount of Foreign Investment Actually Utilized (USD 10000)
全省总计	**Total**	**167**	**515213**	**74451**
海 口 市	Haikou	93	234560	25352
三 亚 市	Sanya	17	186691	10383
五指山市	Wuzhishan	2	145	
文 昌 市	Wenchang	9	9580	778
琼 海 市	Qionghai	1	464	12169
万 宁 市	Wanning	1	43	4974
定 安 县	Ding'an		113	
屯 昌 县	Tunchang	1	14	
澄 迈 县	Chengmai	25	65840	265
临 高 县	Lingao	1	200	
儋州地区	Danzhou Area	8	13415	11174
儋州市	Danzhou	3	11701	4422
洋 浦	Yangpu	5	1714	6752
东 方 市	Dongfang	7	4093	41
乐 东 县	Ledong			
琼 中 县	Qiongzhong			
保 亭 县	Baoting	1	47	
陵 水 县	Lingshui	1	8	9315
白 沙 县	Baisha			
昌 江 县	Changjiang			

主要统计指标解释

进出口总额 指实际进出我国国境的货物总金额。包括对外贸易实际进出口货物，来料加工装配进出口货物，国家间、联合国及国际组织无偿援助物资和赠送品，华侨、港澳台同胞和外籍华人捐赠品，租赁期满归承租人所有的租赁货物，进料加工进出口货物，边境地方贸易及边境地区小额贸易进出口货物(边民互市贸易除外)，外商投资企业进出口货物和公用物品，到、离岸价格在规定限额以上的进出口货样和广告品(无商业价值、无使用价值和免费提供出口的除外)，从保税仓库提取在中国境内销售的进口货物，以及其他进出口货物。进出口总额用以观察一个国家在对外贸易方面的总规模。我国规定出口货物按离岸价格统计，进口货物按到岸价格统计。

利用外资 指我国各级政府、部门、企业和其他经济组织通过对外借款、吸收外商直接投资以及用其他方式筹措的境外现汇、设备、技术等。

外商直接投资 指外国企业和经济组织或个人(包括华侨、港澳台胞以及我国在境外注册的企业)按我国有关政策、法规，用现汇、实物、技术等在我国境内开办外商独资企业、与我国境内的企业或经济组织共同举办中外合资经营企业、合作经营企业或合作开发资源的投资(包括外商投资收益的再投资)，以及经政府有关部门批准的项目投资总额内企业从境外借入的资金。

Explanatory Notes on Main Statistical Indicators

Total Value of Imports and Exports refer to the real value of commodities imported and exported across the border of China. They include the actual imports and exports through foreign trade, imported and exported goods under the processing and assembling trades and materials, supplies and gifts as aid given gratis between governments and by the United Nations and other international organizations, and contributions donated by overseas Chinese, compatriots in Hong Kong and Macao and Chinese with foreign citizenship, leasing commodities owned by tenant at the expiration of leasing period, the imported and exported commodities processed with imported materials, commodities trading in border areas (excluding mutual exchange goods), the imported and exported commodities and articles for public use of the Sino-foreign joint ventures, cooperative enterprises and ventures with sole foreign investment. Also included is import or export of samples and advertising goods for which CIF or FOB value are beyond the permitted ceiling (excluding goods without trading or use value and free commodities for export), imported goods sold in China from bonded warehouses and other imported or exported goods. The indicator of the total imports and exports at customs can be used to observe the total size of external trade in a country. In accordance with the stipulation of the Chinese government, imports are calculated at CIF, while exports are calculated at FOB.

Foreign Investments refer to remittance, equipment and technology financed from abroad, by loans, foreign direct investments and other forms undertaken by the Chinese governments at all levels, by various departments, enterprises and other economic units.

Foreign Direct Investments refer to the investments inside China by foreign enterprises and economic organizations or individuals (including overseas Chinese, compatriots from Hong Kong, Macao and Taiwan, and Chinese enterprises registered abroad), following the relevant policies and laws of China, for the establishment of ventures exclusively with foreign own investment, Sino-foreign joint ventures and cooperative enterprises or for co-operative exploration of resources with enterprises or economic organizations in China. It includes the re-investment of the foreign entrepreneurs with the profits gained from the investment and the funds that enterprises borrow from abroad in the total investment of projects which are approved by the relevant department of the government.

12

农 业

Agriculture

编辑人员： 吴宗峰 郑海霞 陈贞 卢欣欣

Compiled by Wu Zongfeng Zheng Haixia Chen zhen Lu Xinxin

英文翻译：陈贞

Translated by Chen Zhen

简 要 说 明

一、本篇资料的主要内容及统计范围

本篇资料反映我省农业生产和农村经济的基本情况，内容主要包括耕地、农业机械拥有量、农林牧渔业产值、主要农产品产量、水利设施、农村居民家庭拥有生产性固定资产等方面的统计资料。除特别注明外，分市县数据含农垦。

农业统计范围包括全社会除军马生产及农业科研机构进行的农业生产以外的所有农业生产活动。即农村各种经济组织和农户经营的农林牧渔业生产活动；各种专业性农、林、牧、渔场的农业生产活动；国家各级机关、团体、学校、部队进行的农业生产活动；集体所有制的乡、镇、村办农场的农业生产活动；以及工矿企业经营的农、林、牧、渔业生产活动。

二、本篇的资料来源及统计调查方法

农业生产情况根据《农林牧渔业统计报表制度》、《农业产值和价格综合统计报表制度》、《乡村社会经济调查方案》和《农产量抽样调查制度》的有关资料整理取得。

Brief Introduction

I. Main Contents and Statistical Scopes

The data in this chapter show the basic conditions of agricultural production and rural economy, including mainly cultivated land, quantity of agricultural machinery, output of agriculture, forestry, animal husbandry and fishery, output of major products.，facilities of water conservancy and productive fixed assets owned by rural households. Data by region includes the data of Nongken except special explanation.

Statistics on agriculture cover all agricultural production activities except horse raising for military purpose and agricultural production activities undertaken by agriculture research institutions. In other words, included in agriculture statistics are production activities in agriculture, forestry, animal husbandry and fishery undertaken by rural economic units of various types and by rural households; production activities of farms specializing in agriculture, forestry, animal husbandry and fishery; production activities in agriculture undertaken by government agencies, institutions, schools and military units; production activities in agriculture undertaken by collective farms run by townships and villages; and production activities in agriculture, forestry, animal husbandry and fishery undertaken by manufacturing and mining enterprises.

II. Data Sources and Survey Methods

Data on agricultural production are from the Statistical Survey System on Agriculture, Forestry, Animal Husbandry and Fishery; the Statistical Reporting System on Agricultural Output and Price, the System of Rural Social and Economic Survey and the System of agricultural products Sample Survey.

12-1 农业主要指标
Major Indicators on Agriculture

指　　标	Item	2005	2010	2013	2014	2015	2016	2017	2018
乡村户数(万户)	Number of Rural Households (10000 households)	112.58	125.27	134.64	138.11	141.35	147.47	151.27	147.93
乡村人口(万人)	Rural Population (10000 persons)	525.60	564.57	588.90	600.94	605.08	618.24	624.98	619.58
乡村从业人员(万人)	Number of Employed Persons in Rural Area (10000 persons)	256.01	284.58	301.51	307.85	311.81	317.69	327.07	323.96
农田水利有效灌溉面积(公顷)	Effective Irrigated Area (hectare)	168266	179880	195969	197611	197638	192461	193818	184983
农业机械总动力(万千瓦)	Total Agricultural Machinery Power (10 000 KW)	268.21	421.52	491.99	522.84	504.22	516.57	556.86	561.27
农用化肥施用量(实物量)(万吨)	Consumption of Chemical Fertilizers(10 000tons)	93.60	117.50	124.05	131.30	135.74	130.43	132.87	124.85
化学农药使用量(万吨)	Consumption of Pesticide(10 000tons)	1.81	4.55	4.35	3.99	3.98	3.40	3.34	2.32
农村用电量(万千瓦时)	Electricity Consumed in Rural Areas(10 000 kwh)	38452	59480	96271	108944	130231	138860	155189	174095
农业总产值(亿元)	Gross Output Value of Agriculture, Forestry, Animal Husbandry and Fishery (100 million yuan)	475.88	813.80	1125.93	1227.14	1294.00	1433.88	1488.86	1535.73
农业增加值(亿元)	Value-added of Agriculture, Forestry, Animal Husbandry and Fishery (100 million yuan)	300.75	534.43	742.70	814.74	859.25	951.63	993.25	1020.16
主要产品产量(万吨)	Output of Major Products (10000 tons)								
粮食	Grain	153.00	166.55	168.55	161.71	154.50	146.10	138.11	147.12
糖料	Sugar Crops	253.65	358.83	389.04	368.39	243.88	171.18	133.10	132.53
蔬菜	Vegetables	312.16	434.51	509.35	532.02	550.59	553.41	553.05	566.77
水果	Fruits	203.76	373.20	435.98	408.81	402.90	390.07	405.48	430.41
水产品	Aquatic Products	108.41	149.48	178.27	177.15	185.56	192.13	180.79	175.82
肉类产量	Output of Meat	47.57	68.18	82.26	78.83	77.33	79.60	78.67	79.87
荒山荒(沙)地造林面积(万亩)	Afforested Area in Barren Mountains (10000 mu)		21.25	19.24	12.44	15.36	12.49	6.94	3.99

注：1. 依据第三次全国农业普查结果，对2012年-2017年水产品数据进行了修订。

2. 依据第三次全国农业普查结果，对2007年-2017年农业数据进行了修订。

Note：1.According to the result of the Third National Agricultural Census,data of aquatic products were revised from 2012 to 2017.

2.According to the result of the Third National Agricultural Census,data of agriculture were revised from 2007 to 2017.

12-2 农村基层组织情况
Basic Statistics on Rural Grassroots Organizations

项　　目	Item	2005	2010	2013	2014	2015	2016	2017	2018
农村基层组织情况	**Basic Conditions of Rural Grassroots Organizations**								
乡镇政府个数(个)	Number of Governments at Township and Town Level(unit)	200	204	203	203	196	195	195	195
乡政府	Township Governments	20	21	21	21	21	21	21	21
#民族乡	#Ethnic Minority Township	20	21	21	21	21	21	18	18
镇政府	Town Governments	180	183	182	182	175	174	174	174
#民族镇	#Ethnic Minority Town	49	49	49	49	46	46	39	39
村民委员会(个)	Number of Villagers Committees(unit)	2615	2656	2673	2658	2651	2660	2665	2638
#民族村委会	#Ethnic Minority Villagers Committees	705	714	707	701	708	708	708	706
村民小组(个)	Number of Villagers Groups(unit)	25907	25997	26114	25792	25935	26146	26083	25949
自然村(个)	Villages(unit)	18605	18719	18787	18685	18684	18625	18685	18333
#民族自然村	#Ethnic Minority Villages	3621	3633	3654	3599	3602	3615	3605	3587
乡村户数(万户)	**Number of Rural Households(10 000 Households)**	**112.58**	**125.27**	**134.64**	**138.11**	**141.35**	**147.47**	**151.27**	**147.93**
#农业户	#Agricultural Households	102.01	114.44	122.80	126.55	128.63	129.88	131.41	
#民族户	#Ethnic Minority Households	21.09	24.17	25.81	26.31	27.60	28.05	28.47	28.67
#黎族户	#Households of Li	19.77	22.77	24.11	24.42	25.73	26.11	26.74	26.87
苗族户	Households of Miao	0.89	1.04	1.15	1.14	1.19	1.30	1.28	1.30
乡村人口(万人)	**Population(10 000 persons)**	**525.60**	**564.71**	**588.90**	**600.94**	**605.08**	**618.24**	**624.98**	**619.58**
#农业人口	#Agricultural Population	484.19	514.57	530.92	535.23	541.66	541.94	536.10	
#民族人口	#Ethnic Minority Population	107.80	113.90	116.99	117.52	120.88	122.18	125.20	123.99
#黎族人口	#Population of Li	102.09	107.84	110.32	110.20	112.70	114.10	115.08	114.55
苗族人口	Population of Miao	4.89	5.19	5.55	5.55	5.79	5.76	5.75	5.73

注：由于户籍改革取消农业非农业户口性质划分，自2018年起农业户和农业人口不再进行统计。

Note:As the household registration reform abolished the division of agricultural and non-agricultural household registration, agricultural households and agricultural population will no longer be counted from 2018.

12-3 各市县农村基层组织情况(2018)
Basic Statistics on Rural Grassroots Organizations by Region

地 区	Region	乡镇政府(个) Number of Township and Town Governments (unit)	#镇政府 Town Governments	村民委员会(个) Villagers Committees (unit)	村民小组(个) Villagers Groups (unit)	乡(村)总户数(户) Number of Rural Households (Household)	乡(村)总人口(人) Total Population (person)	乡村从业人员(人) Number of Employed Persons in Rural Area (person)	女 Female
全省总计	**Total**	**195**	**174**	**2638**	**25949**	**1479315**	**6195846**	**3239606**	**1494528**
海口市	Haikou	22	22	248	2666	190026	780600	383604	184789
三亚市	Sanya			92	878	59754	277624	157416	72388
五指山市	Wuzhishan	7	4	59	331	17703	61430	43980	19486
文昌市	Wenchang	17	17	255	3976	128268	495425	256969	123297
琼海市	Qionghai	12	12	189	2677	101354	384225	210158	101875
万宁市	Wanning	12	12	207	2209	116228	459038	244147	113866
定安县	Ding'an	10	10	108	1676	74103	276588	135879	63803
屯昌县	Tunchang	8	8	104	1110	40865	175961	91570	39978
澄迈县	Chengmai	11	11	185	963	104655	478813	267901	119906
临高县	Lingao	10	10	157	921	108470	465047	222823	100905
儋州地区	Danzhou Area	16	16	240	2061	144712	670103	338911	156068
儋州市	Danzhou	16	16	231	1967	138453	638098	322135	147617
洋浦	Yangpu			9	94	6259	32005	16776	8451
东方市	Dongfang	10	8	185	1580	100855	376844	192822	88959
乐东县	Ledong	11	11	185	1595	116860	487164	252545	115055
琼中县	Qiongzhong	10	7	100	633	25333	107210	62680	28026
保亭县	Baoting	9	6	60	469	22730	90277	58227	26326
陵水县	Lingshui	11	9	107	1172	64721	321289	158897	63559
白沙县	Baisha	11	4	83	498	26307	114513	71556	32459
昌江县	Changjiang	8	7	74	534	36371	173695	89521	43783

注：各市县数据含农垦数据(下同)。
Note:Data of the cities and counties includes the data of Nongken，The same applies to the following tables.

12-3 续(continued)

地　区	Region	民族乡镇(个) Number of Ethnic Minority Township and Town Governments(unit)	民族村委会(个) Number of Ethnic Minority Villagers Committees (unit)	民族自然村(个) Number of Ethnic Minority Villages (unit)	乡村民族户数(户) Number of Ethnic Minority Households (household)			乡村民族人口(人) Ethnic Minority Population (person)		
						黎族 Li	苗族 Miao		黎族 Li	苗族 Miao
全省总计	**Total**	**57**	**706**	**3587**	**286651**	**268677**	**12962**	**1239910**	**1145535**	**57307**
海口市	Haikou				70	28	8	1436	476	35
三亚市	Sanya		61	417	41580	38837	795	191615	180025	2505
五指山市	Wuzhishan	7	59	287	17022	15742	1268	58307	52780	5353
文昌市	Wenchang				247	234	13	1004	900	71
琼海市	Qionghai	1	6	31	1987	66	1898	12222	2473	9605
万宁市	Wanning	3	39	280	16590	14804	1720	69405	60994	7668
定安县	Ding'an							735	602	60
屯昌县	Tunchang	1	4	19	3198	1375	662	14731	11538	2986
澄迈县	Chengmai			1	303	202	96	1501	991	467
临高县	Lingao							1078	71	2
儋州地区	Danzhou Area	3	15	73	16181	14326	608	86065	61740	2679
儋州市	Danzhou	3	15	73	16181	14326	608	86065	61740	2679
洋浦	Yangpu									
东方市	Dongfang	5	80	121	21048	20812	236	91763	90405	1358
乐东县	Ledong	6	102	468	44162	43496	663	188315	185315	2986
琼中县	Qiongzhong		100	515	23866	21021	2799	100999	87942	12998
保亭县	Baoting	9	60	406	21772	19732	1648	88019	81460	6559
陵水县	Lingshui	6	64	470	35220	35009	190	143142	139960	773
白沙县	Baisha	11	74	385	24019	23626	339	102033	100927	1106
昌江县	Changjiang	5	42	114	19386	19367	19	87540	86936	96

12-4 各市县乡镇劳动力(2018)
Rural Labor Force by Region (2018)

单位：人 (person)

地 区	Region	乡村劳动力总数 Total Number of Rural Labor Force	劳动年龄内的人口数 Population in Working Age	劳动年龄内上学的学生数 Students in School in Working Age	不足劳动年龄而参加劳动的人口数 Pupulation of Taking Part in Working but Younger than Working Age	超过劳动年龄而参加劳动的人口数 Pupulation of Taking Part in Working beyond the Working Age	劳动年龄内丧失劳动能力的人口数 Population in Working Age Losing Working Ability
全省总计	**Total**	**3646961**	**3403120**	**192512**	**86925**	**227811**	**70895**
海 口 市	Haikou	429309	399185	20473	8861	28350	7087
三 亚 市	Sanya	182525	178300	8680	2629	3467	1871
五指山市	Wuzhishan	47979	44687	2138	1756	2807	1271
文 昌 市	Wenchang	284127	260859	9626	4431	23258	4421
琼 海 市	Qionghai	227235	206224	6813	5550	19587	4126
万 宁 市	Wanning	271212	261847	15972	4444	11281	6360
定 安 县	Ding'an	147407	133693	7213	4452	12290	3028
屯 昌 县	Tunchang	111964	104064	4720	2344	7889	2333
澄 迈 县	Chengmai	290275	267643	20041	6099	21787	5254
临 高 县	Lingao	250480	229875	13288	8711	17443	5549
儋州地区	Danzhou Area	395879	377754	31165	6313	21154	9342
儋州市	Danzhou	376668	359066	28730	6313	20275	8986
洋 浦	Yangpu	19211	18688	2435		879	356
东 方 市	Dongfang	218577	200125	13746	7924	15025	4497
乐 东 县	Ledong	301527	277089	15363	11810	16943	4315
琼 中 县	Qiongzhong	66328	62323	1764	1875	3608	1478
保 亭 县	Baoting	65885	62280	2769	1190	3756	1341
陵 水 县	Lingshui	181119	172453	7458	2593	8992	2919
白 沙 县	Baisha	76200	69992	3474	3598	4859	2249
昌 江 县	Changjiang	98933	94727	7809	2345	5315	3454

12-5 乡村从业人员
Number of Employed Persons in Rural Area

单位：万人 (10 000 persons)

指　　标	Item	2005	2010	2013	2014	2015	2016	2017	2018
乡村从业人员	**Number of Employed Persons in Rural Area**	**256.01**	**284.58**	**301.51**	**307.85**	**311.81**	**317.69**	**327.07**	**323.96**
按性别分	By Sex								
男	Male	132.56	148.93	160.46	163.58	166.85	169.80	175.43	174.51
女	Female	123.45	135.66	141.05	144.27	144.95	147.89	151.64	149.45
按产业分	By Industry								
第一产业	Primary Industry	193.39	205.29	211.92	214.11	217.05	219.77	223.69	219.26
第二产业	Secondary Industry	17.89	24.51	28.68	30.29	31.28	32.88	33.70	33.61
第三产业	Tertiary Industry	44.73	54.78	60.91	63.45	63.48	65.04	69.68	71.09
按行业分	By Sector								
农业	Agriculture	193.39	205.29	211.92	214.11	217.05	219.77	223.69	219.26
工业	Industry	9.24	12.48	13.91	14.49	14.86	15.38	15.44	15.05
建筑业	Construction	8.65	12.03	14.77	15.80	16.41	17.50	18.27	18.56
交通运输业和邮电业	Transport and Post	6.75	7.72	8.63	8.82	8.42	8.45	8.77	8.60
信息传输、计算机服务和软件业	Information Transmission, Computer Service and Software	0.59	1.15	1.84	1.99	2.22	2.43	2.60	2.83
商业、饮食、物资供销仓储业	Business, Catering, Retails and Storage	17.99	24.76	28.54	30.37	30.39	31.58	32.72	33.11
其它	Others	19.40	21.15	21.90	22.27	22.45	22.58	25.59	26.55

12-6 各市县乡村从业人员（2018）
Number of Employed Persons in Rural Area by Region (2018)

单位：人 (person)

地 区	Region	乡村从业人员 Number of Employed Persons in Rural Area	农 业 Agriculture	工 业 Industry	建 筑 业 Construction	交通运输邮电业 Transport and Post	信息传输计算机服务和软件业 Information Transmission, Computer Service and Software	商业、饮食、物资供销仓储业 Business Catering Retails and Storage	其他 Others
全省总计	**Total**	**3239606**	**2192596**	**150477**	**185628**	**86015**	**28286**	**331057**	**265547**
海 口 市	Haikou	383604	222698	29014	33284	13570	4315	43464	37259
三 亚 市	Sanya	157416	119773	1623	4231	2444	974	17203	11168
五指山市	Wuzhishan	43980	36884	976	1315	238	71	2065	2431
文 昌 市	Wenchang	256969	175620	9957	17666	6865	2862	25861	18138
琼 海 市	Qionghai	210158	142902	7464	13334	4954	1702	20596	19206
万 宁 市	Wanning	244147	139927	20908	22733	6981	5118	26725	21755
定 安 县	Ding'an	135879	87605	7934	7677	4079	1391	15940	11253
屯 昌 县	Tunchang	91570	66169	4374	5457	1430	390	7119	6631
澄 迈 县	Chengmai	267901	164187	20634	16450	8553	2035	39343	16699
临 高 县	Lingao	222823	145830	10967	15288	4755	1858	21537	22588
儋州地区	Danzhou Area	338911	211839	18064	20873	9763	4633	30247	43492
儋州市	Danzhou	322135	210089	15960	17373	8713	3738	26110	40152
洋 浦	Yangpu	16776	1750	2104	3500	1050	895	4137	3340
东 方 市	Dongfang	192822	154685	4251	5306	6208	467	14281	7624
乐 东 县	Ledong	252545	169836	8614	7443	8989	1656	32646	23361
琼 中 县	Qiongzhong	62680	53922	1009	1462	339	37	2379	3532
保 亭 县	Baoting	58227	49323	333	1477	298	48	2616	4132
陵 水 县	Lingshui	158897	114174	2217	6565	3716	417	20442	11366
白 沙 县	Baisha	71556	60879	970	2699	446	104	3473	2985
昌 江 县	Changjiang	89521	76343	1168	2368	2387	208	5120	1927

12-7 各市县耕地面积
Cultivated Land by Region

单位：公顷 (hectare)

年份 地区	Year Region	耕地面积 Cultivated Land	水旱田 Paddy Fields and Dry land	水田 Paddy Fields	旱田 Dry land	旱地 Dry Fields
2000		433181	240653	108473	157974	78267
2005		416178	221556	166725	54830	194623
2010		419123	222904	176897	46007	196219
2011		425350	225184	175674	49509	200166
2012		419498	224530	174932	49598	194968
2013		418196	225033	175163	49871	193163
2014		424886	225967	175966	50000	198919
2015		422835	226625	173519	53106	196211
2016		427335	231851	176326	55524	195484
2017		439200	238768	180069	58699	200432
2018		439032	240083	182533	57550	198949
海口市	Haikou	48855	26660	19056	7603	22196
三亚市	Sanya	14541	9682	7851	1831	4859
五指山市	Wuzhishan	3272	2978	2804	174	294
文昌市	Wenchang	39896	31210	23900	7310	8686
琼海市	Qionghai	23049	16812	13949	2863	6236
万宁市	Wanning	19223	12515	10532	1984	6707
定安县	Ding'an	22135	10959	10062	897	11176
屯昌县	Tunchang	13382	8940	7061	1879	4442
澄迈县	Chengmai	30606	17713	15275	2438	12893
临高县	Lingao	31826	17337	12082	5254	14489
儋州地区	Danzhou Area	52768	23110	15083	8027	29659
儋州市	Danzhou	51632	22678	14813	7864	28954
洋浦	Yangpu	1136	432	270	162	705
东方市	Dongfang	46082	15063	10824	4239	31019
乐东县	Ledong	30291	17263	11356	5906	13028
琼中县	Qiongzhong	10016	5111	4326	785	4905
保亭县	Baoting	6008	4718	3572	1146	1290
陵水县	Lingshui	11812	9565	7188	2377	2248
白沙县	Baisha	11644	4265	3284	981	7379
昌江县	Changjiang	23625	6183	4328	1855	17442

12-8 主要农业机械拥有量
Major Agricultural Machinery

指 标	Item	2005	2010	2013	2014	2015	2016	2017	2018
农业机械总动力(万千瓦)	**Total Power of Agricultural Machinery (10 000 kw)**	**268.21**	**421.52**	**491.99**	**522.84**	**504.22**	**516.57**	**556.86**	**561.27**
耕作机械(台)	**Machinery for Plough(unit)**								
#大中型拖拉机	Large and Medium-sized Tractors	3931	13203	21133	24118	23537	25181	24880	24489
小型拖拉机	Small Tractors	34419	52163	63930	67661	60978	65422	64456	63042
农用排灌机械(台)	**Machinery for Agricultural Drainage and Irrigation(unit)**								
#柴 油 机	Diesel Engines	93649	147085	195755	197037	188438	200862	203097	201290
电 动 机	Electric Motors	4472	29302	38275	39275	41628	47380	53474	44752
农用水泵	Pumps	62661	131697	145007	154488	140321	159113	154197	151639
农用排灌机械动力(万千瓦)	**Power of Machinery for Agricultural Drainage and Irrigation(10 000 kw)**	**52.57**	**90.52**	**96.58**	**94.45**	**91.5**	**103.06**	**107.57**	**107.23**
#柴 油 机	Diesel Engines	44.02	67.36	77.44	76.19	71.63	81.54	83.3	82.76
电 动 机	Electric Motors	8.55	23.16	19.14	18.26	19.88	21.52	24.28	24.48
收获机械	**Machinery for Harvest**								
#机动脱粒机(台)	Motorized Thresher(unit)	38543	47131	52858	52343	51325	50724	53266	52875
渔业机械	**Machinery for Fishery**								
#渔用机动船(艘)	Motorized Fishing Boats(unit)	25581	24799	23515	23648	24973	24650	24357	23700
渔用机动船(万千瓦)	Motorized Fishing Boats(10 000 kw)	65.4	84.56	85.35	75.47	77.41	81.96	94.55	95.67
农用运输车(辆)	**Trucks for Agricultural Use(unit)**	**25581**	**27642**	**31076**	**33529**	**33596**	**32047**	**36814**	**35408**

12-9 农业现代化情况
Basic Statistics on Agricultural Modernization

指　　标	Item	2005	2010	2013	2014	2015	2016	2017	2018
农村电气化	**Electrification of Rural Areas**								
乡村办水电站(个)	Number of Hydropower Stations in Rural Areas(unit)	38	52	62	47	49	52	51	40
发电能力(千瓦)	Generating Capacity (kw)	83993	301183	472478	472555	363483	364694	366524	314441
农村用电量(万千瓦时)	Electricity Consumed in Rural Areas (10 000 kwh)	38452	59480	96271	108944	130231	138860	155189	174095
农用化肥施用量(实物量)(万吨)	**Consumption of Chemical Fertilizers (10 000tons)**	**93.60**	**117.50**	**124.05**	**131.30**	**135.74**	**130.43**	**132.87**	**124.85**
氮　肥	Nitrogenous Fertilizer	20.35	32.70	35.89	37.01	38.32	39.20	39.82	37.81
磷　肥	Phosphate Fertilizer	10.18	25.62	28.62	32.63	33.78	27.59	28.25	26.19
钾　肥	Potash Fertilizer	35.19	14.36	16.32	17.13	18.21	17.63	18.00	17.22
复合肥	Compound Fertilizer	0.96	44.82	43.22	44.53	45.42	46.01	46.80	43.62
化学农药使用量(万吨)	**Consumption of Pesticide(10 000tons)**	**1.81**	**4.55**	**4.35**	**3.99**	**3.98**	**3.40**	**3.34**	**2.32**
农田水利有效灌溉面积(公顷)	**Effective Irrigated Area (hectare)**	**168266**	**179880**	**195969**	**197611**	**197638**	**192461**	**193818**	**184983**
旱涝保收面积(公顷)	**Area With Stable Yieds Despite of Drought or Waterlogging (hectare)**	**92271**	**98350**	**100266**	**101860**	**102925**	**96820**	**98633**	**100150**

12-10 各市县农业机械总动力(2018)
Total Power of Agricultural Machinery by Region (2018)

单位：千瓦 (kw)

地　区	Region	农业机械总动力 Total Power of Agricultural Machinery	柴油发动机动力 Power of Diesel Engines	汽油发动机动力 Power of Gasoline Engines	电动机动力 Power of Electric Motors	其他机械动力 Power of other Machinery
全省总计	**Total**	**5612659**	**4510937**	**372402**	**641455**	**87865**
海 口 市	Haikou	544622	381581	24631	135383	3027
三 亚 市	Sanya	292361	249179	25030	18152	
五指山市	Wuzhishan	80846	55213	18675	6958	
文 昌 市	Wenchang	529815	421124	35709	72982	
琼 海 市	Qionghai	316445	249033	28682	35841	2889
万 宁 市	Wanning	479093	377715	32284	54217	14877
定 安 县	Ding'an	164057	138552	10696	10511	4298
屯 昌 县	Tunchang	93530	73779	12356	5122	2273
澄 迈 县	Chengmai	359721	325821	18397	14037	1466
临 高 县	Lingao	521741	471744	30220	19179	598
儋州地区	Danzhou Area	457721	429194	17555	10972	
儋州市	Danzhou	453821	425294	17555	10972	
洋 浦	Yangpu	3900	3900			
东 方 市	Dongfang	224901	198244	7022	19594	41
乐 东 县	Ledong	743084	613332	52993	66569	10190
琼 中 县	Qiongzhong	295115	116266	20943	157906	
保 亭 县	Baoting	66282	46652	14267	4411	952
陵 水 县	Lingshui	139527	117347	15070	5826	1284
白 沙 县	Baisha	123229	78339	2930	1710	40250
昌 江 县	Changjiang	180569	167822	4942	2085	5720

12-11 各市县农业机械拥有量(2018)
Agricultural Machinery by Region (2018)

地区	Region	排灌机械 Machinery for Agricultural Drainage and Irrigation			收获机械 Machinery for Harvest
		柴油机(台) Diesel Engines (unit)	电动机(台) Electric Motors (unit)	农用水泵(台) Pumps (unit)	联合收割机(台) Combine Harvester (unit)
全省总计	**Total**	**201290**	**44752**	**151639**	**4383**
海口市	Haikou	7522	2124	8808	329
三亚市	Sanya	12087	1672	10351	405
五指山市	Wuzhishan	361	485	469	148
文昌市	Wenchang	19500	4293	23115	195
琼海市	Qionghai	6894	2928	5486	42
万宁市	Wanning	9468	3596	11325	262
定安县	Ding'an	3356	512	1187	459
屯昌县	Tunchang	2452	719	1605	79
澄迈县	Chengmai	14034	2290	14099	704
临高县	Lingao	6892	5200	1753	198
儋州地区	Danzhou Area	12750	89	12751	304
儋州市	Danzhou	12750	89	12751	304
洋浦	Yangpu				
东方市	Dongfang	15677	1308	13505	111
乐东县	Ledong	71950	16064	37108	648
琼中县	Qiongzhong	3040	351	1761	103
保亭县	Baoting	2202	1270	3209	92
陵水县	Lingshui	4946	1517	3004	141
白沙县	Baisha	1525	330	852	25
昌江县	Changjiang	6634	4	1251	138

12-11 续(continued)

地 区	Region	渔用机动船 Machinery for Fishery		运输机械 Machinery for Transport	
		艘 unit	千瓦 kw	农用载重汽车(辆) Trucks for Agricultural Use(unit)	农用运输车(辆) Transport Trucks for Agricultural Use(unit)
全省总计	**Total**	**23700**	**956748**	**8852**	**35408**
海口市	Haikou	1180	8231	1114	3883
三亚市	Sanya	875	64269	141	433
五指山市	Wuzhishan			90	93
文昌市	Wenchang	2517	63215	667	1432
琼海市	Qionghai	1532	53140	699	2654
万宁市	Wanning	2299	44972	1278	2824
定安县	Ding'an	4	135	1085	1953
屯昌县	Tunchang			298	1845
澄迈县	Chengmai	1464	41542	1168	2789
临高县	Lingao	4466	365102	402	3829
儋州地区	Danzhou Area	4320	200456	126	1366
儋州市	Danzhou	4190	196556	126	1366
洋浦	Yangpu	130	3900		
东方市	Dongfang	551	26080	725	3855
乐东县	Ledong	1159	21838	513	5584
琼中县	Qiongzhong				
保亭县	Baoting			287	844
陵水县	Lingshui	2725	37789	104	1122
白沙县	Baisha				
昌江县	Changjiang	608	29980	155	902

12-12 各市县农业现代化情况(2018)
Agricultural Modernization by Region (2018)

地 区	Region	化肥施用实物量(吨) Consumption of Chemical Fertillzer(ton) 合计 Total	氮肥 Nitrogenous Fertilizer	磷肥 Phosphate Fertilizer	钾肥 Potash Fertilizer	复合肥 Compound Fertilizer
全省总计	**Total**	**1248501**	**378144**	**261924**	**172193**	**436241**
海口市	Haikou	88819	27169	20403	14338	26910
三亚市	Sanya	52303	11667	7016	5865	27754
五指山市	Wuzhishan	5635	1164	1119	1397	1955
文昌市	Wenchang	94673	23848	19269	11447	40109
琼海市	Qionghai	146762	38636	33359	27295	47472
万宁市	Wanning	75040	22061	10704	14174	28101
定安县	Ding'an	57344	13408	16087	7083	20767
屯昌县	Tunchang	31805	9962	8871	3441	9531
澄迈县	Chengmai	143666	38600	39276	20770	45020
临高县	Lingao	85114	23346	24236	13945	23588
儋州地区	Danzhou Area	87180	33297	19701	7726	26456
儋州市	Danzhou	83028	31677	18689	7096	25566
洋浦	Yangpu	4152	1620	1012	630	890
东方市	Dongfang	90212	25834	13208	12844	38326
乐东县	Ledong	124397	41247	24126	18277	40746
琼中县	Qiongzhong	20126	4754	6897	972	7503
保亭县	Baoting	16397	3599	1923	1785	9090
陵水县	Lingshui	52858	31970	8171	3694	9023
白沙县	Baisha	24355	6621	3591	1578	12565
昌江县	Changjiang	51814	20961	3968	5562	21323

12-12 续(continued)

地 区	Region	农药使用量(吨) Consumption of Pesticide (ton)	农田有效灌溉面积(公顷) Effective Irrigated Area (hectare)	#机电灌溉面积 Mechanical and Electrical Irrigation	旱涝保收面积(公顷) Area With Stable Yieds Despite of Drought or Waterlogging (hectare)	农村用电量(万千瓦时) Electricity Consumed in Rural Area(10 000 kwh)
全省总计	**Total**	**23250**	**184983**	**31909**	**100150**	**174095**
海口市	Haikou	1295	17414	4024	9365	43648
三亚市	Sanya	2782	8807	624	5843	13399
五指山市	Wuzhishan	546	2453	13	111	851
文昌市	Wenchang	1257	21541	8848	5286	35456
琼海市	Qionghai	5074	12467	2058	8377	14185
万宁市	Wanning	1217	12009	1917	7716	12784
定安县	Ding'an	153	10195	1072	6893	4729
屯昌县	Tunchang	282	4129	287	2568	2833
澄迈县	Chengmai	2401	16451	3784	8199	5673
临高县	Lingao	493	11394	673	7224	4958
儋州地区	Danzhou Area	868	14640	1832	7957	10577
儋州市	Danzhou	868	14433	1832	7957	9683
洋浦	Yangpu		207			895
东方市	Dongfang	516	12178	2901	8691	1321
乐东县	Ledong	2652	14178	1281	9644	14075
琼中县	Qiongzhong	972	3559	16	1357	1245
保亭县	Baoting	581	4461	483	2920	810
陵水县	Lingshui	891	7716	580	901	1502
白沙县	Baisha	1126	3362	625	1498	1388
昌江县	Changjiang	144	8027	892	5599	4661

12-13 农林牧渔业总产值
Gross Output Value of Agriculture, Forestry, Animal Husbandry and Fishery

单位：亿元 (100 million yuan)

指　　标	Item	2005	2010	2013	2014	2015	2016	2017	2018
农林牧渔业总产值	**Total**	**475.88**	**813.80**	**1125.93**	**1227.14**	**1294.00**	**1433.88**	**1488.86**	**1535.73**
农业产值	**Farming**	**179.63**	**337.89**	**476.05**	**555.72**	**598.70**	**676.56**	**707.42**	**729.51**
谷物及其他作物	Cereal and Other Plants	47.19	71.56	102.31	102.95	103.75	105.33	104.96	101.63
#谷物	Cereal	19.47	31.31	46.16	42.89	46.48	46.87	44.25	44.21
豆类	Beans	0.74	0.81	1.44	1.76	1.26	1.20	1.13	1.26
油料	Oil-bearing Crops	2.98	3.74	6.57	7.13	7.10	7.23	7.01	6.61
糖料	Sugar Crops	6.72	12.47	33.61	29.88	21.54	18.42	18.61	17.45
蔬菜园艺作物	Vegetables and Horticultue Plant	67.34	116.95	204.39	237.86	245.60	296.77	290.48	303.44
#蔬菜类	Vegetables	62.62	108.80	184.73	210.05	215.63	254.60	246.02	255.99
水果、坚果、饮料和香料作物	Fruits,Nut,Beverage and Perfume Plants	64.30	148.72	167.37	208.57	236.21	259.11	294.33	305.53
#水果	Fruits		120.55	112.62	151.03	157.96	180.96	200.69	201.78
坚果	Nut		27.75	31.38	28.79	47.95	48.10	68.52	85.89
中药材	Chinese Medicinal Materials	0.80	0.66	1.99	6.34	13.14	15.34	17.65	18.92
林业产值	**Forestry**	**58.93**	**122.67**	**119.29**	**101.31**	**97.21**	**97.76**	**107.71**	**110.44**
林木的培育和种植	Lumbering and Transportation of Timber and Bamboo	7.11	21.19	31.20	31.61	41.47	37.99	36.70	42.14
竹木采运	Cultivating and Planting of Forest Tree	10.18	7.58	9.80	9.52	7.39	10.65	11.81	13.83
林产品	Forestry Products	41.64	93.90	78.29	60.18	48.35	49.12	59.19	54.47
牧业产值	**Animal Husbandry**	**95.21**	**160.87**	**231.24**	**234.69**	**246.35**	**276.94**	**245.05**	**245.32**
牲畜饲养	Rearing of Livestock	8.75	12.60	23.27	27.77	31.11	28.37	31.06	31.63
猪的饲养	Rearing of Pigs	47.73	84.81	123.02	118.84	120.70	132.47	118.08	110.02
#肉猪	Fattened Hogs	45.83	82.08	116.49	110.39	110.79	119.79	107.83	99.96
家禽饲养	Rearing of Poultry	36.13	59.53	73.76	81.09	89.02	111.26	90.11	99.37
#肉禽	Poultry for Meat	33.91	52.80	70.61	75.34	82.65	100.89	84.40	92.98
渔业产值	**Fishery**	**132.18**	**169.41**	**264.19**	**295.69**	**307.78**	**333.15**	**372.77**	**387.44**
海水产品	Seawater Aquatic Products	116.76	140.88	222.60	252.11	272.48	299.57	337.58	348.63
#养殖	Cultured	12.22	27.74	64.99		47.40	53.70	78.13	67.07
淡水产品	Freshwater Aquatic Products	15.42	28.53	41.59	43.58	35.29	33.57	35.19	38.81
#养殖	Cultured	6.00	7.01	40.09		33.43	32.53	33.88	36.89
农林牧渔专业及辅助性活动	**Agriculture，Forestry, Animal husbandry and Fishery Speciality and auxiliary activities**	**9.93**	**22.95**	**35.16**	**39.73**	**43.97**	**49.47**	**55.92**	**63.02**

注：1. 产值按当年价格计算。

2. 依据第三次全国农业普查结果，对2007-2017年农林牧渔业总产值数据进行了修订。

Note:1.Data in value terms in this table are calculated at current prices.

2.According to the result of the Third National Agricultural Census,gross output value of agriculture,forestry,animal husbandry and fishery were revised from 2007 to 2017.

12-14 农林牧渔业总产值指数
Gross Output Value Indices of Agriculture, Forestry, Animal Husbandry and Fishery

单位：% (%)

指 标	Item	2005	2010	2013	2014	2015	2016	2017	2018
农林牧渔业总产值	**Total**	**106.7**	**106.1**	**106.2**	**104.9**	**105.5**	**104.2**	**103.8**	**104.1**
农业产值	**Farming**	**105.8**	**105.3**	**106.4**	**106.9**	**106.4**	**104.5**	**105.7**	**105.1**
谷物及其他作物	Cereal and Other Plants	86.7	97.1	107.7	100.5	97.9	103.6	98.8	97.5
#谷物	Cereal		98.4	107.1	91.0	102.9	102.9	93.7	100.6
豆类	Beans		122.1	106.4	114.5	65.8	92.9	94.3	101.4
油料	Oil-bearing Crops		105.1	105.1	105.2	98.7	100.5	94.3	92.7
糖料	Sugar Crops		86.9	185.6	94.5	73.1	79.9	81.4	95.0
蔬菜园艺作物	Vegetables and Horticultue Plant	108.6	107.9	108.3	108.2	106.5	105.3	105.5	104.6
#蔬菜类	Vegetables		107.5	108.7	106.4	106.9	104.5	104.1	104.2
水果、坚果、饮料和香料作物	Fruits,Nut,Beverage and Perfume Plants	120.9	107.5	102.7	107.2	107.3	103.9	108.1	108.2
#水果	Fruits		109.6	102.6	104.0	102.4	104.9	110.0	108.8
坚果	Nut		99.8	99.8	127.7	138.9	102.1	110.0	107.3
中药材	Chinese Medicinal Materials	141.2	139.9	154.9	283.3	188.5	106.6	115.3	107.2
林业产值	**Forestry**	**91.6**	**113.6**	**107.3**	**102.3**	**107.3**	**103.8**	**102.5**	**105.4**
林木的培育和种植	Lumbering and Transportation of Timber and Bamboo	102.9	130.8	347.8	110.0	135.0	102.0	99.9	105.7
竹木采运	Cultivating and Planting of Forest Tree	108.9	103.4	159.9	104.9	85.6	138.7	106.0	118.7
林产品	Forestry Products	78.4	111.4	82.0	99.0	96.2	100.1	103.6	102.5
牧业产值	**Animal Husbandry**	**115.0**	**104.5**	**103.5**	**97.8**	**102.5**	**104.5**	**99.4**	**103.9**
牲畜饲养	Rearing of Livestock	129.6	102.2	118.2	116.4	109.6	105.1	126.6	103.7
猪的饲养	Rearing of Pigs	106.8	104.0	103.6	94.4	100.0	99.7	105.6	105.9
#肉猪	Fattened Hogs		104.6	102.6	93.1	98.4	99.1	106.6	105.4
家禽饲养	Rearing of Poultry	122.8	104.2	98.2	103.5	105.8	112.3	83.6	103.0
#肉禽	Poultry for Meat		109.1	99.0	100.5	105.5	109.7	86.3	103.2
渔业产值	**Fishery**	**108.6**	**104.8**	**107.2**	**107.6**	**104.8**	**102.8**	**103.0**	**101.2**
海水产品	Seawater Aquatic Products	108.3	106.5	104.2	108.3	106.5	103.6	103.0	100.4
#养殖	Cultured			103.7			107.9	125.3	87.3
淡水产品	Freshwater Aquatic Products	110.3	96.6	127.4	104.3	95.2	96.5	103.1	109.7
#养殖	Cultured			123.0			97.4	102.5	108.2
农林牧渔专业及辅助性活动	**Agriculture，Forestry, Animal husbandry and Fishery Speciality and auxiliary activities**	**128.2**	**109.4**	**109.5**	**111.2**	**110.5**	**109.4**	**110.0**	**110.0**

注：1. 指数按可比价格计算。
2. 依据第三次全国农业普查结果，对2007-2017年农林牧渔业总产值数据进行了修订。

Note: 1.The indices are calculated at comparable Prices.
2.According to the result of the Third National Agricultural Census,gross output value of agriculture,forestry,animal husbandry and fishery were revised from 2007 to 2017.

12-15 农林牧渔业总产值及构成
Gross Output Value of Agriculture, Forestry, Animal Husbandry and Fishery and Related Composition

单位：亿元 (100 millionyuan)

指 标	Item	2005	2010	2013	2014	2015	2016	2017	2018
农林牧渔业总产值	**Total**	**475.88**	**813.80**	**1125.93**	**1227.14**	**1294.00**	**1433.88**	**1488.86**	**1535.73**
农 业	Farming	179.63	337.89	476.05	555.72	598.70	676.56	707.42	729.51
林 业	Forestry	58.93	122.67	119.29	101.31	97.21	97.76	107.71	110.44
牧 业	Animal Husbandry	95.21	160.87	231.24	234.69	246.35	276.94	245.05	245.32
渔 业	Fishery	132.18	169.41	264.19	295.69	307.78	333.15	372.77	387.44
海水产品	Seawater Aquatic Products	116.76	140.88	222.60	252.11	272.48	299.57	337.58	348.63
淡水产品	Freshwater Aquatic Products	15.42	28.53	41.59	43.58	35.29	33.57	35.19	38.81
农林牧渔专业及辅助性活动	**Agriculture，Forestry, Animal husbandry and Fishery Speciality and auxiliary activities**	9.93	22.95	35.16	39.73	43.97	49.47	55.92	63.02
比 重(%)	**Proportion (%)**								
农 业	Farming	37.75	41.52	42.28	45.29	46.27	47.18	47.51	47.50
林 业	Forestry	12.38	15.07	10.60	8.26	7.51	6.82	7.23	7.19
牧 业	Animal Husbandry	20.01	19.77	20.54	19.12	19.04	19.31	16.46	15.97
渔 业	Fishery	27.78	20.82	23.46	24.10	23.78	23.23	25.04	25.23
海水产品	Seawater Aquatic Products	24.53	17.31	19.77	20.54	21.06	20.89	22.67	22.70
淡水产品	Freshwater Aquatic Products	3.24	3.51	3.69	3.55	2.73	2.34	2.36	2.53
农林牧渔专业及辅助性活动	**Agriculture，Forestry, Animal husbandry and Fishery Speciality and auxiliary activities**	2.09	2.82	3.12	3.24	3.40	3.45	3.76	4.10

注：1. 本表按当年价格计算。
2. 依据第三次全国农业普查结果，对2007-2017年农林牧渔业总产值数据进行了修订。

Note:1.Data in this table are calculated at current prices.
2.According to the result of the Third National Agricultural Census,gross output value of agriculture,forestry,animal husbandry and fishery were revised from 2007 to 2017.

12-16 各市县农林牧渔业总产值（2018）
Gross Output Value of Agriculture, Forestry, Animal Husbandry and Fishery by Region (2018)

单位：万元 (10 000 yuan)

地 区	Region	农林牧渔业总产值 Total	农 业 Farming	林 业 Forestry	牧 业 Animal Husbandry	渔 业 Fishery	农林牧渔专业及辅助性活动 Agriculture, Forestry, Animal husbandry and Fishery Speciality and auxiliary activities
海口市	Haikou	1035085	497620	63102	276586	124948	72829
三亚市	Sanya	1023859	657647	33318	92389	188508	51998
五指山市	Wuzhishan	99106	48482	22540	24908	2732	442
文昌市	Wenchang	1223279	520918	31447	282150	337174	51591
琼海市	Qionghai	1349104	724853	99147	249017	173976	102111
万宁市	Wanning	1002619	537485	90276	155613	193248	25997
定安县	Ding'an	573880	308025	27659	180740	11808	45648
屯昌县	Tunchang	492416	250625	68507	106603	19314	47367
澄迈县	Chengmai	1211538	580710	115412	234372	234256	46788
临高县	Lingao	1638843	243814	36057	93375	1235896	29700
儋州地区	Danzhou Area	1842700	519646	162390	293851	830940	35873
儋州市	Danzhou	1796208	516353	162390	291165	790428	35873
洋浦	Yangpu	46491	3293		2686	40512	
东方市	Dongfang	706127	505721	27161	91704	66332	15209
乐东县	Ledong	1060436	860152	43039	88363	60376	8506
琼中县	Qiongzhong	318025	160764	82617	54204	12545	7894
保亭县	Baoting	264569	168064	32814	46799	3314	13578
陵水县	Lingshui	711978	336882	18881	71963	233721	50531
白沙县	Baisha	334080	120950	123063	62940	18624	8503
昌江县	Changjiang	469677	252768	26991	47592	126674	15652

注：本表按当年价格计算。
Note:Data in this table are calculated at current prices.

12-17 农林牧渔业增加值及指数
Value-added of Agriculture, Forestry, Animal Husbandry and Fishery and Related Indices

单位：亿元 (100 million yuan)

指标	Item	2005	2010	2013	2014	2015	2016	2017	2018
增 加 值	**Total**								
农林牧渔业增加值	**Value-added of Agriculture, Forestry,Animal Husbandry and Fishery**	**300.75**	**534.43**	**742.70**	**814.74**	**859.25**	**951.63**	**993.25**	**1020.16**
农业增加值	Farming	115.67	217.35	309.26	366.90	397.22	449.95	469.83	480.80
林业增加值	Forestry	40.75	84.79	80.78	66.86	62.81	63.86	71.05	73.44
牧业增加值	Animal Husbandry	54.95	92.75	136.57	138.99	146.73	164.29	147.45	146.71
渔业增加值	Fishery	84.49	127.03	196.98	220.41	228.59	246.64	274.51	284.94
农林牧渔专业及辅助性活动	Agriculture，Forestry, Animal husbandry and Fishery Speciality and auxiliary activities	4.89	12.51	19.10	21.59	23.90	26.89	30.41	34.27
指数(以上年为100)(%)	**Indices (preceeding year=100)(%)**								
农林牧渔业增加值	**Value-added of Agricalture, Forestry,Animal Husbandry and Fishery**	**106.1**	**106.3**	**106.3**	**105.0**	**105.5**	**104.2**	**103.8**	**104.1**
农业增加值	Farming	105.6	105.5	106.4	106.7	106.4	104.7	105.7	105.1
林业增加值	Forestry	91.4	113.9	107.5	102.3	107.3	103.9	102.5	105.6
牧业增加值	Animal Husbandry	114.8	104.3	103.5	97.7	102.6	103.2	99.4	103.9
渔业增加值	Fishery	108.5	105.0	107.2	107.6	104.8	103.5	103.0	101.2
农林牧渔专业及辅助性活动	Agriculture，Forestry, Animal husbandry and Fishery Speciality and auxiliary activities	124.9	112.1	109.6	111.2	110.5	109.5	110.0	110.0

注：1. 增加值按当年价格计算，指数按可比价格计算.
2. 依据第三次全国农业普查结果，对2007-2017年农林牧渔业增加值数据进行了修订。

Note:1.The added value are calculated at current prices,and the indices are calculated at comparable Prices.
2.According to the result of the Third National Agricultural Census,the added value of agriculture,forestry,animal husbandry and fishery were revised from 2007 to 2017.

12-18 各市县农林牧渔业增加值(2018)
Value-added of Agriculture, Forestry, Animal Husbandry and Fishery by Region (2018)

单位：万元 (10 000 yuan)

地 区	Region	农林牧渔业增加值 Total	农 业 Farming	林 业 Forestry	牧 业 Animal Husbandry	渔 业 Fishery	农林牧渔专业及辅助性活动 Agriculture, Forestry, Animal husbandry and Fishery Speciality and auxiliary activities
海口市	Haikou	672653	343635	43032	161970	83463	40553
三亚市	Sanya	686461	437659	21856	51488	142129	33329
五指山市	Wuzhishan	63568	31678	15697	14202	1798	194
文昌市	Wenchang	803696	342634	22594	171273	240987	26206
琼海市	Qionghai	869242	472527	67137	148780	127361	53437
万宁市	Wanning	651930	344602	59334	86043	148296	13655
定安县	Ding'an	356981	196419	18433	107639	8065	26425
屯昌县	Tunchang	298015	155816	44042	61733	11166	25259
澄迈县	Chengmai	799718	380735	73515	149435	172210	23822
临高县	Lingao	1172147	162732	24420	54648	918114	12234
儋州地区	Danzhou Area	1283511	350764	111520	175466	624590	21171
儋州市	Danzhou	1257241	349178	111520	174140	601231	21171
洋 浦	Yangpu	26270	1586		1325	23359	
东方市	Dongfang	443819	315118	17302	53963	49718	7718
乐东县	Ledong	706875	580732	27993	53482	40690	3979
琼中县	Qiongzhong	193632	100406	50964	30129	8100	4033
保亭县	Baoting	184382	123027	22528	28991	2005	7831
陵水县	Lingshui	487187	230671	11203	51049	163656	30608
白沙县	Baisha	218344	81523	85004	36328	11800	3689
昌江县	Changjiang	309415	157293	17789	30495	95261	8576

注：本表按当年价格计算。
Note:Data in this table are calculated at current prices.

12-19 各市县人均主要农产品产量
Per Capita Output of Major Farm Products by Region

单位：公斤/人 (kg/person)

年份 地区	Year Region	粮食 Grain	稻谷 Rice	油料 Oil-bearing Grops	糖蔗 Sugarcane	猪牛羊肉 Pork,Beef and Mutton	猪肉 Pork	水产品 Aquatic Products
2000		279	215	13	445	35	31	109
2005		185	134	10	306	37	34	181
2010		192	152	10	389	51	47	172
2013		188	154	11	412	60	56	199
2014		179	158	12	386	57	54	196
2015		170	150	11	248	53	50	204
2016		159	142	10	169	54	51	209
2017		149	133	10	127	51	48	195
2018		157	140	9	128	52	49	188
海口市	Haikou	52	46	3	3	28	27	29
三亚市	Sanya	62	61	0		29	28	68
五指山市	Wuzhishan	153	127	5	1	45	43	21
文昌市	Wenchang	196	156	23	1	41	38	436
琼海市	Qionghai	195	181	4		75	73	186
万宁市	Wanning	148	133	5		62	58	128
定安县	Ding'an	359	314	45	0	123	112	39
屯昌县	Tunchang	304	276	21	0	90	85	51
澄迈县	Chengmai	387	347	11	188	82	76	250
临高县	Lingao	232	214	3	341	38	36	999
儋州地区	Danzhou Area	145	117	11	469	70	67	352
东方市	Dongfang	204	185	19	235	43	40	75
乐东县	Ledong	205	192	10		45	39	72
琼中县	Qiongzhong	182	161	15	31	67	64	56
保亭县	Baoting	155	149	6		79	77	24
陵水县	Lingshui	178	164	7		43	38	268
白沙县	Baisha	160	138	2	720	85	81	85
昌江县	Changjiang	123	108	5	1031	64	58	357

注：1. 本表儋州地区数据包含洋浦数据。
2. 依据第三次全国农业普查结果，对2007-2017年农业数据进行了修订。

Note:1.The data of Danzhou Area include the data of Yangpu in this table.
2.According to the result of the Third National Agricultural Census,data of agriculture were revised from 2007 to 2017.

12-20 各市县农作物播种面积（2018）
Sown Area of Farm Crops by Region (2018)

地 区	Region	农作物总播种面积(公顷) Sown Area ofFarm Crops(hectare)					占总播种面积(%) Percentage to Total Sown Area(%)			
			粮 食 Grain	豆 类 Soybeans	甘 蔗 Sugarcane	蔬 菜 Vegetables	粮 食 Grain	豆 类 Beans	甘 蔗 Sugarcane	蔬 菜 Vegetables
全省总计	**Total**	**712938**	**286110**	**5960**	**20767**	**257728**	**40.1**	**0.8**	**2.9**	**36.2**
海 口 市	Haikou	65903	25831	503	233	26526	39.2	0.8	0.4	40.3
三 亚 市	Sanya	23050	8987	3		11851	39.0	0.0		51.4
五指山市	Wuzhishan	8989	2949	20	48	2664	32.8	0.2	0.5	29.6
文 昌 市	Wenchang	56180	25826	250	126	20372	46.0	0.4	0.2	36.3
琼 海 市	Qionghai	35930	18578	74	164	14277	51.7	0.2	0.5	39.7
万 宁 市	Wanning	34402	17801	320	170	10496	51.7	0.9	0.5	30.5
定 安 县	Ding'an	41115	21164	1265	81	11635	51.5	3.1	0.2	28.3
屯 昌 县	Tunchang	33632	14338	212	252	10516	42.6	0.6	0.8	31.3
澄 迈 县	Chengmai	70062	33250	463	1630	27362	47.5	0.7	2.3	39.1
临 高 县	Lingao	34518	19230	89	2599	10921	55.7	0.3	7.5	31.6
儋州地区	Danzhou Area	59551	26446	499	8102	15991	44.4	0.8	13.6	26.9
儋州市	Danzhou	59314	26396	498	8062	15909	44.5	0.8	13.6	26.8
洋 浦	Yangpu	237	50	0	40	82	21.2	0.1	16.9	34.8
东 方 市	Dongfang	62894	17230	279	1433	19343	27.4	0.4	2.3	30.8
乐 东 县	Ledong	69881	21274	951	19	29399	30.4	1.4		42.1
琼 中 县	Qiongzhong	19722	6359	347	308	3878	32.2	1.8	1.6	19.7
保 亭 县	Baoting	11753	4904	28	41	4143	41.7	0.2	0.3	35.3
陵 水 县	Lingshui	33649	11187	111		12905	33.2	0.3		38.4
白 沙 县	Baisha	17997	4950	114	2047	4948	27.5	0.6	11.2	27.5
昌 江 县	Changjiang	33711	5804	432	3513	20499	17.2	1.3	10.4	60.8

12-21 历年农作物播种面积、比重及复种指数
Sown Area of Farm Crops,Proportion and Multiple Cropping Indices in Various Years

年份 Year	总播种面积 (公顷) Total Sown Area(hectare)	粮食作物 Grain Crops		复种指数(%) Multiple Gropping Indices(%)
		播种面积 (公顷) Sown Area(hectare)	占总播种面积(%) Percentage to Total Sown Area(%)	
1952	553640	522547	94.4	190.6
1957	752647	684560	94.1	189.6
1962	704993	641727	91.0	176.5
1965	690527	569780	82.5	175.4
1970	728187	616893	87.4	175.0
1975	909007	690033	75.9	205.4
1978	796433	642093	80.6	175.0
1980	696313	575440	82.6	156.0
1981	678647	551393	81.0	155.0
1982	706760	549293	77.7	160.0
1983	710560	542146	76.0	164.0
1984	715880	532320	74.4	163.0
1985	739887	507900	68.6	170.0
1986	754607	516726	68.5	174.0
1987	760193	509520	67.0	175.8
1988	740380	496940	67.1	171.6
1989	789587	529887	68.4	182.1
1990	721253	560573	68.3	188.8
1991	829467	561747	67.7	189.7
1992	868307	577700	66.5	198.9
1993	846160	550173	65.0	195.2
1994	844108	549420	65.1	196.3
1995	870064	559376	64.3	202.7
1996	890779	559314	62.8	207.5
1997	914513	577197	63.1	214.6
1998	937573	576954	61.5	219.1
1999	931756	567702	60.9	216.9
2000	909539	545634	60.0	210.0
2001	893928	526872	58.9	209.9
2002	900987	522287	58.0	212.8
2003	876170	495229	56.5	209.1
2004	862309	482303	55.9	206.4
2005	782095	423751	54.2	187.9
2006	821150	444547	54.1	192.7
2007	815053	395747	48.6	198.8
2008	785542	402006	51.2	179.2
2009	792389	401890	50.7	181.9
2010	786751	400126	50.9	187.7
2011	782397	386684	49.4	183.9
2012	786570	387051	49.2	187.5
2013	772484	365466	47.3	184.7
2014	779403	335213	43.0	183.4
2015	757497	309612	40.9	179.1
2016	731883	292031	39.9	171.3
2017	709441	282482	39.8	161.5
2018	712938	286110	40.1	162.4

注：依据第三次全国农业普查结果，对2007年-2017年农业数据进行了修订。

Note:According to the result of the Third National Agricultural Census,data of agriculture were revised from 2007 to 2017.

12-22 各市县主要农作物面积和产量（2018）
Sown Area and Output of Major Farm Crops by Region (2018)

地 区	Region	粮食作物 Grain crops		谷物 Cereal		水稻 Rice	
		播种面积（公顷）Sown Area (hectare)	总产量（吨）Total Output (ton)	播种面积（公顷）Sown Area (hectare)	总产量（吨）Total Output (ton)	播种面积（公顷）Sown Area (hectare)	总产量（吨）Total Output (ton)
2016		292031	1461006	253580	1307544	253333	1306686
2017		282482	1381141	246681	1232424	246654	1232344
2018		286110	1471200	246100	1307000	246100	1307000
海口市	Haikou	25831	120453	21949	106141	21949	106141
三亚市	Sanya	8987	48276	8740	47365	8740	47365
五指山市	Wuzhishan	2949	16345	2409	13564	2409	13564
文昌市	Wenchang	25826	111476	20458	88836	20458	88836
琼海市	Qionghai	18578	100550	16991	93308	16991	93308
万宁市	Wanning	17801	85517	15985	76988	15985	76988
定安县	Ding'an	21164	106980	17881	93466	17881	93466
屯昌县	Tunchang	14338	81596	12138	74102	12138	74102
澄迈县	Chengmai	33250	191424	29046	171490	29046	171490
临高县	Lingao	19230	104614	17347	96441	17347	96441
儋州地区	Danzhou Area	26446	144854	20183	117055	20183	117055
儋州市	Danzhou	26396	144726	20183	117055	20183	117055
洋浦	Yangpu	50	128				
东方市	Dongfang	17230	87513	15712	79621	15712	79621
乐东县	Ledong	21274	99115	18772	92866	18772	92866
琼中县	Qiongzhong	6359	32875	5141	28971	5141	28971
保亭县	Baoting	4904	23618	4656	22733	4656	22733
陵水县	Lingshui	11187	59451	9872	54881	9872	54881
白沙县	Baisha	4950	27733	3956	23978	3956	23978
昌江县	Changjiang	5804	28811	4864	25197	4864	25197

注：依据第三次全国农业普查结果，对2007年-2017年农业数据进行了修订。

Note：According to the result of the Third National Agricultural Census,data of agriculture were revised from 2007 to 2017.

12-22 续1(continued 1)

地 区	Region	早造水稻 Early Season Rice		晚造水稻 Late Season Rice		蕃 薯 Tubers	
		播种面积(公顷) Sown Area (hectare)	总产量(吨) Total Output (ton)	播种面积(公顷) Sown Area (hectare)	总产量(吨) Total Output (ton)	播种面积(公顷) Sown Area (hectare)	总产量(吨) Total Output (ton)
2016		130321	730986	123013	575700	32285	134063
2017		124458	699853	122196	532490	30198	131067
2018		126930	779000	119170	528000	34050	145700
海口市	Haikou	12039	63919	9910	42221	3379	12713
三亚市	Sanya	5239	30920	3501	16445	244	901
五指山市	Wuzhishan	1208	7736	1202	5828	520	2603
文昌市	Wenchang	9236	48636	11222	40200	5118	22025
琼海市	Qionghai	7837	49311	9154	43997	1512	7051
万宁市	Wanning	8899	50887	7086	26101	1496	7742
定安县	Ding'an	8133	53538	9748	39927	2018	7374
屯昌县	Tunchang	6709	48057	5429	26045	1988	7031
澄迈县	Chengmai	14798	100207	14248	71283	3741	18450
临高县	Lingao	10629	69671	6718	26770	1795	7896
儋州地区	Danzhou Area	10166	67913	10017	49142	5764	26726
儋州市	Danzhou	10166	67913	10017	49142	5714	26598
洋浦	Yangpu					50	128
东方市	Dongfang	8303	45078	7408	34543	1239	7101
乐东县	Ledong	8372	47991	10401	44874	1551	4365
琼中县	Qiongzhong	3111	20561	2030	8410	871	3122
保亭县	Baoting	1721	10604	2935	12129	220	805
陵水县	Lingshui	5687	33113	4186	21768	1204	4183
白沙县	Baisha	2194	14952	1762	9026	880	3538
昌江县	Changjiang	2649	15907	2215	9290	509	2074

12-22 续2(continued 2)

地区	Region	大豆 Beans		油料 Oil-bearing Crops		花生 Peanuts		芝麻 Sesames	
		播种面积（公顷）Sown Area (hectare)	总产量（吨）Total Output (ton)	播种面积（公顷）Sown Area (hectare)	总产量（吨）Total Output (ton)	播种面积（公顷）Sown Area (hectare)	总产量（吨）Total Output (ton)	播种面积（公顷）Sown Area (hectare)	总产量（吨）Total Output (ton)
2016		2332	5923	34320	95946	33401	94783	919	1163
2017		2099	6747	32958	90284	32065	89158	894	1126
2018		2010	6400	31559	84440	30583	83115	976	1326
海口市	Haikou	338	899	3234	7628	2552	6840	682	788
三亚市	Sanya	3	10	126	337	126	337		
五指山市	Wuzhishan			338	582	338	582		
文昌市	Wenchang	79	184	6373	13293	6373	13293		
琼海市	Qionghai	56	147	1015	2231	1015	2231		
万宁市	Wanning	110	236	763	3008	763	3008		
定安县	Ding'an	319	2075	3910	13494	3867	13445	43	49
屯昌县	Tunchang	137	291	2911	5536	2911	5536		
澄迈县	Chengmai	312	978	2113	5569	1866	5084	247	485
临高县	Lingao	33	109	647	1538	643	1534	5	4
儋州地区	Danzhou Area	193	486	3940	10607	3940	10607		
儋州市	Danzhou	193	486	3938	10602	3938	10602		
洋浦	Yangpu			2	5	2	5		
东方市	Dongfang	14	36	1764	8099	1764	8099		
乐东县	Ledong	178	399	1935	5025	1935	5025		
琼中县	Qiongzhong	220	514	1169	2624	1169	2624		
保亭县	Baoting			290	882	290	882		
陵水县	Lingshui			634	2444	634	2444		
白沙县	Baisha	17	35	126	311	126	311		
昌江县	Changjiang			270	1233	270	1233		

12-22 续3(continued 3)

地区	Region	甘蔗 Sugarcane		糖蔗 Sugarcrops for Sugar Refining		蔬菜 Vegetables		瓜类 Melons	
		播种面积(公顷) Sown Area (hectare)	总产量(吨) Total Output (ton)	播种面积(公顷) Sown Area (hectare)	总产量(吨) Total Output (ton)	播种面积(公顷) Sown Area (hectare)	总产量(吨) Total Output (ton)	播种面积(公顷) Sown Area (hectare)	总产量(吨) Total Output (ton)
2016		27040	1711809	24699	1547716	257401	5534120	30882	985306
2017		21229	1330974	18992	1179793	252886	5530511	31859	1016704
2018		20767	1325251	18757	1194503	257728	5667677	32654	1082923
海口市	Haikou	233	12011	123	6064	26526	517131	656	22688
三亚市	Sanya					11851	423430	779	30670
五指山市	Wuzhishan	48	835	16	90	2664	35073	3	14
文昌市	Wenchang	126	7690	10	447	20372	450259	2702	120359
琼海市	Qionghai	164	10963			14277	498054	58	1948
万宁市	Wanning	170	13388			10496	299317	3309	98532
定安县	Ding'an	81	5115	1	64	11635	254548	75	2549
屯昌县	Tunchang	252	16229	7	89	10516	187195	179	3752
澄迈县	Chengmai	1630	134267	1150	93005	27362	748126	962	28587
临高县	Lingao	2599	157675	2500	153741	10921	229291	290	8923
儋州地区	Danzhou Area	8102	474345	7980	468608	15991	392097	568	25138
儋州市	Danzhou	8062	471645	7940	465908	15909	386562	509	22839
洋浦	Yangpu	40	2700	40	2700	82	5535	59	2299
东方市	Dongfang	1433	101188	1433	101188	19343	343769	5772	197855
乐东县	Ledong	19	897			29399	534581	8462	271004
琼中县	Qiongzhong	308	15111	94	5574	3878	35950		
保亭县	Baoting	41	923			4143	84357	0	1
陵水县	Lingshui					12905	207501	6546	205914
白沙县	Baisha	2047	125290	2038	124824	4948	55330	85	2043
昌江县	Changjiang	3513	249325	3406	240810	20499	371668	2207	62945

12-23 瓜菜生产情况（2018）
Production of Melons and Vegetables (2018)

项 目	Item	播种面积(公顷) Sown Area (hectare)	单产(公斤/公顷) Yield (kg/hectare)	总产量(万吨) Total Output (10 000 ton)
一、蔬菜、瓜菜	**Vegetables,Melons**	**290382**	**23247**	**675.06**
蔬 菜	Vegetables	257728	21991	566.77
瓜 类	Melons	32654	33163	108.29
二、分品种瓜菜	**Sorts**			
椒 类	Chili	40896	24825	101.52
豇 豆	Cowpea	20010	25560	51.15
四 季 豆	Kidney Beans	8511	18687	15.90
茄 子	Eggplant	11290	20918	23.62
冬 瓜	White Gourd	7006	62484	43.77
黄 瓜	Cucumber	8081	26552	21.46
其它蔬菜	Other Vegetables	161935	19103	309.35
西 瓜	Watermelon	14477	33125	47.95
香瓜(甜瓜)	Muskmelon	1796	20667	3.71
哈 蜜 瓜	Cantaloup	10625	37869	40.23
其它果用瓜	Other Melons	5757	28473	16.39

12-24 各市县园林水果、茶叶面积和产量
Area and Output of Garden Fruits and Tea by Region

年份 地区	Year Region	茶叶 Tea 年末面积（公顷） Area at Year-end (hectare)	收获面积（公顷） Harvest Area (hectare)	总产量（吨） Total Output (ton)	园林水果 Garden Fruits 年末面积（公顷） Area at Year-end (hectare)	当年新种 Newly Sown Area in the Current Year	收获面积（公顷） Harvest Area (hectare)	总产量（吨） Total Output (ton)
2000		3298	2541	2239	139231	38288	64106	1063269
2005		1489	1349	950	163401	23397	103660	1525256
2010		1216	1131	1227	173594	27264	138922	2853557
2013		1303	969	1028	169486	21111	151891	3425421
2014		1345	1086	1025	163587	22315	140107	3113481
2015		1410	1075	864	160234	15425	136149	2966800
2016		1651	1144	975	158048	12595	137019	2915347
2017		2067	1290	1024	165317	15850	140397	3038069
2018		1952	1329	1138	170722	17919	150474	3221196
海口市	Haikou				17094	335	12795	245911
三亚市	Sanya				25502	629	23566	371751
五指山市	Wuzhishan	571	348	194	1554	20	1444	29389
文昌市	Wenchang				8000	739	6638	127977
琼海市	Qionghai				9480	1454	8751	264790
万宁市	Wanning				9076	501	7363	197799
定安县	Ding'an	170	136	31	5143	230	4177	90336
屯昌县	Tunchang				3439	152	2083	41465
澄迈县	Chengmai	287	287	300	11352	2268	12261	353992
临高县	Lingao				4992	437	4821	144756
儋州地区	Danzhou Area	7	7	10	6505	649	5234	133036
儋州市	Danzhou	7	7	10	6505	649	5234	133036
洋浦	Yangpu							
东方市	Dongfang				20765	4109	17343	286474
乐东县	Ledong				19720	4485	18758	394786
琼中县	Qiongzhong	234	171	46	2901	274	2280	32615
保亭县	Baoting	81	81	61	4669	134	4091	55871
陵水县	Lingshui				8512	336	8267	148284
白沙县	Baisha	603	299	496	2384	182	1956	34598
昌江县	Changjiang				9635	985	8645	267367

注：依据第三次全国农业普查结果，对2007年-2017年农业数据进行了修订，下同（从12-24至12-26表）。

Note:According to the result of the Third National Agricultural Census,data of agriculture were revised from 2007 to 2017.The same applies to the tables from 12-24 to 12-26.

12-24 续1(continued 1)

年份 地区	Year Region	菠萝 Pineapples 年末面积（公顷）Area at Year-end (hectare)	菠萝 Pineapples 当年新种 Newly Sown Area in the Current Year	菠萝 Pineapples 收获面积（公顷）Harvest Area (hectare)	菠萝 Pineapples 总产量（吨）Total Output (ton)	荔枝 Litchis 年末面积（公顷）Area at Year-end (hectare)	荔枝 Litchis 当年新种 Newly Sown Area in the Current Year	荔枝 Litchis 收获面积（公顷）Harvest Area (hectare)	荔枝 Litchis 总产量（吨）Total Output (ton)
2000		19153	5040	9919	238853	20475	3139	3249	10376
2005		11815	4361	7240	202648	31523	542	16664	70338
2010		14157	2803	9869	297352	23770	221	18328	134969
2013		15254	2324	11956	383258	21158	207	18865	170569
2014		15372	2137	11647	373075	20555	207	18261	182340
2015		15194	2198	11657	374680	20604	389	17500	156513
2016		15903	1736	12426	398031	19351	156	17923	153533
2017		16372	2371	12819	409891	19151	163	17276	157980
2018		16683	1941	13540	439997	20423	795	18376	189435
海口市	Haikou	2206	37	1722	50490	5805	13	4814	54330
三亚市	Sanya					91		47	257
五指山市	Wuzhishan	1	0	1	49	182		191	1655
文昌市	Wenchang	1641	294	1239	37267	2626	137	2428	27409
琼海市	Qionghai	3127	811	2764	110245	1488	4	1427	14571
万宁市	Wanning	5269		4216	149911	1573	213	1390	13077
定安县	Ding'an	824	112	685	25198	2047	36	1785	23209
屯昌县	Tunchang	262	34	252	8351	735	1	603	4272
澄迈县	Chengmai	547	60	471	6905	1055	11	1021	6755
临高县	Lingao	440	10	349	11674	407		425	3920
儋州地区	Danzhou Area	188	0	243	7200	698	50	641	6984
儋州市	Danzhou	188	0	243	7200	698	50	641	6984
洋浦	Yangpu								
东方市	Dongfang	309	117			1	1	1	4
乐东县	Ledong	550	243	323	7662	407	5	383	3878
琼中县	Qiongzhong	59	0	49	730	203		173	1522
保亭县	Baoting					686	30	653	5806
陵水县	Lingshui	262		255	2069	2145	293	2119	19232
白沙县	Baisha	73	19	196	4634	254		257	2467
昌江县	Changjiang	925	204	776	17613	21	2	19	87

12-24 续2(continued 2)

年份 地区	Year Region	柑橘橙柚 Citrus , Oranges and Grapefruits				香蕉 Bananas			
		年末面积 (公顷) Area at Year-end (hectare)	当年新种 Newly Sown Area in the Current Year	收获面积 (公顷) Harvest Area (hectare)	总产量 (吨) Total Output (ton)	年末面积 (公顷) Area at Year-end (hectare)	当年新种 Newly Sown Area in the Current Year	收获面积 (公顷) Harvest Area (hectare)	总产量 (吨) Total Output (ton)
2000		2226	331	1208	13742	32980	22672	20439	600274
2005		3673	581	1607	19748	37331	15733	28056	913257
2010		5175	1093	2703	48477	58336	21500	47824	1722931
2013		5565	100	3325	62485	53183	17236	54076	2027519
2014		5487	176	3095	59340	44572	15763	42792	1600406
2015		6345	545	2822	61542	39038	9433	38652	1400951
2016		6398	535	2697	58739	35339	6945	34979	1256274
2017		7157	796	2867	66267	34389	7629	34948	1271723
2018		7340	804	3101	69956	34759	8549	34345	1216285
海口市	Haikou	974	133	352	6118	3338	45	2781	83595
三亚市	Sanya					405	21	351	14824
五指山市	Wuzhishan	24	2	1	53	634	12	520	18729
文昌市	Wenchang	341	32	245	3744	502	79	453	9156
琼海市	Qionghai	236	73	81	1668	1180	513	924	33747
万宁市	Wanning	52	2	46	924	479		416	7934
定安县	Ding'an	210	3	26	953	462	36	352	16810
屯昌县	Tunchang	790	44	258	5943	543	37	286	7401
澄迈县	Chengmai	1492	60	819	18507	6966	2108	8935	300423
临高县	Lingao	1031	48	362	9566	2605	342	3166	110408
儋州地区	Danzhou Area	487	132	123	4885	2385	109	2098	64504
儋州市	Danzhou	487	132	123	4885	2385	109	2098	64504
洋浦	Yangpu								
东方市	Dongfang	28	19			2980	1180	2300	58453
乐东县	Ledong					4597	3299	4575	202500
琼中县	Qiongzhong	1257	200	675	14200	612	64	504	8646
保亭县	Baoting	1		1	9	431	2	413	12709
陵水县	Lingshui	0		0	2	851		1071	33094
白沙县	Baisha	417	55	112	3386	549	84	471	14708
昌江县	Changjiang					5239	619	4729	218643

12-24 续3(continued 3)

年份 地区	Year Region	龙眼 Longans 年末面积（公顷） Area at Year-end (hectare)	龙眼 Longans 当年新种 Newly Sown Area in the Current Year	龙眼 Longans 收获面积（公顷） Harvest Area (hectare)	龙眼 Longans 总产量（吨） Total Output (ton)	芒果 Mangoes 年末面积（公顷） Area at Year-end (hectare)	芒果 Mangoes 当年新种 Newly Sown Area in the Current Year	芒果 Mangoes 收获面积（公顷） Harvest Area (hectare)	芒果 Mangoes 总产量（吨） Total Output (ton)
2000		9829	1064	1621	3644	36076	2406	19455	101220
2005		12314	420	4521	15654	47105	785	32682	222685
2010		10023	128	6611	35155	44278	565	39442	370172
2013		9005	159	6946	44330	45203	351	40399	446596
2014		9047	242	7213	48060	46862	1619	40129	452518
2015		8869	243	7509	53970	47570	1033	40715	508943
2016		8269	136	7515	54222	48256	1737	41833	537810
2017		7913	199	7517	55985	54459	3228	44292	567304
2018		8137	531	7178	55548	56687	3072	52119	682889
海口市	Haikou	551	1	328	2080	47		23	233
三亚市	Sanya	229	31	198	2019	24278	409	22625	348036
五指山市	Wuzhishan	242		258	1819	207		271	1763
文昌市	Wenchang	324	71	239	1506	11	7	10	87
琼海市	Qionghai	71	1	61	469	13		13	102
万宁市	Wanning	400	62	322	2444	147	37	94	1110
定安县	Ding'an	179	5	141	1306	30	1	29	260
屯昌县	Tunchang	113	3	71	307	62	1	57	596
澄迈县	Chengmai	312		288	1947	39	0	38	485
临高县	Lingao	78	8	78	497	14	14		
儋州地区	Danzhou Area	399	89	336	2157	232	100	272	1617
儋州市	Danzhou	399	89	336	2157	232	100	272	1617
洋浦	Yangpu								
东方市	Dongfang	502	17	479	4428	13979	1767	12269	136084
乐东县	Ledong	2152	167	1966	16831	10355	699	10133	123357
琼中县	Qiongzhong	109		385	1334	37		15	108
保亭县	Baoting	1345	19	1072	9409	772	9	739	10974
陵水县	Lingshui	318	42	275	2596	3863		2988	36103
白沙县	Baisha	636		588	3868	128	1	119	1715
昌江县	Changjiang	177	17	90	530	2474	26	2422	20259

12-25 各市县热带作物年末面积
Area of Tropical Crops at Year-end by Region

单位：公顷 (hectare)

地 区	Region	2000	2005	2010	2013	2014	2015	2016	2017	2018
全省总计	**Total**	**472281**	**511470**	**623327**	**691154**	**694492**	**697628**	**697591**	**702855**	**699122**
海口市	Haikou	12231	13408	16635	25719	19854	19334	18080	19231	18947
三亚市	Sanya	8807	8761	9069	22643	22551	22658	21698	19922	19343
五指山市	Wuzhishan	5921	7822	13585	18103	18434	18279	18855	19784	20120
文昌市	Wenchang	26758	25835	26164	30100	29223	26956	25880	27321	29990
琼海市	Qionghai	33937	31910	43127	65032	65703	65650	65762	65470	66216
万宁市	Wanning	15807	14157	18020	48935	48897	49106	49549	49456	49617
定安县	Ding'an	6747	12146	16954	30728	28347	28872	29372	29470	32600
屯昌县	Tunchang	10346	12238	15840	48047	49602	49342	50004	50145	51295
澄迈县	Chengmai	6331	10007	24618	58943	58014	59125	58788	55599	57534
临高县	Lingao	3540	6146	11968	22516	22310	22265	22135	22119	21639
儋州地区	Danzhou Area	19897	21722	46646	90164	90924	90850	90616	92200	85088
儋州市	Danzhou	19897	21722	46646	90195	90955	90893	90616	92200	85085
洋浦	Yangpu									3
东方市	Dongfang	3197	3244	5364	14670	14989	14651	14317	12424	12369
乐东县	Ledong	13876	12961	16896	37915	39255	38467	38800	38502	38704
琼中县	Qiongzhong	12757	18616	28526	68249	68867	70971	71481	71289	70223
保亭县	Baoting	9305	9818	11434	29413	29291	29037	29236	29875	29883
陵水县	Lingshui	9682	10565	10876	13414	13416	13533	13507	12828	12595
白沙县	Baisha	12663	15137	22857	51259	59403	63262	63372	71080	66799
昌江县	Changjiang	3676	5292	7012	15300	15411	15272	16141	16141	16159

注：1. 因2010年以前的历年分市县数据不包含农垦数据，所以分市县数据合计不等于全省数。
2. 依据第三次全国农业普查结果，对2007年-2017年农业数据进行了修订。

Note: 1.Data of county before 2010 not included the data ralated with Reclamation farms.
2.According to the result of the Third National Agricultural Census,data of agriculture were revised from 2007 to

12-26 各市县主要热带作物面积和产量
Area and Output of Major Tropical Crops by Region

年份 地区	Year Region	橡胶 Rubber				椰子 Coconut			
		年末面积 (公顷) Area at Year-end (hectare)	当年新种 Newly Sown Area in the Current Year	收获面积 (公顷) Harvest Area (hectare)	总产量 (吨) Total Output (ton)	年末面积 (公顷) Area at Year-end (hectare)	当年新种 Newly Sown Area in the Current Year	收获面积 (公顷) Harvest Area (hectare)	总产量 (万个) Total Output (10 000 units)
2000		369841	9575	271716	280880	44426	7250	19598	19166
2005		393011	16992	292541	247775	42875	275	24896	24007
2010		490392	29571	343133	346366	39160	160	26715	22512
2013		540212	16253	392678	420816	36067	181	28432	24194
2014		542307	18380	389293	391212	34663	129	28050	23970
2015		542056	13103	383329	361105	33326	180	27005	20851
2016		540934	3214	379368	351437	32208	148	27046	20745
2017		542877	4591	400393	362144	31424	1227	27231	21770
2018		528351	8008	381113	350677	34396	3153	28121	22677
海口市	Haikou	10862	13	3312	3022	1608	45	1089	1021
三亚市	Sanya	12256		7373	5397	1275		1239	1378
五指山市	Wuzhishan	16904	168	8397	8561	505	299	255	100
文昌市	Wenchang	4750	33	2421	1756	14577	1853	11038	5991
琼海市	Qionghai	35259	126	29946	29785	6339	444	5962	6694
万宁市	Wanning	26562		22252	14515	2320	151	1970	1859
定安县	Ding'an	20402	2614	13322	11252	1141	46	828	1250
屯昌县	Tunchang	37128	155	27630	22329	570	165	252	281
澄迈县	Chengmai	50607	1170	40026	40909	251	16	212	180
临高县	Lingao	21519		12914	13034	6	1	5	3
儋州地区	Danzhou Area	84145	807	67336	69714	164	6	101	57
儋州市	Danzhou	84145	807	67336	69714	161	3	98	54
洋浦	Yangpu					3	3	3	3
东方市	Dongfang	11581	2	7520	4686	119	3	115	129
乐东县	Ledong	33009	104	25685	14463	574	17	531	422
琼中县	Qiongzhong	56270	799	37257	28887	520	2	274	195
保亭县	Baoting	22493	566	18222	18825	675	7	629	1000
陵水县	Lingshui	4684		3727	2893	3675	93	3570	2079
白沙县	Baisha	64560	1441	42488	47715	47	3	35	25
昌江县	Changjiang	15360	11	11284	12936	31	3	16	11

12-26 续1(continued 1)

年份 地区	Year Region	咖啡 Coffee 年末面积（公顷） Area at Year-end (hectare)	咖啡 Coffee 当年新种 Newly Sown Area in the Current Year	咖啡 Coffee 收获面积（公顷） Harvest Area (hectare)	咖啡 Coffee 总产量（吨） Total Output (ton)	槟榔 Betel nut 年末面积（公顷） Area at Year-end (hectare)	槟榔 Betel nut 当年新种 Newly Sown Area in the Current Year	槟榔 Betel nut 收获面积（公顷） Harvest Area (hectare)	槟榔 Betel nut 总产量（吨） Total Output (ton)
2000		773	53	570	419	26944	1958	12597	35598
2005		237	14	198	283	47714	3649	20785	64338
2010		220	32	99	157	69227	3372	39401	152105
2013		570	141	137	242	90884	5421	60163	223330
2014		512	69	139	230	94070	3533	64836	231015
2015		499	58	148	259	98051	2644	67568	229221
2016		656	68	162	342	99661	2142	70218	234225
2017		679	38	183	406	102530	2835	73872	255114
2018		887	209	187	406	109950	7902	78551	272203
海口市	Haikou					2991	730	1355	3370
三亚市	Sanya					5812	106	4717	24678
五指山市	Wuzhishan					2351	131	1676	6034
文昌市	Wenchang	3	2	1	3	3721	1041	2227	10004
琼海市	Qionghai					16884	575	13554	42619
万宁市	Wanning	77	10	54	65	18138		14659	42782
定安县	Ding'an					9481	568	6129	24698
屯昌县	Tunchang					13153	2061	8533	24600
澄迈县	Chengmai	529	69	87	251	5162	358	3544	17829
临高县	Lingao					112	93	12	78
儋州地区	Danzhou Area					636	161	303	1269
儋州市	Danzhou					636	161	303	1269
洋浦	Yangpu								
东方市	Dongfang					669	316	142	350
乐东县	Ledong					5090	182	4369	15726
琼中县	Qiongzhong	115	15	17	15	12907	707	8257	24118
保亭县	Baoting					6703	244	4798	20861
陵水县	Lingshui					4230		3792	10809
白沙县	Baisha	163	114	27	72	1860	625	474	2373
昌江县	Changjiang					50	5	8	4

12-26 续2(continued 2)

年份 地区	Year Region	腰果 Cashew nut 年末面积(公顷) Area at Year-end (hectare)	当年新种 Newly Sown Area in the Current Year	收获面积(公顷) Harvest Area (hectare)	总产量(吨) Total Output (ton)	剑麻 Sisal Hemp 年末面积(公顷) Area at Year-end (hectare)	当年新种 Newly Sown Area in the Current Year	收获面积(公顷) Harvest Area (hectare)	总产量(吨) Total Output (ton)
2000		5272	31	3178	1177	2215	41	1817	5104
2005		1780		1538	388	2849	80	1675	5640
2010		360	13	238	269	2369		1820	6625
2013		173		161	290	1092	36	1021	3971
2014		140		130	105	944	4	937	3407
2015		43		40	114	843		834	2940
2016		43		41	7	790	2	770	3260
2017						711		708	3017
2018		1				711		710	3056
海口市	Haikou								
三亚市	Sanya								
五指山市	Wuzhishan								
文昌市	Wenchang								
琼海市	Qionghai								
万宁市	Wanning								
定安县	Ding'an								
屯昌县	Tunchang								
澄迈县	Chengmai								
临高县	Lingao								
儋州地区	Danzhou Area								
儋州市	Danzhou								
洋浦	Yangpu								
东方市	Dongfang								
乐东县	Ledong								
琼中县	Qiongzhong								
保亭县	Baoting								
陵水县	Lingshui	1							
白沙县	Baisha								
昌江县	Changjiang					711		710	3056

12-26 续3(continued 3)

年份 地区	Year Region	胡椒 Pepper 年末面积(公顷) Area at Year-end (hectare)	当年新种 Newly Sown Area in the Current Year	收获面积(公顷) Harvest Area (hectare)	总产量(吨) Total Output (ton)
2000		22792	5366	10498	18093
2005		22971	400	17735	31119
2010		21589	225	18265	35992
2013		21977	886	18509	39765
2014		21482	733	17385	39951
2015		21982	377	19004	35649
2016		21302	411	18341	36618
2017		22114	340	19923	41550
2018		22322	540	19365	43425
海口市	Haikou	3453	305	2781	5305
三亚市	Sanya				
五指山市	Wuzhishan	94	21	77	206
文昌市	Wenchang	6899	152	5883	12740
琼海市	Qionghai	6920	17	6240	13106
万宁市	Wanning	2515		2164	6913
定安县	Ding'an	1576	41	1495	3556
屯昌县	Tunchang	195		150	202
澄迈县	Chengmai	299	1	261	677
临高县	Lingao	1		1	3
儋州地区	Danzhou Area	108		107	223
儋州市	Danzhou	108		107	223
洋浦	Yangpu				
东方市	Dongfang				
乐东县	Ledong	32	1	31	85
琼中县	Qiongzhong	136		95	222
保亭县	Baoting	11	3	11	27.24
陵水县	Lingshui	5			
白沙县	Baisha	69		68	163
昌江县	Changjiang	7			

12-27 各市县主要南药面积和产量
Area and Output of Major South-drugs by Region

年份 地区	Year Region	槟榔 Betel Nut 年末面积（公顷）Area at Year-end (hectare)	槟榔 Betel Nut 总产量（吨）Total Output (ton)	益智 Yizhi 年末面积（公顷）Area at Year-end (hectare)	益智 Yizhi 总产量（吨）Total Output (ton)	砂仁 Sharen 年末面积（公顷）Area at Year-end (hectare)	砂仁 Sharen 总产量（吨）Total Output (ton)
2000		26944	35598	2855	3805	285	219
2005		47714	64338	3668	5223	311	246
2010		69227	152105	3505	3724	122	215
2013		90884	223330	5008	7204	49	118
2014		94070	231015	6139	9753	297	1208
2015		98051	229221	7973	10441	284	1620
2016		99661	234225	8606	11505	299	1011
2017		102530	255114	11391	15516	268	1107
2018		109950	272203	11887	10474	266	4649
海口市	Haikou	2991	3370				
三亚市	Sanya	5812	24678	80	47		
五指山市	Wuzhishan	2351	6034	2091	1989		
文昌市	Wenchang	3721	10004				
琼海市	Qionghai	16884	42619	36	35		
万宁市	Wanning	18138	42782	364	2016		3681
定安县	Ding'an	9481	24698	10	5		
屯昌县	Tunchang	13153	24600	737	511		
澄迈县	Chengmai	5162	17829				
临高县	Lingao	112	78				
儋州地区	Danzhou Area	636	1269	286	257		
儋州市	Danzhou	636	1269	286	257		
洋浦	Yangpu						
东方市	Dongfang	669	350	43	32		
乐东县	Ledong	5090	15726	110	48	258	965
琼中县	Qiongzhong	12907	24118	4111	2180	8	3.11
保亭县	Baoting	6703	20861	1392	703		
陵水县	Lingshui	4230	10809	615	424		
白沙县	Baisha	1860	2373	2004	2224		
昌江县	Changjiang	50	4	8	3		

12-28 各市县牲畜、家禽饲养头数
Number of Livestock and Poultry by Region

单位：万头 (10 000 heads)

年份 地区	Year Region	牛年末存栏量 Number of Cattle in Stock (Year-end)	黄牛 Oxes	水牛 Buffaloes	奶牛 Dairy Cattle	牛年内出栏量 Number of Slaughtered Cattle in the Current Year	山羊年底存栏量 Number of Goat in Stock (Year-end)	山羊年内出栏量 Number of Slaughtered Goat in the Current Year
2000		144.93	57.67	87.21	0.05	22.79	92.48	72.14
2005		84.86	36.33	48.43	0.10	20.50	56.04	65.41
2010		71.57	31.33	40.13	0.11	21.82	70.36	83.28
2013		53.74	26.39	27.26	0.09	21.05	69.08	79.11
2014		47.28	23.94	23.25	0.09	20.22	67.71	81.06
2015		47.20	23.59	23.52	0.09	19.09	67.74	77.45
2016		40.23	20.65	19.33	0.26	18.53	68.12	82.33
2017		52.77	25.85	26.82	0.09	19.22	68.40	84.27
2018		54.46	29.54	24.83	0.09	20.02	68.85	84.62
海口市	Haikou	2.99	1.47	1.52		1.21	6.20	9.50
三亚市	Sanya	1.30	0.78	0.49	0.04	0.84	4.44	5.30
五指山市	Wuzhishan	0.80	0.74	0.06		0.26	0.32	0.30
文昌市	Wenchang	5.04	2.34	2.70		1.35	5.66	4.33
琼海市	Qionghai	0.85	0.56	0.29		0.66	3.29	4.92
万宁市	Wanning	3.82	1.83	1.99		1.70	3.80	5.28
定安县	Ding'an	6.31	3.53	2.79		2.35	4.67	6.28
屯昌县	Tunchang	3.14	1.51	1.63		1.14	2.77	2.80
澄迈县	Chengmai	6.17	3.10	3.02	0.04	2.49	3.82	5.52
临高县	Lingao	2.07	1.25	0.82		0.85	1.80	3.14
儋州地区	Danzhou Area	3.36	2.46	0.90	0.01	1.86	6.56	10.78
儋州市	Danzhou	3.31	2.42	0.89	0.01	1.78	6.39	10.57
洋浦	Yangpu	0.05	0.04	0.01		0.08	0.17	0.21
东方市	Dongfang	2.83	1.77	1.06		0.88	3.08	2.96
乐东县	Ledong	7.55	4.02	3.53		1.41	7.60	10.70
琼中县	Qiongzhong	1.09	0.82	0.27		0.48	2.26	1.88
保亭县	Baoting	0.68	0.52	0.16		0.10	2.77	2.12
陵水县	Lingshui	3.10	1.03	2.07		1.10	2.72	2.61
白沙县	Baisha	0.74	0.71	0.02		0.34	1.61	1.65
昌江县	Changjiang	2.62	1.10	1.51	0.01	1.02	5.50	4.55

注：依据第三次全国农业普查结果，对2007年-2016年农业数据进行了修订。

Note:According to the result of the Third National Agricultural Census,data of agriculture were revised from 2007 to 2016.

12-28 续(continued)

单位：万头 (10,000 heads)

年份 地区	Year Region	猪年末存栏量 Number of Pigs in Stock (Year-end)	能繁殖母猪 Breeding Sow	猪全年饲养量 Number of Pigs Raised in the Whole Year	年内出栏肥猪 Number of Slaughtered Fattened Pigs in the Current Year	家禽年内出栏量 Number of Slaughtered Poultry in the Current Year	鸡 Chicken	鸭 Duck	鹅 Goose
2000		306.67	31.63	585.6	278.93	8496.68	5592.17	2601.96	302.55
2005		296.52	37.98	638.87	342.35	9134.50	6082.94	2690.43	361.13
2010		428.40	62.75	934.07	505.66	12907.22	8360.51	4042.99	503.73
2013		462.08	66.74	1072.58	610.50	15035.00	10558.34	3787.70	688.96
2014		443.78	65.45	1032.31	588.53	13966.91	9272.65	3878.44	815.82
2015		435.08	60.94	990.79	555.71	14686.03	10147.36	3765.98	772.69
2016		421.96	57.74	1001.64	579.68	15314.89	10722.53	3794.60	797.75
2017		399.60	53.33	947.42	547.82	15564.87	10939.31	3827.10	798.46
2018		382.43	52.41	944.08	561.64	16011.48	11295.77	3951.92	763.80
海 口 市	Haikou	32.09	4.89	104.96	72.87	1217.89	965.11	231.29	21.49
三 亚 市	Sanya	12.52	1.57	39.63	27.11	333.05	254.36	72.17	6.52
五指山市	Wuzhishan	3.81	0.59	9.86	6.05	79.91	63.39	7.38	9.14
文 昌 市	Wenchang	17.51	1.93	43.57	26.05	3829.72	3437.86	367.45	24.42
琼 海 市	Qionghai	24.20	2.99	69.69	45.49	2307.74	1936.08	319.55	52.12
万 宁 市	Wanning	19.11	1.99	61.23	42.12	804.76	427.65	355.52	21.59
定 安 县	Ding'an	29.89	4.55	70.23	40.34	1240.68	669.67	446.51	124.49
屯 昌 县	Tunchang	19.75	3.08	46.40	26.65	496.34	313.07	151.55	31.72
澄 迈 县	Chengmai	42.41	4.37	87.50	45.08	2225.85	522.52	1353.29	350.04
临 高 县	Lingao	25.21	5.02	45.54	20.33	291.38	157.31	127.23	6.84
儋州地区	Danzhou Area	45.77	5.41	127.42	81.65	1672.14	1497.78	152.73	21.64
儋州市	Danzhou	44.64	5.19	125.51	80.88	1666.42	1493.74	151.24	21.44
洋 浦	Yangpu	1.13	0.22	1.90	0.77	5.72	4.03	1.49	0.20
东 方 市	Dongfang	26.24	5.44	48.32	22.08	269.15	150.70	99.32	19.12
乐 东 县	Ledong	23.36	2.65	48.00	24.64	310.80	196.95	85.98	27.86
琼 中 县	Qiongzhong	9.34	0.89	23.56	14.22	151.90	114.12	22.61	15.16
保 亭 县	Baoting	13.42	2.23	29.02	15.60	141.20	98.23	35.95	7.02
陵 水 县	Lingshui	13.62	1.49	30.39	16.77	134.18	99.17	28.81	6.20
白 沙 县	Baisha	10.29	1.22	27.27	16.98	227.07	185.00	37.14	4.94
昌 江 县	Changjiang	13.88	2.10	31.49	17.60	277.71	206.80	57.43	13.48

12-29 各市县畜产品产量
Output of Livestock Products by Region

单位：吨 (ton)

年份 地区	Year Region	肉类总产量 Total output of Meat	猪牛羊肉 Pork,Beef and Mutton Output	猪肉 Pork	牛肉 Beef	羊肉 Mutton	禽肉 Meat of Poultry	牛奶产量 Output of Cow Milk	禽蛋产量 Output of Poultry Eggs	蜂蜜产量 Output of Honey
2000		397345	264670	234240	20515	9915	128367	320	28704	398
2005		475678	304202	276379	18975	8697	156755	1140	21796	718
2010		681845	442737	412342	19394	11001	216844	1949	35034	717
2013		822617	535637	504811	20190	10636	259626	2262	38134	728
2014		788308	515876	485771	19248	10857	244360	2313	37909	865
2015		773313	486669	457934	18324	10411	254311	2346	43817	1029
2016		796007	498142	469104	17920	11118	267078	2251	48300	979
2017		786740	473964	444000	18479	11485	271600	2600	47500	1302
2018		798661	487120	456343	19305	11472	279899	1879	46600	1127
海口市	Haikou	86949	63839	61364	1136	1339	20279		9568	9
三亚市	Sanya	28286	22809	21298	784	728	5272	742	2488	27
五指山市	Wuzhishan	6477	4859	4583	240	36	1391		166	2
文昌市	Wenchang	83637	23512	21596	1302	614	59942		5609	191
琼海市	Qionghai	77547	38707	37420	615	672	37893		4545	27
万宁市	Wanning	51677	35756	33459	1643	654	15599		1838	
定安县	Ding'an	62327	36618	33469	2338	812	24935		6019	1
屯昌县	Tunchang	34856	24295	22811	1085	399	9369		1611	62
澄迈县	Chengmai	91751	40778	37538	2452	789	45487	986	4347	57
临高县	Lingao	29046	17354	16159	778	417	5223		168	
儋州地区	Danzhou Area	100108	70137	66868	1800	1469	27390	71	4187	119
儋州市	Danzhou	99197	69328	66171	1721	1436	27298	71	4170	119
洋浦	Yangpu	911	810	697	79	34	92		17	
东方市	Dongfang	26183	18370	17114	888	368	5553		1168	
乐东县	Ledong	28593	21931	19063	1386	1482	5763		1942	3
琼中县	Qiongzhong	16139	12150	11443	452	256	2799		263	478
保亭县	Baoting	16785	12098	11706	94	297	2465		881	15
陵水县	Lingshui	18304	14226	12825	1008	393	2255		513	
白沙县	Baisha	18672	14699	14121	333	245	3841		261	59
昌江县	Changjiang	21323	14982	13507	972	503	4444	80	1026	76

注：依据第三次全国农业普查结果，对2007年-2016年农业数据进行了修订。

Note:According to the result of the Third National Agricultural Census,data of agriculture were revised from 2007 to 2016.

12-30 水产养殖面积
Aquaculture Area

单位：公顷 (hectare)

年份 地区	Year Region	海水养殖 面积 Area of Seawater Aquatic	鱼 类 Fish	虾蟹类 Shrimps, Prawns and Crabs	贝 类 Shellfish	藻 类 Algae	其它类 Others	淡水养殖 面积 Area of Freshwater Aquatic
2011		15146	3088	9098	1551	1286	124	40347
2013		16791	3472	10192	2238	839	50	41107
2014		16691	3886	9392	2569	794	50	37210
2015		17138	4642	9093	2541	812	50	37590
2016		17823	4984	9064	2929	796	50	37657
2017		19715	5459	10692	2789	721	54	34386
2018		21372	5347	13162	2221	597	45	30800
海 口 市	Haikou	4336	17	4055	168	95		3165
三 亚 市	Sanya	619	184	81	354			410
五指山市	Wuzhishan							295
文 昌 市	Wenchang	4707	1419	2747	466	75		6864
琼 海 市	Qionghai	601	318	280	3			2192
万 宁 市	Wanning	1311	284	1027				1291
定 安 县	Ding'an							1376
屯 昌 县	Tunchang							1552
澄 迈 县	Chengmai	1939	1059	674	67	140		3708
临 高 县	Lingao	2016	1272	424	316		4	1638
儋州地区	Danzhou Area	2991	346	1708	845	51	41	1782
儋州市	Danzhou	2991	346	1708	845	51	41	1780
洋 浦	Yangpu							2
东 方 市	Dongfang	625	57	568				690
乐 东 县	Ledong	677	54	623				1969
琼 中 县	Qiongzhong							916
保 亭 县	Baoting							702
陵 水 县	Lingshui	68	66		1	1		363
白 沙 县	Baisha							1275
昌 江 县	Changjiang	1481	272	976		234		611

12-31 水产品总产量
Output of Aquatic Products

单位：吨 (Ton)

年份 地区	Year Region	水产品总产量 Total Aquatic Products	按海、淡水分By Seawater and Freshwater 海水产品 Seawater Aquatic Products	海水捕捞 Seawater Aquatic Products Caught	海水养殖 Seawater Aquatic Products Cultured	淡水产品 Freshwater Aquatic Products	淡水捕捞 Freshwater Aquatic Products Caught	淡水养殖 Freshwater Aquatic Products Cultured
2011		1602445	1240420	1050300	190120	362025	21015	341010
2012		1684641	1353555	1123028	230527	331086	16284	314802
2013		1782687	1439888	1195575	244313	342799	16192	326608
2014		1771457	1445941	1212134	233808	325515	15336	310179
2015		1855601	1507990	1248983	259007	347611	14304	333306
2016		1921289	1560284	1280582	279702	361005	13100	347905
2017		1807899	1448853	1127331	321522	359046	13295	345751
2018		1758188	1378071	1083880	294191	380117	13256	366861
海口市	Haikou	66741	36161	17231	18930	30580	846	29734
三亚市	Sanya	52583	51542	41436	10106	1041	187	854
五指山市	Wuzhishan	2234				2234	112	2122
文昌市	Wenchang	248234	103440	29841	73599	144793	820	143973
琼海市	Qionghai	95869	61925	53733	8191	33945	869	33076
万宁市	Wanning	73921	60052	30870	29182	13869	288	13581
定安县	Ding'an	11462				11462	93	11369
屯昌县	Tunchang	13705				13705	236	13469
澄迈县	Chengmai	123564	80915	51513	29402	42649	2111	40538
临高县	Lingao	450472	444472	409722	34750	6000	441	5559
儋州地区	Danzhou Area	351192	325973	277976	47997	25219	1694	23525
儋州市	Danzhou	335967	310821	262824	47997	25147	1694	23453
洋浦	Yangpu	15224	15152	15152		72		72
东方市	Dongfang	32285	27966	20859	7108	4319		4319
乐东县	Ledong	34518	23854	18410	5443	10664	950	9714
琼中县	Qiongzhong	10061				10061	576	9485
保亭县	Baoting	3708				3708	87	3621
陵水县	Lingshui	89464	86466	76656	9810	2998		2998
白沙县	Baisha	14732				14732	1717	13015
昌江县	Changjiang	83442	75305	55633	19672	8138	2229	5909

注：依据第三次全国农业普查结果，对2012年-2017年农业数据进行了修订。

Note:According to the result of the Third National Agricultural Census,data of agriculture were revised from 2012 to 2017.

12-31 续(continued)

年份 地区	Year Region	按品类分类 By Category						
		鱼 类 Fish	虾蟹类 Shrimps, Prawns and Crabs	海养对虾 Prawn by Seawater Cultured	贝 类 Shellfish	藻 类 Algae	江蓠 Gracilaria Confervoides	其 它 Others
2011		1293860	194505	98737	54305	33102	9874	26673
2012		1313104	208988	106930	73073	23005	9310	109170
2013		1464793	186976	122431	58469	36356	12830	84829
2014		1562786	201305	97258	76882	23848	10593	109536
2015		1643749	212106	106131	78825	23884	10868	114348
2016		1706690	220943	97248	76796	24535	11814	25915
2017		1572195	222863	125281	73574	23755	11357	119512
2018		1382163	201754	110586	46439	20388	9684	107445
海 口 市	Haikou	41898	13315	10775	1503	7196	6919	2829
三 亚 市	Sanya	34517	2343	240	3163			12561
五指山市	Wuzhishan	2228	2		4			
文 昌 市	Wenchang	201831	33921	29221	9739	1002		1740
琼 海 市	Qionghai	80453	8574	3342	1021	1796		4025
万 宁 市	Wanning	53110	18233	17216	189	68		2320
定 安 县	Ding'an	11278	89		5			90
屯 昌 县	Tunchang	13693	12					
澄 迈 县	Chengmai	87031	17481	8745	5353	3259	2692	10445
临 高 县	Lingao	378157	29023	4458	3637	184		39471
儋州地区	Danzhou Area	244833	52903	18575	19895	3201	73	30358
儋州市	Danzhou	232263	52336	18575	19500	3201	73	28666
洋 浦	Yangpu	12571	567		394			1692
东 方 市	Dongfang	22042	8493	5173	820			929
乐 东 县	Ledong	27350	6901	5145	26			240
琼 中 县	Qiongzhong	9961	68		33			
保 亭 县	Baoting	3697			11			
陵 水 县	Lingshui	88043	879		5	49		488
白 沙 县	Baisha	14730						
昌 江 县	Changjiang	67309	9514	7698	1035	3633		1950

主要统计指标解释

农业 指对各种农作物的种植活动。包括谷物、豆类、薯类、棉花、油料、糖料、麻类、烟叶、蔬菜、园艺作物、水果、坚果、饮料和香料作物、中草药及其他作物的种植。

林业 包括林木的栽培(不包括茶园、桑园和果园的栽培、管理和收获等活动)，木材和竹材的采运，林产品的采集。

畜牧业 包括牲畜饲养和放牧，家禽饲养以及野生动物的捕猎和饲养。

渔业 包括水生动物和海藻类植物的养殖和捕捞。

农、林、牧、渔服务业 指对农、林、牧、渔业生产活动进行的各种支持性服务。但不包括各种科学技术和专业性技术服务活动。

农林牧渔业总产值 指以货币表现的农、林、牧、渔业全部产品和对农林牧渔业生产活动进行的各种支持性服务活动的价值总量，它反映一定时期内农林牧渔业生产总规模和总成果。农业总产值的计算方法通常是按农林牧渔业产品及其副产品的产量分别乘以各自单位产品价格求得；少数生产周期较长，当年没有产品或产品产量不易统计的，则采用间接方法匡算其产值；然后将四业产品产值及农林牧渔服务业产值相加即为农林牧渔业总产值。1957年以前的农业总产值中包括了厩肥和农民自给性手工业(如农民自制衣服、鞋、袜，自己从事粮食初步加工等)。1958年及以后，林业中增加了村及村以下竹木采伐产值；牧业中取消了厩肥产值；副业中取消了农民自给性手工业产值，增加了村及村以下办的工业产值；渔业中增加了海洋捕捞水产品产值。1980年及以后，在副业中增加了农民家庭兼营工业商品部分的产值。从1984年起村及村以下工业产值划归工业。从1993年起取消副业，将野生动物的捕猎划入牧业、野生植物采集和农民家庭兼营商品性工业划归农业。从2003年起，执行新的国民经济行业分类标准，农林牧渔业总产值中包括了农林牧渔业服务业产值，林业中增加了森林采运业产值，农业中取消了家庭兼营商品性工业产值，将野生林产品的采集划归林业。第一次农业普查以后，由于畜牧业产品年报数据与普查数据之间存在一定的差距，国家统计局农调总队对畜牧业年报数据与普查数据进行衔接，对畜牧业产值进行相应调整。**粮食产量** 指全社会的产量。包括国有经济经营的、集体统一经营的和农民家庭经营的粮食产量，还包括工矿企业办的农场和其他生产单位的产量。粮食除包括稻谷、小麦、玉米、高粱、谷子及其他杂粮外，还包括薯类和豆类。其产量计算方法，豆类按去豆荚后的干豆计算；薯类(包括甘薯和马铃薯，不包括芋头和木薯)1963年以前按每4公斤鲜薯折1公斤粮食计算，从1964年开始改为按5公斤鲜薯折1公斤粮食计算。城市郊区作为蔬菜的薯类(如马铃薯等)按鲜品计算，并且不作粮食统计。其他粮食一律按脱粒后的原粮计算。

油料产量 指全部油料作物的生产量。包括花生、油菜籽、芝麻、向日葵籽、胡麻籽（亚麻籽）和其他油料。不包括大豆、木本油料和野生油料。花生以带壳干花生计算。

水产品产量 指人工养殖的水产品和天然生长的水产品的捕捞量。包括海水的鱼类、虾蟹类、贝类和藻类以及内陆水域的鱼类、虾蟹类和贝类，不包括淡水生植物。

猪、牛、羊肉产量 指当年出栏并已屠宰、除去头蹄下水后带骨肉(即胴体重)的重量。包括全社会范围内的产量。

期初（末）畜禽存栏头（只）数 指报告期初（末）农村各种合作经济组织和国营农场、农民个人、机关、团体、学校、工矿企业、部队等单位以及城镇居民饲养的大牲畜、猪、羊、家禽等畜禽的存栏数。

耕地面积 指可以用来种植农作物、经常进行耕锄的田地，包括熟地、当年新开荒地、连续撂荒未满三年的耕地和当年的休闲地(轮歇地)，还包括以种植农作物为主并附带种植桑树、茶树、果树和其他林木的土地，以及沿海、沿湖地区已围垦利用的“海涂”、“湖田”等面积。不包括属于专业性的桑园、茶园、果园、果木苗圃、林地、芦苇地、天然或人工草地面积。

农作物播种面积 指实际播种或移植有农作物的面积。凡是实际种植有农作物的面积，不论种植在耕地上还是种植在非耕地上，均包括在农作物播种面积中。在播种季节基本结束后，因遭灾而重新改种和补种的农作物面积，也包括在内。

有效灌溉面积 指具有一定的水源，地块比较平整，灌溉工程或设备已经配套，在一般年景下当年能够进行正常灌溉的耕地面积。

农用化肥施用量 指本年内实际用于农业生产的化肥数量，包括氮肥、磷肥、钾肥和复合肥。化肥施用量要求按折纯量计算数量。折纯量是指把氮肥、磷肥、钾肥分别按含氮、含五氧化二磷、含氧化钾的百分之百成份进行折算后的数量。复合肥按其所含主要成分折算。

农业机械总动力 指主要用于农、林、牧、渔业的各种动力机械的动力总和。包括耕作机械、排灌机械、收获机械、农用运输机械、植物保护机械、牧业机械、林业机械、渔业机械和其他农业机械〔内燃机按引擎马力折成瓦(特)计算、电动机按功率折成瓦(特)计算〕。不包括专门用于乡、镇、村、组办工业、基本建设、非农业运输、科学试验和教学等非农业生产方面用的动力机械与作业机械。

农村家庭从业人员　指乡村人口中16岁以上实际参加生产经营活动并取得实物或货币收入的人员，既包括劳动年龄内实际参加劳动人员，也包括超过劳动年龄但实际参加劳动的人员，但不包括户口在家的在外学生、现役军人和丧失劳动能力的人，也不包括待业人员和家务劳动者。劳动者年龄为16岁以上。

Explanatory Notes on Main Statistical Indicators

Agriculture refers to cultivation of farm crops, including cereals, beans, tuber crops, cotton, oil-bearing crops, sugar crops, hemp, tobacco leaves, vegetables, gardening plants, fruits, nuts, crops for beverages and spices, medicinal herbs and other farm crops.

Forestry includes the planting of trees (excluding the operations of planting, management and harvesting on tea plantations, mulberry fields and orchards), cutting and transport of timber and bamboo and collection of forest products.

Animal husbandry includes the raising and grazing of domestic animals and poultry, and the hunting and raising of wild animals.

Fishery includes cultivation and catching of aquatic animals and seaweed.

Services of agriculture, forestry, animal husbandry and fishery includes supporting services to production activities in agriculture, forestry, animal husbandry and fishery but do not include activities of science and technology and professional services.

Gross Output Value of Agricalture, Forestry, Animal Husbandry and Fishery refers to the total value of products of farming, forestry, animal husbandry and fishery, and total value of services in support of farming, forestry, animal husbandry and fishery activities. It reflects the total scale and result of agricultural production during a given period. Gross output value of agriculture is obtained by multiplying the output of each product or by-product by its price, resulting in the output value of each single item. For a small number of products, annual output of which is not available or difficult to get due to the long production (growing) process involved, the output value is estimated through an indirect approach. The sum of output value of all products of farming, forestry, animal husbandry, and fishery and services in support to those industries is then equal to the gross output value of agriculture. Prior to 1957, China's gross agricultural output value included barnyard manure and handicraft products for self -consumption (clothes, shoes, stockings, and initial grain processing undertaken by peasants). Since 1958, cutting and felling of bamboo and trees by villages and other cooperative organizations under villages has been included in forestry; value of barnyard manure has been excluded from animal husbandry; self consumed handicrafts has been excluded from sideline occupations, while the output value of industries run by villages and cooperative organizations under village had been included in sideline occupations and the output value of fish catches by motor fishing boats has been added to fishery. Since 1980, the value of handicraft products made for sale by individuals in households has been added to sideline occupations. Since 1984, industries run by villages and under villages have been included in the sector of industry. Since 1993, the subdivision of sideline occupations has been canceled, and the hunting of wild animals has been classified into animal husbandry, and the gathering of wild plants and commodity industry run by rural household have been included in farming. A new industrial classification of economic activities was introduced in 2003, Under the new classification, value of services to farming, forestry, animal husbandry and fishery is included in the gross output value of agriculture, value of wood felling and transport is included in forestry, value of industrial output by rural households is not included in farming, and the collection of wild forest products is taken from farming and included in forestry. The First Agriculture Census of China revealed some discrepancy between the production of animal products from the annual reports and that from the census. Efforts were made by the Rural Survey of NBS to adjust the output value of animal husbandry to make the figures from the annual reports consistent with the census data.

Grain Output refers to the total output in the whole

country including grains produced by State farms, collective units, rural households, as well as by farms affiliated to industrial and mining enterprises and other production units. Grain includes rice, wheat, corn, sorghum, millet and other miscellaneous grains as well as tubers and beans. Output of beans refers to dry beans without pods. The output of tubers (sweet potatoes and potatoes, not including taros and cassava) are converted into that of grain at the ratio 4:1, i.e. 4 kilograms of fresh tubers were equivalent to 1 kilogram of grain up to 1963. Since 1964 the ratio for conversion has been 5:1. Tubers supplied as vegetables (such as potatoes) in cities and suburbs are calculated as fresh vegetables and their output is not included in the output of grain. Output of all other grains refers to husked grain.

Output of Oil-bearing Crops refers to the total production of oil-bearing crops of various kinds, including peanuts, (dry, in shell) rapeseeds, sesame, sunflower seeds, flax seeds, and other oil-bearing crops. Soybeans, oil-bearing woody plants, and wild oil-bearing crops are not included.

Output of Aquatic Products refers to catches of both artificially cultured and naturally grown aquatic products, including fish, shrimps, crabs and shellfish in sea and inland water as well as seaweed. Freshwater plants are not included.

Output of Pork, Beef, and Mutton refers to the meat of slaughtered hogs, cattle, sheep and goats with head, feet, and offal taken away. Data refers to the production of the whole country.

Number of Livestock or Poultry in Stock at Beginning (or End) of Period refers to the total number of large animals, pigs, sheep, fowls, etc. raised by rural cooperative organizations, State farms, rural individuals, government agencies, schools, industrial and mining enterprises, army, and urban residents at the beginning (or end) of the reference period.

Cultivated Area refers to farmland which is plowed constantly for growing crops, including cultivated land, newly cultivated land in the current year, farmland left without cultivation for less than three years and fallow land in the current year, rotation land of grass and crops, farmland with some fruit trees, mulberry trees and other trees and cultivated seashore land, lake land and etc. The land of mulberry fields, tea plantations, orchards, nurseries of young plants, forestland, reed land, natural and man-made grassland and other land are not included in cultivated land.

Sown Area of Crops refers to area of land sown or transplanted with crops regardless of being in cultivated area or non-cultivated area. Area of land re-sown due to natural disasters is also included.

Irrigated Area refers to area of land that are effectively irrigated, i.e. relatively level land, where there are water sources and complete sets of irrigation facilities to lift and move adequate water for irrigation purpose under normal conditions. Under normal situations, irrigated area is the sum of watered fields and irrigated fields where irrigation systems or equipment have been installed for regular irrigation purpose.

Consumption of Chemical Fertilizers in Agriculture refers to the quantity of chemical fertilizers applied in agriculture in the year, including nitrogenous fertilizer, phosphate fertilizer, potash fertilizer, and compound fertilizer. The consumption of chemical fertilizers is calculated in terms of volume of effective component by means of converting the gross weight of the respective fertilizers into weight containing effective component (e.g. nitrogen content in nitrogenous fertilizer, phosphorous pentoxide contents in phosphate fertilizer, and potassium oxide contents in potash fertilizer). Compound fertilizer is converted in regard to its major component.

Total Power of Agricaltural Machinery refers to total mechanical power of machinery used in farming, forestry, animal husbandry, and fishery, including machinery for ploughing, irrigation and drainage, harvesting, transport, plant protection, animal husbandry, forestry and fishery and other agricultural machineries (For the power of internal combustion engines, it is converted from its horsepower into watts and for electric motors the output power is converted into watts). Machinery employed for non-agricultural purposes, such as the machines used in township-run and village-run industry, construction, non-agricultural transport, scientific experiments and teaching, are not included.

Employed Persons in Rural Households refers to people in rural areas who are older than 16 years and engaged in production and business activities that generate incomes in cash or in practicality. It includes all working laborers, no matter whether they are within the working age or not, whereas students studying outside but with their registered residence at home, active serviceman, people who lost their ability to work, unemployed people, and those engaged in housework are not included. The working age is defined as older than 16 year

13

工　业

Industry

编辑人员：吴璟

Compiled by Wu Jing

英文翻译：吴璟

Translated by Wu Jing

简 要 说 明

一、本篇资料的主要内容

本篇资料反映我省工业经济方面的基本情况，包括 18 个市县的主要工业经济统计数据。

二、本篇资料的统计范围

从 2011 年开始，规模以上工业统计范围调整为年主营业务收入 2000 万元以上（包括 2000 万元）工业企业，规模以下工业统计范围包括年主营业务收入 2000 万元以下的工业企业和个体工业。个体工业是指独立经营，自负盈亏的个体工业经营户。

本篇资料中工业行业分类按 2011 年《国民经济行业分类》标准划分；企业大中小微型划分按 2011 年《统计上大中小微型企业划分办法》标准执行。

三、本篇的资料来源和统计调查方法

本篇工业企业统计数据主要是根据工业统计年度报表中有关资料整理汇总。

Brief Introduction

I. Main Contents

Data in this chapter reflect the basic conditions of the industrial sector, presenting main industrial economic indicators of 18 regions in Hainan.

II. Scopes of Statistics

Since 2011,above designated size industry has been those with annual income of main business more than 20 million yuan(inc.20 million yuan) while those with annual income of main business less than 20 million yuan and self-employed industry have been below designated size industry. The self-employed industry refers to those individuals who are engaged in industrial business, operating independently and responsible for their own profits and losses.

Data by branch of industry in this chapter are based on the 2011's *National Industrial Classification of all Economic Activities*, and data by size of enterprise are based on the 2011's *Preliminary Standards of Enterprises by Size*.

III. Sources of Data and Methods of Survey

The data on enterprises statistics in this Chapter are collected mainly based on the relevant data in the annual industrial statistics reporting forms.

13-1 工业主要指标
Major Indicators on Industry

指　　标	Item	2005	2010	2014	2015	2016	2017	2018
全部工业	**All Industrial Enterprises**							
工业总产值（亿元）	Gross Industrial Output Value (100 million yuan)	548.52	1470.35	2122.21	2000.93	1995.11	2075.83	2489.75
工业增加值（亿元）	Value-added of Industry (100 million yuan)	176.92	385.21	514.40	485.85	479.22	528.28	572.52
规模以上工业	**Industrial Enterprises above Designated Size**							
企业单位数（个）	Number of Enterprises (unit)	646	497	382	379	337	335	349
亏损企业数（个）	Number of Loss-suffering Enterprises (unit)	265	87	101	104	67	83	79
工业总产值（亿元）	Gross Industrial Output (100 million yuan)	473.06	1381.25	1977.83	1877.63	1871.01	1955.75	2272.69
工业增加值（亿元）	Value-added of Industry (100 million yuan)	148.47	354.80	471.23	448.95	441.82	487.08	507.62
工业销售产值（亿元）	Industrial Sales Value (100 million yuan)	468.18	1354.09	1901.15	1833.26	1765.10	1858.02	2215.32
出口交货值（亿元）	Export Delivery Value (100 million yuan)	25.12	96.99	203.45	177.11	193.55	207.17	204.26
主营业务收入（亿元）	Revenue from Principal Business (100 million yuan)	449.76	1322.83	1756.99	1661.72	1668.92	1799.52	2200.74
资产总计（亿元）	Total Assets (100 million yuan)	791.28	1621.38	2444.80	2788.06	2764.18	2858.40	3030.82
流动资产合计（亿元）	Total Current Assets (100 million yuan)	285.11	622.32	984.00	968.46	999.55	1112.05	1271.13
固定资产合计（亿元）	Total Fixed Assets (100 million yuan)		649.53	995.46	1222.10	1315.46	1090.45	1759.68
负债总计（亿元）	Total Liabilities (100 million yuan)	437.44	861.92	1318.16	1544.97	1538.21	1567.59	1692.14
所有者权益合计（亿元）	Owner's Equity (100 million yuan)		757.79	1128.08	1242.62	1225.97	1286.55	1338.68
利润总额（亿元）	Total Profits (100 million yuan)		140.04	113.36	103.61	101.87	130.52	327.55
亏损企业亏损额（亿元）	Total Loss of Loss-suffering Enterprises (100 million yuan)	6.62		30.81	23.45	25.59	31.73	36.23
利税总额（亿元）	Total Profits and Taxes (100 million yuan)	70.22	279.10	254.29	285.42	284.12	308.49	327.55
应交增值税（亿元）	Value-added Tax Payable (100 million yuan)	25.34	60.46	64.89	72.84	75.76	77.84	65.91
应交所得税（亿元）	Incomne Tax Payable (100 million yuan)		19.12	15.13	23.83	23.63	30.30	39.04
本年应付职工薪酬(亿元)	Total Wages Payable of Current Year (100 million yuan)		45.28	75.47	85.96	85.69	90.92	104.33
从业人员年平均人数(万人)	Average Employed Employees (10000 persons)		12.44	11.79	11.51	9.78	9.70	10.05

13-2 历年规模以上工业企业单位数
Number of Industrial Enterprises above Designated Size in Various Years

单位：个 (unit)

年份 Year	合计 Total	#大中型企业 #Large & Medium-sized Industrial Enterprises	#国有控股企业 #State-holding Enterprises	按轻重工业分 Grouped by Light & Heavy Industry: 轻工业 Light Industry	重工业 Heavy Industry	按注册类型分 Grouped by Status of Registration: 国有企业 State-owned Enterprises	集体企业 Collective-owned Industry	股份合作企业 Cooperative Enterprises	股份制企业 Shareholding Enterpreses	外商及港澳台投资 Enterprises With Funds from Foreign, Hong Kong Macao and Taiwan	其他经济 Other Enterprises
1998	640	124	486	341	299	409	29	8	53	101	40
1999	579	120	428	316	263	343	25	10	64	92	45
2000	597	118	402	319	278	320	24	11	80	98	64
2001	589	129	372	325	264	295	23	8	110	94	59
2002	601	129	354	347	254	275	25	9	135	94	63
2003	620	56	346	323	297	270	22	7	160	97	64
2004	596	71	255	310	286	196	9	1	257	90	43
2005	646	73	299	333	313	230	16	7	224	102	67
2006	630	67	272	322	308	209	11	2	237	107	64
2007	502	66	175	260	242	92	10	3	250	97	50
2008	548	78	187	284	264	92	11	3	296	99	47
2009	494	104	102	252	242	58	5	1	310	93	27
2010	497	117	101	258	239	55	4	3	321	87	27
2011	361	102	83	176	185	41	3	2	227	74	14
2012	377	121	81	184	193	38	2	2	246	73	16
2013	388	127	80	189	199	25	1		289	70	3
2014	382	123	76	190	192	24	1		282	72	3
2015	379	111	75	186	193	23	1		279	73	3
2016	337	92	53	171	166	6			262	68	1
2017	335	85	52	175	160	4			264	67	
2018	349	81	50	176	173	3			287	59	

13-3 各市县规模以上工业企业单位数(2018)
Number of Industrial Enterprises above Designated Size by Region (2018)

单位：个 (unit)

地区	Region	合计 Total	#大中型企业 #Large & Medium-sized Industrial Enterprises	#国有控股企业 #State-holding Enterprises	按轻重工业分 Grouped by Light & Heavy Industry		按注册类型分 Grouped by Status of Registration					
					轻工业 Light Industry	重工业 Heavy Industry	国有企业 State-owned Enterprises	集体企业 Collective-owned Industry	股份合作企业 Cooperative Enterprises	股份制企业 Shareholding Enterpreses	外商及港澳台投资 Enterprises With Funds from Foreign, Hong Kong Macao and Taiwan	其他经济 Other Enterprises
全省总计	**Total**	**349**	**70**	**50**	**176**	**173**	**3**			**287**	**59**	
海口市	Haikou	146	41	16	102	44	2			112	32	
三亚市	Sanya	21	3	3	4	17				17	4	
五指山市	Wuzhishan	3			1	2				2	1	
文昌市	Wenchang	16	2	1	7	9				14	2	
琼海市	Qionghai	10		2	4	6	1			7	2	
万宁市	Wanning	10	1	1	5	5				9	1	
定安县	Ding'an	13	3		10	3				11	2	
屯昌县	Tunchang	2				2				2		
澄迈县	Chengmai	45	7	4	22	23				39	6	
临高县	Lingao	3	1		1	2				3		
儋州地区	Danzhou Area	34	5	8	9	25				28	6	
儋州市	Danzhou	18	1	4	5	13				15	3	
洋浦	Yangpu	16	4	4	4	12				13	3	
东方市	Dongfang	12	3	9	2	10				11	1	
乐东县	Ledong	4		2		4				3	1	
琼中县	Qiongzhong	6			2	4				6		
保亭县	Baoting	1				1				1		
陵水县	Linshui	3		1	1	2				3		
白沙县	Baisha	4		1	3	1				4		
昌江县	Changjiang	15	3	1	3	12				14	1	

13-4 各市县规模以上工业增加值
Value-added of Industrial Enterprises above Designated Size by Region

单位：万元 (10 000 yuan)

地 区	Region	2005	2010	2013	2014	2015	2016	2017	2018	2018年比2017年增长(%) Growth Rate in 2018 over 2017(%)
全省总计	**Total**	**1484686**	**3548002**	**5095729**	**4712322**	**4489519**	**4418200**	**4870803**	**5076223**	**6.0**
海 口 市	Haikou	570429	919547	1338134	1230909	1245166	1241650	1302921	1350128	8.0
三 亚 市	Sanya	181426	119546	171058	146246	143738	152629	180795	185315	3.0
五指山市	Wuzhishan	3682	7604	7847	9060	7529	9288	10462	9989	-10.5
文 昌 市	Wenchang	25456	57389	87092	74781	80261	83112	104101	115362	8.0
琼 海 市	Qionghai	25268	39401	71854	38686	42140	45325	54513	66420	12.2
万 宁 市	Wanning	18084	29595	45397	26103	29811	34030	44849	59282	26.3
定 安 县	Ding'an	10927	21091	33044	24467	25479	26306	30328	35525	5.4
屯 昌 县	Tunchang	3324	7989	10815	17015	13380	11698	11534	11311	-6.1
澄 迈 县	Chengmai	136975	367859	729745	804372	790423	737968	783858	608593	-6.0
临 高 县	Lingao	12341	23241	47162	14350	13073	16208	14746	11191	-11.0
儋 州 地 区	Danzhou Area	180276	1326255	1552150	1408335	1224347	1221047	1369702.7	1527337	10.1
儋 州 市	Danzhou	42474	65889	116261	98449	98427	99065	117516	134497	-1.2
洋 浦	Yangpu	137802	1260366	1435889	1309886	1125920	1121982	1252186.8	1392840	11.2
东 方 市	Dongfang	147477	249059	483937	502294	530527	441654	475847	576747	9.4
乐 东 县	Ledong	3874	14821	21525	19816	41271	58158	68331	78450	6.1
琼 中 县	Qiongzhong	1780	4388	10620	11289	12498	12510	11957	10926	2.1
保 亭 县	Baoting	1224	4344	5648	4434	4133	4100	5616	6327	8.5
陵 水 县	Lingshui	3418	7449	14196	9740	10294	11085	14380	17637	10.1
白 沙 县	Baisha	2601	9135	24546	12203	9988	9246	10305	9329	5.7
昌 江 县	Changjiang	119756	310044	441445	358222	265461	302187	376557	396354	4.5

注：1. 本表绝对数按现价计算，增长速度按可比价格计算，2008年、2013年为经济普查数据。
2. 从2008年开始，三亚市工业增加值不再包含13-1油气田部分。
3. 从2012年开始，市县工业增加值包含农垦数据。
Notes: a) In this table, absolute figures are calculated at current prices while growth rates are calculated at comparable prices.
The data of 2008 and 2013 have been adjusted according to national economic census.
b) The industrial value-added of Sanya hasn't covered data of No.13-1 oil field since 2008.
c)The industrial value-added of counties or prefecture-level cities have covered data of Hainan State Farms since 2008.

13-5　规模以上工业企业主要财务指标(2018)
Major Financial Indicators on Industrial Enterprises above Designated Size(2018)

单位：万元　　　　(10 000 yuan)

项　目	Item	企业单位数(个) Number of Enterprises (unit)	亏损企业 Loss-suffering Enterprises	工业总产值 Gross Industrial Output Value	工业销售产值 Industrial Sales Value	出口交货值 Export Delivery Value
合　计	**Total**	**349**	**79**	**22726872**	**22153161**	**2042616**
一、按登记注册类型分组	**By Status of Registration**					
内资企业	**Domestic Funded**	**290**	**66**	**15181517**	**14628540**	**953541**
国有企业	State-owned Enterprises	3		94048	99445	
中央企业	Central Enterprises	2		87279	92677	
地方企业	Local Enterprises	1		6768	6768	
集体企业	Collective-owned Enterprises					
股份合作企业	Cooperative Enterprises					
联营企业	Joint Ownership Enterprises					
国有联营企业	State Joint Ownership					
集体联营企业	Collective Joint Ownership					
国有与集体联营企业	Joint State-collective					
其他联营企业	Other Joint Ownership					
有限责任公司	Limited Liability Corporations	189	52	11327247	10707923	793412
国有独资公司	State Sole Funded	5	2	755494	744940	
其他有限责任公司	Other Limited Liability	184	50	10571752	9962983	793412
股份有限公司	Share-holding Corporations Limited	38	3	2667727	2743752	87353
私营企业	Private Enterprises	60	11	1092496	1077420	72777
私营独资企业	Private-funded					
私营合伙企业	Private Partnership					
私营有限责任公司	Private Limited Liability	58	10	1084290	1068034	72777
私营股份有限公司	Private Share-holding Corporations Ltd.	2	1	8205	9386	
其他企业	Other Enterprises					
港、澳、台商投资企业	**Enterprises with Funds from Hongkong,Macao and Taiwan**	**31**	**3**	**6060024**	**6019822**	**955268**
合资经营企业(港或澳、台资)	Joint-venture Enterprises	11	1	5778760	5728622	935298
合作经营企业(港或澳、台资)	Cooperative Enterprises	1		2001	2126	
港澳台商独资经营企业	Enterprises with Sole Investment	15	2	218506	223064	19471
港澳台商投资股份有限公司	Share-holding Corporations Ltd.	4		60756	66010	499
外商投资企业	**Enterprises with Foreign Investment**	**28**	**10**	**1485332**	**1504799**	**133807**
中外合资经营企业	Joint-venture Enterprises	10	3	1227985	1258210	87704
中外合作经营企业	Cooperation Enterprises	1		23786	23786	
外资企业	Enterprises with Sole Funds	16	6	228550	218012	41337
外商投资股份有限公司	Share-holding Corporations Ltd.					
其他外商投资企业	Others	1	1	5011	4791	4766
二、在总计中：国有控股企业	**Of the Total:State-holding Enterprises**	**50**	**8**	**5552946**	**5495290**	**26687**
按轻重工业分：轻工业	By Light & Heavy:Light Industry	176	43	6584968	6544930	376971
重工业	Heavy Industry	173	36	16141904	15608231	1665645
按企业规模分：大型企业	By Size of Enterprises:Large	12	3	3832891	4076149	254282
中型企业	Medium	69	13	14140107	13313661	1682349
小型企业	Small	248	56	4612177	4629595	92533
微型企业	Micro	20	7	141697	133756	13453

13-5 续1 (continued 1)

项　目	Item	资产总计 Total Assets	流动资产合计 Total Current Assets	应收帐款 Accounts Receivable	存货 Inventory	产成品 Finished Products	固定资产合计 Total Fixed Assets
合 计	**Total**	**30308156**	**12711345**	**2386502**	**2012167**	**739857**	**17596805**
一、按登记注册类型分组	**By Status of Registration**						
内资企业	**Domestic Funded**	**22424502**	**9182725**	**1736651**	**1496884**	**553272**	**13241772**
国有企业	State-owned Enterprises	211991	158141	27116	66741	16533	53850
中央企业	Central Enterprises	185946	155465	27081	66551	16533	30481
地方企业	Local Enterprises	26045	2676	35	190		23369
集体企业	Collective-owned Enterprises						
股份合作企业	Cooperative Enterprises						
联营企业	Joint Ownership Enterprises						
国有联营企业	State Joint Ownership						
集体联营企业	Collective Joint Ownership						
国有与集体联营企业	Joint State-collective						
其他联营企业	Other Joint Ownership						
有限责任公司	Limited Liability Corporations	15276858	5340676	1112123	952434	368011	9936178
国有独资公司	State Sole Funded	3096711	466224	60394	155877	10237	2630487
其他有限责任公司	Other Limited Liability	12180148	4874453	1051730	796557	357774	7305692
股份有限公司	Share-holding Corporations Limited	5781738	2890865	419354	281522	131430	2890873
私营企业	Private Enterprises	1153916	793043	178058	196187	37297	360871
私营独资企业	Private-funded						
私营合伙企业	Private Partnership						
私营有限责任公司	Private Limited Liability	1133868	779690	176493	193897	35331	354177
私营股份有限公司	Private Share-holding Corporations Ltd.	20047	13353	1565	2290	1966	6695
其他企业	Other Enterprises						
港、澳、台商投资企业	**Enterprises with Funds from Hongkong,Macao and Taiwan**	**3686492**	**2021893**	**339696**	**316641**	**113657**	**1664599**
合资经营企业(港或澳、台资)	Joint-venture Enterprises	3026494	1757143	242534	275766	102570	1269351
合作经营企业(港或澳、台资)	Cooperative Enterprises	5430	4858	797	785	454	572
港澳台商独资经营企业	Enterprises with Sole Investment	545585	211580	82206	30940	9673	334005
港澳台商投资股份有限公司	Share-holding Corporations Ltd.	108984	48313	14158	9149	960	60671
外商投资企业	**Enterprises with Foreign Investment**	**4197162**	**1506727**	**310156**	**198643**	**72929**	**2690434**
中外合资经营企业	Joint-venture Enterprises	3595743	1223087	245858	139844	55717	2372656
中外合作经营企业	Cooperation Enterprises	59500	11505	2073	5693		47995
外资企业	Enterprises with Sole Funds	539061	270048	61917	52013	16963	269013
外商投资股份有限公司	Share-holding Corporations Ltd.						
其他外商投资企业	Others	2858	2088	307	1093	249	770
二、在总计中：国有控股企业	**Of the Total:State-holding Enterprises**	**11590956**	**2428963**	**197226**	**426082**	**89816**	**9161993**
按轻重工业分：轻工业	By Light & Heavy:Light Industry	9715642	5263923	840493	850413	336639	4451716
重工业	Heavy Industry	20592514	7447421	1546010	1161754	403218	13145089
按企业规模分：大型企业	By Size of Enterprises:Large	8397717	2737011	653588	318787	99258	5660706
中型企业	Medium	13992356	6339184	969025	1106892	419070	7653170
小型企业	Small	7633773	3493608	703084	567967	213378	4140161
微型企业	Micro	284311	141542	60806	18522	8151	142769

13-5 续2 (continued 2)

项 目	Item	固定资产原价 Original Value of Fixed Assets	累计折旧 Accumulated Depreciation	负债合计 Total Liabilities	流动负债合计 Total Current Liabilities	应付账款 Accounts Payable
合 计	**Total**	**20244685**	**7669327**	**16921356**	**11582711**	**2435195**
一、按登记注册类型分组	**By Status of Registration**					
内资企业	**Domestic Funded**	**14800674**	**5314359**	**12979297**	**8407422**	**1862738**
国有企业	State-owned Enterprises	72130	30143	57520	49784	27520
中央企业	Central Enterprises	47842	24661	48039	48038	27450
地方企业	Local Enterprises	24288	5482	9481	1746	70
集体企业	Collective-owned Enterprises					
股份合作企业	Cooperative Enterprises					
联营企业	Joint Ownership Enterprises					
国有联营企业	State Joint Ownership					
集体联营企业	Collective Joint Ownership					
国有与集体联营企业	Joint State-collective					
其他联营企业	Other Joint Ownership					
有限责任公司	Limited Liability Corporations	11643024	3729100	9928032	5763078	1387613
国有独资公司	State Sole Funded	3006116	448524	2443748	493107	149616
其他有限责任公司	Other Limited Liability	8636908	3280576	7484284	5269970	1237997
股份有限公司	Share-holding Corporations Limited	2684145	1381116	2249828	1942559	339455
私营企业	Private Enterprises	401376	174000	743917	652001	108150
私营独资企业	Private-funded					
私营合伙企业	Private Partnership					
私营有限责任公司	Private Limited Liability	382332	160895	714265	627499	106936
私营股份有限公司	Private Share-holding Corporations Ltd.	19044.2	13104.4	29652	24501.7	1213.7
其他企业	Other Enterprises					
港、澳、台商投资企业	**Enterprises with Funds from Hongkong,Macao and Taiwan**	**2145801**	**1291600**	**1586666**	**1357537**	**353743**
合资经营企业(港或澳、台资)	Joint-venture Enterprises	1972800	1204037	1325023	1166585	289885
合作经营企业(港或澳、台资)	Cooperative Enterprises	3127	2685	4144	4144	76
港澳台商独资经营企业	Enterprises with Sole Investment	138177	70717	235261	165433	54889
港澳台商投资股份有限公司	Share-holding Corporations Ltd.	31697	14161	22239	21376	8894
外商投资企业	**Enterprises with Foreign Investment**	**3298211**	**1063369**	**2355392**	**1817752**	**218714**
中外合资经营企业	Joint-venture Enterprises	2937024	903894	2039888	1568684	160225
中外合作经营企业	Cooperation Enterprises	51290	18627	30369	11350	1407
外资企业	Enterprises with Sole Funds	306402	138086	283282	235864	56299
外商投资股份有限公司	Share-holding Corporations Ltd.					
其他外商投资企业	Others	3495	2763	1855	1855	783
二、在总计中：国有控股企业	**Of the Total:State-holding Enterprises**	**10596111**	**3650369**	**6888031**	**3168031**	**741896**
按轻重工业分：轻工业	By Light & Heavy:Light Industry	4806400	1718041	4980560	4284017	720079
重工业	Heavy Industry	15438286	5951286	11940796	7298694	1715116
按企业规模分：大型企业	By Size of Enterprises:Large	7436916	2670967	5408280	3675738	701283
中型企业	Medium	8789163	3371960	7604373	5132216	1049087
小型企业	Small	3792744	1537654	3749746	2676078	669364
微型企业	Micro	225862	88746	158957	98679	15461

13-5 续3(continued 3)

项 目	Item	所有者权益合计 Total Owner's Equity	实收资本 Paid-up Capital	国家资本 State-owned Capital	集体资本 Collective-owned Capital	法人资本 Legal Person's Capital
合 计	**Total**	**13386797**	**7049086**	**2690069**	**142069**	**2027385**
一、按登记注册类型分组	**By Status of Registration**					
内资企业	**Domestic Funded**	**9445201**	**4767882**	**2326787**	**136104**	**1743238**
国有企业	State-owned Enterprises	154471	41310	41310		
中央企业	Central Enterprises	137907	40435	40435		
地方企业	Local Enterprises	16564	875	875		
集体企业	Collective-owned Enterprises					
股份合作企业	Cooperative Enterprises					
联营企业	Joint Ownership Enterprises					
国有联营企业	State Joint Ownership					
集体联营企业	Collective Joint Ownership					
国有与集体联营企业	Joint State-collective					
其他联营企业	Other Joint Ownership					
有限责任公司	Limited Liability Corporations	5348824	3277033	1934215	70130	1080635
国有独资公司	State Sole Funded	652963	671560	671260		300
其他有限责任公司	Other Limited Liability	4695861	2605472	1262955	70130	1080335
股份有限公司	Share-holding Corporations Limited	3531909	1297046	351261	63579	593969
私营企业	Private Enterprises	409998	152494		2395	68634
私营独资企业	Private-funded					
私营合伙企业	Private Partnership					
私营有限责任公司	Private Limited Liability	419603	147161		2395	66634
私营股份有限公司	Private Share-holding Corporations Ltd.	-9604.8	5333.3			2000
其他企业	Other Enterprises					
港、澳、台商投资企业	**Enterprises with Funds from Hongkong,Macao and Taiwan**	**2099826**	**879788**	**328950**	**3965**	**112549**
合资经营企业(港或澳、台资)	Joint-venture Enterprises	1701471	663553	328950	3965	90557
合作经营企业(港或澳、台资)	Cooperative Enterprises	1286	1073			
港澳台商独资经营企业	Enterprises with Sole Investment	310324	192344			21387
港澳台商投资股份有限公司	Share-holding Corporations Ltd.	86745	22818			605
外商投资企业	**Enterprises with Foreign Investment**	**1841769**	**1401416**	**34333**	**2000**	**171599**
中外合资经营企业	Joint-venture Enterprises	1555856	1196667	22432	2000	145273
中外合作经营企业	Cooperation Enterprises	29131	12878			12878
外资企业	Enterprises with Sole Funds	255779	189179	11901		10784
外商投资股份有限公司	Share-holding Corporations Ltd.					
其他外商投资企业	Others	1003	2692			2665
二、在总计中：国有控股企业	**Of the Total:State-holding Enterprises**	**4702925**	**2606765**	**2254436**	**13970**	**111282**
按轻重工业分：轻工业	By Light & Heavy:Light Industry	4735080	2353916	106097	82578	796271
重工业	Heavy Industry	8651717	4695170	2583972	59491	1231115
按企业规模分：大型企业	By Size of Enterprises:Large	2989438	1985041	430040	5286	521915
中型企业	Medium	6387982	3120807	1481689	66242	1100267
小型企业	Small	3884024	1863116	747125	70541	392197
微型企业	Micro	125354	80122	31216		13005

13-5 续4(continued 4)

项　目	Item	个人资本 Individual Capital	港澳台资本 Funds from Hongkong Macau & Taiwan	外商资本 Foreign Investment	主营业务收入 Revenue from Pincipal Business	主营业务成本 Cost of Pincipal Business	主营业务税金及附加 Taxes & Surcharges of Pincipal Business
合　计	**Total**	**564939**	**187077**	**1437546**	**22007437**	**17066903**	**416850**
一、按登记注册类型分组	**By Status of Registration**						
内资企业	**Domestic Funded**	**541729**	**4577**	**15448**	**14606248**	**11470962**	**386627**
国有企业	State-owned Enterprises				96247	66905	496
中央企业	Central Enterprises				89479	61708	474
地方企业	Local Enterprises				6768	5198	22
集体企业	Collective-owned Enterprises						
股份合作企业	Cooperative Enterprises						
联营企业	Joint Ownership Enterprises						
国有联营企业	State Joint Ownership						
集体联营企业	Collective Joint Ownership						
国有与集体联营企业	Joint State-collective						
其他联营企业	Other Joint Ownership						
有限责任公司	Limited Liability Corporations	187777	4275		10911139	9013282	351114
国有独资公司	State Sole Funded				744031	489812	147040
其他有限责任公司	Other Limited Liability	187777	4275		10167109	8523471	204075
股份有限公司	Share-holding Corporations Limited	272487	302	15448	2588640	1657752	28326
私营企业	Private Enterprises	81465			1010221	733023	6690
私营独资企业	Private-funded						
私营合伙企业	Private Partnership						
私营有限责任公司	Private Limited Liability	78132			1001224	723812	6647
私营股份有限公司	Private Share-holding Corporations Ltd.	3333.3			8996.7	9210.8	43.9
其他企业	Other Enterprises						
港、澳、台商投资企业	**Enterprises with Funds from Hongkong,Macao and Taiwan**	**23102**	**180372**	**230850**	**5882147**	**4503414**	**9738**
合资经营企业(港或澳、台资)	Joint-venture Enterprises	9731	109701	120650	5563284	4297203	7517
合作经营企业(港或澳、台资)	Cooperative Enterprises		1073		2143	1666	58
港澳台商独资经营企业	Enterprises with Sole Investment		60757	110200	250694	173764	1737
港澳台商投资股份有限公司	Share-holding Corporations Ltd.	13372	8841		66027	30781	427
外商投资企业	**Enterprises with Foreign Investment**	**108**	**2128**	**1191248**	**1519043**	**1092527**	**20485**
中外合资经营企业	Joint-venture Enterprises	81	2128	1024754	1265398	916412	17161
中外合作经营企业	Cooperation Enterprises				25726	15625	304
外资企业	Enterprises with Sole Funds			166495	223127	156086	2968
外商投资股份有限公司	Share-holding Corporations Ltd.						
其他外商投资企业	Others	27			4791	4403	53
二、在总计中：国有控股企业	**Of the Total:State-holding Enterprises**	**197100**		**29977**	**5308610**	**4131181**	**326040**
按轻重工业分：轻工业	By Light & Heavy:Light Industry	181857	42275	1144839	6372402	4062584	198409
重工业	Heavy Industry	383083	144802	292707	15635036	13004319	218441
按企业规模分：大型企业	By Size of Enterprises:Large	16620		1011179	3688193	3057205	35007
中型企业	Medium	342924	13888	115798	13810681	10440616	335515
小型企业	Small	183896	158788	310569	4451660	3515033	45827
微型企业	Micro	21499	14401		56903	54050	501

13-5 续5(continued 5)

项 目	Item	其他业务利润 Other Operating Profits	销售费用 Selling Expenses	管理费用 Administrative Expenses	财务费用 Financial Expenses	利息支出 Interest Expenditure
合 计	**Total**	**45866**	**1335172**	**799892**	**434198**	**453894**
一、按登记注册类型分组	**By Status of Registration**					
内资企业	**Domestic Funded**	**39726**	**1149528**	**610170**	**340585**	**346063**
国有企业	State-owned Enterprises	2636	2082	12522	-989	45
中央企业	Central Enterprises	2636	2082	11333	-1030	10
地方企业	Local Enterprises			1189	41	35
集体企业	Collective-owned Enterprises					
股份合作企业	Cooperative Enterprises					
联营企业	Joint Ownership Enterprises					
国有联营企业	State Joint Ownership					
集体联营企业	Collective Joint Ownership					
国有与集体联营企业	Joint State-collective					
其他联营企业	Other Joint Ownership					
有限责任公司	Limited Liability Corporations	23186	619178	350662	279773	278705
国有独资公司	State Sole Funded	335	3916	30640	90606	91238
其他有限责任公司	Other Limited Liability	22851	615262	320022	189167	187467
股份有限公司	Share-holding Corporations Limited	13155	431635	178183	48325	51700
私营企业	Private Enterprises	749	96633	68803	13475	15614
私营独资企业	Private-funded					
私营合伙企业	Private Partnership					
私营有限责任公司	Private Limited Liability	749	96399	67733	12625	14764
私营股份有限公司	Private Share-holding Corporations Ltd.		234	1069	850	850
其他企业	Other Enterprises					
港、澳、台商投资企业	**Enterprises with Funds from Hongkong,Macao and Taiwan**	**4619**	**67330**	**130432**	**-10151**	**18437**
合资经营企业(港或澳、台资)	Joint-venture Enterprises	3881	19372	93681	-10400	12919
合作经营企业(港或澳、台资)	Cooperative Enterprises		110	424	162	159
港澳台商独资经营企业	Enterprises with Sole Investment	733	37244	21749	396	5235
港澳台商投资股份有限公司	Share-holding Corporations Ltd.	5	10603	14577	-308	124
外商投资企业	**Enterprises with Foreign Investment**	**1521**	**118314**	**59291**	**103764**	**89394**
中外合资经营企业	Joint-venture Enterprises	426	61454	33678	101277	86239
中外合作经营企业	Cooperation Enterprises		3957	2750	157	157
外资企业	Enterprises with Sole Funds	1096	52675	22294	2270	2994
外商投资股份有限公司	Share-holding Corporations Ltd.					
其他外商投资企业	Others		228	569	61	5
二、在总计中：国有控股企业	**Of the Total:State-holding Enterprises**	**4392**	**188774**	**131045**	**202234**	**208263**
按轻重工业分：轻工业	By Light & Heavy:Light Industry	21477	1148783	366311	138307	139330
重工业	Heavy Industry	24389	186389	433581	295892	314565
按企业规模分：大型企业	By Size of Enterprises:Large	13472	197903	161978	182223	170471
中型企业	Medium	16001	853857	388328	175088	196986
小型企业	Small	13586	281870	244710	73476	82483
微型企业	Micro	2808	1541	4876	3411	3954

13-5 续6(continued 6)

项 目	Item	营业利润 Operating Profits	投资收益 Investment Income	营业外收入 Non-operating Income	营业外支出 Non-operating Expenses
合 计	**Total**	**1443009**	**154057**	**55221**	**42950**
一、按登记注册类型分组	**By Status of Registration**				
内资企业	**Domestic Funded**	**772503**	**134116**	**47261**	**39176**
国有企业	State-owned Enterprises	19293		572	297
中央企业	Central Enterprises	18680		487	277
地方企业	Local Enterprises	613		85	20
集体企业	Collective-owned Enterprises				
股份合作企业	Cooperative Enterprises				
联营企业	Joint Ownership Enterprises				
国有联营企业	State Joint Ownership				
集体联营企业	Collective Joint Ownership				
国有与集体联营企业	Joint State-collective				
其他联营企业	Other Joint Ownership				
有限责任公司	Limited Liability Corporations	326152	64363	28832	20573
国有独资公司	State Sole Funded	-16713	30	591	1067
其他有限责任公司	Other Limited Liability	342866	64333	28241	19506
股份有限公司	Share-holding Corporations Limited	333082	68899	8710	13339
私营企业	Private Enterprises	93976	854	9147	4967
私营独资企业	Private-funded				
私营合伙企业	Private Partnership				
私营有限责任公司	Private Limited Liability	96304	854	9049	4956
私营股份有限公司	Private Share-holding Corporations Ltd.	-2328		98	11
其他企业	Other Enterprises				
港、澳、台商投资企业	**Enterprises with Funds from Hongkong,Macao and Taiwan**	**499279**	**10238**	**3158**	**2045**
合资经营企业(港或澳、台资)	Joint-venture Enterprises	460925	4904	834	1561
合作经营企业(港或澳、台资)	Cooperative Enterprises	-281		327	16
港澳台商独资经营企业	Enterprises with Sole Investment	22994	5243	1718	420
港澳台商投资股份有限公司	Share-holding Corporations Ltd.	15641	91	279	48
外商投资企业	**Enterprises with Foreign Investment**	**171228**	**9703**	**4803**	**1729**
中外合资经营企业	Joint-venture Enterprises	154562	1927	3120	834
中外合作经营企业	Cooperation Enterprises	2934		82	86
外资企业	Enterprises with Sole Funds	14250	7775	1575	731
外商投资股份有限公司	Share-holding Corporations Ltd.				
其他外商投资企业	Others	-517		26	78
二、在总计中：国有控股企业	**Of the Total:State-holding Enterprises**	**413571**	**68703**	**13430**	**24166**
按轻重工业分：轻工业	By Light & Heavy:Light Industry	594027	58888	22259	11196
重工业	Heavy Industry	848982	95169	32963	31754
按企业规模分：大型企业	By Size of Enterprises:Large	8974	4196	7874	13707
中型企业	Medium	1066043	109949	22924	22646
小型企业	Small	367654	39912	24111	6369
微型企业	Micro	338		313	228

13-5 续7(continued 7)

项 目	Item	利润总额 Total Profits	所得税费用 Income Tax Payable	利税总额 Total Profits and Taxes	本年应付职工薪酬 Total Wages Payable of Current Year
合 计	**Total**	**1455281**	**390445**	**3275468**	**1043301**
一、按登记注册类型分组	**By Status of Registration**				
内资企业	**Domestic Funded**	**780589**	**224862**	**1683390**	**826892**
国有企业	State-owned Enterprises	19567	3458	22620	18338
中央企业	Central Enterprises	18889	3288	21666	15425
地方企业	Local Enterprises	678	170	954	2913
集体企业	Collective-owned Enterprises				
股份合作企业	Cooperative Enterprises				
联营企业	Joint Ownership Enterprises				
国有联营企业	State Joint Ownership				
集体联营企业	Collective Joint Ownership				
国有与集体联营企业	Joint State-collective				
其他联营企业	Other Joint Ownership				
有限责任公司	Limited Liability Corporations	334412	140956	1002284	526501
国有独资公司	State Sole Funded	-17190	6258	166354	60993
其他有限责任公司	Other Limited Liability	351601	134699	835930	465508
股份有限公司	Share-holding Corporations Limited	328454	64278	512651	206271
私营企业	Private Enterprises	98156	16169	145835	75783
私营独资企业	Private-funded				
私营合伙企业	Private Partnership				
私营有限责任公司	Private Limited Liability	100397	16127	147714	74168
私营股份有限公司	Private Share-holding Corporations Ltd.	-2241	42	-1879	1615
其他企业	Other Enterprises				
港、澳、台商投资企业	**Enterprises with Funds from Hongkong,Macao and Taiwan**	**500391**	**122394**	**1326393**	**113892**
合资经营企业(港或澳、台资)	Joint-venture Enterprises	460198	117764	1270666	90175
合作经营企业(港或澳、台资)	Cooperative Enterprises	30		174	339
港澳台商独资经营企业	Enterprises with Sole Investment	24292	3027	35789	19098
港澳台商投资股份有限公司	Share-holding Corporations Ltd.	15871	1603	19764	4280
外商投资企业	**Enterprises with Foreign Investment**	**174302**	**43189**	**265686**	**102518**
中外合资经营企业	Joint-venture Enterprises	156847	39723	238460	66072
中外合作经营企业	Cooperation Enterprises	2930	732	3958	5742
外资企业	Enterprises with Sole Funds	15094	2733	23784	27966
外商投资股份有限公司	Share-holding Corporations Ltd.				
其他外商投资企业	Others	-569		-516	2738
二、在总计中：国有控股企业	**Of the Total:State-holding Enterprises**	**402835**	**106376**	**960703**	**405613**
按轻重工业分：轻工业	By Light & Heavy:Light Industry	605091	110846	1147199	390443
重工业	Heavy Industry	850190	279599	2128269	652858
按企业规模分：大型企业	By Size of Enterprises:Large	3141	67750	196114	373938
中型企业	Medium	1066321	231896	2491100	421457
小型企业	Small	385397	88886	585683	244551
微型企业	Micro	423	1913	2571	3355

13-5 续8(continued 8)

项 目	Item	本年应交增值税 Value Added Tax Payable of Current	应交税金及附加 Taxes & Surcharges Payable	亏损企业亏损总额 Total loss of Loss-suffering Enterprises	全部从业人员年平均人数(人) Annual Average Employees
合 计	**Total**	**659063**	**2210631**	**362264**	**100540**
一、按登记注册类型分组	**By Status of Registration**				
内资企业	**Domestic Funded**	**513148**	**1127663**	**351825**	**82943**
国有企业	State-owned Enterprises	2542	6511		1138
中央企业	Central Enterprises	2290	6065		857
地方企业	Local Enterprises	252	446		281
集体企业	Collective-owned Enterprises				
股份合作企业	Cooperative Enterprises				
联营企业	Joint Ownership Enterprises				
国有联营企业	State Joint Ownership				
集体联营企业	Collective Joint Ownership				
国有与集体联营企业	Joint State-collective				
其他联营企业	Other Joint Ownership				
有限责任公司	Limited Liability Corporations	313999	808828	290804	50134
国有独资公司	State Sole Funded	36432	189801	39898	2058
其他有限责任公司	Other Limited Liability	277567	619028	250906	48076
股份有限公司	Share-holding Corporations Limited	155721	248475	46639	16566
私营企业	Private Enterprises	40886	63848	14381	15105
私营独资企业	Private-funded				
私营合伙企业	Private Partnership				
私营有限责任公司	Private Limited Liability	40567	63444	11909	14688
私营股份有限公司	Private Share-holding Corporations Ltd.	318	405	2473	417
其他企业	Other Enterprises				
港、澳、台商投资企业	**Enterprises with Funds from Hongkong,Macao and Taiwan**	**75285**	**948396**	**1784**	**8857**
合资经营企业(港或澳、台资)	Joint-venture Enterprises	62374	928233	658	5126
合作经营企业(港或澳、台资)	Cooperative Enterprises	86	144		82
港澳台商独资经营企业	Enterprises with Sole Investment	9651	14524	1126	3164
港澳台商投资股份有限公司	Share-holding Corporations Ltd.	3175	5496		485
外商投资企业	**Enterprises with Foreign Investment**	**70630**	**134573**	**8656**	**8740**
中外合资经营企业	Joint-venture Enterprises	64216	121336	5853	4864
中外合作经营企业	Cooperation Enterprises	724	1761		554
外资企业	Enterprises with Sole Funds	5690	11423	2234	2806
外商投资股份有限公司	Share-holding Corporations Ltd.				
其他外商投资企业	Others		53	569	516
二、在总计中：国有控股企业	**Of the Total:State-holding Enterprises**	**229233**	**664244**	**83131**	**19787**
按轻重工业分：轻工业	By Light & Heavy:Light Industry	343045	652953	49164	54492
重工业	Heavy Industry	316018	1557678	313100	46048
按企业规模分：大型企业	By Size of Enterprises:Large	156424	260722	200602	29530
中型企业	Medium	348239	1656675	85533	38485
小型企业	Small	152771	289172	70175	31704
微型企业	Micro	1628	4062	5956	821

13-6 分行业规模以上工业企业主要财务指标(2018)

Major Financial Indicators on Industrial Enterprises above Designated Size by Sector (2018)

单位：万元　　　　(10 000 yuan)

项　目	Item	企业单位数(个) Number of Enterprises (unit)	亏损企业 Loss-suffering Enterprises	工业总产值 Gross Industrial Output Value	工业销售产值 Industrial Sales Value	出口交货值 Export Delivery Value
合 计	**Total**	**349**	**79**	**22726872**	**22153161**	**2042616**
石油和天然气开采业	Extraction of Petroleum and Natural Gas					
黑色金属矿采选业	Mining and Processing of Ferrous Metal Ores	1		119946	119851	
有色金属矿采选业	Mining and Processing of Non-Ferrous Metal Ores	1	1	79438	83536	
非金属矿采选业	Mining and Processing of Nonmetal Ores	3		95112	93547	
农副食品加工业	Processing of Food from Agricultural Products	4	1	15420	14719	
食品制造业	Manufacture of Foods					
酒、饮料和精制茶制造业	Manufacture of Wine,Beverages and Tea	1		4803	4797	
烟草制品业	Manufacture of Tobacco	53	18	1598817	1771008	244012
纺织业	Manufacture of Textile	20	3	468274	462873	14304
皮革、毛皮、羽毛及	Manufacture of Leather, Fur, Feather,	19	6	161679	162079	258
其制品和制鞋业	Related Products and Footwear	1		298775	291632	
木材加工及木、竹、藤、	Processing of Timber, Manufacture of	2	1	69919	57678	19012
棕、草制品业	Wood,Bamboo,Rattan,Palm and Straw Products	1		2897	2879	
家具制造业	Manufacture of Furniture	1	1	2704	2781	
造纸及纸制品业	Manufacture of Paper and Paper Products	10	5	53644	52452	
印刷和记录媒介的复制业	Printing, Reproduction of Recording Media	2		10557	10557	
文教、工美、体育和娱乐	Manufacture of Articles for Culture, Education	8	2	1367599	1318807	89548
用品制造业	Arts and Crafts, Sport and Entertaiment Activities	5	1	52063	49369	
石油加工、炼焦及核燃料加工业	Processing of Petroleum, Coking and Nuclear Fuel	1		6599	6599	
化学原料及化学制品制造业	Manufacture of Raw Chemical Materials	5	1	6438282	6391362	907976
	and Chemical Products	19	3	3197134	2649767	552907
医药制造业	Manufacture of Medicines	53	8	2384620	2239477	3868
橡胶和塑料制品业	Manufacture of Rubber or Plastics Products					
非金属矿物制品业	Manufacture of Non-metallic Mineral Products	11	4	189962	201618	6715
黑色金属冶炼及压延加工业	Smelting and Pressing of Ferrous Metals	60	10	1938218	1935638	454
有色金属冶炼及压延加工业	Smelting and Pressing of Non-ferrous Metals					
金属制品业	Manufacture of Metal Products	4	1	53302	54785	
通用设备制造业	Manufacture of General Purpose Machinery	3		70400	70361	
专用设备制造业	Manufacture of Special Purposes Machinery	2	1	10276	10117	
汽车制造业	Manufacture of Automobiles	3		35580	32899	520
铁路、船舶、航空航天	Manufacture of Railway, Ship, Aerospace	10	5	232934	261266	144394
和其他设备制造业	and Other Transport Equipments	2	1	6430	2523	
电气机械及器材制造业	Manufacture of Electrical Machinery and Apparatus	7	2	534697	571724	58650
计算机、通信及其他电子	Manufacture of Computer, Communication	1		48299	57459	
设备制造业	and Other Electronic Equipments					
仪器仪表制造业	Manufacture of Measuring Instruments and Machinery					
废弃资源综合利用业	Utilization of Waste Resources					
金属制品、机械和设备修理业	Repair Services of Metal Products,Machineryand Equipment	1		46407	46407	
电力、热力的生产和供应业	Production and Supply of Electric Power and Heat Power	17	3	2851688	2843556	
燃气生产和供应业	Production and Supply of Gas	8	1	174674	173314	
水的生产和供应业	Production and Supply of Water	10		105725	105725	

13-6 续1 (continued 1)

项　目	Item	资产总计 Total Assets	流动资产合计 Total Current Assets	应收账款 Accounts Receivable	存货 Inventory	产成品 Finished Products	固定资产合计 Total Fixed Assets
合 计	**Total**	**30308156**	**12711345**	**2386502**	**2012167**	**739857**	**17596805**
石油和天然气开采业	Extraction of Petroleum and Natural Gas						
黑色金属矿采选业	Mining and Processing of Ferrous Metal Ores	461692	48743		2786	1413	412949
有色金属矿采选业	Mining and Processing of Non-Ferrous Metal Ores	738410	338580	12170	15412	7697	399830
非金属矿采选业	Mining and Processing of Nonmetal Ores	93885	67339	2651	57791	92	26546
农副食品加工业	Processing of Food from Agricultural Products	14872	5113	2201	2300	2160	9758
食品制造业	Manufacture of Foods						
酒、饮料和精制茶制造业	Manufacture of Wine,Beverages and Tea	761	637	32	523		124
烟草制品业	Manufacture of Tobacco	1195305	843105	155511	241353	80591	352199
纺织业	Manufacture of Textile	678171	474108	60443	51226	25259	204063
皮革、毛皮、羽毛及	Manufacture of Leather, Fur, Feather,	328529	193955	27095	46322	14659	134574
其制品和制鞋业	Related Products and Footwear	273953	184490	3105	28427	8389	89463
木材加工及木、竹、藤、	Processing of Timber, Manufacture of	130795	66938	13288	8127	2805	63857
棕、草制品业	Wood,Bamboo,Rattan,Palm and Straw Products	43532	6577	352	125		36954
家具制造业	Manufacture of Furniture	1158	581	154	88	88	576
造纸及纸制品业	Manufacture of Paper and Paper Products	53001	41541	9353	17087	8468	11460
印刷和记录媒介的复制业	Printing, Reproduction of Recording Media	2435	2344	806	932		91
文教、工美、体育和娱乐	Manufacture of Articles for Culture, Education	3796121	1536542	223968	156552	55140	2259580
用品制造业	Arts and Crafts, Sport and Entertaiment Activities	119883	83142	12791	4666	2180	36741
石油加工、炼焦及核燃料加工业	Processing of Petroleum, Coking and Nuclear Fuel	15213	12672	264	6654	6654	2542
化学原料及化学制品制造业	Manufacture of Raw Chemical Materials	2995988	1465128	183534	356762	143207	1530861
	and Chemical Products	3467935	1693854	165186	250156	144749	1774080
医药制造业	Manufacture of Medicines	2905353	1711374	309086	273960	123448	1193978
橡胶和塑料制品业	Manufacture of Rubber or Plastics Products						
非金属矿物制品业	Manufacture of Non-metallic Mineral Products	236831	122489	25923	26856	10950	114341
黑色金属冶炼及压延加工业	Smelting and Pressing of Ferrous Metals	2177033	1355467	315271	65761	17985	821565
有色金属冶炼及压延加工业	Smelting and Pressing of Non-ferrous Metals						
金属制品业	Manufacture of Metal Products	109324	21791	2999	5515	1726	87532
通用设备制造业	Manufacture of General Purpose Machinery	163489	117354	23226	9689	1261	46134
专用设备制造业	Manufacture of Special Purposes Machinery	27550	6856	1497	2615	1484	20694
汽车制造业	Manufacture of Automobiles	111668	53889	22731	10062	922	57779
铁路、船舶、航空航天	Manufacture of Railway, Ship, Aerospace	471491	300956	99285	49686	22919	170535
和其他设备制造业	and Other Transport Equipments	91153	90153	694	17370		1000
电气机械及器材制造业	Manufacture of Electrical Machinery and Apparatus	1132575	762825	527755	64568	27865	369750
计算机、通信及其他电子	Manufacture of Computer, Communication	113339	107478	25277	64736	15879	5862
设备制造业	and Other Electronic Equipments						
仪器仪表制造业	Manufacture of Measuring Instruments and Machinery						
废弃资源综合利用业	Utilization of Waste Resources						
金属制品、机械和设备修理业	Repair Services of Metal Products,Machineryand Equipment	47139	33609	29919	951	951	13530
电力、热力的生产和供应业	Production and Supply of Electric Power and Heat Power	6876590	661214	98843	154153	4908	6215375
燃气生产和供应业	Production and Supply of Gas	996005	193236	14388	10287	4298	802769
水的生产和供应业	Production and Supply of Water	436981	107266	16706	8672	1711	329715

13-6 续2 (continued 2)

项　目	Item	固定资产原价 Original Value of Fixed Assets	累计折旧 Accumulated Depreciation	负债合计 Total Liabilities	流动负债合计 Total Current Liabilities	应付账款 Accounts Payable
合 计	**Total**	**20244685**	**7669327**	**16921356**	**11582711**	**2435195**
石油和天然气开采业	Extraction of Petroleum and Natural Gas					
黑色金属矿采选业	Mining and Processing of Ferrous Metal Ores	42851	14636	87930	57042	20071
有色金属矿采选业	Mining and Processing of Non-Ferrous Metal Ores	292995	93248	288811	219563	26336
非金属矿采选业	Mining and Processing of Nonmetal Ores	23057	5649	57094	57094	40542
农副食品加工业	Processing of Food from Agricultural Products	10131	4473	10277	10277	1882
食品制造业	Manufacture of Foods					
酒、饮料和精制茶制造业	Manufacture of Wine,Beverages and Tea	124		33	33	
烟草制品业	Manufacture of Tobacco	409674	199647	884943	810032	150647
纺织业	Manufacture of Textile	209112	106892	277750	256152	54771
皮革、毛皮、羽毛及	Manufacture of Leather, Fur, Feather,	208173	107402	185691	172010	25580
其制品和制鞋业	Related Products and Footwear	134779	59027	88461	88461	44375
木材加工及木、竹、藤、	Processing of Timber, Manufacture of	56263	31392	34007	25007	1695
棕、草制品业	Wood,Bamboo,Rattan,Palm and Straw Products	4104	2214	4246	3357	207
家具制造业	Manufacture of Furniture	675	356	101	101	76
造纸及纸制品业	Manufacture of Paper and Paper Products	16033	8497	25721	24379	767
印刷和记录媒介的复制业	Printing, Reproduction of Recording Media	134	43	2249	2249	116
文教、工美、体育和娱乐	Manufacture of Articles for Culture, Education	2831178	840300	2270330	1843432	219361
用品制造业	Arts and Crafts, Sport and Entertaiment Activities	50781	21934	41193	31180	18132
石油加工、炼焦及核燃料加工业	Processing of Petroleum, Coking and Nuclear Fuel	155	124	8449	8449	
化学原料及化学制品制造业	Manufacture of Raw Chemical Materials	2134684	1116118	1646968	1402657	331247
	and Chemical Products	1626784	847616	1170299	976900	135186
医药制造业	Manufacture of Medicines	821570	318690	1081461	958736	177445
橡胶和塑料制品业	Manufacture of Rubber or Plastics Products					
非金属矿物制品业	Manufacture of Non-metallic Mineral Products	110106	42343	83388	80801	25612
黑色金属冶炼及压延加工业	Smelting and Pressing of Ferrous Metals	1048550	509282	1073220	835206	258377
有色金属冶炼及压延加工业	Smelting and Pressing of Non-ferrous Metals					
金属制品业	Manufacture of Metal Products	63797	15703	34287	22437	4294
通用设备制造业	Manufacture of General Purpose Machinery	32536	13633	49441	45442	23418
专用设备制造业	Manufacture of Special Purposes Machinery	26020	8737	17812	14869	1704
汽车制造业	Manufacture of Automobiles	20568	8527	62321	45493	9438
铁路、船舶、航空航天	Manufacture of Railway, Ship, Aerospace	403295	286619	268129	236585	129243
和其他设备制造业	and Other Transport Equipments	15806	2426	88203	88203	218
电气机械及器材制造业	Manufacture of Electrical Machinery and Apparatus	513912	183995	766443	570840	186333
计算机、通信及其他电子	Manufacture of Computer, Communication	12557	8044	40812	40811	25474
设备制造业	and Other Electronic Equipments					
仪器仪表制造业	Manufacture of Measuring Instruments and Machinery					
废弃资源综合利用业	Utilization of Waste Resources					
金属制品、机械和设备修理业	Repair Services of Metal Products,Machineryand Equipment	17938	4878	24844	24844	15054
电力、热力的生产和供应业	Production and Supply of Electric Power	8067553	2488884	5487001	2277849	449431
	and Heat Power					
燃气生产和供应业	Production and Supply of Gas	625875	165969	619810	271945	53342
水的生产和供应业	Production and Supply of Water	412917	152031	139634	80276	4821

13-6 续3(continued 3)

项目	Item	所有者权益合计 Total Owner's Equity	实收资本 Paid-up Capital	国家资本 State-owned Capital	集体资本 Collective-owned Capital	法人资本 Legal Person's Capital
合计	**Total**	**13386797**	**7049086**	**2690069**	**142069**	**2027385**
石油和天然气开采业	Extraction of Petroleum and Natural Gas					
黑色金属矿采选业	Mining and Processing of Ferrous Metal Ores	373762	150000	150000		
有色金属矿采选业	Mining and Processing of Non-Ferrous Metal Ores	449599	195472			195472
非金属矿采选业	Mining and Processing of Nonmetal Ores	36790	18793			18743
农副食品加工业	Processing of Food from Agricultural Products	4595	9000			5000
食品制造业	Manufacture of Foods					
酒、饮料和精制茶制造业	Manufacture of Wine,Beverages and Tea	728	50			
烟草制品业	Manufacture of Tobacco	310361	167438	11901	4271	72799
纺织业	Manufacture of Textile	400421	75499		11251	17290
皮革、毛皮、羽毛及	Manufacture of Leather, Fur, Feather,	142838	166473	780		39237
其制品和制鞋业	Related Products and Footwear	185492	47116	47116		
木材加工及木、竹、藤、	Processing of Timber, Manufacture of	96789	54640	800		53840
棕、草制品业	Wood,Bamboo,Rattan,Palm and Straw Products	39286	500	500		
家具制造业	Manufacture of Furniture	1056	850			
造纸及纸制品业	Manufacture of Paper and Paper Products	27280	4513		1470	1830
印刷和记录媒介的复制业	Printing, Reproduction of Recording Media	186	150		50	100
文教、工美、体育和娱乐	Manufacture of Articles for Culture, Education	1525791	1219171			206473
用品制造业	Arts and Crafts, Sport and Entertaiment Activities	78690	40502	30000		2500
石油加工、炼焦及核燃料加工业	Processing of Petroleum, Coking and Nuclear Fuel	6764	302			
化学原料及化学制品制造业	Manufacture of Raw Chemical Materials	1349020	672413	442563		34920
	and Chemical Products	2297637	979100	356640	12500	383904
医药制造业	Manufacture of Medicines	1823891	544391	15000	67006	367466
橡胶和塑料制品业	Manufacture of Rubber or Plastics Products					
非金属矿物制品业	Manufacture of Non-metallic Mineral Products	153443	91099	34405	656	55640
黑色金属冶炼及压延加工业	Smelting and Pressing of Ferrous Metals	1103812	381640	179021	300	114582
有色金属冶炼及压延加工业	Smelting and Pressing of Non-ferrous Metals					
金属制品业	Manufacture of Metal Products	75037	27544	20000		6544
通用设备制造业	Manufacture of General Purpose Machinery	114047	23536		3536	10000
专用设备制造业	Manufacture of Special Purposes Machinery	9738	1470			1470
汽车制造业	Manufacture of Automobiles	49348	17420		7000	
铁路、船舶、航空航天	Manufacture of Railway, Ship, Aerospace	203362	164397			133939
和其他设备制造业	and Other Transport Equipments	2950	555			
电气机械及器材制造业	Manufacture of Electrical Machinery and Apparatus	366132	362366	92812	30000	179550
计算机、通信及其他电子	Manufacture of Computer, Communication	72528	10435	10435		
设备制造业	and Other Electronic Equipments					
仪器仪表制造业	Manufacture of Measuring Instruments and Machinery					
废弃资源综合利用业	Utilization of Waste Resources					
金属制品、机械和设备修理业	Repair Services of Metal Products,Machineryand Equipment	22295	19962			19962
电力、热力的生产和供应业	Production and Supply of	1389588	1165420	1112634		25700
	and Heat Power					
燃气生产和供应业	Production and Supply of Gas	376194.2	318619.6	152959.2		1500
水的生产和供应业	Production and Supply of Water	297347	118249	32504	4029	78926

13-6 续4(continued 4)

项 目	Item	个人资本 Individual Capital	港澳台资本 Funds from Hongkong Macau & Taiwan	外商资本 Foreign Investment	主营业务收入 Revenue from Pincipal Business	主营业务成本 Cost of Pincipal Business	主营业务税金及附加 Taxes & Surcharges of Pincipal Business
合 计	**Total**	**564939**	**187077**	**1437546**	**22007437**	**17066903**	**416850**
石油和天然气开采业	Extraction of Petroleum and Natural Gas						
黑色金属矿采选业	Mining and Processing of Ferrous Metal Ores				119851	50489	8658
有色金属矿采选业	Mining and Processing of Non-Ferrous Metal Ores				75920	70236	3595
非金属矿采选业	Mining and Processing of Nonmetal Ores	50			88323	72809	717
农副食品加工业	Processing of Food from Agricultural Products	3000		1000	15038	9071	712
食品制造业	Manufacture of Foods						
酒、饮料和精制茶制造业	Manufacture of Wine,Beverages and Tea	50			4797	4331	3
烟草制品业	Manufacture of Tobacco	69753	6714	2000	1455741	1378218	3404
纺织业	Manufacture of Textile	26558	4585	15815	482220	298691	3835
皮革、毛皮、羽毛及	Manufacture of Leather, Fur, Feather,	1100	21636	103721	182236	126510	4954
其制品和制鞋业	Related Products and Footwear				291632	116599	142729
木材加工及木、竹、藤、	Processing of Timber, Manufacture of				57915	49118	515
棕、草制品业	Wood,Bamboo,Rattan,Palm and Straw Products				4289	2451	47
家具制造业	Manufacture of Furniture	850			2781	2638	6
造纸及纸制品业	Manufacture of Paper and Paper Products	1213			54025	55060	367
印刷和记录媒介的复制业	Printing, Reproduction of Recording Media				10557	10357	31
文教、工美、体育和娱乐	Manufacture of Articles for Culture, Education	1519		1011179	1399356	1076541	14232
用品制造业	Arts and Crafts, Sport and Entertaiment Activities	2000		6002	46492	33618	589
石油加工、炼焦及核燃料加工业	Processing of Petroleum, Coking and Nuclear Fuel		302		6599	5993	11
化学原料及化学制品制造业	Manufacture of Raw Chemical Materials	5280	90000	99650	6208899	4910141	145694
	and Chemical Products	198208	5348	22500	3192619	2801138	12989
医药制造业	Manufacture of Medicines	79877	9037	6005	2261875	829766	26674
橡胶和塑料制品业	Manufacture of Rubber or Plastics Products						
非金属矿物制品业	Manufacture of Non-metallic Mineral Products	281		118	198681	167547	1746
黑色金属冶炼及压延加工业	Smelting and Pressing of Ferrous Metals	77365	10372		1774198	1436305	13586
有色金属冶炼及压延加工业	Smelting and Pressing of Non-ferrous Metals						
金属制品业	Manufacture of Metal Products	1000			54278	31724	1712
通用设备制造业	Manufacture of General Purpose Machinery	10000			71108	55710	492
专用设备制造业	Manufacture of Special Purposes Machinery				10060	7216	123
汽车制造业	Manufacture of Automobiles	10420			33998	19997	456
铁路、船舶、航空航天	Manufacture of Railway, Ship, Aerospace	50	16128	14280	283461	267462	3816
和其他设备制造业	and Other Transport Equipments		555		5266	3894	18
电气机械及器材制造业	Manufacture of Electrical Machinery and Apparatus	26365		33639	580574	515594	2538
计算机、通信及其他电子	Manufacture of Computer, Communication				57459	38478	
设备制造业	and Other Electronic Equipments						
仪器仪表制造业	Manufacture of Measuring Instruments and Machinery						
废弃资源综合利用业	Utilization of Waste Resources						
金属制品、机械和设备修理业	Repair Services of Metal Products,Machineryand Equipment				46407	42236	685
电力、热力的生产和供应业	Production and Supply of		19608	7477	2618509	2350990	19503
	and Heat Power						
燃气生产和供应业	Production and Supply of Gas	50000		114160	196973	152354	1287
水的生产和供应业	Production and Supply of Water		2791		115303	73623	1127

13-6 续5(continued 5)

项 目	Item	其他业务利润 Other Operating Profits	销售费用 Selling Expenses	管理费用 Administrative Expenses	财务费用 Financial Expenses	利息支出 Interest Expenditure
合 计	**Total**	**45866**	**1335172**	**799892**	**434198**	**453894**
石油和天然气开采业	Extraction of Petroleum and Natural Gas					
黑色金属矿采选业	Mining and Processing of Ferrous Metal Ores		5	3395	-344	342
有色金属矿采选业	Mining and Processing of Non-Ferrous Metal Ores		592	43598	4397	5956
非金属矿采选业	Mining and Processing of Nonmetal Ores		292	1005	971	765
农副食品加工业	Processing of Food from Agricultural Products		2953	1724	-1	
食品制造业	Manufacture of Foods					
酒、饮料和精制茶制造业	Manufacture of Wine,Beverages and Tea		313	32		
烟草制品业	Manufacture of Tobacco	1775	20221	37227	23908	22189
纺织业	Manufacture of Textile	13907	109328	28251	-1873	611
皮革、毛皮、羽毛及	Manufacture of Leather, Fur, Feather,	2706	32171	19987	-269.3	1547.8
其制品和制鞋业	Related Products and Footwear	79	3885	16298	-2286	
木材加工及木、竹、藤、	Processing of Timber, Manufacture of	34	1680	7476	1964	3080
棕、草制品业	Wood,Bamboo,Rattan,Palm and Straw Products		241	811	-34	
家具制造业	Manufacture of Furniture		40	52	46	46
造纸及纸制品业	Manufacture of Paper and Paper Products		432	1948	-362	10
印刷和记录媒介的复制业	Printing, Reproduction of Recording Media		58	56	6	6
文教、工美、体育和娱乐	Manufacture of Articles for Culture, Education	310	50610	20016	106322	90392
用品制造业	Arts and Crafts, Sport and Entertaiment Activities		1555	5324	-366	383
石油加工、炼焦及核燃料加工业	Processing of Petroleum, Coking and Nuclear Fuel		556		18	16
化学原料及化学制品制造业	Manufacture of Raw Chemical Materials	1074	20497	80415	1245	23223
	and Chemical Products	6282	49441	48610	46741	40024
医药制造业	Manufacture of Medicines	2574	922293	220806	8437	18614
橡胶和塑料制品业	Manufacture of Rubber or Plastics Products					
非金属矿物制品业	Manufacture of Non-metallic Mineral Products	92	4417	10972	1081	1098
黑色金属冶炼及压延加工业	Smelting and Pressing of Ferrous Metals	1626	45411	66695	26685	26867
有色金属冶炼及压延加工业	Smelting and Pressing of Non-ferrous Metals					
金属制品业	Manufacture of Metal Products	51	397	7371	644	859
通用设备制造业	Manufacture of General Purpose Machinery	223	129	3165	-10	797
专用设备制造业	Manufacture of Special Purposes Machinery	88	108	1086	743	772
汽车制造业	Manufacture of Automobiles		6190	4528	219	242
铁路、船舶、航空航天	Manufacture of Railway, Ship, Aerospace	1315	10391	55360	2790	3050
和其他设备制造业	and Other Transport Equipments	44	78	448	1309	
电气机械及器材制造业	Manufacture of Electrical Machinery and Apparatus	4502	22770	44213	15089	13012
计算机、通信及其他电子	Manufacture of Computer, Communication	2636	1635	8361	-240	9
设备制造业	and Other Electronic Equipments					
仪器仪表制造业	Manufacture of Measuring Instruments and Machinery					
废弃资源综合利用业	Utilization of Waste Resources					
金属制品、机械和设备修理业	Repair Services of Metal Products,Machineryand Equipment		204	5710	-12	
电力、热力的生产和供应业	Production and Supply of Electric Power	6138	18	26368	180014	181456
	and Heat Power					
燃气生产和供应业	Production and Supply of Gas		11013	16066	17684	18283
水的生产和供应业	Production and Supply of Water	410	15252	12519	-318	243

13-6 续6(continued 6)

项 目	Item	营业利润 Operating Profits	投资收益 Investment Income	营业外收入 Non-operating Income	营业外支出 Non-operating Expenses
合 计	**Total**	**1443009**	**154057**	**55221**	**42950**
石油和天然气开采业	Extraction of Petroleum and Natural Gas				
黑色金属矿采选业	Mining and Processing of Ferrous Metal Ores	51633	276	10	41
有色金属矿采选业	Mining and Processing of Non-Ferrous Metal Ores	-42802	3000	18	60
非金属矿采选业	Mining and Processing of Nonmetal Ores	12784		70	32
农副食品加工业	Processing of Food from Agricultural Products	627		0	55
食品制造业	Manufacture of Foods				
酒、饮料和精制茶制造业	Manufacture of Wine,Beverages and Tea	118			
烟草制品业	Manufacture of Tobacco	11499	1439	4141	1728
纺织业	Manufacture of Textile	59345	98	798	1273
皮革、毛皮、羽毛及	Manufacture of Leather, Fur, Feather,	-1686	20	1440	392
其制品和制鞋业	Related Products and Footwear	12887		14	164
木材加工及木、竹、藤、	Processing of Timber, Manufacture of	-2642		149	9
棕、草制品业	Wood,Bamboo,Rattan,Palm and Straw Products	917		110	0
家具制造业	Manufacture of Furniture	-1			
造纸及纸制品业	Manufacture of Paper and Paper Products	-623		640	226
印刷和记录媒介的复制业	Printing, Reproduction of Recording Media	48			
文教、工美、体育和娱乐	Manufacture of Articles for Culture, Education	142728	-1124	1871	910
用品制造业	Arts and Crafts, Sport and Entertaiment Activities	7053	15	104	6
石油加工、炼焦及核燃料加工业	Processing of Petroleum, Coking and Nuclear Fuel	22		3	2
化学原料及化学制品制造业	Manufacture of Raw Chemical Materials	347155	2095	204	1054
	and Chemical Products	303711	66860	2358	8325
医药制造业	Manufacture of Medicines	344786	58422	13052	6459
橡胶和塑料制品业	Manufacture of Rubber or Plastics Products				
非金属矿物制品业	Manufacture of Non-metallic Mineral Products	16583	3309	840	137
黑色金属冶炼及压延加工业	Smelting and Pressing of Ferrous Metals	190621	566	6925	3711
有色金属冶炼及压延加工业	Smelting and Pressing of Non-ferrous Metals				
金属制品业	Manufacture of Metal Products	13082		5150	67
通用设备制造业	Manufacture of General Purpose Machinery	11494		2360	137.2
专用设备制造业	Manufacture of Special Purposes Machinery	1145		4	0
汽车制造业	Manufacture of Automobiles	3008	7	523	252
铁路、船舶、航空航天	Manufacture of Railway, Ship, Aerospace	-131167	1298	2697	861
和其他设备制造业	and Other Transport Equipments	-436			
电气机械及器材制造业	Manufacture of Electrical Machinery and Apparatus	-15144	500	3844	763
计算机、通信及其他电子	Manufacture of Computer, Communication	11848		409	275
设备制造业	and Other Electronic Equipments				
仪器仪表制造业	Manufacture of Measuring Instruments and Machinery				
废弃资源综合利用业	Utilization of Waste Resources				
金属制品、机械和设备修理业	Repair Services of Metal Products,Machinery and Equipment	487		110	495
电力、热力的生产和供应业	Production and Supply of Electric Power	54253	2641	5234	14684
	and Heat Power				
燃气生产和供应业	Production and Supply of Gas	12926	14551	972	415
水的生产和供应业	Production and Supply of Water	26750	84	1171	419

13-6 续7(continued 7)

项 目	Item	利润总额 Total Profits	所得税费用 Income Tax Payable	利税总额 Total Profits and Taxes	本年应付工资总额 Total Wages Payable of Current Year
合 计	**Total**	**1455281**	**390445**	**3275468**	**1043301**
石油和天然气开采业	Extraction of Petroleum and Natural Gas				
黑色金属矿采选业	Mining and Processing of Ferrous Metal Ores	51602	10797	69216	1247
有色金属矿采选业	Mining and Processing of Non-Ferrous Metal Ores	-42844		-32061	43620
非金属矿采选业	Mining and Processing of Nonmetal Ores	12823	3192	14622	2164
农副食品加工业	Processing of Food from Agricultural Products	572	374	2384	237
食品制造业	Manufacture of Foods				
酒、饮料和精制茶制造业	Manufacture of Wine,Beverages and Tea	118		145	77
烟草制品业	Manufacture of Tobacco	13914	3627	32803	92967
纺织业	Manufacture of Textile	58871	13202	96160	40800
皮革、毛皮、羽毛及	Manufacture of Leather, Fur, Feather,	-638	2092	13103	18377
其制品和制鞋业	Related Products and Footwear	12737	3844	183025	19040
木材加工及木、竹、藤、	Processing of Timber, Manufacture of	-2502	78	-1563	5918
棕、草制品业	Wood,Bamboo,Rattan,Palm and Straw Products	1027		1547	613
家具制造业	Manufacture of Furniture	-1		60	109
造纸及纸制品业	Manufacture of Paper and Paper Products	-210	-359	2031	5572
印刷和记录媒介的复制业	Printing, Reproduction of Recording Media	48	5	393	375
文教、工美、体育和娱乐	Manufacture of Articles for Culture, Education	143689	35603	212598	49986
用品制造业	Arts and Crafts, Sport and Entertaiment Activities	7151	1869	10957	8388
石油加工、炼焦及核燃料加工业	Processing of Petroleum, Coking and Nuclear Fuel	23	6	93	428
化学原料及化学制品制造业	Manufacture of Raw Chemical Materials	346305	90416	1285442	46322
	and Chemical Products	297744	75501	376698	72856
医药制造业	Manufacture of Medicines	351379	45685	570896	143056
橡胶和塑料制品业	Manufacture of Rubber or Plastics Products				
非金属矿物制品业	Manufacture of Non-metallic Mineral Products	17286	3531	25481	12545
黑色金属冶炼及压延加工业	Smelting and Pressing of Ferrous Metals	193835	51995	280171	67384
有色金属冶炼及压延加工业	Smelting and Pressing of Non-ferrous Metals				
金属制品业	Manufacture of Metal Products	18165	4631	19800	5010
通用设备制造业	Manufacture of General Purpose Machinery	13717	2745	16406	4575
专用设备制造业	Manufacture of Special Purposes Machinery	1149	179	1770	1734
汽车制造业	Manufacture of Automobiles	3280	322	5169	4029
铁路、船舶、航空航天	Manufacture of Railway, Ship, Aerospace	-129330	12558	-123134	20196
和其他设备制造业	and Other Transport Equipments	-436	18	-236	740
电气机械及器材制造业	Manufacture of Electrical Machinery and Apparatus	-12063	2500	-9110	38465
计算机、通信及其他电子	Manufacture of Computer, Communication	11983.2	1497.4	11989.9	9439.3
设备制造业	and Other Electronic Equipments				
仪器仪表制造业	Manufacture of Measuring Instruments and Machinery				
废弃资源综合利用业	Utilization of Waste Resources				
金属制品、机械和设备修理业	Repair Services of Metal Products,Machinery and Equipment	102		2378	33826
电力、热力的生产和供应业	Production and Supply of Electric Power and Heat Power	44804	12103	153136	252283
燃气生产和供应业	Production and Supply of Gas	13483	5694	20145	15590
水的生产和供应业	Production and Supply of Water	27502	6740	32959	25334

13-6 续8(continued 8)

项　目	Item	本年应交增值税 Value Added Tax Payable of Current	应交税金及附加 Taxes & Surcharges Payable	亏损企业亏损总额 Total loss of Loss-suffering Enterprises	全部从业人员年平均人数(人) Annual Average Employees (person)
合 计	**Total**	**659063**	**2210631**	**362264**	**100540**
石油和天然气开采业	Extraction of Petroleum and Natural Gas				
黑色金属矿采选业	Mining and Processing of Ferrous Metal Ores	8109	28411		65
有色金属矿采选业	Mining and Processing of Non-Ferrous Metal Ores	7189	10784	42844	3735
非金属矿采选业	Mining and Processing of Nonmetal Ores	1082	4991		276
农副食品加工业	Processing of Food from Agricultural Products	1099	2185	990	69
食品制造业	Manufacture of Foods				
酒、饮料和精制茶制造业	Manufacture of Wine,Beverages and Tea	24	27		18
烟草制品业	Manufacture of Tobacco	15299	22517	27444	17344
纺织业	Manufacture of Textile	33436	50491	760	7275
皮革、毛皮、羽毛及	Manufacture of Leather, Fur, Feather,	8772	15833	8270	4275
其制品和制鞋业	Related Products and Footwear	27559	174132		583
木材加工及木、竹、藤、	Processing of Timber, Manufacture of	424	1018	2816	712
棕、草制品业	Wood,Bamboo,Rattan,Palm and Straw Products	473	520		70
家具制造业	Manufacture of Furniture	55	61	1	35
造纸及纸制品业	Manufacture of Paper and Paper Products	1874	1882	1023	1479
印刷和记录媒介的复制业	Printing, Reproduction of Recording Media	314	350		108
文教、工美、体育和娱乐	Manufacture of Articles for Culture, Education	54676	104511	572	4117
用品制造业	Arts and Crafts, Sport and Entertaiment Activities	3217	5675	216	824
石油加工、炼焦及核燃料加工业	Processing of Petroleum, Coking and Nuclear Fuel	60	76		156
化学原料及化学制品制造业	Manufacture of Raw Chemical Materials	53634	1029552	8841	1975
	and Chemical Products	65965	154455	12842	3984
医药制造业	Manufacture of Medicines	192410	265201	8966	17248
橡胶和塑料制品业	Manufacture of Rubber or Plastics Products				
非金属矿物制品业	Manufacture of Non-metallic Mineral Products	6448	11726	219	1976
黑色金属冶炼及压延加工业	Smelting and Pressing of Ferrous Metals	71689	138331	22133	8484
有色金属冶炼及压延加工业	Smelting and Pressing of Non-ferrous Metals				
金属制品业	Manufacture of Metal Products	-76	6266	662	675
通用设备制造业	Manufacture of General Purpose Machinery	2197	5434		787
专用设备制造业	Manufacture of Special Purposes Machinery	498	800	292	260
汽车制造业	Manufacture of Automobiles	1433	2211		690
铁路、船舶、航空航天	Manufacture of Railway, Ship, Aerospace	2381	18755	132460	3028
和其他设备制造业	and Other Transport Equipments	182	219	510	212
电气机械及器材制造业	Manufacture of Electrical Machinery and Apparatus	415	5453	28210	4088
计算机、通信及其他电子	Manufacture of Computer, Communication	-6	1504		572
设备制造业	and Other Electronic Equipments				
仪器仪表制造业	Manufacture of Measuring Instruments and Machine				
废弃资源综合利用业	Utilization of Waste Resources				
金属制品、机械和设备修理业	Repair Services of Metal Products,Machinery and Equipment	1590	2275.3		1618
电力、热力的生产和供应业	Production and Supply of Electric Power and Heat Power	87273	120435	43280	9558
燃气生产和供应业	Production and Supply of Gas	5153	12356	18915	1510
水的生产和供应业	Production and Supply of Water	4217	12196		2734

13-7 分市县规模以上工业企业主要财务指标(2018)

Major Financial Indicators on Industrial Enterprises above Designated Size by Region (2018)

单位：万元 (10 000 yuan)

地区	Region	企业单位数(个) Number of Enterprises (unit)	亏损企业 Loss-suffering Enter-prises	工业总产值 Gross Industrial Output Value	工业销售产值 Industrial Sales Value	出口交货值 Export Delivery Value
全省总计	**Total**	**349**	**79**	**22726872**	**22153161**	**2042616**
海口市	Haikou	146	31	5660531	5589397	292949
三亚市	Sanya	21	2	767200	761870	19424
五指山市	Wuzhishan	3		44472	43749	
文昌市	Wenchang	16	2	451452	447019	48916
琼海市	Qionghai	10	3	196374	189844	2531
万宁市	Wanning	10	2	270062	268825	3319
定安县	Ding'an	13	3	211275	222926	37532
屯昌县	Tunchang	2	1	45404	45546	
澄迈县	Chengmai	45	12	1728829	1957495	88059
临高县	Lingao	3	3	71048	64890	
儋州地区	Danzhou Area	34	8	9684324	9023922	1522909
儋州市	Danzhou	18	7	550603	549144	
洋浦	Yangpu	16	1	9133721	8474779	1522909
东方市	Dongfang	12	4	2120417	2057194	22756
乐东县	Ledong	4		232131	230852	
琼中县	Qiongzhong	6	1	49550	49550	
保亭县	Baoting	1		26930	26930	
陵水县	Linshui	3	1	64536	64510	3477
白沙县	Baisha	4	2	33720	34066	
昌江县	Changjiang	15	4	1068615	1074577	745

13-7 续1 (continued 1)

地　区	Region	资产总计 Total Assets	流动资产合计 Total Current Assets	应收账款 Accounts Receivable	存货 Inventory	产成品 Finished Products	固定资产合计 Total Fixed Assets
全省总计	**Total**	**30308156**	**12711345**	**2696094**	**2386502**	**2012167**	**17596811**
海 口 市	Haikou	7959279	4393857	911254	1251346	656810	3565422
三 亚 市	Sanya	1200498	445735	129867	158606	28570	754763
五指山市	Wuzhishan	63964	19760	3498	4478	5759	44204
文 昌 市	Wenchang	487078	211496	27787	61978	80337	275582
琼 海 市	Qionghai	275374	75891	18124	29570	15965	199483
万 宁 市	Wanning	394727	201467	23518	8045	106380	193260
定 安 县	Ding'an	233223	117529	17562	24035	22076	115695
屯 昌 县	Tunchang	48511	10086	2287	2692	2793	38425
澄 迈 县	Chengmai	2428465	988378	95445	192139	146092	1440087
临 高 县	Lingao	251634	159284	11755	8236	30899	92350
儋州地区	Danzhou Area	8875074	3759508	673015	527291	592376	5115566
儋州市	Danzhou	1220680	295298	39624	46215	31529	925382
洋　浦	Yangpu	7654394	3464210	633391	481075	560846	4190184
东 方 市	Dongfang	3177972	1100831	487462	27560	148316	2077141
乐 东 县	Ledong	503634	38997	15993	13911	5796	464637
琼 中 县	Qiongzhong	38693	11339	1980	4174	4198	27354
保 亭 县	Baoting	35236	5424	2217	2289	381	29812
陵 水 县	Linshui	133425	42482	9746	2566	6640	90943
白 沙 县	Baisha	81085	31063	3964	2076	3481	50022
昌 江 县	Changjiang	4120282	1098216	260621	65510	155299	3022066

13-7 续2 (continued 2)

地 区	Region	固定资产原价 Original Value of Fixed Assets	累计折旧 Accumulated Depreciation	负债合计 Total Liabilities	流动负债合计 Total Current Liabilities	应付账款 Accounts Payable
全省总计	**Total**	**20244685**	**7669327**	**16921356**	**11582711**	**2435195**
海口市	Haikou	4254871	1963619	3962389	3163411	904421
三亚市	Sanya	854799	306364	818337	504443	103179
五指山市	Wuzhishan	66039	27295	32080	21327	5322
文昌市	Wenchang	351086	135257	326455	236461	88469
琼海市	Qionghai	263098	101483	185995	121279	29019
万宁市	Wanning	198508	69511	297296	238966	41015
定安县	Ding'an	132960	47457	125410	102636	21278
屯昌县	Tunchang	49835	18743	35699	22195	9314
澄迈县	Chengmai	988322	374983	1162792	802888	174254
临高县	Lingao	139956	48209	238481	207535	9905
儋州地区	Danzhou Area	6625615	2554288	5386104	4207281	656797
儋州市	Danzhou	1108848	336966	895861	438816	92031
洋浦	Yangpu	5516767	2217322	4490243	3768464	564766
东方市	Dongfang	2273511	1150056	1090964	872263	165367
乐东县	Ledong	476350	93518	338113	146442	28619
琼中县	Qiongzhong	36314	13409	31430	19793	3193
保亭县	Baoting	38972	14110	25787	14386	4354
陵水县	Linshui	115983	42051	105030	65621	14355
白沙县	Baisha	62531	30863	88947	73979	5587
昌江县	Changjiang	3315937	678112	2670047	761806	170746

13-7 续3(continued 3)

地 区	Region	所有者权益合计 Total Owner's Equity	实收资本 Paid-up Capital	国家资本 State-owned Capital	集体资本 Collective--owned Capital	法人资本 Legal Person's Capital
全省总计	**Total**	**13386797**	**7049086**	**2690069**	**142069**	**2027385**
海口市	Haikou	3996889	1704461	335532	117864	852964
三亚市	Sanya	382161	123903	52284	2000	30458
五指山市	Wuzhishan	31885	7252	3372		1380
文昌市	Wenchang	160623	86523	20234		39096
琼海市	Qionghai	89379	30382	17736		2819
万宁市	Wanning	97432	44534	14269		7000
定安县	Ding'an	107813	39359	6745		22750
屯昌县	Tunchang	12812	4572	3372		50
澄迈县	Chengmai	1265673	733199	423308	2300	119927
临高县	Lingao	13152	22745	6745		16000
儋州地区	Danzhou Area	3488970	2477335	574011	6470	622378
儋州市	Danzhou	324819	284637	188508	1470	38703
洋浦	Yangpu	3164151	2194721	385503	5000	583675
东方市	Dongfang	2087007	841623	608751	7500	20772
乐东县	Ledong	165520	91017	82457		6044
琼中县	Qiongzhong	7263	3935	3372	50	100
保亭县	Baoting	9449	5372	3372		
陵水县	Linshui	28395	17417	10917		6500
白沙县	Baisha	-7863	9206	3372		2500
昌江县	Changjiang	1450235	806251	520219	5885	276647

13-7 续4(continued 4)

地 区	Region	个人资本 Individual Capital	港澳台资本 Funds from Hongkong Macau & Taiwan	外商资本 Foreign Investment	主营业务收入 Revenue from Pincipal Business	主营业务成本 Cost of Pincipal Business	主营业务税金及附加 Taxes & Surcharges of Pincipal Business
全省总计	**Total**	**564939**	**187077**	**1437546**	**22007437**	**17066903**	**416850**
海口市	Haikou	188751	43030	166320	5645754	3592846	193539
三亚市	Sanya	15290	19911	3960	716965	600742	5523
五指山市	Wuzhishan		2500		40330	31577	277
文昌市	Wenchang	25120	1073	1000	426703	364029	2646
琼海市	Qionghai	2011	2511	5305	182955	143306	1508
万宁市	Wanning	15310		7955	259942	232187	1674
定安县	Ding'an	8151	1714		215002	184052	1165
屯昌县	Tunchang	1150			42247	36513	216
澄迈县	Chengmai	58109	17354	112200	1439096	1222450	16307
临高县	Lingao				63263	63056	414
儋州地区	Danzhou Area	59104	97066	1118307	9522628	7866191	26728
儋州市	Danzhou	45689	2791	7477	519139	481648	3145
洋浦	Yangpu	13415	94275	1110829	9003489	7384543	23583
东方市	Dongfang	182100		22500	2078323	1620567	151510
乐东县	Ledong	597	1919		222454	179735	2746
琼中县	Qiongzhong	413			46843	45644	158
保亭县	Baoting	2000			24674	23362	110
陵水县	Linshui				69556	62315	489
白沙县	Baisha	3333			31243	30271	248
昌江县	Changjiang	3500			979460	768059	11590

13-7 续5(continued 5)

地　区	Region	其他业务利润 Other Operating Profits	销售费用 Selling Expenses	管理费用 Administrative Expenses	财务费用 Financial Expenses	利息支出 Interest Expenditure
全省总计	**Total**	**45866**	**1335172**	**799892**	**434198**	**453894**
海 口 市	Haikou	24668	1100769	427175	49114	67821
三 亚 市	Sanya	363	27787	24658	20983	21525
五指山市	Wuzhishan	5	1155	2902	630	654
文 昌 市	Wenchang	25	15050	14771	6808	6273
琼 海 市	Qionghai	857	13285	11653	3645	3753
万 宁 市	Wanning	4	3120	8241	7677	7044
定 安 县	Ding'an	19	6274	8837	2434	2410
屯 昌 县	Tunchang		609	884	982	1000
澄 迈 县	Chengmai	14642	36138	55590	22954	28417
临 高 县	Lingao	1	1140	5916	5218	3954
儋州地区	Danzhou Area	2835	101228	122215	173364	167235
儋州市	Danzhou	14	4374	13154	30490	26435
洋　浦	Yangpu	2820	96853	109061	142873	140800
东 方 市	Dongfang		21705	30421	28519	31299
乐 东 县	Ledong	569	1560	4886	11961	12090
琼 中 县	Qiongzhong		142	211	627	646
保 亭 县	Baoting		40	142	679	698
陵 水 县	Linshui		876	1577	1990	1902
白 沙 县	Baisha		252	1892	2423	2455
昌 江 县	Changjiang	1880	4043	77920	94191	94719

13-7 续6(continued 6)

地 区	Region	营业利润 Operating Profits	投资收益 Investment Income	营业外收入 Non-operating Income	营业外支出 Non-operating Expenses
全省总计	**Total**	**1443009**	**154057**	**55221**	**42950**
海 口 市	Haikou	336354	62428	26200	17508
三 亚 市	Sanya	47715	6866	4047	4076
五指山市	Wuzhishan	3562	27	50	201
文 昌 市	Wenchang	22988	607	1041	867
琼 海 市	Qionghai	10164	165	315	744
万 宁 市	Wanning	7072	130	4328	833
定 安 县	Ding'an	15083	68	131	476
屯 昌 县	Tunchang	3042	26	476	105
澄 迈 县	Chengmai	101540	5550	6158	3055
临 高 县	Lingao	-12018	52	47	483
儋州地区	Danzhou Area	566840	11601	5095	3043
儋州市	Danzhou	-6596	4804	1384	1528
洋 浦	Yangpu	573435	6797	3711	1515
东 方 市	Dongfang	288701	63078	668	8901
乐 东 县	Ledong	22791	78	5194	1095
琼 中 县	Qiongzhong	60	26	21	105
保 亭 县	Baoting	338	26	52	105
陵 水 县	Linshui	2385	78	63	350
白 沙 县	Baisha	-3707	26	207	117
昌 江 县	Changjiang	30097	3224	1129	884

13-7 续7(continued 7)

地　区	Region	利润总额 Total Profits	所得税费用 Income Tax Payable	利税总额 Total Profits and Taxes	本年应付职工薪酬 Total Wages Payable of Current Year
全省总计	**Total**	**1455281**	**390445**	**3275468**	**1043301**
海 口 市	Haikou	345046	92351	840840	445803
三 亚 市	Sanya	47686	10475	76585	51224
五指山市	Wuzhishan	3412	522	5907	4746
文 昌 市	Wenchang	23162	5248	35495	27300
琼 海 市	Qionghai	9736	1944	19388	18806
万 宁 市	Wanning	10566	1740	21232	28788
定 安 县	Ding'an	14739	3256	22037	15649
屯 昌 县	Tunchang	3412	880	5448	2289
澄 迈 县	Chengmai	104643	27350	154066	73248
临 高 县	Lingao	-12454	119	-11930	5860
儋州地区	Danzhou Area	568892	148877	1451688	137676
儋州市	Danzhou	-6739	4605	9732	43066
洋 浦	Yangpu	575631	144272	1441956	94611
东 方 市	Dongfang	280469	60594	526543	89656
乐 东 县	Ledong	26890	6847	36704	14545
琼 中 县	Qiongzhong	-24	64	1658	2941
保 亭 县	Baoting	286	131	1134	2016
陵 水 县	Linshui	2098	961	4590	7049
白 沙 县	Baisha	-3617	404	-2270	4940
昌 江 县	Changjiang	30342	28680	86354	110764

13-7 续8(continued 8)

地区	Region	本年应交增值税 Value Added Tax Payable of Current Year	应交税金及附加 Taxes & Surcharges Payable	亏损企业亏损总额 Total loss of Loss-suffering Enterprises	全部从业人员年平均人数(人) Annual Average Employees (person)
全省总计	**Total**	**659063**	**2210631**	**362264**	**100540**
海口市	Haikou	301290	588145	177263	47044
三亚市	Sanya	23155	39374	1054	3184
五指山市	Wuzhishan	1912	3017		359
文昌市	Wenchang	9598	17581	914	3152
琼海市	Qionghai	8054	11596	406	1508
万宁市	Wanning	8933	12406	215	4736
定安县	Ding'an	6084	10554	1407	2270
屯昌县	Tunchang	1805	2916	94	140
澄迈县	Chengmai	32027	76773	33373	8598
临高县	Lingao	80	643	12456	564
儋州地区	Danzhou Area	115921	1031673	29005	9264
儋州市	Danzhou	13007	21077	28756	3549
洋浦	Yangpu	102914	1010596	249	5715
东方市	Dongfang	94507	306669	14794	3068
乐东县	Ledong	7024	16662		553
琼中县	Qiongzhong	1510	1747	79	304
保亭县	Baoting	723	979		85
陵水县	Linshui	1959	3454	990	315
白沙县	Baisha	1084	1751	5146	644
昌江县	Changjiang	43395	84693	85071	8425

13-8 主要工业产品产量
Output of Major Industrial Products

产品名称	Item	2005	2010	2014	2015	2016	2017	2018
铁矿石原矿(吨)	Crude Iron Ores(ton)	4212035	4896217	5727129	4976439	4080810	4347142	2845895
大米(吨)	Rice(ton)		40448	10942	11889	9872	5480	2215
饲料(吨)	Feeds(ton)	737591	1313070	1778849	1928818	2268261	2535437	2721875
#配合饲料(吨)	#Formula Feeds(ton)		925482	1426669	1459268	1620665	1864710	1672044
混合饲料(吨)	Mixed Feeds(ton)		387588	249097	267203	349812	335397	345043
成品糖(吨)	Refined Sugar(ton)	275123	301033	333043	257357	131343	111365	139293
冷冻水产品(吨)	Frozen Aquatic Products(ton)		122990	154338	140897	162740	184557	155072
糖果(吨)	Candy(ton)	1360	5772	6599	5443	6458	9985	9416
乳制品(吨)	Dairy Products(ton)	4382	4558	4759	4907	4173	2811	2446
#液体乳(吨)	#Liquid Milk(ton)	3179	4558	4759	4206	3350	2811	2446
罐头(吨)	Canned Food(ton)	138362	203409	246113	242641	192787	225966	189333
饮料酒(千升)	Alcoholic Beverages(kiloliter)	151922	188973	86070	85084	69171	56867	46228
啤酒(千升)	Beer(kiloliter)	119870	161109	71371	61873	53589	38218	34500
软饮料(吨)	Soft Beverages(ton)	276183	421301	547811	650879	677515	605999	608219
#碳酸饮料类(汽水)(吨)	#Carbonated Beverages(sodas)(ton)	57698	77175	79868	83076	96185	87045	90546
包装饮用水类(吨)	Packaged Drinking Water	169166	248991	253986	345657	367736	267295	262652
果汁和蔬菜汁饮料类(吨)	Fruit & Vegetable Juice(ton)		73780	180884	183126	183136	216513	216973
精制茶(吨)	Refined Tea(ton)	751	1316	444	254	330	385	335

注：本表统计范围为规模以上工业.

Note：Data in this table include all industrial enterprises above designated size

13-8 续1(continued 1)

产品名称	Item	2005	2010	2014	2015	2016	2017	2018
卷烟(万支)	Cigarettes(10000 pieces)	590000	875000	1225000	1225000	1195000	1200000	1175000
无纺布(无纺织物)(吨)	Nonwoven Fabrics(nonwovens)(ton)		6705	12840	13530	14958	17708	17832
人造板(立方米)	Man-made Board(cu.m.)	185490	239840	307868	161203	111072	92045	63149
#胶合板(立方米)	#Plywood(cu.m.)	93635	25565	7139				
纤维板(立方米)	Fibre Board(cu.m.)	65337	180723	299041	123472	54333	19103	
刨花板(立方米)	Particle Board(cu.m.)	26518	33552	1688	37731	56739	72942	63149
家具(件)	Furniture(pieces)	1104342	576530	63553	15773	5965	1190	480
纸浆(原生浆及废纸浆)(吨)	Paper Pulp(virgin pulp & recycled pulp)(tc	780831	1216670	1429786	1502867	1598886	1630186	1725271
机制纸及纸板(外购原纸加工除外)(吨)	Machine-made Paper & Paperboard (ex.processing of base paper purchased)(ton)	12722	514316	1549463	1674255	1670605	1751646	1663832
#涂布类印刷用纸(吨)	#Coated Paper for Printing(ton)		265202	1069500	1076928	1088539	1101973	1037756
卫生用纸原纸(吨)	Base Paper for hygienic tissue paper(ton)		224269	429140	540894	526692	573542	561005
纸制品(吨)	Paper Products(ton)	19034	24498	8626	1845	5937	1534	1391
#瓦楞纸箱(吨)	#Corrugated Cases(ton)	17349	21587	1591	1457	1451	1534	1391
单色印刷品(令)	Single-color Printed Matter(ream)		30400				15612	29493
多色印刷品(对开色令)	Multi-color Printed Matter(color ream)		7183900	87709	65611	59719	101102	58162
纯苯(吨)	Benzene(ton)		52571	171478	155312	146309	146508	142345

13-8 续2(continued 2)

产品名称	Item	2005	2010	2014	2015	2016	2017	2018
精甲醇(吨)	Refined Methanol(ton)		633578	1372612	1421674	1359247	1342985	1354680
合成氨(无水氨)(吨)	Synthetic Ammonia(anhydrous ammon	784239	830122	827997	791569	641245	755605	770892
农用氮、磷、钾化学肥料总计(折纯)(吨)	Chemical Fertilizers(ton)	626458	665600	662518	641509	516483	605156	614718
#氮肥(折含N100%)(吨)	#Nitrogen Fertilizers (converted into 100% nitrogen content)(ton)	622060	665600	662518	641509	516483	605156	614718
#尿素(折含N100%)(吨)	#Carbamide(converted into 100% nitrogen content)(ton)	622060	665600	662518	641509	516483	605156	614718
涂料(吨)	Coatings(ton)	3818	3734	2435	29801	39580	38664	1765
初级形态的塑料(吨)	Primary-form Plastic(ton)		207773	218446	220886	209022	196690	305880
#聚丙烯树脂(吨)	#Polypropylene Resin(ton)		207773	218446	220886	209022	196690	218367
合成纤维单体(吨)	Synthetic Fiber Monomer (ton)			1484361	1953442	2063337	2252290	2068413
合成纤维聚合物(吨)	Synthetic Fibre Polymers(ton)	42697	277231	519541	717986	972590	1164261	1510883
#聚脂(吨)	#Polyester(ton)	42697	277231	519541	717986	972590	1164261	1510883
化学试剂(吨)	chemical reagent(ton)			1646	1549	552	476	615
中成药(吨)	Traditional Chinese Medicine(ton)	388	444	939	1143	1201	1459	1368
塑料制品(吨)	Plastic Products(ton)	24943	32787	25993	24941	20877	20356	20902
#塑料薄膜(吨)	#Plastic Film(ton)	7623	19851	18735	17484	9440	10855	9902
硅酸盐水泥熟料(吨)	Portland Cement Clinker(ton)	3419549	7780821	13320593	12206149	14159850	14302823	15184430
#窑外分解窑水泥熟料(吨)	#NSP Clinker(ton)	1393710	6962369	13320593	12206149	14159850	14302823	15184430
水泥(吨)	Cement(ton)	4425454	12640513	21516477	22252325	22279065	22133142	21041482
#强度等级42.5水泥(含R型	#Strength Grade of 42.5N/R(ton)		5087606	8600906	8484883	8231054	8861851	8153385
商品混凝土(立方米)	Ready-mixed Concrete(cu.m.)	215500	3687378	7112711	6723252	8498527	11892209	11090495
水泥混凝土压力管(千米)	Concrete Pressure Pipes(km)		21		20	25	39	11
砖(万块)	Bricks(10000 pieces)	10368	10350		477	642	965	1881

13-8 续3(continued 3)

产品名称	Item	2005	2010	2014	2015	2016	2017	2018
钢材(吨)	Rolled Steel(ton)	148569	145455	297376	347285	362935	10862	
冷轧薄板(吨)	Cold-rolled Thin Steel Plate(ton)	88901	59117	98896	132434	115596	6078	
黄金(千克)	Gold(kg)	135.7	787.16	1251	1562	1470	1556	1743
发动机(千瓦)	Engine(kw)		7367775	7253695	5147935	5558080	4217148	
#汽车用发动机(千瓦)	#Automotive Engine(kw)		7367775	7253695	5147935	5558080	4217148	
小型拖拉机(台)	Mini-tractors(set)	7341	5055	1252	1201	2221	952	682
汽车(辆)	Automobiles	73086	136022	90039	69766	67160	39585	21100
#基本型乘用车(轿车)(辆)	#Basic Passenger Cars(sedans)	58815	92869	61405	50665	43753	9857	3859
#1升<排量≤1.6升(辆)	#1 L< displacement ≤1.6 L	54236	92855	60409	50403	43572	9054	3848
1.6升<排量≤2.0升(辆)	1.6 L <displacement ≤2.0 L		14	996	262	181	803	11
多功能乘用车(MPV)(辆)	Multi-purpose Vehicle		27465	1891	490	15855	6977	1032
运动型多用途乘用车(SUV)	Sports Utility Vehicle			26743	18611	7552	22751	16209
变压器(千伏安)	Transformers(kva)	4175632	5455787	9442753	11095610	11628598	11668431	12889842
高压开关板(面)	High Tension Switchboard(pieces)	605	860	10392	7439	10337	4042	9319
低压开关板(面)	Low Tension Switchboard(pieces)	1942	1343	5645	7169	8507	6159	12629
电力电缆(千米)	Electric Cable(km)	33380	13749	137586	167622	162330	68433	135435
光缆(芯千米)	Optical Cable(fiber-km)	4379	2845428	3760253	2523586	1107478	110015	4608
太阳能电池(千瓦)	Solar Cells(kw)		60841	685202	817054	386669	238791	107918
自来水生产量(万立方米)	Tap-water Production(cu.m.)		14375	33899	36503	37742	39891	42400

主要统计指标解释

工业 指从事自然资源的开采，对采掘品和农产品进行加工和再加工的物质生产部门。具体包括：（1）对自然资源的开采，如采矿、晒盐等（但不包括禽兽捕猎和水产捕捞）；（2）对农副产品的加工、再加工，如粮油加工、食品加工、缫丝、纺织、制革等；（3）对采掘品的加工、再加工，如炼铁、炼钢、化工生产、石油加工、机器制造、木材加工等，以及电力、自来水、煤气的生产和供应等；（4）对工业品的修理、翻新，如机器设备的修理、交通运输工具（如汽车）的修理等。

工业统计调查单位为独立核算法人工业企业。

独立核算法人工业企业指从事工业生产经营活动的单位。独立核算法人工业企业应同时具备以下条件：①依法成立，有自己的名称、组织机构和场所，能够承担民事责任；②独立拥有和使用资产，承担负债，有权与其他单位签订合同；③独立核算盈亏，并能够编制资产负债表。

轻工业 指主要提供生活消费品和制作手工工具的工业。按其所使用的原料不同，可分为两大类：(1)以农产品为原料的轻工业，是指直接或间接以农产品为基本原料的轻工业。主要包括食品制造、饮料制造、烟草加工、纺织、缝纫、皮革和毛皮制作、造纸以及印刷等工业；(2)以非农产品为原料的轻工业，是指以工业品为原料的轻工业。主要包括文教体育用品、化学药品制造、合成纤维制造、日用化学制品、日用玻璃制品、日用金属制品、手工工具制造、医疗器械制造、文化和办公用机械制造等工业。

重工业 指为国民经济各部门提供物质技术基础的主要生产资料的工业。按其生产性质和产品用途，可以分为下列三类：(1)采掘(伐)工业，是指对自然资源的开采，包括石油开采、煤炭开采、金属矿开采、非金属矿开采等工业；(2)原材料工业，指向国民经济各部门提供基本材料、动力和燃料的工业。包括金属冶炼及加工、炼焦及焦炭、化学、化工原料、水泥、人造板以及电力、石油和煤炭加工等工业；(3)加工工业，是指对工业原材料进行再加工制造的工业。包括装备国民经济各部门的机械设备制造工业、金属结构、水泥制品等工业，以及为农业提供的生产资料如化肥、农药等工业。

根据上述划分原则，修理业中以重工业产品为修理作业对象的划为重工业，反之划为轻工业。

工业总产值 是以货币形式表现的，工业企业在一定时期内生产的工业最终产品或提供工业性劳务活动的总价值量。它反映一定时间内工业生产的总规模和总水平。

工业增加值 指工业企业在报告期内以货币表现的工业生产活动的最终成果。工业增加值有两种计算方法：一是生产法，即工业总产出减去工业中间投入加上应交增值税；二是收入法，即从收入的角度出发，根据生产要素在生产过程中应得到的收入份额计算，具体构成项目有固定资产折旧、劳动者报酬、生产税净额、营业盈余，这种方法也称要素分配法。

资产总计 指企业拥有或控制的能以货币计量的经济资源，包括各种财产、债权和其他权利。资产按流动性分为流动资产、长期投资、固定资产、无形资产、递延资产和其他资产。该指标根据企业会计“资产负债表”中“资产总计”项目的期末数增列。

固定资产原价 指企业在建造、购置、安装、改建、扩建、技术改造某项固定资产时所支出的全部货币总额。它一般包括买价、包装费、运杂费和安装费等。

固定资产净值 指固定资产原价减去历年已提折旧额后的净额。

负债合计 指企业所承担的能以货币计量，将以资产或劳务偿付的债务，偿还形式包括货币、资产或提供劳务。负债一般按偿还期长短分为流动负债和长期负债。根据会计“资产负债表”中“负债合计”的年末数填列。

所有者权益 指企业投资人对企业净资产的所有权。企业净资产等于企业全部资产减去全部负债后的余额，包括企业投资人对企业的最初投入的实际到位的资产及资本公积金、盈余公积金和未分配利润。所有者权益合计数小于零，表示企业资不抵债。

主营业务收入 指会计“利润表”中对应指标的本年累计数。未执行 2001 年《企业会计制度》的企业，用“产品销售收入”的本期累计数代替。

主营业务成本 指会计“利润表”中对应指标的本年累计数。未执行 2001 年《企业会计制度》的企业，用“产品销售成本”的本期累计数代替。

本年应交增值税 指企业在报告期内应交纳的增值税额。它等于本年销项税额加上出口退税加上进项税额转出数减去本年进项税额。小规模纳税企业直接按全年计税销售额乘以征收率计算取得。

工业（经济效益）综合指数 指现行综合评价工业经济效益总体水平及工业经济运行质量的指数。它是以若干项代表性经济效益指标，分别除以各项指标的标准值，再乘以各自的权数，加总后除以总权数求得。

总资产贡献率 反映企业全部资产的获利能力，是企业经营业绩和管理水平的集中体现，是评价和考核企业盈利能力的核心指标。

资产负债率 该指标既反映企业经营风险的大小，也反映企业利用债权人提供的资金从事经营活动的能力。

流动资产周转次数 指一定时期内流动资产完成的周转次数，反映投入工业企业流动资金的周转速度。

成本费用利润率 反映企业投入的生产成本及费用的经济效益，同时也反映企业降低成本所取得的经济效益。

Explanatory Notes on Main Statistical Indicators

Industry refers to the material production sector which is engaged in the extraction of natural resources and processing and reprocessing of minerals and agricultural products, including (1) extraction of natural resources, such as mining, salt production (but not including hunting and fishing); (2) processing and reprocessing of farm and sideline produces, such as rice husking, flour milling, wine making, oil pressing, silk reeling, spinning and weaving, and leather making; (3) manufacture of industrial products, such as steel making, iron smelting, chemicals manufacturing, petroleum processing, machine building, timber processing; water and gas production and electricity generation and supply; (4)repairing of industrial products such as the repairing of machinery and means of transport (including cars).

In industrial statistics surveys, the units of enquiry are corporate industrial enterprises with independent accounting systems.

Corporate industrial enterprises with independent accounting systems refer to enterprises engaging in industrial production activities, which meet the following requirements: (1) They are established legally, having their own names, organizations, location and able to take civil liability; (2) They possess and use their assets independently, assume liabilities and are entitled to sign contracts with other units; (3) They are financially independent and compile their own balance sheets.

Light Industry refers to the industry that produces consumer goods and hand tools. It consists of two categories, depending on the materials used:

(1) Industries using farm products as raw materials. These are the branches of light industry which directly or indirectly use farm products as basic raw materials, including the manufacture of food and beverages, tobacco processing, textile, clothing, fur and leather manufacturing, paper making, printing, etc.

(2) Industries using non-farm products as raw materials. These are the branches of light industry which use manufactured goods as raw materials, including the manufacture of cultural, educational articles and sports goods, chemicals, synthetic fibre, chemical products for daily use, glass products for daily use, metal products for daily use, hand tools, medical apparatus and instruments, and the manufacture of cultural and office machinery.

Heavy Industry refers to the industry which produces capital goods, and provides various sectors of the national economy with necessary material and technical basis for production. It consists of the following three branches according to the purpose of production or the use of products:

(1) Mining, quarrying and logging industry, which refers to the industry that extracts natural resources, including extraction of petroleum, coal, metal and non-metal ores.

(2) Raw materials industry refers to the industry that provides various sectors of the national economy with raw materials, fuels and power. It includes smelting and processing of metals, coking and coke chemistry, chemical materials and building materials such as cement, plywood, and power, petroleum refining and coal dressing.

(3) Manufacturing industry which refers to the industry that processes raw materials. It includes machine-building industries which equip sectors of the national economy; industries producing metal structure and cement products; and industries producing means of agricultural production, such as chemical fertilizers and pesticides.

In accordance with the above principles of classification, the repairing trades, which are engaged primarily in repairing products of heavy industry, are classified as heavy industry while those which are engaged in repairing products of light industry are classified as light industry.

Gross Industrial Output Value is the total volume of final industrial products produced and industrial services provided during a given period. It reflects the total achievements and overall scale of industrial production during a given period. Prior to 1984, the value of rural industry run by villages was classified into agriculture instead of industry.

Value-added of Industry refers to the final results of industrial production of industrial enterprises in money terms during the reference period. Industrial value-added can be calculated by two approaches: the production approach, i.e. gross industrial output value minus intermediate input plus value-added tax, and the income approach, i.e. income for various factors used in the course of production, including depreciation of fixed assets, remuneration of labourers, net of production tax, and operating surplus.

Total Assets refer to all economic resources, in monetary term, these are owned or controlled by enterprises, including properties, creditor's equity and other economic rights of all forms. Classified by the degree of liquidity, total assets include working capitals, long-term investment, fixed assets, intangible assets, deferred assets and other assets. Data on this indicator can be obtained by the year-end figures of total assets in the Assets and Liability Table of accounting records of enterprises.

Original Value of Fixed Assets refers to the total value, in monetary terms, that an enterprise spent on fixed assets, through construction, purchase, installation, transformation, expansion or technical upgrading. Generally, it covers cost of purchase, packing, transportation and installation, etc.

Total Liabilities refer to payable liabilities of enterprises that have to be repaid in terms of money, assets or labour services. In terms of payment, it can be divided into liquid liabilities and long-term liabilities. Data on this item are obtained from the ending figures on total liabilities from the Assets and Liability Table from the enterprises.

Owner's Equity refers to the ownership of net assets of enterprise by its investors. Net assets equal total assets minus total liabilities of the enterprise, including the actual assets invested into the enterprise by investors, accumulation of capital and operating surplus and non-distributed profits. The enterprise's assets are less than its liabilities if the sum of owner's equity is smaller than zero.

Revenue from Principal Business refers to the annual accumulation of the corresponding item in the "profit table" of the accountant. For enterprises that do not follow the 2001 Enterprise Accounting Standards, the year-end accumulation of revenue from the sales of products is used as a substitute.

Main Business Costs refers to the annual accumulation of the corresponding item in the "profit table" of the accountant.For enterprises that do not follow the 2001 Enterprise Accounting Standards, the year-end accumulation of cost for the sales of products is used as a substitute.

Value-added Tax Payable of Current Year refers to the amount of the value-added tax which should be paid by the enterprises during the reference period. It is the sum of tax on sales, export rebate, and transferred tax on purchases of the current year, minus the tax on purchases of the current year. Value-added tax payable of small-size enterprises is determined by the taxable sales of the year multiplied by the tax rate.

14

建筑业
Construction

编辑人员：邱育任

Compiled by Qiu Yuren

英文翻译：张春梅

Translated by Zhang Chunmei

简 要 说 明

一、本篇资料的主要内容

本篇资料反映我省建筑业概况和发展情况。包括建筑业企业基本情况和生产经营情况。主要指标有企业个数、从业人员数、建筑业总产值、建筑业增加值、房屋建筑面积、利润税金、劳动生产率等。

二、本篇资料的统计范围

根据建筑业发展的实际情况，建筑业统计范围从 2002 年年报起由原具有建筑业资质等级四级及四级以上的独立核算的建筑业企业调整为具有建筑业资质的独立核算建筑业企业。

三、本篇的资料来源及统计调查方法

本篇建筑业企业统计数据是根据国家统计局制定的《建筑业统计报表制度》整理汇总的。建筑业统计报表是各级统计部门根据当地实际情况采取全面调查的方法布置、收集。

Brief Introduction

I. Main Contents

Data in this chapter show the general situation and the development of the construction industry in Hainan Province. They cover the situation of production and management of the construction enterprises, including the number of enterprises; number of employed persons; gross output value and value added of the construction industry; floor space of buildings under construction; profits and taxes; and labour productivity etc.

II. Scope of Statistics

In view of the development of the construction industry, starting from 2002 the scope of construction statistics has been adjusted to include all the construction enterprises of various types of ownership with qualification certificates and independent accounting systems, replacing the previous criteria that required construction enterprises of various types of ownership to have qualification certificates at or above Class 4 with independent accounting systems.

III. Sources of Data and Methods of Survey

Data on construction enterprises are collected in accordance with the *Reporting Form System of Construction Statistics* stipulated by the National Bureau of Statistics. The annual reporting forms on construction statistics are designed in accordance with local situations for comprehensive collection by statistical bureaus of each province, autonomous region and municipality and conveyance level by level upwards.

14-1 建筑业企业主要经济指标
Major Economic Indicators on Construction Enterprises

项　　目	Item	2005	2010	2014	2015	2016	2017	2018
企业单位数(个)	Number of Enterprises(unit)	154	149	168	168	170	169	220
企业从业人员(万人)	Number of Employed Persons (10 000 persons)	6.68	11.00	7.34	7.44	7.43	7.43	6.84
建筑业总产值(亿元)	Gross Output Value of Contruction(100 million yuan)	59.69	199.48	276.33	278.63	307.76	322.76	357.61
竣工产值(亿元)	Output Value of Building Completed(100 million yuan)	31.47	104.42	172.69	211.19	189.39	205.37	219.76
增加值(亿元)	Value-added of Construction(100 million yuan)	13.23	21.80	53.38	52.97	49.54	55.15	59.11
房屋建筑施工面积(万平方米)	Floor Space of Buildings Under Contruction (10 000 sq.m)	692.38	1429.70	2015.97	2132.02	2085.41	2060.47	2223.65
房屋建筑竣工面积(万平方米)	Floor Space of Buildings Completed(10 000 sq.m)	205.56	508.70	778.76	744.56	652.44	562.51	619.88
#住宅	Residential Buildings	114.41	348.55	502.28	490.15	381.06	347.87	387.71
房屋建筑面积竣工率(%)	Rate of Floor Space of Buildings Completed(%)	29.6	35.6	38.6	34.9	31.3	27.3	27.9
年末固定资产原值(亿元)	Original Value of Fixed Assets at Year-end (100 million yuan)	17.99	10.24	12.74	10.52	13.39	14.06	15.48
年末固定资产净值(亿元)	Fixed Assets Net Worth at Year-end (100 million yuan)	15.44	7.18	6.90	5.34	6.36	6.59	7.4
年末流动资产(亿元)	Current Assets at Year-end (100 million yuan)	40.56	72.95	193.90	197.39	227.68	248.87	286.32
利润总额(亿元)	Total Profits (100 million yuan)	2.59	4.78	11.57	11.56	10.99	12.50	14.95
利税总额(亿元)	Total Profits and Taxes (100 million yuan)	4.42	10.43	21.04	21.47	31.69	32.88	36.21
产值利润率(%)	Ratio of Profit to Gross Output Value(%)	4.3	2.4	4.2	4.1	3.6	3.9	4.2

注:本表统计范围是全省所有具有资质等级独立核算的总承包和专业承包企业。(下同)
Note:The scope of statistics in this table includes all construction enterprises of general and professional contractors with qualificaion criteria and independent acounting system.

14-2 各市县建筑业企业单位数及从业人员(2018)
Number and Employed Persons of Construction Enterprises by Region (2018)

单位：个 (unit)

地区	Region	企业单位数 Total	内资企业 Domestic Funded	#国有 State-owned	#集体 Collectice-owned	从业人员(人) Number of Employed Persons (person)	内资企业 Domestic Funded	#国有 State-owned	#集体 Collectice-owned
全省总计	**Total**	**220**	**219**	**29**	**14**	**68430**	**68351**	**32673**	**4950**
海口市	Haikou	143	142	21	3	47743	47664	24757	1932
三亚市	Sanya	29	29	4	2	6663	6663	4394	138
五指山市	Wuzhishan								
文昌市	Wenchang	3	3		2	1375	1375		1300
琼海市	Qionghai	7	7	1	2	2014	2014	410	560
万宁市	Wanning	4	4		1	949	949		78
定安县	Ding'an	4	4	1		5074	5074	2934	
屯昌县	Tunchang	3	3			1303	1303		
澄迈县	Chengmai	5	5		1	160	160		30
临高县	Lingao	2	2			776	776		
儋州地区	Danzhou Area	7	7	1	1	837	837	155	80
儋州市	Danzhou	4	4	1	1	570	570	155	80
洋浦	Yangpu	3	3			267	267		
东方市	Dongfang	2	2		1	434	434		224
乐东县	Ledong	1	1		1	608	608		608
琼中县	Qiongzhong								
保亭县	Baoting	1	1			27	27		
陵水县	Linshui	3	3	1		38	38	23	
白沙县	Baisha	1	1			30	30		
昌江县	Changjiang	5	5			399	399		

14-3 各市县建筑业企业总产值(2018)
Output Value of Construction Enterprises by Region (2018)

单位：万元 (10 000 yuan)

地 区	Region	建筑业总产值 Total Output Value	建筑工程产值 Output Value of Construction	安装工程产值 Output Value of Installation	其它产值 Others	竣工产值 Output Value of Building Completed
全省总计	**Total**	**3576140**	**3022629**	**366288**	**187223**	**2197571**
海 口 市	Haikou	2636613	2174645	321541	140427	1611130
三 亚 市	Sanya	465792	419054	18527	28211	238146
五指山市	Wuzhishan					
文 昌 市	Wenchang	36774	27648	1718	7408	17328
琼 海 市	Qionghai	82794	82315	479		70645
万 宁 市	Wanning	25308	17460	7808	39	2006
定 安 县	Ding'an	137027	137027			117968
屯 昌 县	Tunchang	29192	29192			22771
澄 迈 县	Chengmai	12412	10712	700	1000	7155
临 高 县	Lingao	46780	32290	8258	6232	43500
儋州地区	Danzhou Area	42680	33387	6783	2511	31443
儋州市	Danzhou	38405	33025	4139	1242	27158
洋 浦	Yangpu	4275	362	2644	1269	4285
东 方 市	Dongfang	5838	5838			3412
乐 东 县	Ledong	17826	17826			10664
琼 中 县	Qiongzhong					
保 亭 县	Baoting	5787	5787			789
陵 水 县	Linshui	5162	5008		155	2249
白 沙 县	Baisha	790	296	395	99	600
昌 江 县	Changjiang	25366	24145	77	1143	17766

14-4 各市县建筑业企业增加值(2018)
Value-added of Construction Enterprises by Region (2018)

单位：万元 (10 000 yuan)

地 区	Region	建筑业增加值 Value-added of Construction	营业利润 Operating Profits	主营业务税金及附加 Taxes and Extra Charges on Project Settlement Accounts	应交增值税 Value added tax payable	应付职工薪酬 Wages Payable	本年提取固定资产折旧 Depreciation of Fixed Assets This Year	其他 Others
全省总计	**Total**	**591067**	**154693**	**36004**	**174827**	**203708**	**16748**	**5087**
海口市	Haikou	422363	128727	21547	135322	126894	6695	3178
三亚市	Sanya	53378	2397	2780	10452	29331	7464	954
五指山市	Wuzhishan							
文昌市	Wenchang	9063	2061	1099	2922	2966	6	10
琼海市	Qionghai	29441	2825	5110	3202	18098	165	42
万宁市	Wanning	4699	2461	280	443	366	1035	115
定安县	Ding'an	21518	5744	2205	8874	4510	36	149
屯昌县	Tunchang	5536	1146	290	1991	1961	122	26
澄迈县	Chengmai	8727	639	131	538	7395	2	23
临高县	Lingao	8795	2164		4459	2067	55	50
儋州地区	Danzhou Area	6195	218	819	2450	1910	644	154
儋州市	Danzhou	4186	-25	596	2303	1132	100	81
洋浦	Yangpu	2008	243	223	147	778	545	74
东方市	Dongfang	3597	284	573	525	2175		40
乐东县	Ledong	6477	1783	890	809	2781		214
琼中县	Qiongzhong							
保亭县	Baoting	2556	2071	84	83	294		24
陵水县	Linshui	2808	2364	6	107	309	13	9
白沙县	Baisha	98	94			1		3
昌江县	Changjiang	5817	-285	192	2651	2651	512	96

14-5 建筑业企业财务状况(2018)
Financial Statistics on Construction Enterprises (2018)

单位：万元 (10 000yuan)

项目	Item	总计 Total	#国有及国有控股 State-owned and State-holding	内资企业 Domestic Funded	外商投资企业 with Foreign Investment
年初存货	Inventory(Year-beginning)	190300	27434	190300	
流动资产合计	Total Current Funds	2863225	1023944	2860872	2352
应收工程款	Project Funds Received	896218	259627	895613	605
存货	Inventory	154477	18594	154477	
固定资产净值	Total Fixed Assets	74033	18077	73461	571
固定资产原价合计	Total Original Value of Fixed Assets	154762	31384	153932	830
累计折旧	Accumulated Depreciation	72178	13327	71919	259
本年折旧	Depreciation This Year	16748	7289	16737	12
在建工程	Under Construction	45849	20730	45849	
资产总计	Total Assets	3386567	1201720	3383572	2995
流动负债合计	Current Liabilities	1855986	777689	1855535	451
应收账款	Account Receivable	795381	443662	795149	232
非流动负债合计	Long-term Liabilities	69950	37281	69950	
负债合计	Total Assets	2112603	898525	2112152	451
所有者权益合计	Total Owner's Equities	1273964	303195	1271420	2544
营业收入	Business Revenue	4134525	1495381	4130038	4487
营业成本	Business Costs	3822612	1413651	3819740	2873
营业税金及附加	Taxes and Extra Charges on Project Settlement Accounts	37687	11503	37654	34
其他业务利润	Profits of Other Business	1624	177	1624	
管理费用	Management Expenses	92526	25546	91700	826
财务费用	Financial Expenses	10198	24	10198	0
利息收入	Interest Income	713	608	700	13
利息支出	Expense of Interest	11232	1035	11232	
营业利润	Operating Profits	154693	42987	153937	756
营业外收入	Nonbusiness Income	1580	136	1578	2
营业外支出	Nonoperating Expense	6908	190	6907	1
利润总额	Total Profits	149536	42933	148780	757
所得税费用	Income Taxes Expense	80512	32823	80392	120
应付职工薪酬	Wages Payable This Year	203708	76941	203270	438
应交增值税	Value Added Tax Payable	174827	66258	174570	256

14-6 各市县建筑业企业主要财务指标(2018)
Major Finance Indicators on Construction Enterprises by Region (2018)

单位：万元 (10 000yuan)

地区	Region	资产总计 Total Assets	流动资产 Current Assets	固定资产 Fixed Assets	其他 Others	负债合计 Total Liabilities	所有者权益 Total Creditors' Equity
全省总计	**Total**	**3386567**	**2863225**	**74033**	**449310**	**2112603**	**1273964**
海口市	Haikou	2323312	1935395	51603	336313	1379000	944312
三亚市	Sanya	568283	497633	11924	58727	408066	160217
五指山市	Wuzhishan						
文昌市	Wenchang	12324	11736	441	147	7380	4943
琼海市	Qionghai	36608	23403	1963	11242	32322	4286
万宁市	Wanning	77723	74454	324	2945	76208	1515
定安县	Ding'an	118006	110605	649	6752	92165	25841
屯昌县	Tunchang	17450	16813	636	1	10185	7264
澄迈县	Chengmai	13775	10250	72	3454	10391	3384
临高县	Lingao	32708	31769	937	1	10250	22458
儋州地区	Danzhou Area	87410	74141	3870	9399	46626	40784
儋州市	Danzhou	38033	35335	294	2404	7956	30077
洋浦	Yangpu	49378	38807	3576	6995	38670	10708
东方市	Dongfang	40481	26761		13720	16175	24306
乐东县	Ledong	1498	721	27	749	1467	31
琼中县	Qiongzhong						
保亭县	Baoting	5000	5000				5000
陵水县	Linshui	14401	14310	83	8	2331	12071
白沙县	Baisha	252	251	1		141	111
昌江县	Changjiang	37338	29982	1504	5852	19896	17442

14-6续1(continued 1)

地　区	Region	营业收入 Business Revenue	营业成本 Business Costs	营业税金及附加 Taxes and Extra Charges on Project Settlement Accounts	其他业务利润 Profits of Other Business	管理费用 Management Expenses	财务费用 Financing Expenses
全省总计	**Total**	**4134525**	**3822612**	**37687**	**1624**	**92526**	**10198**
海口市	Haikou	2899553	2676985	22504	176	60384	4072
三亚市	Sanya	439961	406035	2812	17	13646	5548
五指山市	Wuzhishan						
文昌市	Wenchang	33025	29758	1099		164	35
琼海市	Qionghai	88820	80006	5110		680	13
万宁市	Wanning	197914	193000	285	0	2357	34
定安县	Ding'an	186602	175729	2205		3126	-26
屯昌县	Tunchang	29382	27414	290	381	511	17
澄迈县	Chengmai	19359	18116	131		429	-3
临高县	Lingao	86015	82216	596		877	99
儋州地区	Danzhou Area	83643	79448	819	1051	2553	379
儋州市	Danzhou	72784	70591	596	1	1404	19
洋浦	Yangpu	10859	8857	223	1049	1150	360
东方市	Dongfang	15284	13589	573		705	89
乐东县	Ledong	17826	10697	890		4457	
琼中县	Qiongzhong						
保亭县	Baoting	3059	167	167		167	167
陵水县	Linshui	5119	2558	11		530	-344
白沙县	Baisha	919	758	7		59	0
昌江县	Changjiang	28043	26135	192		1882	118

14-6续2(continued 2)

地　区	Region	营业利润 Profits of Business	利润总额 Total Profits	所得税费用 Income Taxes Expense	应交增值税 Value Added Tax Payable	利税总额 Total Profits and Taxes	产　值利润率(%) Ratio of Profit to Gross Output Value(%)
全省总计	**Total**	**154693**	**149536**	**80512**	**174827**	**362050**	**4.2**
海 口 市	Haikou	128727	127878	62727	135322	285703	4.9
三 亚 市	Sanya	2397	-1862	5962	10452	11401	-0.4
五指山市	Wuzhishan						
文 昌 市	Wenchang	2061	2060	738	2922	6081	5.6
琼 海 市	Qionghai	2825	2825	1862	3202	11136	3.4
万 宁 市	Wanning	2461	2461	1449	443	3188	9.7
定 安 县	Ding'an	5744	5612	4199	8874	16690	4.1
屯 昌 县	Tunchang	1146	1086	947	1991	3366	3.7
澄 迈 县	Chengmai	639	639	140	538	1307	5.1
临 高 县	Lingao	2164	2164	814	4459	7218	4.6
儋州地区	Danzhou Area	218	348	543	2450	3617	0.8
儋州市	Danzhou	-25	-51	447	2303	2848	-0.1
洋　浦	Yangpu	243	399	96	147	768	9.3
东 方 市	Dongfang	284	284	240	525	1382	4.9
乐 东 县	Ledong	1783	1783	446	809	3482	10.0
琼 中 县	Qiongzhong						
保 亭 县	Baoting	2071	2071	49	83	2321	35.8
陵 水 县	Linshui	2364	2363	50	107	2481	45.8
白 沙 县	Baisha	94	94	6		101	11.9
昌 江 县	Changjiang	-285	-267	341	2651	2576	-1.1

14-7 各市县建筑业企业房屋建筑面积(2018)
Floor Space of Buildings by Region (2018)

单位：平方米 (Sq.m)

地 区	Region	房屋建筑面积(平方米) Floor Space of Building (sq.m) 施工面积 Floor Space of Buildings Under Contruction	本年新开工 Floor Space of Started This Year	竣工面积 Floor Space of Buildings Completed	房屋建筑面积竣工率(%) Rate of Floor Space of Buildings Completed	房屋竣工价值(万元) Value of Building Completed (10 000 yuan)
全省总计	**Total**	**22236467**	**6754997**	**6198814**	**27.9**	**1249931**
海口市	Haikou	17556721	4877859	4175499	23.8	877901
三亚市	Sanya	690171	146278	335174	48.6	84673
五指山市	Wuzhishan					
文昌市	Wenchang	142375	126189	118118	83.0	16689
琼海市	Qionghai	591873	365307	549904	92.9	67360
万宁市	Wanning	155159	103507	12489	8.0	1997
定安县	Ding'an	1743063	531768	383072	22.0	94400
屯昌县	Tunchang	147472	56491	125883	85.4	14984
澄迈县	Chengmai	99380	89380	83202	83.7	7155
临高县	Lingao	306096	150502	152608	49.9	41243
儋州地区	Danzhou Area	220017	118076	75484	34.3	15229
儋州市	Danzhou	217779	118076	73246	33.6	14857
洋浦	Yangpu	2238		2238	100.0	372
东方市	Dongfang	138263	31241	22740	16.4	3412
乐东县	Ledong	186626	65733	65680	35.2	9852
琼中县	Qiongzhong					
保亭县	Baoting	8706		8705	100.0	786
陵水县	Linshui	30195	11806	22851	75.7	1185
白沙县	Baisha					
昌江县	Changjiang	220350	80860	67405	30.6	13065

14-7续1(continued 1)

地区	Region	竣工面积按用途分 By Use 住宅房屋 Residential Buildings	商业及服务用房屋 Commercial and Service Buildings	商厦房屋 Commercial Buildings	宾馆用房屋 Hotel Buildings	餐饮用房屋 Catering Buildings	商务会展用房屋 Business Exhibition Buildings
全省总计	**Total**	**3877138**	**702535**	**366954**	**25359**	**1267**	**9674**
海口市	Haikou	2736924	454725	268159	14643		9357
三亚市	Sanya	248435	37631	17262	100	100	100
五指山市	Wuzhishan						
文昌市	Wenchang	48975	12921	12921			
琼海市	Qionghai	481689	43851				
万宁市	Wanning	10189					
定安县	Ding'an	162087	9300				
屯昌县	Tunchang	41496					
澄迈县	Chengmai	72603	7599		7599		
临高县	Lingao	5129	120070	58570			
儋州地区	Danzhou Area	25093					
儋州市	Danzhou	25093					
洋浦	Yangpu						
东方市	Dongfang	10590					
乐东县	Ledong	16840	15350	9825	2800	950	
琼中县	Qiongzhong						
保亭县	Baoting	1088	1088	217	217	217	217
陵水县	Linshui	16000					
白沙县	Baisha						
昌江县	Changjiang						

14-7续2(continued 2)

地　区	Region	竣工面积按用途分 By Use					
		其他商业及服务用房屋 Other Commercial and Service Buildings	办公用房 Official Buildings	科研、教育、医疗用房屋 Scientific Research, Education, Medical Buildings	科学研究用房屋 Scientific Research Buildings	教育用房屋 Education Buildings	医疗用房屋 Medical Buildings
全省总计	**Total**	**299281**	**330847**	**641275**	**7346**	**459048**	**174881**
海口市	Haikou	162566	181224	403420	1104	252221	150095
三亚市	Sanya	20069	14084	5265		5265	
五指山市	Wuzhishan						
文昌市	Wenchang		6987	44316		44316	
琼海市	Qionghai	43851	13183	11181		11181	
万宁市	Wanning						
定安县	Ding'an	9300	47696	51000		41120	9880
屯昌县	Tunchang		27777	45728		44778	950
澄迈县	Chengmai		1000				
临高县	Lingao	61500	4520	5449		3745	1704
儋州地区	Danzhou Area		17400	20888		17660	3228
儋州市	Danzhou		17400	20888		17660	3228
洋浦	Yangpu						
东方市	Dongfang		5338				
乐东县	Ledong	1775	4050	26940	5880	12400	8660
琼中县	Qiongzhong						
保亭县	Baoting	220	1088	1088	362	362	364
陵水县	Linshui						
白沙县	Baisha						
昌江县	Changjiang		6500	26000		26000	

14-7续3(continued3)

地　区	Region	竣工面积按用途分 By Use				
		文化、体育娱乐用房 Cultural Sports and Entertainment Buildings	厂房及建筑物 Factories and Related Buildings	#厂房 Factory Buildings	仓库 Depository	其他未列明的房屋建筑物 Other Unlisted Buildings
全省总计	**Total**	**105369**	**58931**	**33543**	**51027**	**431692**
海 口 市	Haikou	21625	34213	24513	22276	321092
三 亚 市	Sanya		2096	1200	27663	
五指山市	Wuzhishan					
文 昌 市	Wenchang					4919
琼 海 市	Qionghai					
万 宁 市	Wanning	300	2000			
定 安 县	Ding'an	51670	7830	7830		53489
屯 昌 县	Tunchang	10882				
澄 迈 县	Chengmai		1000			1000
临 高 县	Lingao	3199	2311			11930
儋州地区	Danzhou Area		8393			3710
儋州市	Danzhou		8393			1472
洋　浦	Yangpu					2238
东 方 市	Dongfang					6812
乐 东 县	Ledong	2500				
琼 中 县	Qiongzhong					
保 亭 县	Baoting	1088	1088		1088	1089
陵 水 县	Linshui					6851
白 沙 县	Baisha					
昌 江 县	Changjiang	14105				20800

14-8 各市县建筑业企业技术装备情况(2018)
Number and Power of Machinery and Equipment of Construction Enterprises by Region (2018)

地　区	Region	年末自有施工机械设备(总台数)(台) Number of Machinery and Equipmen Owned for Construction at Year-end (set)	年末自有施工机械设备(净值)(万元) Net Value of Machinery and Equipmen Owned for Construction at Year-end (set)	年末自有施工机械设备(总功率)(千瓦) Power of Machinery and Equipmen Owned for Construction at Year-end (set)	技术装备率(元/人) Value of Machines per Laborer (yuan/person)	动力装备率(千瓦/人) Power of Machines per Laborer (kw/person)
全省总计	**Total**	**10885**	**40317**	**290624**	**5892**	**4.2**
海口市	Haikou	4427	20612	155952	4317	3.3
三亚市	Sanya	799	8353	36387	12537	5.5
五指山市	Wuzhishan					
文昌市	Wenchang	654	3264	26982	23737	19.6
琼海市	Qionghai	434	81	2481	403	1.2
万宁市	Wanning	416	1058	40608	11149	42.8
定安县	Ding'an	387	1522	4323	2999	0.9
屯昌县	Tunchang	314	726	5733	5573	4.4
澄迈县	Chengmai	294	635	4372	39694	27.3
临高县	Lingao	10	29	690	374	0.9
儋州地区	Danzhou Area	2971	3259	9321	38933	11.1
儋州市	Danzhou	256	296.8	7402	5207	13.0
洋浦	Yangpu	2715	2962	1919	110933	7.2
东方市	Dongfang	15	100	1150	2304	2.6
乐东县	Ledong	110	408	1980	6711	3.3
琼中县	Qiongzhong					
保亭县	Baoting					
陵水县	Linshui	1	15	175	3947	4.6
白沙县	Baisha	5	200	100	66667	3.3
昌江县	Changjiang	48	55	370	1378	0.9

主要统计指标解释

建筑业总产值(即自行完成施工产值) 是以货币表现的建筑安装企业在一定时期内生产的建筑业产品的总和。建筑业总产值包括：

⑴建筑工程产值：指列入建筑工程预算内的各种工程价值。

⑵设备安装工程产值：指设备安装工程价值，不包括被安装设备本身价值。

⑶房屋、构筑物修理产值：指房屋、构筑物修理所完成的价值，但不包括被修理房屋、构筑物本身的价值和生产设备的修理价值。

⑷非标准设备制造产值：指加工制造没有定型的、非标准的生产设备的加工费和原材料价值，以及附属加工厂为本企业承建工程制作的非标准设备的价值。

房屋建筑施工面积 指在报告期内施工的全部房屋建筑面积，包括本期新开工的房屋面积、上期施工跨入本期继续施工的房屋面积、上期停缓建在本期恢复施工的房屋面积、本期竣工的房屋面积及本期施工后又停缓建的房屋面积。

房屋建筑竣工面积 指在报告期内房屋建筑按照设计要求全部完工，达到了住人和使用条件，经验收鉴定合格，正式移交使用单位的房屋建筑面积。

Explanatory Notes on Main Statistical Indicators

Gross Output Value of Construction (Output Value of Projects under Construction) refers to total of construction products, expressed in money terms, completed by construction and installation enterprises during a given period of time. It includes:

(1)Output value of construction projects, that is the value of projects covered by the project budgets;

(2)Output value of installation projects, that is the value of the installation of equipment, excluding the value of the equipment to be installed;

(3)Output value of repair of buildings and structures, that is the value created through the repairs of buildings or structures, but does not include the value of buildings or structures being repaired and the value of the repair of production equipment;

(4)Output value of manufactured non-standard equipment that is the value of non-standard production equipment, including raw materials and manufacturing cost, made for the construction project, and the equipment manufactured by subsidiary workshops.

Floor Space of Buildings under Construction refers to floor space of buildings under construction during the reference period, including newly started buildings, buildings started earlier and continued during the reference period, and buildings suspended earlier but restarted during the reference period, buildings completed during the reference period, and buildings under construction and then suspended during the reference period.

Floor Space of Buildings Completed refers to the floor space of buildings that are completed in the reference period in accordance with the requirements of the design, up to the standard for putting them into use, and have been checked and accepted by concerned departments as qualified ones.

15

房地产
Real Estate

编辑人员：明方清

Compiled by Ming Fangqing

英文翻译：操庆铃

Translated by Cao Qingling

简 要 说 明

一、本篇资料的主要内容及统计范围

本篇资料通过对一定时期内房地产开发企业开发经营活动的数量方面的描述，反映报告期内房地产开发企业土地开发和购置情况、投资总规模及完成情况、实际到位资金情况、房屋建筑面积和造价情况、房屋新开工面积情况、商品房销售情况以及资产负债和经营情况。

本篇资料的统计范围包括全部房地产开发经营企业法人单位。

二、本篇的资料来源及统计调查方法

本篇统计资料是根据《房地产开发统计报表制度》进行搜集和加工整理而得，全部数据采用全面调查的统计方法。

Brief Introduction

I. Main Contents and Scope

Statistics in this chapter describe activities made by real estate development companies during a given period of time, and reflect the development and purchase of land, size of investment and its progressing, funds actually available, floor space and cost of housing constructed, floor space of new housing starts, sales of commercial housing, assets and liabilities, and operation status of real estate developers during the reference period.

Data in this chapter covers all legal entities engaged in real estate development.

II. Sources of Data

Data in this chapter are collected and compiled with the Statistical Reports Program on Real Estate Development, which has a full coverage of all companies.

15-1 房地产开发企业(单位)主要指标
Major Indicators on Enterprises for Real Estate Development

指　标	Indicators	2005	2010	2014	2015	2016	2017	2018
企业个数（个）	**Number of Enterprises**		**545**	**1180**	**1103**	**1190**	**1237**	**1160**
内资	Domestic Funded		504	1110	1047	1138	1175	1104
#国有	State-owed Enterprises		23	115	107	53	17	14
港、澳、台投资	Enterprises with Funds from Hongkong,Macao and Taiwan		27	53	43	40	12	42
外商投资	with Foreign Investment		14	17	13	12	50	14
平均从业人数(人)	**Average Number of Employed Persons**		**17745**	**44637**	**44270**	**47842**	**49741**	**45302**
内资	Domestic Funded		15228	40518	40888	44477	44305	41115
#国有	State-owed Enterprises		1407	4590	4773	3113	1078	539
港、澳、台投资	Enterprises with Funds from Hongkong,Macao and Taiwan		2002	3080	2702	2697	3016	2034
外商投资	with Foreign Investment		515	1039	680	668	2420	2153
计划总投资(亿元)	**Total Planned Investment (100 million yuan)**	**284.86**	**1968.15**	**8169.67**	**9834.05**	**11128.21**	**13315.20**	**13169.78**
累计完成投资(亿元)	**Accumulative Investment Completed (100 million yuan)**	**167.50**	**1132.38**	**4888.21**	**6363.63**	**7818.03**	**9542.66**	**9962.92**
本年完成投资额(亿元)	**Investment Completed This Year (100 million yuan)**	**70.85**	**467.87**	**1431.65**	**1704.00**	**1787.60**	**2053.11**	**1715.04**
按用途分(亿元)	**By Use(100 million yuan)**							
住宅	Residential Buildings	56.62	417.11	1121.88	1246.78	1317.73	1477.53	1310.51
办公楼	Office Buildings	0.43	7.03	10.51	20.54	52.70	37.85	37.45
商业营业用房	Houses for Business Use	8.33	20.54	137.83	140.99	181.18	255.05	171.04
其他	Others	5.47	23.18	161.43	295.69	235.99	282.67	196.05
按构成分(亿元)	**By Composition of Funds(100 million yuan)**							
建筑工程	Construction	50.59	315.03	932.15	1043.68	1172.14	1361.61	1124.47
安装工程	Installation	4.55	58.50	155.55	139.64	191.48	215.80	179.67
设备工器具购置	Purchase of Equipment and Instruments	1.64	19.53	21.42	13.61	13.69	17.37	15.29
其他费用	Other Expenses	14.07	74.79	322.53	507.07	410.29	458.33	395.60

15-1 续(continued)

指　标	Item	2005	2010	2014	2015	2016	2017	2018
本年新增固定资产(亿元)	**Newly Increased Fixed Assets This Year (100 million yuan)**	**36.87**	**191.95**	**768.02**	**662.64**	**778.13**	**626.45**	**642.11**
本年实际到位资金(亿元)	**Total actual Funds in Place this year (100 million yuan)**	**390.37**	**807.28**	**1930.87**	**2139.51**	**2379.45**	**3244.23**	**2370.89**
国内贷款	Domestic Loans	120.86	136.35	385.91	339.83	403.36	439.26	285.70
利用外资	Foreign Investment	24.62	0.71	0.62	1.35		2.24	
自筹资金	Self-raising Fund	121.47	163.58	886.66	1007.98	1034.56	1017.68	893.86
定金及预收款	Deposit and advance Payment							910.35
个人按揭贷款	Personal Mortgage Loans							118.51
其他资金	Others							162.48
待开发土地面积(万平方米)	**Land Space Pending Development (10 000 sqm)**	**101.40**	**116.29**	**1422.14**	**1058.17**	**893.07**	**767.08**	**599.69**
本年购置土地面积(万平方米)	**Land Space Purchased This Year (10 000 sqm)**	**205.20**	**280.21**	**288.47**	**252.70**	**178.72**	**126.53**	**123.22**
房屋施工面积(万平方米)	**Floor Space under Construction (10 000 sqm)**	**921.10**	**2699.46**	**7557.15**	**8316.98**	**8936.78**	**9567.39**	**9574.56**
#本年新开工面积	Floor Space Started This Year	253.40	1136.12	1583.64	1644.72	1976.16	2109.74	1944.64
房屋竣工面积(万平方米)	**Floor Space of Buildings Completed(10 000 sqm)**	**187.10**	**609.13**	**1203.89**	**1068.59**	**1674.61**	**1267.16**	**1186.81**
#住宅	Residential Buildings	172.10	515.07	1051.90	918.87	1444.53	953.86	987.39
商品房屋销售面积(万平方米)	**Floor space of Commercialized Buildings Sold (10 000 sqm)**	**249.40**	**854.73**	**1003.97**	**1052.28**	**1508.53**	**2292.61**	**1432.25**
#住宅	Residential Buildings	233.10	834.19	942.84	984.78	1417.09	2173.12	1298.82
商品房屋销售额(亿元)	**Total Sale of Commercialized Buildings Sold (100 million yuan)**	**72.95**	**746.61**	**935.21**	**982..75**	**1490.20**	**2713.72**	**2083.29**
#住宅	Residential Buildings		734.10	873.22	908.60	1385.26	2473.18	1831.95
实收资本(亿元)	**Total Capital Held (100 million yuan)**	**81.51**	**286.84**	**900.66**	**1341.79**	**1314.79**	**1753.51**	**1427.01**
资产负债率(%)	**Ratio of Liabilities to Assets(%)**	**90.00**	**80.64**	**79.57**	**81.12**	**81.22**	**82.64**	**81.85**
营业收入(亿元)	**Total Business Revenue (100 million yuan)**	**44.03**	**403.70**	**641.12**	**615.31**	**1010.73**	**1689.05**	**1664.07**
#土地转让收入	Land Transferred	2.38	4.01	26.41	5.08	3.48	17.00	2.17

15-2　各市县房地产开发房屋建筑面积及造价
Floor Space and Cost of Buildings for Real Estate Development by Region

年份 地区	Year Region	施工房屋面积（万平方米） Floor Space of Buildings under Construction (10 000 sq.m)	竣工房屋面积（万平方米） Floor Space of Buildings Completed (10 000 sq.m)	房屋建筑面积竣工率（%） Rate of Floor Space of Buildings Completed (%)	竣工房屋价值（万元） Value of Building Completed (10 000 yuan)	竣工房屋造价（元/平方米） Cost of Building Completed (yuan sq.m)
1990		86.68	29.00	33.46		
1995		696.20	68.65	9.86	92334	1349
2000		138.70	36.00	25.96	54601	1517
2005		921.10	187.10	20.31	345378	1846
2009		1989.90	431.60	21.69	1121956	2600
2010		2699.46	609.13	22.56	1802580	2959
2011		3659.88	451.80	12.34	1458005	3227
2012		5109.49	856.41	16.76	3620204	4227
2013		6173.00	609.40	9.87	2379101	3904
2014		7557.15	1203.89	15.93	6826916	5671
2015		8316.98	1068.59	12.85	5141576	4812
2016		8936.78	1674.61	18.74	6695237	3998
2017		9567.39	1267.16	13.24	5156135	4069
2018		9574.56	1186.81	12.40	5008614	4220
海口市	Haikou	3337.73	279.74	8.38	1321070	4722
三亚市	Sanya	1490.48	201.74	13.54	1348770	6686
五指山市	Wuzhishan	97.99	5.02	5.12	15055	3000
文昌市	Wenchang	490.38	141.79	28.91	383606	2705
琼海市	Qionghai	244.74	38.78	15.85	149597	3858
万宁市	Wanning	353.61	12.33	3.49	51466	4174
定安县	Ding'an	135.96	34.78	25.58	122820	3531
屯昌县	Dunchang	113.83	44.12	38.76	118238	2680
澄迈县	Chengmai	645.43	162.44	25.17	477868	2942
临高县	Lingao	275.19	29.19	10.61	75401	2583
儋州地区	Danzhou Area	970.30	52.79	5.44	152818	2895
儋州市	Danzhou	959.05	46.12	4.81	135521	2939
洋浦	Yangpu	11.25	6.67	59.31	17297	2593
东方市	Dongfang	223.40	20.94	9.37	44390	2120
乐东县	Ledong	159.58				
琼中县	Qiongzhong	40.69				
保亭县	Baoting	119.17	6.71	5.63	25149	3750
陵水县	Lingshui	699.11	138.61	19.83	680251	4908
白沙县	Baisha	47.08	13.52	28.72	29715	2198
昌江县	Changjiang	129.88	4.30	3.31	12400	2887

15-3 各市县按构成分房地产开发投资额(2018)
Investment in Real Estate Development by Composition of Funds and Region (2018)

单位：万元 (10 000 yuan)

地区	Region	投资额 Total Investment	建筑工程 Construction	安装工程 Installation	设备工器具购置 Purchase of Equipment and Instruments	其他费用 Others
全省总计	**Total**	**17150418**	**11244715**	**1796741**	**152945**	**3956017**
海口市	Haikou	6094170	3705764	376245	37532	1974629
三亚市	Sanya	4031432	2398569	542539	35322	1055002
五指山市	Wuzhishan	100176	70024	21219	448	8485
文昌市	Wenchang	928695	646586	183092	2595	96422
琼海市	Qionghai	319447	209032	45641	1977	62797
万宁市	Wanning	636968	534910	66709	2416	32933
定安县	Ding'an	166393	120448	30115	9733	6097
屯昌县	Dunchang	77390	57246	11796	2025	6323
澄迈县	Chengmai	941852	699918	121151	14034	106749
临高县	Lingao	322031	267202	22777	629	31423
儋州地区	Danzhou Area	1425985	1228123	119409	7957	70496
儋州市	Danzhou	1389745	1197360	113932	7957	70496
洋浦	Yangpu	36240	30763	5477		
东方市	Dongfang	258973	185993	42478	5288	25214
乐东县	Ledong	225358	122917	11871	2196	88374
琼中县	Qiongzhong	11794	10294	900	600	
保亭县	Baoting	177856	142877	24177	1302	9500
陵水县	Lingshui	1229886	722928	152665	27378	326915
白沙县	Baisha	35145	28812	1323	513	4497
昌江县	Changjiang	166867	93072	22634	1000	50161

15-4 各市县房地产开发投资实际到位资金(2018)
Funds for Investment in Real Estate Development by Region (2018)

单位：万元 (10 000 yuan)

地区	Region	本年实际到位资金合计 Total actual Funds in Place	上年末节余资金 Surplus Funds at Last Year-end	本年实际到位资金小计 Total actual Funds in Place this year	国内贷款 Domestic Loans	利用外资 Foreign Investment	自筹资金 Self-raising Funds	定金及预收款 Deposit and advance Payment	个人按揭贷款 Personal Mortgage Loans	其他资金 Others
全省总计	**Total**	**31979936**	**8270994**	**23708942**	**2856975**		**8938550**	**9103488**	**1185105**	**1624824**
海口市	Haikou	9963833	1946144	8017689	949103		2856800	3107598	565081	539107
三亚市	Sanya	9147682	3310321	5837361	893968		2302716	2173820	257743	209114
五指山市	Wuzhishan	224999	119674	105325			50312	50238	408	4367
文昌市	Wenchang	1272663	376955	895708	24090		312292	462434	46116	50776
琼海市	Qionghai	788458	133548	654910	104300		177284	287783	21258	64285
万宁市	Wanning	1417290	461024	956266	22200		273428	555404	22483	82751
定安县	Ding'an	426374	153491	272883	8900		126457	125813	8335	3378
屯昌县	Dunchang	166664	28638	138026	600		56244	66321	14028	833
澄迈县	Chengmai	2425002	292707	2132295	283514		937871	783419	55142	72349
临高县	Lingao	659579	94229	565350	152600		131892	262940	13292	4626
儋州地区	Danzhou Area	1659369	186346	1473023	142639		680653	132486	111142	406103
儋州市	Danzhou	1612874	164466	1448408	138639		674713	118359	110594	406103
洋浦	Yangpu	46495	21880	24615	4000		5940	14127	548	
东方市	Dongfang	405803	75954	329849	23000		108932	179346	12027	6544
乐东县	Ledong	263077	37116	225961	10500		159283	12666	950	42562
琼中县	Qiongzhong	36462	3942	32520	20000		12200	320		
保亭县	Baoting	398330	171653	226677	13288		95085	114231	178	3895
陵水县	Lingshui	2396803	834569	1562234	207873		487816	729190	55111	82244
白沙县	Baisha	104011	3500	100511			21223	29227	1811	48250
昌江县	Changjiang	223537	41183	182354	400		148062	30252		3640

15-5 各市县按用途分新开工房屋面积(2018)
Floor Space Started by Use and Region (2018)

单位：万平方米 (10 000 sqm)

市 县	Region	合计 Total	住宅 Residential Buildings	#别墅、高档公寓 Villas, High-grade Apartments	办公楼 Office Buidings	商业营业用房 Houses for Business Use	其他房屋 Others
全省总计	**Total**	**1944.64**	**1520.62**	**117.74**	**37.44**	**144.29**	**242.29**
海 口 市	Haikou	628.33	453.79	12.01	18.03	57.21	99.30
三 亚 市	Sanya	170.57	127.78	20.40	8.98	13.84	19.97
五指山市	Wuzhishan	14.53	12.09			1.97	0.47
文 昌 市	Wenchang	55.53	45.71	5.80		8.96	0.86
琼 海 市	Qionghai	58.62	45.82	2.84		6.92	5.88
万 宁 市	Wanning	33.01	30.37	5.72		1.30	1.34
定 安 县	Ding'an	25.36	19.22			5.18	0.96
屯 昌 县	Dunchang	23.50	16.56			5.51	1.44
澄 迈 县	Chengmai	151.99	131.52		2.86	7.72	9.88
临 高 县	Lingao	26.02	24.99	1.74		0.48	0.54
儋州地区	Danzhou Area	460.34	372.07	6.22	1.90	10.66	75.70
儋州市	Danzhou	457.33	369.06	6.22	1.90	10.66	75.70
洋 浦	Yangpu	3.01	3.01				
东 方 市	Dongfang	44.73	32.39		1.12	5.47	5.75
乐 东 县	Ledong	60.13	58.97		0.12	0.09	0.95
琼 中 县	Qiongzhong	1.10	1.10				
保 亭 县	Baoting	18.83	18.78			0.06	
陵 水 县	Lingshui	134.98	104.07	59.73	4.44	11.22	15.25
白 沙 县	Baisha	8.95	4.21	0.07		4.50	0.23
昌 江 县	Changjiang	28.12	21.18	3.21		3.19	3.74

15-6 各市县按用途分商品房销售面积和待售面积(2018)
Floor Space Sold and Floor Space for Sale by Use and Region (2018)

单位：万平方米 (10 000 sqm)

地　区	Region	商品房销售面积 Floor space of Commercialized Buildings Sold	住宅 Residential Buidings	#别墅、高档公寓 High-grade Apartments	办公楼 Office Buidings	商业营业用房 Houses for Business Use	其他房屋 Others	待售面积(万平方米) Space of Commercial Houses for Sale
全省总计	**Total**	**1432.25**	**1298.82**	**80.29**	**39.83**	**66.83**	**26.77**	**642.29**
海口市	Haikou	393.32	331.44	12.63	20.45	20.59	20.84	171.76
三亚市	Sanya	244.79	212.95	19.90	16.44	11.35	4.06	91.80
五指山市	Wuzhishan	5.41	5.33	0.19		0.08		10.07
文昌市	Wenchang	97.01	90.19	6.45	0.08	6.73		49.33
琼海市	Qionghai	58.61	58.48	1.65		0.13		65.84
万宁市	Wanning	48.98	46.36	2.98	1.29	1.32		22.98
定安县	Ding'an	35.61	34.14	3.74		1.47		36.06
屯昌县	Dunchang	14.39	12.83	0.02		1.56		8.33
澄迈县	Chengmai	211.31	199.09	5.27	1.30	9.34	1.59	53.73
临高县	Lingao	35.52	34.15	2.49		1.14	0.23	15.63
儋州地区	Danzhou Area	131.54	125.55	8.96		5.95	0.04	36.43
儋州市	Danzhou	124.07	118.28	8.96		5.76	0.04	36.08
洋浦	Yangpu	7.46	7.27			0.20		0.36
东方市	Dongfang	17.52	15.82		0.28	1.43		13.43
乐东县	Ledong	11.32	11.24			0.08		1.36
琼中县	Qiongzhong	2.22	2.21			0.01		2.86
保亭县	Baoting	9.86	9.61	0.05		0.25		24.53
陵水县	Lingshui	89.04	88.97	14.85		0.07		21.11
白沙县	Baisha	14.85	14.25			0.61		16.05
昌江县	Changjiang	10.93	6.21	1.13		4.72		0.98

15-7 各市县按用途分商品房销售额(2018)
Total Sale of Commercialized Building Sold by Use and Region (2018)

单位：万元 (10 000 yuan)

市 县	Region	商品房销售额 Total Sale of Commercialized Buildings Sold	住宅 Residential Buidings	#别墅、高档公寓 High-grade Apartments	办公楼 Office Buildings	商业营业用房 Houses for Business Use	其他房屋 Others
全省总计	**Total**	**20832908**	**18319516**	**1853782**	**893276**	**1286894**	**333222**
海口市	Haikou	5204892	4190876	206541	402413	445319	166284
三亚市	Sanya	6013714	4950420	654641	444382	489086	129826
五指山市	Wuzhishan	49268	47937	2392		1331	
文昌市	Wenchang	1092907	1024553	111173	671	67675	8
琼海市	Qionghai	655522	653873	33370		1649	
万宁市	Wanning	868803	820796	82354	26908	21099	
定安县	Ding'an	321690	312927	96002		8763	
屯昌县	Dunchang	80999	70584	180		10415	
澄迈县	Chengmai	2126194	1955322	56891	16857	118917	35098
临高县	Lingao	298299	286490	51632		10025	1784
儋州地区	Danzhou Area	1261063	1200368	65595		60473	222
儋州市	Danzhou	1147321	1097109	65595		49990	222
洋浦	Yangpu	113742	103259			10483	
东方市	Dongfang	135394	122995		2045	10354	
乐东县	Ledong	100376	99016			1360	
琼中县	Qiongzhong	15314	15270			44	
保亭县	Baoting	64240	62136	678		2104	
陵水县	Lingshui	2385489	2384501	491073		988	
白沙县	Baisha	85517	82116			3401	
昌江县	Changjiang	73227	39336	1260		33891	

15-8 主要年份房地产开发经济效益
Economic Benefits of Real Estate Development in Major Year

单位：万元 (10 000 yuan)

指 标	Item	2005	2010	2015	2016	2017	2018
年末资产负债情况	**Assets and Liabilities at Year-end**						
资产总计	Total Assets	3511069	20174758	76240767	95035404	113076981	122842309
固定资产累计折旧	Accumulated Depreciation of Fixed Assets	67317	105995	581827	807458	1142957	1005644
#本年折旧	Depreciation This Year	9285	23210	153809	162993	144303	209609
负债总计	Total Liabilities	3240784	16269851	61847219	77187120	93442830	100544689
所有者权益	Owners'Equuity	270285	3904907	14395696	17848283	19634151	22278817
损益情况	**Profit and Loss**						
营业收入	Business Revenue	440257	4037038	6153054	10239672	16890460	16640729
土地转让收入	Land Transferred	23820	40062	50818	34794	169971	21721
商品房销售收入	Commercialized Buildings Sold	391083	3957353	5670048	8684112	15456465	14832685
房屋出租收入	Houses Leased	773	5985	35457	80125	76935	94753
营业成本	Business Costs	361376	2467990	4320661	7117460	11185050	10336715
销售费用	Sales Expenses	20321	181322	592400	922936	1665930	1575275
税金及附加	Taxes and surcharges	2520	346886	678747	936877	1149899	2123589
管理费用	Management Expenses						860381
财务费用	Financial Costs						482303
投资收益	Investment income						152067
营业外收入	Nonbusiness income						59305
利润总额	Total Profits	-43961	767235	-179708	393314	1933714	1804984

15-9 按隶属及登记注册类型分的房地产开发经济效益(2018)
Economic Returns of Real Estate Development by Jurisdiction of Management and Status of Registration (2018)

单位：万元 (10 000 yuan)

指 标	Item	合 计 Total	按隶属关系分 by Jurisdiction of Management		按登记注册类型分 by Status of Registration		
			中 央 Central Government	地 方 Local	内 资 Domestic	港澳台商投资 Funds from Hong Kong, Macao and Taiwan	外商投资 Foreign Funded
年末资产负债情况	**Assets and Liabilities at Year-end**						
资产总计	Total Assets	122842309	3607940	31757418	107766610	11163235	3912464
固定资产累计折旧	Accumulated Depreciation of Fixed Assets	1005644	39302	235510	602674	284925	118045
#本年折旧	Depreciation This Year	209609	15046	32803	168245	22701	18663
负债总计	Total Liabilities	100544689	3090781	24491135	87969326	9399189	3176174
所有者权益	Owners'Equuity	22278817	517159	7266282	19778480	1764047	736290
损益情况	**Profit and Loss**						
营业收入	Business Revenue	16640729	1102291	1155338	14809424	1642393	188912
土地转让收入	Land Transferred	21721		696	21721		
商品房销售收入	Commercialized Buildings Sold	14832685	1053096	1020503	14213419	478228	141039
房屋出租收入	Houses Leased	94753		4022	93891	862	
营业成本	Business Costs	10336715	805333	735604	9651883	603999	80833
销售费用	Sales Expenses	1575275	47354	124312	1421462	108070	45743
税金及附加	Taxes and surcharges	2123589	87162	108522	1587639	517190	18759
管理费用	Management Expenses	860381	44149	110400	726263	86270	47847
财务费用	Financial Costs	482303	47053	51897	434494	42988	4822
投资收益	Investment income	152067	13129	2378	91184	28194	32689
营业外收入	Nonbusiness income	59305	3154	14970	56301	2725	279
利润总额	Total Profits	1804984	98762	29070	1449237	332261	23485

主要统计指标解释

待开发土地面积 指房地产开发企业经有关部门批准，通过各种方式获得土地使用权，但尚未开工建设的土地面积。

本年土地购置面积 指房地产开发企业本年通过各种方式获得土地使用权的土地面积。

计划总投资 指房地产开发企业在建的建设工程按照总体设计（或按设计概算或预算）规定的内容全部建成计划需要的总投资。

房地产开发投资 指房地产开发企业本年完成的全部用于房屋建设工程、土地开发工程的投资额以及公益性建筑和土地购置费等的投资。

本年实际到位资金小计 指房地产开发企业本年实际到位，可用于房地产开发的各种货币资金来源渠道。具体细分为国内贷款、利用外资、自筹资金和其他资金。

房屋施工面积 指房地产开发企业本年施工的全部房屋建筑面积。包括本年新开工的房屋建筑面积、上年跨入本年继续施工的房屋建筑面积、上年停缓建在本年恢复施工的房屋建筑面积、本年竣工的房屋建筑面积以及本年施工后又停缓建的房屋建筑面积。多层建筑应填各层建筑面积之和。

房屋新开工面积 指房地产开发企业本年新开工建设的房屋建筑面积，以单位工程为核算对象。不包括在上年开工跨入本年继续施工的房屋建筑面积和上年停缓建而在本年恢复施工的房屋建筑面积。房屋的开工应以房屋正式开始破土刨槽（地基处理或打永久桩）的日期为准。房屋新开工面积指整栋房屋的全部建筑面积，不能分割计算。

房屋竣工面积 指房地产开发企业本年按照设计要求已全部完工，达到住人和使用条件，经验收鉴定合格或达到竣工验收标准，可正式移交使用的各栋房屋建筑面积的总和。

商品房销售面积 指房地产开发企业本年出售商品房屋的合同总面积（即双方签署的正式买卖合同中所确定的建筑面积）。

商品房销售额 指房地产开发企业本年出售商品房屋的合同总价款（即双方签署的正式买卖合同中所确定的合同总价）。该指标与商品房销售面积同口径。

Explanatory Notes on Main Statistical Indicators

Land Space Pending Development refers to the area of land with its use rights already approved by authorities and obtained by real estate development companies but the land development not yet starts.

Land Space Purchased This Year refers to the area of land with its use rights already obtained in the year by real estate development companies.

Total Investment Planned refers to the total amount required for the completion of the activities according to the planned design or budget for the project under construction by real estate development companies.

Investment in Real Estate Development refers to the investment made by real estate development companies in the construction of housing.development of land,nonprofit buildings and value of land purchased.

Total Funds This Year refers to the total amount available for real estate development regardless of kinds of currencies or sources of the funds which are further classified as domestic loans,foreign investment,self-raising funds and others.

Floor Space of Buildings under Construction refers to the total space area of the buildings under construction in the year by real estate development companies.It includes buildings started in the year.continued from the previous year,suspended in earlier years but restarted in the year,completed in the year,and started in the year but suspended in the year as well.The floor space of a multi-storied building should be the sum of floor space of all the stories.

Floor Space of Buildings Started This Year refers to the total floor space area of the buildings started in the year by real estate development companies. It excludes the buildings started in previous years and continued in the year,and the buildings suspended in previous years but restarted in the year.the start of a construction is defined by the date of ground breaking or pile driving.The floor space of the building includes that of the entire building.

Floor Space of Buildings Completed refers to the total floor space area of the buildings completed in the year by real estate development companies,which meet the requirements as designed,reach the criteria set for people to live in or use,have passed the acceptance checks,and are ready for delivery or use.

Floor Space of Commercialized Housing Sold refers to total contracted area of commercialized housing(i.e.area of floor space as designated in the formal contracts signed by both sides)sold by real estate development companies during the reference time.It constitutes floor space of completed housing and floor space of future housing.

Value of Commercialized Housing Sold refers to the total contracted value (i.e.value of sales/purchase for selling/purchase of commercialized housing as designated in the contract signed by both sides) received from the sales of the buildings by real estate development companies during the reference time.This indicator has the same coverage as the area of commercialized housing sold. which constitutes floor space of completed housing and floor space of housing yet to be completed.

16

批发零售和住宿餐饮业

Wholesale and Retail Trades, Hotels and Catering Services

编辑人员：周祖奇　林一凡

Compiled by Zhou Zuqi　Lin Yifan

英文翻译：林一凡

Translated by Lin Yifan

简 要 说 明

一、批发零售业的主要内容、统计范围、资料来源

1. 主要内容：限额以上批发和零售业的基本情况、商品流转情况、财务状况；零售连锁经营情况；亿元商品交易市场成交情况；社会消费品零售总额等。

2. 统计范围：限额以上批发和零售业统计单位是指：批发业，年主营业务收入 2000 万元及以上；零售业，年主营业务收入 500 万元及以上。

3. 资料来源：根据《批发和零售业统计报表制度》进行搜集和加工整理而得。

二、住宿餐饮业的主要内容、统计范围、资料来源

1. 主要内容：限额以上住宿和餐饮业基本情况、经营情况、财务状况。

2. 统计范围：限额以上住宿和餐饮业统计单位为：年主营业务收入 200 万元及以上。

3. 资料来源：本篇资料中住宿和餐饮业统计数据是根据《住宿和餐饮业统计报表制度》进行搜集和加工整理。

Brief Introduction

I. Main Contents, Scope of Statistics, Sources of Data on Wholesale and Retail Trades

(1) Main Contents: The basic conditions of the wholesale and retail trades above designated size; circulation of commodities; financial status; total retail sales of consumer goods; turnover of large commodity transaction markets with transaction over 100 million Yuan; development of chain stores of retail trades.

(2)Scope of Statistics: The criteria for wholesale and retail trades above designated size are as follows: wholesale trade with annual principal business sales at and over 20 million yuan; retail trade, with annual principal business sales at and over 5 million yuan.

(3)Sources of Data: Data in this chapter are collected and processed in accordance with *The Statistical Reporting Form System on Wholesale and Retail Trades.*

II. Main Contents, Scope of Statistics, Sources of Data on Hotel and Catering Services

(1) Main Contents: The basic conditions, operating and financial status of hotel and catering services above the designated size.

(2)Scope of Statistics: The statistical unit of the enterprises of hotel and catering services above the designated size is the annual income of main business at and over 2 million yuan.

(3)Sources of Data: Data in this chapter are collected and processed in accordance with the *Statistical Reporting Form System on Program on Hotels and Catering Services.*

16-1 国内贸易主要指标

Major Indicators on Domestic Trade

指标	Item	2013	2014	2015	2016	2017	2018
社会消费品零售总额(亿元)	**Total Retail Sales of Consumer Goods (100 million yuan)**	**1090.89**	**1224.50**	**1325.14**	**1453.72**	**1618.76**	**1717.08**
按城乡分	**By Urban and Rural Area**						
城镇	Urban Areas	954.57	1066.03	1102.93	1229.24	1363.14	1419.36
乡村	Rural Areas	136.32	158.47	222.21	224.47	255.61	297.72
批发零售业商品销售总额 (亿元)	**Total Sales Value in Wholesale and Retail Trades (100 million yuan)**	**3579.76**	**4354.55**	**5142.68**	**5833.50**	**6489.71**	**6362.75**
批发额	Wholesale Value	2753.26	3441.61	4046.43	4629.21	5145.72	4943.76
零售额	Retail Value	826.50	912.94	1096.25	1204.29	1343.99	1418.99
按行业分	**By Sector**						
批发业销售额	**Sales Value in Wholesale Trade**	**2552.02**	**3174.73**	**3681.90**	**4150.62**	**4519.48**	**4122.75**
批发额	Wholesale Value	2511.25	3079.72	3530.35	4005.98	4459.91	4064.55
零售额	Retail Value	40.77	95.01	151.55	144.64	59.57	58.20
零售业销售额	**Sales Value in Retail Trade**	**1027.74**	**1179.82**	**1460.77**	**1682.88**	**1970.24**	**2240.01**
批发额	Wholesale Value	242.01	361.89	516.08	623.23	685.82	879.23
零售额	Retail Value	785.73	817.93	944.69	1059.65	1284.42	1360.78
按规模分	**By Size**						
限额以上销售额	**above Designated Size**	**2587.91**	**2759.53**	**2720.33**	**2783.00**	**2418.92**	**1761.18**
批发额	Wholesale Value	2137.29	2272.21	2293.36	2347.51	1924.27	1260.50
零售额	Retail Value	450.62	487.32	426.97	435.49	494.65	500.68
限额以下销售额	**below Designated Size**	**991.85**	**1595.03**	**2422.35**	**3050.50**	**4070.79**	**4601.57**
批发额	Wholesale Value	615.97	1169.41	1753.07	2281.69	3221.45	3683.26
零售额	Retail Value	375.88	425.62	669.27	768.81	849.34	918.31
住宿餐饮业营业额 (亿元)	**Business Revenue from Hotels and Catering Services (100 million yuan)**	**311.46**	**360**	**416.65**	**480.13**	**557.90**	**623.38**
按行业分	**By Sector**						
住宿业营业额	Hotels	165.59	186.28	194.34	219.00	250.50	272.00
餐饮业营业额	Catering Services	145.87	173.72	222.32	261.13	307.40	351.39
按规模分	**By Size**						
限额以上营业额	above Designated Size	106.92	121.46	122.95	124.72	136.25	134.77
限额以下营业额	below Designated Size	204.54	238.54	293.70	355.42	421.65	488.61
亿元以上商品交易市场成交额 (亿元)	Turnover of Commodity Exchange Markets of Transaction Value over 100 Million Yuan (100 million yuan)	19.65	50.81	52.57	43.08	42.47	36.79
限额以上连锁总店数(个)	Number of Head Stores of Chain Retail Enterprises above Designated Size (unit)	6	6	6	6	6	5
限额以上连锁门店数(个)	Number of Stores of Chain Retail Enterprises above Designated Size (unit)	613	715	766	791	835	782
限额以上连锁店销售总额 (亿元)	Total Sales Value of Chain Retail Enterprises above Designated Size(100 million yuan)	178.07	186.84	151.19	130.91	191.16	220.20
#零售额	Retail Value	154.65	130.08	85.40	119.93	116.08	122.43

16-2 历年社会消费品零售总额
Total Retail Sales of Consumer Goods

单位:万元 (10 000 yuan)

年份 year	社会消费品零售总额 Total Retail Sales of Consumer Goods	#批发零售业 Wholesale and Retail trades	住宿餐饮业 Hotels and Catering Services	按城乡分 By Urban and Rural 城镇 Urban	农村 Rural
1952	14292	13222	1050	6227	8065
1957	24370	22121	2067	10412	13958
1962	36792	32673	3697	15867	20925
1965	40692	37168	2827	17981	22711
1970	47710	44052	2886	21711	25999
1975	69206	63533	4421	32280	36926
1978	88319	81431	6888	40473	47846
1980	99323	91973	5980	44703	54620
1981	110224	101286	6149	49710	60514
1982	133610	119204	9640	68788	64822
1983	146678	130301	10949	82174	64504
1984	181578	161158	13208	101767	79811
1985	215775	192222	16980	129660	86115
1986	231599	203763	18032	136931	94668
1987	257922	224952	23332	151751	106171
1988	343223	291059	38156	224456	118767
1989	376428	312738	39261	261334	115094
1990	371865	319134	39737	253578	118287
1991	419728	357092	46479	294820	124908
1992	550179	449917	62862	394343	155836
1993	727186	638347	85167	567836	159350
1994	947393	756358	96466	708232	239161
1995	1092190	865471	134928	838195	253995
1996	1215705	954639	159872	924903	290802
1997	1334090	1093824	157665	1019049	315041
1998	1447280	1199534	179722	1091508	355772
1999	1576565	1306682	202062	1182889	393676
2000	1724762	1435881	228847	1283423	441339
2001	1874593	1544925	260497	1400482	474111
2002	2043952	1674076	287498	1522784	521168
2003	1916353	1505313	309937	1447428	468925
2004	2367741	1858334	416918	1855126	512615
2005	2707895	2108266	492980	2127143	580752
2006	3133466	2450874	562395	2475672	657794
2007	3709247	2916380	661493	2941812	767435
2008	4632408	3914974	578434	3682764	949644
2009	5452659	4471210	981448	4335687	1116972
2010	6638476	5688691	949784	5909773	728703
2011	8225462	7049375	1176087	7430998	794464
2012	9502138	8098561	1403577	8373371	1128766
2013	10908920	9218038	1690883	9545716	1363204
2014	12245041	10339754	1905287	10660316	1584724
2015	13251449	10962470	2288979	11029348	2222100
2016	14537157	12042944	2494213	12292415	2244742
2017	16187575	13426943	2760631	13631459	2556116
2018	17170830	14200285	2970545	14193635	2977195

注：依据2013年经济普查结果对2009年以后数据进行了修正。

note:Data has been adjusted since 2009 on the basis of economic census in 2013.

16-3 各市县社会消费品零售总额(2018)
Total Retail Sales of Consumer Goods by Region (2018)

单位：万元 (10 000 yuan)

地区	Region	社会消费品零售总额 Total Retail Sales of Consumer Goods	按城乡分 By Urban and Rural	
			城镇 Urban	农村 Rural
全省总计	**Total**	**17170830**	**14193635**	**2977195**
海口市	Haikou	7575588	6883028	692560
三亚市	Sanya	2417611	1436066	981545
五指山市	Wuzhishan	109650	97614	12036
文昌市	Wenchang	832533	626517	206016
琼海市	Qionghai	1041895	951766	90129
万宁市	Wanning	843021	637894	205127
定安县	Dingan	282531	227939	54593
屯昌县	Tunchang	272231	226343	45888
澄迈县	Chengmai	542463	424106	118357
临高县	Lingao	408271	319684	88587
儋州地区	Danzhou Area	1020624	916915	103709
儋州市	Danzhou	913778	810069	103709
洋浦	Yangpu	106845	106845	
东方市	Dongfang	427823	323037	104786
乐东县	Ledong	352951	321466	31485
琼中县	Qiongzhong	171677	129335	42342
保亭县	Baoting	164451	94975	69477
陵水县	Lingshui	331112	301179	29933
白沙县	Baisha	168293	118198	50095
昌江县	Changjiang	208105	157575	50529

16-4 各市县限额以上批发和零售业、住宿和餐饮业法人企业数(2018)
Number of Corporation Enterprises above Designated Size of Wholesale and Retail Trades,Hotels and Catering Services by Region (2018)

单位:个 (Unit)

地区	Region	合计 Total	批发业 Wholesale Trade	零售业 Retail Trade	住宿业 Hotels	餐饮业 Catering Services
全省总计	**Total**	**745**	**228**	**206**	**256**	**55**
海口市	Haikou	340	127	103	76	34
三亚市	Sanya	159	8	31	109	11
五指山市	Wuzhishan	2			2	
文昌市	Wenchang	25	7	10	5	3
琼海市	Qionghai	32	10	6	14	2
万宁市	Wanning	14	1	6	7	
定安县	Dingan	10	4	5	1	
屯昌县	Tunchang	4		3		1
澄迈县	Chengmai	26	11	5	9	1
临高县	Lingao	2		2		
儋州地区	Danzhou Area	43	29	7	6	1
儋州市	Danzhou	12	2	6	3	1
洋浦	Yangpu	31	27	1	3	
东方市	Dongfang	9		5	4	
乐东县	Ledong	5		2	3	
琼中县	Qiongzhong	9	4	3	2	
保亭县	Baoting	18		5	11	2
陵水县	Lingshui	26	20	2	4	
白沙县	Baisha	9	5	3	1	
昌江县	Changjiang	12	2	8	2	

16-5 批发和零售业情况
Basic Statistics on Wholesale and Retail Trades

单位：万元、个、人 (10 000 yuan、unit、person)

指　标	Item	2005	2010	2014	2015	2016	2017	2018
批发和零售业	**Wholesale and Retail Trades**							
法人企业	Number of Corporation Enterprises	295	626	432	357	363	368	434
年末从业人数	Employed Persons at Year-end	17262	39117	63875	41901	44395	43760	45426
商品购进额	Total Purchases Value	2390233	12019894	26768436	24018963	20631356	21038118	16692204
#进口额	Imports	179088	583304	2530092	1035231	585905	629970	494253
商品销售额	Total Sale Value	2717743	14066137	28441103	26090807	22945235	23533992	19368994
#出口额	Exports	194235	392317	54888	565334	301042	204491	76293
期末商品库存额	Total Stock at Year-end	208179	698658	1396860	993711	1090146	1206683	1301812
批发业	**Wholesale Trades**							
法人企业	Number of Corporation Enterprises	173	335	208	163	163	162	228
年末从业人数	Employed Persons at Year-end	10772	15841	27740	14930	16309	16461	19398
商品购进额	Total Purchases Value	1983162	9032957	22110835	19855321	16188449	15936613	11464348
#进口额	Imports	122582	509594	2103664	621380	315296	341661	241406
商品销售额	Total Sale Value	2279146	10704542	23127115	21283883	17718650	17658513	12958286
#出口额	Exports	194095	392011	54876	565334	301042	204491	76293
期末商品库存额	Total Stock at Year-end	151570	423076	761791	508742	571980	560223	728745
零售业	**Retail Trades**							
法人企业	Number of Corporation Enterprises	122	291	224	194	200	206	206
年末从业人数	Employed Persons at Year-end	6490	23276	36135	26971	28086	27299	26028
商品购进额	Total Purchases Value	407072	2986937	4657601	4163642	4442907	5101505	5227856
#进口额	Imports	56506	73710	426429	413852	270609	288310	252847
商品销售额	Total Sale Value	438597	3361595	5313988	4806925	5226584	5875479	6410708
#出口额	Exports	140	306	12				
期末商品库存额	Total Stock at Year-end	56608	275582	635069	484969	518166	646460	573067
年末零售营业面积(平方米)	Business Area of Retail at Year-end (sq.m)	284000	1876620	1153085	1164203	1316837	1365734	1430744

注：1、2008年以前的统计范围为限额以上法人企业、产业活动单位，2008年及以后为限额以上法人企业。

2、2008年以前的统计限额划分指标为“年商品销售额”、“年末从业人员”，2008年以后为“年主营业务收入”。

Notes:a).The scope of statistics before 2008 refer to corporate enterprises above designated size and economic active establishments, after 2008 only refer to corporate enterprises above designated size. b).Index for ranking of designated size before 2008 refer to total sales value of commodities and employed persons at year-end,after 2008 refer to revenue from principal business.

16-6 限额以上批发零售贸易业企业基本情况(2018)
Basic Statistics on Enterprises above Designated Size in Wholesale and Retail Trades (2018)

项目	Item	法人企业(个) Number of Corporation Enterprises (unit)	年末从业人数(人) Employed Persons at Year-end (person)	年末零售营业面积(平方米) Business Area of Retail at Year-end (sq.m)
合计	**Total**	**434**	**45426**	**1479327**
批发业	**Wholesale Trade**			
按登记注册类型分组	**By Status of Registration**	**228**	**19398**	**48583**
内资企业	Domestic Funded Enterprises			
国有企业	State-owned Enterprises	223	18994	48543
集体企业	Collective-owned Enterprises	8	1371	680
股份合作企业	Cooperative Enterprises			
有限责任公司	Limited-liability Companies			
国有独资公司	State Sole Funded Enterprises	161	13710	41663
其他有限责任公司	Other Limited-liability Companies	5	160	2800
股份有限公司	Share Holding Ltd. Companies	156	13550	38863
私营企业	Private Enterprises	11	1003	470
私营独资企业	Private-funded Enterprises	42	2898	5510
私营合伙企业	Private Partnership Enterprises			
私营有限责任公司	Private Limited-liability Companies			
私营股份有限公司	Private Share Holding Ltd. Companies	40	1666	5510
其他企业	Other Enterprises	2	1232	
港澳台商投资企业	Enterprises with Funds from HongKong Macao and Taiwan	1	12	220
合资经营企业(港或澳、台资)	Joint Ventures(Hongkong or Macao, Taiwan)	3	331	40
港澳台商独资经营企业	Enterprises with Sole Investment	1		
外商投资企业	Foreign Investment Enterprises			
中外合资经营企业	Cooperative Enterprises	2	73	
外资企业	Enterprises with Sole Foreign Investment	2	73	
按批发行业小类分组	**By Sector**			
农、林、牧产品批发	Wholesale of Farm, Forestry and Livestock Products			
食品、饮料及烟草制品批发	Wholesale of Food ,Beverages and Tobaccos	8	95	5310
# 米、面制品及食用油批发	Wholesale of Rice ,Flour and Edible Oil	24	2984	4647
烟草制品批发	Wholesale of Tobaccos	3	93	100
纺织、服装及家庭用品批发	Wholesale of Textiles, Wearing Apparel and Household Articles	5	1263	280
# 服装批发	Wholesale of Garments	10	1152	938
家用电器批发	Wholesale of Household Electrical Appliances	3	54	200
文化、体育用品及器材批发	Wholesale of Culture, Sports Appliances and Equipments	3	370	738
医药及医疗器材批发	Wholesale of Medicines and Medical Appliances	4	570	7709
矿产品、建材及化工产品批发	Wholesale of Mineral Products, Building Materials and Chemical Products	71	11038	5348
# 煤炭及制品批发	Wholesale of Coal and Related Products	86	2301	23450
石油及制品批发	Wholesale of Petroleum and Related Products	4	48	
金属及金属矿批发	Wholesale of Metal and Metal Ores	37	939	14870
建材批发	Wholesale of Building Materials	9	189	1200
化肥批发	Wholesale of Chemical Fertilizer	11	173	3470
其他化工产品批发	Wholesale of Other Chemical Products	4	223	
机械设备、五金交电及电子产品批发	Wholesale of Machinery , Hardware and Electronic Equipment	18	710	3910
# 汽车批发	Wholesale of Motor Vehicles	21	1219	1051
汽车零配件批发	Wholesale of Motor Vehicles Parts	2	134	
摩托车及零配件批发	Wholesale of Motorcycles and Parts	1	29	120
计算机、软件及辅助设备批发	Wholesale of Computers, Software and Assistant Appliances	4	187	440
其他批发	Others Wholesale not Classified Elsewhere	210	26067	1430874

16-6 续(continued)

项　目	Item	法人企业(个) Number of Corporation Enterprises (unit)	年末从业人数(人) Employed Persons at Year-end (person)	年末零售营业面积(平方米) Business Area of Retail at Year-end (sq.m)
零售业	**Retail Trade**	**206**	**26028**	**1430744**
按登记注册类型分组	**By Status of Registration**			
内资企业	Domestic Funded Enterprises	198	23688	1302188
国有企业	State-owned Enterprises	3	127	553
集体企业	Collective-owned Enterprises	1	32	528
股份合作企业	Cooperative Enterprises			
有限责任公司	Limited-liability Companies	154	19205	1090322
国有独资公司	State Sole Funded Corporations	1	2042	70000
其他有限责任公司	Other Limited-liability Companies	153	17163	1020322
股份有限公司	Share Holding Ltd. Companies	10	2342	83603
私营企业	Private Enterprises	30	1982	127182
私营独资企业	Private-funded Enterprises	1	16	1000
私营合伙企业	Private Partnership Enterprises	1	13	946
私营有限责任公司	Private Limited-liability Companies	26	1897	121286
私营股份有限公司	Private Share Holding Ltd. Companies	2	56	3950
其他企业	Other Enterprises			
港澳台商投资企业	Enterprises with Funds from HongKong, Macao and Taiwan	5	981	53717
合资经营企业(港或澳、台资)	Joint Ventures(Hongkong or Macao, Taiwan)	1	43	300
港澳台商独资经营企业	Enterprises with Sole Investment	3	583	44417
外商投资企业	Foreign Investment Enterprises	3	1359	74839
中外合资经营企业	**Cooperative Enterprises**	1	115	7000
外资企业	Enterprises with Sole Foreign Investment	2	1244	67839
按零售行业小类分组	**By Sector**			
综合零售	Integrated Retail	64	11951	759099
#百货零售	Retail of General Merchandise	32	7515	523554
超级市场零售	Retail of Supermarkets	30	4256	234145
食品、饮料及烟草制品专门零售	Special Retail of Food ,Beverages and Tobaccos	7	388	1129
纺织、服装及日用品专门零售	Special Retail of Textiles, Wearing Apparel and Household Articles	6	861	16083
#服装零售	Retail of Garment	1	70	6638
化妆品及卫生用品零售	Retail of Cosmetics and Health Products			
文化、体育用品及器材专门零售	Retail of Culture, Sports Appliances and Equipments	16	698	12682
#图书、报刊零售	Retail of Books, Newspaper and Magazines	15	633	11562
医药及医疗器材专门零售	Retail of Medicines and Medical Appliances	6	1750	28153
#药品零售	Retail of Medicines	6	1750	28153
汽车、摩托车、燃料及零配件专门零售	Retail of Motor Vehicles,Motorcycles, Fuel and Parts	75	8389	548225
#汽车零售	Retail of Motor Vehicles	53	4856	166257
机动车燃料零售	Retail of Fuel of Motor Vehicles	15	3360	377819
家用电器及电子产品专门零售	Special Retail of Household Electric Appliances and Electronic Products	23	1697	45771
#日用家电设备零售	Retail of Household Electric Appliances	16	961	39500
计算机、软件及辅助设备零售	Retail of Computers ,Software and Assistant Appliances	2	58	210
通讯设备零售	Retail of Communication Equipments	1	160	3531
五金、家具及室内装修材料专门零售	Special Retail of Hardware,Furniture and Interior Decoration Materials	4	178	18947
货摊、无店铺及其他零售业	Stalls,Non-Shop and Other Retails	5	116	655

16-7 限额以上批发和零售业商品销售类值(2018)
Sale Values of Enterprises above Designated Size in Wholesale and Retail Trades by Category of Commodities (2018)

单位：万元 (10 000 yuan)

项　目	Item	商品销售类值(万元) Total Sales Value of Commodities (10000 yuan)			比上年增长(%) Growth compared with last year(%)		
		合计 Total	批发额 Wholesale Value	零售额 Retail Value	合计 Total	批发额 Wholesale Value	零售额 Retail Value
粮油、食品类	Food	560039.2	317842	242197	37.1	60.9	14.8
饮料类	Beverages	102142	40209	61933	111.6	316.7	60.4
烟酒类	Tobacco and Liquor	2971917	2847223	124694	4.3	3.5	28.5
服装、鞋帽、针纺织品类	Clothing, Shoes ,Hats and Textiles	445521	19722	425799	16.9	67.2	15.3
化妆品类	Cosmetics	601926	30404	571522	40.3	5205.2	33.4
金银珠宝类	Gold,Silver and Jewellery	130416	1478	128938	13.7	-48.9	15.3
日用品类	Articles for Daily Use	542542	104992	437550	22.7	87.2	13.3
五金、电料类	Hardware and Electrical Materials	13599	11923	1675	-10.0	15.2	-64.9
体育、娱乐用品类	Sports and Recreation Articles	26003	49	25954	60.7		60.4
书报杂志类	Newspapers and Magazines	89288	50113	39174	7.0	9.7	3.7
电子出版物及音像制品类	E-Journals and Video Products	1117	13	1104	-23.7		-24.6
家用电器和音像器材类	Household Appliances and Video Equipments	658070	331582	326488	84.6	129.5	54.0
中西药品类	Traditional Chinese and Western Medicines	1244690	1172613	72076	-25.7	-27.0	5.6
文化办公用品类	Cultural Official Goods	80102	30384	49719	34.5	20.5	44.7
家具类	Furniture	7805		7805	54.0		54.0
通讯器材类	Communication Appliances	252367	227700	24667	157.4	233.1	-16.9
煤炭及制品类	Coal and Related Products	46685	46685		60.3	60.3	
木材及制品类	Wood and Wooden Products	4796	4796		78.3	78.3	
石油及制品类	Petroleum and Related Products	6259094	5095423	1163671	42.0	101.5	-38.1
化工材料及制品类	Raw Chemical Materials and Related Products	546205	546205		-94.9	-94.9	
金属材料类	Metal Materials	690901	690901		101.7	101.7	
建筑及装潢材料类	Building and Decoration Materials	119826	119241	586	51.2	52.4	-43.9
机电产品及设备类	Mechanical and Electrical Products	218668	193826	24842	325.5	648.7	-2.6
汽车类	Automobile	1357868.6	150335	1207534	-25.1	-32.9	-24.0
种子饲料类	Seeds and Feedstuff	49658.7	49659		68112.5	68112.5	
棉麻类	Cotton and Hemp	189821	189821				
其他类	Others	360944	330976	29969	196.7	245.3	16.1

16-8 限额以上批发零售贸易业商品购进、销售、库存总额(2018)

Total Purchases,Sales and Stock of Enterprises above Designated Size of Wholesale and Retail Trades (2018)

单位：万元 (10 000 yuan)

项目	Item	商品购进额 Total Purchases Value	进口 Imports	销售总额 Total Sales Value	批发 Wholesale Value	出口 Exports	零售 Retail Value	通过公共网络实现的零售额 Online	年末库存总额 Stock (Year-end)
合计	**Total**	**16692204**	**494253**	**19368994**	**14136075**	**76293**	**5232919**	**566992**	**1301812**
批发业	Wholesale Trade	11464348	241406	12958286	12838312	76293	119974	4849	728745
按登记注册类型分组	By Status of Registration								
内资企业	Domestic Funded Enterprises	11434439	233878	12895523	12777047	76293	118476	4849	671106
国有企业	State-owned Enterprises	2361791		2844350	2841118		3232		159929
集体企业	Collective-owned Enterprises								
股份合作企业	Cooperative Enterprises								
有限责任公司	Limited-liability Companies	7869375	156842	8578923	8463738	25416	115185	4849	420590
国有独资公司	State Sole Funded Enterprises	1497477		1515133	1515133				33622
其他有限责任公司	Other Limited-liability Companies	6371898	156842	7063790	6948604	25416	115185	4849	386968
股份有限公司	Share Holding Ltd. Companies	699375	38473	779695	779695	17392			49094
私营企业	Private Enterprises	501220	38563	689878	689819	33485	59		41288
私营独资企业	Private-funded Enterprises								
私营合伙企业	Private Partnership Enterprises								
私营有限责任公司	Private Limited-liability Companies	467199	38563	618944	618885	33485	59		41113
私营股份有限公司	Private Share Holding Ltd. Companies	34020		70934	70934				175
其他企业	Other Enterprises	2678		2676	2676				206
港澳台商投资企业	Enterprises with Funds from HongKong Macao and Taiwan	22381		47889	46391		1498		49419
与港澳台商合资经营企业	Joint Ventures(Hongkong or Macao, Taiwan)	18078		18130	18130				49327
港澳台商独资经营企业	Enterprises with Sole Investment	4303		29759	28261		1498		92
外商投资企业	Foreign Investment Enterprises	7528	7528	14875	14875				8220
中外合资经营企业	Cooperative Enterprises	7528	7528	14875	14875				8220
外资企业	Enterprises with Sole Foreign Investment								
按批发行业小类分组	By Sector								
农、林、牧产品批发	Wholesale of Farm, Forestry and Livestock Products	431543	433	431791	431791				12834
食品、饮料及烟草制品批发	Wholesale of Food ,Beverages and Tobaccos	2606747	9902	3153853	3145169	95	8684	7	199928
#米、面制品及食用油批发	Wholesale of Rice ,Flour and Edible Oil	69882		65784	65784				98503
烟草制品批发	Wholesale of Tobaccos	2347883		2835127	2831895		3232		90866
纺织、服装及家庭用品批发	Wholesale of Textiles, Wearing Apparel and Household Articles	595100		594527	592596	4095	1931		77483
#服装批发	Wholesale of Garments	16740		18500	18500	4095			867
家用电器批发	Wholesale of Household Electrical Appliances	174311		161175	159244		1931		35359
文化、体育用品及器材批发	Wholesale of Culture, Sports Appliances and Equipments	128093		113362	89875	2936	23487	1673	39319
医药及医疗器材批发	Wholesale of Medicines and Medical Appliances	1097252	144255	1529259	1522134	949	7125		171596
矿产品、建材及化工产品批发	Wholesale of Mineral Products, Building Materials and Chemical Products	5793975	75592	6219379	6149509	50584	69869		195328
# 煤炭及制品批发	Wholesale of Coal and Related Products	153788		173479	173479				53322
石油及制品批发	Wholesale of Petroleum and Related Products	4424780	25827	4627651	4569395	17392	58256		62738
金属及金属矿批发	Wholesale of Metal and Metal Ores	811373	49764	896627	896627	29600			31522
建材批发	Wholesale of Building Materials	125372		150903	148251		2652		1899
化肥批发	Wholesale of Chemical Fertilizer	49884		81210	81210				16250
其他化工产品批发	Wholesale of Other Chemical Products	223239		275211	266250	25	8961		29144
机械设备、五金交电及电子产品批发	Wholesale of Machinery , Hardware and Electronic Equipment	443904	5328	495864	486986	11549	8878	3169	32214
# 汽车及零配件批发	Wholesale of Motor Vehicles Parts	63319		81000	81000				4977
摩托车及零配件批发	Wholesale of Motorcycles and Parts	9924		13259	13050		209		3967
计算机、软件及辅助设备批发	Wholesale of Computers, Software and Assistant Appliances	30133	5328	39326	34491		4835	3169	4423
其他批发	Others Wholesale not Classified Elsewhere	367736	5896	420252	420252	6085			42

16-8 续(continued)

项　　目	Item	购进总额 Purchases Value	进　口 Imports	销售总额 Total Sales Value	批　发 Wholesale Value	出口 Exports	零　售 Retail Value	通过公共网络实现的零售额 Online	年末库存总额 Stock (Year-end)
零售业	**Retail Trade**	**5227856**	**252847**	**6410708**	**1297763**		**5112945**	**562143**	**573067**
按登记注册类型分组	**By Status of Registration**								
内资企业	Domestic Funded Enterprises	5012327	236071	6085812	1294896		4790916	562143	558104
国有企业	State-owned Enterprises	10972		9551			9551		1654
集体企业	Collective-owned Enterprises	3174		4017			4017		221
股份合作企业	Cooperative Enterprises								
联营企业	Joint Ownership Enterprises								
有限责任公司	Limited-liability Companies	3439472	193770	4262307	564077		3698230	562143	494637
国有独资公司	State Sole Funded Corporations	571310		798131	16818		781313	52002	223673
其他有限责任公司	Other Limited-liability Companies	2868163	193770	3464175	547258		2916917	510142	270964
股份有限公司	Share Holding Ltd. Companies	1423205		1629911	713520		916391		42103
私营企业	Private Enterprises	135505	42301	180026	17300		162726		19490
私营独资企业	Private-funded Enterprises	1537		2341			2341		
私营合伙企业	Private Partnership Enterprises	1324		1395			1395		19
私营有限责任公司	Private Limited-liability Companies	131682	42301	174172	16843		157330		18782
私营股份有限公司	Private Share Holding Ltd. Companies	962		2118	457		1661		689
其他企业	Other Enterprises								
港澳台商投资企业	Enterprises with Funds from HongKong,Macao and Taiwan	104271	16776	195636	2867		192770		7125
与港澳台商合资经营企业	Joint Ventures(Hongkong or Macao, Taiwan)	4907		6562	2867		3695		23
港澳台商独资经营企业	Enterprises with Sole Investment	53789	16776	138838			138838		7102
外商投资企业	Foreign Investment Enterprises	111258		129260			129260		7839
中外合资经营企业	**Cooperative Enterprises**	22938		21452			21452		1665
外资企业	Enterprises with Sole Foreign Investment	88320		107807			107807		6174
按零售行业小类分组	**By Sector**								
综合零售	Integrated Retail	1336402	122677	1910265	68506		1841759	69596	328849
#百货零售	Retail of General Merchandise	1077943	122206	1561040	67015		1494025	65639	289426
超级市场零售	Retail of Supermarkets	246719	471	331570	1491		330080	3957	35935
食品、饮料及烟草制品专门零售	Special Retail of Food ,Beverages and Tobaccos	27504	300	31082			31082	135	7851
纺织、服装及日用品专门零售	Special Retail of Textiles, Wearing Apparel and Household Articles	25691	2	40637	3291		37347	323	11708
#服装零售	Retail of Garment	1305		2274			2274		344
鞋帽零售	Retail of shoes and cap	19678		29054	3074		25979		6164
文化、体育用品及器材专门零售	Retail of Culture, Sports Appliances and Equipments	25701		34576	2056		32520		3666
#图书、报刊零售	Retail of Books, Newspaper and Magazines	24102		33890	2056		31834		2447
医药及医疗器材专门零售	Retail of Medicines and Medical Appliances	45729		67265			67265		14480
#药品零售	Retail of Medicines	45729		67265			67265		14480
汽车、摩托车、燃料及零配件专门零售	Retail of Motor Vehicles,Motorcycles, Fuel and Parts	3014009	129868	3503912	1041375		2462537	2687	174902
#汽车零售	Retail of Motor Vehicles	1110650	129868	1289088	60195		1228894	2662	111540
机动车燃料零售	Retail of Fuel of Motor Vehicles	1896837		2205313	980562		1224751		61841
家用电器及电子产品专门零售	Special Retail of Household Electric Appliances and Electronic Products	323793		349231	176709		172522	35175	25969
#日用家电设备零售	Retail of Household Electric Appliances	103117		117692	26206		91486	206	23421
计算机、软件及辅助设备零售	Retail of Computers ,Software and Assistant Appliances	4481		5253	3412		1842		507
通讯设备零售	Retail of Communication Equipments	11441		18313	11015		7298		1205
五金、家具及室内装修材料专门零售	Special Retail of Hardware,Furniture and Interior Decoration Materials	6735		12039	4348		7690		3843
货摊、无店铺及其他零售业	Stalls,Non-Shop and Other Retails	422293		461699	1478		460222	454228	1798

16-9 限额以上批发业企业财务状况(2018)
Financial Indicator on Enterprises above Designated Size in Wholesale Trades (2018)

单位：万元 (10 000 yuan)

项　目	Item	企业数(个) Number of Enterprises (unit)	年初存货 Total Stock at the Beginning of Year	流动资产合计 Total Current Assets	存货 Inventory	固定资产原价 Original Value of Fixed Assets
合　计	**Total**	**228**	**617143**	**4956943**	**751369**	**583716**
按登记注册类型分组	**By Status of Registration**					
内资企业	Domestic Funded Enterprises	223	606751	4834817	694368	582711
国有企业	State-owned Enterprises	8	147691	687841	147591	90338
集体企业	Collective-owned Enterprises					
股份合作企业	Cooperative Enterprises					
有限责任公司	Limited-liability Companies	161	354366	3210956	376593	437749
国有独资公司	State Sole Funded Enterprises	5	45071	208743	34689	221321
其他有限责任公司	Other Limited-liability Companies	156	309294	3002213	341904	216428
股份有限公司	Share Holding Ltd. Companies	11	51757	638301	124594	47409
私营企业	Private Enterprises	42	52506	296949	45386	7206
私营独资企业	Private-funded Enterprises					
私营合伙企业	Private Partnership Enterprises					
私营有限责任公司	Private Limited-liability Companies	40	52361	266378	45211	6751
私营股份有限公司	Private Share Holding Ltd. Companies	2	145	30571	175	455
其他企业	Other Enterprises	1	431	770	206	8
港澳台商投资企业	Enterprises with Funds from HongKong Macao and Taiwan	3	650	103246	49723	936
合资经营企业(港或澳、台资)	Joint Ventures(Hongkong or Macao, Taiwan)	1		94163	49327	
港澳台商独资经营企业	Enterprises with Sole Investment	2	650	9083	396	936
外商投资企业	Foreign Investment Enterprises	2	9743	18880	7277	69
中外合资经营企业	Cooperative Enterprises	2	9743	18880	7277	69
外资企业	Enterprises with Sole Foreign Investment					
按批发行业小类分组	**By Sector**					
农、林、牧产品批发	Wholesale of Farm, Forestry and Livestock Products	8	8618	264901	12222	290
食品、饮料及烟草制品批发	Wholesale of Food ,Beverages and Tobaccos	24	197336	828807	194742	96241
#米、面制品及食用油批发	Wholesale of Rice ,Flour and Edible Oil	3	101311	114297	98523	8966
烟草制品批发	Wholesale of Tobaccos	5	87730	614975	78509	81760
纺织、服装及家庭用品批发	Wholesale of Textiles, Wearing Apparel and Household Articles	10	22992	166435	44254	3113
#服装批发	Wholesale of Garments	3	908	5219	747	1851
家用电器批发	Wholesale of Household Electrical Appliances	3	11317	93994	15429	362
文化、体育用品及器材批发	Wholesale of Culture, Sports Appliances and Equipments	4	27991	91821	39554	25074
医药及医疗器材批发	Wholesale of Medicines and Medical Appliances	71	174132	1667246	181781	48576
矿产品、建材及化工产品批发	Wholesale of Mineral Products, Building Materials and Chemical Products	86	165474	1470795	250220	408891
#煤炭及制品批发	Wholesale of Coal and Related Products	4	2392	139328	56601	1434
石油及制品批发	Wholesale of Petroleum and Related Products	37	59330	774785	66480	389854
金属及金属矿批发	Wholesale of Metal and Metal Ores	9	48622	350183	79623	987
建材批发	Wholesale of Building Materials	11	2119	28284	2302	8568
化肥批发	Wholesale of Chemical Fertilizer	4	16141	74338	15536	3731
其他化工产品批发	Wholesale of Other Chemical Products	18	36507	98696	29280	3949
机械设备、五金交电及电子产品批发	Wholesale of Machinery , Hardware and Electronic Equipment	21	20730	308575	28555	1344
#汽车及零配件批发	Wholesale of Motor Vehicles	2	4634	31880	4962	11
摩托车及零配件批发	Wholesale of Motorcycles and Parts	1	4764	2534	2965	6
计算机、软件及辅助设备批发	Wholesale of Computers, Software and Assistant Appliances	4	3623	13021	4048	597
其他批发	Others Wholesale not Classified Elsewhere	3	-129	85165	42	178

16-9 续1(continued 1)

单位：万元 (10 000 yuan)

项 目	Item	累计折旧 Accumulated Depreciation	本年折旧 Depreciation This Year	资产合计 Total Assets	负债合计 Total Liabilities	所有者权益合计 Total Owners' Equities
合 计	**Total**	**223621**	**39345**	**6356531**	**3698155**	**2658376**
按登记注册类型分组	**By Status of Registration**					
内资企业	Domestic Funded Enterprises	222790	39299	6234035	3595164	2638871
国有企业	State-owned Enterprises	54641	3890	774524	135850	638674
集体企业	Collective-owned Enterprises					
股份合作企业	Cooperative Enterprises					
有限责任公司	Limited-liability Companies	149800	31573	3809818	2575091	1234727
国有独资公司	State Sole Funded Enterprises	54937	11764	529066	237251	291815
其他有限责任公司	Other Limited-liability Companies	94862	19810	3280752	2337840	942912
股份有限公司	Share Holding Ltd. Companies	14926	3094	1335655	668560	667094
私营企业	Private Enterprises	3419	738	313264	214883	98381
私营独资企业	Private-funded Enterprises					
私营合伙企业	Private Partnership Enterprises					
私营有限责任公司	Private Limited-liability Companies	3195	679	282406	189271	93136
私营股份有限公司	Private Share Holding Ltd. Companies	224	59	30858	25612	5246
其他企业	Other Enterprises	5	5	774	779	-5
港澳台商投资企业	Enterprises with Funds from HongKong Macao and Taiwan	788	42	103526	88325	15201
合资经营企业(港或澳、台资)	Joint Ventures(Hongkong or Macao, Taiwan)			94163	84124	10039
港澳台商独资经营企业	Enterprises with Sole Investment	788	42	9363	4201	5162
外商投资企业	Foreign Investment Enterprises	43	4	18970	14666	4304
中外合资经营企业	Cooperative Enterprises	43	4	18970	14666	4304
外资企业	Enterprises with Sole Foreign Investment					
按批发行业小类分组	**By Sector**					
农、林、牧产品批发	Wholesale of Farm, Forestry and Livestock Products	160	43	265073	240036	25037
食品、饮料及烟草制品批发	Wholesale of Food ,Beverages and Tobaccos	57557	4311	935160	266770	668390
# 米、面制品及食用油批发	Wholesale of Rice ,Flour and Edible Oil	3319	268	119998	115283	4715
烟草制品批发	Wholesale of Tobaccos	51530	3650	696108	60568	635540
纺织、服装及家庭用品批发	Wholesale of Textiles, Wearing Apparel and Household Articles	2317	157	168010	154758	13252
# 服装批发	Wholesale of Garments	1428	68	5801	4247	1554
家用电器批发	Wholesale of Household Electrical Appliances	295	30	94061	86113	7949
文化、体育用品及器材批发	Wholesale of Culture, Sports Appliances and Equipments	8202	897	141798	67164	74635
医药及医疗器材批发	Wholesale of Medicines and Medical Appliances	15319	4070	2407001	1361996	1045005
矿产品、建材及化工产品批发	Wholesale of Mineral Products, Building Materials and Chemical Products	139135	29485	1969516	1210901	758616
# 煤炭及制品批发	Wholesale of Coal and Related Products	1168	69	144990	116992	27998
石油及制品批发	Wholesale of Petroleum and Related Products	132007	27802	1225231	737197	488033
金属及金属矿批发	Wholesale of Metal and Metal Ores	433	94	372573	224290	148283
建材批发	Wholesale of Building Materials	1433	541	37671	28906	8764
化肥批发	Wholesale of Chemical Fertilizer	1698	238	81967	55694	26273
其他化工产品批发	Wholesale of Other Chemical Products	2061	545	101870	43751	58118
机械设备、五金交电及电子产品批发	Wholesale of Machinery , Hardware and Electronic Equipment	848	372	310625	276761	33864
# 汽车及零配件批发	Wholesale of Motor Vehicles	8		32692	43117	-10425
摩托车及零配件批发	Wholesale of Motorcycles and Parts	2	2	2539	2464	75
计算机、软件及辅助设备批发	Wholesale of Computers, Software and Assistant Appliances	403	309	13395	5321	8073
其他批发	Others Wholesale not Classified Elsewhere	75	10	86149	67127	19022

16-9 续2(continued 2)

单位：万元 (10 000 yuan)

项　目	Item	实收资本 Capital Held	国家资本 State-owned Capital	集体资本 Collective owned Capital	法人资本 Institutional Capital	个人资本 Individual Capital	港澳台资本 Hong Kong Macao and Taiwan Capital	外商资本 Foreign Capital
合　计	**Total**	**998092**	**153155**	**7679**	**692820**	**98399**	**24048**	**21992**
按登记注册类型分组	**By Status of Registration**							
内资企业	Domestic Funded Enterprises	980684	144155	7679	691917	96871	20063	20000
国有企业	State-owned Enterprises	28440	14965		13268	207		
集体企业	Collective-owned Enterprises							
股份合作企业	Cooperative Enterprises							
有限责任公司	Limited-liability Companies	687068	129190	2700	441057	75620	18500	20000
国有独资公司	State Sole Funded Enterprises	299364	828		298536			
其他有限责任公司	Other Limited-liability Companies	387704	128362	2700	142521	75620	18500	20000
股份有限公司	Share Holding Ltd. Companies	233252		4979	219122	7588	1562	
私营企业	Private Enterprises	31907			18451	13456		
私营独资企业	Private-funded Enterprises							
私营合伙企业	Private Partnership Enterprises							
私营有限责任公司	Private Limited-liability Companies	30627			18351	12276		
私营股份有限公司	Private Share Holding Ltd. Companies	1280			100	1180		
其他企业	Other Enterprises	18			18			
港澳台商投资企业	Enterprises with Funds from HongKong Macao and Taiwan	13888	9000		903		3985	
合资经营企业(港或澳、台资)	Joint Ventures(Hongkong or Macao, Taiwan)	10000	9000				1000	
港澳台商独资经营企业	Enterprises with Sole Investment	3888			903		2985	
外商投资企业	Foreign Investment Enterprises	3520				1528		1992
中外合资经营企业	Cooperative Enterprises	3520				1528		1992
外资企业	Enterprises with Sole Foreign Investment							
按批发行业小类分组	**By Sector**							
农、林、牧产品批发	Wholesale of Farm, Forestry and Livestock Products	23608	580	1600	20373	1055		
食品、饮料及烟草制品批发	Wholesale of Food ,Beverages and Tobaccos	47436	14993		17441	15003		
#米、面制品及食用油批发	Wholesale of Rice ,Flour and Edible Oil	2203	2203					
烟草制品批发	Wholesale of Tobaccos	26058	12790		13268			
纺织、服装及家庭用品批发	Wholesale of Textiles, Wearing Apparel and Household Articles	6978	100	500	3376	3003		
#服装批发	Wholesale of Garments	550	100		48	403		
家用电器批发	Wholesale of Household Electrical Appliances	2300		500	1000	800		
文化、体育用品及器材批发	Wholesale of Culture, Sports Appliances and Equipments	63058	56958		4500	1600		
医药及医疗器材批发	Wholesale of Medicines and Medical Appliances	275353	20444	4979	187002	36389	4547	21992
矿产品、建材及化工产品批发	Wholesale of Mineral Products, Building Materials and Chemical Products	525198	52080		434929	37190	1000	
#煤炭及制品批发	Wholesale of Coal and Related Products	22500	18000		1000	2500	1000	
石油及制品批发	Wholesale of Petroleum and Related Products	404637	18550		360827	25260		
金属及金属矿批发	Wholesale of Metal and Metal Ores	47705	5030		39175	3500		
建材批发	Wholesale of Building Materials	9806	500		8880	426		
化肥批发	Wholesale of Chemical Fertilizer	21680	10000		11560	120		
其他化工产品批发	Wholesale of Other Chemical Products	18053			12669	5384		
机械设备、五金交电及电子产品批发	Wholesale of Machinery , Hardware and Electronic Equipment	22360	8000		10200	4160		
#汽车及零配件批发	Wholesale of Motor Vehicles	2060			2000	60		
摩托车及零配件批发	Wholesale of Motorcycles and Parts	100			100			
计算机、软件及辅助设备批发	Wholesale of Computers, Software and Assistant Appliances	2300			1500	800		
其他批发	Others Wholesale not Classified Elsewhere	15600		600	15000			

16-9 续3(continued 3)

单位：万元

项　　目	Item	主营业务收入 Revenue from Principal Business	主营业务成本 Main Business Costs	主营业务税金及附加 Main Business Tax and Extra Charges	应付职工薪酬 Wage Bill Payable
合　　计	**Total**	**11550083**	**10395075**	**288502**	**248874**
按登记注册类型分组	**By Status of Registration**				
内资企业	Domestic Funded Enterprises	11490998	10346137	281905	246050
国有企业	State-owned Enterprises	2446117	2037651	189594	52039
集体企业	Collective-owned Enterprises				
股份合作企业	Cooperative Enterprises				
有限责任公司	Limited-liability Companies	7767960	7179953	89505	87811
国有独资公司	State Sole Funded Enterprises	1326610	1301645	416	3296
其他有限责任公司	Other Limited-liability Companies	6441349	5878308	89089	84515
股份有限公司	Share Holding Ltd. Companies	676233	615286	1244	9151
私营企业	Private Enterprises	598012	510602	1562	97022
私营独资企业	Private-funded Enterprises				
私营合伙企业	Private Partnership Enterprises				
私营有限责任公司	Private Limited-liability Companies	536695	480961	1053	9818
私营股份有限公司	Private Share Holding Ltd. Companies	61317	29641	509	87204
其他企业	Other Enterprises	2676	2646		27
港澳台商投资企业	Enterprises with Funds from HongKong Macao and Taiwan	46273	39826	6562	2283
合资经营企业(港或澳、台资)	Joint Ventures(Hongkong or Macao, Taiwan)	18130	18056	7	
港澳台商独资经营企业	Enterprises with Sole Investment	28143	21770	6555	2283
外商投资企业	Foreign Investment Enterprises	12812	9112	35	541
中外合资经营企业	Cooperative Enterprises	12812	9112	35	541
外资企业	Enterprises with Sole Foreign Investment				
按批发行业小类分组	**By Sector**				
农、林、牧产品批发	Wholesale of Farm, Forestry and Livestock Products	391484	387352	58	343
食品、饮料及烟草制品批发	Wholesale of Food ,Beverages and Tobaccos	2724880	2294231	189850	61616
# 米、面制品及食用油批发	Wholesale of Rice ,Flour and Edible Oil	65784	65309	17	747
烟草制品批发	Wholesale of Tobaccos	2436504	2028357	189586	51470
纺织、服装及家庭用品批发	Wholesale of Textiles, Wearing Apparel and Household Articles	513718	496962	418	6956
# 服装批发	Wholesale of Garments	17008	15740	48	367
家用电器批发	Wholesale of Household Electrical Appliances	138929	131358	129	3102
文化、体育用品及器材批发	Wholesale of Culture, Sports Appliances and Equipments	92053	83282	98	4683
医药及医疗器材批发	Wholesale of Medicines and Medical Appliances	1448557	994089	13141	139944
矿产品、建材及化工产品批发	Wholesale of Mineral Products, Building Materials and Chemical Products	5466557	5279037	3901	24704
# 煤炭及制品批发	Wholesale of Coal and Related Products	156226	155001	49	149
石油及制品批发	Wholesale of Petroleum and Related Products	4073750	3949882	2851	13376
金属及金属矿批发	Wholesale of Metal and Metal Ores	761025	731905	452	1470
建材批发	Wholesale of Building Materials	137969	131323	153	1224
化肥批发	Wholesale of Chemical Fertilizer	76897	68794	89	1922
其他化工产品批发	Wholesale of Other Chemical Products	248407	230798	296	6420
机械设备、五金交电及电子产品批发	Wholesale of Machinery , Hardware and Electronic Equipment	423321	376776	405	10159
# 汽车及零配件批发	Wholesale of Motor Vehicles	59513	53838	31	1796
摩托车及零配件批发	Wholesale of Motorcycles and Parts	11422	10790	2	113
计算机、软件及辅助设备批发	Wholesale of Computers, Software and Assistant Appliances	33957	29112	75	1771
其他批发	Others Wholesale not Classified Elsewhere	371394	366269	175	407

16-9 续4(continued 4)

单位：万元

项　目	Item	其他业务利润 Profits of Other Business	销售费用 Business Cost	管理费用 Management Cost	财务费用 Financial Cost	利息支出 Expenses of Interest
合　计	**Total**	**10651**	**495260**	**174051**	**8130**	**35508**
按登记注册类型分组	**By Status of Registration**					
内资企业	Domestic Funded Enterprises	10624	486732	172704	8159	35725
国有企业	State-owned Enterprises	798	22128	51182	-17717	0
集体企业	Collective-owned Enterprises					
股份合作企业	Cooperative Enterprises					
有限责任公司	Limited-liability Companies	7238	422135	86909	11972	12057
国有独资公司	State Sole Funded Enterprises	25	17914	4801	2589	316
其他有限责任公司	Other Limited-liability Companies	7213	404221	82108	9383	11742
股份有限公司	Share Holding Ltd. Companies	2488	18409	11764	12413	22057
私营企业	Private Enterprises	100	24060	22819	1491	1611
私营独资企业	Private-funded Enterprises					
私营合伙企业	Private Partnership Enterprises					
私营有限责任公司	Private Limited-liability Companies	100	20835	18822	1301	1427
私营股份有限公司	Private Share Holding Ltd. Companies		3225	3997	190	184
其他企业	Other Enterprises			31		
港澳台商投资企业	Enterprises with Funds from HongKong Macao and Taiwan	27	6322	698	-109	9
合资经营企业(港或澳、台资)	Joint Ventures(Hongkong or Macao, Taiwan)			11	4	9
港澳台商独资经营企业	Enterprises with Sole Investment	27	6322	687	-114	
外商投资企业	Foreign Investment Enterprises		2207	650	80	-225
中外合资经营企业	Cooperative Enterprises		2207	650	80	-225
外资企业	Enterprises with Sole Foreign Investment					
按批发行业小类分组	**By Sector**					
农、林、牧产品批发	Wholesale of Farm, Forestry and Livestock Products		653	444	2089	1940
食品、饮料及烟草制品批发	Wholesale of Food ,Beverages and Tobaccos	4517	35825	58430	-16979	342
# 米、面制品及食用油批发	Wholesale of Rice ,Flour and Edible Oil		3852	1412	311	104
烟草制品批发	Wholesale of Tobaccos	798	19966	50055	-17893	1
纺织、服装及家庭用品批发	Wholesale of Textiles, Wearing Apparel and Household Articles	247	11569	5821	520	829
# 服装批发	Wholesale of Garments	169	1023	277	-7	1
家用电器批发	Wholesale of Household Electrical Appliances	77	6562	1945	-166	160
文化、体育用品及器材批发	Wholesale of Culture, Sports Appliances and Equipments	1036	4964	3529	180	131
医药及医疗器材批发	Wholesale of Medicines and Medical Appliances	4399	332632	66007	8838	25286
矿产品、建材及化工产品批发	Wholesale of Mineral Products, Building Materials and Chemical Products	350	88925	30046	10705	4560
# 煤炭及制品批发	Wholesale of Coal and Related Products		473	445	252	18
石油及制品批发	Wholesale of Petroleum and Related Products	103	61254	16890	7499	986
金属及金属矿批发	Wholesale of Metal and Metal Ores		10031	3786	2370	2448
建材批发	Wholesale of Building Materials	0	3447	1248	71	47
化肥批发	Wholesale of Chemical Fertilizer	247	3067	2282	342	370
其他化工产品批发	Wholesale of Other Chemical Products		10064	5113	258	691
机械设备、五金交电及电子产品批发	Wholesale of Machinery , Hardware and Electronic Equipment	102	20128	8968	-7	31
# 汽车及零配件批发	Wholesale of Motor Vehicles		7090	2326	-84	
摩托车及零配件批发	Wholesale of Motorcycles and Parts		411	186	0	
计算机、软件及辅助设备批发	Wholesale of Computers, Software and Assistant Appliances		1026	1798	127	17
其他批发	Others Wholesale not Classified Elsewhere		564	712	2367	2160

16-9 续5(continued 5)

单位：万元 (10 000 yuan)

项　　目	Item	营业利润 Business Profits	利润总额 Total Profits	所得税费用 Income Tax Payable	应交增值税 Value-added Tax Payable This Year
合　　计	**Total**	**404501**	**408976**	**73251**	**152296**
按登记注册类型分组	**By Status of Registration**				
内资企业	Domestic Funded Enterprises	408017	412541	73079	150692
国有企业	State-owned Enterprises	188601	188925	41336	66087
集体企业	Collective-owned Enterprises				
股份合作企业	Cooperative Enterprises				
有限责任公司	Limited-liability Companies	182024	185215	22697	61256
国有独资公司	State Sole Funded Enterprises	608	1244	331	2062
其他有限责任公司	Other Limited-liability Companies	181416	183970	22366	59194
股份有限公司	Share Holding Ltd. Companies	21882	21801	5455	6971
私营企业	Private Enterprises	15509	16599	3592	16378
私营独资企业	Private-funded Enterprises				
私营合伙企业	Private Partnership Enterprises				
私营有限责任公司	Private Limited-liability Companies	13379	14498	3076	11571
私营股份有限公司	Private Share Holding Ltd. Companies	2130	2102	516	4807
其他企业	Other Enterprises	0	2	0	
港澳台商投资企业	Enterprises with Funds from HongKong Macao and Taiwan	-4200	-4208	13	999
合资经营企业(港或澳、台资)	Joint Ventures(Hongkong or Macao, Taiwan)	52	52	13	
港澳台商独资经营企业	Enterprises with Sole Investment	-4252	-4260		999
外商投资企业	Foreign Investment Enterprises	684	643	159	605
中外合资经营企业	Cooperative Enterprises	684	643	159	605
外资企业	Enterprises with Sole Foreign Investment				
按批发行业小类分组	**By Sector**				
农、林、牧产品批发	Wholesale of Farm, Forestry and Livestock Products	788	815	183	-357
食品、饮料及烟草制品批发	Wholesale of Food ,Beverages and Tobaccos	195241	195645	42560	68793
# 米、面制品及食用油批发	Wholesale of Rice ,Flour and Edible Oil	-2689	190	51	70
烟草制品批发	Wholesale of Tobaccos	191353	188806	41303	65953
纺织、服装及家庭用品批发	Wholesale of Textiles, Wearing Apparel and Household Articles	-1183	-1073	438	2759
# 服装批发	Wholesale of Garments	112	119	32	21
家用电器批发	Wholesale of Household Electrical Appliances	-426	-310	330	817
文化、体育用品及器材批发	Wholesale of Culture, Sports Appliances and Equipments	4582	4495	6	443
医药及医疗器材批发	Wholesale of Medicines and Medical Appliances	138904	138217	9452	52824
矿产品、建材及化工产品批发	Wholesale of Mineral Products, Building Materials and Chemical Products	48292	52865	15489	23243
# 煤炭及制品批发	Wholesale of Coal and Related Products	6	62	30	341
石油及制品批发	Wholesale of Petroleum and Related Products	33301	36610	11966	16761
金属及金属矿批发	Wholesale of Metal and Metal Ores	9745	10534	2630	3694
建材批发	Wholesale of Building Materials	1765	1750	247	955
化肥批发	Wholesale of Chemical Fertilizer	1802	1810	424	-164
其他化工产品批发	Wholesale of Other Chemical Products	1576	1978	193	1512
机械设备、五金交电及电子产品批发	Wholesale of Machinery , Hardware and Electronic Equipment	15931	16027	4642	4073
# 汽车及零配件批发	Wholesale of Motor Vehicles	-4352	-4399	93	49
摩托车及零配件批发	Wholesale of Motorcycles and Parts	34	34	9	15
计算机、软件及辅助设备批发	Wholesale of Computers, Software and Assistant Appliances	1820	1771	433	633
其他批发	Others Wholesale not Classified Elsewhere	1494	1497	358	439

16-10 限额以上零售业企业财务状况(2018)
Financial Indicator on Enterprises above Designated Size in Retail Trades(2018)

单位：万元 (10 000 yuan)

项　目	Item	企业数(个) Number of Enterprises (unit)	年初存货 Total Stock at the Beginning of Year	流动资产合计 Total Current Assets	存货 Inventory	固定资产原价 Original Value of Fixed Assets
合　计	**Total**	**206**	**547891**	**2136043**	**571900**	**747437**
按登记注册类型分组	**By Status of Registration**					
内资企业	Domestic Funded Enterprises	198	534562	2031476	557894	709223
国有企业	State-owned Enterprises	3	1995	6738	1723	2301
集体企业	Collective-owned Enterprises	1	89	1046	221	191
股份合作企业	Cooperative Enterprises					
联营企业	Joint Ownership Enterprises					
有限责任公司	Limited-liability Companies	154	460891	1818353	489803	450822
国有独资公司	State Sole Funded Corporations	1	173938	431516	212791	15552
其他有限责任公司	Other Limited-liability Companies	153	286952	1386837	277012	435269
股份有限公司	Share Holding Ltd. Companies	10	51364	125093	42707	237151
私营企业	Private Enterprises	30	20223	80246	23441	18758
私营独资企业	Private-funded Enterprises	1	58	559		116
私营合伙企业	Private Partnership Enterprises	1	29	133	28	31
私营有限责任公司	Private Limited-liability Companies	26	18324	77067	21462	18605
私营股份有限公司	Private Share Holding Ltd. Companies	2	1811	2486	1951	6
其他企业	Other Enterprises					
港澳台商投资企业	Enterprises with Funds from HongKong,Macao and Taiwan	5	4763	49547	5186	16074
与港澳台商合资经营企业	Joint Ventures(Hongkong or Macao, Taiwan)	1	3	8235	23	1190
港澳台商独资经营企业	Enterprises with Sole Investment	3	4760	26489	5164	11783
外商投资企业	Foreign Investment Enterprises	3	8566	55020	8820	22140
外资企业	Enterprises with Sole Foreign Investment	2	7046	51559	7114	19373
按零售行业小类分组	**By Sector**					
综合零售	Integrated Retail	64	277029	1106642	319223	313954
# 百货零售	Retail of General Merchandise	32	239377	972871	279554	277685
超级市场零售	Retail of Supermarkets	30	33242	126276	37436	36022
食品、饮料及烟草制品专门零售	Special Retail of Food ,Beverages and Tobaccos	7	7799	17676	8058	4581
纺织、服装及日用品专门零售	Special Retail of Textiles, Wearing Apparel and Household Articles	6	10999	44991	11273	5551
#服装零售	Retail of Garment	1	363	23591		3089
文化、体育用品及器材专门零售	Retail of Culture, Sports Appliances and Equipments	16	2444	46953	3156	25792
# 图书、报刊零售	Retail of Books, Newspaper and Magazines	15	1378	39967	1534	25494
医药及医疗器材专门零售	Retail of Medicines and Medical Appliances	6	14461	36011	14171	2728
#药品零售	Retail of Medicines	6	14461	36011	14171	2728
汽车、摩托车、燃料及零配件专门零售	Retail of Motor Vehicles,Motorcycles,Fuel and Parts	75	184639	556160	166715	369224
#汽车零售	Retail of Motor Vehicles	53	119770	360451	103462	74477
机动车燃料零售	Retail of Fuel of Motor Vehicles	15	63507	191645	61871	293549
家用电器及电子产品专门零售	Special Retail of Household Electric Appliances and Electronic Products	23	44564	97802	43267	21872
# 日用家电设备零售	Retail of Household Electric Appliances	16	38596	84492	40148	18720
计算机、软件及辅助设备零售	Retail of Computers ,Software and Assistant Appliances	2	452	1872	355	90
通讯设备零售	Retail of Communication Equipments	1	3962	2663	1039	479
五金、家具及室内装修材料专门零售	Special Retail of Hardware,Furniture and Interior Decoration Materials	4	5347	11592	4025	2592
货摊、无店铺及其他零售业	Stalls,Non-Shop and Other Retails	5	609	218216	2012	1142

16-10 续1(continued 1)

单位：万元 (10 000 yuan)

项　目	Item	累计折旧 Accumulated Depreciation	本年折旧 Depreciation This Year	资产合计 Total Assets	负债合计 Total Liabilities	所有者权益合计 Total Owners' Equities
合　计	**Total**	**313440**	**49061**	**3093580**	**1956595**	**1136985**
按登记注册类型分组	**By Status of Registration**					
内资企业	Domestic Funded Enterprises	288953	43711	2856576	1761863	1094713
国有企业	State-owned Enterprises	1146	42	9177	7802	1375
集体企业	Collective-owned Enterprises	123	68	1196	738	458
股份合作企业	Cooperative Enterprises					
联营企业	Joint Ownership Enterprises					
有限责任公司	Limited-liability Companies	169212	32120	2413478	1493749	919730
国有独资公司	State Sole Funded Corporations	4427	899	461473	132086	329386
其他有限责任公司	Other Limited-liability Companies	164785	31221	1952005	1361662	590343
股份有限公司	Share Holding Ltd. Companies	110517	9951	323272	163995	159278
私营企业	Private Enterprises	7955	1530	109454	95580	13873
私营独资企业	Private-funded Enterprises	57	24	618	75	544
私营合伙企业	Private Partnership Enterprises	13	1	151	97	54
私营有限责任公司	Private Limited-liability Companies	7882	1501	106081	93507	12574
私营股份有限公司	Private Share Holding Ltd. Companies	3	3	2603	1902	701
其他企业	Other Enterprises					
港澳台商投资企业	Enterprises with Funds from HongKong,Macao and Taiwan	9572	4228	173463	156163	17300
与港澳台商合资经营企业	Joint Ventures(Hongkong or Macao, Taiwan)	888	27	12399	6555	5845
港澳台商独资经营企业	Enterprises with Sole Investment	6604	3960	145189	138483	6706
外商投资企业	Foreign Investment Enterprises	14915	1122	63541	38569	24972
外资企业	Enterprises with Sole Foreign Investment	13740	960	58488	35825	22663
按零售行业小类分组	**By Sector**					
综合零售	Integrated Retail	111813	15484	1647609	962123	685486
#百货零售	Retail of General Merchandise	88654	12796	1493603	850372	643231
超级市场零售	Retail of Supermarkets	22993	2667	146329	107314	39015
食品、饮料及烟草制品专门零售	Special Retail of Food ,Beverages and Tobaccos	1331	343	22668	18833	3835
纺织、服装及日用品专门零售	Special Retail of Textiles, Wearing Apparel and Household Articles	3447	600	47387	43625	3761
#服装零售	Retail of Garment	1647	154	25076	24198	878
文化、体育用品及器材专门零售	Retail of Culture, Sports Appliances and Equipments	9419	945	70045	78497	-8452
#图书、报刊零售	Retail of Books, Newspaper and Magazines	9265	929	59845	69266	-9422
医药及医疗器材专门零售	Retail of Medicines and Medical Appliances	1830	1411	40188	21637	18551
#药品零售	Retail of Medicines	1830	1411	40188	21637	18551
汽车、摩托车、燃料及零配件专门零售	Retail of Motor Vehicles,Motorcycles,Fuel and Parts	173059	27114	914720	497900	416821
#汽车零售	Retail of Motor Vehicles	38446	14090	422230	268918	153312
机动车燃料零售	Retail of Fuel of Motor Vehicles	134073	12938	486758	226343	260415
家用电器及电子产品专门零售	Special Retail of Household Electric Appliances and Electronic Products	10363	2831	115459	95138	20321
#日用家电设备零售	Retail of Household Electric Appliances	8140	1117	95901	83345	12555
计算机、软件及辅助设备零售	Retail of Computers ,Software and Assistant Appliances	25	17	1946	1034	912
通讯设备零售	Retail of Communication Equipments	266	266	3278	444	2835
五金、家具及室内装修材料专门零售	Special Retail of Hardware,Furniture and Interior Decoration Materials	1543	102	15148	21288	-6140
货摊、无店铺及其他零售业	Stalls,Non-Shop and Other Retails	635	232	220357	217555	2802

16-10 续2(continued 2)

单位：万元 (10 000 yuan)

项　　目	Item	实收资本 Capital Held	国家资本 State-owned Capital	集体资本 Collective-owned Capital	法人资本 Institutional Capital	个人资本 Individual Capital	港澳台资本 Hong Kong Macao and Taiwan Capital	外商资本 Foreign Capital
合　计	**Total**	**815168**	**382648**	**7763**	**312943**	**59420**	**13715**	**38678**
按登记注册类型分组	**By Status of Registration**							
内资企业	Domestic Funded Enterprises	790191	382648	7763	302396	59420	10734	27230
国有企业	State-owned Enterprises	496	496					
集体企业	Collective-owned Enterprises	38		38				
股份合作企业	Cooperative Enterprises							
联营企业	Joint Ownership Enterprises							
有限责任公司	Limited-liability Companies	645300	266485	4450	289686	46969	10734	26976
国有独资公司	State Sole Funded Corporations	185055	185055					
其他有限责任公司	Other Limited-liability Companies	460245	81430	4450	289686	46969	10734	26976
股份有限公司	Share Holding Ltd. Companies	123985	115667	3275	3364	1425		254
私营企业	Private Enterprises	20372			9345	11026		
私营独资企业	Private-funded Enterprises	544				544		
私营合伙企业	Private Partnership Enterprises	23				23		
私营有限责任公司	Private Limited-liability Companies	18985			8845	10140		
私营股份有限公司	Private Share Holding Ltd. Companies	820			500	320		
其他企业	Other Enterprises							
港澳台商投资企业	Enterprises with Funds from HongKong,Macao and Taiwan	12976			8671		2982	1323
与港澳台商合资经营企业	Joint Ventures(Hongkong or Macao, Taiwan)	3000			3000			
港澳台商独资经营企业	Enterprises with Sole Investment	8653			5671		2982	
外商投资企业	Foreign Investment Enterprises	12001			1876			10125
外资企业	Enterprises with Sole Foreign Investment	8590						8590
按零售行业小类分组	**By Sector**							
综合零售	Integrated Retail	509332	195255	2450	238196	24261	12028	37143
#百货零售	Retail of General Merchandise	483417	195255	2450	229964	21421	7350	26976
超级市场零售	Retail of Supermarkets	24416			6732	2840	4678	10167
食品、饮料及烟草制品专门零售	Special Retail of Food ,Beverages and Tobaccos	1617	767		600	250		
纺织、服装及日用品专门零售	Special Retail of Textiles, Wearing Apparel and Household Articles	8181			3581	4600		
#服装零售	Retail of Garment	1800			1800			
文化、体育用品及器材专门零售	Retail of Culture, Sports Appliances and Equipments	12168	4080	4275	3588	225		
#图书、报刊零售	Retail of Books, Newspaper and Magazines	8668	4080	1000	3588			
医药及医疗器材专门零售	Retail of Medicines and Medical Appliances	2548	18		150	2380		
#药品零售	Retail of Medicines	2548	18		150	2380		
汽车、摩托车、燃料及零配件专门零售	Retail of Motor Vehicles,Motorcycles,Fuel and Parts	254342	182529	1038	50696	16856	1688	1535
#汽车零售	Retail of Motor Vehicles	67836	3700	1000	45634	14280	1688	1535
机动车燃料零售	Retail of Fuel of Motor Vehicles	184131	178829	38	3797	1467		
家用电器及电子产品专门零售	Special Retail of Household Electric Appliances and Electronic Products	19500			10032	9468		
#日用家电设备零售	Retail of Household Electric Appliances	10572			5515	5057		
计算机、软件及辅助设备零售	Retail of Computers ,Software and Assistant Appliances	910			230	681		
通讯设备零售	Retail of Communication Equipments	2200				2200		
五金、家具及室内装修材料专门零售	Special Retail of Hardware,Furniture and Interior Decoration Materials	6250			4870	1380		
货摊、无店铺及其他零售业	Stalls,Non-Shop and Other Retails	1230			1230			

16-10 续3(continued 3)

单位：万元

项　　目	Item	主营业务收入 Revenue from Principal Business	主营业务成本 Main Business Costs	主营业务税金及附加 Main Business Tax and Extra Charges	应付职工薪酬 Wage Bill Payable
合　计	**Total**	**5562177**	**4681929**	**51132**	**197607**
按登记注册类型分组	**By Status of Registration**				
内资企业	Domestic Funded Enterprises	5285942	4445591	49524	182006
国有企业	State-owned Enterprises	9454	11004	15	562
集体企业	Collective-owned Enterprises	3386	2736	9	282
股份合作企业	Cooperative Enterprises				
联营企业	Joint Ownership Enterprises				
有限责任公司	Limited-liability Companies	3772521	3052758	47186	144847
国有独资公司	State Sole Funded Corporations	794844	513286	36675	23606
其他有限责任公司	Other Limited-liability Companies	2977677	2539472	10511	121241
股份有限公司	Share Holding Ltd. Companies	1346686	1245675	1895	26561
私营企业	Private Enterprises	153895	133419	419	9756
私营独资企业	Private-funded Enterprises	2019	1595	7	70
私营合伙企业	Private Partnership Enterprises	1027	953	2	54
私营有限责任公司	Private Limited-liability Companies	148938	129205	408	9442
私营股份有限公司	Private Share Holding Ltd. Companies	1911	1667	3	190
其他企业	Other Enterprises				
港澳台商投资企业	Enterprises with Funds from HongKong,Macao and Taiwan	164478	141246	1424	8105
与港澳台商合资经营企业	Joint Ventures(Hongkong or Macao, Taiwan)	5957	4887	12	339
港澳台商独资经营企业	Enterprises with Sole Investment	114654	99737	1287	4998
外商投资企业	Foreign Investment Enterprises	111757	95092	184	7496
外资企业	Enterprises with Sole Foreign Investment	93330	77931	169	6854
按零售行业小类分组	**By Sector**				
综合零售	Integrated Retail	1743277	1248391	42894	89753
# 百货零售	Retail of General Merchandise	1430180	985637	42186	67594
超级市场零售	Retail of Supermarkets	296145	251836	585	20693
食品、饮料及烟草制品专门零售	Special Retail of Food ,Beverages and Tobaccos	28189	25791	61	2008
纺织、服装及日用品专门零售	Special Retail of Textiles, Wearing Apparel and Household Articles	33978	24270	153	5284
#服装零售	Retail of Garment	1296	1121	11	373
文化、体育用品及器材专门零售	Retail of Culture, Sports Appliances and Equipments	33107	25674	474	4569
# 图书、报刊零售	Retail of Books, Newspaper and Magazines	32421	25508	435	4310
医药及医疗器材专门零售	Retail of Medicines and Medical Appliances	60816	41867	480	6982
#药品零售	Retail of Medicines	60816	41867	480	6982
汽车、摩托车、燃料及零配件专门零售	Retail of Motor Vehicles,Motorcycles,Fuel and Parts	2953663	2663904	6276	78829
#汽车零售	Retail of Motor Vehicles	1130270	1008618	3311	41636
机动车燃料零售	Retail of Fuel of Motor Vehicles	1814854	1647811	2938	36733
家用电器及电子产品专门零售	Special Retail of Household Electric Appliances and Electronic Products	299583	272401	373	8618
# 日用家电设备零售	Retail of Household Electric Appliances	102148	86969	309	4418
计算机、软件及辅助设备零售	Retail of Computers ,Software and Assistant Appliances	4911	4381	13	246
通讯设备零售	Retail of Communication Equipments	13466	12736	32	1073
五金、家具及室内装修材料专门零售	Special Retail of Hardware,Furniture and Interior Decoration Materials	10300	8187	56	916
货摊、无店铺及其他零售业	Stalls,Non-Shop and Other Retails	399266	371444	366	649

16-10 续4(continued 4)

单位：万元

项　目	Item	其他业务利润 Profits of Other Business	销售费用 Business Cost	管理费用 Management Cost	财务费用 Financial Cost	利息支出 Interest Expense
合　计	**Total**	**70135**	**420026**	**165005**	**30687**	**18578**
按登记注册类型分组	**By Status of Registration**					
内资企业	Domestic Funded Enterprises	62777	387151	157390	27265	14685
国有企业	State-owned Enterprises		478	337	-8	1
集体企业	Collective-owned Enterprises		208	381	6	
股份合作企业	Cooperative Enterprises					
联营企业	Joint Ownership Enterprises					
有限责任公司	Limited-liability Companies	52894	318820	130451	24258	12756
国有独资公司	State Sole Funded Corporations	5537	61850	18429	5124	
其他有限责任公司	Other Limited-liability Companies	47357	256970	112022	19134	12756
股份有限公司	Share Holding Ltd. Companies	7557	53047	17875	985	129
私营企业	Private Enterprises	2325	14599	8347	2024	1800
私营独资企业	Private-funded Enterprises		87	89	0	
私营合伙企业	Private Partnership Enterprises		31	46	2	
私营有限责任公司	Private Limited-liability Companies	2325	14279	8137	2011	1792
私营股份有限公司	Private Share Holding Ltd. Companies		201	75	11	8
其他企业	Other Enterprises					
港澳台商投资企业	Enterprises with Funds from HongKong,Macao and Taiwan	1821	16128	4693	3998	3884
与港澳台商合资经营企业	Joint Ventures(Hongkong or Macao, Taiwan)		472	181	276	277
港澳台商独资经营企业	Enterprises with Sole Investment	1821	9769	4511	3630	3607
外商投资企业	Foreign Investment Enterprises	5538	16747	2923	-575	9
外资企业	Enterprises with Sole Foreign Investment	4840	16344	2120	-707	9
按零售行业小类分组	**By Sector**					
综合零售	Integrated Retail	40315	211735	79215	23254	12681
# 百货零售	Retail of General Merchandise	34873	168596	68742	23110	12546
超级市场零售	Retail of Supermarkets	5363	39189	9835	154	111
食品、饮料及烟草制品专门零售	Special Retail of Food ,Beverages and Tobaccos		1101	2830	374	335
纺织、服装及日用品专门零售	Special Retail of Textiles, Wearing Apparel and Household Articles	1787	7562	3018	-1239	292
#服装零售	Retail of Garment	1436		1014	-1375	194
文化、体育用品及器材专门零售	Retail of Culture, Sports Appliances and Equipments	4022	4663	4862	1098	1102
# 图书、报刊零售	Retail of Books, Newspaper and Magazines	4022	4167	4566	1018	1026
医药及医疗器材专门零售	Retail of Medicines and Medical Appliances	2974	14921	4224	153	98
#药品零售	Retail of Medicines	2974	14921	4224	153	98
汽车、摩托车、燃料及零配件专门零售	Retail of Motor Vehicles,Motorcycles,Fuel and Parts	19746	132771	60870	5701	3101
#汽车零售	Retail of Motor Vehicles	12701	56724	32888	5152	2769
机动车燃料零售	Retail of Fuel of Motor Vehicles	7046	75634	27577	508	292
家用电器及电子产品专门零售	Special Retail of Household Electric Appliances and Electronic Products	1290	19336	7508	484	139
# 日用家电设备零售	Retail of Household Electric Appliances	806	9894	4851	344	133
计算机、软件及辅助设备零售	Retail of Computers ,Software and Assistant Appliances		0	501	8	6
通讯设备零售	Retail of Communication Equipments	485	1017	503	25	
五金、家具及室内装修材料专门零售	Special Retail of Hardware,Furniture and Interior Decoration Materials		1337	899	859	830
货摊、无店铺及其他零售业	Stalls,Non-Shop and Other Retails		26600	1579	3	

16-10 续5(continued 5)

单位：万元 (10 000 yuan) (10 000 yuan)

项　目	Item	营业利润 Business Profits	利润总额 Total After-tax Profits	应交所得税 Income Tax Payable	本年应交增值税 Value Added Tax Payable This Year
合　计	**Total**	**277997**	**272944**	**64676**	**73959**
按登记注册类型分组	**By Status of Registration**				
内资企业	Domestic Funded Enterprises	267536	262664	62233	69574
国有企业	State-owned Enterprises	-2363	-113	35	268
集体企业	Collective-owned Enterprises	47	47	5	75
股份合作企业	Cooperative Enterprises				
联营企业	Joint Ownership Enterprises				
有限责任公司	Limited-liability Companies	235063	227760	52417	65531
国有独资公司	State Sole Funded Corporations	153430	146459	35861	-654
其他有限责任公司	Other Limited-liability Companics	81633	81301	16556	66185
股份有限公司	Share Holding Ltd. Companies	34659	34637	8604	1430
私营企业	Private Enterprises	130	333	1173	2270
私营独资企业	Private-funded Enterprises	242	240	60	66
私营合伙企业	Private Partnership Enterprises	-7	-7		10
私营有限责任公司	Private Limited-liability Companies	-59	140	1113	2177
私营股份有限公司	Private Share Holding Ltd. Companies	-46	-41		17
其他企业	Other Enterprises				
港澳台商投资企业	Enterprises with Funds from HongKong,Macao and Taiwan	5509	5386	1354	3321
与港澳台商合资经营企业	Joint Ventures(Hongkong or Macao, Taiwan)	393	393	47	66
港澳台商独资经营企业	Enterprises with Sole Investment	1439	1306	385	2216
外商投资企业	Foreign Investment Enterprises	4953	4895	1090	1064
外资企业	Enterprises with Sole Foreign Investment	4341	4294	1090	736
按零售行业小类分组	**By Sector**				
综合零售	Integrated Retail	168188	161767	45587	9014
#百货零售	Retail of General Merchandise	160671	153555	42824	4511
超级市场零售	Retail of Supermarkets	6105	6802	2362	4440
食品、饮料及烟草制品专门零售	Special Retail of Food ,Beverages and Tobaccos	-1956	290	77	596
纺织、服装及日用品专门零售	Special Retail of Textiles, Wearing Apparel and Household Articles	2012	1885	68	1320
#服装零售	Retail of Garment	1859	1738		145
文化、体育用品及器材专门零售	Retail of Culture, Sports Appliances and Equipments	827	1635		306
#图书、报刊零售	Retail of Books, Newspaper and Magazines	1218	2026		305
医药及医疗器材专门零售	Retail of Medicines and Medical Appliances	3815	3816	88	16901
#药品零售	Retail of Medicines	3815	3816	88	16901
汽车、摩托车、燃料及零配件专门零售	Retail of Motor Vehicles,Motorcycles,Fuel and Parts	105595	104017	18518	38608
#汽车零售	Retail of Motor Vehicles	38116	36865	8882	28080
机动车燃料零售	Retail of Fuel of Motor Vehicles	67311	67005	9607	10384
家用电器及电子产品专门零售	Special Retail of Household Electric Appliances and Electronic Products	92	101	74	3738
#日用家电设备零售	Retail of Household Electric Appliances	-248	-274	55	2086
计算机、软件及辅助设备零售	Retail of Computers ,Software and Assistant Appliances	8	8	3	94
通讯设备零售	Retail of Communication Equipments	-362	-351		266
五金、家具及室内装修材料专门零售	Special Retail of Hardware,Furniture and Interior Decoration Materials	-946	-946	58	460
货摊、无店铺及其他零售业	Stalls,Non-Shop and Other Retails	370	380	208	3015

16-11 按登记注册类型分连锁零售企业基本情况(2018)
Basic Statistics on Chain Retail Enterprises by Status of Registration (2018)

指　标	Item	总店数 (个) Number of Head Stores (unit)	门店总数 (个) Number of Stores (unit)	年末从业人数 (人) Employed Persons at Year-end (persons)	年末零售营业面积 (平方米) Operating Area of Retail Enterprises at Year-end (sq.m)
合　计	**Total**	**5**	**782**	**5035**	**439853**
内资企业	**Domestic Funded Enterprises**	**5**	**782**	**5035**	**439853**
国有企业	State-owned Enterprises				
集体企业	Collective-owned Enterprises				
股份合作企业	Cooperative Enterprises				
联营企业	Joint Ownership Enterprises				
国有联营企业	State Joint Ownership Enterprises				
集体联营企业	Collective Joint Ownership Enterprises				
国有与集体联营企业	Joint State-Collective Enterprises				
其他联营企业	Other Joint Ownership Enterprises				
有限责任公司	Limited-liability Companies	3	271	1966	340611
国有独资公司	State Sole Funded Corporations				
其他有限责任公司	Other Limited-liability Companies	3	271	1966	340611
股份有限公司	Share Holding Ltd. Companies				
私营企业	Private Enterprises				
私营独资企业	Private-funded Enterprises				
私营合伙企业	Private Partnership Enterprises				
私营有限责任公司	Private Limited-liability Companies				
私营股份有限公司	Private Share Holding Ltd. Companies				
其他企业	Other Enterprises	1	210	968	34242
港、澳、台商投资企业	**Enterprises with Funds from HongKong, Macao and Taiwan**				
与港澳台商合资经营	Joint-venture Enterprises				
与港澳台商合作经营	Cooperative Enterprises				
港、澳、台商独资经营	Enterprises with Sole Fund				
港、澳、台商投资股份有限公司	Share -holding Corporations Ltd				
其他港澳台商投资	Other Funds from HongKong, Macao and Taiwan				
外商投资企业	**Foreign Investment Enterprises**				
中外合资经营企业	Joint-venture Enterprises				
中外合作经营企业	Cooperative Enterprises				
外资企业	Enterprises with Sole Foreign Investment				
外商投资股份有限公司	Share -holding Corporations Ltd				
其他外商投资	Other Foreign Investment				

16-11 续(continued)

指　　标	Item	商品销售额 (万元) Total Sales of Commodities (100 00yuan)	零售额 (万元) Retail Value (100 00yuan)	商品购进总额 (万元) Total Purchases Value (100 00yuan)	统一配送商品购进额 (万元) Centralized Purchase and Delivery (100 00yuan)
合　　计	**Total**	**2201999**	**1224304**	**1920707**	**1886862**
内资企业	**Domestic Funded Enterprises**	**2201999**	**1224304**	**1920707**	**1886862**
国有企业	State-owned Enterprises				
集体企业	Collective-owned Enterprises				
股份合作企业	Cooperative Enterprises				
联营企业	Joint Ownership Enterprises				
国有联营企业	State Joint Ownership Enterprises				
集体联营企业	Collective Joint Ownership Enterprises				
国有与集体联营企业	Joint State-Collective Enterprises				
其他联营企业	Other Joint Ownership Enterprises				
有限责任公司	Limited-liability Companies	576734	309984	476200	442355
国有独资公司	State Sole Funded Corporations				
其他有限责任公司	Other Limited-liability Companies	576734	309984	476200	442355
股份有限公司	Share Holding Ltd. Companies				
私营企业	Private Enterprises				
私营独资企业	Private-funded Enterprises				
私营合伙企业	Private Partnership Enterprises				
私营有限责任公司	Private Limited-liability Companies				
私营股份有限公司	Private Share Holding Ltd. Companies				
其他企业	Other Enterprises	39929	39929	24580	24580
港、澳、台商投资企业	**Enterprises with Funds from HongKong, Macao and Taiwan**				
与港澳台商合资经营	Joint-venture Enterprises				
与港澳台商合作经营	Cooperative Enterprises				
港、澳、台商独资经营	Enterprises with Sole Fund				
港、澳、台商投资股份有限公司	Share -holding Corporations Ltd				
其他港澳台商投资	Other Funds from HongKong, Macao and Taiwan				
外商投资企业	**Foreign Investment Enterprises**				
中外合资经营企业	Joint-venture Enterprises				
中外合作经营企业	Cooperative Enterprises				
外资企业	Enterprises with Sole Foreign Investment				
外商投资股份有限公司	Share -holding Corporations Ltd				
其他外商投资	Other Foreign Investment				

16-12 按行业和业态分连锁零售企业基本情况(2018)
Basic Statistics on Chain Retail Enterprises by Sector and Business Categories (2018)

指　标	Item	总店数（个）Number of Head Stores (unit)	门店总数（个）Number of Stores (unit)	年末从业人数（人）Employed Persons at Year-end (persons)	年末零售营业面积（平方米）Operating Area of Retail Enterprises at Year-end (sq.m)
合　计	**Total**	**5**	**782**	**5035**	**439853**
按行业分组	**By Sector**				
综合零售	Integrated Retail	2	240	1665	63057
食品、饮料及烟草制品专门零售	Special Retail of Food ,Beverages and Tobaccos				
纺织、服装及日用品专门零售	Special Retail of Textiles, Wearing Apparel and Household Articles				
文化、体育用品及器材专门零售	Retail of Culture, Sports Appliances and Equipments				
医药及医疗器材专门零售	Retail of Medicines and Medical Appliances	1	140	280	11200
汽车、摩托车、燃料及零配件专门零售	Retail of Motor Vehicles,Motorcycles,Fuel and Parts	2	402	3090	365596
家用电器及电子产品专门零售	Special Retail of Household Electric Appliances and Electronic Products				
五金、家具及室内装修材料专门零售	Special Retail of Hardware,Furniture and Interior Decoration Materials				
无店铺及其他零售	Stalls,Non-Shop and Other Retails				
按业态分	**By Business Categories**				
便利店	Convenience Store				
折扣店	Discount Store				
超市	Supermarket	2	240	1665	63057
大型超市	Hypermarket				
仓储会员店	Warehouse Club				
百货商店	Department Store				
专业店	Specialty Store	3	542	3370	376796
其中：加油站	Gas Station	2	402	3090	365596
专卖店	Franchised Store				
家居建材店	Building Material Store				
厂家直销中心	Factory Outlets Center				
其他	Other Store				

16-12 续(continued)

指 标	Item	商品销售额 (万元) Total Sales of Commodities (100 00yuan)	零售额 (万元) Retail Value (100 00yuan)	商品购进总额 (万元) Total Purchases Value (100 00yuan)	统一配送商品购进额 (万元) Centralized Purchase and Delivery (100 00yuan)
合 计	**Total**	**2201999**	**1224304**	**1920708**	**1886863**
按行业分组	**By Sector**				
综合零售	Integrated Retail	80011	80011	58425	24580
食品、饮料及烟草制品专门零售	Special Retail of Food ,Beverages and Tobaccos				
纺织、服装及日用品专门零售	Special Retail of Textiles, Wearing Apparel and Household Articles				
文化、体育用品及器材专门零售	Retail of Culture, Sports Appliances and Equipments				
医药及医疗器材专门零售	Retail of Medicines and Medical Appliances	10442	10442	7872	7872
汽车、摩托车、燃料及零配件专门零售	Retail of Motor Vehicles,Motorcycles,Fuel and Parts	2111546	1133851	1854411	1854411
家用电器及电子产品专门零售	Special Retail of Household Electric Appliances and Electronic Products				
五金、家具及室内装修材料专门零售	Special Retail of Hardware,Furniture and Interior Decoration Materials				
无店铺及其他零售	Stalls,Non-Shop and Other Retails				
按业态分	**By Business Categories**				
便利店	Convenience Store				
折扣店	Discount Store				
超市	Supermarket	80011	80011	58425	24580
大型超市	Hypermarket				
仓储会员店	Warehouse Club				
百货商店	Department Store				
专业店	Specialty Store	2121988	1144293	1862283	1862283
其中：加油站	Gas Station	2111546	1133851	1854411	1854411
专卖店	Franchised Store				
家居建材店	Building Material Store				
厂家直销中心	Factory Outlets Center				
其他	Other Store				

16-13 亿元以上商品交易市场基本情况(2018)

Basic Statistics on Commodity Exchange Markets of Transaction Value over 100 Million Yuan (2018)

市场	Market	市场数量(个) Number of Markets (unit)	摊位数(个) Number of Booths (unit)	营业面积(平方米) Operating Area (sq.m)	成交额(亿元) Turnover (100 million yuan)
总计	**Total**	**4**	**2405**	**1070600**	**36.79**
综合市场	**Integrated Markets**	**1**	**678**	**7600**	**4.90**
综合贸易市场	**Comprehensive Market**	**1**	**678**	**7600**	**4.90**
生产资料综合市场	Production Comprehensive Market				
工业消费品综合市场	Industrial Consumable Comprehensive Markets				
农产品综合市场	Farm Product Comprehensive Markets				
其他综合市场	Other Comprehensive Markets	1	678	7600	4.90
专业市场	**Special Markets**	**3**	**1727**	**1063000**	**31.88**
生产资料市场	Production Markets	1	825	680000	19.21
农业生产用具市场	Agricultural Production Equiment Markets				
农用生产资料市场	Agricultural Production Markets				
煤炭市场	Coal and Charcoal Markets				
木材市场	Wood Markets				
建材市场	Building Material Markets	1	825	680000	19.21
化工材料及制品市场	Chemical Materials and Products Markets				
金属材料市场	Metal Materials Markets				
机械设备市场	Mechanical Equipments Markets				
其他生产资料市场	Others				
农产品市场	Farm Product Markets	1	422	3000	3.08
粮油市场	Grain and Oil Markets				
肉禽蛋市场	Meat, Poultry and Eggs Markets				
水产品市场	Aquatic Products Markets				
蔬菜市场	Vegetables Markets				
干鲜果品市场	Dried and Fresh Melons and Fruits Markets				
棉麻土畜、烟叶市场	Cotton, Local & Livestock Products, and Tobacco Markets				
其他农产品市场	Others	1	422	3000	3.08
食品、饮料及烟酒市场	Food, Beverages, Tobacco and Liquor Markets				
纺织、服装、鞋帽市场	Textiles, Clothing, Shoes and Hats Markets				
日用品及文化用品市场	Daily Use Articles and Cultural Goods Markets				
黄金、珠宝、玉器等首饰市场	Gold, Jeweller, Jade Markets				
电器、通讯器材、电子设备市场	Electrical Appliances, Communication Appliances and Electronical Appliances Markets				
家电市场	Household Appliances Markets				
通讯器材市场	Communication Appliances Markets				
照相、摄像器材市场	Cameras and Video Equipmetns Markets				
计算机及辅助设备市场	Computer and Auxillary Equipments Markets				
其他电器、通讯器材、电子设备市场	Others				
医药、医疗用品及器材市场	Medicine, Medical Materials and				
家具、五金及装饰材料市场	Furniture, Hardware and Decoration	1	480	380000	9.60
汽车、摩托车及零配件市场	Cars, Motorcycles and Spare Parts Markets				
花、鸟、鱼、虫市场	Flower, Bird, Fish and Insects Markets				
旧货市场	Second Hand Markets				
其他专业市场	Others				

16-13 续(continued)

市 场	Market	市场数量(个) Number of Markets (unit)	摊位数(个) Number of Booths (unit)	营业面积(平方米) Operating Area (sq.m)	成交额(亿元) Turnover (100 million yuan)
二、按营业状态分组	**by status**				
1. 常年营业	annual	4	2405	1070600	37
2. 季节性营业	seasonal				
3. 其他	others				
三、按经营方式分组	**by modes**				
1. 以批发为主	Wholesale	1	825	680000	19
2. 以零售为主	Retail	3	1580	390600	18
四、按经营环境分组	**by environment**				
1. 露天式	outdoor	1	825	680000	19
2. 封闭式	indoor	3	1580	390600	18

16-14 亿元以上商品交易市场摊位分类情况(2018)

Classification of Commodity Exchange Markets of Transaction Value over 100 Million Yuan (2018)

类别	Classification	摊位数（个）Number of Booths (unit)	成交额（亿元）Turnover (100 million yuan)
总计	**Total**	**2405**	**37**
粮油、食品类	Food	779	6
#粮油类	Grain and Oil	22	0
肉禽蛋类	Meat, Poultry and Eggs	224	3
水产品类	Aquatic Products	224	2
蔬菜类	Vegetables	211	1
干鲜果品类	Dried and Fresh Melons and Fruits	98	1
饮料类	Beverages		
烟酒类	Tobacco and Liquor	3	0
服装鞋帽、针、纺织品类	Clothing, Shoes, Hats and Textiles	313	2
服装类	Clothing	292	2
鞋帽类	Footwear and Hats	20	0
针、纺织品类	Knitwear and Textiles	1	0
化妆品类	Cosmetics		
金银珠宝类	Gold, Silver and Jewellery		
日用品类	Articles for Daily Use	5	0
儿童玩具类	Children Toys		
五金、电料类	Hardware & Electrical Materials	181	3
体育、娱乐用品类	Sports & Recreational Articles		
书报杂志类	Newspapers and Magazines		
电子出版物及音像制品类	E-journal and Video Products		
家用电器和音像器材类	Household Appliances and Video Equipments		
中西药品类	Traditional Chinese and Western Medicine		
#西药类	Western Medicine		
中草药及中成药类	Traditional Chinese		
文化办公用品类	Cultural and Official Goods		
#计算机及其配套产品	Computer and Corollary Equipment		
家具类	Furniture	120	3
通讯器材类	Communication Appliances		
煤炭及制品类	Coal and Related Products		
木材及制品类	Wood and Wooden Products		
石油及制品类	Petroleum and Related Products		
化工材料及制品类	Raw Chemical Materials and Related Products		
#化肥类	Fertilizer		
金属材料类	Metal Materials		
建筑及装潢材料类	Building and Decoration Materials	972	22
机电产品及设备类	Mechanical & Electrical Products	32	1
#农机类	Agricultural Machinery		
汽车类	Automobile		
种子饲料类	Seed and Feedstuff		
棉麻类	Cotton and Hemp		
其他类	Others		

16-15 住宿和餐饮业情况
Basic Statistics on Hotels and Catering Services

单位：万元、个、人、平方米 (10 000 yuan、unit、person、sq.m)

指标	Item	2005	2010	2014	2015	2016	2017	2018
住宿和餐饮业	**Hotels and Catering Services**							
法人企业	Number of Corporation Enterprises	291	412	321	305	306	310	311
年末从业人数	Employed Persons at Year-end	36936	65532	70500	58596	57739	56410	58074
营业额	Business Revenue	261046	886351	1046522	1076118	1098097	1215044	1346023
#餐费收入	From Meals	101526	338764	352739	356246	376834	411287	466441
年末餐饮营业面积	Business Area of Catering Services at Year-end	237000	508316	679726	649280	646748	687827	685501
住宿业	**Hotels**							
法人企业	Number of Corporation Enterprises	254	311	259	252	255	258	256
年末从业人数	Employed Persons at Year-end	33233	56088	61872	54146	52344	51047	52166
营业额	Business Revenue	224165	766626	973348	1014627	1019831	1121536	1221858
#客房收入	Form Hotel Rooms	138584	476529	603762	628959	632670	711833	769749
餐费收入	From Meals	67086	229240	290217	303001	307404	328210	349208
客房数	Number of Hotel Rooms		64516	63492	64091	68002	76236	71769
床位数	Number of Beds	112000	118640	103078	104200	110299	121736	120589
年末餐饮营业面积	Business Area of Catering Services at Year-end	166000	324590	535362	529383	523985	546332	544070
餐饮业	**Catering Services**							
法人企业	Number of Corporation Enterprises	37	101	62	53	51	52	55
年末从业人数	Employed Persons at Year-end	3703	9444	8628	4450	5395	5363	5908
营业额	Business Revenue	36881	119725	73174	61491	78266	93508	124165
#餐费收入	From Meals	34440	109524	62522	53244	69430	83078	117233
年末餐饮营业面积	Business Area of Catering Services at Year-end	71000	183726	144364	119897	122763	141495	141431

注：1、2008年以前的统计范围为限额以上法人企业、产业活动单位，2008年及以后为限额以上法人企业。

2、2008年以前的统计限额划分指标为“年商品销售额”、“年末从业人员”，2008年以后为“年主营业务收入”。

Notes: a)The scope of statistics before 2008 refer to corporate enterprises above designated size and industrial units,after 2008 only refer to corporate enterprises above designated size.

b)Index for ranking of designated size before 2008 refer to total sales of commodities and employed persons at year-end,after 2008 refer to revenue from principal business.

16-16 限额以上住宿业和限额以上餐饮业企业基本情况(2018)
Basic Statistics on Enterprises above Designated Size of Hotels and Catering Services (2018)

项目	Item	法人企业(个) Number of Corporation Enterprises (unit)	年末从业人数(人) Employed Persons at Year-end (person)	年末餐饮营业面积(平方米) Business Area of Catering at Year-end (sq.m)	年末住宿和餐饮企业拥有床位数(个) Number of Beds in Catering Services and Hotel Services Enterprises at Year-end (unit)	年末住宿和餐饮企业拥有餐位数(位) Number of Seats in Catering Services Enterprises at Year-end (unit)
合计	**Total**	**311**	**58074**	**685501.0**	**121365**	**176171**
住宿业	**Hotel Services**	**256**	**52166**	**544070.0**	**120589**	**112833**
按登记注册类型分组	**By Status of Registration**					
内资企业	Domestic Funded Enterprises	231	42929	446543.0	103771	94132
国有企业	State-owned Enterprises	10	1019	17445.0	3516	2964
集体企业	Collective-owned Enterprises					
股份合作企业	Cooperative Enterprises	1	100	9899.0	405	800
联营企业	Joint Ownership Enterprises					
国有联营企业	State Joint Ownership Enterprises					
其他联营企业	Other Joint Ownership Enterprises					
有限责任公司	Limited-liability Companies	182	33087	354278.0	79331	68001
国有独资公司	State Sole Funded Corporations	6	992	13066.0	2356	2530
其他有限责任公司	Other Limited-liability Companies	176	32095	341212.0	76975	65471
股份有限公司	Share Holding Ltd. Companies	11	4197	24826.0	6273	5861
私营企业	Private Enterprises	26	4335	38295.0	13834	16127
私营独资企业	Private-funded Enterprises	1	91	600.0	130	150
私营合伙企业	Private Partnership Enterprises					
私营有限责任公司	Private Limited-liability Companies	24	4204	37695.0	13298	15977
私营股份有限公司	Private Share Holding Ltd. Companies	1	40		406	
其他企业	Other Enterprises	1	191	1800.0	412	379
港澳台商投资企业	Enterprises with Funds from HongKong, Macao and Taiwan	18	7180	77363.0	12866	12570
合资经营企业(港或澳、台资)	Joint Ventures(Hongkong or Macao, Taiwan)	7	3845	43959.0	7600	6536
合作经营企业(港或澳、台资)	Cooperative Enterprises (Hongkong or Macao, Taiwan)					
港澳台商独资经营企业	Enterprises with Sole Investment	9	2747	27121.0	4240	4925
港、澳、台商投资股份有限公司	Share Holding Companies Ltd.	2	588	6283.0	1026	1109
外商投资企业	Foreign Investment Enterprises	7	2057	20164.0	3952	6131
中外合资经营企业	Joint-venture Enterprises	4	1020	6164.0	2553	2025
中外合作经营企业	Cooperative Enterprises	1	381	3000.0	650	1250
外资企业	Enterprises with Sole Foreign Investment	1	354	8000.0	363	2480
外商投资股份有限公司	Foreign Businessman Investing Shareholding companies					
按住宿行业小类分组	**By Sector**					
旅游饭店	Tourist Hotel	237	50916	524221.0	116110	109073
一般旅馆	Fonda	15	898	16249.0	3274	2678
其他住宿业	Others	4	352	3600.0	1205	1082

16-16 续(continued)

项　　目	Item	法人企业(个) Number of Corporation Enterprises (unit)	年末从业人数(人) Employed Persons at Year-end (person)	年末餐饮营业面积(平方米) Business Area of Catering at Year-end (sq.m)	年末住宿和餐饮企业拥有床位数(个) Number of Beds in Catering Services and Hotel Services Enterprises at Year-end (unit)	年末住宿和餐饮企业拥有餐位数(位) Number of Seats in Catering Services Enterprises at Year-end (unit)
餐饮业	**Catering Services**	**55**	**5908**	**141431**	**776**	**63338**
按登记注册类型分组	**By Status of Registration**					
内资企业	Domestic Funded Enterprises	48	5111	130452	776	58682
国有企业	State-owned Enterprises	1	29	2500		150
集体企业	Collective-owned Enterprises					
有限责任公司	Limited-liability Companies	31	3173	74889	508	19714
其他有限责任公司	Other Limited-liability Companies	31	3173	74889	508	19714
股份有限公司	Share Holding Ltd. Companies	2	196	4100		1232
私营企业	Private Enterprises	14	1713	48963	268	37586
私营独资企业	Private-funded Enterprises	3	135	8596		3130
私营合伙企业	Private Partnership Enterprises					
私营有限责任公司	Private Limited-liability Companies	10	1516	38367	190	33956
私营股份有限公司	Private Share Holding Ltd. Companies	1	62	2000	78	500
其他企业	Other Enterprises					
港澳台商投资企业	Enterprises with Funds from HongKong Macao and Taiwan	7	797	10979		4656
合资经营企业(港或澳、台资)	Joint Ventures(Hongkong or Macao, Taiwan)	2	185	4500		2151
合作经营企业(港或澳、台资)	Cooperative Enterprises (Hongkong or Macao, Taiwan)	1	161	200		100
港澳台商独资经营企业	Enterprises with Sole Investment	4	451	6279		2405
外商投资企业	Foreign Investment Enterprises					
外资企业	Enterprises with Sole Foreign Investment					
按餐饮行业小类分组	**By Sector**					
正餐服务	Restaurant	51	4617	126431	698	60081
快餐服务	Fast Food	3	1229	13000		2757
饮料及冷饮服务	Beverages and Cold Drinks	1	62	2000	78	500
其他餐饮服务	Others					

16-17 限额以上住宿和餐饮业经营情况(2018)

Operating Conditions of Enterprises above Designated Size of Hotels and Catering Services (2018)

单位：万元 (10000 yuan)

项目	Item	营业额 Business Revenue	客房收入 From Hotel Rooms	餐费收入 From Meals	商品销售收入 Sales Value of Commodities	其他收入 Other Revenue
合计	**Total**	**1346023**	**771694**	**466441**	**6814**	**101075**
住宿业	**Hotel Services**	**1221858**	**769749**	**349208**	**5714**	**97187**
按登记注册类型分组	**By Status of Registration**					
内资企业	Domestic Funded Enterprises	945657	588436	269526	5128	82567
国有企业	State-owned Enterprises	12939	7303	3637	51	1948
集体企业	Collective-owned Enterprises					
股份合作企业	Cooperative Enterprises	887	404	361		121
联营企业	Joint Ownership Enterprises					
国有联营企业	State Joint Ownership Enterprises					
其他联营企业	Other Joint Ownership Enterprises					
有限责任公司	Limited-liability Companies	727759	461948	210374	2000	53437
国有独资公司	State Sole Funded Corporations	16174	8888	4552		2734
其他有限责任公司	Other Limited-liability Companies	711584	453060	205822	2000	50703
股份有限公司	Share Holding Ltd. Companies	105590	62791	25389	2007	15403
私营企业	Private Enterprises	95479	53876	28969	1070	11564
私营独资企业	Private-funded Enterprises	927	395	533		
私营合伙企业	Private Partnership Enterprises					
私营有限责任公司	Private Limited-liability Companies	93672	52630	28436	1070	11535
私营股份有限公司	Private Share Holding Ltd. Companies	880	851			29
其他企业	Other Enterprises	3003	2114	796		93
港澳台商投资企业	Enterprises with Funds from HongKong, Macao and Taiwan	226501	153054	62278	192	10977
合资经营企业(港或澳、台资)	Joint Ventures(Hongkong or Macao, Taiwan)	143770	100244	38549	8	4969
合作经营企业(港或澳、台资)	Cooperative Enterprises(Hongkong or Macao, Taiwan)					
港澳台商独资经营企业	Enterprises with Sole Investment	67503	42416	19393	185	5509
港、澳、台商投资股份有限公司	Share Holding Companies Ltd.	15228	10394	4336		498
外商投资企业	Foreign Investment Enterprises	49700	28259	17404	394	3643
中外合资经营企业	Joint-venture Enterprises	24264	18327	5082	34	821
中外合作经营企业	Cooperative Enterprises	8228	4760	2867	8	593
外资企业	Enterprises with Sole Foreign Investment	9911	2669	6804	353	85
外商投资股份有限公司	Foreign Businessman Investing Shareholding companies					
按住宿行业小类分组	By Sector					
旅游饭店	Tourist Hotel	1206325	758987	345337	5686	96316
一般旅馆	Fonda	12265	8573	2829	11	853
其他住宿业	Others	3268	2189	1042	18	19

16-17 续(continued)

项　　目	Item	营业额 Business Revenue	客房收入 From Hotel Rooms	餐费收入 From Meals	商品销售收入 Sales Value of Commodities	其他收入 Other Revenue
餐饮业	**Catering Services**	**124165**	**1945**	**117233**	**1100**	**3888**
按登记注册类型分组	**By Status of Registration**					
内资企业	Domestic Funded Enterprises	103634	1945	98674	1032	1984
国有企业	State-owned Enterprises	307		307		
集体企业	Collective-owned Enterprises					
有限责任公司	Limited-liability Companies	68104	1150	65150	959	844
其他有限责任公司	Other Limited-liability Companies	68104	1150	65150	959	844
股份有限公司	Share Holding Ltd. Companies	2647		2647		
私营企业	Private Enterprises	32575	795	30570	72	1139
私营独资企业	Private-funded Enterprises	1731		1731		
私营合伙企业	Private Partnership Enterprises					
私营有限责任公司	Private Limited-liability Companies	30254	732	28331	52	1139
私营股份有限公司	Private Share Holding Ltd. Companies	590	63	507	20	
其他企业	Other Enterprises					
港澳台商投资企业	Enterprises with Funds from HongKong Macao and Taiwan	20531		18559	68	1904
合资经营企业(港或澳、台资)	Joint Ventures(Hongkong or Macao, Taiwan)	1812		1372		440
合作经营企业(港或澳、台资)	Cooperative Enterprises (Hongkong or Macao, Taiwan)	1610		77	68	1464
港澳台商独资经营企业	Enterprises with Sole Investment	17110		17110		
外商投资企业	Foreign Investment Enterprises					
外资企业	Enterprises with Sole Foreign Investment					
按餐饮行业小类分组	**By Sector**					
正餐服务	Restaurant	88347	1882	81973	1079	3414
快餐服务	Fast Food	35227		34753		474
饮料及冷饮服务	Beverages and Cold Drinks	590	63	507	20	
其他餐饮服务	Others					

16-18 限额以上餐饮企业财务状况(2018)

Financial Indicator on Enterprises above Designated Size of Catering Services (2018)

单位：万元 (10 000 yuan)

项　目	Item	企业数(个) Number of Enterprises (unit)	流动资产合计 Total Current Assets	存货 Inventory	固定资产原价 Original Value of Fixed Assets
合　计	**Total**	**55**	**61167.6**	**3526.5**	**52008.3**
按登记注册类型分组	**By Status of Registration**				
内资企业	Domestic Funded Enterprises	48	40569.0	2892.3	25611.5
国有企业	State-owned Enterprises	1	12.7	9.9	1790.6
集体企业	Collective-owned Enterprises				
有限责任公司	Limited-liability Companies	31	22273.8	2050.6	11317.7
其他有限责任公司	Other Limited-liability Companies	31	22273.8	2050.6	11317.7
股份有限公司	Share Holding Ltd. Companies	2	1191.4	130.0	1559.4
私营企业	Private Enterprises	14	17091.1	701.8	10943.8
私营独资企业	Private-funded Enterprises	3	690.6	44.6	101.2
私营合伙企业	Private Partnership Enterprises				
私营有限责任公司	Private Limited-liability Companies	10	13882.1	532.0	10233.0
私营股份有限公司	Private Share Holding Ltd. Companies	1	2518.4	125.2	609.6
其他企业	Other Enterprises				
港澳台商投资企业	Enterprises with Funds from HongKong Macao and Taiwan	7	20598.6	634.2	26396.8
合资经营企业(港或澳、台资)	Joint Ventures(Hongkong or Macao, Taiwan)	2	534.0	44.1	5881.9
合作经营企业(港或澳、台资)	Cooperative Enterprises(Hongkong or Macao, Taiwan)	1	1908.3	316.2	14988.6
港澳台商独资经营企业	Enterprises with Sole Investment	4	18156.3	273.9	5526.3
外商投资企业	Foreign Investment Enterprises				
外资企业	Enterprises with Sole Foreign Investment				
按餐饮行业小类分组	**By Sector**				
正餐服务	Restaurant	51	47736.7	2880.6	43396.4
快餐服务	Fast Food	3	10912.5	520.7	8002.3
饮料及冷饮服务	Beverages and Cold Drinks	1	2518.4	125.2	609.6
其他餐饮服务	Others				

16-18 续1(continued 1)

单位：万元 (10 000 yuan)

项目	Item	累计折旧 Accumulated Depreciation	本年折旧 Depreciation This Year	资产合计 Total Assets	负债合计 Total Liabilities	所有者权益合计 Total Owners' Equities
合计	**Total**	**25486**	**6700**	**125537**	**110050**	**15487**
按登记注册类型分组	**By Status of Registration**					
内资企业	Domestic Funded Enterprises	11841	2418	86756	66544	20212
国有企业	State-owned Enterprises	710	51	1093	1564	-471
集体企业	Collective-owned Enterprises					
有限责任公司	Limited-liability Companies	4644	1731	41159	36548	4611
其他有限责任公司	Other Limited-liability Companies	4644	1731	41159	36548	4611
股份有限公司	Share Holding Ltd. Companies	925	71	3258	1400	1858
私营企业	Private Enterprises	5562	566	41246	27032	14213
私营独资企业	Private-funded Enterprises	49	18	1683	957	726
私营合伙企业	Private Partnership Enterprises					
私营有限责任公司	Private Limited-liability Companies	5263	505	34683	20727	13956
私营股份有限公司	Private Share Holding Ltd. Companies	249	43	4880	5349	-469
其他企业	Other Enterprises					
港澳台商投资企业	Enterprises with Funds from HongKong Macao and Taiwan	13645	4282	38781	43506	-4725
合资经营企业(港或澳、台资)	Joint Ventures(Hongkong or Macao, Taiwan)	1487	368	6259	1664	4595
合作经营企业(港或澳、台资)	Cooperative Enterprises (Hongkong or Macao, Taiwan)	7294	572	13713	27054	-13340
港澳台商独资经营企业	Enterprises with Sole Investment	4863	3342	18809	14788	4021
外商投资企业	Foreign Investment Enterprises					
外资企业	Enterprises with Sole Foreign Investment					
按餐饮行业小类分组	**By Sector**					
正餐服务	Restaurant	21711	3132	99304	92831	6473
快餐服务	Fast Food	3525	3525	21353	11870	9483
饮料及冷饮服务	Beverages and Cold Drinks	249	43	4880	5349	-469
其他餐饮服务	Others					

16-18 续2(continued 2)

单位：万元 (10 000 yuan)

项　目	Item	实收资本 Capital Held	国家资本 State-owned Capital	集体资本 Collective-owned Capital	法人资本 Institutional Capital	个人资本 Individual Capital	港澳台资本 Hong Kong Macao and Taiwan Capital	外商资本 Foreign Capital
合　计	**Total**	**47231**	**1742**	**4955**	**4621**	**29006**	**6907**	
按登记注册类型分组	**By Status of Registration**							
内资企业	Domestic Funded Enterprises	36642	1742	1705	4321	28875		
国有企业	State-owned Enterprises	1742	1742					
集体企业	Collective-owned Enterprises							
有限责任公司	Limited-liability Companies	8272		1705	3621	2946		
其他有限责任公司	Other Limited-liability Companies	8272		1705	3621	2946		
股份有限公司	Share Holding Ltd. Companies	2277			100	2177		
私营企业	Private Enterprises	24352			600	23752		
私营独资企业	Private-funded Enterprises	1134				1134		
私营合伙企业	Private Partnership Enterprises							
私营有限责任公司	Private Limited-liability Companies	21218			600	20618		
私营股份有限公司	Private Share Holding Ltd. Companies	2000				2000		
其他企业	Other Enterprises							
港澳台商投资企业	Enterprises with Funds from HongKong Macao and Taiwan	10589		3250	300	131	6907	
合资经营企业(港或澳、台资)	Joint Ventures(Hongkong or Macao, Taiwan)	5131		3250		131	1750	
合作经营企业(港或澳、台资)	Cooperative Enterprises (Hongkong or Macao, Taiwan)	3500					3500	
港澳台商独资经营企业	Enterprises with Sole Investment	1957			300		1657	
外商投资企业	Foreign Investment Enterprises							
外资企业	Enterprises with Sole Foreign Investment							
按餐饮行业小类分组	**By Sector**							
正餐服务	Restaurant	27188	1742	3950	4290	11347	5859	
快餐服务	Fast Food	348					348	
饮料及冷饮服务	Beverages and Cold Drinks							
其他餐饮服务	Others							

16-18 续3(continued 3)

单位：万元 (10 000 yuan)

项 目	Item	主营业务收入 Revenue from Principal Business	主营业务成本 Main Business Costs	主营业务税金及附加 Main Business Tax and Extra Charges	其他业务利润 Profits of Other Business
合 计	**Total**	**115041**	**48306**	**1385**	**4726**
按登记注册类型分组	**By Status of Registration**				
内资企业	Domestic Funded Enterprises	95584	43107	802	309
国有企业	State-owned Enterprises	298	198	5	
集体企业	Collective-owned Enterprises				
有限责任公司	Limited-liability Companies	62553	25014	565	283
其他有限责任公司	Other Limited-liability Companies	62553	25014	565	283
股份有限公司	Share Holding Ltd. Companies	2522	1100	29	
私营企业	Private Enterprises	30211	16795	202	26
私营独资企业	Private-funded Enterprises	1731	688	51	
私营合伙企业	Private Partnership Enterprises				
私营有限责任公司	Private Limited-liability Companies	27889	15926	148	26
私营股份有限公司	Private Share Holding Ltd. Companies	590	181	4	
其他企业	Other Enterprises				
港澳台商投资企业	Enterprises with Funds from HongKong Macao and Taiwan	19457	5200	583	4416
合资经营企业(港或澳、台资)	Joint Ventures(Hongkong or Macao, Taiwan)	1665	449	55	
合作经营企业(港或澳、台资)	Cooperative Enterprises (Hongkong or Macao, Taiwan)	1507	144	516	
港澳台商独资经营企业	Enterprises with Sole Investment	16285	4607	12	4416
外商投资企业	Foreign Investment Enterprises				
外资企业	Enterprises with Sole Foreign Investment				
按餐饮行业小类分组	**By Sector**				
正餐服务	Restaurant	81184	38438	1203	4726
快餐服务	Fast Food	33267	9687	178	
饮料及冷饮服务	Beverages and Cold Drinks	590	181	4	
其他餐饮服务	Others				

16-18 续4(continued 4)

单位：万元 (10 000 yuan)

项　目	Item	销售费用 Business Cost	管理费用 Management Cost	财务费用 Financial Cost	利息支出 Expenses of Interest
合　计	**Total**	**49225**	**16564**	**1580**	**1248**
按登记注册类型分组	**By Status of Registration**				
内资企业	Domestic Funded Enterprises	40248	10068	1432	1248
国有企业	State-owned Enterprises	125	91	-1	
集体企业	Collective-owned Enterprises				
有限责任公司	Limited-liability Companies	29093	4538	151	15
其他有限责任公司	Other Limited-liability Companies	29093	4538	151	15
股份有限公司	Share Holding Ltd. Companies	954	378	12	
私营企业	Private Enterprises	10076	5060	1270	1232
私营独资企业	Private-funded Enterprises	781	123	38	36
私营合伙企业	Private Partnership Enterprises				
私营有限责任公司	Private Limited-liability Companies	9266	4665	906	870
私营股份有限公司	Private Share Holding Ltd. Companies	29	272	326	326
其他企业	Other Enterprises				
港澳台商投资企业	Enterprises with Funds from HongKong Macao and Taiwan	8977	6496	148	
合资经营企业(港或澳、台资)	Joint Ventures(Hongkong or Macao, Taiwan)	900	425	-1	
合作经营企业(港或澳、台资)	Cooperative Enterprises (Hongkong or Macao, Taiwan)	994	1813	3	
港澳台商独资经营企业	Enterprises with Sole Investment	7083	4258	147	
外商投资企业	Foreign Investment Enterprises				
外资企业	Enterprises with Sole Foreign Investment				
按餐饮行业小类分组	**By Sector**				
正餐服务	Restaurant	32896	11893	1239	918
快餐服务	Fast Food	16300	4398	16	4
饮料及冷饮服务	Beverages and Cold Drinks	29	272	326	326
其他餐饮服务	Others				

16-18 续5(continued 5)

单位：万元 (10 000 yuan)

项目	Item	营业利润 Business Profits	利润总额 Total Profits	应交税费用 Income Tax payable	应付职工薪酬 Wage Bill Payable	应交增值税 Value-added Tax Payable
合计	**Total**	**-2488**	**-2325**	**1018**	**27772**	**2570**
按登记注册类型分组	**By Status of Registration**					
内资企业	Domestic Funded Enterprises	-530	-424	845	23846	2507
国有企业	State-owned Enterprises	-121	-120		109	5
集体企业	Collective-owned Enterprises					
有限责任公司	Limited-liability Companies	2732	2780	498	15275	1902
其他有限责任公司	Other Limited-liability Companies	2732	2780	498	15275	1902
股份有限公司	Share Holding Ltd. Companies	49	68	12	637	153
私营企业	Private Enterprises	-3190	-3151	335	7825	447
私营独资企业	Private-funded Enterprises	50	50	19	482	70
私营合伙企业	Private Partnership Enterprises					
私营有限责任公司	Private Limited-liability Companies	-3019	-2976	316	7215	371
私营股份有限公司	Private Share Holding Ltd. Companies	-221	-225		128	7
其他企业	Other Enterprises					
港澳台商投资企业	Enterprises with Funds from HongKong Macao and Taiwan	-1958	-1901	174	3926	64
合资经营企业(港或澳、台资)	Joint Ventures(Hongkong or Macao, Taiwan)	-173	-162	4	860	1
合作经营企业(港或澳、台资)	Cooperative Enterprises (Hongkong or Macao, Taiwan)	-1961	-1966		90	7
港澳台商独资经营企业	Enterprises with Sole Investment	176	227	170	2977	56
外商投资企业	Foreign Investment Enterprises					
外资企业	Enterprises with Sole Foreign Investment					
按餐饮行业小类分组	**By Sector**					
正餐服务	Restaurant	-5182	-5017	671	21571	2372
快餐服务	Fast Food	2915	2917	348	6073	192
饮料及冷饮服务	Beverages and Cold Drinks	-221	-225		128	7
其他餐饮服务	Others					

16-19 限额以上住宿企业财务状况(2018)

Financial Indicator on Enterprises above Designated Size of Hotels (2018)

单位：万元 (10 000 yuan)

项 目	Item	企业数(个) Number of Enterprises (unit)	流动资产合计 Total Current Assets	存货 Inventory	固定资产原价 Original Value of Fixed Assets
合 计	**Total**	**256**	**3290577**	**622118**	**3673239**
按登记注册类型分组	**By Status of Registration**				
内资企业	Domestic Funded Enterprises	231	2694191	364774	2456044
国有企业	State-owned Enterprises	10	21089	381	23453
集体企业	Collective-owned Enterprises				
股份合作企业	Cooperative Enterprises	1	192	17	1701
联营企业	Joint Ownership Enterprises				
国有联营企业	State Joint Ownership Enterprises				
其他联营企业	Other Joint Ownership Enterprises				
有限责任公司	Limited-liability Companies	182	1943734	167235	1678175
国有独资公司	State Sole Funded Corporations	6	7934	447	66429
其他有限责任公司	Other Limited-liability Companies	176	1935800	166787	1611746
股份有限公司	Share Holding Ltd. Companies	11	595459	194061	666858
私营企业	Private Enterprises	26	131695	3005	83633
私营独资企业	Private-funded Enterprises	1	199		68
私营合伙企业	Private Partnership Enterprises				
私营有限责任公司	Private Limited-liability Companies	24	131053	2999	83259
私营股份有限公司	Private Share Holding Ltd. Companies	1	444	7	306
其他企业	Other Enterprises	1	2021	75	2224
港澳台商投资企业	Enterprises with Funds from HongKong, Macao and Taiwan	18	551632	256471	1086552
合资经营企业(港或澳、台资)	Joint Ventures(Hongkong or Macao, Taiwan)	7	256618	4833	562923
合作经营企业(港或澳、台资)	Cooperative Enterprises(Hongkong or Macao, Taiwan)				
港澳台商独资经营企业	Enterprises with Sole Investment	9	292404	251314	523530
港、澳、台商投资股份有限公司	Share Holding Companies Ltd.	2	2611	324	99
外商投资企业	Foreign Investment Enterprises	7	44753	873	130644
中外合资经营企业	Joint-venture Enterprises	4	26835	477	52424
中外合作经营企业	Cooperative Enterprises	1	2544	85	
外资企业	Enterprises with Sole Foreign Investment	1	11856	197	26432
外商投资股份有限公司	Foreign Businessman Investing Shareholding companies				
按住宿行业小类分组	**By Sector**				
旅游饭店	Tourist Hotel	237	3271244	621699	3607709
一般旅馆	Fonda	15	18029	297	30281
其他住宿业	Others	4	1304	122	35249

16-19 续1(continued 1)

单位：万元 (10 000 yuan)

项 目	Item	累计折旧 Accumulated Depreciation	本年折旧 Depreciation This Year	资产合计 Total Assets	负债合计 Total Liabilities	所有者权益合计 Total Owners' Equities
合 计	**Total**	**1114943**	**173119**	**7585379**	**5557050**	**2028329**
按登记注册类型分组	**By Status of Registration**					
内资企业	Domestic Funded Enterprises	706861	113218	5656801	4410586	1246215
国有企业	State-owned Enterprises	11771	2954	34829	38081	-3252
集体企业	Collective-owned Enterprises					
股份合作企业	Cooperative Enterprises	1248	28	660	17279	-16619
联营企业	Joint Ownership Enterprises					
国有联营企业	State Joint Ownership Enterprises					
其他联营企业	Other Joint Ownership Enterprises					
有限责任公司	Limited-liability Companies	569577	81927	4057989	2757066	1300923
国有独资公司	State Sole Funded Corporations	23301	1440	59975	43711	16264
其他有限责任公司	Other Limited-liability Companies	546277	80487	3998014	2713355	1284659
股份有限公司	Share Holding Ltd. Companies	91603	23847	1349953	1284853	65100
私营企业	Private Enterprises	30607	4432	211180	307195	-96015
私营独资企业	Private-funded Enterprises	30	14	324	115	209
私营合伙企业	Private Partnership Enterprises					
私营有限责任公司	Private Limited-liability Companies	30272	4417	210412	306886	-96474
私营股份有限公司	Private Share Holding Ltd. Companies	306		444	194	250
其他企业	Other Enterprises	2054	31	2191	6113	-3922
港澳台商投资企业	Enterprises with Funds from HongKong, Macao and Taiwan	326983	55375	1830959	1052327	778632
合资经营企业(港或澳、台资)	Joint Ventures(Hongkong or Macao, Taiwan)	176631	19288	1078656	657036	421620
合作经营企业(港或澳、台资)	Cooperative Enterprises(Hongkong or Macao, Taiwan)					
港澳台商独资经营企业	Enterprises with Sole Investment	150262	36084	749683	392309	357374
港、澳、台商投资股份有限公司	Share Holding Companies Ltd.	90	3	2620	2982	-363
外商投资企业	Foreign Investment Enterprises	81099	4526	97619	94136	3483
中外合资经营企业	Joint-venture Enterprises	37554	1370	44250	10852	33399
中外合作经营企业	Cooperative Enterprises			2544	7553	-5009
外资企业	Enterprises with Sole Foreign Investment	13373	1331	25282	25339	-57
外商投资股份有限公司	Foreign Businessman Investing Shareholding companies					
按住宿行业小类分组	**By Sector**					
旅游饭店	Tourist Hotel	1101427	170457	7509406	5474229	2035178
一般旅馆	Fonda	5438	1443	47491	39373	8117
其他住宿业	Others	8078	1220	28482	43448	-14966

16-19 续2(continued 2)

单位：万元 (10 000 yuan)

项　目	Item	实收资本 Capital Held	国家资本 State-owned Capital	集体资本 Collective-owned Capital	法人资本 Institutional Capital	个人资本 Individual Capital	港澳台资本 Hong Kong Macao and Taiwan capital	外商资本 Foreign Capital
合　计	**Total**	**2218433**	**347598**	**8722**	**1121733**	**107451**	**611859**	**21069**
按登记注册类型分组	**By Status of Registration**							
内资企业	Domestic Funded Enterprises	1523712	339258	2242	1080500	100851	861	
国有企业	State-owned Enterprises	11312	8056	2070	300	45	841	
集体企业	Collective-owned Enterprises							
股份合作企业	Cooperative Enterprises	1000			1000			
联营企业	Joint Ownership Enterprises							
国有联营企业	State Joint Ownership Enterprises							
其他联营企业	Other Joint Ownership Enterprises							
有限责任公司	Limited-liability Companies	1329108	286202	112	954386	88388	20	
国有独资公司	State Sole Funded Corporations	44765	17200		27565			
其他有限责任公司	Other Limited-liability Companies	1284344	269002	112	926821	88388	20	
股份有限公司	Share Holding Ltd. Companies	152567	45000		107377	190		
私营企业	Private Enterprises	29725		60	17437	12228		
私营独资企业	Private-funded Enterprises	150				150		
私营合伙企业	Private Partnership Enterprises							
私营有限责任公司	Private Limited-liability Companies	29473		60	17437	11976		
私营股份有限公司	Private Share Holding Ltd. Companies	102				102		
其他企业	Other Enterprises							
港澳台商投资企业	Enterprises with Funds from HongKong, Macao and Taiwan	670472	8340	6480	38054	6600	610998	
合资经营企业(港或澳、台资)	Joint Ventures(Hongkong or Macao, Taiwan)	99034	8340	6480	38054	6600	39560	
合作经营企业(港或澳、台资)	Cooperative Enterprises(Hongkong or Macao, Taiwan)							
港澳台商独资经营企业	Enterprises with Sole Investment	571336					571336	
港、澳、台商投资股份有限公司	Share Holding Companies Ltd.	102					102	
外商投资企业	Foreign Investment Enterprises	24248			3179			21069
中外合资经营企业	Joint-venture Enterprises	3179			3179			
中外合作经营企业	Cooperative Enterprises							
外资企业	Enterprises with Sole Foreign Investment							
外商投资股份有限公司	Foreign Businessman Investing Shareholding companies							
按住宿行业小类分组	**By Sector**							
旅游饭店	Tourist Hotel	2191592	336932	8710	1112808	100233	611839	21069
一般旅馆	Fonda	20454	10666	12	8138	1618	20	
其他住宿业	Others	6387			787	5600		

16-19 续3(continued 3)

单位：万元 (10 000 yuan)

项　目	Item	主营业务收入 Revenue from Principal Business	主营业务成本 Main Business Costs	主营业务税金及附加 Main Business Tax and Extra Charges	其他业务利润 Profits of Other Business
合　计	**Total**	**1535197**	**519898**	**102187**	**25160**
按登记注册类型分组	**By Status of Registration**				
内资企业	Domestic Funded Enterprises	1227401	416187	87978	22605
国有企业	State-owned Enterprises	11902	4370	42	
集体企业	Collective-owned Enterprises				
股份合作企业	Cooperative Enterprises	842	216	3	
联营企业	Joint Ownership Enterprises				
国有联营企业	State Joint Ownership Enterprises				
其他联营企业	Other Joint Ownership Enterprises				
有限责任公司	Limited-liability Companies	689355	187589	10243	19889
国有独资公司	State Sole Funded Corporations	15088	12829	326	11
其他有限责任公司	Other Limited-liability Companies	674267	174760	9917	19879
股份有限公司	Share Holding Ltd. Companies	436662	205268	76225	2406
私营企业	Private Enterprises	85959	18485	1173	310
私营独资企业	Private-funded Enterprises	1026	185	14	
私营合伙企业	Private Partnership Enterprises				
私营有限责任公司	Private Limited-liability Companies	84086	17833	1112	310
私营股份有限公司	Private Share Holding Ltd. Companies	847	467	47	
其他企业	Other Enterprises	2682	259	292	
港澳台商投资企业	Enterprises with Funds from HongKong, Macao and Taiwan	260079	90489	13168	2555
合资经营企业(港或澳、台资)	Joint Ventures(Hongkong or Macao, Taiwan)	144395	43591	3985	2494
合作经营企业(港或澳、台资)	Cooperative Enterprises(Hongkong or Macao, Taiwan)				
港澳台商独资经营企业	Enterprises with Sole Investment	101255	45591	9132	60
港、澳、台商投资股份有限公司	Share Holding Companies Ltd.	14429	1307	51	
外商投资企业	Foreign Investment Enterprises	47717	13222	1041	
中外合资经营企业	Joint-venture Enterprises	23231	3337	426	
中外合作经营企业	Cooperative Enterprises	8228	5732	8	
外资企业	Enterprises with Sole Foreign Investment	9445	3351	215	
外商投资股份有限公司	Foreign Businessman Investing Shareholding companies				
按住宿行业小类分组	**By Sector**				
旅游饭店	Tourist Hotel	1520695	516542	102090	24475
一般旅馆	Fonda	11273	2464	91	536
其他住宿业	Others	3229	891	7	149

16-19 续4(continued 4)

单位：万元 (10 000 yuan)

项目	Item	销售费用 Business Cost	管理费用 Management Cost	财务费用 Financial Cost	利息支出 Expenses of Interest
合　计	**Total**	**376721**	**465134**	**86900**	**65315**
按登记注册类型分组	**By Status of Registration**				
内资企业	Domestic Funded Enterprises	297878	351237	61299	41761
国有企业	State-owned Enterprises	4502	3974	205	178
集体企业	Collective-owned Enterprises				
股份合作企业	Cooperative Enterprises	1052	203	852	852
联营企业	Joint Ownership Enterprises				
国有联营企业	State Joint Ownership Enterprises				
其他联营企业	Other Joint Ownership Enterprises				
有限责任公司	Limited-liability Companies	204416	275507	34304	16374
国有独资公司	State Sole Funded Corporations	2774	5144	-489	19
其他有限责任公司	Other Limited-liability Companies	201642	270363	34792	16355
股份有限公司	Share Holding Ltd. Companies	30198	41260	17162	16751
私营企业	Private Enterprises	56430	29361	8771	7602
私营独资企业	Private-funded Enterprises	493	96	3	
私营合伙企业	Private Partnership Enterprises				
私营有限责任公司	Private Limited-liability Companies	55937	28984	8761	7602
私营股份有限公司	Private Share Holding Ltd. Companies		281	6	
其他企业	Other Enterprises	1280	932	5	4
港澳台商投资企业	Enterprises with Funds from HongKong, Macao and Taiwan	61723	100332	24284	23536
合资经营企业(港或澳、台资)	Joint Ventures(Hongkong or Macao, Taiwan)	27502	50612	16093	15948
合作经营企业(港或澳、台资)	Cooperative Enterprises(Hongkong or Macao, Taiwan)				
港澳台商独资经营企业	Enterprises with Sole Investment	29195	45196	8145	7588
港、澳、台商投资股份有限公司	Share Holding Companies Ltd.	5026	4524	46	
外商投资企业	Foreign Investment Enterprises	17121	13565	1318	18
中外合资经营企业	Joint-venture Enterprises	7806	7887	10	18
中外合作经营企业	Cooperative Enterprises	563	2551	25	
外资企业	Enterprises with Sole Foreign Investment	2992	2120	30	
外商投资股份有限公司	Foreign Businessman Investing Shareholding companies				
按住宿行业小类分组	**By Sector**				
旅游饭店	Tourist Hotel	369039	459904	86559	65017
一般旅馆	Fonda	4659	4739	331	299
其他住宿业	Others	3024	491	10	

16-19 续5(continued 5)

单位：万元 (10 000 yuan)

项　目	Item	营业利润 Business Profits	利润总额 Total Profits	应交所得税 Income Tax payable	应付职工薪酬 Wage Bill Payable	应交增值税 Value-added Tax Payable
合　计	**Total**	**17420**	**14747**	**16762**	**354462**	**30654**
按登记注册类型分组	**By Status of Registration**					
内资企业	Domestic Funded Enterprises	19372	17156	12525	282600	19718
国有企业	State-owned Enterprises	-477	-550	110	4880	351
集体企业	Collective-owned Enterprises					
股份合作企业	Cooperative Enterprises	-1484	-1429		424	28
联营企业	Joint Ownership Enterprises					
国有联营企业	State Joint Ownership Enterprises					
其他联营企业	Other Joint Ownership Enterprises					
有限责任公司	Limited-liability Companies	-16239	-17159	7245	214668	18048
国有独资公司	State Sole Funded Corporations	-5612	-5585	45	6080	279
其他有限责任公司	Other Limited-liability Companies	-10627	-11574	7200	208587	17769
股份有限公司	Share Holding Ltd. Companies	64939	63872	5042	38596	353
私营企业	Private Enterprises	-27299	-27508	128	22910	620
私营独资企业	Private-funded Enterprises	234	232	33	294	26
私营合伙企业	Private Partnership Enterprises					
私营有限责任公司	Private Limited-liability Companies	-27579	-27815	77	22414	547
私营股份有限公司	Private Share Holding Ltd. Companies	46	74	18	202	47
其他企业	Other Enterprises	-68	-70		1123	317
港澳台商投资企业	Enterprises with Funds from HongKong, Macao and Taiwan	-2955	-3224	4237	56134	9148
合资经营企业(港或澳、台资)	Joint Ventures(Hongkong or Macao, Taiwan)	29222	29743	4226	36883	4542
合作经营企业(港或澳、台资)	Cooperative Enterprises(Hongkong or Macao, Taiwan)					
港澳台商独资经营企业	Enterprises with Sole Investment	-35652	-36442	11	16629	4565
港、澳、台商投资股份有限公司	Share Holding Companies Ltd.	3475	3475		2621	41
外商投资企业	Foreign Investment Enterprises	1003	814		15729	1789
中外合资经营企业	Joint-venture Enterprises	3317	3433		8377	818
中外合作经营企业	Cooperative Enterprises	-652	-652		2497	494
外资企业	Enterprises with Sole Foreign Investment	738	741		2232	374
外商投资股份有限公司	Foreign Businessman Investing Shareholding companies					
按住宿行业小类分组	**By Sector**					
旅游饭店	Tourist Hotel	18964	16295	16731	350029	30325
一般旅馆	Fonda	-451	-440	20	3955	263
其他住宿业	Others	-1093	-1108	11	478	66

主要统计指标解释

社会消费品零售总额　指批发和零售业、住宿和餐饮业以及其他行业直接售给城乡居民和社会集团的消费品零售额。其中，对居民的消费品零售额，是指售予城乡居民用于生活消费的商品金额；对社会集团的消费品零售额，是指售给机关、社会团体、部队、学校、企事业单位、居委会或村委会等，公款购买的用作非生产、非经营使用与公共消费的商品金额。社会消费品零售总额包括：售给城乡居民作为生活消费用的商品和修建房屋用的建筑材料的金额，以及售给来华的外国人、华侨、港澳台同胞的消费品金额；售给社会集团用作非生产、非经营使用与公共消费的商品金额。不包括：城市居民间或居民委托信托商店卖出的商品；售给农业、工业、建筑业等行业用于生产的商品。

商品购进额　指从本企业以外的单位和个人购进（包括从国外直接进口）作为转卖或加工后转卖的商品金额（含增值税）。本指标反映批发和零售业从国内外市场上购进商品的总价。商品购进包括：（1）从工农业生产者、批发和零售业企业、住宿和餐饮业企业、出版社或报社的出版发行部门和其他服务业企业购进的商品；（2）从机关团体、事业单位购进的商品；（3）从海关、市场管理部门购进的缉私和没收的商品；（4）从居民收购的废旧商品等。不包括：（1）企业为本单位自身经营用，不是作为转卖而购进的商品，如材料物资、包装物、低值易耗品、办公用品等；（2）未通过买卖行为而收入的商品，如接受其他部门移交的商品、借入的商品、收入代其他单位保管的商品、其他单位赠送的样品、加工回收的成品等；（3）经本单位介绍，由买卖双方直接结算，本单位只收取手续费的业务；（4）销售退回和买方拒付货款的商品；（5）商品溢余。

商品销售额　指对本单位以外的单位和个人出售的商品金额（包括售给本单位消费用的商品，含增值税），本指标反映批发和零售业在国内市场上销售商品以及出口商品的总量。商品销售包括：（1）售给城乡居民和社会集团消费用的商品；（2）售给农业、工业、建筑业、运输邮电业、服务业、公用事业等国民经济各行业用于生产、经营用的商品，包括售予批发和零售业作为转卖或加工后转卖的商品；（3）对国（境）外直接出口的商品。商品销售不包括：（1）未通过买卖行为付出的商品，如随机构变动移交给其他企业单位的商品、借出的商品、归还受其他单位委托代保管的商品、付出的加工原料和赠送给其他单位的样品等；（2）经本单位介绍，由买卖双方直接结算，本单位只收取手续费的业务；（3）购货退回的商品；（4）商品损耗和损失；（5）出售本单位自用的废旧物资。

批发额　指售给国民经济各行业用于生产、经营用的商品金额。

零售额　指售给城乡居民用于生活消费和社会集团用于公共消费的商品金额。

进口　指直接从国外进口或委托外贸企业代理进口的商品金额，不包括从国内有关单位购进的进口商品。对外贸易企业只统计自主经营进口的商品，不统计受托代理进口的商品。

出口　指直接向国（境）外出口商品和委托外贸企业代理出口的商品金额，商品出口不包括售给外贸企业出口或加工后出口的商品，以及在国内市场以外币销售的商品。外贸企业只统计自主经营出口的商品，不包括受托代理出口的商品。

期末商品库存额　对于批发和零售业法人企业和个体经营户，是指取得所有权的全部商品金额（含增值税）；对于批发和零售业产业活动单位，是指期末实际在库且归属法人具有所有权的全部商品金额（含增值税）。这个指标反映批发和零售业的商品库存情况，以及对市场商品供应的保证程度。

连锁总店（总部）：指负责连锁企业资源（商号、商誉、经营模式、服务标准、管理模式等等）的开发、配置、控制或使用等功能的企业核心管理机构。连锁经营是指经营同类商品或服务，使用同一商号的若干商铺，在同一总店（总部）的管理下，采取统一采购或特许经营等方式，实现规模效益的组织形式，包括直营连锁、特许连锁和自愿连锁三种形式。

亿元以上商品交易市场：指年成交额在亿元及以上的商品交易市场。商品交易市场是指经有关部门和组织批准设立，有固定场所、设施，有经营管理部门和监管人员，若干市场经营者入内，常年或实际开业三个月以上，集中、公开、独立地进行生活消费品、生产资料等现货商品交易以及提供相关服务的交易场所，包括各类消费品市场、生产资料市场等。

营业额　指住宿和餐饮业单位在经营活动中因提供服务或销售商品等取得的全部收入，包括：客房收入、餐费收入、商品销售额（含增值税）和其他收入。不包括法人企业附营的其他行业产业活动单位的餐费收入、商品销售收入等各项收入。

客房收入 指住宿和餐饮业单位在经营活动中因提供住宿服务取得的收入。不包括法人企业附营的其他行业产业活动单位的客房收入。

餐费收入 指住宿和餐饮业单位因为顾客提供就餐服务取得的收入。包括：经烹饪、调制加工后出售的各种食品，如主食、炒菜、凉拌菜等的收入。不包括法人企业附营的其他行业产业活动单位的餐费收入。

商品销售额 指住宿和餐饮业单位出售商品的销售总额（含增值税）。不包括法人企业附营的其他行业产业活动单位的商品销售额。

其他收入 指营业额中除客房收入、餐费收入、商品销售额（含增值税）以外的其他收入。

年末餐饮营业面积 指住宿和餐饮业连锁门店对外提供就餐服务的门店建筑面积和从事食品加工、烹饪、调制的厨房面积，不包括办公用房和仓库等面积。该指标按年末实有面积统计。

客房数 指住宿和餐饮业连锁门店提供住宿服务的房间数，该指标按年内正常情况下的实有数统计。

床位数 指住宿和餐饮业连锁门店供应旅客使用的床位数，不包括临时加床和门店内部工作人员使用的床位。该指标按年内正常情况下的实有数统计。

餐位数 指住宿和餐饮业连锁门店为顾客提供就餐服务时，正常可同时容纳就餐人员的餐位数量，不包括临时加的餐位。该指标按年内正常情况下的实有数统计。

附：批发和零售业、住宿和餐饮业统计限额标准为：批发业年主营业务收入 2000 万元，零售业年主营业务收入 500 万元，住宿业、餐饮业年主营业务收入 200 万元。

Explanatory Notes on Main Statistical Indicators

Total Retail Sales of Consumer Goods refer to the sum of retail sales of consumer goods sold by industries of wholesale, retail trades, hotels, catering and others to urban and rural residents and social groups. Of which, retail sale to residents is the sale of commodities sold to urban and rural residents for living consume. Retail sale to social groups is the sale of commodities sold to government departments, groups, military units, schools, enterprises, institutions, residents' committee, villagers' committees and so on, sold for non-productive, non-operative use and public consume paid by public funds. Total retail sales of consumer goods include: sales of commodities sold to urban and rural residents for their daily use and building materials sold to them for the construction or repair of houses; sales of consumer goods sold to foreigners, overseas Chinese, and Chinese compatriots from Hong Kong, Macao and Taiwan during their stay in the mainland of China; sales of consumer goods sold to social groups for non-productive, non-operative use and public consume. Excluded are: sales of commodities between urban residents, sales of commodities entrusted by residents in trust shop, sales of commodities for production purpose to industries of agriculture, industry, construction and others.

Total Purchases Value of Commodities refer to the total value of purchases of commodities by the enterprises from other establishments or individuals (including direct import from abroad) for the purpose of re-selling, either with or without further processing of the commodities purchased. This indicator is used to show the total value of purchases of commodities by wholesale and retail establishments from domestic and overseas markets. The total purchases include: (1) commodities purchased from agricultural and industrial producers, wholesale and retail enterprises, hotels and catering services enterprises, distribution departments of the publishers and other service enterprises; (2) commodities purchased from government agencies and institutions; (3) confiscated goods purchased from customs authorities or market management agencies; (4) second-hand goods and wastes purchased from residents. Excluded are (1) enterprises for use in their own business operation not to re-sell, such as materials, packing materials, low consumable goods and office supplies, etc; (2) commodities obtained without buying or selling procedures, such as transferred goods from other departments, borrowing goods, keeping goods for other establishments, donated samples from other establishments, processed recovery products of finished, etc; (3) commission income from brokerage in transactions for which settlement is directly handled by buyers and sellers; (4) rejected commodities in the purchase and the refusal of payment; (5) goods overflow.

Total Sales Value of Commodities refer to value of commodities sold by the establishments to other establishments and individuals (including commodities sold to establishments for their consumption, with value-add tax). This indicator is used to show the total value of sales of commodities at domestic markets and export. The total sales include: (1) commodities sold to urban and rural residents and social groups for their consumption; (2) commodities sold to national economic sectors in industry, agriculture, construction, transportation, post and telecommunications, service sectors and public utilities for their production and operation; (3) commodities sold to wholesale and retail establishments for re selling, with or without further processing; (4) commodities for direct export to other countries. Excluded are (1) commodities transferred without buying or selling procedures, such as goods transfer to other enterprises because of the changes in institutes, lending out goods, commodities have returned which were at request of keeping for other establishments, raw material of expending and samples presented to other establishments, etc; (2) commission income from brokerage in transactions whose settlement is directly handled by buyers and sellers; (3) rejected commodities in the purchase; (4) loss in commodities; (5) selling of waste packaging materials used by the establishments (units) themselves, etc.

Total Wholesale refers to the commodities amount sold in different national economic sectors for their production and operation.

Total Retail sale refers to the commodities amount sold to urban and rural households for household consumption and to social institutions for public consumption.

Imports refer to the commodities amount directly imported from abroad or entrust foreign trade enterprises but not include imported commodities bought from national establishments. Foreign trade enterprises statistic only imported commodities which operated on their own but not include imported commodities which trusted to sale.

Exports refer to the commodities amount directly exported to abroad or entrusted foreign trade enterprises to export. Exported commodities are not include which sold to foreign trade enterprises for exporting or processing exporting, as well as commodities sold in foreign currency in domestic markets. Foreign trade enterprises statistic only exported commodities which operated on their own but not include exported commodities which trusted to sale.

The Inventory of Commodities at the End of Reference Period refer to commodities amount with ownership for corporations and individuals operating in the wholesale and retail trades (including value-added tax), or commodities amount with ownership which are belong to corporative representatives in the warehouse by the end of a period for Industrial Activity Units of wholesale and retail trades (including value-added tax). This indicator is used to show the commodity stock level of wholesale and retail industries and the potential for market supply.

Head Stores of Chain Retail Enterprises (headquarter) refer to the core leading stores responsible for development, allocation, administration and utilization of resources (name of stores, brand of stores, operation model, service standard, management way, etc) of chain stores. Chain stores refers to the stores engaged in providing homogeneous commodities or services, with the central leadership of head store (headquarter) and guided by common policies, conduct centralized purchase and distributed selling of commodities, in order to gain better efficiency through standardized operation. The chain stores include regular chain stores, franchise chain stores and voluntary chain stores.

Commodity Exchange Markets of Transaction Value over 100 Million Yuan refers to the commodity markets with an annual transaction at and above 100 million. The commodity market refers to the markets approved and managed by related departments, where there are fixed sites, facilities, managers and administration offices, where there are a certain number of traders to operate for three month and above or all the year, where the commodities including the articles for daily consumption and capital goods and services are traded in a centralized, independent and open way. Such market includes markets for daily goods and market of capital goods, etc.

Business Bevenue refers to revenue received from providing services or selling commodities by establishments engaged in hotels and catering services, including income from hotels, from catering services, from selling of commodities (including value-added tax) and from other services. It is not include revenue received from corporation enterprises have business activities in other industries, such as income from catering services, from selling of commodities, etc.

Revenue from Hotel Rooms refer to income of establishments engaged in hotels and catering services by providing lodging services. It is not include income from corporation enterprises have business activities for providing lodging services in other industries.

Revenue from Meals refer to income of corporate enterprises and establishments engaged in hotels and catering services by providing catering services, including selling of cooked or prepared foods such as staple food, cooked dishes or cold dishes. It is not include income from corporation enterprises have business activities for providing catering services in other industries.

Sales Value of Commodities refer to income of corporate enterprises and establishments engaged in hotels and catering services by selling commodities (including value-added tax) that accompany the services they provide. It is not include income from corporation enterprises have business activities for selling goods in other industries.

Other Revenue refers to income received other than income from hotels, catering services or selling of commodities (including value-added tax).

Business Area of Catering at Year-end refers to chain enterprises' area engaged in hotels and catering services by providing catering services and their kitchens' area engaged in food processing, cooking and curing. It is not include offices and warehouse. This indicator used to show all area by the end of the year-end.

Number of Hotel Rooms refers to chain enterprises engaged in hotels and catering services have rooms by providing room services. Normally this indicator was counted by the actual statistical data in a year.

Number of Beds refers to chain enterprises engaged in hotels and catering services have beds by providing beds services for travelers, It is not include extra beds and beds for chain enterprises' employees. Normally this indicator was counted by the actual statistical data in a year.

Number of Seats in Catering Services refers to chain enterprises engaged in hotels and catering services have seats by providing catering services, normally can served number of meals. It is not include extra seats. Normally this indicator was counted by the actual statistical data in a year.

Note: Statistics standard of enterprises above designated size in wholesale, retail trades, hotels and catering is: yearly main business revenue of 20 million yuan in wholesale, of 5 million yuan in retail trades and of 2 million yuan in hotels and catering.

17

旅　游

Tourism

编辑人员：林潮明

Compiled by Lin Chaoming

英文翻译：　林潮明

Translated by Lin Chaoming

简 要 说 明

一、主要内容

旅行社、景区、旅游饭店基本情况；入境旅游人数、国内居民旅游人数以及国际、国内旅游收入。

二、统计范围、方法和来源

本篇旅游统计资料来源于省旅游发展委员会。旅游人数和旅游收入采用全面调查和抽样调查方法，其余数据均为全面调查统计取得。

Brief Introduction

I. Main Contents

Data in this chapter include the basic conditions of travel agents,tourist scenics and tourist hotels, the number of international tourists and domestic tourists, and income from international and domestic tourism.

II. Scope, Methods and Sources of Statistics

Data in this chapter are from Hainan Tourism Development Commission. Number of tourists and tourism earning use comprehensive survey and sampling survey , while other data use comprehensive survey .

17-1 旅游主要指标
Major Indicators on Tourism

项　　目	Item	2010	2012	2013	2014	2015	2016	2017	2018
接待游客总人数（万人次）	**Total Number of Tourists (10 000person-times)**	**2587.34**	**3320.37**	**3672.51**	**4789.08**	**5336.52**	**6023.60**	**6745.01**	**7627.39**
其中:接待过夜旅游人数	# Number of Overnight Tourists	2587.34	3320.37	3672.51	4060.18	4492.95	4977.22	5591.43	6329.66
其中:入境游客	#Number of Oversea Visitor	66.31	81.56	75.64	66.14	60.84	74.90	111.94	126.36
外国人	Foreigners	47.38	51.97	50.05	42.15	35.59	46.98	78.69	89.68
港澳同胞	Chinese Compatriots from Hong Kong and Macao	12.12	12.29	11.15	11.98	12.93	14.31	16.57	15.54
台湾同胞	Chinese Compatriots from Taiwan Province	6.81	17.77	14.44	12.01	12.32	13.60	16.68	21.13
国内游客	Number of Domestic Tourists	2521.03	3238.80	3596.87	4722.99	5275.68	5948.70	6633.07	7501.04
旅游收入(亿元)	**Tourism Earnings (100 million yuan)**	**257.63**	**379.12**	**428.56**	**506.53**	**572.49**	**672.10**	**811.99**	**950.16**
国内旅游收入(亿元)	Earnings from Domestic Tourism (100 million yuan)	235.61	356.79	408.05	490.20	528.08	610.27	766.77	898.14
国际旅游收入(亿美元)	Earnings from International Tourism (100 million USD)	3.22	3.48	3.31	2.66	2.48	3.50	6.81	7.71
旅游景区	Tourist Scenics(spots)	57	68	80	82	62	52	54	54
旅游饭店总数(个)	Total Number of Tourist Hotels(unit)	464	674	722	868	841	876	946	966
客房总数(间)	Total Number of Hotel Rooms(unit)	68142	94361	104264	124296	117879	129916	138627	159695
床位总数(张)	Total Number of Beds(unit)	124740	162664	178515	204372	196856	208427	223444	268007
客房开房率(%)	Room Occupancy Rate (%)	60.37	58.4	56.06	57.72	59.34	60.67	63.76	64.91
旅行社总数(个)	Total Number of Travel Agencies(unit)	301	369	373	393	389	365	352	389
#出境社	#Travel Agencies with Outbound Services	14	26	34	37	41	48	51	59

17-2 按主要国家分旅游饭店接待外国人情况(2018)
Number of Oversea Visitor Arrivals Received by Tourist Hotels by Country (2018)

单位：人次 (person-times)

国别	Country	人次 Person-times
俄罗斯	Russia	255759
新加坡	Singapore	38344
韩　国	Republic of Korea	94964
马来西亚	Malaysia	59827
日　本	Japan	10873
美　国	United States	32309
德　国	Germany	10572
法　国	France	6995
加拿大	Canada	10529
澳大利亚	Australia	16562
英　国	United Kingdom	8162
泰　国	Thailand	18495
印度尼西亚	Indonesia	129748
意大利	Italy	3244
瑞　士	Switzerland	1246
菲律宾	Philippines	8519
瑞　典	Sweden	1788
印　度	Indian	3531
西班牙	Spain	1932
越　南	Vietnam	1369

17-3 各市县旅游饭店设施(2018)
Facilities of Tourist Hotels by Region (2018)

市 县	Region	饭店数 (家) Total Number of Hotels(unit)	客房数 (间) Rooms(unit)	床位数 (张) Beds(unit)	客房开房率 (%) Room Occupancy Rate(%)
全省总计	**Total**	**966**	**159695**	**268007**	**64.91**
海口市	Haikou	153	26087	42729	65.40
三亚市	Sanya	269	61997	96940	71.46
五指山市	Wuzhishan	23	2527	4437	52.89
文昌市	Wenchang	38	5175	8146	51.55
琼海市	Qionghai	85	10075	21023	46.79
万宁市	Wanning	72	9837	17312	55.55
定安县	Ding'an	16	1682	2678	73.47
屯昌县	Tunchang	15	1379	2832	72.60
澄迈县	Chengmai	29	3336	5775	63.15
临高县	Lingao	6	685	1020	52.42
儋州市	Danzhou Area	40	3828	6292	76.10
东方市	Dongfang	15	1802	3052	55.95
乐东县	Ledong	14	1877	3191	24.51
琼中县	Qiongzhong	19	1050	1758	76.31
保亭县	Baoting	57	2649	4271	57.38
陵水县	Lingshui	84	23516	42987	53.44
昌江县	Changjiang	18	1426	2428	80.84
白沙县	Baisha	13	767	1136	49.30

17-4 各市县按等级分星级饭店数(2018)
Number of Star-rated Hotels by Region (2018)

市 县	Region	合计 Total			五星级 5-Stars			四星级 4-Stars		
		饭店数 Number of Hotel(unit)	客房间数 Number of Rooms	床位数 Number of Beds	饭店数 Number of Hotel(unit)	客房间数 Number of Rooms	床位数 Number of Beds	饭店数 Number of Hotel(unit)	客房间数 Number of Rooms	床位数 Number of Beds
全省总计	**Total**	**139**	**28848**	**50432**	**27**	**11590**	**19456**	**40**	**9478**	**16640**
海口市	Haikou	38	7843	13122	6	2394	3969	14	3231	5233
三亚市	Sanya	43	12418	21907	14	6746	11593	17	3953	7075
五指山市	Wuzhishan	7	613	1033				1	145	160
文昌市	Wenchang	3	513	885	1	330	520			
琼海市	Qionghai	14	1693	2842	2	764	1315	1	152	265
万宁市	Wanning	24	4520	8609	2	781	1278	7	1997	3907
定安县	Ding'an									
屯昌县	Tunchang									
澄迈县	Chengmai									
临高县	Lingao									
儋州市	Danzhou Are:	2	203	336						
东方市	Dongfang	2	171	342						
乐东县	Ledong									
琼中县	Qiongzhong	1	69	142						
保亭县	Baoting	1	254	349	1	254	349			
陵水县	Lingshui	4	551	865	1	321	432			
昌江县	Changjiang									
白沙县	Baisha									

17-4　续(continued)

市　县	Region	三星级 1-Stars			二星级 2-Stars			一星级 1-Stars		
		饭店数 Number of Hotel(unit)	客房间数 Number of Rooms	床位数 Number of Beds	饭店数 Number of Hotel(unit)	客房间数 Number of Rooms	床位数 Number of Beds	饭店数 Number of Hotel(unit)	客房间数 Number of Rooms	床位数 Number of Beds
全省总计	**Total**	**58**	**6551**	**12113**	**9**	**932**	**1684**	**5**	**297**	**539**
海口市	Haikou	14	1903	3352	4	315	568			
三亚市	Sanya	9	1278	2442	2	434	789	1	7	8
五指山市	Wuzhishan	3	273	526				3	195	347
文昌市	Wenchang	2	183	365						
琼海市	Qionghai	10	739	1212	1	38	50			
万宁市	Wanning	14	1662	3277	1	80	147			
定安县	Ding'an									
屯昌县	Tunchang									
澄迈县	Chengmai									
临高县	Lingao									
儋州市	Danzhou A	1	108	152				1	95	184
东方市	Dongfang	2	171	342						
乐东县	Ledong									
琼中县	Qiongzhong	1	69	142						
保亭县	Baoting									
陵水县	Lingshui	2	165	303	1	65	130			
昌江县	Changjiang									
白沙县	Baisha									

17-5 各市县按规模分星级饭店数(2018)

Number of Star-rated Hotels by Capacity and Region (2018)

市县	Region	星级饭店数(家) Total Number of Star-rated Hotels(unit)	客房300间以上 With 300 Rooms and More	客房200-299间 With 200-299 Rooms	客房100-199间 With 100-199 Rooms	客房99间以下 Less than 100 Rooms
全省总计	**Total**	**966**	**135**	**103**	**228**	**500**
海口市	Haikou	153	17	34	61	41
三亚市	Sanya	269	79	42	70	78
五指山市	Wuzhishan	23	0	3	6	14
文昌市	Wenchang	38	6	1	8	23
琼海市	Qionghai	85	8	3	20	54
万宁市	Wanning	72	9	7	18	38
定安县	Dingan	16	1	0	1	14
屯昌县	Tunchang	15	1	0	0	14
澄迈县	Chengmai	29	3	3	7	16
临高县	Lingao	6	1	0	0	5
儋州市	Danzhou	40	1	3	6	30
东方市	Dongfang	15	1	0	6	8
乐东县	Ledong	14	2	0	4	8
琼中县	Qiongzhong	19	0	0	2	17
保亭县	Baoting	57	0	2	5	50
陵水县	Lingshui	84	6	4	10	64
昌江县	Changjiang	18	0	1	3	14
白沙县	Baisha	13	0	0	1	12

17-6　各市县旅游饭店接待过夜游客人数(2018)

Number of Overnight Tourists Received by Tourist Hotel by Region (2018)

单位：人次　　(person-times)

市　县	Region	接待过夜游客人数 Total Number of Overnight Tourists	入境过夜游客 Total Number of Oversea Tourists	外国人 Foreigners	港澳同胞 Compatriots from Hong Kong and Macao	台湾同胞 Compatriots from Taiwan Province	国内过夜游客 Total Number of Domestic Tourists
全省总计	**Total**	**32107972**	**985601**	**888259**	**151422**	**207216**	**31122371**
海口市	Haikou	9395634	261296	159394	33871	68031	9134338
三亚市	Sanya	16236138	716158	551874	80352	83932	15519980
五指山市	Wuzhishan	602840	2167	1001	860	306	600673
文昌市	Wenchang	1348453	46658	33367	10100	3191	1301795
琼海市	Qionghai	1788738	25270	14802	7471	2997	1763468
万宁市	Wanning	3560108	50385	28210	6050	16125	3509723
定安县	Ding'an	780547	762	335	159	268	779785
屯昌县	Tunchang	246827	360	114	136	110	246467
澄迈县	Chengmai	881569	11610	6732	953	3925	869959
临高县	Lingao	155996	561	203	244	114	155435
儋州市	Danzhou	1616109	8709	5535	1190	1984	1607400
东方市	Dongfang	469281	1750	1119	400	231	467531
乐东县	Ledong	187862	1266	722	438	106	186596
琼中县	Qiongzhong	486566	4125	3678	267	180	482441
保亭县	Baoting	840073	21483	11436	3455	6592	818590
陵水县	Lingshui	2052954	92995	68890	5132	18973	1959959
昌江县	Changjiang	688961	1146	729	285	132	687815
白沙县	Baisha	164950	196	118	59	19	164754

17-7 各市县接待过夜游客人数(2018)
Number of Overnight Tourists Received by Tourist Hotel by Region (2018)

单位：人次 (person-times)

市 县	Region	接待过夜游客人数 Total Number of Overnight Tourists	入境过夜游客 Total Number of Oversea Tourists	外国人 Foreigners	港澳同胞 Compatriots from Hong Kong and Macao	台湾同胞 Compatriots from Taiwan Province	国内过夜游客 Total Number of Domestic Tourists
全省总计	**Total**	**63296585**	**1263550**	**896848**	**155373**	**211329**	**62033035**
海口市	Haikou	16653362	261296	159394	33871	68031	16392066
三亚市	Sanya	20996982	716158	551874	80352	83932	20280824
五指山市	Wuzhishan	920029	2167	1001	860	306	917862
文昌市	Wenchang	2391473	46658	33367	10100	3191	2344815
琼海市	Qionghai	3464583	31290	18100	9067	4123	3433293
万宁市	Wanning	4685501	58575	32353	7478	18744	4626926
定安县	Ding'an	1061118	762	335	159	268	1060356
屯昌县	Tunchang	509802	360	114	136	110	509442
澄迈县	Chengmai	1374542	13652	7557	1822	4273	1360890
临高县	Lingao	660009	561	203	244	114	659448
儋州市	Danzhou	2527567	8709	5535	1190	1984	2518858
东方市	Dongfang	1061596	1750	1119	400	231	1059846
乐东县	Ledong	958967	1656	1038	494	124	957311
琼中县	Qiongzhong	706374	4136	3685	269	182	702238
保亭县	Baoting	1117366	21483	11436	3455	6592	1095883
陵水县	Lingshui	2800350	92995	68890	5132	18973	2707355
昌江县	Changjiang	964499	1146	729	285	132	963353
白沙县	Baisha	442467	196	118	59	19	442271

17-8 各市县按等级分旅游景区(2018)

Scenic by Grade and Region (2018)

单位：家 (unit)

市 县	Region	合计 Total	5A级 5A-Grade	4A级 4A-Grade	3A级 3A-Grade	2A级 2A-Grade	A级 A-Grade	其他 Others
全省总计	**Total**	**54**	**6**	**17**	**23**	**8**		
海口市	Haikou	10		4	5	1		
三亚市	Sanya	14	3	6	4	1		
五指山市	Wuzhishan	1			1			
文昌市	Wenchang	3			3			
琼海市	Qionghai	7		1	3	3		
万宁市	Wanning	2		2				
定安县	Ding'an	3		1		2		
临高县	Lin'gao							
儋州市	Danzhou	3			3			
乐东县	Ledong							
保亭县	Baoting	3	2	1				
陵水县	Lingshui	4	1	2	1			
澄迈县	Chengmai	2			2			
昌江县	Changjiang							
屯昌	Tunchang	1			1			
琼中	Qiongzhong	1				1		

主要统计指标解释

游客 指任何为休闲、娱乐、观光、度假、探亲访友、就医疗养、购物、参加会议或从事经济、文化、体育、宗教活动，离开常住国（常住地）到其他国家（或地方），其连续停留时间不超过 12 个月，并且在其他国家（或其他地方）的主要目的不是通过所从事的活动获报酬的人。游客不包括因工作或学习在两地有规律往返的人。游客按出游地分入境游客和国内游客；按出游时间分过夜游客和一日游游客。

入境游客 指来中国（大陆）休闲、娱乐、观光、度假、探亲访友、就医疗养、购物、参加会议或从事经济、文化、体育、宗教活动的外国人、港澳台同胞等游客。入境游客包括入境过夜游客和入境一日游游客。

国内游客 指中国（大陆）休闲、娱乐、观光、度假、探亲访友、就医疗养、购物、参加会议或从事经济、文化、体育、宗教活动的中国（大陆）居民。国内游客包括国内过夜游客和国内一日游游客。

旅游收入 指游客（入境游客和国内游客）在旅游过程中（由游客或游客的代表为游客）支付的一切旅游支出就是地区的旅游收入。包括整个游程中食、住、行、游、购、娱乐，以及为亲友、家人购买纪念品、礼品等方面的旅游支出。不包括为商业目的购物、购买房、地、车、船等资本性或交易性的投资、馈赠亲友的现金及给公共机构的捐赠。

Explanatory Notes on Main Statistical Indicators

Visitor refers to any person who travels to a country (or place) other than that of his or her residence for a period not exceeding 12 months for leisure, entertainment, sightseeing, holiday, visiting relatives or friends, medical care, shopping, meeting, or taking part in economic, cultural, sports or religious activities, where the main purpose of the travel is not for remuneration. A visitor dose not refers to any person who commutes between two places regularly for career or education.

Oversea visitor arrivals refer to foreigners or compatriots from Hong Kong, Macao and Taiwan who come to China for leisure, entertainment, sightseeing, holiday, visiting relatives or friends, medical care, shopping, meeting, or taking part in economic, cultural, sports or religious activitie.

Domestic tourists refer to Chinese residents who travel within the country to the other place for leisure, entertainment, sightseeing, holiday, visiting relatives or friends, medical care, shopping, meeting, or taking part in economic, cultural, sports or religious activitie.

Tourism earnings refer to all the expenditures made by visitors (oversea visitors and domestic visitors) or by representatives of the visitors in the course of their travel constitute. Tourism expenditures of visitors should include expenses throughout their travel on food, lodging, transport, tours, shopping, entertainment and souvenirs and gifts for friends and relatives. Tourism expenditures do not include purchase of goods, real estate ,land，motor vehicle, water vessel for commercial purposes, neither include capital nor transactional investments, cash given to friends and relatives, donations to public organizations.

18

运输和邮电

Transport, Postal and Telecommunication Services

编辑人员：陈崇辉

Compiled by Mo Chen Chonghui

英文翻译：黄淑娴

Translated by Huang Shuxian

简 要 说 明

本篇资料的主要内容

本篇资料反映我省交通运输业和邮政、通信业发展的基本状况。

交通运输业资料主要包括：五种运输方式的线路里程、运输设备拥有量情况，各种运输方式完成的货物运输量和旅客运输量，港口货物和旅客吞吐量等资料。

邮电通信业资料主要包括：电信主要通信能力，主要的邮电业务完成情况，邮电通信发展水平等资料。

Brief Introduction

Main Contents

Data in this chapter present the development of transportation, post and telecommunications in Hainan Province

Data on transport cover mainly the length of the routes of five means of transportation, the possession of transport equipment, freight traffic and passenger traffic accomplished by various means of transportation, the situation of berths, and cargo handled at sea ports.

Data on post and telecommunications cover mainly the situation of post and telecommunication offices and postal routes; main telecommunication capacity; business volume of postal and telecommunication services achieved; and the level of development of postal and telecommunication services.

18-1 交通运输业基本情况
Basic Statistics on Transport

指 标	Item	2005	2010	2013	2014	2015	2016	2017	2018
运输线路长度	**Length of Transport Routes**								
铁路营业里程(公里)	Railways in Operation (km)	361	832	832	832	1172	1172	1172	1172
公路里程(公里)	Highways (km)	21162	21236	24852	26002	26860	28217	30684	35023
#高速公路	Expressway	625	660	757	757	803	795	795	924
内河航道里程(公里)	Navigable Inland Waterways (km)	343	343	343	343	343	434	343	343
航班航线里程(万公里)	Civil Aviation Routes (10 000 km)	77.08	106.99	141.17	147.65	151.73	182.20	212.34	220.74
客运量总计（万人）	**Total Passenger Traffic (10 000 persons)**	**32933**	**45718**	**51000**	**16675**	**16284**	**17092**	**18155**	**18314**
铁路	Railways	33	104	1400	1565	1691	2326	2706	2978
公路	Highways	31377	42785	45800	11024	10363	9920	10107	9637
水运	Waterways	632	1340	1600	1738	1714	1657	1879	1788
民航	Civil Aviation	891	1489	2200	2448	2516	3189	3463	3911
旅客周转量总计(亿人公里)	**Total Passenger-Kilometers(100 million passenger-km)**	**215.3**	**417.4**	**570.2**	**566.1**	**602.1**	**744.0**	**837.6**	**956.1**
铁路	Railways	1.2	4.7	30.6	32.7	34.4	45.6	52.3	55.9
公路	Highways	108.8	150.0	149.5	88.9	79.3	75.4	77.5	74.4
水运	Waterways	1.4	2.7	3.2	3.3	3.5	3.4	3.8	4.1
民航	Civil Aviation	103.9	260.0	387.0	441.2	484.9	619.6	704.0	821.7
货运量总计（万吨）	**Total Freight Traffic (10 000 tons)**	**13558**	**22481**	**28834**	**23081**	**22330**	**21828**	**21397**	**22093**
铁路	Railways	629	546	964	870	792	800	972	1078
公路	Highways	9652	13947	17367	10983	11279	10879	11223	12052
水运	Waterways	3264	7966	10476	11199	10229	10114	9165	8921
民航	Civil Aviation	13.2	22.5	27.0	29.0	30.6	35.6	37.2	42.2
货物周转量（亿吨公里）	**Total Freight Ton-kilometers (100 million ton-km)**	**461**	**1004**	**1399**	**1498**	**1193**	**1074**	**879**	**893**
铁路	Railways	7.1	9.6	15.5	15.1	15.0	14.6	17.8	19.9
公路	Highways	60.5	90.8	120.3	81.5	78.7	76.1	78.6	84.6
水运	Waterways	391	898	1257	1394	1091	973	770	774
民航	Civil Aviation	2.3	5.6	6.8	7.5	8.6	10.3	12.7	14.9
民用汽车拥有量（万辆）	**Possession of Civil Motor Vehicles (10 000 units)**	**17.34**	**40.62**	**65.60**	**75.74**	**83.82**	**96.75**	**113.56**	**127.19**
#私人汽车	Private Vehicles	8.60	29.45	52.19	62.28	71.21	83.30	98.28	109.95
港口货物吞吐量(万吨)	**Volume of Freight Handled in Coastal Ports (10 000 tons)**	**3773**	**9662**	**10130**	**14164**	**15356**	**16390**	**18473**	**18282**

注：2004年起内河航道里程为内河航道通航里程数(下同)。
Note:Since 2004, inland waterways refers to navigable inland waterways. The same applies to the tables followings.

18-2 运输线路长度
Length of Transportation Routes

单位：公里

年 份 Year	铁路营运里程 Length of Railways in Operation	公路通车里程 Length of Highways (Open to Traffic)	#高速公路 Expressway	内河航道里程 Length of Navigable Inland Waterways	民航航线里程 Length of Civil Aviation Routes	国际航线 International Routes
1952		1412				
1957		3667				
1962		5113				
1965	144	5274		612		
1970	144	9409		612		
1975	144	10119		612		
1978	144	12641		556		
1979	144	14064		556		
1980	214	14110		338		
1985	214	12784		338		
1987	214	12794		338	5431	1647
1990	214	12902		338	19652	6536
1991	214	12922		338	24131	6536
1992	214	12937		338	48622	6536
1993	214	12937		338	62319	6536
1994	214	13014		338	82703	6536
1995	214	14808		338	127248	15444
1996	214	15165		403	154508	18702
1997	214	15246		414	152068	13269
1998	214	16920	302	414	201553	26006
1999	214	17317	495	414	316417	23171
2000	214	17401	601	414	399155	42503
2001	214	20667	574	414	240551	12144
2002	214	20876	626	414	477317	43299
2003	214	20877	626	434	306747	9082
2004	705	20873	625	343	540749	40673
2005	361	21162	625	343	770782	33757
2006	364	17577	625	343	1090212	87794
2007	528	17789	625	343	1072735	148081
2008	526	18563	660	343	871631	205503
2009	526	20041	660	343	958840	223644
2010	832	21236	660	343	1069914	282296
2011	832	22916	660	343	1189363	380866
2012	832	24265	757	343	1246743	324091
2013	832	24852	757	343	1411733	321829
2014	832	26002	757	343	1476500	259174
2015	1172	26860	803	343	1559684	450454
2016	1172	28217	795	434	1821989	624881
2017	1172	30684	795	343	2123410	848293
2018	1172	35023	924	343	2207259	960232

注：1. 铁路营运里程含过海轮渡里程。
2. 从2006年起公路通车里程以交通部最新标准的口径计算。
Note:a)The length of railways in operation includes that of ferrying across the Qiongzhou Strait.
b)The length of highways(open to traffic)has been calculated on the basis of newest coverage updated by the Ministry of Transport since 2006.

18-3 运输线路质量
Quality of Transport Routes

指标	Item	2012	2013	2014	2015	2016	2017	2018
国家铁路营业里程（公里）	**Length of National Railways in Operation (km)**	**832**	**832**	**832**	**1172**	**1172**	**1172**	**1172**
#复线里程（公里）	Double-Tracking Length (km)	308	308	308	653	655	655	655
复线里程比重（%）	Highways (km)	37.0	37.0	37.0	55.7	55.9	55.9	55.9
#自动闭塞里程（公里）	Automatic Blocking Length (km)	311	311	311	659	659	659	659
公路里程（公里）	**Length of Highways (km)**	**24265**	**24852**	**26002**	**26860**	**28217**	**30684**	**35023**
#等级公路里程（公里）	Expressway and Class I to IV Highways (km)	23540	24154	25386	26302	27732	30232	34730
等级公路里程比重（%）	Proportion (%)	97.0	97.2	97.6	97.9	98.3	98.5	99.2
内河航道里程（公里）	Length of Navigable Inland Waterways (km)	343	343	343	343	434	343	343
#等级航道里程（公里）	Standard Waterways (km)	76	76	76	76	122	76	76
等级航道里程比重（%）	Proportion (%)	22.1	22.1	22.1	22.1	28.1	22.1	22.1

18-4 运输工具和线路拥有量
Number of Means of Transport and Length of Transport Routes

项目	Item	2012	2013	2014	2015	2016	2017	2018
铁路	**Railways**							
铁路机车（台）	Number of Locomotives (unit)	26	26	26	26	26	26	26
铁路营业里程（公里）	Length of Railways in Operation (km)	832	832	832	1172	1172	1172	1172
公路	**Highways**							
公路通车里程（公里）	Length of Highways (km)	24265	24852	26002	26860	28217	30684	35023
民用汽车（万辆）	Civil Vehicles (10000 units)	56.40	65.57	75.74	83.82	96.75	113.56	127.18
载客汽车（万辆）	Passenger Vehicles (10000 units)	43.75	52.07	61.52	70.07	82.34	98.22	110.54
（万客位）	Passenger Vehicle Seats (10000 seats)	481	572	676				658.42
载货汽车(万辆)	Freight Vehicles (10000 units)	11.12	12.14	13.02	12.66	13.35	14.33	15.67
（万吨位）	Tonnage of Freight Vehicles (10000 tonnages)	27.80	30.35	32.55				31.47
其他汽车(万辆)	Other Vehicles (10000 units)	1.53	1.36	1.20	1.09	1.06	1	0.98
水运	**Waterways**							
内河通航里程（公里）	Length of Navigable Inland Waterways (km)	343	343	343	343	434	343	343
机动船（艘）	Number of Motor Vessels (unit)	536	521	500	462	398	513	486
（万净载重吨位）	Tonnage of Motor Vessels(dead weight tonnage)	173.53	179.77	179.8	171.0	114.6	194.8	318.1
（客位）	Number of Motor Vessel Seats (seat)	30807	30408	34510	36435	34714	40195	40753
（总功率万千瓦）	Total Power (10000 kws)	59.46	58.99	55.28	52.79	48.46	73.75	96.32
民航	**Civil Aviation**							
民用航空航线条数（条）	Number of Civil Aviation Routes (line)	728	905	710	560	579	507	776
民用航空航线里程(万公里)	Length of Civil Aviation Routes (10000 kms)	124.67	141.17	147.65	155.96	182.2	212.3	220.73
民用运输飞机（架）	Number of Civil Aircrafts (unit)	91	115	116	140	160	188	214

18-5 历年货运量
Freight Traffic in Various Years

单位：万吨 (10 000 tons)

年 份 Year	总 计 Total	铁 路 Railways	公 路 Highways	水 运 Waterways	民 航 Civil Aviation
1975	709	370	232	107	0.1
1978	714	386	222	106	
1979	644	356	201	87	
1980	1992	298	1611	83	
1985	3486	405	3022	59	0.1
1986	3601	415	3128	58	0.1
1987	3722	438	3216	68	0.1
1988	4224	420	3661	143	0.3
1989	4530	422	3941	167	0.2
1990	4765	423	4115	227	0.4
1991	5711	356	4929	425	0.6
1992	6253	387	5393	472	0.8
1993	8613	390	6968	1254	0.9
1994	8735	346	6997	1390	2.0
1995	10505	279	8256	1967	3.0
1996	10975	252	8842	1877	4.0
1997	11415	283	9116	2012	4.2
1998	11630	286	9186	2153	4.7
1999	11533	348	9049	2129	6.9
2000	11304	331	8962	2002	9.0
2001	10502	287	8190	2018	7.3
2002	10498	288	8177	2025	7.9
2003	11249	341	8797	2104	6.9
2004	11823	455	9166	2195	7.5
2005	13558	629	9652	3264	13.2
2006	16377	1338	10314	4709	16.1
2007	17344	692	12018	4617	16.6
2008	16847	573	10950	5302	22.0
2009	18417	625	10839	6933	20.4
2010	22481	546	13947	7966	22.5
2011	25141	696	15095	9326	24.3
2012	26906	754	16600	9528	24.8
2013	28834	964	17367	10476	27.0
2014	23081	870	10983	11199	29.0
2015	22330	792	11279	10229	30.6
2016	21828	800	10879	10114	35.6
2017	21397	972	11223	9165	37.2
2018	22093	1078	12052	8921	42.2

18-6 历年货物周转量
Freight Ton-kilometers in Various Years

单位：万吨公里 (10 000 ton-km)

年 份 Year	总 计 Total	铁 路 Railways	公 路 Highways	水 运 Waterways	民 航 Civil Aviation
1975	49809	18330	9380	22062	37
1978	50390	18550	9798	22021	21
1979	46333	17100	8938	20276	19
1980	87953	15436	50049	22449	19
1985	131979	20808	90979	20160	32
1986	128616	22048	88931	17600	37
1987	162541	23651	118752	20071	67
1988	155894	22839	104336	28515	204
1989	165224	23085	108778	33220	141
1990	170802	22297	112175	36094	236
1991	212497	19025	149373	43729	370
1992	1152027	20728	200921	929400	978
1993	1793404	22731	277160	1492385	1128
1994	2331985	20697	342859	1965433	2996
1995	2509302	17509	348344	2140099	3350
1996	2697179	14662	381856	2296117	4544
1997	2892786	15964	391614	2479846	5362
1998	3067272	16222	421853	2623165	6032
1999	3244281	20045	438097	2776990	9149
2000	3189774	19730	461477	2695903	12664
2001	2317396	17816	452542	1836134	10904
2002	2263521	18315	471396	1761616	12194
2003	2359930	21725	506391	1821294	10520
2004	2322216	53973	569888	1684877	13478
2005	4609661	70610	604535	3911304	23212
2006	6001081	109628	660653	5202102	28698
2007	6198900	101588	769411	5298192	29709
2008	6326873	99193	936284	5250407	40989
2009	8000838	103069	793925	7058964	44880
2010	10035600	95933	908213	8975635	55819
2011	13780103	121360	971395	12625067	62281
2012	15570832	123176	1093533	14291225	62899
2013	13993400	154700	1203300	12567700	67700
2014	14982718	150551	815033	13942265	74869
2015	11931507	150048	786600	10909313	85546
2016	10735288	145801	761123	9725253	103111
2017	8797201	177965	786060	7705734	127442
2018	8935886	199300	845547	7742681	148358

18-7 历年客运量
Passenger Traffic in Various Years

单位：万人 (10 000 persons)

年 份 Year	总 计 Total	铁 路 Railways	公 路 Highways	水 运 Waterways	民 航 Civil Aviation
1975	1145	80	1002	60	3
1978	1504	119	1296	85	4
1979	1717	126	1484	103	4
1980	2570	117	2320	128	5
1985	6057	75	5686	289	7
1986	6091	98	5732	249	12
1987	8952	100	8496	340	16
1988	13183	91	12528	537	27
1989	13680	75	13215	360	30
1990	15914	46	15371	455	42
1991	17133	44	16497	542	50
1992	17708	44	16838	758	68
1993	19010	55	18067	797	91
1994	18829	65	17781	830	153
1995	19667	54	18727	653	233
1996	19688	29	18754	637	268
1997	21296	27	20292	682	295
1998	21549	22	20633	544	350
1999	22085	17	21196	457	415
2000	23013	14	21930	537	532
2001	26711	12	25484	633	582
2002	27992	13	26766	613	600
2003	28083	13	26876	648	546
2004	31276	13	29966	555	742
2005	32933	33	31377	632	891
2006	36326	70	34126	1029	1101
2007	39451	57	36996	1124	1274
2008	44186	80	40786	1484	1836
2009	42232	88	39461	1206	1477
2010	45718	104	42785	1340	1489
2011	47913	1066	43677	1473	1697
2012	49015	1189	44374	1581	1871
2013	51000	1400	45800	1600	2200
2014	16775	1565	11024	1738	2448
2015	16284	1691	10363	1714	2516
2016	17092	2326	9920	1657	3189
2017	18155	2706	10107	1879	3463
2018	18314	2978	9637	1788	3911

18-8 历年旅客周转量
Passenger-kilometers in Various Years

单位：万人公里 (10 000 passenger-km)

年 份 Year	总 计 Total	铁 路 Railways	公 路 Highways	水 运 Waterways	民 航 Civil Aviation
1975	53444	2973	47215	1471	1785
1978	71818	4533	63262	1978	2045
1979	82516	4820	73116	2460	2120
1980	104292	4368	94290	3204	2430
1985	236378	2678	222264	7986	3450
1986	239912	6066	222018	5770	6058
1987	389556	6695	369031	6785	7045
1988	429069	6501	391708	10675	20185
1989	442014	5410	408143	8337	20124
1990	573483	3541	536132	10888	22922
1991	633143	3514	574397	11400	43832
1992	684129	3627	594667	12907	72928
1993	758342	4777	632798	22487	98280
1994	849304	5642	629735	47453	166474
1995	937212	4794	665591	24266	242561
1996	1021380	2959	719396	17507	281518
1997	1111744	2963	783422	18574	306785
1998	1189441	2391	802417	17756	366877
1999	1256557	1801	782395	23112	449249
2000	1468769	1296	811786	25882	629805
2001	1600212	997	834657	23833	740725
2002	1730002	1103	921622	21943	785334
2003	1629661	1080	894204	18378	715999
2004	2064499	1992	1054801	15930	991776
2005	2153365	12230	1087647	14465	1039023
2006	2835220	18379	1175911	22517	1618413
2007	3201834	23468	1301250	24842	1852274
2008	3885675	36419	1088455	24581	2736220
2009	3846819	40002	1351036	23979	2431802
2010	4174331	47133	1500274	27249	2599675
2011	4729674	250453	1463385	31078	2984758
2012	5036745	250308	1476315	31518	3278604
2013	5701600	305500	1494700	31800	3869600
2014	5662612	326726	890849	33322	4411715
2015	6020795	344013	792937	34551	4849294
2016	7440686	456178	753612	34401	6196495
2017	8376427	522918	775052	38431	7040026
2018	9561157	559091	743811	40984	8217271

18-9 历年旅客运输平均运距
Average Transport Distance of Passengers in Various Years

单位：公里 (km)

年 份 Year	合 计 Total	铁 路 Railways	公 路 Highways	水 运 Waterways	民 航 Civil Aviation
1975	47	37	47	25	595
1980	41	37	47	26	486
1983	38	35	40	23	-
1985	39	38	39	27	493
1987	44	70	39	20	440
1988	33	71	43	23	748
1990	36	77	31	24	546
1991	40	80	35	21	877
1992	39	82	35	17	1072
1993	40	87	35	28	1080
1994	45	87	39	57	685
1995	50	88	37	41	1041
1996	52	102	38	27	1050
1997	54	110	38	27	1040
1998	55	109	39	33	1048
1999	57	106	37	51	1083
2000	63	93	37	48	1184
2001	60	83	33	38	1273
2002	62	85	34	36	1309
2003	58	83	33	28	1311
2004	66	153	35	29	1336
2005	65	370	34	22	1166
2006	78	262	34	22	1470
2007	81	412	35	22	1454
2008	88	455	26	16	1490
2009	92	455	34	20	1646
2010	91	453	35	20	1747
2011	91	235	34	21	1759
2012	103	210	33	20	1752
2013	112	218	33	20	1759
2014	338	209	81	19	1802
2015	370	203	77	20	1927
2016	435	196	76	21	1943
2017	461	193	76	20	2033
2018	522	188	77	22	3920

18-10 历年货物运输平均运距
Average Transport Distance of Freight in Various Years

单位：公里 (km)

年 份 Year	合 计 Total	铁 路 Railways	公 路 Highways	水 运 Waterways	民 航 Civil Aviation
1975	70	50	40	206	529
1980	44	52	31	270	475
1983	40	51	27	315	-
1985	38	51	30	342	457
1987	44	54	37	295	609
1988	37	55	28	199	703
1990	36	53	27	159	590
1991	37	53	30	103	673
1992	184	54	37	1969	1254
1993	208	58	40	1190	1253
1994	267	59	49	1414	1498
1995	239	63	42	1220	1117
1996	246	58	43	1223	1292
1997	253	56	43	1233	1271
1998	264	57	46	1218	1293
1999	281	58	48	1304	1319
2000	282	60	51	1347	1407
2001	221	62	55	910	1504
2002	216	64	58	870	1536
2003	210	64	57	865	1516
2004	196	119	62	768	1802
2005	340	112	62	1198	1759
2006	373	82	64	1105	1785
2007	358	147	64	1148	1785
2008	376	173	85	990	1859
2009	434	165	73	1018	2203
2010	446	176	65	1127	2486
2011	548	174	64	1354	2563
2012	579	163	66	1500	2536
2013	485	160	69	1200	2507
2014	649	173	74	1245	2582
2015	534	190	70	1067	2796
2016	492	182	70	962	2896
2017	411	183	70	841	3424
2018	404	184	70	867	5517

18-11 民用汽车拥有量
Possession of Civil Vehicles

单位：辆 (unit)

指标	Item	2016	2017	2018
民用汽车总计	**Total**	**967471**	**1135565**	**1271891**
载客汽车	**VehiclesPassenger**	**823366**	**982232**	**1105358**
按车型分	By Vehicle Type			
*轿车	Cars	553054	643973	712425
*大型	Large	13278	15103	16318
中型	Medium	5879	6257	5992
小型	Small	799339	955946	1077748
微型	Mini	4870	4926	5300
载货汽车	**FreightVehicles**	**133530**	**143255**	**156690**
按车型分	By Vehicle Type			
重型	Heavy	12951	14940	16498
中型	Medium	11935	11674	11742
轻型	Light	108419	116463	128322
微型	Mini	225	178	128
其他汽车	**Others**	**10575**	**10078**	**9843**

18-12 私人汽车拥有量
Possession of Private Vehicles

单位：万辆 (10 000 units)

指 标	Item	2005	2010	2013	2014	2015	2016	2017	2018
汽车总计	**Total**	**8.60**	**29.45**	**52.19**	**62.28**	**71.21**	**83.30**	**98.28**	**109.95**
载客汽车	PassengerVehicles	4.63	21.57	41.67	51.09	60.33	71.87	86.30	97.34
大 型	Large	0.09	0.11	0.10	0.07	0.06	0.04	0.03	0.02
中 型	Medium	0.17	0.30	0.29	0.24	0.21	0.18	0.16	0.14
小 型	Small	4.13	20.77	40.76	50.25	59.55	71.19	85.69	96.8
微 型	Mini	0.24	0.39	0.52	0.53	0.52	0.46	0.41	0.37
载货汽车	Trucks	2.99	6.42	9.57	10.38	10.16	10.79	11.42	12.09
重 型	Heavy	0.64	0.70	0.68	0.70	0.68	0.75	0.83	0.88
中 型	Medium	0.60	1.03	1.12	1.10	1.04	1.03	0.99	0.98
轻 型	Light	1.53	4.62	7.75	8.55	8.42	8.99	9.58	10.23
微 型	Mini	0.23	0.07	0.03	0.03	0.03	0.02	0.02	0.01
其他汽车	Others	0.98	1.46	0.95	0.82	0.72	0.64	0.57	0.52

18-13 民用航空航线及飞机架数
Number of Civil Aviation Routes and Civil Aircrafts

指　标	Item	2005	2010	2013	2014	2015	2016	2017	2018
民用航空航线(条)	**Number of Civil Aviation Routes(line)**	**391**	**543**	**905**	**710**	**560**	**579**	**507**	**776**
国际航线	International Routes	12	54	64	31	45	61	73	101
国内航线	Domestic Routes	379	489	841	679	515	518	434	675
#地区航线	#Regional Routes	4	15	15	6	10	7	7	8
民用航空航线里程(万公里)	**Length of Civil Aviation Routes(10 000km)**	**80.45**	**106.99**	**141.17**	**147.65**	**151.73**	**182.20**	**212.32**	**220.73**
国际航线	International Routes	3.38	28.23	32.18	25.92	45.05	62.49	84.83	96.02
国内航线	Domestic Routes	77.08	78.76	108.99	121.74	106.68	119.71	127.51	124.70
#地区航线	#Regional Routes	0.97	2.34	2.58	2.52	4.24	2.66	2.62	2.69
民用航班飞行机场(个)	**Number of Civil Airports(unit)**	**2**	**2**	**2**	**2**	**2**	**3**	**3**	**3**
#可降波音737以上机型	#Number of Civil Airports Accommodating Boeing 737 and Models of Higher Class	2	2	2	2	2	3	3	3
民用飞机架数(架)	**Number of Civil Aircrafts(unit)**	**47**	**74**	**115**	**116**	**140**	**160**	**188**	**214**
#波音737	Boeing 737	24	49	64	82	73	84	101	112
空客A330	Airbus A330		8	13	34	54	55	25	29
波音787	Boeing 787							26	35
空客A320	Airbus A320							14	14
空客A321	Airbus A321							19	22

18-14 历年港口货物吞吐量
Volume of Freight Handled in Coastal Ports in Various Years

单位：万吨 (10 000 tons)

年 份 Year	总 计 Total	海口港 Haikou	三亚港 Sanya	八所港 Basuo	洋浦港 Yangpu	其他沿海小港 Other Coastal Ports
1971	509	67	44	328		70
1972	408	60	29	252		67
1973	473	67	37	306		63
1974	471	57	37	303		74
1975	514	76	31	302		105
1976	496	57	35	284		120
1977	539	76	42	285		136
1978	544	76	45	307		116
1979	533	83	41	305		104
1980	483	72	38	278		95
1981	483	79	33	284		87
1982	557	88	36	343		90
1983	628	109	39	372		108
1984	686	131	53	411		91
1985	624	171	77	288		88
1986	722	174	64	391		93
1987	770	198	64	405		103
1988	826	241	59	392		134
1989	895	256	63	410		166
1990	929	288	37	431		173
1991	886	321	37	350		178
1992	1040	413	39	376		212
1993	1307	580	65	384		278
1994	1459	699	79	355		326
1995	1252	469	43	275		465
1996	1407	537	31	265		574
1997	1424	486	30	336		572
1998	1474	470	33	358	44	569
1999	1682	674	27	380	42	559
2000	1976	808	48	378	46	696
2001	1982	888	71	342	60	621
2002	2309	1073	49	343	91	753
2003	2757	1329	61	425	114	828
2004	3602	1439	75	548	220	1320
2005	3773	2118	49	489	431	686
2006	4333	2173	76	479	1016	589
2007	7331	4309	85	547	2351	39
2008	7692	4624	117	554	2352	45
2009	8345	4856	150	652	2649	38
2010	9662	5700	200	893	2825	44
2011	10905	6549	204	997	3101	54
2012	11792	7271	215	1068	3225	13
2013	10130	5424	140	1685	2880	
2014	14164	8915	226	1400	3525	98
2015	15356	9204	402	1767	3901	82
2016	16390	9952	595	1516	4058	269
2017	18473	11297	667	1605	4285	619
2018	18282	11883	201	1396	4206	596

18-15 主要港口(水港)货物、旅客吞吐量(2018)
Throughput of Freight & Passengers in Major Coastal Ports (2018)

单位：万吨 (10 000 tons)

港口 (货物)	Ports (Freight)	货物吞吐量 Freight Throughput	出 港 Out-port	进 港 In-port
总 计	**Total**	**18281.85**	**6981.47**	**11300.38**
按主要港口分	**By Major Coastal Ports**			
#海 口 港	Haikou	11883.16	4671.28	7211.88
三 亚 港	Sanya	201.48	20.47	181.01
八 所 港	Basuo	1395.61	593.68	801.93
洋 浦 港	Yangpu	4205.52	1506.89	2698.62
按货物分类	**By Type of Freight**			
煤 炭	Coal	1368.20	89.34	1278.85
石油、天然气及	Petroleum, Natural Gas and Their Products	2373.40	900.74	1472.66
金 属 矿 石	Metal Ores	279.51	250.54	28.97
钢 铁	Steel and Iron	449.89	43.94	405.95
矿 建 材 料	Mineral Building Materials	908.18	274.31	633.87
水 泥	Cement	218.89	5.20	213.69
木 材	Timber	773.97	74.59	699.39
非 金 属 矿 石	Nonmetal Ores	638.78	350.46	288.32
化 肥 及 农 药	Chemical Fertilizers and Pesticides	223.20	119.60	103.60
盐	Salt	9.01	0.47	8.54
粮 食	Grain	484.32	75.63	408.69
机械设备及电器	Mechanical Equipment & Electrical Equipment	1024.53	497.90	526.63
化工原料及制品	Chemical Raw Materials and Products	1068.16	495.06	573.10
有色金属	Nonferrous Metals	7.66	3.71	3.96
轻工医药产品	Light Industrial and Medical Products	505.88	236.31	269.57
农副产品	Agricultural and Non-staple Products	829.61	328.24	501.37
其 他	Others	7118.65	3235.43	3883.22

18-15 续(Continued)

港 口	Ports	旅客吞吐量(万人) Passenger Throughput (10 000 persons)	出 港 Out-port	进 港 In-port
总 计	**Total**	**1523.73**	**744.63**	**779.10**
海 口 港	Haikou	1514.67	740.11	774.56
三 亚 港	Sanya	9.06	4.52	4.54

18-16 邮电业务基本情况
Basic Statistics on Postal and Telecommunication Services

指　　标	Item	2012	2013	2014	2015	2016	2017	2018
邮电业务总量(亿元)	**Business Volume of Postal and Telecommunication Services (100 million yuan)**	**103.28**	**110.44**	**139.43**	**183.00**	**142.84**	**270.03**	**590.83**
邮政业务总量	Business Volume of Postal Services	7.78	8.87	10.68	12.61	16.89	19.00	21.84
电信业务总量	Business Volume of Telecommunication Services	95.50	101.58	128.75	170.39	125.95	251.03	568.99
邮政业务量	**Business Volume of Postal Services**							
函件(万件)	Number of Letters(100 million pcs)	968.6	958.9	739.7	541.9	489.2	418.5	308.4
包裹(万件)	Package(10 000 pcs)	40.9	22.3	38.7	28.3	11.1	18.0	14.0
快递(万件)	Pieces of Express Mail Services (10 000 pcs)	1123.6	2226.9	2248.6	2953.0	4869.4	5915.8	7107.1
报刊期发数(万份)	Issue of Newspapers and Magazines (10 000 copies)	15435	17306	18471	102	96	98	87
汇票(万笔)	Postal Order (10 000 times)	184.3	133.0	83.0	45.3	28.6	18.5	13.2
集邮业务(万枚)	Stamps for Collection (10 000 pcs)	418.0	397.0	788.0	965.0	987.0	905.0	570.3
营业网点(处)	Number of Offices (unit)	416	451	423	425	426	425	426
邮路总长度(万公里)	Length of Postal Routes (10 000 km)	9.1	9.0	9.2	9.7	9.6	9.4	9.2
农村投递路线长度(万公里)	Rural Delivery Routes (10 000 km)	2.4	2.5	2.8	2.9	2.9	3.1	3.1
电信业务量	**Business Volume of Telecommunication Services**							
固定本地电话通话时长(亿分钟)	Length of Local Calls of Fixed Telephone (100 million minutes)	27.9	20.3	1.4	13.2	9.4	7.8	7.2
固定长途电话通话时长(亿分钟)	Length of Long-distance Calls of Fixed Telephone (100 million minutes)	5.5	6.9	0.5	2.1	1.6	1.3	
移动电话通话时长(亿分钟)	Length of Calls of Mobile Telephone (100 million minutes)	253.4	488.9	21.8	237.8	467.1	458.0	291.4
移动短信业务量(亿条)	Short Message Services (100 million messages)	62.4	58.3	4.6	46.7	42.1	34.6	96.9
移动电话用户(万户)	Number of Mobile Telephone Subscribers at Year-end (10 000 subscribers)	775.6	858.3	854.0	920.5	942.3	1007.5	1085.3
#3G移动电话用户	3G Mobile Phone Subscribers (10 000 subscribers)	198.8	314.7	327.9	258.2	99.6	74.7	73.1
固定电话用户(万户)	Number of Fixed Telephone Subscribers at Year-end (10 000 subscribers)	173.0	173.6	173.8	171.0	169.2	160.5	161.1
固定长途电话交换机容量(万路端)	Capacity of Long Distance Telephone Exchanges (10 000 lines)	9.2	9.0	13.0	4.1	4.1	1.5	1.5
局用交换机容量(万门)	Capacity of Office Telephone Exchanges (10 000 lines)	85.0	74.0	43.9	27.6	62.7	46.7	8.3
移动电话交换机容量(万户)	Capacity of Mobile Telephone Exchanges (10 000 subscribers)	1512.4	1532.0	1532.4	1572.4	1612.4	1684.0	2119.0
长途光缆线路长度(公里)	Length of Long-distance Optical Cable Lines(10 000 km)	3039.0	6549.0	3302.0	3377.0	3376.0	3376.1	915.0
互联网宽带接入端口(万个)	Broadband Subscribers Port of Internet (10 000 ports)	143.4	220.0	223.9	342.5	507.0	571.6	732.2
互联网宽带接入用户(万户)	Broadband Subscribers of Internet (10 000 subscribers)	95.5	111.0	111.9	133.9	186.5	228.7	279.1
城市宽带接入用户	Urban Broadband Subscribers	74.1	85.0	85.1	97.9	126.3	149.1	196.5
农村宽带接入用户	Rural Broadband Subscribers	21.4	26.0	26.8	35.9	60.2	79.6	82.6

注：1. 邮政和通信业务总量按不变价计算。
　　2. 2018年固定本地电话通话时长为固定电话主叫通话时长（等于固定本地电话通话时长+固定长途电话通话时长）。

Note:a)The business volume of postal and telecommunication services was calculated at constant prices.
　　b)The length of fixed local telephone calls in 2018 is the length of fixed call calls.（Equivalent to fixed local telephone call length + fixed long distance telephone call length）.

18-17 邮电业务量
Business Volume of Postal and Telecommunication Services

年 份 Year	邮电业务总量 (万元) Business Volume of Postal and Telecommunication Services (10 000 yuan)	邮政业务总量 Business Volume of Postal Services	电信业务总量 Business Volume of Telecommunication Services	函 件 (万件) Number of Letters (10 000 pcs)
1987	2409	651	1758	2969
1988	3625	879	2746	3345
1989	4726	1050	3676	3473
1990	7887	2814	5073	3438
1991	19348	3538	15810	3659
1992	32220	4558	27662	4257
1993	60568	6549	54019	5384
1994	95277	8579	86698	5689
1995	114308	9377	104931	4998
1996	136767	10895	125872	4353
1997	173706	12399	161307	3789
1998	199496	14257	185239	3313
1999	246951	17470	229481	3178
2000	329516	18957	310559	2547
2001	355681	32848	322833	3010
2002	429384	32347	397037	2441
2003	465039	34509	430530	2304
2004	623520	37181	586339	1959
2005	750741	40929	709812	2012
2006	977641	47218	930423	1735
2007	1245150	53605	1191545	1368
2008	1589151	62851	1526300	1423
2009	1772259	74898	1697361	1373
2010	767414	62104	705310	1225
2011	918778	52168	866610	1490
2012	1032801	77800	955001	969
2013	1104441	88669	1015772	959
2014	1394317	106795	1287522	740
2015	1830018	126100	1703918	542
2016	1428471	168932	1259539	489
2017	2700310	189975	2510335	418
2018	5908332	218411	5689921	308

注：邮政和通信业务总量1987-1990年按1980年不变价计算，1991-1999年按1990年不变价计算，2000-2009年按2000年不变价计算，2010起按2010年不变价计算, 2016年起按2015年不变价计算。

Note:The business volume of postal and telecommunication services from 1981 to 1990 was calculated at 1980 constant prices,and that from 1991 to 1999 was calculated at 1990 constant prices,and that from 2000 to 2009 was calculated at 2000 constant prices,and that since 2010 was calculated at 2010 constant prices，and that since 2016 was calculated at 2015 constant prices.

18-17 续1(Continued)

年 份 Year	包 裹 (万件) Package (10 000 pcs)	汇 票 (万笔) Postal Order (10 000 times)	集邮业务 (万枚) Stamps for Collection (10 000 pieces)	固 定 本地电话 通话时长 (亿分钟) Length of Local Calls of Fixed Telephone (100 million minutes)	固 定 长途电话 通话时长 (亿分钟) Length of Long-distance Calls of Fixed Telephone (100 million minutes)
1987	38	207			
1988	39	205			
1989	39	196			
1990	41	192			
1991	41	200			
1992	46	235			
1993	58	341			
1994	58	435			
1995	68	353			4.15
1996	72	302			4.35
1997	61	272			4.64
1998	62	238			4.35
1999	63	214			4.04
2000	60	204			6.36
2001	64	184			3.57
2002	68	161			2.81
2003	76	137			2.51
2004	85	103			4.48
2005	59	85			5.24
2006	46	84			6.92
2007	46	161	322		6.51
2008	42	210	369		6.35
2009	39	236	323		6.05
2010	40	256	367		5.45
2011	45	236	481	32.13	5.50
2012	41	184	418	27.92	5.51
2013	22	133	397	20.32	6.92
2014	39	83	788	15.20	3.10
2015	28	45	965	13.23	2.08
2016	11	29	987	9.37	1.58
2017	18	18	905	7.82	1.30
2018	14	13	570	7.20	

注：1. 固定长途电话通话时长为固定传统长途电话通话时长及固定IP电话通话时长之和。
2. 2018年固定本地电话通话时长为固定电话主叫通话时长。

Note:a)Length of long-distance calls of fixed telephone includes traditional calls and IP calls.
b)The length of fixed local telephone calls in 2018 is the length of fixed call calls.

18-17 续2(Continued)

年 份 Year	移动短信业务量(亿条) Short Message Services (100 million messages)	移动电话通话时长(亿分钟) Length of Calls of Mobile Telephone (100 million minutes)	#去话通话时长 Length of Outgoing Calls	国际及港澳台漫游 Hong Kong, Macao, Taiwan and International Roaming
1992				
1993				
1994				
1995		2.06		
1996		3.00		
1997		5.88		
1998		4.36		
1999		0.35		
2000		15.28		
2001		21.17		
2002	2.47	27.75		
2003	5.67	44.86		
2004	9.60	72.80		
2005	13.15	90.83		
2006	20.36	124.39		
2007	36.10	169.46		
2008	41.45	234.12		
2009	43.72	281.70		
2010	49.50	334.31		
2011	55.12	229.40	229.40	0.03
2012	62.40	253.38	253.38	0.05
2013	58.31	467.13	251.13	0.06
2014	49.6	482.12	244.40	0.03
2015	47.00	237.80	237.80	0.05
2016	42.10	467.13	234.96	0.02
2017	34.60	457.98	232.73	0.05
2018	96.90	291.43	79.82	0.05

18-17 续3(Continued)

年 份 Year	移动电话用户(万户) Number of Mobile Telephone Subscribers at Year-end (10 000 subscribers)	#3G移动 3G Mobile Phone Subscribers	固定电话用户(万户) Number of Fixed Telephone Subscribers at Year-end (10 000 subscribers)
1987			1.67
1988			2.22
1989			3.03
1990			4.06
1991			5.73
1992	0.52		8.49
1993	1.04		13.58
1994	1.95		23.74
1995	3.11		28.04
1996	5.29		34.13
1997	13.10		38.69
1998	19.49		43.40
1999	5.80		52.70
2000	57.60		69.01
2001	81.20		105.51
2002	110.07		137.35
2003	136.32		162.81
2004	164.96		197.29
2005	203.87		230.02
2006	239.89		249.01
2007	324.84		239.95
2008	397.78		224.68
2009	496.44		182.83
2010	594.33	31.83	179.84
2011	671.64	106.65	174.98
2012	775.62	198.80	173.01
2013	858.30	314.73	173.59
2014	907.42	452.62	173.80
2015	920.48	258.21	171.01
2016	942.32	99.55	169.20
2017	1007.46	74.71	160.53
2018	1085.30	73.11	161.13

18-18 快递业务量
Business Volume of Express Services

年 份 Year	快 递 (万件) Pieces of Express Mail Services (10 000 pcs)	国内同城快递 Local Express Service	国内异地快递 National Express Service	国际及港澳台快递 Hong Kong, Macao, Taiwan and International Express Service	快递业务收入 (万元) Revenue from Express Service (10 000 yuan)
1992	12.10				
1993	23.70				
1994	31.50				
1995	33.00				
1996	39.20				
1997	39.90				
1998	42.30				
1999	50.10				
2000	47.10				
2001	62.90				
2002	70.00				
2003	64.80				
2004	95.72				
2005	108.10				
2006	124.00				
2007	142.00				
2008	384.20	69.70	308.70	5.80	9600.20
2009	429.50	58.20	364.50	6.80	13797.90
2010	681.20	197.90	474.90	8.50	17982.10
2011	953.50	214.80	731.20	7.50	20164.60
2012	1123.60	232.70	883.10	7.80	23230.10
2013	2226.86	329.10	1891.81	5.94	28075.73
2014	2248.55	250.59	1991.72	6.25	43190.57
2015	2953.04	545.47	2401.89	5.69	63444.78
2016	4869.35	1108.16	3755.54	5.65	100300.00
2017	5915.77	1791.78	4118.18	5.82	126970.80
2018	7107.05	2222.95	4877.57	6.54	163135.29

18-19 邮政业网点及邮递线路(年底数)
Postal Offices and Postal Delivery Routes at Year-end

年 份 Year	营业网点 (处) Number of Offices (unit)	信筒信箱 (个) Number of Post Boxes (unit)	农村投递路线 (公里) Rural Delivery Routes (km)	邮路总长度 (公里) Length of Postal Routes (km)	#航空邮路 Air Mail Routes	#汽车邮路 Highway Routes
1992	426		21394	60698	51644	9054
1993	440		20800	88752	82498	6254
1994	474		20312	97955	87798	10157
1995	506		19701	87007	78135	8872
1996	524		19291	55107	46477	8630
1997	575		20474	88656	79497	9159
1998	621		21745	50198	39740	10458
1999	525		19838	51028	40909	10119
2000	503		19732	58029	46079	11950
2001	504		20353	33942	22194	11748
2002	494		20296	35873	23148	12725
2003	487		22858	41939	25311	16628
2004	468		23108	34831	20710	14121
2005	458		23172	36498	22012	14486
2006	463		23645	32414	20383	12031
2007	458	836	23281	39422	27421	12001
2008	445	829	19589	61917	50307	11610
2009	443	853	22084	63250	50650	12600
2010	412	843	22155	93211	80385	12826
2011	418	672	21216	93432	80385	13047
2012	416	666	24373	90619	80385	10234
2013	451	671	25273	90405	80385	10020
2014	423	3270	28330	92173	80385	11788
2015	1516	3259	28895	96833	80385	16448
2016	1740	3240	28860	96486	80385	16101
2017	1714	3223	30595	86508	67189	18851
2018	1767	3138	30662	91597	73565	17551

18-20 电信主要通信能力和服务水平(年底数)

Main Communication Capacity and Services Available of Telecommunications at Year-end

年 份 Year	固定长途电话交换机容量(路端) Capacity of Long-distance Telephone Exchanges (circuit)	局 用交换机容量(万门) Capacity of Office Telephone Exchanges (10 000 lines)	移动电话交换机容量(万户) Capacity of Mobile Telephone Exchanges (10 000 subscribers)	长途光缆线路长度(公里) Length of Long Distance Optical Cable Lines (km)	固定电话普及率(部/百人) Popularization Rate of Fixed Telephone (sets/100 persons)
1992		12.75	0.07		
1993		23.48	1.40	129	
1994	13494	38.92	2.93		4.5
1995	27860	49.50	9.50	534	5.7
1996	38730	58.65	11.50	874	6.2
1997	42420	63.79	18.50	1199	6.3
1998	42420	66.79	42.50	1750	7.1
1999	38572	72.39	13.00	2208	8.2
2000	69930	77.36	112.80	3179	9.9
2001	55000	83.62	125.60	333	14.9
2002	66102	88.48	134.29	1155	18.1
2003	75296	96.98	148.63	1180	21.1
2004	66196	92.89	179.10	618	24.3
2005	66516	91.09	245.00	642	28.2
2006	72634	93.66	275.61	850	30.1
2007	79444	99.59	438.91	1702	28.7
2008	66244	101.28	568.36	1839	26.6
2009	86674	78.67	864.40	811	21.4
2010	91576	83.80	1099.40	3270	20.8
2011	91576	85.29	1347.40	3302	19.9
2012	91576	85.01	1512.40	3039	19.3
2013	90000	74.00	1532.00	6549	19.4
2014	41108	43.96	1532.40	3302	19.0
2015	41108	27.56	1572.40	3377	19.1
2016	41108	62.75	1612.40	3376	18.6
2017	15008	46.72	1684.00	3376	17.5
2018	15008	8.27	2119.00	915	17.4

18-21 邮政通信服务水平（年底数）
Postal Services Available at Year-end

年 份 Year	移动电话 普及率 (部/百人) Popularization Rate of Mobile Telephone (sets/100 persons)	平均每一营业 网点服务人口 (人) Average People Served by Every Postal Office (Persons)	平均每人每年 发函件数 (件) Annual Average Number of Letters Mailed per Capita (Piece)	已通邮的 行政村比重 (%) Percentage of Administrative Village with Posts (%)
1993		15271	8.0	92.8
1994		14384	8.3	94.4
1995		13664	7.2	93.1
1996	0.75	13486	6.2	93.5
1997	1.78	12418	5.3	99.0
1998	2.7	11809	4.5	99.0
1999	4.04	13968	4.3	93.5
2000	7.7	14579	3.4	94.5
2001	10.32	15098	3.9	95.5
2002	13.83	15577	3.2	85.6
2003	16.98	15994	3.0	99.0
2004	20.34	16886	2.5	99.0
2005	24.92	17670	3.0	98.0
2006	28.97	17775	2.0	99.0
2007	38.9	18187	2.0	99.0
2008	47.1	19016	2.0	100.0
2009	58.12	18665	2.0	99.0
2010	68.8	21391	1.4	96.0
2011	77.3	21512	1.2	98.0
2012	86.56	21789	1.0	100.0
2013	95.84	19657	1.1	99.9
2014	101.36	21165	0.8	100.0
2015	102.81	6008	0.6	100.0
2016	103.5	5271	0.5	100.0
2017	109.8	5401	0	100.0
2018		5287	0.33	100.0

主要统计指标解释

货（客）运量 指在一定时期内，各种运输工具实际运送的货物（旅客）数量。它是反映运输业为国民经济和人民生活服务的数量指标，也是制定和检查运输生产计划、研究运输发展规模和速度的重要指标。货运按吨计算，客运按人计算。货物不论运输距离长短、货物类别，均按实际重量统计。旅客不论行程远近或票价多少，均按一人一次客运量统计;半价票、小孩票也按一人统计。

货物(旅客)周转量 指在一定时期内，由各种运输工具运送的货物(旅客)数量与其相应运输距离的乘积之和。它是反映运输业生产总成果的重要指标，也是编制和检查运输生产计划，计算运输效率、劳动生产率以及核算运输单位成本的主要基础资料。计算货物周转量通常按发出站与到达站之间的最短距离，也就是计费距离计算。计算公式为：

货物(旅客)周转量＝Σ货物(旅客)运输量×运输距离

港口货物吞吐量 指经由水路进、出港区范围，并经过装卸的货物数量。按货物流向分，为进港吞吐量和出港吞吐量。按货物的贸易性质分，为内贸和外贸吞吐量。按货物的类别分，可根据现行的交通行业标准《运输货物分类和代码》分类。沿海港口是指位于海沿岸，具有一定设施和条件，供船舶停靠、旅客上下、货物装卸、生活物料供应等作业的港口。

民用汽车拥有量 指报告期末，在公安交通管理部门按照《机动车注册登记工作规范》，已注册登记领有民用车辆牌照的全部汽车数量。汽车拥有量统计的主要分类，根据汽车结构分为：载客汽车、载货汽车、其他汽车；根据汽车所有者不同分为：个人(私人)汽车、单位汽车；根据汽车的使用性质分为：营运汽车、非营运汽车；根据汽车大小规格不同，载客汽车分为：大型、中型、小型和微型，载货汽车分为重型、中型、轻型和微型。

邮电业务总量（又称通信业务总量） 指以价值量形式表现的邮电通信企业为社会提供各类邮电通信服务的总数量。分别按邮政业务总量和电信业务总量统计。邮电业务总量是以各类业务的实物量分别乘以相应的不变单价，得出各类业务的货币量再加总求得。该指标综合反映了一定时期邮电业务发展的总成果，是研究邮电业务量构成和发展趋势的重要指标。

Explanatory Notes on Main Statistical Indicators

Freight (Passenger) Traffic refers to the volume of freight (passenger) transported actually by various modes within a specific period of time. This indicator reflects the service of the transport industry towards the national economy and the people's living conditions, as well as an important indicator used in formulating and monitoring transport production plans and researching into the scale and pace of transport development. Freight transport is calculated in tons and passenger traffic is calculated in terms of number of persons. Freight transport is calculated in terms of the actual weight of goods and takes no account of the type of freight and distance of travel. Passenger traffic is calculated by the principle that one person can be counted only once in one trip and takes no account of the travelling distance and ticket price. The passengers who travel with a half-price ticket or a child ticket are also calculated as one person.

Freight Ton-kilometers (Passenger-kilometers) refers to the sum of the volume of transported goods (passengers) multiplied by the transport distance. It is an important indicator to reflect achievements of the transportation industry. This is an important indicator to show the total results of the transport industry; to prepare and examine the transport plan; and to serve as the main basic data for calculating the efficiency, labour productivity and unit cost of transport. Normally, the shortest distance between the departure station and the destination station (i.e., the payable distance) is the basis in calculating the freight ton-kilometers. The formula is as follows:

$$\frac{\text{Freight ton-kilometres}}{\text{(passenger-kilometres)}} = \sum \frac{\text{freight}}{\text{(passenger)traffic}} \times \frac{\text{distance of}}{\text{transportation}}$$

Volume of Freight Handled in Coastal Ports (Freight Throughput) refers to the volume of incoming and outgoing goods handled in the major coastal ports. The volume of freight handled may be classified into two categories by direction of flow: in-port and out-port, and by nature of cargo it can be classified into two kinds: freight for domestic trade and for foreign trade. The classification of cargo can also refer to the current transport standard of The Classification and Code of Cargo Type. Coastal ports refer to the ports which are located at the edge of an ocean or sea, and with some facilities for vessel callings, passenger embarking/debarking, cargo loading/unloading, living material supply, etc.

Possession of Civil Vehicles refers to the total number of vehicles that are registered and received vehicle license tags according to the Motor Vehicle Registration Specifications formulated by the Transport Management Office under the department of public security at the end of report period. According to the structure of motor vehicles, they are divided into passenger vehicles, trucks and others; according to ownership into private vehicles and vehicles for the unit's use; according to kind of usage into operating vehicles and non-operating vehicles; and according to size of vehicles into large passenger vehicles, medium-sized passenger vehicles, small passenger vehicles and mini passenger vehicles, heavy trucks, light-heavy trucks, light trucks and mini-trucks.

Business Volume of Post and Telecommunications （Business Volume of Communications） refers to the total amount of postal and telecommunication services for the whole society in terms of value, provided by the postal and telecommunication enterprises. It's an aggregative indicator that reflects the trend of development and changes of postal and telecommunication services. Its statistical data includes two parts: postal services and telecommunication services. Business volume of post and telecommunications is the sum of physical quantities of all services respectively multiplied by their corresponding unit price (constant price).

19

金　融

Finance Intermediation

编辑人员：　黄淑娴

Compiled by　Huang Shuxian

英文翻译：黄淑娴

Translated by　Huang Shuxian

简 要 说 明

本章节主要内容

反映我省金融、证券和保险业发展情况。由三个部分构成：一是金融机构金融活动情况，二是金融机构、人员情况，三是保险业务情况。

Brief Introduction

Main Contents

This chapter reflects the situation of banking, securities and insurance industry development in Hainan and it consists of three parts: financial activities, financial staff and insurance business.

19-1 历年全社会金融机构存贷款余额
Deposit and Loan Balance of Financial Institutions in Various Years

单位：亿元 (100 million yuan)

年份 Year	人民币 RMB			本外币 RMB and Foreign Currency		
	年末存款余额 Deposit Balance	#储蓄存款 Savings Deposits	年末贷款余额 Loan Balance	年末存款余额 Deposit Balance	#储蓄存款 Savings Deposits	年末贷款余额 Loan Balance
1992	346.80	112.75	269.51			
1993	432.92	184.02	370.77			
1994	496.17	232.91	467.25			
1995	556.41	279.41	554.44			
1996	652.06	327.13	645.03			
1997	742.30	362.61	755.94			
1998	772.24	385.52	799.89			
1999	847.88	398.39	882.20			
2000	888.72	404.74	622.47			
2001	873.18	427.33	636.65			
2002	834.00	484.08	647.44	891.93	522.55	780.40
2003	991.90	546.87	733.10	1050.45	581.96	874.76
2004	1110.83	615.92	801.21	1159.31	645.48	920.55
2005	1262.16	697.57	874.32	1302.29	721.98	996.32
2006	1513.69	790.57	993.78	1560.30	812.18	1123.34
2007	1833.21	863.12	1086.89	1873.00	878.88	1228.04
2008	2305.46	1061.12	1219.68	2350.86	1075.23	1383.39
2009	3107.26	1280.05	1728.81	3175.70	1294.42	1940.86
2010	4166.03	1658.42	2266.55	4217.16	1671.48	2514.08
2011	4449.99	1874.27	2793.79	4510.03	1888.48	3194.96
2012	5042.83	2170.91	3381.60	5109.70	2186.84	3889.63
2013	5878.60	2465.04	3978.15	5952.50	2480.36	4630.78
2014	6363.57	2672.31	4684.32	6427.88	2687.39	5391.51
2015	7508.84	2974.53	5685.14	7626.07	2995.32	6643.54
2016	8959.21	3387.96	6569.47	9080.13	3416.64	7672.98
2017	10016.62	3790.10	7376.55	10096.38	3815.80	8459.27
2018	9548.56	4188.82	7870.60	9610.47	4215.26	8820.12

19-2 金融机构存贷款项目构成
Composition of Deposits and Loans of Financial Institutions

单位：万元 (10 000 yuan)

指　　标	Item	2018
各项存款	**Deposits Balance**	**96104736**
境内存款	Domestic Deposits	95644320
住户存款	Personal Deposits	42152552
活期存款	Demand Deposits	23242705
定期及其他存款	Time Deposits and Others	18909847
非金融企业存款	Non-financial Enterprises Deposits	29915241
活期存款	Demand Deposits	15763686
定期及其他存款	Time Deposits and Others	14151556
广义政府存款	General Government Deposits	22065376
财政性存款	Fiscal Deposits	3319442
机关团体存款	Government Organization Deposits	18745934
非银行业金融机构存款	Non-banking Financial Institutions Deposits	1511150
境外存款	Oversea Deposits	460415
各项贷款	**Loans Balance**	**88201183**
境内贷款	Domestic Loans	84700603
住户贷款	Personal Loans	24549900
短期贷款	Short-term Loans	2633422
消费贷款	Consumer Loans	1635664
经营贷款	Business Loans	997758
中长期贷款	Medium & Long Term Loans	21916478
消费贷款	Consumer Loans	17607396
经营贷款	Business Loans	4309082
非金融企业及机关团体贷款	Non-financial Enterprises and Government Organization Loans	60150703
短期贷款	Short-term Loans	11540116
中长期贷款	Medium & Long Term Loans	47020996
票据融资	Financing Instruments	1368746
融资租赁	Finance Lease	
各项垫款	The Advances	220845
境外贷款	Oversea Loans	3500580

注：本表为金融机构人民币信贷收支数据。

Note:The data comes from the credit for RMB income and expenditure of financial institutions.

19-3 各市县金融机构存款余额
Deposits Balances of Financial Institutions by Region

单位：万元 (10 000 yuan)

市 县	Region	2005	2010	2013	2014	2015	2016	2017	2018
海口市	Haikou	7600163	22389488	29551864	32135535	39628231	49492509	54202711	48993073
三亚市	Sanya	1211105	6164218	9308866	9777625	12062642	14938282	16766621	15289132
五指山市	Wuzhishan	107668	290238	564477	596844	635879	663138	698493	813879
文昌市	Wenchang	456165	1610404	2292226	2358945	2581151	2969846	3253351	3433399
琼海市	Qionghai	528980	1781932	2423265	2446641	2626317	3043684	3448425	3735712
万宁市	Wanning	289985	1126679	1671198	1741885	1912797	2078768	2377154	2460974
定安县	Ding'an	146817	576606	779470	824409	922414	1036519	1179711	1251283
屯昌县	Tunchang	118549	391019	563223	616027	685132	748731	877919	945555
澄迈县	Chengmai	230460	1029187	1281726	1405483	1621399	1873440	2213532	2530950
临高县	Lingao	147116	437176	744512	810851	817186	940194	1054387	1317059
儋州地区	Danzhou Area	690679	2362904	3369462	3568989	3889653	4676974	5070293	5267359
儋州市	Danzhou	437551	1438809	2238537	2289514	2484415	2916055	3108477	3337762
洋浦	Yangpu	253128	924095	1130925	1279475	1405238	1760919	1961816	1929597
东方市	Dongfang	282867	759412	1174980	1424720	1422058	1505267	1729182	1788036
乐东县	Ledong	167478	696309	1130991	1185481	1270278	1349854	1616047	1751107
琼中县	Qiongzhong	126574	327981	495807	537086	602552	731521	801424	829148
保亭县	Baoting	61872	368424	620284	685676	711147	761642	899521	1063633
陵水县	Linshui	150740	989750	2293408	2667350	2293800	2363754	3067374	2694443
白沙县	Baisha	106613	284667	419506	464819	522906	583151	655183	764220
昌江县	Changjiang	197454	567526	833371	1024135	978327	1018840	1043226	1174881

注：本表数据为金融机构本外币信贷收支数据。
Note: The data comes from the credit for RMB and foreign currency income and expenditure of financial institutions.

19-4 各市县金融机构贷款余额
Loans Balances of Financial Institutions by Region

单位：万元 (10 000 yuan)

市 县	Region	2005	2010	2013	2014	2015	2016	2017	2018
海口市	Haikou	6150427	19332584	31882499	36492724	36560306	52538143	56003341	57006762
三亚市	Sanya	587047	2286451	6136364	7542115	8710976	10792264	12711734	12848928
五指山市	Wuzhishan	94888	86810	177903	188774	215820	222549	288278	309964
文昌市	Wenchang	166745	361983	845139	1058135	939947	1206101	1541009	1616116
琼海市	Qionghai	180250	405260	809069	986737	1283321	1188118	1463519	1716930
万宁市	Wanning	100062	194453	527220	669265	1912797	949734	1354981	1496589
定安县	Ding'an	55346	101049	252897	292016	355165	380444	436978	476779
屯昌县	Tunchang	63520	87150	248615	277788	308656	297916	357470	401646
澄迈县	Chengmai	109474	313279	784350	848002	917135	1346411	1461371	1776291
临高县	Lingao	77751	111430	379618	441512	462279	510514	426717	558738
儋州地区	Danzhou Area	806257	1085935	2304368	2637212	2955632	3373073	3618148	4816812
儋州市	Danzhou	197978	282101	918451	1212538	1450501	1518770	1577860	2526053
洋浦	Yangpu	608279	803834	1385917	1424675	1505131	1854303	2040288	2290758
东方市	Dongfang	63929	97373	359702	508102	574289	680770	742719	721613
乐东县	Ledong	76064	69269	286850	372700	530075	538748	692734	656191
琼中县	Qiongzhong	41839	64438	137868	184711	331710	503106	721965	883440
保亭县	Baoting	9045	46538	137781	173813	224904	262069	352674	270995
陵水县	Linshui	72167	294291	732780	818539	1151194	1354743	1723084	1921362
白沙县	Baisha	31308	36648	80601	111610	159422	183694	234793	232628
昌江县	Changjiang	57123	122264	224155	311298	382430	401439	461232	489398

注：本表数据为金融机构本外币信贷收支数据。
Note: The data comes from the credit for RMB and foreign currency income and expenditure of financial institutions.

19-5 全省保险业务总量
Economic and Technical Indicators on Insurance Companies

单位：万元 (10 000 yuan)

指 标	Item	保费收入 Premium			赔款及给付 Claim and Payment		
		2016	2017	2018	2016	2017	2018
合 计	**Total**	**1332070**	**1648286**	**1830964**	**492379**	**490815**	**559759**
财产保险公司	**Property Insurance Companies**	**497353**	**597477**	**676446**	**277201**	**282945**	**332080**
企业财产保险	Enterprise Property Insurance	23797	24355	19597	7757	8728	6573
家庭财产保险	Family Property Insurance	569	7608	2252	1273	2060	545
机动车辆保险	Motor Vehicle Insurance	330827	386081	402054	187728	193288	212158
工程保险	Engineering Insurance	8863	8789	10852	6642	5079	5472
责任保险	Liability Insurance	14891	17512	24228	6889	8424	11231
信用保险	Export Credit Insurance	6178	247	496	5480	1	22
保证保险	Guarantee Insurance	32206	52848	69745	4119	5574	14558
船舶保险	Ship Insurance	3395	4278	4035	664	1169	2970
货运保险	Freight Transport Insurance	3179	3735	3726	3077	1361	672
特殊风险保险	Special Risks Insurance	14662	19344	20448	3166	17690	16520
农业保险	Agriculture Insurance	37118	46231	84036	38244	27435	47193
健康保险	Health Insurance	10692	12791	16014	7913	8000	9708
人身意外保险	Accident Injury Insurance	10667	13306	18101	3985	3887	4250
其他保险	Other Insurance	310	352	861	264	250	207
人寿保险公司	**Total Life Insurance Companies**	**834717**	**1050809**	**1154518**	**215177**	**207871**	**227680**
寿险	Life Insurance	681800	871801	899390	148293	159398	167176
健康保险	Health Insurance	129197	151716	213935	63592	44346	56511
人身意外伤害险	Personal Accident Insurance	23721	27292	41192	3293	4127	3993

19-6 各市县原保险保费收入和赔付支出情况(2018)
Premium of Primary Insurance and Payment by Region (2018)

单位：万元 (10 000 yuan)

地区	Region	原保险保费收入 Premium of Primary Insurance			赔付支出 Payment		
		合计 Total	财产险业务 Property Insurance	人身险业务 Life Insurance	合计 Total	财产险业务 Property Insurance	人身险业务 Life Insurance
全省合计	**Total**	**1830964**	**642331**	**1188633**	**559759**	**318121**	**241638**
省本级	Provincal	12755	12066	688	10944	10516	427
海口市	Haikou	1209540	410661	798879	387733	218012	169721
三亚市	Sanya	248588	88264	160324	56402	35955	20447
三沙市	Sansha	2481	2036	445	1251	948	303
五指山市	Wuzhishan	7224	2506	4718	2304	928	1376
文昌市	Wenchang	55385	12777	42609	14615	5336	9280
琼海市	Qionghai	52663	18005	34658	13296	6347	6949
万宁市	Wanning	31665	8527	23137	8894	3811	5082
定安县	Ding'an	10412	4157	6255	3160	1840	1320
屯昌县	Tunchang	9943	3189	6754	2929	1420	1509
澄迈县	Chengmai	17491	8331	9161	5623	3582	2041
临高县	Lingao	12625	6308	6317	5272	3471	1801
儋州地区	Danzhou Area	66477	25454	41024	19656	11394	8262
儋州市	Danzhou	57632	20773	36859	15362	7777	7585
洋浦	Yangpu	8845	4680	4165	4294	3616	678
东方市	Dongfang	18523	9590	8933	5331	3379	1952
乐东县	Ledong	13302	6016	7286	3587	1633	1954
琼中县	Qiongzhong	9052	3812	5240	2555	1166	1390
保亭县	Baoting	11784	2586	9198	2596	938	1658
陵水县	Linshui	19953	7616	12337	5580	3040	2541
白沙县	Baisha	5288	3381	1907	1720	882	838
昌江县	Changjiang	15814	7050	8763	6310	3522	2789

19-7 证券市场基本情况
The Basic Situation of Securities Market

指　　标	Item	2016	2017	2018
上市公司数（家）	Number of Listed Companies (unit)	28	30	31
#A股	A Shares	28	30	31
#B股	B Shares	3	4	4
挂牌公司数(家)	Number of Lited Companies(unit)	30	43	39
辅导企业数	Number of Guidance Enterprises (unit)		3	5
证券公司数（家）	Number of Securities Companies(unit)	2	2	2
证券公司分公司(家)	Number of Securities Companies(unit)	14	20	26
证券营业部数（家）	Number of Securities Business (unit)	54	58	58
证券交易服务部数（家）	Number of Securities Trading Service Departments (unit)			
期货公司（家）	Number of Futures Broker Companies (unit)	2	2	2
期货公司分公司(家)	Number of Furtures Broker Companies(unit)	1	2	2
期货经纪公司营业部（个）	Number of Trading Offices Futures Broker Companies (unit)	12	12	11
证券投资咨询机构数（家）	Number of Securities Investment Consultative Institutions (unit)	1	1	1
证券从业人员数（人）	Number of Stsff and Workers in Securities(person)	1002	1119	1132
期货从业人员数（人）	Number of Stsff and Workers in Futures(person)	195	199	191
证券投资者开户数（万户）	Number of Stsff and Workers in Futures Investors(10000 accounts)	93.01	115.44	127.2
期货投资者开户数（户）	Number of Stsff and Workers in Futures Investors(account)	14296.00	15591.00	16527
证券市场筹资总额（亿元）	Total Capital Volume Collected by Listed Companies (100 million yuan)	976.72	114.37	176.9
发行	Issuing	3.02	6.22	
配股	Share Right Issued			
增发	Adding Shares Issue	690.08	43.44	66.8
公司债	Debenture	261.16	30.60	61.1
资产证券化产品	Asset Securitization	22.46	34.11	49
上市公司总资产（亿元）	Total Assets of Listed Companies(100 million yuan)	3801.89	4378.60	4353.03
上市公司净资产（亿元）	Ney Assets of Listed Companies (100 million yuan)	1604.73	1633.41	1568.77
上市公司总股本（亿股）	Total Capital Shares of Listed Companies(100 million shares)	460.47	473.57	494.19
市价总值（亿元）	Total Market Value (100 million yuan)	3878.36	3574.01	2029.19
上市公司净利润（亿元）	Net Profit of Listed Companies (100 million yuan)	47.65	47.98	-85.78
上市公司每股平均收益（元	Per Share Income of Listed Companies (yuan)	0.10	0.10	-0.17
证券经营机构证券交易量(亿元)	Trading Volume of Securities Business Institutions (100 million yuan)	11278.60	12689.73	9947.93
期货经营机构代理交易量(亿元)	Proxy Trading Volume of Futures Business Institutions (100 million yuan)	28050.98	20775.92	14094.16

主要统计指标解释

信贷资金 指金融机构以信用方式积聚和分配的货币资金。金融机构信贷资金的来源有各项存款、对国际金融机构负债、流通中货币、银行自有资金及当年结益等；信贷资金的运用有各项贷款、黄金占款、外汇占款、财政借款及在国际金融机构中的资产等。

存款 指企业、机关、团体或居民根据资金必须收回的原则，把货币资金存入银行或其他信用机构保管并取得一定利息的一种信用活动形式。根据存款对象的不同可划分为企业存款、财政存款、机关团体存款、基本建设存款、城镇储蓄存款、农村存款等科目。它是银行信贷资金的主要来源。

贷款 指银行或其他信用机构根据资金必须归还的原则，按一定利率，为企业、个人等提供资金的一种信用活动形式。我国银行贷款分为流动资金贷款、固定资产贷款、城乡个体工商户贷款以及农业贷款等科目。

保险公司 在中国境内的、经过保险监督部门批准设立，并依法登记注册的各类商业保险公司。

保险金额 指保险人承担赔偿或者给付保险金责任的最高限额。

保费 指投保人为取得保险人在约定范围内所承担赔偿责任而支付给保险人的费用。

赔款 指保险人根据保险合同的规定，向被保险人支付的赔偿保险责任损失的金额。

给付 包括死伤医疗给付和满期给付。死伤医疗给付是指保险人根据人寿保险及长期健康保险合同的规定，因被保险人在保险期内发生保险责任范围内的保险事故支付给被保险人（或受益人）的金额。满期给付是指被保险人生存期满，保险人按人寿保险合同规定支付给被保险人的满期保险金额。

Explanatory Notes on Main Statistical Indicators

Credit Funds refer to the funds issued as loans by banking institutions. The sources of credit funds of the banking institutions included deposits, liabilities to international financial institutions, currency in circulation, self-owned funds and current retained profits, etc. The credit funds can be used in forms of loans, gold, foreign exchange, government debt and assets in the international financial institutions.

Deposit is a form of credit by which enterprises, institutions, organizations or households can put money into banks and other credit institutions for safekeeping and interest earning under the principle of free withdrawal. According to different depositors, deposits are divided into enterprise deposits, treasury deposits, deposits of government agencies and organizations, capital construction deposits, urban savings deposits, rural deposits and other deposits. Deposits are major sources of the credit funds of banks.

Loan is a form of credit by which banks and other credit institutions provide funds at certain interest rate to enterprises and individuals in the light of the principle of unconditional repayment. Loans from Chinese banks include circulating capital loans, fixed assets loans, loans to urban and rural individuals engaged in industrial and commercial business and agricultural loans.

Insurance Companies refer to commercial insurance companies of various forms registered by law and established in China with the approval of insurance regulatory agencies.

Amount Insured refers to the maximum that the insurant will get for the claim of the case insured.

Premium is the fee paid by the insurant to the insurer to obtain the obligation of compensation from the insurance within the agreed terms.

Settled Claim is the compensation paid by the insurer to the insurant in accordance with the insurance contract.

Payment includes payment for death, injury or medical treatment and mature payment. Payment for death, injury or medical treatment refers to the money paid to the insurant (or the beneficiary) in accordance with the life or health insurance contract when the insurant encounters accidents within the insured period covered in the contract. Mature payment refers to the mature payment to the insurant in accordance with the life insurance contract at the end of the insured period.

20

科学技术

Science and Technology

编辑人员：吴庆婷

Compiled by Wu Qingting

英文翻译：陈敏

Translated by Chen Min

简 要 说 明

本篇主要反映我省科学技术活动的基本情况。

一、本篇资料的主要内容

包括全社会以及工业企业、政府部门属研究机构、高校的研究与试验发展（R&D）活动情况；国内外专利申请和授权情况；高技术企业生产及研发活动情况。

二、本篇资料的统计范围

科技活动统计资料范围为全社会有研究与试验发展（R&D）活动的企事业单位，具体包括工业企业、政府部门属研究机构、普通高等学校以及研究与试验发展（R&D）活动相对密集行业（包括农、林、牧、渔业，建筑业，交通运输、仓储和邮政业，信息传输、计算机服务和软件业，金融业，租赁和商务服务业，科学研究、技术服务和地质勘查业，水利、环境和公共设施管理业，卫生、社会保障和社会福利业，文化、体育和娱乐业等）中从事研究与试验发展（R&D）活动的企事业单位。

三、本篇资料的统计调查方法

研究与试验发展(R&D)活动情况采用全面调查取得。

四、科技活动统计资料口径变动说明

2000年以前科技活动统计资料只包括大中型工业企业、政府部门属研究机构、普通高等学校，2000年及以后年份扩大到了全社会范围。

Brief Introduction

Data in this chapter show the basic conditions on Hainan's scientific and technological development.

I. Main Contents

Data on technology mainly include: data on scientific and technological activities, R&D activities all over the province, including industrial enterprises, scientific and technological institutions under government departments, universities and colleges; data on domestic and foreign patents application accepted and granted, data on production, research and development activities of high-tech enterprises

II. Scope of Statistics

Coverage of data: data on research and development (R&D) activities of enterprises and institutions all over the province, mainly including industrial enterprises, scientific and technological institutions under government departments, universities and colleges and relatively R&D-intensive industries (such as agriculture, forestry, animal husbandry，fisher，construction, transport, storage and post, information transmission, computer services and software, financial intermediation, leasing and business services, scientific research, technical service and geologic prospecting, management of water conservancy, environment and public facilities, health, social security and social welfare, culture, sports and entertainment).

III. Statistical methodology

Data on R&D activities are collected through complete surveys.

IV.Changes of the Statistical Coverage of Data on Scientific and Technological Activities

Before 2000, data only included large and medium-sized industrial enterprises, scientific research institutions under government departments, and universities and colleges. Since 2000 (inclusive), data have covered all industries.

20-1 科技活动基本情况
Basic Statistics on Scientific and Technological Activities

指　标	Item	2012	2013	2014	2015	2016	2017	2018
研究与试验发展(R&D)投入情况	**Statistics on R&D Input**							
R&D人员全时当量(人年)	Full-time Equivalent of R&D Personnel(10 000 man-years)	6787	6962	7514	7713	7840	7715	8160
#基础研究	Basic Research	897	781	748	716	1431	1521	1578
应用研究	Applied Research	880	721	848	1155	1132	1333	1830
试验发展	Experimental Development	5010	5460	5919	5842	5278	4860	4752
R&D经费支出(亿元)	Expenditure on R&D (100 million yuan)	13.70	14.84	16.92	16.97	21.71	23.11	26.87
#基础研究	Basic Research	2.41	1.47	1.20	0.97	5.32	7.06	5.51
应用研究	Applied Research	2.12	1.31	2.47	2.60	5.20	5.57	5.93
试验发展	Experimental Development	9.20	12.07	13.25	13.39	11.19	10.48	15.43
#政府资金	Government Funds	4.61	5.20	5.69	5.39	10.47	13.15	13.32
企业资金	Self-raised Funds by Enterprises	7.79	9.30	10.88	11.14	8.26	9.42	12.24
R&D经费支出占地区生产总值比例(%)	Ratio of Expenditure on R&D to GDP (%)	0.48	0.47	0.48	0.46	0.54	0.52	0.56
科技产出及成果情况	**Statistics on S&T Outputs and Results**							
发表科技论文(篇)	Scientific Papers Issued (pieces)	6381	7143	7414	8227	7560	8108	7940
出版科技著作(种)	Publication on Science and Technology (kind)	347	515	405	378	381	463	380
科技成果登记数(项)	Number of Major Achievements in Science and Technology(item)	186	404	279	215	320	436	229
国家科学技术进步奖(项)	Number of National Scientific and Technological Progress Prizes Awarded (item)	1						
专利申请受理数(件)	Number of Patents Application Accepted (piece)	1824	2358	2415	3127	3669	4417	6451
#发明专利	Inventions	865	921	968	1211	1275	1594	2127
专利申请授权数(件)	Number of Patents Application Granted (piece)	1084	1331	1597	2060	1938	2084	3292
#发明专利	Inventions	389	449	380	417	385	352	489

注：本篇2018年数据为初步数据。
Note:This page refers to 2018 is preliminary data.

20-2 事业单位专业技术人才分行业情况(2018)
Statistics on Professional and Technical Personnel in Institutions by Sector (2018)

单位：人 (person)

行　业	Item	合　计 Total	工程技术人员 Engineering Technicians	农业技术人员 Agricultural Technicians	科学研究人员 R&D Experiment Personel	卫生技术人员 Medical Technicians	教学人员 Teaching Personnel	其他 Others
合　计	**Total**	**128904**	**3196**	**2078**	**606**	**22965**	**94702**	**5357**
农林牧渔业	Agriculture,Forestry, Animal Husbandry and Fishery	2611						
采矿业	Mining							
制造业	Manufacturing							
电力、煤气及水的生产和供应业	Production and Supply of Electric Power,Gas and Water	2						
建筑业	Construction	337						
交通运输仓储和邮政业	Transport, Storage and Post	8						
信息传输、计算机服务和软件业	Information Transmission, Software and Information Technology	572						
批发和零售业	Wholesale & Retail Services							
住宿和餐饮业	Hotels and Catering Services	228						
金融业	Financial Intermediation	1						
房地产业	Real Estate	93						
租赁和商务服务业	Leasing and Business Services	25						
科学研究、技术服务和地质勘查业	Scientific Research and Technical Services	1329						
水利、环境和公共设施管理业	Management of Water Conservancy,Environmental and Public Facilities	1236						
居民服务和其他服务业	Services to Households and Other Services	50						
教育	Education	95873						
卫生、社会保障和社会福利业	Health Care,Social Security and Social Welfare	23190						
文化、体育和娱乐业	Culture,Sports and Entainment	1826						
公共管理和社会组织	Public Management and Social Organizations	1523						

注：2018年人力资源和社会保障事业单位人员统计报表未统计各行业相关类别专业技术人员数量。

Note:The Statistical Statement of Hnman Resources and Social Security Public Institutions Personnel of 2018 dose not include the statistical data of professionals of relevant majors from all industries.

20-3 公有经济企业专业技术人才分行业情况(2018)
Statistics on Professional and Technical Personnel in State-owned Economy and Collective-owned Economy by Sector (2018)

单位：人　　　　(person)

行　业	Item	合　计 Total	工程技术人员 Engineering Technicians	农业技术人员 Agriculture Technicians	科学研究人员 R&D Experiment Personel	卫生技术人员 Medical Technicians	教学人员 Teaching Personnel	其他 Others
合　计	**Total**	**14600**	**5367**	**1298**	**9**	**433**	**163**	**7330**
农林牧渔业	Agriculture,Forestry, Animal Husbandry and Fishery	4180	644	1266	6	192	57	2015
采矿业	Mining	93	22			1	6	64
制造业	Manufacturing	154	55	3				96
电力、煤气及水的生产和供应业	Production and Supply of Electric Power,Gas and Water	984	747	5		2		230
建筑业	Construction	2232	1690	9			7	526
交通运输、仓储和邮政业	Transport, Storage and Post	1283	620	5		2	46	610
信息传输、计算机服务和软件业	Information Transmission, Software and Information Technology	41	37					4
批发和零售业	Wholesale & Retail Services	589	45	2		4	8	530
住宿和餐饮业	Hotels and Catering Services	102	64					38
金融业	Financial Intermediation	1902	58				1	1843
房地产业	Real Estate	839	434			5	10	390
租赁和商务服务业	Leasing and Business Services	148	28	3			5	112
科学研究、技术服务和地质勘查业	Scientific Research and Technical Services	785	728		3		4	50
水利、环境和公共设施管理业	Management of Water Conservancy,Environmental and Public Facilities	255	117	1		3		134
居民服务和其他服务业	Services to Households and Other Services	106	38	2		4	2	60
教育	Education	9	3				5	1
卫生、社会保障和社会福利业	Health Care,Social Security and Social Welfare	235	3			218		14
文化、体育和娱乐业	Culture,Sports and Entainment	633	34	2		2	12	583
公共管理和社会组织	Public Management and Social Organizations	30						30

20-4　研究与试验发展(R&D)人员情况(2018)
Statistic on Personnel of R&D(2018)

项　目	Item	单位数(个) The Number of Uunits (unit)	有R&D活动单位 Enterprises Having R&D Activities	R&D人员(人) R&D Personnel (person)	其中：Including 研究人员 Researchers	其中：Including 全时人员 Full-time Staff	非全时人员 Part-time Staff
合　计	**Total**	**686**	**155**	**13487**	**7906**	**7773**	**5714**
科研院所	**Scientific Research Institute**	**28**	**22**	**2298**	**1558**	**1997**	**301**
民口院所	Institute for Civil Use	28	22	2298	1558	1997	301
其他院所	Other Institutes						
高等院校	**Institutions of Higher Education**	**34**	**34**	**4812**	**3959**	**1194**	**3618**
理工农医类	Science,Engineering, Agriculture and Medicine Class	17	17	1494	1297	1193	301
人文社科类	Humanities and Social Sciences Class	17	17	3318	2662	1	3317
企业	**Enterprise**	**587**	**81**	**5163**	**1720**	**4341**	**822**
规模以上工业企业	Industrial Enterprises above Designated Size	349	66	3023	1165	2296	727
重点建筑业和服务业企业	Key Enterprises in the Construction and Service Sector	195	7	382	147	325	57
其他企业	Other Enterprises	43	8	1758	408	1720	38
事业单位	**Institutions**	**37**	**18**	**1214**	**669**	**241**	**973**
73-75行业的事业	Institutions in 73-75 Sectors	22	8	292	138	153	139
其他事业	Other Utilities	15	10	922	531	88	834

20-4 续(continued)

项　目	Item	R&D人员折合全时当量(人年) R&D Personnel Equivalent to Full-time Equivalent (man-years)	其中：Including #研究人员 Researchers	其中：Including 基础研究 Basic Research	应用研究 Applied Research	试验发展 Experimental Development
合　计	**Total**	**8160**	**4237**	**1578**	**1830**	**4753**
科研院所	**Scientific Research Institute**	**2076**	**1338**	**813**	**634**	**629**
民口院所	Institute for Civil Use	2076	1338	813	634	629
其他院所	Other Institutes					
高等院校	**Institutions of Higher Education**	**1644**	**1394**	**697**	**931**	**16**
理工农医类	Science,Engineering, Agriculture and Medicine Class	994	864	431	552	12
人文社科类	Humanities and Social Sciences Class	650	531	267	380	4
企业	**Enterprise**	**3997**	**1234**	**2**	**11**	**3984**
规模以上工业企业	Industrial Enterprises above Designated Size	1971	762	2	10	1959
重点建筑业和服务业企业	Key Enterprises in the Construction and Service Sector	301	110			301
其他企业	Other Enterprises	1725	363		1	1723
事业单位	**Institutions**	**443**	**270**	**65**	**254**	**124**
73-75行业的事业	Institutions in 73-75 Sectors	197	129	23	81	93
其他事业	Other Utilities	246	141	42	173	31

20-5 研究与试验发展(R&D)经费情况(2018)
Statistic on Funds of R&D(2018)

单位：万元 (10 000yuan)

项　目	Item	R&D经费内部支出 Internal Expenditures on R&D Funds	其中： Including 基础研究 Basic Research	应用研究 Applied Research	试验发展 Experimental Development	其中： Including 政府资金 Government Funds	企业资金 Enterprise Funds	境外资金 Foreign Capital	其他资金 Other Funds
合　计	**Total**	**268723**	**55102**	**59293**	**154328**	**133154**	**122447**	**1094**	**12027**
科研院所	**Scientific Research Institute**	**113170**	**42714**	**41305**	**29152**	**107781**	**969**	**272**	**4149**
民口院所	Institute for Civil Use	113170	42714	41305	29152	107781	969	272	4149
其他院所	Other Institutes								
高等院校	**Institutions of Higher Education**	**25807**	**12036**	**13328**	**443**	**16232**	**2413**	**4**	**7159**
理工农医类	Science,Engineering, Agriculture and Medicine Class	16517	8278	7823	417	11165	1263		4090
人文社科类	Humanities and Social Sciences Class	9290	3758	5506	26	5067	1150	4	3069
企业	**Enterprise**	**121491**	**49**	**240**	**121202**	**1554**	**118879**	**818**	**239**
规模以上工业企业	Industrial Enterprises above Designated Size	113708	49	218	113441	1519	111133	818	237
重点建筑业和服务业企业	Key Enterprises in the Construction and Service Sector	7366			7366		7366		
其他企业	Other Enterprises	417		22	395	35	380		2
事业单位	**Institutions**	**8255**	**303**	**4420**	**3531**	**7588**	**186**		**481**
73-75行业的事业	Institutions in 73-75 Sectors	5224	195	1595	3434	4643	100		481
其他事业	Other Utilities	3031	108	2826	97	2944	86		

20-5续(continued)

项　目	Item	R&D经费 外部支出 External Funding for R&D Expenditures	#对境内研究机构支出 pending on Domestic Research Institutions	对境内高等学校支出 Higher Spending on Domestic	对境内企业支出 Business Spending on Domestic
合　计	**Total**	**34900**	**26832**	**597**	**7177**
科研院所	**Scientific Research Institute**	**36**	**15**		
民口院所	Institute for Civil Use	36	15		
其他院所	Other Institutes				
高等院校	**Institutions of Higher Education**	**284**	**177**	**96**	
理工农医类	Science,Engineering, Agriculture and Medicine Class	280	177	96	
人文社科类	Humanities and Social Sciences Class	4			
企业	**Enterprise**	**34556**	**26615**	**501**	**7177**
规模以上工业企业	Industrial Enterprises above Designated Size	34547	26608	499	7177
重点建筑业和服务业企业	Key Enterprises in the Construction and Service Sector				
其他企业	Other Enterprises	9	7	2	
事业单位	**Institutions**	**25**	**25**		
73-75行业的事业	Institutions in 73-75 Sectors	25	25		
其他事业	Other Utilities				

20-6 研究与试验发展(R&D)项目(课题)情况(2018)
Statistic on Projects of R&D

项　目	Item	项目(课题)数(项) Project (Unit)	项目(课题)参加人员折合全时当量(人年) Project Participants or Full-time Equivalent (man-years)	研究人员 Researchers	经费内部支出(万元) Project Intramural Expenditure (10 000yuan)
合　计	**Total**	**6177**	**5599**	**3263**	**171451**
科研院所	**Scientific Research Institute**	**885**	**1497**	**1067**	**47809**
民口院所	Institute for Civil Use	885	1497	1067	47809
其他院所	Other Institutes				
高等院校	**Institutions of Higher Education**	**4502**	**1644**	**1394**	**17979**
理工农医类	Science,Engineering, Agriculture and Medicine Class	2072	994	864	13751
人文社科类	Humanities and Social Sciences Class	2430	650	530	4228
企业	**Enterprise**	**599**	**2123**	**655**	**102628**
规模以上工业企业	Industrial Enterprises above Designated Size	548	1795	565	95143
重点建筑业和服务业企业	Key Enterprises in the Construction and Service Sector	35	274	87	7327
其他企业	Other Enterprises	16	53	3	159
事业单位	**Institutions**	**191**	**335**	**146**	**3035**
73-75行业的事业	Institutions in 73-75 Sectors	62	194	125	2750
其他事业	Other Utilities	129	141	21	285

20-7 研究机构情况（2018）
Statistic on Research Institutes

项 目	Item	机构数（个） Number of Institutions (unit)	R&D人员（人） R&D Personnel (person)	博士毕业 Dortors	硕士毕业 Masters	R&D经费支出（万元） R & D Expenditure (10000yuan)	科研用仪器设备原价（万元） Original Scientific Instruments and Equipment (10000yuan)	进口 Import
合 计	**Total**	**196**	**4344**	**740**	**1098**	**163784**	**215668**	**77181**
科研院所	**Scientific Research Institute**	**28**	**2298**	**460**	**700**	**113170**	**136941**	**34035**
民口院所	Institute for Civil Use	28	2298	460	700	113170	136941	34035
其他院所	Other Institutes							
高等院校	**Institutions of Higher Education**	**58**	**544**	**203**	**231**	**6328**	**56902**	**38857**
理工农医类	Science,Engineering, Agriculture and Medicine Class	34	279	101	106	5809	56753	38857
人文社科类	Humanities and Social Sciences Class	24	265	102	125	519	150	
企业	**Enterprise**	**57**	**1172**	**16**	**111**	**40183**	**17584**	**4198**
规模以上工业企业	Industrial Enterprises above Designated Size	36	1067	12	84	40034	16373	4198
重点建筑业和服务业企业	Key Enterprises in the Construction and Service Sector	1	9		2	1	558	
其他企业	Other Enterprises	20	96	4	25	148	653	
事业单位	**Institutions**	**53**	**330**	**61**	**56**	**4103**	**4241**	**91**
73-75行业的事业	Institutions in 73-75 Sectors	3	171	61	56	2750	1661	91
其他事业	Other Utilities	50	159			1353	2580	

20-8 规模以上工业企业的科技活动基本情况
Basic Statistics on Science and Technology Activities of Industrial Enterprises above Designated Size

指　标	Item	2014	2015	2016	2017	2018
企业基本情况	**Statistics on Industrial Enterprises**					
有R&D活动企业数（个）	Number of Enterprises Having R&D Activities (unit)	70	70	73	77	66
有R&D活动企业所占比重（%）	Percentage of Enterprises Having R&D Activities to Total Number of Enterprises (%)	18.3	18.4	21.7	23.0	18.9
R&D活动情况	**Statistics on R&D Activities**					
R&D人员全时当量（人年）	Full-time Equivalent of R&D Personnel (man-years)	3484	3325	2688	1971	1971
R&D经费支出（万元）	Expenditure on R&D (10 000 yuan)	111010	111841	79819	74815	113708
R&D经费支出与主营业务收入之比(%)	Percentage of Expenditure on R&D to Sales Revenue (%)	0.63	0.67	0.48	0.42	0.51
R&D项目数（项）	R&D Projects (item)	934	570	552	572	548
R&D项目经费支出（万元）	Expenditure on R&D Projects (10 000 yuan)	93097	104418	74488	74757	95143
企业办R&D机构情况	**Statistics on R&D Institutions**					
机构数（个）	Number of R&D Institutions (unit)	34	43	26	27	36
机构人员数（人）	R&D Personnel (persons)	1665	2015	1813	1556	1694
机构经费支出（万元）	Expenditure on R&D (10 000 yuan)	33817	37850	26006	26833	80167
新产品开发及生产情况	**Statistics on New Products Development and Production**					
新产品开发项目数（个）	Number of New Products (unit)	843	500	512	549	706
新产品开发经费支出（亿元）	Expenditure on New Products Development (100 million yuan)	11.7	10.6	11.8	10.9	14.8
新产品销售收入（亿元）	Sales Revenue of New Products (100 million yuan)	148.3	133.1	126.6	130.7	105.3
#新产品出口	Export	16.4	15.4	12.7	18.2	15.0
专利情况	**Statistics on Patents**					
专利申请数（件）	Number of Patent Applications (piece)	706	441	508	443	576
#发明专利	Inventions	505	312	360	267	249
期末有效发明专利数（件）	Number of Inventions in Force (piece)	1217	1378	1657	1656	1256
技术获取和技术改造情况	**Statistics on Technology Acquisition and Technology Reconstruction**					
引进境外技术经费支出（万元）	Expenditure for Acquisition of Foreign Technology (10 000 yuan)	366	3406			
引进技术消化吸收经费支出(万元)	Expenditure for Assimilation of Technology (10 000 yuan)	2148	250	3640		
购买国内技术经费支出（万元）	Expenditure for Purchase of Domestic Technology (10 000 yuan)	4072	2862	14925	2329	2084
技术改造经费支出（万元）	Expenditure for Technical Renovation (10 000 yuan)	13750	17946		24883	13134

20-9 按登记注册类型分规模以上工业企业研究与试验发展(R&D)活动及专利情况(2018)

Statistics on R&D Activities and Patents of Industrial Enterprises above Designated Size by Registration Status (2018)

登记注册类型	Status of Registration	R&D人员全时当量(人年) Full-time Equivalent of R&D Personnel (man-year)	R&D经费(万元) Expenditure on R&D (10 000 yuan)	R&D项目数(项) R&D Projects (unit)	专利申请数(件) Number of Patent Applications (piece)	#发明专利 Inventions	期末有效发明专利数(件) Number of Inventions In Force (piece)
合　计	**Total**	**1971**	**113708**	**548**	**576**	**249**	**1258**
#大中型工业企业	Large and Medium-sized Industrial Enterprises	1365	78434		427	149	657
内资企业	**Domestic Funded Enterprises**	**1628**	**84230**		**519**	**218**	**1151**
国有企业	State-owned Enterprises	95	3578		14	1	2
集体企业	Collective-owned Enterprises						
股份合作企业	Cooperative Enterprises						
联营企业	Joint Ownership Enterprises						
国有联营企业	State Joint Ownership Enterprises						
有限责任公司	Limited Liability Corporations	935	52431		401	141	694
国有独资公司	State Sole Funded Corporations	2	1959		18	9	4
股份有限公司	Share-holding Corporations Ltd.	390	21032		62	41	295
私营企业	Private Enterprises	209	7189		42	35	160
其他企业	Other Enterprises						
港、澳、台商投资企业	**Enterprises with Funds from Hong Kong, Macao and Taiwan**	**204**	**14126**		**29**	**16**	**84**
合资经营企业	Joint-venture Enterprises	133	9591		23	10	16
合作经营企业	Cooperative Enterprises						
独资经营企业	Enterprises with Sole Fund	43	1762		6	6	19
投资股份有限公司	Share-holding Corporations Ltd.	28	2774				49
外商投资企业	**Foreign Funded Enterprises**	**140**	**15351**		**28**	**15**	**23**
中外合资经营企业	Joint-venture Enterprises	140	15351		28	15	23
中外合作经营企业	Cooperation Enterprises						
外资企业	Enterprises with Sole Fund						
外商投资股份有限公司	Share-holding Corporations Ltd.						

20-10 按登记注册类型分规模以上工业企业新产品开发及生产情况（2018年）
New Products Development and Production of Industrial Enterprises above Designated Size by Registration Status (2018)

登记注册类型	Status of Registration	新产品开发项目数（项）New Products (unit)	新产品开发经费支出（万元）Expenditure on New Products Development (10 000 yuan)	新产品销售收入（万元）Sales Revenue of New Products (10 000 yuan)	#出口 Exports
合　计	**Total**	**706**	**147630**	**1053103**	**150338**
#大中型工业企业	Large and Medium-sized Industrial Enterprises	453	111294	782517	148940
内资企业	**Domestic Funded Enterprises**	**622**	**121953**	**873124**	**150338**
国有企业	State-owned Enterprises	34	5575		
集体企业	Collective-owned Enterprises				
股份合作企业	Cooperative Enterprises				
联营企业	Joint Ownership Enterprises				
国有联营企业	State Joint Ownership Enterprises				
有限责任公司	Limited Liability Corporations	372	82060	583764	148022
国有独资公司	State Sole Funded Corporations	27	2897		
股份有限公司	Share-holding Corporations Ltd.	139	24145	194867	2116
私营企业	Private Enterprises	77	10173	94493	
其他企业	Other Enterprises				
港、澳、台商投资企业	**Enterprises with Funds from Hong Kong, Macao and Taiwan**	**63**	**15793**	**179980**	**200**
合资经营企业	Joint-venture Enterprises	30	10356	179980	
合作经营企业	Cooperative Enterprises				
独资经营企业	Enterprises with Sole Fund	13	964		
投资股份有限公司	Share-holding Corporations Ltd.	20	4472	200	200
外商投资企业	**Foreign Funded Enterprises**	**21**	**9884**		
中外合资经营企业	Joint-venture Enterprises	21	9884		
中外合作经营企业	Cooperation Enterprises				
外资企业	Enterprises with Sole Fund				
外商投资股份有限公司	Share-holding Corporations Ltd.				

主要统计指标解释

科技活动 指在自然科学、农业科学、医药科学、工程与技术科学、人文与社会科学领域（简称科学技术领域）中，与科技知识的产生、发展、传播和应用密切相关的有组织的活动。可分为研究与试验发展（R&D）、研究与试验发展成果应用及相关的科技服务三类活动。

科技活动人员 指直接从事科技活动、以及专门从事科技活动管理和为科技活动提供直接服务的人员。累计从事科技活动的实际工作时间占全年制度工作时间 10%及以上的人员。（1）直接从事科技活动的人员包括：在独立核算的科学研究与技术开发机构、高等学校、各类企业及其他事业单位内设的研究室、实验室、技术开发中心及中试车间（基地）等机构中从事科技活动的研究人员、工程技术人员、技术工人及其它人员；虽不在上述机构工作，但编入科技活动项目（课题）组的人员；科技信息与文献机构中的专业技术人员；从事论文设计的研究生等。（2）专门从事科技活动管理和为科技活动提供直接服务的人员包括：独立核算的科学研究与技术开发机构、科技信息与文献机构、高等学校、各类企业及其他事业单位主管科技工作的负责人，专门从事科技活动的计划、行政、人事、财务、物资供应、设备维护、图书资料管理等工作的各类人员，但不包括保卫、医疗保健人员、司机、食堂人员、茶炉工、水暖工、清洁工等为科技活动提供间接服务的人员。

科学家与工程师 指科技活动人员中具有高、中级技术职称（职务）的人员和不具有高、中级技术职称（职务）的大学本科及以上学历人员。

研究与试验发展（R&D） 指在科学技术领域，为增加知识总量、以及运用这些知识去创造新的应用而进行的系统的创造性的活动，包括基础研究、应用研究、试验发展三类活动。

基础研究 指为了获得关于现象和可观察事实的基本原理的新知识（揭示客观事物的本质、运动规律，获得新发现、新学说）而进行的实验性或理论性研究，它不以任何专门或特定的应用或使用为目的。其成果以科学论文和科学著作为主要形式。

应用研究 指为获得新知识而进行的创造性研究，主要针对某一特定的目的或目标。应用研究是为了确定基础研究成果可能的用途，或是为达到预定的目标探索应采取的新方法（原理性）或新途径。其成果形式以科学论文、专著、原理性模型或发明专利为主。

试验发展 指利用从基础研究、应用研究和实际经验所获得的现有知识，为产生新的产品、材料和装置，建立新的工艺、系统和服务，以及对已产生和建立的上述各项作实质性的改进而进行的系统性工作。其成果形式主要是专利、专有技术、具有新产品基本特征的产品原型或具有新装置基本特征的原始样机等。在社会科学领域，试验发展是指把通过基础研究、应用研究获得的知识转变成可以实施的计划（包括为进行检验和评估实施示范项目）的过程。人文科学领域没有对应的试验发展活动。

研究与试验发展人员 指参与研究与试验发展项目研究、管理和辅助工作的人员，包括项目（课题）组人员，企业科技行政管理人员和直接为项目（课题）活动提供服务的辅助人员。

专业技术人员 指从事专业技术工作和专业技术管理工作的人员，即企事业单位中已经聘任专业技术职务从事专业技术工作和专业技术管理工作的人员，以及未聘任专业技术职务，现在专业技术岗位上工作的人员。包括工程技术人员，农业技术人员，科学研究人员，卫生技术人员，教学人员，经济人员，会计人员，统计人员，翻译人员，图书资料、档案、文博人员，新闻出版人员，律师、公证人员，广播电视播音人员，工艺美术人员，体育人员，艺术人员及企业政治思想工作人员，共十七个专业技术职务类别。

科技活动经费筹集 指从各种渠道筹集到的计划用于科技活动的经费，包括政府资金、企业资金、事业单位资金、金融机构贷款、国外资金和其他资金等。

政府拨款 指从各级政府部门获得的计划用于科技活动的经费，包括科学事业费、科技三项费、科研基建费、科学基金、教育等部门事业费中计划用于科技活动的经费以及政府部门预算外资金中计划用于科技活动的经费等。

企业资金 指从自有资金中提取或接受其他企业委托的、科研院所和高校等事业单位接受企业委托获得的，计划用于科研和技术开发的经费。不包括来自政府、金融机构及国外的计划用于科技活动的资金。

劳务费 指以货币或实物形式直接或间接支付给从事科技活动人员的劳动报酬及各种费用。包括各种形式的工资、津贴、奖金、福利、离退休人员费用、人民助学金等。

固定资产购建费 指报告年内使用非基建投资购建的固定资产和用于科研基建投资的实际支出额，即固定资产实际支出和科研基建投资实际完成额之和。固定资产是指长期使用而不改变原有实物形态的主要物资设备、图书资料、实验材料和标本以及其他设备和家具、房屋、建筑物。

专利 是专利权的简称，是对发明人的发明创造经审查合格后，由专利局依据专利法授予发明人和设计人对该项发明创造享有的专有权。包括发明、实用新型和外观设计。

发明 指对产品、方法或者其改进所提出的新的技术方案。

Explanatory Notes on Main Statistical Indicators

Scientific and Technological Activities (S&T Activities) refer to organized activities which are closely related with the creation, development, dissemination and application of the scientific and technical knowledge in the fields of natural sciences, agricultural science, medical science, engineering and technological science, humanities and social sciences (referred to as scientific and technological fields). S&T activities can be classified into 3 categories: research and development (R&D) activities, application of R&D results, and related S&T services.

Personnel Engaged in S&T Activities refer to personnel directly engaged in S&T activities, in the management of S&T activities, and in providing direct service to S&T activities, with over 10% of the total working hours in a year spent on S&T activities. (1) Personnel directly engaged in S&T activities include researchers, engineers, technicians and other related personnel engaged in S&T activities in independent-accounting R&D institutions, institutions of higher learning, and in research institutes, laboratories, technology development centres and central experiment workshops under enterprises and institutions. Also included are people working in S&T research project teams, professional and technical personnel working in S&T information archiving institutes, and graduate students working on the design of their thesis. (2) Personnel engaged in the management of S&T activities and in providing direct service to S&T activities include senior management people responsible for S&T activities in independent-accounting R&D institutions, S&T information archiving institutes, institutions of higher learning and in enterprises and institutions where S&T activities are undertaken. Also included are people responsible for the planning, administration, personnel management, financial management, logistics supply, equipment maintenance, information and library management that are related with S&T activities. People providing indirect services are excluded, such as security, medical service, drivers, plumbers, cleaners and those providing catering and related service.

Scientists and Engineers refer to persons engaged in S&T activities either having obtained titles of senior and middle level professional positions, or those without such positions but have completed university or higher education.

Research and Development (R&D) refers to systematic and creative activities in the field of science and technology aiming at increasing the knowledge and using the knowledge for new application. R&D includes 3 categories of activities: basic research, applied research and experimentation for development.

Basic Research refers to empirical or theoretical research aiming at obtaining new knowledge on the fundamental principles regarding phenomena or observable facts to reveal the intrinsic nature and underlying laws and to acquire new discoveries or new theories. Basic research takes no specific or designated application as the aim of the research. Results of basic research are mainly released or disseminated in the form of scientific papers or monographs.

Applied Research refers to creative research aiming at obtaining new knowledge on a specific objective or target. Purpose of the applied research is to identify the possible uses of results from basic research, or to explore new (fundamental) methods or new approaches. Results of applied research are expressed in the form of scientific papers, monographs, fundamental models or invention patents.

Experiments and Development refer to systematic activities aiming at using the knowledge from basic and applied researches or from practical experience to develop new products, materials and equipment, to establish new production process, systems and services, or to make substantial improvement on the existing products, process or services. Results of experiment and development activities are embodied in patents, exclusive technology, and monotype of new products or equipment. In social sciences, experiment and development activities refer to the process of converting the knowledge from basic or applied researches into feasible programs (including conduct of demonstration projects for assessment and evaluation). There are no experiment and development activities in the science of humanities.

R&D Personnel refer to persons engaged in research, management and supporting activities of R&D, including persons in the project teams, persons engaged in the management of S&T activities of enterprises and supporting staff providing direct service to the research projects.

Professional and Technical Personnel refer to person engaged in professional and technical work or in the management of professional and technical activities, i.e., people with professional or technical positions who are engaged in professional and technical work or in the management of professional and technical activities, and people without professional or technical positions but are working on professional or technical posts. They include professionals and technicians working in 17 categories of technical occupations including engineering, agriculture, scientific researches, medical service, teaching, economic research and application, accounting, statistics, translation, libraries, archives, cultural and museum service, journalism and publication, lawyers, notarization service, radio and television broadcasting, handicraft and fine arts, sports, performing art, and political workers in enterprises.

Funding for S&T Activities refers to funds obtained from various sources for S&T activities, including government funds, self-raised funds by enterprises, self-raised funds by institutions, loans from financial institutions, foreign funds and other funds.

Government Funds refer to funds obtained from government agencies at all levels to be used for S&T activities, including fund for scientific undertakings, 3 kinds of fund for S&T activities, fund for capital construction for scientific researches, science fund, funds from education expenditures by education departments for S&T activities, and extra-budget fund from government agencies for S&T activities.

Funds of Enterprises refers to funds of enterprises from their own budget; funds from other enterprises; or funds received by universities or research institutions from enterprises for scientific research or technical development projects. Excluded from this category are funds from government agencies, financial institutions or from foreign institutions.

Service Fees refer to direct or indirect payment, in cash or in kind, made to personnel engaged in S&T activities as remuneration and other fees. They include, in various forms, salaries, subsidies, bonus, benefits, retirement pension, stipend, etc.

Purchase or Construction of Fixed Assets refers to the fixed assets purchased or constructed using funds other than the investment in capital construction, and the actual expenditure on capital construction for scientific researches. In other words, it is the sum of the actual expenditure on fixed assets and the accomplished investment in capital construction for scientific researches. Fixed assets refer to main materials and equipment, literatures and documents in libraries, materials for experiments, specimen, instruments, furniture, buildings and constructions that can be used for a long time without changing the form and shape of those articles or constructions.

Patent is an abbreviation for the patent right and refers to the exclusive right of ownership by the inventors or designers for the creation or inventions, given from the patent office after due process of assessment and approval in accordance with the Patent Law. Patents are granted for inventions, utility models and designs.

Inventions refer to the new technical proposals to the products or methods or their modifications.

21

教 育

Education

编辑人员：吴红燕、吴庆婷

Compiled by Wu Hongyan Wu Qingting

英文翻译：陈敏

Translated by Chen Min

简 要 说 明

本篇主要反映我省教育事业的发展基本情况。

一、本篇资料的主要内容

包括公办教育和民办教育、学历教育和非学历教育。具体有高等教育（研究生教育、普通高等教育和成人高等教育）、中等教育（高中阶段教育和初中阶段教育）、初等教育（小学）、学前教育、特殊教育（盲聋哑和弱智儿童学校等）以及教育经费等资料。主要指标包括学校数、在校学生数、招生数、毕业生数、教职工数和专任教师数等。

二、本篇资料的数据来源

教育事业统计资料、教育经费统计资料由海南省教育厅提供；技工学校资料由人力资源和社会保障厅提供。

Brief Introduction

Data in this chapter show the development of Hainan's education.

I. Main Content of Data on Education

Data on education cover the situations on education funded by government and non-government agencies, and the education with and without academic credentials including higher education (education of postgraduates, general higher education and adult education), secondary education (senior and junior high schools), elementary education (primary schools), preschool education, special education (schools for the blind, deaf-mutes and mentally retarded) and their expenditure. The main indicators include the number of schools, the number of students enrolled, the number of new students enrolled, the number of graduates, the number of staff and workers, the number of full-time teachers, etc.

II. Sources of Data on Education

The Education Department of Hainan Province provides statistical data on education undertakings and education funding. Data on technical training schools are provided by Human Resources and Social Security Department of Hainan Province.

21-1 各级各类学校、教职工和专任教师情况（2018）
Basic Statistics on Schools, Educational Personnel and Full-time Teachers by Type and Level (2018)

项 目	Item	学校数(所) Number of Schools (unit)	教职工数(人) Educational Personnel (person)	专任教师(人) Full-time Teachers (person)
高等教育	**Higher Education**	**21**	**15498**	**10183**
研究生培养机构	Institutions Providing Postgraduate Programs	4	7320	4706
普通高校	Regular Higher Education Institutions	4	7320	4706
科研机构	Research Institutions			
普通高等学校	Regular Higher Education Institutions	20	15313	10082
本科院校	HEIs Offering Degree Programs	7	10675	7080
#独立学院	Indepent Institutions			
高职(专科)院校	Higher Vocational Collages	13	4638	3002
其他机构(教学点)	Other Institutions			
成人高等学校	Adult HEIs	1	185	101
民办的其他高等教育机构	Other Non-government HEIs			
中等教育	**Secondary Education**	**602**	**63095**	**44926**
高中阶段教育	Senior Secondary Education	201	34933	18676
高中	Senior Secondary Schools	119	27632	13435
普通高中	Regular Senior Secondary Schools	119	27632	13435
完全中学	Combined Secondary Schools	80	20267	10659
高级中学	Regular Higher Schools	14	1964	1626
十二年一贯制学校	12-Years Schools	25	5401	1150
成人高中	Adult High Schools			
中等职业教育	Secondary Vocational Education	82	7301	5241
普通中专	Regular Specialized Secondary Schools	29	3802	2532
成人中专	Adult Specialized Secondary Schools	1	58	30
职业高中	Vocational Senior Secondary Schools	44	2433	1956
技工学校	Skilled Workers Schools	8	1008	723
其他机构(教学点)	Other Institutions			
初中阶段教育	Junior Secondary Education	401	28162	26250
普通初中	Regular Junior Secondary Schools	401	28162	26250
初级中学	Junior Secondary Schools	401	13031	12062
九年一贯制学校	9-Year Schools		15131	5646
十二年一贯制学校	12-Year Schools			7424
完全中学	Combined Secondary Schools			1118
职业初中	Vocational Junior Secondary Schools			
成人初中	Adult Junior Secondary Schools			
初等教育	**Primary Education**	**1377**	**45784**	**50730**
普通小学	Regular Primary Schools	1377	45784	50730
小学	Primary Schools	1377	45784	42814
九年一贯制学校	9-Years Schools			6671
十二年一贯制学校	12-Years Schools			1245
成人小学	Adult Primary Schools			
#扫盲班	Literacy Courses			
工读学校	**Correctional Work-study Schools**			
特殊教育	**Special Education Schools**	**11**	**436**	**330**
学前教育	**Pre-school Education Institutions**	**2429**	**45717**	**21955**

注：1. 研究生培养机构学校数、教职工数、专任教师数已包含在普通高等学校中。
2. 因九年一贯制学校的教职工数计入初中阶段教育，完全中学、十二年一贯制学校的教职工数计入高中阶段教育，而专任教师是按照教育层次进行归类，存在小学教职工数据小于专任教师数据的情况。

Note: a)The number of postgraduate cultivation institutions and schools, the faculty and the administrative staffs, and the full-time teachers are included into the item of regular higher educational institutions.

b)Due to the number of the faculty and the administrative staffs from the nine-year education schools is counted into the item of junior secondary education, the numbers of the faculty and the administrative staffs from the nine-year schools and the twelve-year schools are counted into the item of high school and secondary vocational education, and the number of full-time teachers is classified according to the level of education, which result in the data of the faculty and the administrative staffs from primary education is smaller than that of the full-time teachers.

21-2 各级各类学历教育学生情况（2018）
Basic Statistics on Students of Formal Education by Type and Level (2018)

单位：人 (person)

项　目	Item	毕业生数 Graduates	招生数 Entrants	在校学生数 Enrollment	女学生占学生总数的比重(%) Percentage of Females Students
高等教育	**Students Received Higher Education**	**55390**	**64684**	**213453**	**56.3**
研究生	Postgraduates	1526	2578	6897	58.8
博　士	Doctor's Degree	38	118	393	48.4
硕　士	Master's Degree	1488	2460	6504	59.4
普通本专科	Undergraduates in Regular HEIs	49281	56838	189179	54.5
本　科	Normal Courses	24856	30173	114041	57.7
专　科	Short-cycle Courses	24425	26665	75138	49.6
成人本专科	Undergraduates in Adult HEIs	4583	5268	15769	78.2
本　科	Normal Courses	2547	2649	8006	72.0
专　科	Short-cycle Courses	2131	2699	7763	84.6
其他高等学历教育	Students Enrolled in Other Formal Programs			1608	41.7
在职人员攻读博士、硕士学位	Doctor's or Master's Degrees Programs for On-the-job Personnel			1608	41.7
网络本专科生	Web-based Undergraduates				
本　科	Normal Courses				
专　科	Short-cycle Courses				
中等教育	**Secondary Education**	**196526**	**233880**	**657435**	**45.4**
高中阶段教育	Senior Secondary Education	94050	106446	304634	45.7
高中	Senior Secondary Schools	57018	56996	170078	49.3
普通高中	Regular Senior Secondary Schools	57018	56996	170078	49.3
完全中学	Combined Secondary Schools	45578	43803	132190	
高级中学	Regular Higher Schools	6688	7470	21686	
十二年一贯制学校	12-Years Schools	4752	5723	16202	
成人高中	Adult High Schools				
中等职业教育	Secondary Vocational Education	37032	49450	134556	41.1
普通中专	Regular Specialized Secondary Schools	18911	25453	69243	44.7
成人中专	Adult Specialized Secondary Schools	5225	6786	17491	47.9
职业高中	Vocational Senior Secondary Schools	8996	11938	32507	40.4
技工学校	Skilled Workers Schools	3900	5273	15315	18.6
初中阶段教育	Regular Junior Secondary Schools	102476	127434	352801	45.1
普通初中	Regular Junior Secondary Schools	102476	127434	352801	45.1
初级中学	Junior Secondary Schools	43662	54414	149603	
九年一贯制学校	9-Years Schools	19801	26529	72221	
十二年一贯制学校	12-Years Schools	4401	6559	16303	
完全中学	Combined Secondary Schools	34612	39932	114674	
职业初中	Vocational Junior Secondary Schools				
成人初中	Adult Junior Secondary Schools				
初等教育	**Primary Education**	**128460**	**152947**	**831869**	**44.9**
普通小学	Regular Primary Schools	128460	152947	831869	44.9
小学	Primary Schools	107008	124831	685061	
九年一贯制学校	9-Years Schools	18667	23376	124364	
十二年一贯制学校	12-Years Schools	2785	4740	22444	
成人小学	Adult Primary Schools				
#扫盲班	Literacy Courses				
工读学校	**Correctional Work-study Schools**				
特殊教育	**Special Education Schools**	**183**	**479**	**1598**	**37.0**
学前教育	**Pre-school Education Institutions**	**142769**	**150985**	**374101**	**44.9**

注：特殊教育学生数中不包括普通中小学随班就读的学生。
Note:Students received special education exclude those learning in the same classes of formal regular junior and primary schools.

21-3 各级各类民办教育基本情况(2018)
Basic Statistics on Non-government Schools by Type and Level (2018)

单位：人 (person)

项 目	Item	学校数(所) Number of Schools (unit)	毕业生数 Graduates	招生数 Entrants	在校生数 Enroll-ment	教职工数 Educational Personnel	专任教师 Full-time Teachers
民办高等教育	**Non-government Higher Education**	**9**	**17891**	**20906**	**68218**	**4654**	**3326**
民办高校	Non-government HEIs	9	17891	20906	68218	4654	3326
本 科	Normal Courses	2	8462	9426	35745	2555	1872
专 科	Short-cycle Courses	7	9429	11480	32473	2099	1454
独立学院	Indepent Institutions						
本 科	Normal Courses						
专 科	Short-cycle Courses						
民办其他高等教育机构	Other Non-government HEIs						
民办中等教育	**Non-government Secondary Education**	**161**	**22743**	**29532**	**79621**	**13366**	**5217**
高中阶段教育	Senior Secondary Education	72	12898	15394	43269	8147	2663
民办普通高中	Non-government Regular Senior Secondary Schools	36	7605	9230	25837	6952	1866
民办中等职业教育	Non-government Secondary Vocational Education	36	5293	6164	17432	1195	797
初中阶段教育	Junior Secondary Education	89	9845	14138	36352	5219	2554
民办普通初中	Non-government Regular Junior Secondary Schools	89	9845	14138	36352	5219	2554
民办职业初中	Non-government Junior Secondary Vocational Education						
民办普通小学	**Non-government Regular Primary Schools**	**83**	**13106**	**18094**	**93504**	**2863**	**5081**
民办幼儿园	**Non-government Pre-school Institutions**	**2024**	**105491**	**112612**	**285181**	**35177**	**16223**
另：民办培训机构	**Other Vocational-technical Training Institutions**						

21-4 普通高等学校情况（2018）
Statistics on Regular Higher Education Institutions (2018)

项　目	Item	学校数（所）Number of Schools (unit)	毕业生数（人）Graduates (person)	招生数（人）Entrants (person)	在校学生数（人）Enrollment (person)	教职工数（人）Educational Personnel (person)	#专任教师 Full-time Teachers
总　计	**Total**	**20**	**55295**	**64604**	**213297**	**15313**	**10082**
#女性	**Female**		**31440**	**35767**	**120090**	**7826**	**5250**
按隶属关系分	**Grouped by Jurisdiction of Management**						
中央属	Under Central Government						
地方属	Under Local Government	11	37104	42409	143617	10659	6756
按学校类别分	**Grouped by Type of Institution**						
综合大学	Comprehensive University	4	20843	24669	88434	6567	4173
理工院校	College of Science and Engineering	4	7139	7822	22108	1633	1235
农业院校	Agriculture Colleges						
医药院校	Medicine Colleges	2	4852	5587	20853	1376	862
师范院校	Normal Colleges	2	8436	9376	32259	2125	1556
语文院校	Language and Literature	1	1628	1740	4456	437	303
财经院校	Financial University	5	10985	13528	40005	2496	1704
政法院校	Political Science and Law	1	1412	1615	4749	291	191
体育院校	Sport Colleges	1		267	433	388	58
艺术院校	Art Colleges						
其他	Others						
总计中：职业技术学院	**Vocational Technological College**	**13**	**18026**	**20780**	**57124**	**4638**	**3002**

21-5 各市县中等职业教育情况(2018)
Conditions of Students in Secondary Vocational Schools by Region (2018)

单位：人 (person)

地 区	Item	毕业生数 Graduates	#获得职业资格证书 Recipients of Vocational Qualifications Certificates	招生数 Entrants	在校学生数 Enrollment	教职工数 Educational Personnel	#专任教师 Full-time Teachers
全省总计	**Total**	**33132**	**9817**	**44177**	**119241**	**6293**	**4518**
海口市	Haikou	22299	6096	27238	74867	3912	2654
三亚市	Sanya	1682	592	3337	8401	510	353
儋州市	Danzhou	682	51	1110	2850	164	152
五指山市	Wuzhishan	4091	286	5474	14321	399	242
琼海市	Qionghai	1592	941	1981	5793	271	213
文昌市	Wenchang	579	141	1101	2777	119	111
万宁市	Wanning	174	54	194	733	51	51
东方市	Dongfang	86	86	569	984	68	51
定安县	Ding'an	817	779	978	2792	213	169
屯昌县	Tunchang	98			305	50	43
澄迈县	Chengmai	439	279	560	1531	127	117
临高县	Lingao	96	96	427	893	54	54
白沙县	Baisha	66			144	15	15
昌江县	Changjiang	160	160	496	1053	110	91
乐东县	Ledong	113	113	298	655	71	61
陵水县	Lingshui	143	143	414	996	82	74
保亭县	Baoting	15			146	40	30
琼中县	Qiongzhong					37	37

备注：不含人劳厅管辖的技工学校

Note:Data in this table exclude skilled workers schools.

21-6 各市县普通高中教育基本情况（2018）
Basic Statistics on Regular Senior Secondary Schools by Region (2018)

单位：人 (person)

地　区	Region	学校数（所）Schools (unit)	毕业生数 Graduates	招生数 Entrants	在校学生数 Enrollment	专任教师 Full-time Teachers
全省总计	**Total**	**119**	**57018**	**56996**	**170078**	**13435**
海口市	Haikou	35	14197	15046	43501	3610
三亚市	Sanya	13	5619	5509	16730	1139
儋州市	Danzhou	16	6769	5692	17640	1603
五指山市	Wuzhishan	3	1319	1224	3755	326
琼海市	Qionghai	8	3569	3500	10834	770
文昌市	Wenchang	6	3512	3428	10485	842
万宁市	Wanning	6	2670	2857	8716	685
东方市	Dongfang	6	3356	3582	10555	694
定安县	Ding'an	2	1130	1171	3492	264
屯昌县	Tunchang	2	1168	1279	3757	274
澄迈县	Chengmai	3	2129	2283	6761	551
临高县	Lingao	5	2662	2772	8411	617
白沙县	Baisha	1	617	705	1937	148
昌江县	Changjiang	3	1371	1455	4233	325
乐东县	Ledong	5	3712	3280	9689	828
陵水县	Lingshui	3	1680	1492	4771	397
保亭县	Baoting	1	778	796	2413	180
琼中县	Qiongzhong	1	760	925	2398	182

21-7 各市县初中基本情况（2018）
Basic Statistics on Regular Junior Secondary Schools by Region (2018)

单位：人 (person)

地 区	Region	学校数（所）Schools (unit)	毕业生数 Graduates	招生数 Entrants	在校学生数 Enrollment	专任教师 Full-time Teachers
全省总计	**Total**	**401**	**102476**	**127434**	**352801**	**26250**
海口市	Haikou	78	23944	30178	84394	5989
三亚市	Sanya	34	9819	10859	31131	2112
儋州市	Danzhou	37	10449	13615	37719	3118
五指山市	Wuzhishan	3	1264	1902	5173	393
琼海市	Qionghai	21	5782	7660	21031	1365
文昌市	Wenchang	25	6107	7080	20304	1359
万宁市	Wanning	21	5694	6977	18835	1516
东方市	Dongfang	12	5862	6419	18746	1165
定安县	Ding'an	19	2699	4295	10852	722
屯昌县	Tunchang	15	3245	3632	9960	835
澄迈县	Chengmai	25	4784	5711	15794	1383
临高县	Lingao	17	5656	6431	17957	1288
白沙县	Baisha	11	1804	3007	7805	523
昌江县	Changjiang	18	2595	3242	9374	842
乐东县	Ledong	24	6233	6554	18284	1543
陵水县	Lingshui	19	3138	4826	12328	978
保亭县	Baoting	9	1628	2174	5912	491
琼中县	Qiongzhong	13	1773	2872	7202	628

21-8 各市县普通小学基本情况（2018）
Basic Statistics on Regular Primary Schools by Region (2018)

单位：人 (person)

地 区	Region	学校数（所）Schools (unit)	毕业生数 Graduates	招生数 Entrants	在校学生数 Enrollment	专任教师 Full-time Teachers
全省总计	**Total**	**1377**	**128460**	**152947**	**831869**	**50730**
海 口 市	Haikou	159	29043	40526	207594	11055
三 亚 市	Sanya	117	9524	14111	74708	3790
儋 州 市	Danzhou	158	14741	16877	95069	6110
五指山市	Wuzhishan	11	1795	1477	9143	847
琼 海 市	Qionghai	96	7296	7741	44463	2516
文 昌 市	Wenchang	143	7265	7997	43531	2627
万 宁 市	Wanning	90	7243	8119	46019	3087
东 方 市	Dongfang	49	6570	7221	38325	2456
定 安 县	Ding'an	56	4493	4733	26831	1857
屯 昌 县	Tunchang	70	3876	4501	25116	1527
澄 迈 县	Chengmai	66	6372	8145	43391	2784
临 高 县	Lingao	68	6530	6786	39875	2569
白 沙 县	Baisha	22	3228	2672	16223	1134
昌 江 县	Changjiang	32	3286	3549	19479	1451
乐 东 县	Ledong	114	6915	6961	37025	2741
陵 水 县	Lingshui	64	5035	6260	33992	1957
保 亭 县	Baoting	30	2282	2359	13946	1017
琼 中 县	Qiongzhong	31	2966	2910	17135	1205

注：全省合计包括三沙市，部分全省总计数据大于所列市县之和。

Note: Sansha is included to the provincial aggregate data, partial items of the provincial aggregate data are greater than the sum of the data of the listed cities and counties.

21-9 各市县学龄儿童教育基本情况表(2018)
Basic Statistics on Pre-school Institutions (2018)

市 县	Region	园 数 (所) Pre-school Institutions (unit)	班数 (个) Classes (unit)	在园幼儿数 (人) Enrollment (person)	教职工人数 (人) Educational Personnel (person)	教师 Teachers	保育员 Health Workers
全省总计	**Total**	**2429**	**13806**	**374101**	**45717**	**21955**	**10390**
海 口 市	Haikou	784	4600	114040	16235	8173	3437
三 亚 市	Sanya	166	1017	29040	4061	1652	1112
儋 州 市	Danzhou	194	1080	31069	3553	1701	820
五指山市	Wuzhishan	18	91	2979	329	188	59
琼 海 市	Qionghai	118	786	20603	2082	1189	345
文 昌 市	Wenchang	110	678	19366	1636	853	345
万 宁 市	Wanning	149	858	22924	2704	1096	802
东 方 市	Dongfang	114	594	16408	1997	908	442
定 安 县	Ding'an	90	437	11121	1159	577	264
屯 昌 县	Tunchang	72	442	11709	1259	602	306
澄 迈 县	Chengmai	152	778	23385	2742	1165	619
临 高 县	Lingao	118	553	14704	1544	825	273
白 沙 县	Baisha	47	232	6590	788	416	207
昌 江 县	Changjiang	43	256	8533	857	463	162
乐 东 县	Ledong	90	413	11904	1378	650	309
陵 水 县	Lingshui	84	556	16844	2039	888	509
保 亭 县	Baoting	37	215	6339	581	283	138
琼 中 县	Qiongzhong	43	217	6523	773	326	241

注：全省合计包括三沙市，部分全省总计数据大于所列市县之和。

Note: Sansha is included to the provincial aggregate data, partial items of the provincial aggregate data are greater than the sum of the data of the listed cities and counties.

21-10 各市县特殊教育基本情况（2018）
Basic Statistics on Special Education Schools by Region (2018)

单位：人 (person)

地 区	Region	学校数（所）Schools (unit)	毕业生数 Graduates	招生数 Entrants	在校学生数 Enrollment	教职工数 Educational Personnel	#专任教师 Full-time Teachers
全省总计	**Total**	**11**	**183**	**479**	**1598**	**436**	**330**
海口市	Haikou	1	147	170	641	149	125
三亚市	Sanya	1		10	84	44	28
儋州市	Danzhou	1		16	192	56	33
五指山市	Wuzhishan						
琼海市	Qionghai	1		52	52	13	12
文昌市	Wenchang	1			48	19	16
万宁市	Wanning	1		68	68	11	10
东方市	Dongfang	1		13	162	43	26
定安县	Ding'an						
屯昌县	Tunchang						
澄迈县	Chengmai	1	31	33	106	48	33
临高县	Lingao	1	5	13	50	8	4
白沙县	Baisha						
昌江县	Changjiang						
乐东县	Ledong	1		14	98	23	23
陵水县	Lingshui	1		90	97	22	20
保亭县	Baoting						
琼中县	Qiongzhong						

注：特殊教育学生数中不包括普通中小学随班就读的学生。

21-11 历年各级普通学校生师比
Student-Teacher Ratio by Level of Regular Schools in Various Years

(教师人数=1) (Number of Teachers=1)

年份 Year	小学 Primary School	初中 Junior Secondary School	普通高中 Regular Senior Secondary School	中等职业学校 Secondary Vocational School	普通高校 Regular Institution of Higher Education
2006	20.28	21.56	17.89	27.66	19.07
2007	22.74	20.50	17.55	31.05	19.08
2008	17.24	19.24	17.51	29.92	19.33
2009	15.93	18.01	17.10	33.52	18.91
2010	14.99	16.82	16.89	35.80	18.47
2011	14.84	15.63	17.08	34.68	18.80
2012	14.68	14.54	16.12	30.98	19.34
2013	14.67	13.73	15.65	28.92	19.77
2014	14.96	13.33	14.46	26.00	20.11
2015	15.54	12.79	13.67	24.32	20.07
2016	16.17	12.50	13.28	25.87	19.34
2017	16.26	12.85	12.84	24.58	19.74
2018	16.40	13.44	12.66	26.39	19.45

注：未计算代课教师和兼任教师。

Note:Data in this table exclude substitute teachers and part-time teachers.

21-12 各市县每万人口各级学校平均在校生数

Number of Students Per 10000 Population by Level and Region

单位：人 (person)

年 份 地 区	Year Region	幼儿园 Pre-school	小 学 Primary Education	初中阶段 Junior Secondary	高中 Senior Secondary	高等学校 Higher Education
2005		145	1276	563	143	85
2006		162	1253	569	165	108
2007		154	1164	562	173	128
2008		159	1061	543	181	148
2009		131	965	516	180	167
2010		209	899	485	185	174
2011		115	873	447	192	179
2012		304	848	411	198	190
2013		334	827	387	200	192
2014		347	833	373	195	199
2015		351	849	361	189	200
2016		379	865	353	185	240
2017		394	874	360	185	224
2018		400	890	378	182	228
海 口 市	Haikou	495	902	367	189	
三 亚 市	Sanya	375	965	402	216	
儋 州 市	Danzhou	311	952	378	177	
五指山市	Wuzhishan	278	854	483	351	
琼 海 市	Qionghai	400	862	408	210	
文 昌 市	Wenchang	340	765	357	184	
万 宁 市	Wanning	396	795	326	151	
东 方 市	Dongfang	382	892	436	246	
定 安 县	Ding'an	374	901	365	117	
屯 昌 县	Tunchang	436	935	371	140	
澄 迈 县	Chengmai	473	878	319	137	
临 高 县	Lingao	326	884	398	186	
白 沙 县	Baisha	380	936	450	112	
昌 江 县	Changjiang	365	834	401	181	
乐 东 县	Ledong	247	767	379	201	
陵 水 县	Lingshui	504	1018	369	143	
保 亭 县	Baoting	415	913	387	158	
琼 中 县	Qiongzhong	362	951	400	133	

21-13 学龄儿童净入学率和各级普通学校毕业生升学率
Net Enrollment Ratio of School-age Children and Promotion Rate of Various Schools

单位：% (%)

年份 Year	学龄儿童净入学率 Net Enrollment Ratio of School-age Children in Primary Schools	小学升学率 Promotion Rate from Primary Schools to Junior Secondary Schools	初中升学率 Promotion Rate from Junior Secondary Schools to Senior Secondary Schools	高中升学率 Promotion Rate from Senior Secondary Schools to High Education
2005	99.79	97.87	57.63	
2006	99.81	95.18	59.24	
2007	99.75	95.05	61.83	
2008	99.74	98.91	70.14	
2009	99.76	98.95	73.17	
2010	98.76	96.60	75.80	73.30
2011	99.53	97.60	80.27	79.00
2012	99.69	97.98	85.60	85.18
2013	99.39	97.81	85.79	86.92
2014	99.43	97.84	88.80	87.50
2015	99.16	97.19	90.76	88.30
2016	99.68	97.37	92.75	89.36
2017	99.58	98.96	93.62	90.60
2018	99.89	99.20	93.96	91.42

主要统计指标解释

普通高等学校　指通过国家普通高等教育招生考试，招收高中毕业生为主要培养对象，实施高等学历教育的全日制大学、独立设置的学院、独立学院和高等专科学校、高等职业学校及其他机构。

大学、独立设置的学院主要实施本科及本科层次以上的教育。独立学院主要实施本科层次的教育。高等专科学校、高等职业学校实施专科层次的教育。其他机构是指承担国家普通招生计划任务不计校数的机构，包括普通高等学校分校、大专班等。

成人高等学校　指通过国家成人高等教育招生考试，招收具有高中毕业或同等学力的人员为主要培养对象，利用函授、业余、脱产等多种形式，对其实施高等学历教育的学校。包括：职工高等学校、农民高等学校、管理干部学院、教育学院、独立函授学院、广播电视大学、其他机构。其他机构是指承担国家成人招生计划任务不计校数的机构。

小学学龄儿童净入学率　指调查范围内已入小学学习的学龄儿童占校内外学龄儿童总数的比重。计算公式为：

$$\text{小学学龄儿童净入学率}=\frac{\text{已入学的小学学龄儿童数}}{\text{校内外小学学龄儿童总数}}\times 100\%$$

Explanatory Notes on Main Statistical Indicators

Regular Higher Education Institutions refer to educational establishments recruiting graduates from senior secondary schools as the main target through National Matriculation TEST. They include full-time universities, independently established colleges, colleges, and institutions of higher professional education, institutions of higher vocational education and others.

Universities and independently established colleges primarily provide undergraduate and above courses; colleges mainly impart undergraduate courses, institutions of higher professional education and institutions of higher vocational education primarily provide professional trainings; and others refer to educational establishments, which are responsible for enrolling higher education students under the State Plan but not enumerated in the total number of schools, including: branch schools of universities and colleges and junior colleges.

Adults HEIs refer to educational establishments, enrolling personnel with senior secondary school or equivalent education through National Matriculation TEST for Adult, and providing higher education courses in forms of correspondence, spare time, or full time for adults. Institutions of higher learning for adults include schools of higher education for staff and workers, schools of higher education for peasants, colleges for management cadres, pedagogical colleges, independent correspondence colleges, radio and television universities and other educational establishments. Other educational establishments refer undertakings to enrol adult students but not enumerated in the number of schools under the State Plan.

Net Enrollment Ratio of School-age Children in Primary Schools refers to the proportion of school age children enrolled at schools to the total number of school age children both in and outside schools (including retarded children, but excluding blind, deaf and mute children). The formula is:

$$\text{Net Enrollment Ratio of School-age Children in Primary Schools} = \frac{\text{Total Primary School-age Children at Schools}}{\text{Total Primary School-age Children Whether or Not Attending School}} \times 100\%$$

22

卫生和社会服务

Public Health and Social Services

编辑人员：吴红燕　吴庆婷

Compiled by Wu Hongyan　Wu Qingting

英文翻译：陈敏

Translated by Chen Min

简 要 说 明

一、本篇资料的主要内容

本篇主要反映卫生、社会服务、残疾人事业的发展情况。

卫生统计资料主要包括医疗卫生机构、卫生人员、卫生设施、卫生经费、基层医疗卫生服务、妇幼保健、疾病控制、居民病伤死亡原因、医疗保障制度等情况。

社会服务统计资料主要包括社会服务企事业机构、社会组织、人员、床位情况，优抚和社会经济情况，社会服务机构情况，婚姻服务情况，残疾人服务情况、社会捐赠和福利彩票销售情况等。

二、本篇的资料来源

卫生统计资料由海南省卫生和计划生育委员会提供；社会服务统计资料由海南省民政厅提供。

Brief Introduction

I. Main Contents

Data in this chapter mainly reflect the development of public health, civil affairs, and work for persons with disabilities.

Data on public health include mainly the number of medical and health institutions, health personnel, health facility, health expenses, medical and health services at grass-root level, maternal and child health, disease control, major diseases as the causes of death, and health security system.

Data on civil affairs include: institutions, social organizations, personnel and beds of social services, social welfare relief, community service facilities and marriage registration service, services for the disabled persons, social donations and welfare lottery.

II. Sources of Data

Data on public health are mainly from t the Health Department of Hainan Province. Data on civil affairs and disabled persons are from the Hainan provincial Civil Affairs Department.

22-1 卫生事业基本情况表
Basic Statistics on Public Health

年 份 Year	卫生机构数(个) Number of Health Care Institutions (unit)	#医院(含卫生院) Hospitals (including Health Centers)	卫生机构床位数(张) Number of Beds(bed)	#医院(含卫生院) Hospitals (including Health Centers)	卫生人员总数(人) Medical Personnel (person)	#医生 Doctor	每万人口拥有 Per 10 000 Persons 床位数(张) Number of Beds	医生数(人) Number of Doctors
1950	15	14	680	680	1383	880	3	3
1951	28	23	634	634	1491	908	3	3
1952	95	26	1244	1134	1361	786	4	3
1953	185	28	1718	1306	1812	993	6	4
1954	254	28	1834	1347	3751	1220	7	4
1955	357	32	1904	1640	4157	1671	7	6
1956	411	31	2009	1729	4315	1893	7	7
1957	446	29	1938	1704	6854	2028	7	7
1958	2011	301	8778	4868	5096	1793	29	6
1959	2804	303	8168	4275	7814	1900	26	6
1960	2139	353	9927	4356	5640	1760	31	6
1961	1967	350	6737	5689	9497	2401	21	7
1962	2171	228	7540	6227	11737	3249	22	10
1963	1998	159	9236	6067	11645	3557	27	10
1964	2229	185	9792	6647	12288	4122	28	12
1965	2692	177	10026	6862	12533	3768	27	10
1966	2744	174	9814	6865	12899	3768	26	10
1972	3144	426	15720	15642	19286	4824	33	10
1973	3224	430	16511	16288	20367	4955	34	10
1974	3210	444	16624	16419	20362	5059	34	10
1975	3082	447	17108	16935	20916	5724	34	12
1976	3261	456	17657	17523	22243	5781	35	11
1977	3175	462	18420	18266	23651	5948	35	12
1978	3308	464	18687	18562	24730	6333	35	12
1979	3493	468	18855	18649	25834	7240	35	13
1980	3492	459	18885	18648	27666	7914	34	14
1981	3703	458	18688	18404	22230	7690	33	14
1982	3656	461	18589	18310	31181	7786	32	14
1983	3978	459	18587	18309	31705	8108	32	14
1984	3901	457	18582	18336	32750	8309	31	14
1985	3877	417	18997	18672	33727	8017	31	14
1986	3729	422	19313	18941	34121	7956	31	13
1987	3702	427	19860	19542	34840	8052	32	13
1988	3764	426	20643	20265	35208	10101	33	16
1989	2911	428	20833	20479	35269	10547	33	17
1990	3167	429	21620	21083	36290	11026	33	17
1991	3154	427	21402	20857	36796	10991	32	17
1992	2517	428	22397	21772	37681	11053	32	16
1993	1646	446	22830	22053	38327	10891	32	16
1994	1647	469	22658	21885	39167	11331	33	16
1995	1653	473	22383	21684	39374	11796	32	17
1996	2420	482	22283	21435	40047	12238	31	17
1997	2595	485	21704	20777	40824	12652	29	17
1998	2545	485	21480	20659	40394	12776	29	17
1999	2460	488	20518	19889	39063	12769	26	17
2000	2689	492	20550	15352	38539	12706	27	16
2001	2712	488	19288	14784	38125	12340	25	16
2002	2840	504	19120	17411	36310	11896	25	15
2003	2655	503	18312	13018	32725	9979	23	12
2004	2515	505	18394	17253	36835	10026	22	12
2005	2464	502	18873	17475	37189	11811	23	13
2006	2337	502	20227	18630	38199	12195	24	15
2007	2330	501	20767	19607	40941	12587	25	15
2008	2220	498	21889	20672	42682	12850	26	15
2009	4661	493	23536	22066	49898	14117	27	16
2010	4678	495	25981	24336	51985	14456	30	17
2011	4816	494	28575	27038	56893	15527	33	18
2012	5142	493	30076	28160	58721	15422	34	17
2013	5006	490	32100	29854	63573	16766	36	19
2014	5015	489	34466	31914	66586	17617	38	19
2015	5046	500	38653	35702	71237	19001	42	21
2016	5135	509	40501	37276	74843	20148	44	22
2017	5177	505	42002	38654	77652	20882	45	23
2018	5325	517	44712	41956	81376	22278	48	24

注：自2009年起卫生机构数含村卫生室。
Note：The data of Health Care Institutions inludes Village Clinics

22-2 卫生机构、床位、人员数（2018）
Number of Health Care Institutions,Beds and Employed Persons (2018)

项 目	Item	机构数（个）Number of Health Care Institutions (unit)	床位数（张）Beds (bed)	卫生技术人员（人）Medical Technical Personnel (person)	#执业（助理）医师 Licensed (Assistant) Doctors	注册护士 Registered Nurses	药师（士）Pharmacists	技师（士）Laboratory Technicians
合 计	**Total**	**5325**	**44712**	**63663**	**22278**	**29959**	**3086**	**3380**
一、医院	Number of Hospitals	218	35940	39447	12878	20182	2012	2169
综合医院	General Hospitals	158	26689	30485	10052	15684	1445	1668
中医医院	Hospital Specialized in Traditional Chinese Medicine	17	3913	4612	1539	2184	367	262
中西医结合医院	Hospital of Intergrated Traditional and Western Medicine	5	446	492	120	230	40	32
专科医院	Specialized Hospital	38	4892	3858	1167	2084	160	207
二、基层医疗卫生机构	Health Care Institutions at Grassroot Level	4981	7090	18674	7549	7732	878	616
社区卫生服务中心(站)	Community Health Services Centers	177	1023	2861	979	1420	158	93
卫生院	Health Centers	299	6016	9109	3013	3517	592	410
街道卫生院	Urban Health Centers							
乡镇卫生院	Township Health Centers	299	6016	9109	3013	3517	592	410
村卫生室	Village Clinics	2716		824	535	289		
门诊部	Outpatient Department	152	51	1543	678	662	69	99
诊所、卫生所、医务室	Clinics and Health Centers and Nurse Stations	1637		4337	2344	1844	59	14
三、专业公共卫生机构	Specialized Public Health Institutions	119	1582	5504	1833	2034	193	593
疾病预防控制中心	Centers for Diseases Prevention and Control	24		1159	570	183	17	246
专科疾病防治院（所、站）	Specialized Disease Prevention &Treatment Institutions	13		235	103	61	24	32
健康教育所(站、中心)	Health Education Stations	6		24	13	6	2	1
妇幼保健院(所、站)	Women and Children Care Agencies	24	1578	3028	926	1416	134	204
急救中心(站)	Center for Emergency	3	4	112	42	69	1	
采供血机构	Institutes of Collecting and Supplying Blood	4		256	32	157	1	41
卫生监督所(中心)	Health Inspection Institution(Center)	24		296				
计划生育技术服务机构	Technical Service Centers for Birth Control	21		394	147	142	14	69
四、其他卫生机构	Other Health Institutions	7	100	38	18	11	3	2
#疗养院	Sanatoriums	1	100	13	4	5	1	2
医学科研机构	Researching Institutions of Medical Sciences							

22-3 医疗卫生机构
Number of Health Care Institutions

单位：个 (unit)

年份 市县	Year Region	合计 Total	#医院 Hospitals	#综合医院 General Hospitals	中医医院 Hospitals Specialized in Traditional Chinese Medicine	专科医院 Specialized Hospitals	#基层医疗卫生机构 Health Care Institutions at Grass-root Level	社区卫生服务中心(站) Community Health Service Centers	街道卫生院 Urban Health Centers	乡镇卫生院 Township Health Centers
2012		5142	193	149	19	4	4832	140		300
2013		5006	191	148	17	21	4685	144		299
2014		5015	191	150	16	20	4696	152		298
2015		5046	202	155	17	25	4714	156		298
2016		5135	212	158	17	31	4795	170		297
2017		5177	208	153	18	31	4843	175		299
2018		5325	218	158	17	38	4981	177		299
海口市	Haikou	1011	47	21	3	22	932	110		26
三亚市	Sanya	436	21	14	1	6	407	14		11
五指山市	Wuzhishan	117	5	2	1	2	108	2		9
文昌市	Wenchang	298	12	8	1	3	281	6		24
琼海市	Qionghai	320	11	8	1	2	303	12		22
万宁市	Wanning	474	15	14			452	3		18
定安县	Ding'an	219	10	7	2		204	4		14
屯昌县	Dunchang	189	9	8	1		176	1		11
澄迈县	Chengmai	340	14	12	1	1	321	1		20
临高县	Lingao	179	5	4	1		171			17
儋州市	Danzhou	456	19	18	1		429	14		23
东方市	Dongfang	365	6	5	1		354			19
乐东县	Ledong	250	3	2	1		241			14
琼中县	Qiongzhong	138	13	11	1	1	119	3		14
保亭县	Baoting	102	6	6			90	2		12
陵水县	Lingshui	138	4	2	1	1	128	2		20
白沙县	Baisha	139	12	11			122	1		14
昌江县	Changjiang	153	5	4			143	2		11

22-3 续(continued)

单位：个 (unit)

年 份 市 县	Year Region	村卫生室 Village Clinics	门诊部(所) Outpatient Department	#专业公共卫生机构 Specialized Public Health Institutions	#疾病预防控制中心 Center for Disease Control and Prevention	#专科疾病防治院(所/站) Specialized Disease Prevention & Treatment Institution	#妇幼保健院(所/站) Women and Children Care Agencies	#卫生监督所(中心) Health Inspection Institution (center)
2012		2758	1634	106	27	24	24	23
2013		2071	1541	121	28	23	24	23
2014		2706	46	119	28	21	24	23
2015		2681	56	119	27	18	24	24
2016		2668	90	119	26	18	24	24
2017		2637	117	117	25	15	24	24
2018		2716	1789	119	24	13	24	24
海 口 市	Haikou	233	563	32	6	2	6	6
三 亚 市	Sanya	127	255	7	1	1	1	1
五指山市	Wuzhishan	62	35	4	1		1	1
文 昌 市	Wenchang	162	89	5	1	1	1	1
琼 海 市	Qionghai	180	89	5	1	1	1	1
万 宁 市	Wanning	318	113	6	1	1	1	1
定 安 县	Ding'an	95	91	4	1		1	1
屯 昌 县	Dunchang	104	60	4	1		1	1
澄 迈 县	Chengmai	207	93	5	1	1	1	1
临 高 县	Lingao	140	14	3	1		1	1
儋 州 市	Danzhou	246	146	8	2	1	2	2
东 方 市	Dongfang	289	46	4	1		1	1
乐 东 县	Ledong	181	46	5	1	1	1	1
琼 中 县	Qiongzhong	62	40	6	2		1	1
保 亭 县	Baoting	55	21	5	1		1	1
陵 水 县	Lingshui	85	21	6	1	2	1	1
白 沙 县	Baisha	77	30	5	1		1	1
昌 江 县	Changjiang	93	37	5	0	2	1	1

22-4 卫生人员
Number of Employed Persons in Health Care Institutions

单位：人 (person)

年份 地区	Year Region	卫生人员 Medical Personnel	卫生技术人员 Medical Technical Personnel	#执业（助理）医师 Licensed (Assistant) Doctors	#执业医师 Licensed Doctor	#注册护士 Registered Nurse	#药师（士） Pharmacist	其他技术人员 Other Technical Personnel	管理人员 Administrative Personnel	工勤技能人员 Logistics Technical Workers
2012		58721	44720	15422	12162	19267	2340	1816	3111	6278
2013		63579	48192	16770	13345	20920	2539	1970	3286	6751
2014		66586	50557	17617	14125	22394	2685	2121	3421	6891
2015		71237	54677	19001	15338	24641	2828	2042	3830	7280
2016		74843	57784	20148	16267	26487	2930	2365	4033	7343
2017		77652	60579	20882	17351	28491	2978	2841	3825	7332
2018		81376	63663	22278	18732	29959	3086	11187	4316	7172
海口市	Haikou	32385	26144	9038	8488	12974	1260	4253	1827	2746
三亚市	Sanya	8377	6823	2562	2233	3112	296	1170	500	619
五指山市	Wuzhishan	1551	1149	314	257	571	48	259	90	195
文昌市	Wenchang	3173	2548	886	682	1128	180	405	138	212
琼海市	Qionghai	3819	3181	1236	1078	1515	163	325	155	222
万宁市	Wanning	3567	2480	908	679	1115	112	426	195	325
定安县	Ding'an	1863	1480	563	424	620	91	256	98	118
屯昌县	Dunchang	1515	1153	475	319	480	66	174	73	136
澄迈县	Chengmai	2876	2105	828	604	919	108	333	154	312
临高县	Lingao	2117	1542	437	305	772	67	331	93	240
儋州市	Danzhou	6912	5233	1772	1386	2518	266	951	320	713
东方市	Dongfang	2616	1813	650	494	786	82	388	136	249
乐东县	Ledong	2806	1924	651	421	867	95	451	156	303
琼中县	Qiongzhong	1632	1269	416	248	519	47	301	100	190
保亭县	Baoting	920	768	295	183	319	26	138	43	38
陵水县	Lingshui	2145	1678	469	367	663	65	555	71	231
白沙县	Baisha	1233	949	359	241	383	31	208	90	115
昌江县	Changjiang	1862	1420	418	322	696	83	260	77	207

22-5 各类医疗卫生机构医疗服务及床位利用情况(2018)

Number of Visits and Inpatients in Medical Institutions and Utilization of Beds (2018)

机构名称	Institutions	诊疗人次数(万人次) Visits (10 000 person-times)	入院人数(万人) Inpatients (10 000 persons)	实际开放总床日数(日) Days of Total Beds Actually Opened (day)	平均开放病床(张) Average Beds Opened (bed)
总 计	**Total**	**5078. 55**	**119.41**	**14892693**	**40802**
医院	Hospitals	2004. 81	102.88	12186308	33387
#综合医院	General Hospitals	1587. 65	82.74	8989277	24628
中医医院	Hospitals Specialized in Traditional Chinese Medicine	266. 80	11.55	1411445	3867
中西医结合医院	Hospital of Integrated Traditional Chinese with Western Medicine	27. 18	1.21	153461	420
专科医院	Specialized Hospitals	123. 17	7.39	1632125	4472
基层医疗卫生机构	Basic Medical Institutions	2759. 11	9.20	2144393	5875
#社区卫生服务中心(站)	Community Health Service Centers	301. 68	0.99	262173	718
卫生院	Health Centers	1139. 95	7.92	1882220	5157
街道卫生院	Urban Health Centers				
乡镇卫生院	Township Health Centers	1139. 95	7.92	188220	5157
专业公共卫生机构	Specialized Public Health Institutions	314. 34	7.33	525992	1441
#专科疾病防治院(所、站)	Specialized Disease Prevention & Treatment Institution	51. 92			
妇幼保健院(所、站)	Women and Children Care Agencies	259. 68	7.33	525992	1441
其他机构	Other Institutions	0. 29		36000	99
#疗养院	Sanatoriums	0. 29		36000	99

22-5 续(continued)

机构名称	Institutions	实际占用总床日数(日) Actually Total Beds Occupied (day)	出院者占用总床日数(日) Total Beds Occupied by Patients Discharged from Hosptials (day)	病床工作日(日) Working Days of Beds (day)	病床使用率(%) Utili-zation Rate of Beds (%)	平均住院日(日) Average Stay Days in Hospital (day)
总计	**Total**	**10879482**	**10086245**	**266.6**	**73.1**	**8.4**
医院	Hospitals	9682407	9115779	290.0	79.5	8.8
#综合医院	General Hospitals	7408938	7124797	300.8	82.4	8.6
中医医院	Hospitals Specialized in Traditional Chinese Medicine	997574	991471	258.0	70.7	8.7
中西医结合医院	Hospital of Integrated Traditional Chinese with Western Medicine	108268	101429	257.5	70.6	8.4
专科医院	Specialized Hospitals	1167627	898082	261.1	71.5	11.3
基层医疗卫生机构	Basic Medical Institutions	826664	610788	140.7	38.6	6.6
#社区卫生服务中心(站)	Community Health Service Centers	92143	59488	128.3	35.2	6.1
卫生院	Health Centers	734521	551300	142.4	39.0	7.0
街道卫生院	Urban Health Centers					
乡镇卫生院	Township Health Centers	734521	551300	142.4	39.0	7.0
专业公共卫生机构	Specialized Public Health Institutions	370411	359678	257.0	70.4	4.9
#专科疾病防治院(所、站)	Specialized Disease Prevention & Treatment Institution					
妇幼保健院(所、站)	Women and Children Care Agencies	370411	359678	257.0	70.4	4.9
其他机构	Other Institutions					
#疗养院	Sanatoriums					

22-6 各市县医疗卫生机构门诊服务情况(2018)
Outpatient Services of Health Institutions by Region (2018)

地 区	Region	诊疗人次数(次) Visits (times)	#门\急诊 Outpatients with Emergency Treatment	观察室留观病例数(人) Cases in Observation Room (persons)	健康检查人数(人) Number of Health Examinations (persons)	急诊病死率(%) Fatality Rate among Emergency Admissions (%)	观察室病死率(%) Fatality Rate in Observation Room (%)
全省总计	**Total**	**50785497**	**49985619**	**138620**	**2082678**	**0.03**	**0.06**
海 口 市	Haikou	16301699	15970178	46464	679476	0.11	0.30
三 亚 市	Sanya	5111754	5010364	17087	227104	0.05	
五指山市	Wuzhishan	497915	495452	74	11254	0.09	
文 昌 市	Wenchang	2724797	2705378	33387	231086	0.05	
琼 海 市	Qionghai	3250808	3221892	156	107077	0.03	
万 宁 市	Wanning	2624130	2578225	5912	22495	0.04	
定 安 县	Ding'an	1630939	1628989	5912	74010	0.07	
屯 昌 县	Dunchang	1230074	1203207	7965	47366	0.18	
澄 迈 县	Chengmai	2744296	2728988	83	42638	0.02	
临 高 县	Lingao	1889612	1875037	319	42355	0.07	
儋 州 市	Danzhou	4052088	3970553	4045	160390	0.07	0.22
东 方 市	Dongfang	1814747	1790319	6637	105428		
乐 东 县	Ledong	2085909	2039690	12193	83019	0.05	0.16
琼 中 县	Qiongzhong	657177	651427	1097	57428	0.05	
保 亭 县	Baoting	544003	541676	468	33838	0.03	
陵 水 县	Lingshui	1763629	1760987	31	55207	0.02	
白 沙 县	Baisha	644239	641972	59	15374		
昌 江 县	Changjiang	1211835	1167135	1028	87129		

22-7 各市县医疗卫生机构住院服务情况(2018)
Hospitalization Services in Health Institutions by Region (2018)

地　区	Region	入院人数（人）Number of Inpatients (persons)	出院人数（人）Patients Discharged (persons)	住院病人手术人次（人次）Surgical Operation of Hospitalized (persons)	每百门急诊入院人数（人）Inpatients per 100 Outpatient and Emergency Visits (person)
全省总计	**Total**	**1194119**	**1195495**	**260151**	**3.22**
海口市	Haikou	477280	479701	147050	13.66
三亚市	Sanya	113848	111611	33235	8.45
五指山市	Wuzhishan	17085	19504	2153	5.37
文昌市	Wenchang	43999	43969	6837	2.22
琼海市	Qionghai	78139	78075	22977	3.12
万宁市	Wanning	61799	61981	9432	5.01
定安县	Ding'an	25518	25498	2498	2.50
屯昌县	Dunchang	33636	33696	2936	4.33
澄迈县	Chengmai	30611	30633	3880	2.01
临高县	Lingao	32448	32368	3914	2.62
儋州市	Danzhou	120361	119035	7713	4.39
东方市	Dongfang	30051	30065	3949	2.88
乐东县	Ledong	37355	37631	2592	2.55
琼中县	Qiongzhong	20027	19965	1517	3.82
保亭县	Baoting	10967	11019	774	2.35
陵水县	Lingshui	19035	19053	2039	1.19
白沙县	Baisha	15611	15641	1675	3.69
昌江县	Changjiang	26349	26050	4980	3.08

22-8 各市县医院床位利用情况(2018)
Utilization of Beds in Hospitals by Region (2018)

地区	Region	病床周转次数(次) Turnover of Beds (time)	病床工作日(日) Work Day of Beds (day)	病床使用率(%) Utilization Rate of Beds (%)	平均住院日(日) Average Stay Days in Hospital (day)
全省总计	**Total**	**31**	**290**	**79.5**	**8.8**
海口市	Haikou	124	1175	321.9	36.3
三亚市	Sanya	80	731	200.2	31.4
五指山市	Wuzhishan	17.3	286.9	78.61	16.5
文昌市	Wenchang	39.4	268.7	73.62	6.7
琼海市	Qionghai	43.5	306.3	83.92	6.9
万宁市	Wanning	30.4	272.3	74.61	8.4
定安县	Ding'an	31.0	235.8	64.61	7.6
屯昌县	Dunchang	21.8	210.8	57.75	8.9
澄迈县	Chengmai	27.4	232.6	63.72	6.6
临高县	Lingao	44.3	294.8	80.77	6.6
儋州市	Danzhou	31.9	341.2	93.47	9.8
东方市	Dongfang	40.0	352.0	96.44	8.3
乐东县	Ledong	36.4	250.1	68.51	6.8
琼中县	Qiongzhong	25.7	280.1	76.74	10.8
保亭县	Baoting	25.0	232.1	63.60	6.1
陵水县	Lingshui	22.8	273.8	75.00	8.1
白沙县	Baisha	24.9	203.4	55.73	7.9
昌江县	Changjiang	36.0	268.0	73.43	7.4

22-9 卫生总费用
Total Health Expenditure

指标名称	Index	2013	2014	2015	2016	2017	2018
卫生总费用(亿元)	Total Health Expenditure(100 million yuan)	185.12	220.68	262.61	303.28	369.49	424.00
人均卫生总费用(元)	Per Capita Health Expenditure(yuan)	2068	2443	2883	3307	3991	4500
卫生总费用占GDP比重(%)	Health Expenditure as Percentage of GDP (%)	5.88	6.30	7.09	7.48	8.28	8.60
卫生消费弹性系数	Health Consumption Elasticity Coefficient	1.74	0.79	2.48			
门诊病人次均医药费用(元)	Outpatient all Medical Expenses (yuan)	194.0	200.8	215.9	232	246.8	262.8

22-10 法定报告传染病发病及死亡情况(2018年)
Incidence and Death of Infectious Diseases Reported (2018)

病　名	Item	发病率 (1/10万) Incidence (per100 000 persons)	死亡率 (1/10万) Death Rate (per100 000 persons)	病死率 (%) Mortality Rate (%)
总　计	**Total**	**360.04**	**0.74**	**0.21**
*病毒性肝炎	Viral Hepatitis	183.74	0.01	0.01
痢疾	Dysentery	1.62		
伤寒副伤寒	Typhoid and Paratyphoid Fever	0.60		
艾滋病	AIDS	2.24	0.54	24.11
淋病	Gonorrhea	28.00		
梅毒	Syphilis	57.59		
麻疹	Measles	0.10		
百日咳	Pertussis	0.27		
流脑	Epidemic Encephalitis			
猩红热	Scarlet Fever	0.29		
出血热	Hemorrhage Fever	0.05		
狂犬病	Hydrophobia			
布氏杆菌病	Brucellosis	0.10		
乙脑	Encephalitis B			
疟疾	Malaria	0.09		
新生儿破伤风	Newborn Tetanus	0.02		
肺结核	Pulmonary Tuberculosis	85.05	0.19	0.22

22-11 防病工作情况
Basic Statistics on Disease Prevention and Cure

指　　标	Item	2013	2014	2015	2016	2017	2018
传染病发病总例数（甲、乙）(例)	Number of Incidence from Infectious Disease(A、B) Reported (persons)	27763	29207	30942	29280	35055	36082
发病率(1/10万)	Incidence (1/100 000)	313.2	326.2	342.5	321.5	382.3	360.0
传染病死亡总人数(人)	Number of Death from Infectious Disease (person)	101	99	78	84	81	74
死亡率(1/10万)	Death Rate (1/100 000)	1.1	1.1	0.9	0.9	0.9	0.7
结核病登记病人数(例)	Number of Register of Tuberculosis (persons)	7023	6936	6835	6735	6697	6642
登记患病率(‰)	Register Sicken Rate(‰)	0.8	0.8	0.8	0.8	0.7	0.6
结核病新发病人数(例)	Number of New Incidence from Tuberculosis (person)	6651	6662	6594	6515	6361	6442
登记新发病率(1/万)	Register New Incidence Disease Rate (1/10 000)	7.5	7.4	7.3	7.2	7.1	6.2
结核病死亡人数(人)	Number of Death from Tuberculosis (person)	70.0	68.0	18.0	73.0	19.0	19.0
死亡率(1/10万)	Death Rate (1/100 000)	0.8	0.8	0.2	0.8	0.2	0.2
"八苗"接种率(%)	Five Type of Bacterins Inoculability Rate (%)	98.3	99.1	99.2	99.5	99.7	99.6
乙肝疫苗全程接种率(%)	Hepatitis B Bacterins Quite Inoculability Rate (%)	99.7	99.7	99.9	99.7	99.7	99.5

22-12 妇女儿童卫生保健状况
Basic Statistics on Health Care of Women and Children

指 标	Item	2015	2016	2017	2018
婚前医学检查率(%)	Rate of Medical Examination before Marriage(%)	49.22	45.08	38.70	33.67
城市	Urban Areas	44.77	44.60	36.81	34.77
农村	Rural Areas	57.62	46.02	41.59	31.65
出生缺陷发生率(1/万)	Birth-defect Rate(1/10000)	115.64	115.69	109.24	142.80
婴儿死亡率(‰)	Infant Mortality Rate (‰)	6.03	6.22	6.06	4.10
城市	Urban Areas	4.21	4.29	3.00	3.04
农村	Rural Areas	6.43	6.70	6.98	4.40
5岁以下儿童死亡率(‰)	Mortality Rate of Child under 5 Years Old (‰)	8.02	9.14	8.29	6.05
城市	Urban Areas	5.31	5.19	3.81	3.76
农村	Rural Areas	8.62	10.10	9.63	6.71
孕产妇死亡率(1/10万)	Mortality Rate of Pregnant and Lying-in Women (1/100 000)	10.16	18.97	24.46	13.39
城市	Urban Areas	11.38	25.78	6.50	6.62
农村	Rural Areas	9.71	16.44	31.78	19.53
全省住院分娩率(%)	Hospitalization Rate of Parturition in Province(%)	99.90	99.81	99.93	99.93
农村孕产妇住院分娩率(%)	Hospital Parturition Rate of Rural Pregnant and Lying-in Women(%)	99.83	99.85	99.91	99.85
农村高危孕产妇住院分娩率(%)	Hospital Parturition Rate of Rural High Risk Pregnant and Lying-in Women (%)	99.98	99.92	100.00	100.00
产前检查率(%)	Medical Prenatal Examination Rate (%)	96.00	96.35	96.40	96.76
孕产妇系统管理率(%)	Systematic Management Rate of Pregnant and Lying-in Women (%)	86.70	87.22	87.18	86.83
城市	Urban Areas	86.73	87.35	86.97	86.11
农村	Rural Areas	86.65	87.00	87.57	88.18
5岁以下儿童中、重度营养不良患病率(%)	moderate and Serious malnutrition Rate of Children under 5 Years old (%)	2.95	2.84	2.80	3.33
城市	Urban Areas	2.27	2.22	2.26	2.85
农村	Rural Areas	4.04	3.87	3.74	4.17
7岁以下儿童保健管理率 (%)	Health Care Rate of Children under 7 Years Old (%)	92.79	92.73	92.20	91.42
城市	Urban Areas	94.03	94.13	93.03	91.89
农村	Rural Areas	90.80	90.47	90.82	90.65
卡介苗疫苗接种率(%)	BCG (%)	100.0	99.5	100.0	100.0
脊髓灰质炎疫苗接种率(%)	Poliomyelitis (%)	99.8	99.5	99.7	99.7
百白破疫苗接种率(%)	DPT(%)	99.7	99.5	99.4	99.4
麻疹疫苗接种率(%)	Measles (%)	99.7	99.5	99.5	99.5
乙肝疫苗接种率 (%)	Inoculation Rate of Hepatitis B Vaccine(%)	98.9	100.0	99.5	99.5

22-13 社会服务机构基本情况(2018年)
Statistics on Social Service Institutions (2018)

指　　标	Item	单位数（个）Institution (unit)	职工人数（人）Staff and Workers (person)
社会服务	**Total**	**13437**	**101766**
社会工作	**Social Work**	**2953**	**13121**
提供住宿的社会服务机构	Social Welfare Institutions with Accommodations	29	844
老年人年与残疾人服务机构	Institutions for the Aged and the Disabled	22	740
城市养老服务机构	Urban Institutions for the Aged	1	36
农村养老服务机构	Rural Institutions for the Aged	4	190
社会福利院	Social Welfare Hospitals	4	25
光荣院	Homes for Disabled Veterans	13	489
荣誉军人康复医院	Convalescent Hospitals for Honorable Serviceman		
复原军人疗养院	Sanatoriums for Ex-serviceman		
军队离退休干部休养所	Retired Army Cadres Sandringham Retreat		
智障与精神疾病服务机构	Mental Retardation and Mental Diseases		
福利类精神病院和医院	Social Welfare Hospitals for Mental Diseases		
复退军人精神病院	Mental Hospitals for Ex-serviceman		
为儿童提供住宿的社会服务机构	Social Welfare Institutions for Children		
儿童收养机构	Welfare Homes for Children	1	12
流浪儿童救助保护中心	Centers for Rescuing Street Children		
其他提供住宿的社会服务机构	Other Social Welfare Institutions with Accommodations	6	92
救助管理站	Salvation Stations	5	82
军供站	Serviceman Supply Stations		
其他提供住宿的社会服务机构	Other Serviceman Habitation	1	10
不提供住宿的社会服务机构	Social Welfare Institutions Without Accommodations	2924	12277
老龄事业机构	Institutions for the Aged		
为残疾人提供工作岗位的企业	Provide Jobs for the Disabled		
为残疾人提供服务的康复辅具机构	Provide Services for the Disabled Rehabilitation Assistive Devices		
其他为残疾人服务的福利机构	Other Welfare Institutions for the Disabled		
救助、低保服务机构	Rescue and Services Agencies for Minimum Living Allowance	2	15
救灾储备机构	Relief Reserve Units		
福利彩票发行单位	Welfare Lottery Issuing Institutions	4	50
军队离退休人员管理中心	Management Centers for Retired Military Officers		
烈士陵园及烈士纪念馆	Martyr Memorial Building Management Units		
社区服务机构	Community Services Institutions	2918	12212
成员组织和其他社会服务机构	**Membership Organizations and Other Social Service Institutions**	**10461**	**87854**
成员组织	Membership Organizations	10439	87474
社会组织	Social Organizations	7287	68463
社会团体	Social Groups	2915	31098
基金会	Foundations	97	469
民办非企业单位	Non-enterprise Units Run by NGO	4275	36896
自治组织	Autonomy Organizations	3152	19011
社区居委会	Neighborhood Committee	594	4096
村民委员会	Village Committee	2558	14915
其他社会服务机构	Other Social Service Institutions	22	380
婚姻登记服务机构	Marriage Registration Institutions	2	11
殡 葬	Funeral Service Institutions	13	300
殡仪馆	Funeral Home	2	65
公 墓	Cemetery	6	192
殡葬服务管理单位	Funeral and Interment Management Institutions	5	43
其他事业单位	**Others**	7	69
行政机关	**Administration**	**23**	**791**

22-14 提供住宿的社会服务机构床位数(2018)
Beds of Social Welfare Institutions with Accommodations （2018）

单位：张 (bed)

地 区	Region	床位数 Number of Beds	老年及残疾人床位 The Aged and Disabled	智障和精神疾病床位 Mental Retardation and Mental Diseases	儿童床位 Child	救助及其他社会服务床位 Social Relief and Other
全省总计	**Total**	**14356**	**13848**		**30**	**478**
省本级	Provincial	724	618			106
海 口 市	Haikou	4282	4162			120
三 亚 市	Sanya	1382	1146			236
五指山市	Wuzhishan	81	81			
文 昌 市	Wenchang	886	886			
琼 海 市	Qionghai	724	679		30	15
万 宁 市	Wanning	843	843			
定 安 县	Ding'an	1173	1172			1
屯 昌 县	Tunchang	273	273			
澄 迈 县	Chengmai	597	597			
临 高 县	Lingao	470	470			
儋 州 市	Danzhou	440	440			
东 方 市	Dongfang	99	88			
乐 东 县	Ledong	628	628			
琼 中 县	Qiongzhong	378	378			
保 亭 县	Baoting	78	78			
陵 水 县	Lingshui	727	727			
白 沙 县	Baisha	245	60			
昌 江 县	Changjiang	108	108			

注：1. 2001年起，社会服务机构床位数口径有所调整，除收养性机构床位数外，还包括了救助类机构床位数、社区类机构床位数以及军休所、军供站等机构床位数。老年人口指60岁及以上老年人口。

2. 2011年起，老年及残疾人床位含社区服务床位(含日间照料床位)。

Note:1.Sice 2001, coverage of beds of social services institutions has changed.It include beds of salvation institution,community institutions, and serviceman recreation habitation, serviceman supply stations,etc.The aged refer to those 60 years old and above.

2.Since 2011, beds of the aged and disabled include community service beds(including day care beds).

22-15 孤儿和家庭儿童收养(2018)
Orphans and Children Adopted by Families (2018)

地 区	Region	孤儿数 (人) Number of Orphans (person)	家庭儿童收养登记总数 (件) Number of Adoption Registration of Children Adopted by Families (case)	中国公民收养登记 Adoption Registration of Chinese Citizens	外国公民收养登记 Adoption Registration of Foreign Citizens
全省总计	**Total**	**927**	**117**	**113**	**4**
海口市	Haikou	220	33	33	
三亚市	Sanya	40			
五指山市	Wuzhishan	14	2	2	
文昌市	Wenchang	24	5	2	3
琼海市	Qionghai	17	12	11	1
万宁市	Wanning	21			
定安县	Ding'an	19			
屯昌县	Tunchang	59	1	1	
澄迈县	Chengmai	147	9	9	
临高县	Lingao	82	10	10	
儋州市	Danzhou	122	2	2	
东方市	Dongfang	32	4	4	
乐东县	Ledong	20			
琼中县	Qiongzhong	19			
保亭县	Baoting	30	4	4	
陵水县	Lingshui	33	12	12	
白沙县	Baisha	15	23	23	
昌江县	Changjiang	7			
洋浦	Yangpu	6			

注：2011年以前的“孤儿数”指领取《儿童福利证》的孤儿数，2011年起指失去父母或查找不到生父母的未满18周岁的未成年人数。
家庭儿童收养比例=家庭儿童收养人数/孤儿数×100%。

Note:Before 2011,number of orphans referred to the number of orphans who received Children Welfare Credentials, and from 2011, it refers to juveniles under age of 18 who have lost parents or can't find parents.

Proportion of children Adopted by Families=Number of children Adopted b Families/Number of Orphans *100%

22-16 社会救助情况(2018)
Statistics on Social Relief (2018)

单位：人 (person)

地 区	Region	城市居民最低生活保障人数 Number of Urban Residents Receiving Minimum Living Allowance	农村居民最低生活保障人数 Number of Rural Residents Receiving Minimum Living Allowance	集中供养特困人员人数 Rural Households with Centralized Livelihood Guaranteed in Five Aspects	分散供养特困人员人数 Rural Households with Decentralized Livelihood Guaranteed in Five Aspects	传统救济人数 Number of Persons Receiving Traditional Relief	临时救助人次 Number of Temporary Assistance
全省总计	**Total**	**48345**	**146704**	**1763**	**23442**	**43**	**57448**
海口市	Haikou	3670	13365	240	3131		4195
三亚市	Sanya	1988	2804	12	511		1299
五指山市	Wuzhishan	1610	1938	87	116		1800
文昌市	Wenchang	1744	9453	177	3276		7028
琼海市	Qionghai	1175	7084	234	1926		6412
万宁市	Wanning	3293	10284	22	1550		5631
定安县	Ding'an	1397	7276	288	2262	22	6122
屯昌县	Tunchang	2611	7447	206	1341		424
澄迈县	Chengmai	3394	8630	148	2800		1158
临高县	Lingao	3394	13836	62	1898		1612
儋州市	Danzhou	6622	15437	87	1552		7944
东方市	Dongfang	1528	7305	26	659		6757
乐东县	Ledong	5391	17456	55	697		262
琼中县	Qiongzhong	1648	4781	105	327	21	535
保亭县	Baoting	1502	3747	12	119		377
陵水县	Lingshui	1681	4802	33	621		235
白沙县	Baisha	1317	3783	35	210		990
昌江县	Changjiang	4164	6805	16	391		4667
洋浦	Yangpu	216	471		55		668

22-17 医疗救助情况(2018)
Statistics on Medical Aid (2018)

地 区	Region	资助参加医疗保险人数(人) Aid for Medical Insurance (person)	直接医疗救助人数(人次) Direct Medical Aid (person)	资助参加医疗保险支出(万元) Expense of Medical Insurance (10 000 yuan)	直接医疗救助支出(万元) Expense for Direct Medical Aid (10 000 yuan)
全省总计	**Total**	**449014**	**384399**	**7974**	**16476**
海口市	Haikou	31786	11106	572	1309
三亚市	Sanya	15469	42828	278	491
五指山市	Wuzhishan	7278	4681	127	684
文昌市	Wenchang	40520	4534	599	801
琼海市	Qionghai	29613	8228	517	705
万宁市	Wanning	20310	7438	365	1003
定安县	Ding'an	12104	32334	218	817
屯昌县	Tunchang	13783	33766	238	781
澄迈县	Chengmai	44963	13671	807	791
临高县	Lingao	22052	11616	462	1459
儋州市	Danzhou	92596	25474	1628	2314
洋浦	Yangpu	716	536	13	140
东方市	Dongfang	42517	4833	764	716
乐东县	Ledong	21439	8665	408	1182
琼中县	Qiongzhong	10491	4837	198	699
保亭县	Baoting	23843	3088	429	400
陵水县	Lingshui		157515		1388
白沙县	Baisha	4521	3927	81	397
昌江县	Changjiang	15013	5322	269	397

22-18 福利彩票销售情况
Statistics on Welfare Lottery

年份 地区	Year Region	福利彩票发行单位 (个) Welfare Lottery Issuing Units (unit)	福利彩票销售额 (万元) Sales of Welfare Lottery (10 000 yuan)	提取公益金 (万元) Pubilc Welfare Fund from Welfare Lottery (10 000 yuan)
2012		20	143251	35076
2013		20	160176	38500
2014		20	165705	39164
2015		20	174375	40767
2016		19	167184	40353
2017		19	153624	37323
2018		6	141796	34596
海口市	Haikou	1	102241	23822
三亚市	Sanya	1	23124	5658
五指山市	Wuzhishan		247	90
文昌市	Wenchang		3144	865
琼海市	Qionghai		1024	435
万宁市	Wanning	1	2070	599
定安县	Ding'an		348	129
屯昌县	Tunchang		248	91
澄迈县	Chengmai		1169	403
临高县	Lingao		443	163
儋州市	Danzhou	1	2627	746
东方市	Dongfang	1	2444	646
洋浦	yangpu		189	71
乐东县	Ledong		555	197
琼中县	Qiongzhong		191	70
保亭县	Baoting		439	143
陵水县	Lingshui		784	287
白沙县	Baisha	1	184	60
昌江县	Changjiang		325	121

22-19 优抚安置情况(2018)
Statistics on Preferential Treatment and Resettlement (2018)

地 区	Region	国家重点优抚对象(人) State Entitled Groups (person)	定期抚恤人数 Number of People Receiving Regular Pension	定期补助人数 Number of People Receiving Regular Subsidy	伤残人员 Injured and Disabled Persons	接收军队离退休人员(人) Number of Retired Veterans Resettled (person)
全省总计	**Total**	**29066**	**1887**	**24824**	**2355**	**99**
海 口 市	Haikou	4348	404	3192	752	75
三 亚 市	Sanya	1116	61	946	109	23
五指山市	Wuzhishan	392	11	357	24	
文 昌 市	Wenchang	2864	370	2363	131	
琼 海 市	Qionghai	2898	111	2697	90	
万 宁 市	Wanning	2725	219	2192	314	
定 安 县	Ding'an	1432	58	1267	107	
屯 昌 县	Tunchang	1149	19	1072	58	
澄 迈 县	Chengmai	1554	47	1399	108	
临 高 县	Lingao	2085	147	1791	147	
儋 州 市	Danzhou	2398	127	2120	151	1
东 方 市	Dongfang	913	139	687	87	
乐 东 县	Ledong	1692	61	1558	73	
琼 中 县	Qiongzhong	557	9	515	33	
保 亭 县	Baoting	468	1	437	30	
陵 水 县	Lingshui	1189	31	1106	52	
白 沙 县	Baisha	555	3	530	22	
昌 江 县	Changjiang	625	65	505	54	
洋 浦	Yangpu	107	4	90	13	

22-20 社区服务机构基本情况(2018)
Statistics on Community Service Facilities (2018)

单位：个

地 区	Region	社区服务机构数 Number of Community Service Facilities	社区服务指导中心数 Community Service Guidance Centers	社区服务中心数 Community Service Centers	社区服务站 数 Community Service Stations	其他社区服务机构 Other Community Service Facilities
全省总计	**Total**	**2918**		**19**	**2681**	**218**
省本级	**Provincial**	**16**				**16**
海口市	Haikou	465		11	409	45
三亚市	Sanya	112		8	104	
五指山市	Wuzhishan	46			42	4
文昌市	Wenchang	178			158	20
琼海市	Qionghai	189			176	13
万宁市	Wanning	188			176	12
定安县	Ding'an	108			95	13
屯昌县	Tunchang	125			124	1
澄迈县	Chengmai	197			186	11
临高县	Lingao	123			116	7
儋州市	Danzhou	238			230	8
东方市	Dongfang	195			192	3
乐东县	Ledong	200			188	12
琼中县	Qiongzhong	133			123	10
保亭县	Baoting	73			67	6
陵水县	Lingshui	120			113	7
白沙县	Baisha	110			92	18
昌江县	Changjiang	102			90	12

注：1. 其他社区服务机构是指民政业务范围以外的其他以提供服务为主的社区服务设施，如：社区性服务站、社区文化服务站、残疾人康复站等。2. 社区服务指导中心是指县级以上建立的，除有一般社区服务中心(站)的职能外，还对社区服务中心和社区服务站的工作具有指导作用的社区服务机构。

Note:1.Other community service facilities refer to those facilities providing service other than civil affair service, for example,community service stations,community cultural service stations, recovery stations for the disabled.

2.Community Service Guidance Centers refer tocommunity service agencies established above county level which offer guidance to community service centers and stations besides their funcitons as common community service centers and stations.

22-21 婚姻服务情况(2018)
Statistics on Marriage and Divorces (2018)

地 区	Region	结婚登记(对) Total Number of Registered Marriages (couples)	内地居民登记结婚(对) Registered Marriages in the Mainland (couples)	初婚(人) First Marriages (persons)	再婚(人) Re-marriages (persons)	涉外及港澳台居民登记结婚 Registered Marriages with Foreigner and the Citizen of Macao, Taiwan	离 婚(对) Divorces (couples)	粗离婚率(‰) Crude Divores Rate (‰)
全省总计	**Total**	**72571**	**72363**	**127299**	**18193**	**383**	**16711**	
海 口 市	Haikou	14308	13977	23759	4857	331	4371	
三 亚 市	Sanya	8144	8092	14356	1932	52	1797	
五指山市	Wuzhishan	639	639	1122	156		148	
文 昌 市	Wenchang	3524	3523	6163	883		805	
琼 海 市	Qionghai	3333	3333	5566	1100		811	
万 宁 市	Wanning	5219	5219	9098	1340		1180	
定 安 县	Ding'an	2250	2250	3981	519		460	
屯 昌 县	Tunchang	2021	2021	3576	466		540	
澄 迈 县	Chengmai	3860	4035	7270	800		941	
临 高 县	Lingao	3851	3851	7160	542		546	
儋 州 市	Danzhou	8183	8183	14566	1800		1500	
东 方 市	Dongfang	4118	4118	7350	886		882	
乐 东 县	Ledong	4754	4754	8866	642		631	
琼 中 县	Qiongzhong	1355	1355	2326	384		414	
保 亭 县	Baoting	922	922	1545	299		249	
陵 水 县	Lingshui	3027	3027	5193	861		699	
白 沙 县	Baisha	1162	1162	2054	270		276	
昌 江 县	Changjiang	1902	1902	3348	456		461	

22-22 社会组织情况
Statistics on Social Organization

年 份 地 区	Year Region	单位数（个） Number of Institutions (unit)	社会团体 Social Organi-zation	民办非企业单位 Non-enterprise Units Run by NGO	基金会 Foundation	年末职工人数（人） Staff and Workers at Year-end (person)	女性 Female	社会团体 Social Organi-zation	民办非企业单位 Non-enterprise Units Run by NGO	基金会 Foundation
2012		3714	2018	1657	39	25243	9117	8221	16857	165
2013		4170	2162	1958	50	26947	9175	9320	17430	197
2014		4847	2334	2457	56	45476	16864	21475	23721	280
2015		5357	2445	2850	62	52898	17717	25644	26869	385
2016		6293	2693	3520	80	55246	18596	24445	30300	501
2017		6873	2792	3992	89	57159	18405	20716	35934	509
2018		7287	2915	4275	97	68486	24807	31098	36919	469
省本级	Provincial	2068	1208	763	97	10261	1329	5695	4097	469
海 口 市	Haikou	1656	364	1292		15220	6320	3208	12012	
三 亚 市	Sanya	621	262	359		12250	1492	8080	4170	
五指山市	Wuzhishan	89	60	29		255	1618		255	
文 昌 市	Wenchang	202	84	118		464	221	146	318	
琼 海 市	Qionghai	264	105	159		3346	2018	722	2624	
万 宁 市	Wanning	305	143	162		2859	1747	679	2180	
定 安 县	Ding'an	144	54	90		408	109	110	298	
屯 昌 县	Tunchang	108	40	68		5083	1792	4536	547	
澄 迈 县	Chengmai	240	91	149		674	125	257	417	
临 高 县	Lingao	167	63	104		1029	434	318	711	
儋 州 市	Danzhou	507	93	414		3740	2649	362	3378	
东 方 市	Dongfang	304	53	251		2183	767	267	1916	
乐 东 县	Ledong	72	31	41		317	24	142	175	
琼 中 县	Qiongzhong	71	34	37		371	165	102	269	
保 亭 县	Baoting	110	86	24		814	309	449	365	
陵 水 县	Lingshui	144	53	91		1987	1302	317	1670	
白 沙 县	Baisha	70	18	52		724	457	74	650	
昌 江 县	Changjiang	99	49	50		3050	1929	2450	600	
洋 浦	Yangpu	46	24	22		507		240	267	

注：合计数中包含省本级数(下同).
Note：Data of total region include the data of provincial level。(the same applies to the tables following).

22-23 自治组织情况
Statistics on Autonomy Organizations

年份 地区	Year Region	单位数(个) Number of Institutions	村民委员会 Village Committee	社区居委会 Neighborhood Committee	年末成员数(人) Member at Year-end	#女性 Female	村民委员会 Village Committee	社区居委会 Neighborhood Committee
2012		3040	2568	472	14941	3593	12286	2655
2013		3046	2573	473	15219	3456	12550	2669
2014		3063	2561	502	15769	3545	2820	725
2015		3072	2561	511	15036	3579	12227	2809
2016		3061	2552	509	17222	4212	14050	3172
2017		3161	2562	599	19281	4520	15192	4051
2018		3152	2558	594	19671	4120	15216	4455
海口市	Haikou	555	253	192	3946	949	2182	1764
三亚市	Sanya	147	92	55	945	331	457	488
三沙市	Sansha							
五指山市	Wuzhishan	64	59	5	321	82	296	25
文昌市	Wenchang	297	255	42	1330	350	1168	162
琼海市	Qionghai	209	189	20	1018	254	898	120
万宁市	Wanning	212	197	15	1264	134	1172	92
定安县	Ding'an	123	108	15	668	135	568	100
屯昌县	Tunchang	124	104	20	679	159	555	124
澄迈县	Chengmai	186	145	41	1226	36	863	363
临高县	Lingao	176	156	20	1552	313	1383	169
儋州市	Danzhou	292	231	61	2185	352	1752	433
东方市	Dongfang	195	181	14	940	212	859	81
乐东县	Ledong	193	173	20	956	165	840	116
琼中县	Qiongzhong	123	100	23	554	147	444	110
保亭县	Baoting	67	60	7	357	80	308	49
陵水县	Lingshui	118	107	11	674	131	617	57
白沙县	Baisha	92	74	18	528	112	415	113
昌江县	Changjiang	89	74	15	528	178	439	89
洋浦	Yangpu							

主要统计指标解释

医疗卫生机构　指从卫生行政部门取得《医疗机构执业许可证》、《计划生育技术服务许可证》，或从民政、工商行政、机构编制管理部门取得法人单位登记证书，为社会提供医疗保健、疾病控制、卫生监督服务或从事医学科研和医学在职培训等工作的单位。医疗卫生机构包括医院、基层医疗卫生机构、专业公共卫生机构、其他医疗卫生机构。

医院　包括综合医院、中医医院、中西医结合医院、民族医院、各类专科医院和护理院，不包括专科疾病防治院、妇幼保健院和疗养院。

基层医疗卫生机构　包括社区卫生服务中心、社区卫生服务站、街道卫生院、乡镇卫生院、村卫生室、门诊部、诊所(医务室)。

专业公共卫生机构　包括疾病预防控制中心、专科疾病防治机构、妇幼保健机构（含妇幼保健计划生育服务中心)、健康教育机构、急救中心（站）、采供血机构、卫生监督机构、取得《医疗机构执业许可证》或《计划生育技术服务许可证》的计划生育技术服务机构。

其他医疗卫生机构　包括疗养院、临床检验中心、医学科研机构、医学在职教育机构、医学考试中心、农村改水中心、人才交流中心、统计信息中心等卫生事业单位。

卫生人员　指在医院、基层医疗卫生机构、专业公共卫生机构及其他医疗卫生机构工作的职工，包括卫生技术人员、乡村医生和卫生员、其他技术人员、管理人员和工勤人员。一律按支付年底工资的在岗职工统计，包括各类聘任人员(含合同工)及返聘本单位半年以上人员，不包括临时工、离退休人员、退职人员、离开本单位仍保留劳动关系人员、本单位返聘和临聘不足半年人员。

卫生技术人员　包括执业医师、执业助理医师、注册护士、药师（士）、检验技师（士）、影像技师、卫生监督员和见习医（药、护、技）师（士）等卫生专业人员。不包括从事管理工作的卫生技术人员(如院长、副院长、党委书记等)。

执业医师　指《医师执业证》“级别”为“执业医师”且实际从事医疗、预防保健工作的人员，不包括实际从事管理工作的执业医师。执业医师类别分为临床、中医、口腔和公共卫生四类。

执业(助理)医师　指《医师执业证》“级别”为“执业助理医师”且实际从事医疗、预防保健工作的人员，不包括实际从事管理工作的执业助理医师。执业助理医师类别分为临床、中医、口腔和公共卫生四类。

每千人口执业(助理)医师　每千人口执业(助理)医师=(执业医师数+执业助理医师数)/人口数×1000。人口数系年末常住人口。

每千人口卫生技术人员　每千人口卫生技术人员=卫生技术人员数/人口数×1000。人口数系年末常住人口。

每千人口医疗卫生机构床位　每千人口医疗卫生机构床位=医疗卫生机构床位数/人口数×1000。人口数系年末常住人口。

甲乙类法定报告传染病发病率　是指某年某地区每10万人口中甲、乙类法定报告传染病发病数。即甲乙类法定报告传染病发病率=甲、乙类法定报告传染病发病数/人口数×100000。

甲乙类法定报告传染病死亡率　是指某年某地区每10万人口中甲、乙类法定报告传染病死亡数。即甲乙类法定报告传染病死亡率=甲、乙类法定报告传染病死亡数/人口数×100000。

甲乙类法定报告传染病病死率　是指某年某地区甲、乙类法定报告传染病死亡数与发病数之比。即甲乙类法定报告传染病病死率=甲、乙类法定报告传染病死亡数/发病数×100%。

粗死亡率　指年内一定地区的死亡人数与同期平均人数之比，一般以‰表示。

病死率　表示一定时期内(通常为一年)，患某种疾病的死亡人数与患某种疾病发病人数之比，一般以%表示。

孕产妇死亡率　指年内每10万名孕产妇的死亡人数。孕产妇死亡指从妊娠期至产后42天内，由于任何妊娠或妊娠处理有关的原因导致的死亡，但不包括意外原因死亡者。按国际通用计算方法，“孕产妇总数”以“活产数”代替计算。

活产数　指年内妊娠满28周及以上（如孕周不清楚，可参考出生体重达1000克及以上)，娩出后有心跳、呼吸、脐带搏动、随意肌收缩四项生命体征之一的新生儿数。

5岁以下儿童死亡率　指年内未满5岁儿童死亡人数与活产数之比，一般以‰表示。

新生儿死亡率　指年内新生儿死亡数与活产数之比。一般以‰表示。新生儿死亡指出生至28天以内(即0-27天)死亡人数。

参加新农合人数　指根据本地新农合实施方案到年内新农合筹资截止时已缴纳新农合资金的人口数。

新农合当年基金支出　指本年度实际从新农合基金帐户中支出用于新农合补偿的资金。

新农合补偿受益人次　指年内新农合参合人员因病就医获得补偿的人次数，包括住院、家庭帐户形式、门诊、特殊病种大额门诊、住院正常分娩、体检和其他补偿人次之和。

新农合本年度筹资总额　指为本年度筹集的、实际进入新农合专用帐户的基金数额。包括本年度中央及地方财政配套资金、农民个人缴纳资金（含民政部门及其他相关部门代缴的救助资金）、新农合基金本年度产生的全部利息收入及其他渠道实际筹集到的新农合基金额。筹资数额以进入新农合专用帐户的基金数额为准，不含上年结转资金。

卫生总费用　指一个国家或地区在一定时期内，为开展卫生服务活动从全社会筹集的卫生资源的货币总额，按来源法核算。它反映一定经济条件下，政府、社会和居民个人对卫生保健的重视程度和费用负担水平，以及卫生筹资模式的主要特征和卫生筹资的公平性合理性。

政府卫生支出　指各级政府用于医疗卫生服务、医疗保障补助、卫生和医疗保险行政管理、人口与计划生育事务支出等各项事业的经费。

社会卫生支出　指政府支出外的社会各界对卫生事业的资金投入。包括社会医疗保障支出、商业健康保险费、社会办医支出、社会捐赠援助、行政事业性收费收入等。

个人现金卫生支出　指城乡居民在接受各类医疗卫生服务时的现金支付，包括享受各种医疗保险制度的居民就医时自付的费用。可分为城镇居民、农村居民个人现金卫生支出，反映城乡居民医疗卫生费用的负担程度。

卫生总费用占GDP比重　指某年卫生总费用与同期国内生产总值（GDP）之比。是用来反映一定时期国家对卫生事业的资金投入力度，以及政府和全社会对卫生事业、居民健康的重视程度。

军供站　即军队供应管理单位，指地方政府委托民政部门管理的、独立核算的、为战时或平时军队来往服务的军用饮食供应站、军用供水站、军人转运接待站等单位的总称。

社会工作师　指通过全国社会工作师职业水平考试并取得社会工作师职业水平证书的人员。

每千人口社会服务床位数　指老年及残疾人床位数、智障和精神疾病床位数、儿童床位数、救助及其他社会服务床位数的总和除以当年期末人口数乘以1000。计算公式为：

$$每千人口社会服务床位数=\frac{社会服务床位数}{年末人口数}\times 1000$$

其中，老年及残疾人床位数包括城市养老服务机构、农村养老服务机构、社会福利院、光荣院、荣誉军人康复医院、复员军人疗养院中的相关床位数；智障和精神疾病床位数包括复退军人精神病院和社会福利医院中的相关床位数；儿童床位数包括儿童福利院和流浪儿童救助保护中心中的相关床位数；救助及其他社会服务床位数包括社区养老服务中心、社区养老服务站、生活无着人员救助管理站、其他收养机构、军休所、军供站的相关床位数。

社会福利企业　指以集中安置有一定劳动能力的残疾人就业为目的（残疾职工占生产人员10%以上）、带有社会福利性质的企业总称。社会福利企业分类为：社会福利工厂、假肢厂、其他福利企业。性质分为：国有、集体和其他性质。

孤儿数　指失去父母或查找不到生父母的未满 18 周岁的未成年人的人数。由地方县级以上民政部门依据有关规定和条件认定。

家庭儿童收养登记总数　指中国公民收养查找不到生父母的弃婴、儿童和福利机构抚养的孤儿以及外国人收养中国儿童并在中国县级及以上民政部门办理儿童收养登记后取得合法收养关系的总件数。县级及以上民政部门办理儿童收养登记一次为一件。

中国公民收养登记　指收养人是中国公民（包括港澳台居民及华侨）的儿童收养登记。

外国公民收养登记　指收养人是具有外国国籍（包括无国籍人）的人员。夫妻共同收养有一方是外国人的，按外国人办理收养登记。

城市居民最低生活保障人数　指在报告期末家庭平均收入在当地规定的最低生活保障线以下的城镇居民数。包括“三无”对象，失业人员和在职、下岗、退休人员等。

农村居民最低生活保障人数　指报告期末在建立农村最低生活保障制度的地区，得到当地政府或集体给予最低生活保障的农业人口家庭人数。

五保户　指无法定抚养义务人，或者虽有法定抚养义务人，但是抚养人无抚养能力的；无劳动能力的；无生活来源的老年人、残疾人和未成年人。

传统救济人数　指国家规定由民政部门救济的特殊人员和 60 年代精简退职老职工救济人员。特殊人员包括麻风病人、原国民党起义、投诚人员、归侨、台胞台属、宽大释放人员、摘掉右派帽子人员、因公负伤的下乡知青、因计划生育手术事故造成死亡和丧失劳动能力人员等传统民政救济对象。

社区服务机构数　指报告期末设立的社区服务指导中心、社区服务中心、社区服务站、其他社区服务机构的总和数。具有面向老人及其家庭的商品递送、医疗保健、家庭保洁、日间照料、陪伴服务等为社区居家养老服务的设施和突出综合服务的职能。包括党员活动室、就业保障网络、社区卫生服务站、文化活动室、图书室、“爱心超市”、社区捐助接收站点、警务站（室）、老年活动室、未成年人文化活动场所等具有综合服务功能的机构。

城镇残疾人新增安排就业　指本年度通过集中就业、按比例就业、个体就业、公益性岗位就业、辅助性就业及其他形式新安排就业的城镇（非农业户口）残疾人。

集中就业　指城镇残疾人集中在福利企业、工疗机构、盲人按摩机构等单位就业。

按比例就业　指城镇残疾人分散在机关、团体、企事业单位及各种经济组织等单位就业。

个体及其他形式就业　指除集中就业和按比例就业外，城镇残疾人通过公益性岗位就业、个体就业、辅助性就业及其他形式实现就业。其中，公益性岗位就业指城镇残疾人在城镇公共管理和涉及居民利益的非营利性的服务岗位上就业，辅助性就业指通过对城镇智力、精神和重度肢体等残疾人辅助性服务，帮助其从事简单的劳动实现就业。

Explanatory Notes on Main Statistical Indicators

Medical and Health Care Institutions refer to the units which have been qualified the Certification of Health Care Institution, certification of family planning technical service by the administration of public health, or qualified the Certification of Corporate Unit by the civil affairs, administration for industry and commerce, commission office for public sector reform, and engaging in medical care, disease prevention and control, health supervision and inspection, medicine research and on-job training, etc., including: hospitals, health care institutions at grass-root level, specialized public health institutions, and other medical and health care institutions.

Hospitals include general hospitals, hospitals specialized in traditional Chinese medicine, hospitals of integrated traditional Chinese and western medicine, ethnic hospitals, specialized hospitals and nursing hospitals, excluding specialized disease prevention and treatment institutes, maternal and child health care hospitals and convalescent hospitals.

Health Care Institutions at Grass-root Level include community health service centers, community health service stations, urban health centers, township health centers, village clinics, outpatient departments and clinics (health centers).

Specialized Public Health Institutions include centers for disease control and prevention, specialized disease prevention and treatment institutions, women and children care agencies(including women and children health care family planning service center), health education institutions, first aid centers, blood gathering and supplying institutions, health supervision and inspection agencies, and family planning technical service centers that obtained the Certification of Health Care Institution or certification of family planning technical service centers.

Other Medical and Health Care Institutions include sanatoriums, clinical laboratory centers, medicinal scientific research institutions, on-job training institutions, medical examination centers, rural water improvement centers, talent exchange centers, and statistical information centers, etc.

Health Care Employees refer to all employees engaged in the health care institutions, such as hospitals, health care institutions at grass-root level, specialized public health institutions, and other medical and health care institutions, including medical technical personnel, village doctors and assistants, other technical personnel, managerial and service staff. The data is based on the year end payroll, including personnel hired (including contract labor) and re-employed after retirement by the institution for over half a year and excluding temporary workers, retired personnel, resigned personnel, personnel who have left the institution but kept the contract relation and personnel who are re-employed after retirement or temporarily employed for less than half a year.

Medical Technical Personnel refer to the professional staff engaged in health care, including licensed doctors, licensed assistant doctors, registered nurses, pharmacists, laboratory technicians, imaging staff, health care supervisors and intern doctors, pharmacists, nurses, and technical personnel, excluding the medical technical personnel engaged in managerial job (e.g. president, vice president and secretary of the party committee etc).

Licensed Doctors refer to the medical workers who have obtained the licenses of qualified doctors and are employed in medical treatment, disease prevention or healthcare institutions, excluding the licensed doctors engaged in management job. The licensed doctors are divided into 4 categories: clinician, Chinese medicine physicians, dentist and public health physicians.

Licensed Assistant Doctors refer to the medical workers who have obtained the licenses of qualified assistant doctors and are employed in medical treatment, disease prevention or healthcare institutions, excluding the licensed assistant doctors engaged in management job. The classification of licensed assistant doctors is clinician, Chinese medicine, dentist and public health.

Number of Licensed (Assistant) Doctors per 10000 Population The formula is:

Number of Licensed Doctors per 10000 Population = (Number of Licensed Doctors + Number of Licensed Assistant Doctors) / Population *10000

The population is the figure of usual population at year-end.

Number of Medical Technical Personnel per 10000 Population The formula is:

Number of Medical Technical Personnel per 10000 Population = Number of Medical Technical Personnel / Population *10000

The population is the figure of usual population at year-end.

Number of Beds of Medical and Health Care Institutions per 10000 Population the formula is:

Number of Beds of Medical and Health Care Institutions per 10000 Population = Number of Beds of Medical and Health Care Institutions / Population *10000

The population is the figure of usual population at year-end.

Incidence Rate of A and B Type of Notifiable Infectious Diseases refer to the incidence cases notifiable class A and class B infectious diseases per 100 thousand population in the reference region in the reference year. The formula is:

Incidence Rate of A and B Type of Notifiable Infectious Diseases = Incidence Cases Notifiable Class A and Class B Infectious Diseases / Population *100000

Death Rate of A and B Type of Notifiable Infectious Diseases refer to the death cases notifiable class A and class B infectious diseases per 100 thousand population in the reference region in the reference year. The formula is:

Death Rate of A and B Type of Notifiable Infectious Diseases= Death Cases Notifiable Class A and Class B Infectious Diseases / Population *100000

Mortality Rate of A and B Type Notifiable Infectious Diseases refer to the ratio of death cases notifiable class A and class B infectious diseases to the incidence cases in the reference region in the reference year. The formula is:

Mortality Rate of A and B Type Notifiable Infectious Diseases = Death Cases Notifiable Class A and Class B Infectious Diseases / Incidence Cases *100%

Crude Mortality Rate refers to the ratio of deaths to the average population in a year of the region, and usually is presented by ‰.

Fatality Rate refers to the ratio of deaths caused by a disease to the population infected by it in a give period (generally one year), and usually is presented by %.

Maternal Mortality Rate refers to number of maternal death per 10,000 maternal. Generally refers to maternal mortality from pregnancy to 42 days after parturition due to pregnancy or any treatment of pregnancy, however, accidental deaths are not included. According to internationally accepted calculation method, the live births are used to represent the total number of maternal.

Number of Live Births refers to the number of newborn having one of four indicators like heartbeat, breathing, umbilical cord pulsation and involuntary muscle contraction after childbirth with gestation of at least 28 weeks or above (if the gestation is not clear, then refer to the birth weight of 1000 grams and above).

Mortality Rate of Children under 5 refers to the ratio of deaths of children under 5 in a year to the number of live births, and usually is presented by ‰.

Newborn Mortality Rate refers to the ratio of neonatal deaths in a year to the number of live births, and usually is presented by ‰. Neonatal deaths refer to the deaths of new-birth under the age of 28 days (0-27 days).

Number of Persons Participated in the New Rural Cooperative Medical System refers to the number of persons who have given payment to the new cooperative medical system by the deadline of fundraising during the year according to the implementation plan of the new system.

Expenditure of Funds for the New Rural Cooperative

Medical System This Year refers to expenditures on compensation funds for the new rural cooperative medical system from the fund account of new cooperative medical system this year.

Persons Benefited from the Compensation of New Rural Cooperative Medical System refers to the number of person-times of those who participate in the new system and have been compensated for medical treatment in the year, including hospitalization, family account form, out-patient, large special diseases out-patient, normal childbirth in hospital, medical examination and other compensations

Funds Raised for the New Rural Cooperative Medical System within the Reference Year refers to the amount of funds raised within the reference year and put into the special new rural cooperative medical account, including the matching funds of central and local governments, paid money by farmers (including relief funds paid by the civil affairs department and other relevant departments), all the interest income generated this year of the funds and funds actually raised from other channels this year. The amount of funding equals to the funds entering into the special new rural cooperative medical account, excluding the carry-over funds from the previous year.

Total Expenditure on Public Health refers to the total monetary value of health resources in a country or a region collected by the whole society for public health based on source approach. It reflects the attention and affordability of the government, society and individual for public health and the major characteristics, justice and rationality of the health fund-raising model under certain economic circumstance.

Government Expenditure on Public Health refers to the expenditure of the governments at all levels on medical and health care services, medical subsidies, health administration and health insurance management, and undertakings of family planning etc.

Social Expenditure on Public Health refers to all inputs of society except the government in public health including the expenditures on social medical security, commercial health insurance, private expenditure on operation of medical and health care, social donation and contribution, and income from administrative fees etc.

Individual Cash Expenditure on Health refers to expenditure in cash on various health services by rural and urban residents, including self payments of residents within the system of multi-medical insurance. It can be categorized as cash expenditure on health by urban and rural residents and reflects their affordability of public health.

Ratio of Total Expenditure on Public Health to GDP refers to the ratio of total expenditure on public health in a year to GDP, which indicates the financial support given by a nation to health work and the attention paid on the public health and the health of residents by the government and society.

Military Supply Stations also called units of management of military supply. They are the general name of units such as military food supply stations, military water supply stations, servicemen transfer reception stations, which are managed by departments of civil affairs entrusted by local governments with independent accounting, and provide services to army during the war or peacetime.

Licensed Social Workers refer to those who passed the National Aptitude Test for Social Workers and obtained the certificates.

Social Service Beds per Thousand Population refer to the total number of social service beds for the elderly, disabled, mentally-retarded, mentally-disabled, children, people in need and others divided by year-end population multiplied by 1000.

The formula is:

$$\begin{matrix}\text{Social service beds per} \\ \text{thousand population}\end{matrix} = \frac{\begin{matrix}\text{number of social service beds} \\ \text{for the reference year}\end{matrix}}{\text{year-end population}} \times 1000$$

The number of beds for the elderly and disabled includes beds in urban institutions for aged persons, rural institutions for aged persons, social welfare homes, homes for disabled veterans, convalescent hospitals for honourable servicemen and sanatoriums for ex-servicemen. The number of beds for the mentally-retarded and mentally disabled includes beds in mental hospitals for ex-servicemen and the related beds in social welfare hospitals. The number of beds for children includes the beds in social welfare institutions for children and centers for rescuing street children. The number of beds for relief and other social service beds includes the beds in community pension service center, community elderly care service center, salvation station, other adoption institutions, convalescent homes for retired military officers and military supply stations.

Social Welfare Enterprises refer to those welfare-oriented enterprises employing a significant number of handicapped people with certain labour ability (handicapped employees shall exceed 10% of the production staff). They can be categorized as welfare factories, artificial limb plants and other welfare enterprises. They can be in the form of state ownership, collective ownership or other kinds of ownership.

Number of Orphans refers to juveniles under age of 18 that have lost parents or can't find parents. Orphans are affirmed by department of civil affairs at county level according to relevant regulations.

Number of Adoption Registration of Family Children refers to abandoned babies that can't find parents, children and orphans raised by welfare institutions adopted by Chinese citizens, or children adopted by foreign nationals, which have registered in department of civil affairs at county level and above, and gained legal adoption right. One registration means one case.

Adoption Registration of Chinese Citizens refers to adoption registration of children by Chinese citizens, which include persons from Hong Kong, Macaò and Taiwan, and overseas Chinese.

Adoption Registration of Foreign Nationals refers to adoption registration of children by foreign nationals, which include stateless persons, or by couples, at least one of whom is of foreign national.

Number of Urban Residents Entitled to Minimum Living Allowances refers to the number of those whose average family income is below a minimum local standard by the end of the reporting period, including both the employed and unemployed, laid off and retired, and those jobless people without stable residence or valid IDs.

Number of Rural Residents Entitled to Minimum Living Allowances refers to the number of those receiving the minimum living allowances from the local government or community in the rural areas where this allowances system is in place as of the end of the reference period.

Households Enjoying Five Guarantees refers to those senior citizens, handicapped or under-aged who, without labour ability, can not make a living by themselves and whose statutory providers are unable to support them or who have no statutory providers at all.

Number of Recipients of Traditional Relief refers to special personnel receiving support from civil affair department according to national regulations and personnel who resigned because of the streamlining in the 1960s. Special personnel include traditional recipients of civil affair support, such as lepers, insurrectionists and surrenders of former KMT, returned overseas Chinese, Taiwan compatriots, personnel pardoned and released early from prisons, personnel removed of the label "rightist", educated youth suffered from work injuries in the "Down to the Countryside Movement" and personnel who have lost their work capacity due to family planning surgeries.

Number of Service Institutions in Communities refers to the total number of community service guidance centers, community service centers, community service stations and other community service institutions at the end of the reporting period. These institutions offer home keeping and elderly care services for the elderly and other families, like commodity delivery, health care, cleaning, adult day care, companion and others. They include comprehensive service institutions, such as party member activity rooms, employment security network, community health care stations, entertainment rooms, libraries, "Benevolence Supermarkets", community donation stations, guard stations, senior activity rooms, cultural activity centers for juveniles and others.

New Job Created for the Urban Disabled refers to the new jobs created for the urban disabled (non-agricultural household registration) through centralized employment, self-employment, employment of welfare posts, supported employment and other forms.

Centralized Employment refers to the employment of the urban handicapped residents, in a centralized manner, by welfare enterprises, work and treatment agencies, blind massagists' centers and other organizations.

Proportionate Employment refers to the employment of the urban handicapped residents by governmental bodies, organizations, corporate and public institutions, and various economic organizations in a decentralized manner.

Self-employment and Other Forms refer to the employment of the urban disabled through employment of welfare posts, self-employment, supported employment and other forms other than centralized employment and proportionate employment. Employment of welfare posts refer to the employment of the disabled for urban public management and non-profit service posts. Supported employment refers to the employment of the mentally-retarded, mentally-disabled and heavily hysically-disabled by offering them assistance and helping them to engage in simple work.

23

文化和体育
Culture and Sports

编辑人员：吴庆婷

Compiled by Wu Qingting

英文翻译：陈敏

Translated by Chen Min

简 要 说 明

一、本篇资料的主要内容

本篇主要反映文化、新闻出版、广播电影电视和体育事业的发展情况。

文化部分主要包括文化艺术和文物机构人员情况，群众艺术馆、文化馆站、公共图书馆业务活动及经费情况，报纸、期刊、图书出版情况，广播、电视事业发展情况，广播、电视节目制作时间；体育部分主要内容包括体育系统职工人数。

二、本篇的资料来源

根据各部门制定的统计报表制度汇总加工整理而成。广播、电视资料、文化艺术业、图书馆业、群众文化服务业和体育的资料主要来自省文体厅。

Brief Introduction

I. Main Contents

Data in this chapter mainly reflect the development of culture, news and publication, radio broadcasting, films and television, sports.

Data on culture cover mainly the situations on institutions, personnel and business activities of cultural undertakings including mass art centers, cultural centers and stations, public libraries, news and publication, broadcasting and television. Data on sports cover mainly the number of staff and workers in sports departments.

II. Sources of Data

Data are collected and tabulated in accordance with the statistical reporting schemes stipulated by the departments concerned. Data on the radio and television, arts, libraries and mass culture, sport are provided by the Culture, Broadcasting, Television and Sport Department of Hainan Province.

23-1 文化和体育主要指标

Major Indicators on Culture and Sport

指　标	Item	2014	2015	2016	2017	2018
电影放映单位(个)	Number of Film Projection Units (unit)	50	58	61	74	108
艺术表演团体(个)	Number of Art Performance Troupes (unit)	71	66	74	77	82
文化馆(站)(个)	Number of Cultural Centers(Station)(unit)	233	228	243	243	242
公共图书馆(个)	Number of Public Libraries(unit)	21	20	23	23	24
公共图书馆藏量(万册、件)	Holdings of Public Libraries (10000 volumes)	1033.61	423.62	458.41	489.85	515.29
博物馆(含美术馆)(个)	Number of Museums (including Arts Museum) (unit)	18	18	18	19	19
博物馆藏品数(含美术馆)(万件)	Holdings of Museums (including Arts Museum)(10000 pieces)	4.37	4.34	7.39	7.77	16.25
档案馆(个)	Number of Archives (unit)	38	39	38	38	37
利用档案(万卷次)	Archives Utilized (10000 volume-times)	20.31	23.09	4.36	4.79	28.41
图书出版量(万册)	Number of Books Published (10000 copies)	6143.00	6469.23	5716.5753	6070.81	4783.51
期刊出版量(万册)	Number of Magazines Published (10000 copies)	797.48	753.79	717.79	749.79	580.07
报纸出版量(亿份)	Number of Newspapers Published (100 million copies)	2.46	2.35	2.16	2.10	1.86
广播电台(座)	Number of Radio Stations (unit)	19	19	20	20	20
电视台(座)	Number of TV Stations (unit)	19	19	20	20	20
广播综合人口覆盖率(%)	Radio Coverage Rate of the Population (%)	96.49	96.51	96.82	99.05	99.06
电视综合人口覆盖率(%)	TV Coverage Rate of the Population (%)	95.47	95.48	95.78	99.07	99.08
举办全民健身活动次数(次)	Number of National Body-building Activities Held (times)					

23-2　各市县文化文物机构情况
Number of Institutions in Cultural Industry by Region

单位：个

年 份 地 区	Year Region	艺术表演团体 Art Performance Troupes	艺术表演场馆 Art Performance Places	博物馆 Museums	公共图书馆 Public Libraries	文化馆(站) Cultural Centers (Station)	省级、地市级文化馆 Art Centers at Provincial & Prefecture Level	县市级文化馆 Cultural Centers at County & City Level	乡镇(街道)文化站 Township (sub-district) Cultural Stations
2006		21	14	15	20	230	5	16	209
2007		70	14	16	20	232	5	16	211
2008		74	14	16	20	230	5	16	209
2009		60	14	16	20	232	5	16	211
2010		67	14	16	20	232	5	16	211
2011		86	14	18	20	234	3	18	213
2012		61	13	20	20	233	3	18	212
2013		67	7	18	21	233	3	18	212
2014		71	7	18	20	233	3	18	212
2015		82	8	19	23	228	3	18	207
2016		74	16	18	23	243	3	20	220
2017		77	17	19	23	243	4	19	219
2018		82	15	19	24	242	4	19	219
省本级	Provincial	3	2	3	1	1	1		
海口市	Haikou	41	3	1	5	48	1	4	43
三亚市	Sanya		6	1	1	2	1		1
五指山市	Wuzhishan				1	8		1	7
文昌市	Wenchang	2		1	1	18		1	17
琼海市	Qionghai	4	1	1	1	13		1	12
万宁市	Wanning	2		1	1	13		1	12
定安县	Ding'an	1		2	1	11		1	10
屯昌县	Tunchang	4		1	1	9		1	8
澄迈县	Chengmai	1	1	1	1	12		1	11
临高县	Lingao	14		1	1	12		1	11
儋州市	Danzhou	1		1	1	18	1		17
东方市	Dongfang	1		1	1	11		1	10
乐东县	Ledong	1	1		1	12		1	11
琼中县	Qiongzhong	1			1	11		1	10
保亭县	Baoting	2	1	1	1	10		1	9
陵水县	Lingshui	2		1	1	12		1	11
白沙县	Baisha	1		1	1	12		1	11
昌江县	Changjiang	1		1	1	9		1	8

注：2007年起艺术表演团体、艺术表演场馆、博物馆含非文化部门单位。2007年以前为文化系统内数据。

Note:Number of institutions and number of employed persons include those of non-cultural department enterprise since 2008,while were only those of cultural department before 2007.

23-3 各市县公共图书馆基本情况(2018)

Statistic on Public Libraries by Region (2018)

地区	Region	公共图书馆个数(个) Number of Public Library (unit)	总藏量(万册件) Total Collections (10 000 volumes)	人均拥有公共图书馆藏量(册) Collections of Public Libraries Owned Per Capita (volume)	累计发放有效借书证数(个) Accumulative Number of Library Cards Distributed (units)	总流通人次(万人次) Number of Circulation (10000 person-times)	#书刊文献外借人次 Borrowing from Libraries	书刊文献外借册次(万册次) Number of Books and Magazines Lent to Readers (10000 volume-times)	阅览室座席数(个) Number of Seats in Reading Room (unit)	每万人拥有公共图书馆建筑面积(平方米) Floor Space of Buildings of Public Libraries Owned per 10 000 Population (sq.m)
全省总计	**Total**	**24**	**493.90**	**0.53**	**289860**	**578.26**	**81.91**	**223.16**	**6706**	**94.56**
省本级	Provincial	1	170.20		192652	366.56	30.88	120.51	1670	
海口市	Haikou	5	57.87	0.25	12764	54.99	7.24	17.59	1214	50.78
三亚市	Sanya	1	61.70	0.80	37211	57.97	8.44	28.24	366	134.38
五指山市	Wuzhishan	1	8.38	0.78	520	1.69	1.49	2.09	50	37.34
文昌市	Wenchang	1	16.73	0.29	5149	5.26	3.57	3.86	250	47.46
琼海市	Qionghai	1	15.62	0.30	2100	5.20	2.80	4.50	70	58.17
万宁市	Wanning	1	10.68	0.18	190	0.88	0.19	0.38	110	34.74
定安县	Ding'an	1	8.50	0.29	1885	4.10	1.17	1.75	170	53.42
屯昌县	Tunchang	1	11.42	0.43	1254	5.24	0.19	0.58	128	74.49
澄迈县	Chengmai	1	26.35	0.53		6.31	1.32	6.30	280	97.29
临高县	Lingao	1	7.70	0.08	141	0.38	0.09	0.14	117	44.47
儋州市	Danzhou	1	15.70	0.35	8625	30.00	5.61	8.26	600	57.65
东方市	Dongfang	1	8.23	0.19	20	7.50	4.10	4.65	200	34.91
乐东县	Ledong	1	11.25	0.23	1700	0.70	0.45	0.45	80	31.07
琼中县	Qiongzhong	1	7.24	0.40	1038	8.57	3.68	4.64	242	61.04
保亭县	Baoting	1	23.41	1.53	18915	2.28	1.09	3.02	323	316.10
陵水县	Lingshui	1	11.25	0.34	1380	6.89	4.64	6.23	320	59.90
白沙县	Baisha	1	9.83	0.57	1500	5.61	3.22	4.73	164	87.08
昌江县	Changjiang	1	11.05	0.47	2816	8.14	1.75	5.24	280	89.94

23-3 续(continued)

地　区	Region	组织各类讲座次数（次）Number of Lectures (time)	参加讲座人次（万人次）Attending Lectures (person-times)	举办展览（个）Exhibitions Held (unit)	参观展览人次（万人次）Visiting Exhibitions (person-times)	举办培训班（个）Training Courses Held (unit)	参加培训人次（万人次）Attending Training (person-times)	计算机（台）Computers (set)	#电子阅览室终端数 Terminals of Electronic Reading Rooms
全省总计	**Total**	**291**	**5.46**	**111**	**35.85**	**1,902**	**4.08**	**1,591**	**1,061**
省本级	Provincial	84	2.25	25	20.01	1,780	3.58	232	106
海口市	Haikou	14	0.08	8	0.17	34	0.06	180	96
三亚市	Sanya	88	1.20	6	1.30	37	0.11	257	128
五指山市	Wuzhishan	2	0.03	3	0.06	1	0.01	20	20
文昌市	Wenchang							43	35
琼海市	Qionghai	20	0.10	2	0.20			60	55
万宁市	Wanning							54	44
定安县	Ding'an	3	0.02	4	0.60	4	0.03	45	35
屯昌县	Tunchang			10	0.78			51	38
澄迈县	Chengmai	1	0.01	7	0.80	1	0.01	98	72
临高县	Lingao	7	0.26	5	0.07	7	0.03	60	51
儋州市	Danzhou	22	1.10	11	5.51	3	0.05	81	65
东方市	Dongfang	2	0.03	6	0.35	3	0.01	47	37
乐东县	Ledong	30	0.16	7	0.18	16	0.13	30	25
琼中县	Qiongzhong	4	0.02	6	1.37	6	0.04	66	44
保亭县	Baoting	4	0.12	1	0.15	3	0.03	60	45
陵水县	Lingshui	7	0.06					75	70
白沙县	Baisha					6	0.01	70	60
昌江县	Changjiang	3	0.02	10	4.30	1	0.01	60	35

23-4 各市县博物馆基本情况
Statistics on Museums by Region

地 区	Region	机构数（个） Number of Institutions (unit)	从业人员（人） Number of Employed Persons (person)	文物藏品（件/套） Number of Collections (piece/set)	本年从有关部门接收文物数（件/套） Accepted Cultural Relics from Department This Year (piece/set)	本年修复文物数（件/套） Cultural Relics Repaired This Year (piece/set)	考古发掘项 目（个） Excavation Projects (unit)	基本陈列（个） Displays (unit)	举办展览（个） Exhibition (unit)	参观人次（万人次） Spectators (10000 person-times)
2006		15	105	35340					7	7.80
2007		16	116	28997	607	3	8	14		839.30
2008		16	153	30287	705	150	2	22		245.80
2009		15	161	46625	7257	85	3	21	58	85.40
2010		16	169	57299	226	52	1	153	60	98.50
2011		18	238	65242	63	30		64	56	195.00
2012		20	255	68586	1214	48		121	86	255.81
2013		18	235	69176	15	300		28	59	286.36
2014		18	270	43715		342		41	73	156.91
2015		18	275	43375		60		37	55	136.89
2016		18	285	73945	162			41	71	
2017		19	311	77738	0	0		35	56	146.05
2018		19	526	162529	12	34	2	45	100	234.46
省本级	Provincial	3	388	135963		34		14	39	147.09
海口市	Haikou	1	27	2751				2	13	32.46
三亚市	Sanya	1	11	1266				9	2	2.86
五指山市	Wuzhishan									
文昌市	Wenchang	1	6	1907				1	1	0.65
琼海市	Qionghai	1	16	422				6		8.57
万宁市	Wanning	1	3	266			2	1	1	0.80
定安县	Ding'an	2	18	8721	12			4	5	18.57
屯昌县	Tunchang	1		42				1		0.50
澄迈县	Chengmai	1	10	2479				1	1	1.00
临高县	Lingao	1	5	98					4	2.00
儋州市	Danzhou	1	5	631				1	1	1.40
东方市	Dongfang	1	2	214				1		1.55
乐东县	Ledong									
琼中县	Qiongzhong									
保亭县	Baoting	1	12	5032				1	6	7.10
陵水县	Lingshui	1	15	922				2	5	8.60
白沙县	Baisha	1	5	1043				1	22	0.99
昌江县	Changjiang	1	3	772						0.32

23-5 各市县艺术表演团体、艺术表演场馆演出情况(2018) Statistics on Performance of Art Performance Troupes and Art Performance Places by Region (2018)

地区	Region	艺术表演团体 Art Performance Troupes 机构数(个) Number of Institutions (unit)	演出场次(场次) Number of Performances (shows)	#国内演出 Domestic Performances	#农村 Rural Performances	国内演出观众人次(万人次) Number of Domestic Audience (10 000 person-times)	#农村 Rural Audience
全省总计	**Total**	**82**	**9360**	**9320**	**6950**	**715.56**	**581.13**
省本级	Provincial	3	440	430	350	73.50	64.58
海口市	Haikou	41	2880	2880	2520	369.58	306.86
三亚市	Sanya						
五指山市	Wuzhishan						
文昌市	Wenchang	2	320	320	290	15.10	15.08
琼海市	Qionghai	4	180	180	180	22.30	22.30
万宁市	Wanning	2	180	180		1.40	
定安县	Ding'an	1	150	150	130	17.00	14.50
屯昌县	Tunchang	4	280	280	270	34.00	33.40
澄迈县	Chengmai	1	180	180	130	9.50	7.80
临高县	Lingao	14	2670	2670	2510	79.83	73.71
儋州市	Danzhou	1	100	100	80	10.00	8.00
东方市	Dongfang	1	70	70	30	7.50	5.00
乐东县	Ledong	1	120	120	100	10.80	1.50
琼中县	Qiongzhong	1	80	70	60	22.20	3.20
保亭县	Baoting	2	1430	1430	90	8.01	5.00
陵水县	Lingshui	2	90	90	60	8.00	4.40
白沙县	Baisha	1	80	80	70	15.95	8.00
昌江县	Changjiang	1	110	90	80	10.90	7.80

23-5 续(continued)

地 区	Region	艺术表演场馆 Art Performance Places 机构数(个) Number of Institutions (unit)	演(映)出场次(场次) Number of Performances (shows)	#艺术演出 Art Performances	观众人次(万人次) Number of Audience (10 000 person-times)	#艺术演出 Art Performances
全省总计	**Total**	**15**	**8250**	**2070**	**659.61**	**148.74**
省本级	Provincial	2	240	230	16.22	14.23
海口市	Haikou	3	390	50	0.13	0.07
三亚市	Sanya	6	7320	1690	620.03	112.13
五指山市	Wuzhishan					
文昌市	Wenchang					
琼海市	Qionghai	1	140	80	21.00	21.00
万宁市	Wanning					
定安县	Ding'an					
屯昌县	Tunchang					
澄迈县	Chengmai	1	30	10	1.59	0.90
临高县	Lingao					
儋州市	Danzhou					
东方市	Dongfang					
乐东县	Ledong	1	120		0.15	
琼中县	Qiongzhong					
保亭县	Baoting	1	10	10	0.49	0.41
陵水县	Lingshui					
白沙县	Baisha					
昌江县	Changjiang					

23-6 图书、期刊和报纸出版情况
Number of Books, Magazines and Newspapers Published

项　目	Item	2014	2015	2016	2017	2018
图　书	**Books Published**					
种 数(种)	Number of Publication (kind)	3747	3289	3797	4098	4279
#新出版	New Publication	1698	1130	1483	1685	1843
总印数(万册、万张)	Printed Copies (10 000 copies)	6143.00	6469.23	5716.58	6070.81	4783.51
总印张数(千印张)	Printed Sheets (1000 sheets)	471481	469420	424989	430645	337157
期　刊	**Magazines Published**					
种 数(种)	Number of Publication (kind)	44	44	44	44	45
平均期印数(万册)	Average Printed Copies per Issue (10 000 copies)	47.3	45.42	40.1	39.28	38.04
总印数(万册)	Total Printed Copies (10 000 copies)	797	753.79	717.79	749.79	580.07
总印张数(千印张)	Printed Sheets (1000 sheets)	57413	55304	50292	53908	36795
报　纸	**Newspapers Published**					
种 数(种)	Number of Publication (kind)	17	17	17	17	17
平均期印数(万册)	Average Printed Copies per Issue (10 000 copies)	89.5	89.05	75.86	73.00	67.88
总印数(万册)	Total Printed Copies (10 000 copies)	24630	23541	21563	20914	18566
总印张数(千印张)	Printed Sheets (1000 sheets)	799822	751519	694413	667259	397297

23-7 广播电视事业发展情况
Basic Statistics on Radio and Television Industry

指 标	Item	2014	2015	2016	2017	2018
广播	**Radio**					
广播节目综合人口覆盖率 (%)	Radio Coverage Rate of the Population (%)	96.49	96.51	96.82	99.05	99.06
#农村	Rural	95.47	95.39	95.86	98.51	98.52
广播节目套数 (套)	Number of Radio Programs (set)	24	24	25	25	25
#公共广播	Public Radio	24	24	25	25	25
付费广播	Pay Radio					
公共广播节目播出时间(万小时)	Length of Public Radio Programs Broadcasted(10 000 hours)	11.8	12.2	13.2	14.1	14.2
广播节目制作时间 (万小时)	Length of Radio Programs Produced (10 000 hours)	6.0	5.7	5.7	7.6	7.4
电视	**Television**					
电视节目综合人口覆盖率 (%)	TV Coverage Rate of the Population (%)	95.47	95.48	95.78	99.07	99.08
#农村	Rural		93.93	94.55	98.55	98.56
有线广播电视用户数 (万户)	Users of Cable Radio and TV(10 000 households)	117.80	213.56	234.04	131.71	226.66
#农村	Rural	35.90	40.40	60.45	42.08	70.29
#数字电视	Users of Digital TV	91.47	146.81	174.52	124.38	151.97
有线广播电视用户数占家庭总户数比重 (%)	Popularization Rate of Cable Radio and TV (%)		43.45	43.75	50.14	85.66
#农村有线广播电视用户数占农村家庭总户数比重	Rural Popularization Rate of Cable Radio and TV		29.26	22.92	28.17	46.86
电视节目套数 (套)	Number of TV Programs (set)	15	16	16	16	16
#公共电视	Public TV	15	16	16	16	16
付费电视	Pay TV					
公共电视节目播出时间(万小时)	Length of Public TV Programs Broadcasted (10 000 hours)	8.34	8.90	9.47	9.99	10.13
电视剧播出数 (部)	Number of TV Plays Broadcasted (sets)	875	733	679	916	845
#进口电视剧播出数	Imported TV Plays		36	25		
电视剧播出数 (集)	Number of TV Plays Broadcasted (parts)	26935	29329	28580	34035	32783
#进口电视剧播出数	Imported TV Plays		1095	650		
动画电视播出数 (小时)	Number of Cartoons Broadcasted (hours)	1377	4350	3514	5290	4889
#进口动画电视播出数	Imported Cartoons					
电视节目制作时间 (万小时)	Length of TV Programs Produced (10 000 hours)	1.20	3.14	2.67	2.17	2.10
电影	**Movies**					
电影院线 (条)	Movie Circuit (line)	11	13	14	16	20
电影院线内影院 (家)	Cinemas in Movie Circuit (unit)	27	40	61	74	88
电影院线内银幕 (块)	Screen in Movie Circuit (unit)	118	160	334	451	547
电影综合收入 (亿元)	Revenue of Movies (100 million yuan)	2.19	3.55	3.83	4.91	5.54
广播电视技术及其他	**TV Technology and Others**					
广播电视总收入 (亿元)	Revenue of Radio and TV (100 million yuan)	16.20	16.44	16.50	23.90	17.63
广播电视从业人员数 (人)	Employed Persons of Radio and TV (persons)	4931	5337	5049	7707	6144
中、短波转播发射台 (座)	Transmission and Relaying Stations of Medium and Short Wave Broadcast (unit)	3	5	3	3	3
调频转播发射台 (座)	Relaying Stations of Frequency Modulation Broadcasting (units)	22	22	22	22	22
电视转播发射台 (座)	TV Transmission and Relaying Stations (units)	22	22	22	22	22
微波实有站 (座)	Microwave Stations (unit)	77	12	11	11	11

23-8 各市县广播电视节目综合人口覆盖情况(2018)

Radio and TV Coverage Rate of the Population by Region (2018)

单位：%

地 区	Region	广播节目综合人口覆盖率 Radio Coverage Rate of the Population	#中央广播节目 Central Radio Station	#农村广播节目 Rural Areas	电视节目综合人口覆盖率 TV Coverage Rate of the Population	#中央电视节目 CCTV	#农村电视节目 Rural Areas
全省总计	**Total**	**99.06**	**99.06**	**98.52**	**99.08**	**99.08**	**98.56**
海口市	Haikou	99.16	99.16	98.27	99.11	99.11	98.26
三亚市	Sanya	99.00	99.00	98.19	99.07	99.07	98.29
五指山市	Wuzhishan	98.78	98.78	98.64	98.97	98.97	98.34
文昌市	Wenchang	99.01	99.01	98.55	99.08	99.08	98.64
琼海市	Qionghai	99.05	99.05	98.61	99.11	99.11	98.70
万宁市	Wanning	99.04	99.04	98.68	99.08	99.08	98.64
定安县	Ding'an	100.00	100.00	100.00	100.00	100.00	100.00
屯昌县	Tunchang	99.16	99.16	98.82	99.22	99.22	98.91
澄迈县	Chengmai	100.00	100.00	100.00	100.00	100.00	100.00
临高县	Lingao	98.70	98.70	98.03	98.42	98.42	97.60
儋州市	Danzhou	99.02	99.02	98.51	99.02	99.02	98.51
东方市	Dongfang	99.09	99.09	98.42	99.00	99.00	98.27
乐东县	Ledong	98.31	98.31	97.72	98.66	98.66	98.19
琼中县	Qiongzhong	98.89	98.89	98.45	99.08	99.08	98.71
保亭县	Baoting	99.05	99.05	98.97	98.99	98.99	98.90
陵水县	Lingshui	98.66	98.66	98.14	98.90	98.90	98.46
白沙县	Baisha	98.57	98.57	98.13	98.62	98.62	98.20
昌江县	Changjiang	98.75	98.75	97.92	98.78	98.78	97.99

23-9 分地区规模以上文化及相关产业法人单位数(2017年)
Number of Legal persons of culture and Relevant Industry by Region at Year-end(2017)

单位：个

地 区	Region	法人单位数 Legal Persons	文化制造业 Cultural Manufacturing	文化批发和零售业 Wholesale and Retail of culture	文化服务业 Services of Culture
全省总计	**Total**	**141**	**7**	**19**	**115**
海 口 市	Haikou	60	5	4	51
三 亚 市	Sanya	38	1	2	35
五指山市	Wuzhishan	1			1
文 昌 市	Wenchang	3		1	2
琼 海 市	Qionghai	3		1	2
万 宁 市	Wanning	3		1	2
定 安 县	Ding'an	3		2	1
屯 昌 县	Tunchang	1		1	
澄 迈 县	Chengmai	9			9
临 高 县	Lingao	1		1	
儋 州 市	Danzhou	8	1	1	6
东 方 市	Dongfang	1		1	
乐 东 县	Ledong	1		1	
琼 中 县	Qiongzhong	1		1	
保 亭 县	Baoting	2			2
陵 水 县	Lingshui	4			4
白 沙 县	Baisha	1		1	
昌 江 县	Changjiang	1		1	

23-10 分地区规模以上文化制造业企业基本情况(2017年)
Basic conditions of Cultural Manufacturing Enterprises above Designated Size by Region(2017)

单位：万元 (10 000 yuan)

地 区	Region	企业单位数(个) Number of Enterprises (unit)	年末从业人员(人) Engaged Persons at Year-end (Person)	资产总计 Total Assets	营业收入 Business Revenue	营业税金及附加 Taxes and Extra Charges on Business	营业利润 Operating Profit	应交增值税 Value-added Tax Payable
全省总计	**Total**	**7**	**3339**	**3217821.3**	**1054779.6**	**12150.0**	**151224.0**	**55561.0**
海 口 市	Haikou	5	719	126583.1	52478.2	744.0	11367.0	3930.0
三 亚 市	Sanya	1	156	15069.1	6936.7	12.0	30.0	66.0
五指山市	Wuzhishan							
文 昌 市	Wenchang							
琼 海 市	Qionghai							
万 宁 市	Wanning							
定 安 县	Ding'an							
屯 昌 县	Tunchang							
澄 迈 县	Chengmai							
临 高 县	Lingao							
儋 州 市(洋浦)	Danzhou	1	2424	3076169.1	995364.7	11394.0	139827.0	51565.0
东 方 市	Dongfang							
乐 东 县	Ledong							
琼 中 县	Qiongzhong							
保 亭 县	Baoting							
陵 水 县	Lingshui							
白 沙 县	Baisha							
昌 江 县	Changjiang							

23-11 分地区限额以上文化批发和零售业企业基本情况(2017年)
Basic Conditions of Enterprises of Wholesale and Retail of Culture above Designated Size by Region(2017)

单位：万元

地 区	Region	企业单位数(个) Number of Enterprises (unit)	年末从业人员(人) Engaged Persons at Year-end (Person)	资产总计 Total Assets	营业收入 Business Revenue	营业税金及附加 Taxes and Extra Charges on Business	营业利润 Operating Profit	应交增值税 Value-added Tax Payable
全省总计	**Total**	**19**	**1068**	**177093.5**	**87474.3**	**724.0**	**135.0**	**404.0**
海 口 市	Haikou	4	549	138940.2	56945.7	494.0	-886.0	258.0
三 亚 市	Sanya	2	121	17070.3	5464.2	77.0	-132.0	111.0
五指山市	Wuzhishan							
文 昌 市	Wenchang	1	44	3622.7	3347.1	51.0	135.0	9.0
琼 海 市	Qionghai	1	43	1329.4	2481.2	10.0	155.0	4.0
万 宁 市	Wanning	1	47	1394.7	2535.1	13.0	71.0	1.0
定 安 县	Ding'an	2	36	789.6	1616.0	6.0	56.0	12.0
屯 昌 县	Tunchang	1	17	1450.6	1267.3	6.0	50.0	4.0
澄 迈 县	Chengmai							
临 高 县	Lingao	1	31	1391.0	1904.4	7.0	-25.0	
儋 州 市	Danzhou	1	64	4725.3	4208.2	21.0	230.0	
东 方 市	Dongfang	1	28	1692.7	2104.9	6.0	172.0	2.0
乐 东 县	Ledong	1	40	2528.8	2354.9	20.0	158.0	2.0
琼 中 县	Qiongzhong	1	15	948.2	1031.9	5.0	58.0	
保 亭 县	Baoting							
陵 水 县	Lingshui							
白 沙 县	Baisha	1	14	649.1	961.4	6.0	50.0	2.0
昌 江 县	Changjiang	1	19	560.9	1252.0	1.0	55.0	

23-12 分地区重点文化服务业企业基本情况(2017年)
Basic Conditions of Major Enterprises of Services of Culture by Region(2017)

单位：万元

地　区	Region	企业单位数（个）Number of Enterprises (unit)	年末从业人员（人）Engaged Persons at Year-end (Person)	资产总计 Total Assets	营业收入 Business Revenue	营业税金及附加 Taxes and Extra Charges on Business	营业利润 Operating Profit	应交增值税 Value-added Tax Payable
全省总计	**Total**	**115**	**18012**	**2463480.6**	**1134920.4**	**17630.0**	**204747.0**	**31355.0**
海口市	Haikou	51	4939	670142.4	295406.5	3784.0	3170.0	7063.0
三亚市	Sanya	35	8127	1192804.4	418813.5	6406.0	129090.0	17260.0
五指山市	Wuzhishan	1	60	1884.9	311.1	1.0	-81.0	11.0
文昌市	Wenchang	2	709	307627.0	255862.5	5443.0	34390.0	1749.0
琼海市	Qionghai	2	85	2674.3	2935.4	74.0	340.0	165.0
万宁市	Wanning	2	197	9366.1	774.4	62.0	-1753.0	12.0
定安县	Ding'an	1	33	6496.9	1008.2	2.0	-92.0	2.0
屯昌县	Tunchang							
澄迈县	Chengmai	9	688	97871.0	66613.6	464.0	13716.0	2085.0
临高县	Lingao							
儋州市(洋浦)	Danzhou	6	169	28579.5	15190.4	298.0	620.0	227.0
东方市	Dongfang							
乐东县	Ledong							
琼中县	Qiongzhong							
保亭县	Baoting	2	2042	77660.7	47886.7	694.0	15582.0	1752.0
陵水县	Lingshui	4	963	68373.4	30118.1	406.0	9765.0	1031.0
白沙县	Baisha							
昌江县	Changjiang							

23-13 体育事业情况

Statistics on Sports

指　标	Item	2015	2016	2017	2018
体育系统年末职工人数(人)	**Number of Staff and Workers in Sports Departments at Year-end (person)**	**630**	**887**	**915**	**942**
运动员	Athletes	54	164	142	139
专职教练员	Full-time Coaches	157	146	157	151
专职文化教师	Full-time Teachers for Literacy Classes	51	66	58	65
科技人员	Scientific and Technological Personnel	3	3	4	2
宣传出版人员	Publicity and Publishing Personnel				
医务人员	Medical Personnel	5	1	13	13
管理人员	Administrative Personnel	159	207	154	163
其他人员	Others	21	161	160	181
社会体育指导员人数(人)	**Number of Instructors of Social Sports (person)**	**9277**	**22045**	**18076**	**19762**
当年发展人数	Number of New Instructors in Current Year	3159	6959	4100	1501
#高级	Senior	174	136	135	167
中级	Intermediate	928	961	429	401
初级	Junior	2057	5862	3536	933
体育活动开展情况	**Sports Meets and Activities**				
举办全民健身活动次数(次)	Number of National Body-building Activities Held (times)				

主要统计指标解释

广播/电视节目综合人口覆盖率　指根据原国家广电总局制定的《广播电视人口覆盖率统计技术标准和方法》进行统计调查的，在对象区内能接收到由中央、省、地市或县通过无线、有线或卫星等各种技术方式转播的各级广播/电视节目的人口数占全国总人口数的百分比。

艺术表演团体　指由文化部门主办或实行行业管理（经文化行政部门审批或已申报登记并领取相关许可证），专门从事表演艺术等活动的各类专业艺术表演团体，含民间职业剧团。不包括群众业余文艺表演团体。

艺术表演场馆　指由文化部门主办或实行行业管理（经文化市场行政部门审批或已申报登记并领取相关许可证），有观众席、舞台、灯光设备，公开售票、专供文艺团体演出的文化活动场所。

文化市场经营机构　指经文化市场行政部门审批或已申报登记并领取相关许可证的、从事文化经营和文化服务活动的机构。

国家综合档案馆　指由中央或地方各级档案行政管理部门直接管理的，按行政区划或历史时期设置的，收集和管理所辖范围内多种门类档案的档案馆。

等级运动员　指经考核正式批准授予运动员称号的运动员，分为国际级运动健将、运动健将、一级、二级运动员。

Explanatory Notes on Main Statistical Indicators

The Population Coverage Rate of Radio/Television refers to the percentage of the whole country's population who can receive radio/television programmes transmitted by national, provincial, municipal or county stations through wireless, cable or satellite techniques, according to *Statistical Standard and Method on Television and Radio Coverage of Population* established by the former State Administration of Broadcasting, Film and Television.

Arts Performance Troupes refer to the various professional performing arts groups, which sponsored by the cultural sectors or guided by the cultural society (approved by the cultural administration authority, or registered and permitted with the relative certificate), including non-governmental troupes. The mass amateur arts performance troupes are not included.

Arts Performance Places refer to the various sites for cultural activities, which sponsored by the cultural sectors or guided by the cultural society (approved by the cultural market administration, or registered and permitted with the relative certificate), with the facility of auditorium, stage and lighting, and selling tickets in public.

Cultural Market Operating Units refer to the units dealing in culture and cultural services, which registered and permitted with the relative certificate by cultural market administration.

National Comprehensive Archives refer to all archives institutions, which are directly managed by the central and local levels archives administration, collecting and keeping various documents and materials by administrative regions or historical periods.

Certified Grade Athletes refer to those who are awarded the title of athletes through assessment. The titles include international level athletes, master of sports, first grade athletes and second grade athletes.

Certified Grade Coaches refer to those who are awarded the title of grade coaches through assessment. The titles include national level coaches, senior grade coaches, medium grade coaches and junior grade coaches.

24

公共管理、社会保障和社会组织
Public Management, Social Security and Social Organizations

编辑人员：吴红燕　吴庆婷

Compiled by Wu Hongyan　Wu Q ingting

英文翻译：陈敏

Translated by Chen Min

简 要 说 明

本篇资料的主要内容和资料来源

本篇主要包括公检法司、群众组织和劳动保障情况等内容。

一、公检法司的内容主要包括公安机关刑事案件立案情况和治安案件查处情况，交通、火灾事故情况，人民检察院办案情况，人民法院审理案件和收结案情况以及司法部门律师、公证、调解工作情况。资料分别由海南省公安厅、海南省人民检察院、海南省人民法院、海南省司法厅和海南省安全生产监督管理局依据统计报表制度整理提供。

二、群众组织的内容主要是工会组织情况。资料由海南省总工会整理提供。

三、劳动保障资料的主要内容包括社会保险基金收支情况，参加城镇企业职工基本养老保险情况，城镇基本医疗保险情况，各地区失业保险、工伤保险、生育保险情况等。资料由海南省人力资源和社会保障厅提供。

Brief Introduction

Main Contents and Sources of Data

Data in this chapter show statistics on public security, procuratorial, legal and judicial affairs, mass organizations, labor protection and so on.

I. Data on public security, procuratorial, legal and judicial affairs cover information such as criminal cases registered and offense cases handled by the public security agencies, traffic or fire accidents, cases handled by procuratorate's offices, cases accepted and settled by the people's courts, and statistics on lawyers, notarization and mediation. Data are from Hainan provincial public security department, the people's Procuratorate of Hainan Province, Hainan province people's court, the Hainan Provincial Department of Justice and Hainan safety supervision and Administration Bureau based on statistical reporting form scheme.

II. Data on mass organizations cover information on labor unions, which is provided by All-China Federation of Trade Union in Hainan based on statistical reporting forms.

III. Data on labour security mainly include revenue and expenses of social insurance fund, urban employee basic pension insurance, urban basic medical care insurance, unemployment insurance in regions, work injury insurance, maternity insurance, etc. Data are from Hainan Provincial Bureau of human resources and social security.

24-1　公安机关立案的刑事案件情况
Criminal Case Registered by Public Security Organs

案件类别	Category of Cases	立案（起） Number of Cases Registered (case)		构成（%） Composition(%)	
		2017	2018	2017	2018
总　计	**Total**	**35802**	**33302**	**100.0**	**100.0**
杀人	Homicide	53	59	0.1	0.2
伤害	Injury	1070	936	3.0	2.8
抢劫	Robbery	500	452	1.4	1.4
强奸	Rape	161	184	0.4	0.6
拐卖妇女、儿童	Abducting Women or Children	6	3		
盗窃	Larceny	19763	16208	55.2	48.7
诈骗	Fraud	5172	6581	14.4	19.8
走私	Smuggling	1			
伪造货币、出售、购买、运输假币	Forging Currency, Selling and Transporting Counterfeit Currency	2	3		
其他	Others	9074	8876	25.3	26.7

24-2　公安机关受理的违反《治安管理处罚法》案件情况(2018年)
Cases of Offence against Public Order Handled by Public Security Organs (2018)

单位：起　　(case)

案件类别	Category of Cases	受理 Number of Cases Accepted to be Treated	查处 Number of Cases Investigated and Treated
总　计	**Total**	**50155**	**48755**
扰乱公共秩序	Disturbing the Order in Public Places	1508	1465
#寻衅滋事	Causing Quarrels and Making Troubles	712	676
阻碍执行职务	Obstructing Government Workers in Performing Their Duties	243	242
非法携带枪支弹药管制刀具	Violation of Firearms Control Regulations	241	240
违反危险物质管理规定	Violation of Explosives Control Regulations	172	172
殴打他人	Battering Other Persons	11448	11100
盗窃	Stealing Property	8957	8450
诈骗、抢夺、敲榨勒索	Swindling and Seizing Property, Robbery and Snatch, Extortion and Blackmail	1414	1302
哄抢	Making Stirs and Robbing Property	9	9
伪造变造倒卖有价票证、凭证	Forge/Alter/Scalp Valuable Coupons	54	53
卖淫、嫖娼	Prostitution or Soliciting Prostitutes	550	550
赌博或为赌博提供条件	Gambling	3442	3430
其他	Others	22117	21742

24-3 公安机关受理的行政案件分类情况(2018年)
Administrative Cases Handled by Public Security Organs (2018)

单位：起 (case)

案件类别	Category of Cases	受理案件数 Number of Cases Accepted to be Treated	查处案件数 Number of Cases Investigated and Treated
总　计	**Total**	**1660647**	**1659247**
违反户口、居民身份证管理规定	Violating Regulations on Management of Residence or Identity Cards	42	42
违反治安管理处罚法	Cases of Offence Against Public Order	50155	48755
其他	Others	1610450	1610450

24-4 人民检察院检察官基本情况
Basic Statistics on Prosecutor

单位：人 (person)

指　标	Item	2018
检察官数	**Total Prosecutor**	**726**
#女性	Female	221
#检察长人数	Number of Chief Prosecutor	29
#女性	Female	4
#副检察长人数	Number of Deputy Chief Prosecutor	66
#女性	Female	11
#检察官助理	Number of assistant Prosecutor	402
#女性	Female	127

24-5 检察机关直接立案侦查案件情况(2018年)
Cases under Direct Investigation by People's Procuratorate (2018)

案件分类	Category of Cases	立案合计 Total Number of Cases Registered			
		件 (case)	人 (person)	#大案(件) Large Cases (case)	#要案(人) Key Cases (Person)
总　计	**Total**	**1**	**1**		
贪污贿赂案件小计	Sub-total of Cases on Corruption and Bribery				
渎职案件小计	Sub-total of Cases on Abuse	1	1		

24-6 人民检察院受理举报、控告和申诉案件情况(2018年)
Cases of Reporting, Accusation and Petition Handled by People's Procuratorate (2018)

单位：件　(case)

案件类别	Category of Cases	2016	2017	2018
受　理	Cases Accepted	2781	2936	2569
处　理	Cases Handled	2781	2883	2565
#分送检察机关	Handled by General Office of People's Procuratorate	1840	1801	1672
#转其他机关	Transfering to Other Organs	588	581	296

24-7 人民法院审理一审案件情况
First Trial Cases by People's Courts

单位：件 (case)

年 份 Year	收 案 Cases Accepted	刑 事 Criminal	民 事 Civil	行 政 Administrative
2012	40275	8184	30868	1223
2013	44288	7523	35546	1219
2014	56328	7987	46879	1462
2015	71029	8477	60456	2096
2016	82561	8741	70950	2870
2017	113229	10493	98681	4055
2018	126530	10141	112863	3526

注：1. 一审案件指人民法院按照诉讼级别管辖按第一审程序审理的案件；2. 民事案件包含经济纠纷和海事海商案件。

a) First trial cases refer to cases accepted by people's courts according to the first trial proceedings.

b) Data of civil cases include cases of economic disputes and maritime law and affairs.

24-8 人民法院审理刑事案件罪犯情况
Criminal Offenders Heard by People's Courts

单位：人 (person)

年 份 Year	刑事罪犯总数 Number of Offenders	#青少年罪犯 Young Offenders	不满18岁 Less Than 18 Years	18岁至25岁 Between 18 and 25 Years	青少年罪犯占 刑事罪犯比重(%) Proportion of Young Offenders in the Total (%)
2012	9948	3288	807	2481	33.1
2013	8967	2780	732	2048	31.0
2014	8851	2175	591	1584	24.6
2015	9461	2149	487	1662	22.7
2016	9258	1726	343	1383	18.6
2017	12914	2603	408	2195	20.2
2018	9926	2398	456	1942	24.2

24-9 人民法院审理民事一审案件收结案情况(2018年)

Basic Statistics on First Trial Civil and Commercial Case Accpeted and Settled by People is Conts (2018)

单位：件 (case)

项 目	Item	收 案 Cases Accepted	结 案 Cases Settled	调 解 Mediation	判 决 Judgment	驳 回 Reject	撤 诉 With-drawal	其 他 Other
合 计	**Total**	**112863**	**110247**	**59839**	**34149**	**1442**	**13882**	**935**
人格权纠纷	Disputes of Right of personality	1301	1256	682	434	13	122	5
婚姻家庭	Marriages and Family Affairs	7454	7399	2971	2911	44	1396	77
继承	Inheritance	189	168	75	59	8	24	2
物权纠纷	Disputes of Real Rights	6510	6364	1416	3846	365	701	36
合同、无因管理、不当得利纠纷	Disputes of Contract ,Negotiorum gestio or unjust enrichment	49282	47166	13463	21849	691	10496	667
知识产权与竞争纠纷	Disputes of IP and Unfair Competition	591	596	15	417	4	158	2
劳动争议、人事争议	Disputes of Labor and personnel	3494	3512	1156	1837	154	302	63
海事海商纠纷	Maritime Disputes	139	135	30	78	1	23	3
与公司、证券、保险、票据等有关的民事纠纷	Civil Disputs ragarding Company ,Security , Insurance and Negotiable Instruments	637	578	58	329	83	77	31
侵权责任纠纷	Disputes of Tort	42388	42214	39970	1699	36	471	38
特别程序	Special Proceedings	878	859	3	690	43	112	11

24-10 法官及审理有关案件情况

Statistics on Justice and Trial Case

指 标	Item	2015	2016	2017	2018
法官及陪审员情况(人)	**Justice and Juror(person)**				
法院法官人数	Number of Justice in Court	1512	1354	1151	1143
#女法官	Female	450	447	417	415
高级法院法官人数	Number of Justice in High Court	176	158	122	121
#女法官	Female	65	68	56	56
人民陪审员人数	Number of Juror	1016	1016	1239	1246
#女陪审员	Female	318	318	382	387
审理民事案件情况(件)	**Trial Case of Civil Affairs (case)**	**67790**	**84914**	**112043**	**134057**
离婚案件数	Divorce	6108	6422	6539	7032
抚育、抚养赡养案件数	Upbringing and Disputes	501	507	407	440
建立少年法庭数(个)	Number of Juvenile Court (unit)	5	5	5	5
各级人民法院判决生效的未成年人犯罪人数(人)	Number of Juvenile Offenders (person)	487	343	408	456
未成年人犯罪人数占同期犯罪人数的比例(%)	Proportion of Juvenile Offenders in the Total (%)	5.15	3.7	3.16	4.59

24-11 全省法院判处犯罪案件情况(2018年)
Case Trial by People's Courts (2018)

指　标	Item	判处犯罪人数(人) Number of Offender (person)	#女性 Female	女性所占比例(%) Proportion of Female(%)
总　计	**Total**	**9926**	**495**	**5.0**
侮辱罪	Insult	1	1	100.0
组织卖淫罪	Organise Prostitution	10	4	40.0
引诱、容留、介绍卖淫罪	Tempt, Remain and introduce Prostitution	16	7	43.8
遗弃罪	Desertion	1		
妨害作证罪	Breach of bearring witness			
重婚罪	Bigamy	3		
拐卖妇女、儿童罪	Abduct and Sell Female and Chind			
窝藏、包庇罪	Shelter and Screen	8		
拐骗儿童罪	Kidnap	1	1	100.0
诈骗罪	Fenagle	326	35	10.7
强迫卖淫罪	Coerce Prostitution	3		
贪污罪	Corruption	40	5	12.5
盗窃罪	Larceny	1371	44	3.2
其他	Others	8146	398	4.9

24-12 人民法院刑事一审案件收结案情况(2018年)
Basic Statistics on First Trial Criminal Case Accepted and Settled by People's Courts (2018)

单位：件 (case)

项　目	Item	收案 Cases Accepted	结案 Cases Settled	判决 Judgement	驳回 Reject	撤诉 Withdrawal	其他 Other
合　计	**Total**	**10141**	**9876**	**9764**	**18**	**9**	**85**
危害国家安全罪	Offences Against State Security	2	1	1			
危害公共安全罪	Offences Against Public Security	1468	1451	1448			3
破坏社会主义经济秩序罪	Offences Against Socialist Economic Order	215	225	219			6
侵犯公民人身权利、民主权利罪	Offences Against Citizens' Personal and Democratic Rights	1409	1365	1326	15	3	21
侵犯财产罪	Offences Against Properties	2218	2168	2142	2	5	19
妨害社会管理秩序罪	Offences Against Social Management of Order	4662	4486	4455	1	1	29
危害国防利益罪	Offences Against National Defense						
贪污贿赂罪	Offences on Corruption and Bribery	149	157	151			6
渎职罪	Offences on Dereliction of Duty	18	23	22			1
其他	Others						

注：收案中不含旧存.
Note:Cases don't include cases left.

24-13 人民法院行政一审案件收结案情况(2018年)

Basic Statistics on First Trial Administrative Case Accepted and Settled by People's Courts (2018)

单位：件 (case)

项　目	Item	收　案 Cases Accepted	结　案 Cases Settled	判决 Judgement	驳　回 Reject	撤　诉 Withdrawal	其　他 Others
合　计	**Total**	**3526**	**3212**	**1657**	**649**	**644**	**262**
公　安	Public Security	207	211	96	30	81	4
工　商	Industry and Commerce	126	116	45	23	17	31
土　地	Land	721	692	397	176	83	36
林　业	Forestry	59	53	29	8	9	7
城　建	City Construction	724	732	346	149	151	86
交　通	Traffic and Transport	18	17	12	1	4	0
税　务	Taxes	20	17	11	2	3	1
其　他	Other	1651	1374	721	260	296	97

24-14 法律援助工作基本情况

Basic Statistics on legal aid

项　　目	Item	2015	2016	2017	2018
机构数(个)	Number of institutions (unit)	28	30	28	31
实有人数(人)	Actual persons (person)	93	98	99	91
法律援助专职律师数(人)	Number of full time legal aid lawyers (person)	9	11	15	12
诉讼案件总数(件)	Total law case (case)	12847	12475	19459	18572
民事案件	Civil	3531	9369	15835	8918
刑事案件	Penal	9226	3062	3537	4077
行政案件	Administrative	90	44	87	107
非诉讼案件(件)	Unlitigant (case)	8201	6938	6723	5470
受援人数(人)	Recieve aid person(person)	21419	19625	19656	18705
咨询(来访、来电)数(人次)	Consultation persons(person-time)	68042	69741	70731	78590
妇女获得法律援助人数(人)	Number of women's access to legal assistance (person)	4893	5272	5227	4723
得到法律机构援助的未成年人数(人)	Number of juvenile legal aid agencies (person)	2381	2003	2263	2371

24-15 律师、公证和调解工作基本情况
Basic Statistics on Lawyers, Notarization and Mediation

项　目	Item	2010	2013	2014	2015	2016	2017	2018
律师工作	**Lawyers**							
律师事务所(个)	Number of Law Offices (unit)	78	91	98	104	113	131	135
#专职律师	Full-time Lawyers	910	1208	1321	1442	1617	2267	2208
兼职律师	Part-time Lawyers	46	62	66	71	76	83	90
聘请担任常年法律顾问的单位(处)	Number of Units with Permanent Legal Advisors (unit)	1308	1794	1547	1733	2472	3053	6302
民事诉讼代理(件)	Agent of Civil Cases (case)	7029	12519	9744	10368	17430	25619	28416
刑事诉讼辩护及代理(件)	Agent and Defender of Criminal Cases (case)	1697	2936	2383	2431	2107	3613	3794
行政诉讼代理(件)	Agent of Administrative Action (case)	556	795	727	626	1295	3182	1590
非诉讼法律事务(件)	Agent of Non-Litigious Legal Affairs (case)	1146	992	1186	1485	1601	13766	12992
解答法律询问(人次)	Agent of Legal Advisory Services (person-times)	15579	21790	18835	22043	19191	13901	11652
代写法律事务文书(件)	Agent of Legal Documents Written on Behalf of Clients(cases)	2146	2320	2002	3223	4001	4776	5112
公证工作	**Notarization**							
公证处(个)	Number of Notary Offices (unit)	21	21	21	21	21	21	22
公证人员(人)	Notarial Personnel (person)	129	136	134	138	138	168	167
#公证员	Notaries	78	83	82	85	85	87	83
公证员助理	Assistant Notaries	22	28	28	28	28	33	36
办理公证文书(件)	Number of Notarized Documents (cases)	57141	59076	50466	60476	69373	99438	125823
人民调解工作	**Number of People's Mediation**							
专职司法助理员(人)	Number of Full-time Judicial Assistants (person)	388	395	393	260	417	408	407
人民调解委员会(个)	Number of People's Mediation Committees(units)	3404	3369	3378	3390	3424	3444	3453
调解人员 (人)	Number of Mediators (persons)	24087	25400	25756	26358	26653	20435	19760
调解民间纠纷(件)	Number of Civil Disputes Mediated (cases)	22047	27522	25236	23830	21098	21618	18763

注：2011年起，专职司法助理员统计口径有所调整，地方司法所事业编制专职司法助理员纳入统计。

Note:Since 2011, statistical scope of Full-time Judicial Assistants was adjusted,full-time judicial assistants of local office of justice was included in.

24-16调解民间纠纷分类
Number of Civil Disputes Mediated by Types

项　目	Item	调解纠纷(件) Civil Disputes (case)			各类纠纷所占比重(%) Percentage(%)		
		2016	2017	2018	2016	2017	2018
总　计	**Total**			**18342**			100
婚姻家庭纠纷	Marriage and family Disputes	1854	1606	1303	8.7	7.4	7.1
邻里纠纷	Neighbor Disputes	4582	4311	3793	21.7	19.9	20.7
房屋宅基地纠纷	Housing and Housing Sites	2478	2103	1770	11.7	9.7	9.7
合同纠纷	Contract dispute	998	889	1024	4.7	4.1	5.6
生产经营纠纷	Production business disputes	373	421	444	1.7	1.9	2.4
损害赔偿纠纷	Damage compensation disputes	1616	1661	1264	7.7	7.7	6.9
劳动争议纠纷	Labor dispute disputes	1183	1194	1488	5.6	5.5	8.1
村务管理纠纷	Village management disputes						
山林土地纠纷	Mountain forest land disputes	3744	3224	3093	17.7	14.9	16.9
征地拆迁纠纷	Whose house disputes	544	851	238	2.5	3.9	1.3
计划生育纠纷	Family planning disputes						
环境保护纠纷	Environmental protection disputes	89	121	62	0.4	0.6	0.3
道路交通事故纠纷	Road traffic accident disputes	1518	2843	2553	7.2	13.2	13.9
物业纠纷	Property dispute	82	241	443	0.4	1.1	2.4
医疗纠纷	Medical disputes	159	635	235	0.7	2.9	1.3
其他	Others			632			3.4

24-17 劳动争议处理情况
Disposal of Labor Disputes

项　目	Item	2012	2013	2014	2015	2016	2017	2018
上期未结案数（件）	**Number of Cases Left Over from Last Period(case)**	**930**	**454**	**160**	**292**	**108**	**74**	**186**
案件受理情况	**Cases Accepted**							
当期案件受理数（件）	Number of Cases (case)	3251	3865	3711	4863	4885	4367	5294
#集体劳动争议案件数	Number of Collective Labour Disputes	39	47	36	42	62	25	15
劳动者申诉案件数	Number of Cases Appealed by Laborers	3334	3823	3630	4812	4501	4276	5229
按争议原因分 （件）	By Cause of the Disputes (case)							
劳动报酬	Labour Remuneration	796	831	978	1384	1901	1527	1604
社会保险	Social Insurances	665	262	262	168	217	152	98
变更劳动合同	Modification of Labour Contract	413	1221	1092	1813			
解除、终止劳动合同	Relieve or End the Labour Contract	753	1007	865	685	844	968	886
其　他	Others	624	542	511	811			389
劳动者当事人数（人）	Number of Laborers Involved (person)	4454	4953	4869	5064	5542	4601	5452
#集体劳动争议	Collective Labour Disputes	656	805	645	1034	1036	474	523
案件处理情况	**Cases Settled**							
结案数（件）	Number of Cases Settled (case)	3727	3934	3620	5030	4916	4252	4948
按处理方式分	By Manners of Settlement							
仲裁调解	By Mediation	1061	824	833	869	1250	1485	1967
仲裁裁决	By Arbitrition Lawsuit	2161	2311	2249	3112	2801	2397	2634
其他方式	Others	505	799	538	1049	865	369	347
按处理结果分	By Result of Settlement							
用人单位胜诉	Lawsuit Won by Units	460	447	458	686	550	602	448
劳动者胜诉	Lawsuit Won by Laborers	1426	1417	955	1784	1469	1172	1563
双方部分胜诉	Lawsuit Partly Won by Both Parties	1573	1842	1886	1972	1839	1787	2232
案外调解案件数	**Cases Mediated**	**268**	**228**	**790**	**168**	**93**	**233**	**290**

注：2011年起，解除、终止劳动合同的类型进行合并统计。
Note:Since 2011, items of Relieve or End the Labour Contract have been merged during statistics.

24-18 工会组织情况
Basic Statistics on Trade Unions

单位：万人 (10 000 persons)

年 份	工会基层组织数（万个） Number of Grassroot Trade Unions (10 000 units)	工会组织基层单位的职工与会员人数 Membership and Staff and Workers in Grassroot Trade Unions				工会专职工作人员人数 Number of Full-time Personnel of Trade Unions
		职工人数 Staff and Workers	#女职工 Female	会员人数 Membership	#女会员 Female	
2015	1.9197	2526348	1017506	2479401	1001304	2357
2016	1.9885	2551279	1027720	2491373	1007758	2405
2017	1.9058	2436562	968725	2355842	944853	2127
2018	1.9542	2407435	972950	2328613	944058	1239

24-19 各市县交通事故情况（2018）
Basic Statistics on Traffic Accidents by Region (2018)

地 区	Region	发生数（起） Number of Traffic Accidents (case)	死亡人数（人） Number of Deaths (person)	受伤人数（人） Number of Injuries (person)	直接财产损失（万元） Direct Property Losses(10 000 yuan)
全省总计	**Total**	**2692**	**838**	**3156**	**1773**
海 口 市	Haikou	758	123	809	144
三 亚 市	Sanya	331	107	340	415
五指山市	Wuzhishan	15	11	27	6
文 昌 市	Wenchang	270	62	345	31
琼 海 市	Qionghai	102	43	104	45
万 宁 市	Wanning	121	56	123	40
定 安 县	Ding'an	45	24	51	26
屯 昌 县	Tunchang	55	24	60	159
澄 迈 县	Chengmai	81	36	105	121
临 高 县	Lingao	121	41	153	116
儋 州 市	Danzhou	113	73	119	289
洋 浦	Yangpu	15	4	18	4
东 方 市	Dongfang	150	45	212	99
乐 东 县	Ledong	144	57	222	84
琼 中 县	Qiongzhong	32	30	13	41
保 亭 县	Baoting	78	22	93	10
陵 水 县	Lingshui	166	47	251	55
白 沙 县	Baisha	40	17	48	23
昌 江 县	Changjiang	55	16	63	66

24-20 火灾事故情况（2018）
Basic Statistics on Fire Accidents (2018)

项　目	Item	合 计 Total	特　大 Extraordinarily Serious	重　大 Serious	较　大 Comparatively Serious	一　般 Ordinary
发　生（起）	Fire Accidents (case)	29			12	17
死　亡（人）	Deaths (person)	1				
受　伤（人）	Injuries (person)					
直接经济损失（万元）	Direct Econmic Losses (10 000 yuan)	29				
平均每起事故损失（元）	Average Loss of Fire (yuan)	10000				

24-21 各市县火灾事故情况（2018）
Basic Statistics on Fire Accidents by Region (2018)

地　区	Region	发生数（起） Number of Traffic Accidents (case)	死亡人数（人） Number of Deaths (person)	受伤人数（人） Number of Injuries (person)	直接经济损失（万元） Direct Property Losses (10 000 yuan)
全省总计	**Total**	**1170**	**8**	**1**	**3655.0**
海口市	Haikou	500	1		1448.0
三亚市	Sanya	76	1		169.8
五指山市	Wuzhishan	22			19.2
文昌市	Wenchang	55	1		152.6
琼海市	Qionghai	53			146.7
万宁市	Wanning	54	1		128.8
定安县	Ding'an	18			53.1
屯昌县	Tunchang	14			55.9
澄迈县	Chengmai	40			146.6
临高县	Lingao	37			305.3
儋州市	Danzhou	113			230.4
洋　浦	Yangpu	14			64.6
东方市	Dongfang	47	1		80.3
乐东县	Ledong	22			42.6
琼中县	Qiongzhong	23	1	1	41.8
保亭县	Baoting	14			5.0
陵水县	Lingshui	9	2		386.1
白沙县	Baisha	26			158.2
昌江县	Changjiang	33			20.4

24-22 社会保险基本情况
Basic Statistics on Social Insurance

单位：人、万元 (person、10 000 yuan)

年份 Year	失业保险 Unemployment Insurance 年末参保人数 Contributors at Year-end	全年发放失业保险金人数 Beneficiaries of Unemployment Insurance Fund	全年发放失业保险金 Unemployed Relief	城镇职工基本医疗保险 Urban Employee Basic Medical Care Insurance 年末参保职工人数 Contributors of Staff and Worker at Year-end	年末参保退休人员 Contributors of Retirees at Year-end	工伤保险 Work Injury Insurance 年末参保人数 Contributors at Year-end	年末享受工伤待遇的人数 Beneficiaries at Year-end	年末参加生育保险人数 Maternity Insurance Contributors at Year-end
1994				13384		380534		
1995				89380		461214		
1996				103665		487132		
1997				121130		479474		
1998				121421		483678		
1999				134075	34717	516324		
2000	498060		2061	288311	51051	739978		
2001	427340	15377	3142	323253	85265	695253		107764
2002	570540	25256	4848	410459	115223	688606		231543
2003	550170	17160	6130	477042	153682	681660		283814
2004	579317	30108	6268	562648	222870	645161		317123
2005	567479		6356	627864	244553	688905		348870
2006	571000	34451	9266	653196	256409	715367		406421
2007	662308	40232	9967	775490	299231	784045		667129
2008	846522	55641	15945	878329	339740	861211		797542
2009	1025460	47568	19011	1112711	414758	901081		849911
2010	1142870	36042	16642	1236824	432387	958445		825978
2011	1282556	32033	15021	1409930	452559	1039526	3336	1007197
2012	1418051	18837	17711	1576863	475439	1194759	3552	1160309
2013	1526050	38110	23791	1693482	506296	1233941	3412	1202406
2014	1572627	38948	30927	1379856	536803	1261211	3115	1220481
2015	1653813	39797	19912	1406959	556369	1314682	3385	1270747
2016	1689534	39464	32424	1439141	571228	1373755	3375	1364829
2017	1681489	40680	36856	1491357	604213	1258430	3650	1402716
2018	1734423	40090	38756	1628512	628653	1529020	4122	1526180

24-23 社会保险基金收支及累计结余
Revenue,Expenses and Balance of Social Insurance Fund

单位：万元 (10 000 yuan)

年 份 Year	合 计 Total	基本养老保险 Basic Pension Insurance	失业保险 Unemployment Insurance	城镇基本医疗保险 Basic Medical Care Insurance	工伤保险 Work Injury Insurance	生育保险 Maternity Insurance
基金收入 Revenue						
1992	27621	27202		2	417	
1995	67974	62793		3792	1389	
2000	134996	108510	4516	19277	2693	
2005	325896	240515	18358	59385	4980	2658
2010	1133119	837699	37413	270561	9783	5999
2011	1578826	1138241	73793	381428	18851	12639
2012	1847568	1310286	87431	411612	21711	16528
2013	2104234	1510101	48144	499022	24543	22424
2014	2360492	1671681	60495	576141	26515	25660
2015	2837481	2079519	65430	635885	28956	27691
2016	2752784	1980124	64915	641029	38323	28393
2017	3688550	2711222	58966	832761	50974	34627
2018		3260717	71483		34363	
基金支出 Expenses						
1992	21786	21728		2	56	
1995	57467	55626		1525	316	
2000	123559	101961	3030	17743	825	
2005	267545	203333	7817	52291	3125	979
2010	980146	764446	17519	208480	5270	3244
2011	1215502	925971	16108	288719	8594	7414
2012	1606348	1220612	27340	336871	10558	10967
2013	1909084	1437816	23791	418709	12092	16676
2014	2224949	1670718	43955	480361	12472	17443
2015	2629819	2021503	42977	528535	14408	22396
2016	2360008	1778449	44960	495650	14375	26574
2017	3032799	2319659	52500	604989	16125	39526
2018		2678427	56363		17228	
累计结余 Balance at Year-end						
1992	15563	15095			468	
1995	42660	37234		2477	2949	
2000	71610	42228	12720	7205	9457	
2005	286563	174640	48928	38817	18682	5496
2010	1117866	650082	142714	298461	41080	21676
2011	1432681	862351	200399	391170	2830	26901
2012	1706867	952026	260490	465895	64415	32462
2013	1966161	1024311	280567	546207	76866	38210
2014	2104258	1025274	299514	642134	90909	46427
2015	2314894	1083290	324643	749782	105457	51722
2016	3037498	1731878	344599	778075	129405	53541
2017	3436412	1735014	351065	1137437	164254	48642
2018	4711072	2346304	366185	1417753	181389	39441

注：2007年及以后城镇基本医疗保险基金中包括城镇职工基本医疗保险和城镇居民基本医疗保险。基金收支不含上级补助收入和下级上解收入。

Note:Data of basic medical care insurance include both urban workers and urban non-employment from 2007.

24-24 参加城镇职工基本养老保险人数
Statistics on Urban Employee Basic Pension Insurance

单位：人 (person)

年 份 Year	合 计 Total	职 工 Number of Staff and Workers	企 业（含其他） Enterprises (Including others)	离退休人员 Number of Retirees	企 业（含其他） Enterprises (Including others)
1991	789003	647419		141584	
1992	886745	719436		167309	
1993	922135	732171		189964	
1994	990381	780527		209854	
1995	1049624	821249		228375	
1996	1056342	814820		241522	
1997	1056229	801752		254477	
1998	1084841			277078	
1999	1114930	819815	607085	295115	244607
2000	1290600	991416	762139	299184	253791
2001	1081722	776593	585899	305129	262662
2002	1112234	793480	588004	318754	270059
2003	1167350	831338	623485	336012	283404
2004	1200105	848323	656698	351782	302552
2005	1209186	843700	655207	365486	314349
2006	1320468	940012	743177	380456	328187
2007	1417370	1019916	829886	397454	346111
2008	1561943	1142419	944361	419524	364730
2009	1680826	1248647	1018507	432179	370388
2010	1808071	1354197	1112213	453874	384823
2011	1998550	1520876	1261443	477674	421172
2012	2141629	1616332	1319522	525297	446227
2013	2314981	1744307	1437854	570674	484944
2014	2423242	1823859	1512158	599383	509956
2015	2498479	1878649	1562069	619830	527618
2016	2249305	1584622	1197900	664683	539227
2017	2408885	1720064	1355128	688821	556373
2018	2579528	1874678	1511323	704850	566658

24-25 各市县城镇职工基本养老保险情况(2018)
Statistics on Urban Employee Basic Pension Insurance by Region (2018)

地　区	Region	年末参加城镇职工基本养老保险人数(人) Urban Employee Basic Pension Insurance Contributors at Year-end	职　工 Number of Staff and Workers	离退休人　员 Number of Retirees	基金收支情况(万元) Revenue and Expenditure (10 000 yuan) 基金收入 Revenue	基金支出 Expenditure	累计结余 Balance at Year-end
全省总计	**Total**	**2579528**	**1874678**	**704850**	**3260717**	**2678427**	**2346304**
省本级	Provincial	461388	368576	92812	1178387	543008	707629
农垦总局	Hainan State Farms						1678
海口市	Haikou	723135	605616	117519	655098	446440	395304
三亚市	Sanya	313049	272379	40670	298393	149093	524709
五指山市	Wuzhishan	21127	13237	7890	20728	26972	30407
文昌市	Wenchang	90389	54119	36270	137404	156896	53295
琼海市	Qionghai	96689	61812	34877	111240	113750	86646
万宁市	Wanning	97217	53942	43275	97972	143718	23076
定安县	Ding'an	48608	23208	25400	42826	80863	13705
屯昌县	Tunchang	49100	23228	25872	47072	81425	31645
澄迈县	Chengmai	107930	62504	45426	112057	155385	38280
临高县	Lingao	48309	25268	23041	46236	78035	17849
儋州市	Danzhou	143373	79241	64132	146127	224820	62252
洋　浦	Yangpu	26621	25720	901	44819	5527	146145
东方市	Dongfang	55640	36116	19524	54699	61082	46264
乐东县	Ledong	54627	27473	27154	55105	81977	32433
琼中县	Qiongzhong	55806	26646	29160	50146	97404	21235
保亭县	Baoting	43030	22940	20090	36372	63544	38235
陵水县	Lingshui	62692	45987	16705	55144	57363	24961
白沙县	Baisha	40751	20368	20383	32844	66849	23337
昌江县	Changjiang	40047	26298	13749	38048	44276	27219

注：合计数中包含省本级数；基金收支不含上级补助收入和下级上解收入。

Note：Data of total region include the data of provincial level。(the same applies to the tables following).

24-26 各市县失业保险情况(2018)
Statistics on Unemployment Insurance by Region (2018)

地 区	Region	年末参加失业保险人数(人) Unemployment Insurance Contributors at Year-end (person)	年末领取失业保险金人数(人) Beneficiarise of Unemployment Insurance Fund (person)	基金收支情况(万元) Revenue and Expenditure (10 000 yuan)		
				基金收入 Revenue	基金支出 Expenditure	累计结余 Balance at Year-end
全省总计	**Total**	**1734423**	**22885**	**71483**	**56363**	**366185**
省本级	Provincial	394727	3254	20384	9119	162204
海口市	Haikou	489772	5766	17944	13363	34432
三亚市	Sanya	240887	1380	9328	3493	60407
五指山市	Wuzhishan	15263	55	527	164	2698
文昌市	Wenchang	52442	792	1901	1514	7474
琼海市	Qionghai	52357	1001	1945	2592	3677
万宁市	Wanning	58521	991	2056	2074	7395
定安县	Ding'an	29192	485	801	1327	1754
屯昌县	Tunchang	24714	939	737	2080	3561
澄迈县	Chengmai	60101	1490	2030	4437	1811
临高县	Lingao	29480	138	1092	172	8136
儋州地区	Danzhou Area	73439	2932	4352	6729	17919
儋州市	Danzhou	51983	2343	2764	5241	12858
洋浦	Yangpu	21456	589	1588	1488	5061
东方市	Dongfang	39090	598	1685	1534	11218
乐东县	Ledong	34346	203	1233	385	12522
琼中县	Qiongzhong	29543	1266	879	3795	1444
保亭县	Baoting	23166	92	726	314	7133
陵水县	Lingshui	37976	202	1747	391	10776
白沙县	Baisha	23038	853	689	1896	4958
昌江县	Changjiang	26369	448	1425	985	6664

注：合计数中包含省本级数；基金收支不含上级补助收入和下级上解收入。

24-27 各市县城镇基本医疗保险参保人数(2018)
Statistics on Urban Basic Medical Care Insurance by Region （2018）

单位：人 (person)

地区	Region	年末参保人数合计 Contributors at Year-end	在岗职工 Staff and Workers	退休人员 Retirees	城镇居民 Urban Non-employment
全省总计	**Total**	**4404361**	**1628512**	**628653**	**2147196**
省本级	Provincial	415045	325113	89932	
海口市	Haikou	1087829	532777	101289	453763
三亚市	Sanya	725198	237599	40576	447023
五指山市	Wuzhishan	37631	11879	7061	18691
文昌市	Wenchang	129682	44559	29510	55613
琼海市	Qionghai	143679	49381	30104	64194
万宁市	Wanning	167658	44362	38976	84320
定安县	Ding'an	82613	20029	19941	42643
屯昌县	Tunchang	93662	17913	22339	53410
澄迈县	Chengmai	181246	50998	37907	92341
临高县	Lingao	139694	21943	20909	96842
儋州市	Danzhou	308489	67930	56442	184117
洋浦	Yangpu	23231	22361	870	
东方市	Dongfang	101758	31572	17130	53056
乐东县	Ledong	94427	25069	23455	45903
琼中县	Qiongzhong	87423	24150	27480	35793
保亭县	Baoting	72849	19669	19382	33798
陵水县	Lingshui	371188	39020	14244	317924
白沙县	Baisha	69997	18751	19614	31632
昌江县	Changjiang	71062	23437	11492	36133

注：城镇居民包括成人、大中小学生
Note：Urban Non-employment including adults and students.

24-28 各市县城镇基本医疗保险基金收支情况（2018）
Revenue and Expenditure of Urban Basic Medical Care Insurance by Region (2018)

单位：万元 (10 000 yuan)

地区	Region	基金收入 Revenue			基金支出 Expenditure			累计结余 Balance at Year-end		
		合计 Total	职工 Staff and Workers	居民 Non-employment	合计 Total	职工 Staff and Workers	居民 Non-employment	合计 Total	职工 Staff and Workers	居民 Non-employment
全省总计	**Total**	**927525**	**788726**	**138799**	**647209**	**520266**	**126943**	**1417753**	**1249453**	**168300**
省本级	Provincial	199731	199731		109276	109276		651179	643346	7833
海口市	Haikou	240201	211368	28833	151929	124959	26970	229133	185159	43974
三亚市	Sanya	132247	103869	28378	79484	52099	27385	246876	225851	21025
五指山市	Wuzhishan	6871	5610	1261	6261	4993	1268	9652	8166	1486
文昌市	Wenchang	24295	20759	3536	22368	18958	3410	12322	7727	4595
琼海市	Qionghai	28901	24801	4100	21486	17525	3961	26956	21267	5689
万宁市	Wanning	29626	24229	5397	26130	20602	5528	9062	7434	1628
定安县	Ding'an	12227	9410	2817	11587	9668	1919	9779	4840	4939
屯昌县	Tunchang	14057	10552	3505	13658	10917	2741	5823	1649	4174
澄迈县	Chengmai	28676	22594	6082	24011	19950	4061	25004	13422	11582
临高县	Lingao	16888	10528	6360	15295	9702	5593	13885	3857	10028
儋州市	Danzhou	48486	35893	12593	45848	33582	12266	17063	6153	10910
洋浦	Yangpu	15871	15871		3652	3652		58202	58202	
东方市	Dongfang	23678	20220	3458	17534	14386	3148	10523	8516	2007
乐东县	Ledong	16250	13055	3195	15743	13287	2456	5748	1972	3776
琼中县	Qiongzhong	14556	12208	2348	16534	14940	1594	10478	4855	5623
保亭县	Baoting	11129	8865	2264	11508	10152	1356	9973	4830	5143
陵水县	Lingshui	38488	18337	20151	31988	12857	19131	41218	25124	16094
白沙县	Baisha	11171	9065	2106	11526	9675	1851	6994	2032	4962
昌江县	Changjiang	14176	11761	2415	11391	9086	2305	17883	15051	2832

注：2017年基金收支不含上级补助收入和下级上解收入。
2018年基金收支不含上级补助收入、下级上解收入、补助下级支出和上解上级支出。
Note:The Revenue and Expenditure of 2017 does not include the income from superior sudsidies and the income from Subordinates.

24-29 各市县生育保险情况（2018）
Statistics on Maternity Insurance by Region (2018)

地区	Region	年末参加生育保险人数（人）Maternity Insurance Contributors at Year-end (person)	享受待遇人数（人次）Beneficiaries at Year-end (person)	基金收支情况(万元) Revenue and Expenditure (10 000 yuan)		
				基金收入 Revenue	基金支出 Expenditure	累计结余 Balance at Year-end
全省总计	**Total**	**1526180**	**70270**	**43182**	**52383**	**39441**
省本级	Provincial	323195	20393	9303	17384	8505
海口市	Haikou	475166	25336	16639	17315	1832
三亚市	Sanya	227005	6086	4775	5357	3885
五指山市	Wuzhishan	11398	394	261	260	545
文昌市	Wenchang	42726	2243	1008	1441	559
琼海市	Qionghai	46988	2243	1195	1686	955
万宁市	Wanning	42467	1269	1055	1387	2143
定安县	Ding'an	18988	571	438	232	1485
屯昌县	Tunchang	15906	349	371	321	973
澄迈县	Chengmai	47822	1799	1157	976	2689
临高县	Lingao	21512	700	495	259	1713
儋州市	Danzhou	60787	2794	1367	1666	2119
洋浦	Yangpu	21721	998	839	944	94
东方市	Dongfang	30784	832	976	592	2220
乐东县	Ledong	23534	871	596	493	1717
琼中县	Qiongzhong	20123	618	504	324	2295
保亭县	Baoting	18208	708	390	287	1128
陵水县	Lingshui	38411	1152	891	758	1596
白沙县	Baisha	16604	161	372	181	1878
昌江县	Changjiang	22835	753	550	520	1110

注：2017年基金收支不含上级补助收入和下级上解收入。
2018年基金收支不含上级补助收入、下级上解收入、补助下级支出和上解上级支出。
Note:The Revenue and Expenditure of 2017 does not include the income from superior sudsidies and the income from Subordinates.

24-30 各市县工伤保险情况（2018）
Statistics on Work Injury Insurance by Region (2018)

地 区	Region	年末参加工伤保险人数（人）Work Injury Insurance Contributors at Year-end (person)	享受工伤待遇人数（人）Beneficiaries at Year-end (person)	基金收支情况(万元) Revenue and Expenditure (10 000 yuan)		
				基金收入 Revenue	基金支出 Expenditure	累计结余 Balance at Year-end
全省总计	**Total**	**1529020**	**4122**	**34363**	**17228**	**181389**
省本级	Provincial	318942	852	6358	3687	59736
海 口 市	Haikou	478807	946	10472	4037	42213
三 亚 市	Sanya	226206	893	5015	1754	21387
五指山市	Wuzhishan	13068	55	423	601	1505
文 昌 市	Wenchang	43076	121	1026	697	4692
琼 海 市	Qionghai	47236	138	1275	789	5329
万 宁 市	Wanning	42436	63	1159	331	5679
定 安 县	Ding'an	19001	45	355	255	2443
屯 昌 县	Tunchang	15906	39	323	415	1472
澄 迈 县	Chengmai	47889	139	1317	550	5563
临 高 县	Lingao	21575	78	484	447	2594
儋 州 市	Danzhou	61584	209	1564	948	7390
洋 浦	Yangpu	21647	89	734	436	3284
东 方 市	Dongfang	31030	46	801	240	4208
乐 东 县	Ledong	23603	29	487	75	3414
琼 中 县	Qiongzhong	20114	84	403	433	1574
保 亭 县	Baoting	18166	46	266	340	1697
陵 水 县	Lingshui	38486	90	1027	527	4424
白 沙 县	Baisha	16607	55	301	224	1434
昌 江 县	Changjiang	23641	105	573	442	1351

注：合计数中包含省本级数；基金收支不含上级补助收入和下级上解收入。
Note:The Revenue and Expenditure of 2017 does not include the income from superior sudsidies and the income from Subordinates.

主要统计指标解释

特大火灾　指造成 30 人以上死亡，或者 100 人以上重伤，或者 1 亿元以上直接财产损失的火灾。

重大火灾　指造成 10 人以上 30 人以下死亡，或者 50 人以上 100 人以下重伤，或者 5000 万元以上 1 亿元以下直接财产损失的火灾。

较大火灾　指造成 3 人以上 10 人以下死亡，或者 10 人以上 50 人以下重伤，或者 1000 万元以上 5000 万元以下直接财产损失的火灾。

一般火灾　指造成 3 人以下死亡，或者 10 人以下重伤，或者 1000 万元以下直接财产损失的火灾。

人民检察院直接立案侦查案件　指按照管辖的规定，由人民检察院直接立案侦查的贪污贿赂犯罪、渎职犯罪、国家机关工作人员利用职权实施的侵犯公民人身权利和民主权利的犯罪以及经省级人民检察院决定立案侦查的国家机关工作人员利用职权实施的其他重大犯罪案件。

要案　指县、处级以上干部的犯罪案件。该指标主要反映职务犯罪案件中县、处级以上干部被人民检察院依法立案侦查的情况。

批准逮捕　指人民检察院对公安机关、国家安全机关、监狱管理机关提出逮捕的犯罪嫌疑人进行审查，根据事实，依法做出逮捕决定。该指标主要反映人民检察院对提请逮捕犯罪嫌疑人进行审查后依法做出批准逮捕决定的情况。

决定逮捕　指人民检察院对直接立案侦查的案件，认为需要逮捕犯罪嫌疑人时，依据法律做出的逮捕决定。该指标主要反映人民检察院对直接受理的案件行使决定逮捕权的情况。

提起公诉　指人民检察院对公安机关、国家安全机关、监狱管理机关和检察机关侦查部门等移送起诉的案件进行审查，根据事实，做出提起公诉的案件。该指标主要反映人民检察院对各种刑事案件向人民法院提起公诉的情况。

适用简易程序　指人民法院对依法可能判处三年以下有期徒刑、拘役、管制、单处罚金的公诉案件，事实清楚，证据充分，人民检察院建议或者同意适用简易程序的案件；告诉才处理的案件；被害人起诉的有证据证明的轻微刑事案件。

提出抗诉　指人民检察院对人民法院的判决、裁定认为确有错误，向人民法院提出对案件重新进行审理的诉讼活动。包括按照第二审程序提出的抗诉和按照审判监督程序（再审程序）提出的抗诉。

撤回抗诉　指上级人民检察院对下级人民检察院按照第二审程序提出的抗诉，经审查，认为抗诉不当时向同级人民法院撤回抗诉，同时通知提出抗诉的下级人民检察院。

立案监督　指人民检察院对侦查机关刑事立案活动的监督。包括对应当立案而不立案的监督和不应立案而立案的监督。

监督立案　包括侦查机关接到要求说明不立案理由后主动立案和执行通知立案两个内容。

监管活动　指人民检察院对监狱等监管改造场所的管理活动进行的监督。

青少年罪犯　指人民法院在报告期内判决发生法律效力的有罪判决中 14 周岁以上不满 25 周岁的罪犯。其中 14 周岁以上不满 18 周岁的罪犯为未成年罪犯。

行政案件　指公民、法人和其他组织不服行政机关作出的具体行政行为，向人民法院提起行政诉讼，人民法院依法审理的案件。

单独赔偿　指单独提起行政赔偿的案件。当事人对行政行为的合法性没有争议，就行政侵权造成的损害赔偿单独提起赔偿诉讼。

公证人员　指在公证处工作的人员总称，包括公证处主任、副主任、公证员、公证员助理（助理公证员）和其他从事辅助性工作的人员。

公证文书　指公证处根据当事人申请，依照事实和法律，按照法定程序制作的，具有法律效力的司法证明文书。

受理劳动争议案件数　指劳动争议仲裁委员会根据国家有关规定，对劳动争议当事人的申请予以审查，符合受理条件而正式立案、准备处理的劳动争议案件数。

城镇职工基本养老保险

1.（参保）职工人数　指报告期末按照国家法律、法规和有关政策规定参加基本养老保险并在社保经办机构已建立缴费记录档案的职工人数，包括中断缴费但未终止养老保险关系的职工人数，不包括只登记未建立缴费记录档案的人数。

2.（参保）离退休人员人数　指报告期末参加基本养老保险的离休、退休和退职人员的人数。

3.基金收入　指根据国家有关规定，由纳入基本养老保险范围的缴费单位和个人按国家规定的缴费基数和缴费比例缴纳的养老保险基金，以及通过其他方式取得的形成基金来源的收入。包括单位和职工个人缴纳的基本养老保险费、基本养老保险基金利息收入、上级补助收入、下级上解收入、转移收入、财政补贴和其他收入。

4. 基金支出　指按照国家政策规定的开支范围和开支标准从养老保险基金中支付给参加基本养老保险的个人的养老金、丧葬抚恤补助，以及由于保险关系转移、上下级之间调剂资金等原因而发生的支出。包括离休金、退休金、退职金、各种补贴、医疗费、死亡丧葬补助费、抚恤救济费、社会保险经办机构管理费、补助下级支出、上解上级支出、转移支出、其他支出等。

5. 基金累计结余　指截止报告期末基本养老保险基金收支相抵后的累计余额。

基本医疗保险

1. 参保人数　指报告期末按国家有关规定参加相应基本医疗保险的人数。

2. 基金收入　指由用人单位和个人按照国家规定的缴费基数、缴费比例或缴费标准缴纳的基本医疗保险基金，财政补助资金以及通过其他方式取得的形成基金来源的款项，包括：单位缴纳收入、个人缴纳收入、财政补助收入（含医疗救助补助个人收入）、财政补贴收入、利息收入和其他收入。

3. 基金支出　指按照国家政策规定的开支范围和开支标准，从基本医疗保险基金中支付给参保人员的医疗保险待遇支出，以及其他支出。包括住院医疗费用支出、门急诊医疗费用支出、个人账户基金支出、其他支出。

4. 基金累计结余　指截止报告期末基本医疗保险基金累计结余金额。

失业保险

1. 参保人数　指报告期末按照国家法律、法规和有关政策规定参加了失业保险的城镇企业、事业单位的职工及地方政府规定参加失业保险的其他人员的人数。

2. 基金收入　指报告期内筹集的失业保险基金的总额，包括失业保险费收入、利息收入、财政补贴收入、其他收入、转移收入、上级补助收入、下级上解收入。

3. 基金支出　指报告期内为保障失业人员基本生活、促进其再就业等支出的基金总额，包括失业保险金支出、医疗补助金支出、丧葬补助金和抚恤金支出、职业培训和职业介绍补贴支出、农民合同制工人一次性生活补助支出、其他支出、转移支出、上级补助支出、下级上解支出。

4. 基金累计结余　指截止报告期末失业保险基金收支相抵后的累计余额。

工伤保险

1. 参加保险人数　指报告期末依据国家有关规定参加工伤保险的职工人数和有雇工的个体工商户的雇工数。

2. 享受保险待遇人数　指年初至报告期末因工伤或职业病而享受工伤保险待遇的人数。为享受工伤医疗待遇中未评定等级的人数、享受伤残待遇人数以及享受因工死亡待遇人数之和。

3. 基金收入　指根据国家有关规定，由参加工伤保险的单位按国家规定的缴费基数和缴费比例缴纳的工伤保险基金，以及通过其他形式取得的形成基金来源的款项。包括：单位缴纳的社会统筹基金收入、财政补贴收入、利息收入、其他收入。

4. 基金支出　指按照国家政策规定的开支范围和开支标准从工伤保险基金中支付给参加工伤保险的人员及供养直系亲属工伤保险待遇支出及其他支出。包括工伤医疗费、伤残补助金、工亡补助金、护理费、丧葬补助费、工伤预防费用、职业康复费用和其他支出。

5. 基金累计结余　指截止报告期末工伤保险基金累计结余金额。

生育保险

1. 参保人数　指报告期末依据有关规定参加生育保险的人数。

2. 基金收入　指根据国家有关规定，由参加生育保险的单位按照国家规定的缴费基数和缴费比例缴纳的生育保险基金，以及通过其他方式取得的形成基金来源的款项，包括：单位缴纳的基金收入、利息收入和其他收入。

3. 基金支出　指按照国家政策规定的开支范围和开支标准，从生育保险基金中支付给参加生育保险的职工，因妊娠、分娩和计划生育手术而享受的待遇及其他支出。包括：生育津贴、医疗费用支出及其他支出。

4. 基金累计结余　指截止报告期末生育保险基金累计结余金额。

Explanatory Notes on Main Statistical Indicators

Extraordinarily Serious Fire Case refers to a case which has caused over 30 deaths; or over 100 serious injuries; or a direct property loss over 100 million yuan.

Serious Fire Case refers to a case which has caused over 10 to 30 deaths; or over 50 to 100 serious injuries; or a direct property loss over 50 million to 100 million yuan.

Comparatively Serious Fire Case refers to a case which has caused over three to ten deaths; or over 10 to 50 serious injuries; or a direct property loss over 10 million to 50 million yuan.

Ordinary Fire Case refers to a case which has caused less than three deaths; or less than 10 serious injuries; or a direct property loss less than 10 million yuan.

Cases Registered and Handled Directly by People's Procuratorate Offices refer to those serious criminal cases that, according to the functional jurisdiction, are registered and handled by the People's Procuratorate Offices, including the ones on bribery and corruption, the ones on abuse and dereliction of duty, offences against citizens' personal and democratic rights by government officials abusing their powers; and that are registered and handled by the provincial Procuratorate offices in relation to other major crimes committed by government officials by abusing their powers.

Key Cases refer to crimes committed by county and director-level officials. This indicator reflects the situation of those county and director-level officials involved in criminal cases registered and handled by People's Procuratorate offices.

Approval for Arrest refers to the decision made by people's procuratorate office, in accordance with the law and relevant facts, to approve the arrest of the suspect(s) as proposed by the public security departments, state security departments or prisons authority. This indicator reflects approved arrests made by people's procuratorate offices that are proposed by related departments.

Decision on Arrest refers to decision made by the people's procuratorate office, in accordance with laws, to arrest the suspect(s) in the cases that are accepted and to be investigated by procurators office. This indicator mainly reflects the implementation of the decision on arrest by people's procuratorate office.

Cases by Public Prosecution refer to those ones that are instituted by People's Procuratorate offices after their examination of such cases transferred by public security organs, national security organs, jail management organs and prosecutorial organs on the bases of the facts found. This indicator reflects the situation of public prosecutions instituted to the people's courts by People's Procuratorate Offices.

Application of Summary Procedure refers to those cases of public prosecution where the suspects might be, according to law, sentenced to fixed-term imprisonment of not more than three years, criminal detention, public surveillance or punishment with fines exclusively by People's Court ;, those cases where the facts are clear and the evidence is sufficient, and for which the People's Procuratorate suggests or agrees to the application of summary procedure; those cases to be handled only upon complaints; and those minor criminal cases prosecuted by the victims with evidence.

Protests Presented refers to those protests presented by local People's Procuratorate at any level who considers that there exists some definite error in a judgment or order of first instance made by a People's Court at the same level to the People's Court at the next higher level, including the protests raised in accordance with the second instance and protests raised in accordance with procedure for trial supervision.

Withdrawal of Protests refers to the actions made by the People's Procuratorate at the next higher level when it considers the protests inappropriate by withdrawing the protests from the People's Court at the same level and notifying the People's Procuratorate at the next lower level.

Case Registration Supervision refers to the actions made by the People's Procuratorate to supervise the registration of criminal cases initiated by investigative authorities, including supervision of the cases which have wrongly not been registered and have wrongly been registered.

Supervision of Case Registration includes both the supervision of those registrations initiated by investigatory authorities and the supervision of those registrations according to notifications after hearing declined reasons for registration.

Supervisory Activities refers to the supervision of the People's Procuratorate over the management of prisons as well as other places of criminal reformation under supervision.

Juvenile Criminals refers to the offenders within the age range of 14 to 25 convicted guilty by the court during the reporting period while those between 14 and 18 are defined as minor offenders.

Administrative Cases refers to the cases filed by citizens, corporations and other organizations against the specific administrative conducts of administrative authorities and handled by the court.

Separate Compensation refers to cases that are separately filed for administrative compensation by the party who has no dispute on the legality of administrative conducts but brings proceedings separately to claim for damages caused by administrative tort.

Notary Personnel refers to people working for notary offices including: directors, deputy directors, notaries, assistant notaries and other people providing assistance.

Notary Documents refer to legally binding judicial notary documents developed at the request of the interested party based on facts and the law following certain legal proceedings.

Number of Labour Disputes Cases Accepted refers to the number of cases of labour disputes submitted that, after being reviewed by the labour dispute arbitration committees in line with the relevant national regulations, are accepted and registered for treatment.

Urban Employee Basic Pension Insurance

1. Number of staff and workers covered refer to staff and workers participating in the basic pension insurance programme according to national laws, regulations and related policies at the end of the reference period, who have already had payment records in social security management agencies, including those who have interrupt payment without terminating the insurance programme. Those who have registered in the programme but with no payment records are not included.

2. Number of retirees participating in the basic pension insurance programme refer to the number of retirees participating in basic pension insurance programmes by the end of the reference period.

3. Revenue of the basic pension insurance programme refers to payments made by employers and individuals participating in the pension insurance programme in accordance with the basis and proportion stipulated in State regulations, and income from other sources that become source of pension insurance fund, including the premium paid by employers and staff and workers, interest income, subsidies from higher level agencies, income as transfer from subordinate agencies, transferred income, government financial subsidies and other income.

4. Expenditure of basic pension insurance programme refer to payment made on pensions and funeral subsidies to those retired and resigned people covered in pension insurance programmes according to related national policies on scope and standard of expenditure. Also included are expenditure which arises due to shift of the insurance relationship or adjustment of funds among agencies. More specifically, included are pensions for resigned people, pensions for retired people, pension for people quitting jobs, various subsidies, medical fees, funeral subsidies, compensation payments, management fees for social security agencies, expenses on subsidies to lower subordinates, expenses as transfer to agencies at higher level, transferred expenditure and other expenditure.

5. Balance of basic pension insurance programme refers to the balance of basic pension insurance funds at the end of the reference period after deducting expenses from revenue.

Basic Medical Care Insurance

1. Number of people participating in the insurance programme refers to people participating in the basic medical care insurance programme according to related regulations at the end of the reference period.

2. Revenue of the insurance programme refers to payments made by employers and individuals participating in the medical care insurance programme in accordance with the basis and proportion stipulated in State regulations, and income from other sources that become source of medical insurance fund, including income paid by units, individual paid income, financial assistance's income (including individual income from medicaid), financial subsidies' income, interest income and other income.

3. Expenditure of the insurance programme refers to payment made to people covered in basic medical care insurance programme within the scope and standards of expenditure according to related national policies, and medical care payment and other expenses, including medical expenses of hospital inpatients, medical expenses for outpatients and emergency patients, payment from individual accounts and other expenditure.

4. Balance of the basic medical care insurance programme refers to the balance of medical care insurance funds at the end of the reference period.

Unemployment Insurance

1. Contributors refer to staff and workers in urban

enterprises or institutions who have participated in the unemployment insurance programme according to relevant policies and regulations, and other people who have participated according to local government regulations at the end of the reference period.

2. Revenue of the unemployment insurance programme refers to the total unemployment insurance funds raised in the reference period, including unemployment insurance premium, interest income, financial subsidies, other income, transferred income, subsidies from higher level agencies and income as transfer from subordinate agencies.

3. Expenditure of the unemployment insurance programme refers to total expenses during the reference period to guarantee the basic livelihood of unemployed people, and to encourage their re-employment. Included are unemployment relief, medical fees, funeral subsidies, compensation payments, training expenses, management fees for unemployment insurance agencies, subsidies to lower level agencies, expenses as transfer to higher level agencies, transferred expenditure and other expenditure.

4. Balance of the unemployment insurance programme refers to the balance of revenue of the programme after deducting expenses at the end of the reference period.

Work Injury Insurance

1. Contributors refer to staff and workers who have participated in the work injury insurance programme and number of employees in private business according to relevant national regulations at the end of the reference period.

2. Number of beneficiaries refers to number of people benefited from work injury insurance, as a result of work injury or occupational disease. It is the sum of beneficiaries from the work injury medical treatment without rating, disabilities and deaths at work places.

3. Revenue of the work injury insurance programme refers to payments made by employers participating in the work injury insurance programme in accordance with the basis and proportion stipulated in State regulations, and income from other sources that become source of work injury insurance fund, including income of social comprehensive funds paid by employers, government financial subsidies, interest income and other income.

4. Expenditure of the work injury insurance programme refers to payments made from work injury insurance funds to those who participated in the work injury insurance programme and their direct dependents within the scope and standards of expenditure according to related national policies, and other expenditure, including medical fees for work injury, injury and disability subsidies, death subsidies, nursing fees, funeral subsidies, injury prevention fees, occupational rehabilitation fees and other expenditure.

5. Balance of the work injury insurance programme refers to the balance of the work injury funds at the end of the reference period.

Maternity Insurance

1. Contributors refer to people who have participated in the maternity insurance programme according to relevant regulation at the end of the reference period.

2. Revenue of maternity insurance refers to payments made by employers participating in the maternity insurance programme in accordance with the basis and proportion stipulated in State regulations, and income from other sources that become source of maternity insurance fund, including income of funds paid by employers, interest income and other income.

3. Expenditure of the maternity insurance programme refers to payments made from maternity insurance funds to staff and workers who participate in the maternity insurance programme within the scope and standards of expenditure in accordance with related national policies, expenses paid for pregnancy, child delivery or surgeries related to family planning, and other expenditure, including allowance for child bearing, medical fees and other expenditure.

4. Balance of the maternity programme refers to the balance of the maternity insurance funds at the end of the reference period.

25

城市和农村

Urban and Rural

编辑人员：谭家史

Compiled by Tan Jiashi

英文翻译：符策文

Translated by Fu Cewen

简 要 说 明

一、本篇资料的主要内容

本篇资料反映我省农村、城市等基本情况。

二、本篇的资料来源

农村基本情况由海南省统计局根据《农林牧渔业统计调查制度》、《县域社会经济基本情况统计报表制度》的有关资料整理提供。

城市公用事业基本情况的资料由住房和城乡建设厅根据其《城市（县城）建设统计报表制度》整理提供。

三、本篇资料的统计范围

城市（县城）建设统计报表的统计范围是城区和县城。设市城市城区包括：市本级（1）街道办事处所辖地域；（2）城市公共设施、居住设施和市政公用设施等连接到的其他镇（乡）地区；（3）常住人口在 3000 以上独立的工矿区、开发区、科研单位、大专院校等特殊区域。县城包括：（1）县政府驻地的镇、乡（城关镇）或街道办事处地域；（2）县城公共设施、居住设施等连接到的其他镇（乡）地域；（3）县域内常住人口在 3000 人以上独立的工矿区、开发区、科研单位、大专院校等特殊区域。

Brief Introduction

I. Main Contents

Data in this chapter present the social and economic development of rural areas and urban areas.

II. Sources of Data

Data on rural conditions are provided by Hainan Provincial Bureau of Statistics using data from the Statistical Survey System on Agricultrual, Forestry, Animal Husbandry and Fishery and the Statistical Reporting System on the Basic Condition of Social and Economic Activities of Counties.

Data on basic conditions of urban public facilities are collected, prepared and provided by the Department of Housing and Urban-Rural of Hainan Province in line with the Statistical Reporting System on Urban (County Seat) Construction.

III. Scope of Statistics

Scope of statistics is urban areas of cities and county seat.

Urban areas of cities includes: (1) street agencies; (2) the other town (township) areas covered by the city public facilities, residential facilities and municipal public facilities; (3)the industrial and mining areas, development zones, scientific research units, universities and other special regions with resident population of more than 3000 persons.

County seat includes: (1) street agencies or town (township) where the county government is stationed in; (2) the other town (township) areas covered by the city public facilities, residential facilities and municipal public facilities of county seat; (3) the industrial and mining areas, development zones, scientific research units, universities and other special regions with resident population of more than 3000 persons in the county.

25-1 城市(县城)公用事业基本情况
Basic Statistics on City and County Seat Public Utilities

项目	Item	2005	2010	2013	2014	2015	2016	2017	2018
城市建设	**City Areas and Floor Space of Buildings**								
城区面积(平方公里)	Urban Area (sq.km)	775.97	1033.74	1506.65	1520.34	1673.79	1641.9	1673.5	1729.3
建成区面积(平方公里)	Area of Built Districts (sq.km)	270.06	308.56	422.49	433.82	469.39	451.1	467.13	525.67
城市规划建设用地面积(平方公里)	Area of Land Used for Urban Planning and Construction(sq.km)	400.26	368.93	406.93	382.94		560.01	952.85	913.85
城市人口密度(人/平方公里)	Population Density of City Districts (persons/sq.km)	2756	2677	2093	2233	2200	2197	2259	2515
城市供水、燃气、供热	**Water Supply, Gas Supply and Heating**								
全年供水总量(万立方米)	Annual Volume of Tap Water Supply(10 000 cu.m)	31425	42442	55379	57683	58416	58152	62634	61452
人均日生活用水(升)	Per Capita Daily Consumption of Tap Water for Residential Use(litre)	304.93	253.54	208.78	203.44	243.90	237.44	246.41	201.53
供水普及率 (%)	Coverage Rate of Urban Population with Access to TapWater (%)	85.7	89.2	97.5	97.5	98.0	96.61	97.59	96.62
液化石油气供气量 (吨)	Liquefied Petroleum Gas (tons)	77948	75432	106519	104603	98171	97172	98852	106835
供气管道长度 (公里)	Length of Gas Pipelines (km)	546	1511	2172	2441	2721	2921	3426.3	4219.4
燃气普及率 (%)	Coverage Rate of Urban Population with Access to Gas (%)	79.9	83.9	94.1	95.1	96.3	96.1	97.21	96.41
城市市政设施	**Municipal Infra-structure**								
年末实有道路长度(公里)	Length of Paved Roads at Year-end (10 000 km)	1398	1914	2753	2825	3014	3185	3529	5373
年末实有道路面积(万平方米)	Area of Paved Roads at Year-end (10 000 sq.m)	2889	4440	6067	6256	6641	6798	7103	7932
人均拥有道路面积(平方米)	Per Capita Area of Paved Roads (sq.m)	13.57	15.98	19.24	18.43	18.03	18.85	18.79	18.24
城市排水管道长度(公里)	Length of City Sewage Pipes (10 000 km)	2227	2966	3969	4140	4446	4870	5279	5786
城市排水管道密度 (公里/平方公里)	Density of City Sewage Pipes (km/sq.km)	8.30	9.61	9.39	9.54	9.47	10.80	10.98	10.00
污水处理率(%)	Treatment Rate of Sewage (%)	59.9	65.3	74.3	70.3	71.5	77.7	87.56	85.45
城市绿化和园林	**City Greening**								
人均公园绿地面积(平方米)	Per Capita Area of Parks and Green Land (sq.m)	10.1	11.5	11.8	12.1	12.1	10.5	11.35	9.96
公园个数 (个)	Number of Parks (unit)	45	69	75	86	91	121	121	136
公园面积 (公顷)	Area of Parks (hectare)	1285	2362	2216	2480	2410	2473	2948	3055.1
城市环境卫生	**Environmental Sanitation**								
生活垃圾清运量 (万吨)	Volume of Garbage Disposal (10 000 tons)	115.00	151.82	155.04	174.91	192.01	221.78	252.31	257.21
生活垃圾无害化处理率(%)	Innocent Treatment Rate of Garbage (%)	50.8	55.9	99.6	99.7	99.8	99.9	99.95	99.94
公厕个数(座)	Number of Public Lavatories (unit)	310	464	592	619	601	865	882	1253

注：1. 人均公园绿地面积指标2005年及之前为人均公共绿地面积；
　　2. 城市规划建设用地面积指标2016年及之前为城市建设用地面积。

Note：a)Data of Per Capita Area of Parks and Green Land in 2005 and before refers to Per Capita Area of Public Green Land.
　　b)Data of Area of Land Used for Urban Planning and Construction in 2016 and before refers to Area of Land Used for Urban Construction.

25-2 各市县城市(县城)建设情况(2018)
Statistics on Construction in City and County Seat by Region (2018)

地 区	Region	城区面积(平方公里) Urban Area (sq.km)	建成区面积(平方公里) Area of Built Districts (sq.km)	城市规划建设用地面积(平方公里) Area of Land Used for Urban Planning and Construction (sq.km)	本年征用土地面积(平方公里) Land Put in Requisition for State Construction Projects (sq.km)	城市人口密度(人/平方公里) Population Density of Urban Area (persons/sq.km)
全省总计	**Total**	**1729.31**	**525.67**	**913.85**	**10.02**	**2514.59**
海口市	Haikou	562.40	182.90	209.43	**5.00**	3812.41
三亚市	Sanya	188.00	51.63	188.00	1.50	3357.45
三沙市	Sansha	3.16	2.94	3.16		506.33
五指山市	Wuzhishan	60.00	11.05	14.20		1163.33
文昌市	Wenchang	84.00	21.93	61.86		2086.90
琼海市	Qionghai	40.20	27.58	102.68	0.45	5261.19
万宁市	Wanning	260.00	16.69	23.70	0.30	373.85
定安县	Ding'an	16.00	9.11	11.50		4181.25
屯昌县	Tunchang	25.00	12.87	24.00	0.30	2056.00
澄迈县	Chengmai	10.90	6.91	11.40		9302.75
临高县	Lingao	14.60	9.39	9.69		5684.93
儋州地区	Danzhou Area					
儋州市	Danzhou	194.05	36.32	42.36	0.62	1270.81
洋浦	Yangpu	59.90	51.66	74.22	0.45	1146.91
东方市	Dongfang	97.52	28.50	37.45	1.05	891.10
乐东县	Ledong	24.00	6.38	10.00	0.09	1566.67
琼中县	Qiongzhong	20.17	5.86	7.45		1408.03
保亭县	Baoting	21.78	14.50	48.90	0.16	1469.24
陵水县	Lingshui	17.64	12.67	14.22	0.06	4126.98
白沙县	Baisha	5.70	4.43	4.95		7754.39
昌江县	Changjiang	24.29	12.35	14.68	0.04	4030.47

25-3 各市县城市(县城)供水情况(2018)
Statistics on Tap Water Supply in City and County Seat by Region (2018)

地 区	Region	年末供水综合生产能力(万立方米/日) Production Capacity of Tap Water Supply (at Year-end) (10000cu.m /day)	年末供水管道长度(公里) Length of Tap Water Supply Pipelines (at Year-end) (km)	全年供水总 量(万立方米) Total Annual Volume of Tap Water Supply (10 000cu.m)	#生活用水 For Residential Use	用水人口(万人) Number of Residents with Access to Tap Water (10 000 persons)	人均日生活用水量(升) Per Capita Daily Consumption of Tap Water for Residential Use (liter)
全省总计	**Total**	**295.2**	**9102**	**61452**	**32469**	**418.9**	**202**
海 口 市	Haikou	73.0	1170	22259	13760	208.0	181
三 亚 市	Sanya	61.0	1803	11859	5669	62.0	251
三 沙 市	Sansha		10	20	7	0.2	120
五指山市	Wuzhishan	3.0	153	526	402	5.6	197
文 昌 市	Wenchang	8.8	353	1767	1223	17.5	185
琼 海 市	Qionghai	15.0	971	3987	3062	21.2	187
万 宁 市	Wanning	15.0	665	975	650	9.0	198
定 安 县	Ding'an	3.0	195	934	544	6.3	263
屯 昌 县	Tunchang	2.5	116	530	424	5.1	226
澄 迈 县	Chengmai	2.3	145	815	687	9.8	192
临 高 县	Lingao	3.0	265	525	370	7.6	133
儋州地区	Danzhou Area						
儋州市	Danzhou	10.0	1459	2920	1606	22.4	193
洋 浦	Yangpu	75.0	80	8500	534	6.3	231
东 方 市	Dongfang	10.0	225	2061	810	8.5	275
乐 东 县	Ledong	1.6	97	558	472	3.5	308
琼 中 县	Qiongzhong	1.0	32	360	280	2.6	295
保 亭 县	Baoting	2.0	271	634	562	3.0	513
陵 水 县	Lingshui	2.0	250	497	315	6.8	127
白 沙 县	Baisha	1.1	55	266	252	4.1	168
昌 江 县	Changjiang	6.0	788	1458	840	9.5	244

25-4 各市县城市(县城)燃气情况(2018)
Statistics on Supply of Gas in City and County Seat by Region(2018)

地区	Region	管道长度(公里) Length of Gas Pipelines (km)			全年供气总量 Volume of Gas Supply			用气人口(万人) Population with Access to Gas (10 000 persons)		
		人工煤气 Coal Gas	天然气 Natural Gas	液化石油气 Liquefied Petroleum Gas	人工煤气(万立方米) Coal Gas (10 000 cu.m)	天然气(万立方米) Natural Gas (10 000 cu.m)	液化石油气(吨) Liquefied Petroleum Gas (ton)	人工煤气 Coal Gas	天然气 Natural Gas	液化石油气 Liquefied Petroleum Gas
全省总计	**Total**		**4217.45**	**1.90**		**44049.75**	**106835.04**		**265.25**	**154.0**
海口市	Haikou		1625.24			15961.44	47261.00		166.00	41.38
三亚市	Sanya		1210.74			9042.90	13100.00		55.00	6.30
三沙市	Sansha									
五指山市	Wuzhishan						1578.20			5.60
文昌市	Wenchang		83.00			579.00	2560.00		15.70	1.50
琼海市	Qionghai		400.00			2186.00	9002.00		6.70	14.43
万宁市	Wanning		192.73	1.90		866.58	4522.00		3.30	5.60
定安县	Ding'an		11.00			2.05	1300.00		0.20	6.30
屯昌县	Tunchang						3867.50			5.10
澄迈县	Chengmai						3361.04			9.82
临高县	Lingao						2700.00			7.63
儋州地区	Danzhou Area									
儋州市	Danzhou		195.00			767.50	4952.70		5.66	19.00
洋浦	Yangpu		255.00			13870.00	602.00		2.58	3.30
东方市	Dongfang		57.37			414.42	4245.00		4.00	4.30
乐东县	Ledong		43.00			3.58	2600.00		0.42	3.20
琼中县	Qiongzhong		45.56			2.80	350.10		0.22	2.40
保亭县	Baoting		2.15			4.90	1771.00		0.38	2.65
陵水县	Lingshui		29.16			55.09	682.50		2.40	4.80
白沙县	Baisha		10.00			6.79	900.00		0.19	3.92
昌江县	Changjiang		57.50			286.70	1480.00		2.50	6.75

25-5 各市县城市(县城)市政设施(2018)
Statistics on Municipal Infrastructure in City and County Seat by Region(2018)

地 区	Region	年末实有道路长度(公里) Length of Paved Roads (at Year-end) (km)	年末实有道路面积(万平方米) Area of Paved Roads (at Year-end) (10 000 sq.m)	城市桥梁(座) Number of City Bridges (unit)	城市排水管道长度(公里) Length of City Sewage Pipes (km)	城市污水日处理能力(万立方米) Daily Treatment Capacity of City Sewage (10 000 cu.m)	城市道路照明灯(盏) Number of Street Lights (units)
全省总计	**Total**	**5373.28**	**7932.10**	**278**	**5785.77**	**134. 6**	**237547**
海口市	Haikou	2870.0	3262.12	142	1761.01	55.7	74487
三亚市	Sanya	433.9	857.65	26	1622.60	26.0	29751
三沙市	Sansha	12.1	6.90		8.60	0.2	268
五指山市	Wuzhishan	109.0	230.94	9	50.60	1.2	10441
文昌市	Wenchang	173.7	412.10	11	260.98	5.0	7082
琼海市	Qionghai	266.9	369.96	5	389.98	3.0	25124
万宁市	Wanning	87.3	179.03	7	151.50	2.5	7684
定安县	Ding'an	78.0	185.00	6	169.00	1.5	3600
屯昌县	Tunchang	47.3	167.00	7	173.50	1.0	5640
澄迈县	Chengmai	59.6	136.99	2	120.00	3.0	5361
临高县	Lingao	62.9	130.40	4	39.34	1.5	4865
儋州地区	Danzhou Area						
儋州市	Danzhou	231.0	411.26	10	368.41	6.0	13822
洋浦	Yangpu	117.0	335.21	1	177.60	17.6	7164
东方市	Dongfang	411.0	428.00	8	122.00	2.5	13593
乐东县	Ledong	39.6	90.33	5	22.00	1.0	7735
琼中县	Qiongzhong	52.4	78.00	4	47.26	0.7	2011
保亭县	Baoting	49.4	96.65	8	73.00	1.0	4295
陵水县	Lingshui	103.3	235.88	3	84.59	1.5	6524
白沙县	Baisha	46.1	73.68	3	33.80	0.7	4350
昌江县	Changjiang	122.7	245.00	17	110.00	3.0	3750

25-6 各市县城市(县城)绿地和园林(2018)
Statistics on Parks and Green Areas in City and County Seat by Region (2018)

地 区	Region	城市绿地面积(公顷) Area of Green Land (hectare)	#公园绿地 Park Green Land	公 园(个) Number of Parks (unit)	公园面积(公顷) Area of Parks (hectare)	建成区绿化覆盖率(%) Green Covered Area as % of Completed Area (%)
全省总计	**Total**	**21994**	**4330**	**136**	**3055**	**40.0**
海口市	Haikou	6676	1958	19	923	41.0
三亚市	Sanya	2086	872	28	872	43.8
三沙市	Sansha			3	1	46.4
五指山市	Wuzhishan	433	41	4	48	43.7
文昌市	Wenchang	989	123	11	123	39.8
琼海市	Qionghai	1022	205	5	205	39.5
万宁市	Wanning	602	103	4	80	40.1
定安县	Ding'an	305	45	4	44	37.6
屯昌县	Tunchang	455	43	7	43	41.9
澄迈县	Chengmai	246	60	2	16	38.8
临高县	Lingao	324	41	3	22	31.5
儋州地区	Danzhou Area					
儋州市	Danzhou	4542	371	20	336	37.8
洋 浦	Yangpu	1404	82	1	70	29.6
东方市	Dongfang	1020	75	3	75	36.1
乐东县	Ledong	204	47	2	17	37.1
琼中县	Qiongzhong	192	32	4	32	36.8
保亭县	Baoting	515	34	4	17	64.1
陵水县	Lingshui	428	65	4	53	44.7
白沙县	Baisha	149	47	4	25	38.6
昌江县	Changjiang	402	84	4	50	38.1

注：公园绿地面积包括综合公园、社区公园、专类公园、带状公园和街旁绿地。
Note:Area of Park Green Land includes comprehensive park, community park, topic park, belt-shaped park and green areas nearby street.

25-7 各市县市容环境卫生情况(2018)
Statistics on Urban Sanitation in City and County Seat by Region(2018)

地 区	Region	清扫保洁面积(万平方米) Area under Cleaning Program (10 000 sq.m)	生活垃圾清运量(万吨) Volume of Garbage Disposal (10 000 tons)	生活垃圾无害化处理量(万吨) Volume of Garbage Harmless Treatment (10 000 tons)	市容环卫专用车辆设备总数(辆) Number of Special Vehicles for Environmental Sanitation (unit)	公共厕所(座) Number of Public Lavatories (unit)
全省总计	**Total**	**9040**	**257.21**	**257.05**	**7942**	**1253**
海 口 市	Haikou	3540	117.22	117.22	4046	244
三 亚 市	Sanya	1785	70.00	70.00	1629	554
三 沙 市	Sansha	2	0.18	0.18	9	3
五指山市	Wuzhishan	108	2.42	2.42	47	16
文 昌 市	Wenchang	258	4.38	4.38	304	25
琼 海 市	Qionghai	382	7.37	7.37	679	47
万 宁 市	Wanning	160	4.10	4.10	55	19
定 安 县	Ding'an	208	2.25	2.25	37	12
屯 昌 县	Tunchang	120	3.08	3.08	138	31
澄 迈 县	Chengmai	188	4.68	4.68	31	32
临 高 县	Lingao	216	3.80	3.73	153	64
儋州地区	Danzhou Area					
儋州市	Danzhou	636	12.00	12.00	350	48
洋 浦	Yangpu	290	2.85	2.85	35	25
东 方 市	Dongfang	500	4.74	4.74	168	30
乐 东 县	Ledong	113	1.37	1.37	19	11
琼 中 县	Qiongzhong	56	1.69	1.60	18	15
保 亭 县	Baoting	108	2.80	2.80	27	20
陵 水 县	Lingshui	148	4.39	4.39	36	25
白 沙 县	Baisha	72	1.93	1.93	30	14
昌 江 县	Changjiang	150	5.96	5.96	131	18

25-8 各市县城市(县城)设施水平(2018)
Level of Public Facilities in City and County Seat by Region (2018)

地区	Region	城市供水普及率(%) Coverage Rate of Urban Population with Access to Tap Water (%)	城市燃气普及率(%) Coverage Rate of Urban Population with Access to Gas (%)	人均城市道路面积(平方米) Per Capita Area of Paved Roads (sq.m)	人均公园绿地面积(平方米) Per Capita Areas of Parks and Green Land (sq.m)
全省总计	**Total**	**96.6**	**96.4**	**18.2**	**10.0**
海 口 市	Haikou	97.0	96.7	15.2	9.1
三 亚 市	Sanya	98.2	97.1	13.6	13.8
三 沙 市	Sansha	100.0		43.1	
五指山市	Wuzhishan	80.2	80.2	33.1	5.9
文 昌 市	Wenchang	100.0	98.1	23.5	7.0
琼 海 市	Qionghai	100.0	99.9	17.5	9.7
万 宁 市	Wanning	92.6	91.6	18.4	10.6
定 安 县	Ding'an	93.4	97.2	27.7	6.7
屯 昌 县	Tunchang	100.0	99.2	32.5	8.4
澄 迈 县	Chengmai	96.6	96.8	13.5	5.9
临 高 县	Lingao	91.6	91.9	15.7	4.9
儋州地区	Danzhou Area				
儋州市	Danzhou	95.8	100.0	16.7	15.1
洋 浦	Yangpu	92.0	85.6	48.8	11.9
东 方 市	Dongfang	97.8	95.5	49.3	8.7
乐 东 县	Ledong	93.1	96.3	24.0	12.6
琼 中 县	Qiongzhong	91.5	92.3	27.5	11.2
保 亭 县	Baoting	93.8	94.7	30.2	10.5
陵 水 县	Lingshui	93.4	98.9	32.4	9.0
白 沙 县	Baisha	93.2	93.0	16.7	10.6
昌 江 县	Changjiang	96.5	94.5	25.0	8.6

注：人均和普及率指标按城区人口与暂住人口之和计算，以公安部门的户籍统计和暂住人口统计为准。

Note: Data of per capita and coverage rate are calculated on the basis of the sum of districts area population and temporarily residing population, which are provided by the Department of Public Security.

25-9 农村主要指标
Major Indicators on Rural Areas

项目	Item	2015	2016	2017	2018
农村基本情况	**Basic Statistics on Rural Areas**				
乡镇个数(个)	Number of Towns (unit)	196	195	195	195
村民委员会(个)	Number of Villagers Committees(unit)	2651	2660	2665	2638
乡村人口(万人)	Rural Population (10 000 persons)	605.08	618.24	624.98	619.58
乡村劳动力资源总数(万人)	Total Number of Rural Labor Force (10 000 persons)	348.74	357.13	365.67	364.70
耕地面积(公顷)	Cultivated Land(hectare)	422835	427335	439200	439032
农村经济	**Rural Economy**				
农林牧渔业总产值(亿元)	Gross Output Value of Agriculture,Forestry,Animal Husbandry and Fishery(100 million yuan)	1294.00	1433.88	1488.86	1535.73
农林牧渔业增加值(亿元)	Value-added of Agriculture ,Forestry,Animal Husbandry and Fishery(100 million yuan)	859.25	951.63	993.25	1020.16
农村生活	**Rural Life**				
农村居民人均可支配收入(元)	Per Capita Disposable Income of Rural Households (yuan)	10858	11843	12902	13989
农村居民人均消费性支出(元)	Per Capita Consumption Expenditure of Rural Households (yuan)	8210	8921	9599	10956
每百户拥有家用计算机(台)	Computer Owned Per 100 Rural Households(set)	11.6	11.8	12.3	10.0
年末乡镇卫生院个数(家)	Number of Township Health Centers at Year-end (unit)	298	297	299	299
村庄建设	**Village Construction**				
村卫生室(个)	Number of Village Clinics (unit)	2681	2668	2637	2716
累计建成文明生态村个数(个)	Number of Civilized Eco Villages Completed (unit)	16448	17003	17934	18598

注：依据第三次全国农业普查结果，对2015-2017年农林牧渔业总产值和增加值数据进行了修订。

Note:According to the result of the Third National Agricultural Census,gross output value and added value of agriculture,forestry,animal husbandry and fishery were revised from 2015 to 2017.

主要统计指标解释

供水综合生产能力 指按供水设施取水、净化、送水、出厂输水干管等环节设计能力计算的综合生产能力。包括在原设计能力的基础上，经挖、革、改增加的生产能力。计算时，以四个环节中最薄弱的环节为主确定能力。

年末供水管道长度 指从送水泵至用户水表之间所有管道的长度。不包括新安装尚未使用、水厂内以及用户建筑物内的管道。

全年供水总量 指报告期供水企业(单位)供出的全部水量。包括有效供水量和漏损水量。

生活用水量 包括公共服务用水和居民家庭用水。公共服务用水指为城市社会公共生活服务的用水。包括行政事业单位、部队营区和公共设施服务、社会服务业、批发零售业、住宿餐饮业以及其他公共服务业等单位的用水。居民家庭用水指城市范围内所有居民家庭的日常生活用水。包括城市居民、农民家庭、公共供水站用水。

用水普及率 指城市用水人口数与城市人口总数的比率。计算公式：

$$用水普及率=\frac{城市用水人口数}{城市人口总数}\times 100\%$$

供气管道长度 指报告期末从气源厂压缩机的出口或门站出口至各类用户引入管之间的全部已经通气投入使用的管道长度。不包括煤气生产厂、输配站、液化气储存站、灌瓶站、储配站、气化站、混气站、供应站等厂(站)内的管道。

全年供气总量 指全年燃气企业(单位)向用户供应的燃气数量。包括销售量和损失量。

燃气普及率 指报告期末使用燃气的城市人口数与城市人口总数的比率。计算公式为：

$$燃气普及率=\frac{城市使用燃气人口数}{城市人口总数}\times 100\%$$

年末道路长度 指年末道路长度和与道路相通的桥梁、隧道的长度，按车行道中心线计算。在统计时只统计路面宽度在3.5米(含3.5米)以上的各种铺装道路，包括开放型工业区和住宅区道路在内。

城市桥梁 指为跨越天然或人工障碍物而修建的构筑物。包括跨河桥、立交桥、人行天桥以及人行地下通道等。按使用年限分为永久性桥和半永久性桥。

城市排水管道长度 指所有排水总管、干管、支管、检查井及连接井进出口等长度之和。

城市污水日处理能力 指污水处理厂(或污水处理装置)每昼夜处理污水量的设计能力。

城市园林绿地面积 指报告期末用作园林和绿化的各种绿地面积。包括公园绿地、生产绿地、防护绿地、附属绿地和其他绿地的面积。

公园绿地 城市中向公众开放的以游憩为主要功能，有一定的游憩设施和服务设施，同时兼有健全生态、美化景观、防灾减灾等综合作用的绿化用地。包括综合公园、社区公园、专类公园、带状公园和街旁绿地。其中综合公园、专类公园和带状公园面积之和为公园面积。

Explanatory Notes on Main Statistical Indicators

Production Capacity of Tap Water Supply refers to the designed overall production capacity of water facilities, covering the four segments of water collection, purification, conveyance and outflow through trunk pipelines. Increased capacity through transformation and innovation projects is included as well. The capacity is determined mainly on the weakest of the above-mentioned four segments.

Length of Tap Water Supply Pipelines at Year-end refers to the total length of all the pipelines between the water pumps and the user water meters, excluding pipelines newly installed but not used yet, pipeline in the water factory and pipeline in the user's buildings.

Total Annual Volume of Tap Water Supply refers to the total volume of water supplied by water-works (units) during the reference period, including both the effective water supply and loss during the water supply.

Consumption of Tap Water for Residential Use refers to water consumption of households for daily life and water consumption of public service facilities. The latter refers to water consumption for urban public services, including the consumption of government agencies and public institutions, military barracks, public facilities, wholesale and retail trades, accommodation and catering industry and other units providing public services. Household water consumption refers to consumption of water for daily life of all households within the boundary of cities, including households of urban residents and farmers, and public water supply stations.

Coverage Rate of Urban Population with Access to Tap Water refers to the ratio of the urban population with access to tap water to the total urban population. The formula is:

$$\text{Coverage of urban population with access to tap water} = \frac{\text{Urban population with access to tap water}}{\text{Urban population}} \times 100\%$$

Length of Gas Pipelines refers to the total length of pipelines in use between the outlet of the compressor of gas-work or outlet of gas stations and the leading pipe of users, excluding pipelines within gasworks, delivery stations, LPG storage stations, refilling stations, gas-mixing stations and supply stations.

Volume of Gas Supply refers to the total volume of gas provided to users by gas-producing enterprises (units), including the volume sold and the volume lost.

Coverage Rate of Urban Population with Access to Gas refers to the ratio of the urban population with access to gas to the total urban population at the end of the reference period. Gas here includes artificial coal gas, natural gas and liquefied petroleum gas. The formula is:

$$\text{Coverage rate of urban population with access to gas} = \frac{\text{Urban population with access to gas}}{\text{Urban population}} \times 100\%$$

Length of Paved Roads at Year-end refers to the length of roads with paved surface including bridges and tunnels connected with roads. Length of the roads is measured by the central lines.

City Bridges refer to bridges built to cross over natural or man-made barriers, including bridges over rivers, overpasses for traffic and for pedestrians, underpasses for pedestrians, etc.

Length of City Sewage Pipes refers to the total length of general drainage, trunks, branch and inspection wells, connection wells, inlets and outlets, etc.

Daily Treatment Capacity of City Sewage refers to the designed 24-hour capacity of sewage disposal by the sewage treatment works or facilities.

Area of Green Land refers to the total area occupied for green projects at the end of the reference period, including park green land, production green land, protection green land, green land attached to institutions, and other green land.

Park Green Land refers to green land open to the public for amusement and rest with the facilities of amusement, rest and services. Its function includes perfecting ecology, beautifying landscape, and preventing and reducing disaster. Park green land include comprehensive park, community park, theme park, linear park and roadside green space. Total areas of comprehensive park, topic park and belt-shaped is the area of park.

中国统计出版社有限公司最新图书简目

(仅供参考,以实际出版为准)

统计资料

中国统计年鉴	中国统计摘要	中国第三产业统计年鉴
中国第三次全国农业普查综合资料	国际统计年鉴	金砖国家联合统计手册
中国-东盟国家统计手册	中国农村统计年鉴	中国县域统计年鉴
中国农产品价格调查年鉴	中国城市统计年鉴	中国价格统计年鉴
中国贸易外经统计年鉴	中国零售和餐饮连锁企业统计年鉴	中国商品交易市场统计年鉴
大中型批发零售和住宿餐饮企业统计年鉴	中国住户调查年鉴	中国工业统计年鉴
中国环境统计年鉴	中国能源统计年鉴	中国建筑业统计年鉴
中国房地产统计年鉴	中国固定资产投资统计年鉴	中国对外直接投资统计公报
中国人口和就业统计年鉴	中国劳动统计年鉴	中国社会统计年鉴
中国科技统计年鉴	中国高技术产业统计年鉴	全国企业创新调查年鉴
中国文化及相关产业统计年鉴	2018年时间利用调查资料	中国妇女儿童状况统计资料
中国基本单位统计年鉴	中国教育统计年鉴	中国教育经费统计年鉴
中国民族统计年鉴	中国残疾人事业统计年鉴	长江经济带发展统计年鉴

省级综合统计年鉴系列

北京 天津 河北 山西 内蒙古 辽宁 吉林 黑龙江 上海 江苏 浙江 安徽 福建 江西 山东 河南 湖北 湖南 广东 广西 海南 重庆 四川 贵州 云南 西藏 陕西 甘肃 青海 宁夏 新疆 新疆生产建设兵团

市(县)级综合统计年鉴系列

滨海新区 石家庄 唐山 邯郸 保定 沧州 邢台 廊坊 承德 衡水 秦皇岛 张家口 太原 大同 阳泉 长治 晋城 朔州 晋中 运城 忻州 临汾 吕梁 呼和浩特 鄂尔多斯 包头 沈阳 大连 长春 延吉 四平 白山 通化 哈尔滨 齐齐哈尔 黑龙江垦区 上海浦东新区 南京 无锡 徐州 常州 苏州 南通 连云港 淮安 盐城 扬州 镇江 泰州 宿迁 江阴 丹阳 海门 张家港 杭州 宁波 温州 嘉兴 湖州 绍兴 金华 衢州 舟山 台州 丽水 合肥 安庆 福州 厦门 宁德 漳州 龙岩 莆田 泉州 三明 南平 南昌 九江 上饶 新余 抚州 赣州 景德镇 济南 青岛 潍坊 枣庄 潍坊 聊城 郑州 洛阳 平顶山 三门峡 南阳 商丘 信阳 济源 汝州 武汉 十堰 荆州 宜昌 荆门 咸宁 黄冈 长沙 鹰潭 广州 深圳 惠州 东莞 汕尾 湛江 肇庆 南宁 柳州 桂林 贵港 梧州 来宾 河池 防城港 海口 三亚 儋州 成都 内江 贵阳 黔南 毕节 昆明 文山 德宏 西安 延安 安康 铜川 汉中 商洛 银川 兰州 庆阳 乌鲁木齐 昌吉 阿勒泰 兵团一师、二师、三师、四师、六师、七师、八师、十师、十三师、十四师

调查年鉴系列

天津 内蒙古 上海 河南 湖北 湖南 广东 广西 重庆 四川 云南 甘肃 宁夏 南宁 贵港 昆明

统计方法应用/实用手册

Python数据分析基础（第二版）　医用多元统计分析（第三版）　中华生物统计用表

中国国民经济核算体系（2016）基础知识　国民经济核算初级教程　医学统计学手册

全国统计专业技术资格考试系列考试用书：统计业务知识（第四版修订版）　统计业务知识学习指导与习题

全国统计专业技术资格考试系列考试用书：统计相关知识（第四版）　统计相关知识学习指导与习题

统计通俗读物/统计科普图书

领导干部统计知识问答　《防范和惩治统计造假、弄虚作假督察工作规定》辅导读本

统计新媒体运营指南　统计公文知识问答　理解国民账户　中国古代统计史简编

重点图书

新中国70年　第三次全国农业普查农作物面积遥感测量图集　中国第四次经济普查年鉴

新编英汉汉英统计大词典　中国国民经济核算体系2016　国民经济行业分类注释

挑大学选专业2019—考研择校指南　挑大学选专业2019—高考志愿填报指南　中华医学统计百科全书